श्री श्री परमहंस योगानंद का जन्म 5 जनवरी, 1893 को धार्मिक बंगाली माता-पिता के यहाँ हुआ था, जिन्हें 'प्रेमावतार' के नाम से भी जाना जाता है, वे आठ संतानों के बीच दूसरे बेटे के रूप में थे। उनके माता-पिता और उनके गुरु ज्ञानावतार श्री युक्तेश्वर गिरि, बनारस के प्रख्यात श्री श्री लाहिड़ी महाशय के प्रत्यक्ष शिष्य थे, जो एक दिव्य प्रबुद्ध आत्मा थे, जिन्होंने आत्म-साक्षात्कार के माध्यम से देवत्व प्राप्त करने के लिए 'क्रिया योग' की स्थापना की। वे ध्यान शास्त्र और क्रिया योग में प्रशिक्षित थे। परमहंस योगानंद को उनके शिक्षक ने पश्चिम में पौर्वात्य आध्यात्मिक ज्ञान का प्रसार करने के लिए एक दूत के रूप में भेजा था। उन्होंने 1920 से 1952 तक संयुक्त राज्य अमेरिका में अपने प्रवास के दौरान यह सफलतापूर्वक किया। इस प्रकार, उन्होंने 'एक योगी की आत्मकथा' में अपने जीवन के अनुभवों का पहला विवरण दिया।

यह आत्मकथा, जो एक आकर्षक लेख है, एक युवा मुकुन्द लाल घोष की दिव्य ज्ञान की प्यास के बारे में बताती है। अपनी यात्रा के दौरान, जो कि उनकी माँ को दैविक रूप से दिए गए चाँदी के एक तावीज़ से शुरू हुई, वे कई महान् लोगों से मिले, जैसे महेंद्र नाथ गुप्ता, जो श्री राम कृष्ण परमहंस के एक अनुयायी थे, और प्रख्यात वैज्ञानिक जगदीश चंद्र बोस, और इस यात्रा के समापन में वे अपने गुरु ज्ञानावतार श्री युक्तेश्वर गिरि से बनारस में मिले। दैविकता और चमत्कारों के अपने सरल स्पष्टीकरण के साथ विनम्र शिष्य ने भारतीय दर्शन को ईसाई दर्शनशास्त्र के साथ जोड़ते हुए, अपने गुरु और उनके द्वारा सौंपे गए मिशन को सटीक श्रद्धांजलि दी।

योगी की महानता को 7 मार्च 1952, को तत्कालीन भारतीय राजदूत के सम्मान में आयोजित भोज के ऐतिहासिक अवसर पर उनके महासमाधि में प्रवेश करने के तरीके से मापा जा सकता है। उनके शरीर को लॉस एंजिल्स की मोर्चरी में रखा गया था, और उनकी मृत्यु के बीस दिन बाद भी, शारीरिक विघटन के कोई संकेत नहीं थे। कैलिफ़ोर्निया में उनकी समाधि अत्यंत श्रद्धेय है और वहाँ वे लोग जाते हैं जिनके जीवन को उनकी शिक्षाओं ने छुआ है।

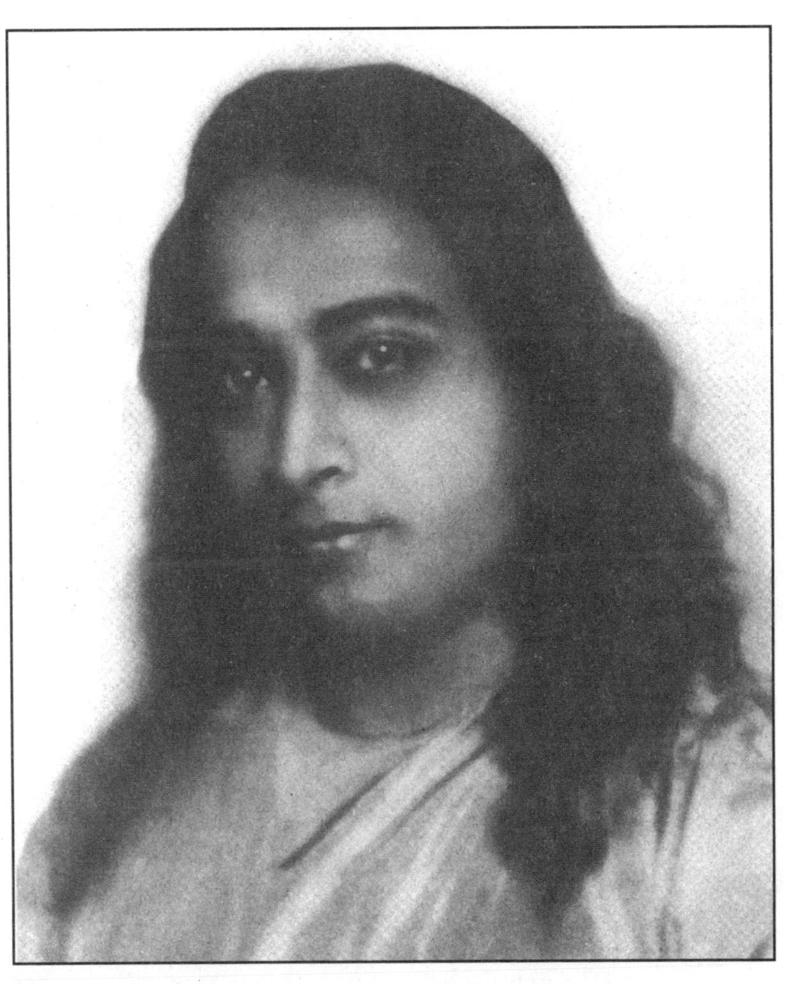

Paramhansa Yogananda

एक योगी की आत्मकथा

(Autobiography of a Yogi)

श्री श्री परमहंस योगानन्द

प्रस्तावना

डब्ल्यू. वाई. ईवान्स-वेंट्ज

एम.ए., डी. लिट., डी. एस-सी.

"संकेत और चमत्कार देखे बिना,
तुम्हें विश्वास नहीं होगा।" - यूहन्ना 4:48।

Om Books International

प्रथम संस्करण 2024

Om Books International

ओम बुक्स इंटरनेशनल
कॉर्पोरेट एवं संपादकीय कार्यालय
ए-12, सेक्टर 64, नोएडा 201 301
उत्तर प्रदेश, भारत
फ़ोनः +91 120 477 4100
ईमेलः editorial@ombooks.com
वेबसाइटः www.ombooksinternational.com

विक्रय(सेल्स) कार्यालय
107, अंसारी रोड, दरियागंज
नई दिल्ली 110 002, भारत
फ़ोनः +91 11 4000 9000
ईमेलः sales@ombooks.com
वेबसाइटः www.ombooks.com

आईएसबीएनः 978-93-5376-172-1

भारत में मुद्रित
10 9 8 7 6 5 4 3 2 1

अमेरिकी संत

लूथर बरबैंक

की स्मृति में समर्पित

प्रस्तावना

डब्ल्यू. वाई. ईवान्स-वेंट्ज
एम.ए., डी. लिट., डी. एस-सी.
जीसस कॉलेज, ऑक्सफ़ोर्ड
लेखकः टिबेटन बुक ऑफ़ दी डेड, टिब्ट्स ग्रेट योगी मिलारेपा,
टिबेटन योग एण्ड सीक्रेट डॉक्ट्रिन्स, आदि

योगानन्द जी की "आत्मकथा" का महत्त्व इस तथ्य के प्रकाश में बहुत अधिक बढ़ जाता है कि यह भारत के ज्ञानी पुरुषों के विषय में अंग्रेज़ी में लिखी गई गिनी-चुनी पुस्तकों में से एक है, जिसके लेखक महोदय न तो पत्रकार हैं और न कोई विदेशी, बल्कि वे स्वयं वैसे ही ज्ञानी महापुरुषों में से एक हैं। सारांशतः कहा जा सकता है कि यह योगियों के विषय में स्वयं एक योगी द्वारा लिखी गई पुस्तक है। एक प्रत्यक्षदर्शी के नाते आधुनिक हिन्दू-सन्तों की असाधारण जीवन-कथाओं एवं अलौकिक शक्तियों के वर्णनों से युक्त इस पुस्तक का सामयिक और सर्वकालिक, दोनों दृष्टियों से महत्त्व है। इस पुस्तक के प्रख्यात लेखक, जिनसे परिचित होने का सौभाग्य भारत तथा अमेरिका में मुझे प्राप्त हुआ था, के प्रति हर पाठक श्रद्धावनत और कृतज्ञ रहेगा। निस्सन्देह उनकी असाधारण जीवन-कथा हिन्दू मन तथा हृदय की गहराइयों एवं भारत की आध्यात्मिक संपदा पर अत्यधिक प्रकाश डालने वाली पश्चिम में प्रकाशित पुस्तकों में से एक है।

मुझे एक ऐसे सन्त श्रीयुक्तेश्वर गिरि से मिलने का सौभाग्य प्राप्त हुआ है, जिनके जीवन-इतिहास का इस पुस्तक में वर्णन है। इस वंदनीय सन्त का चित्र मेरी पुस्तक "टिबेटन योग एण्ड सीक्रेट डॉक्ट्रिन्स" के मुखपृष्ठ पर दिया गया है। बंगाल की खाड़ी के तट पर उड़ीसा के पुरी शहर में श्रीयुक्तेश्वरजी से मेरी भेंट हुई थी। उस समय वे समुद्र-तट के निकट स्थित एक शान्त आश्रम के प्रधान थे तथा मुख्य रूप से युवा शिष्यों के एक दल को आध्यात्मिक शिक्षा प्रदान कर रहे थे। उन्होंने संयुक्त राज्य अमेरिका तथा समस्त अमेरिका महाद्वीप एवं इंग्लैंड में

गहरी रुचि दिखायी और अपने मुख्य शिष्य योगानन्दजी की, जिनसे वे हृदय से प्रेम करते थे और जिन्हें उन्होंने अपने संदेशवाहक के रूप में 1920 में पश्चिम में भेजा था, सुदूर देशवर्ती गतिविधियों, विशेषकर कैलिफ़ोर्निया में उनके द्वारा किये जा रहे कार्यों के विषय में मुझसे प्रश्न किये।

श्रीयुक्तेश्वरजी का स्वभाव कोमल और वाणी मृदु थी। उनकी उपस्थिति सुखद थी और अपने शिष्यों द्वारा अनायास आदर-प्रदान के वस्तुतः वे योग्य थे। जो कोई भी श्रीयुक्तेश्वरजी से परिचित था, भले ही वह किसी भी समाज-समुदाय का क्यों न हो, उन्हें अत्यन्त आदर की दृष्टि से देखता था। आश्रम के प्रवेशद्वार पर वे मेरे स्वागतार्थ खड़े हुए, उस समय गेरुए वस्त्र—जो सांसारिक कामनाओं का त्याग करने वाले संन्यासी के वस्त्र हैं—धारण किये हुए ऊँचे, सीधे, साधु आकार के मुझे स्पष्टतः स्मरण है। उनके केश लंबे और किंचित् घुँघराले थे तथा उनका मुख श्मश्रुमंडित था। उनकी देह हृष्ट-पुष्ट परन्तु पतली, सुगठित थी तथा उनके पग फुर्तीले थे। उन्होंने अपने इहलौकिक निवास के लिए पावन नगरी पुरी का चयन किया था, जहाँ भगवान जगन्नाथ के सुप्रसिद्ध मन्दिर का दर्शन करने के लिए भारत के प्रत्येक प्रान्त से प्रतिदिन भारी संख्या में पवित्र हिन्दू भक्त पहुँचा करते हैं। पुरी में ही श्रीयुक्तेश्वरजी ने 1936 ईस्वी में अपने इस अस्थायी शरीर के दृश्यों से अपने अनित्य चक्षुओं को बन्द कर शरीर त्याग किया, यह जानते हुए कि उनका अवतरण पूर्ण सफलता प्राप्त कर चुका है।

मुझे प्रसन्नता है कि श्रीयुक्तेश्वरजी के अत्युच्च और पावन जीवनचरित्र से सम्बन्धित इन पंक्तियों को लिखने का सौभाग्य मुझे प्राप्त हो रहा है। भीड़ से अलग रहते हुए भी उन्होंने हर प्रकार से और शान्तिपूर्वक उसी आदर्श जीवन के लिए स्वयं को समर्पित कर दिया था, जिसका उनके शिष्य परमहंस योगानन्दजी ने भावी युगों के लिए अब वर्णन किया है।

लेखक का आभार

इस पुस्तक की पांडुलिपि पर दीर्घ संपादकीय श्रम के लिए मैं सुश्री एल.वी.प्रेट (तारा माता) का गहन ऋणी हूँ। श्री सी. रिचर्ड राइट को भी मैं धन्यवाद देता हूँ कि उन्होंने मुझे उनकी भारत यात्रा-दैनंदिनी में से उद्धरणों के उपयोग की अनुमति दी। डॉ. डब्ल्यू. वाई. ईवान्स-वेंट्ज़ का केवल उनकी प्रस्तावना के लिए ही नहीं अपितु उनके परामर्श एवं प्रोत्साहन के लिए भी मैं उनका आभारी हूँ।

परमहंस योगानन्द

अक्टूबर 28, 1945
एन्सिनीट्स, कैलिफ़ोर्निया

अनुक्रमणिका

एक योगी की आत्मकथा

प्रकरण–1

मेरे माता-पिता एवं मेरा बचपन

परम सत्य की खोज और उसके साथ जुड़ा गुरु-शिष्य संबंध प्राचीन काल से ही भारतीय संस्कृति की विशेषता रही है।

इस खोज के मेरे अपने मार्ग ने मुझे एक भगवत्स्वरूप सिद्ध पुरुष के पास पहुँचा दिया जिनका सुघड़ जीवन युग-युगान्तर का आदर्श बनने के लिये ही तराशा हुआ था। वे उन महान विभूतियों में से एक थे जो भारत का सच्चा वैभव रहे हैं। ऐसे सिद्धजनों ने ही हर पीढ़ी में अवतरित होकर अपने देश को प्राचीन मिस्र (Egypt) एवं बेबीलोन (Babylon) के समान दुर्गति को प्राप्त होने से बचाया है।

मुझे याद आता है, मेरे शैशव-काल में पिछले जन्म की घटनाओं की स्मृतियाँ मेरे स्मृतिपटल पर उभर रही थीं, तथापि ये स्मृतियाँ उन घटनाओं के घटित होने के क्रम के अनुसार नहीं थीं। बहुत पहले के एक जन्म की स्पष्ट स्मृतियाँ मुझमें जागती थीं जब मैं हिमालय में रहनेवाला एक योगी था। अतीत की इन झाँकियों ने किसी अज्ञात कड़ी से जुड़कर मुझे भविष्य की भी झलक दिखाई।

शिशु अवस्था की असहाय अवमाननाओं की स्मृति मुझमें अभी भी बनी हुई है। चलने-फिरने और अपनी भावनाओं को मुक्त रूप से व्यक्त कर पाने में असमर्थ होने के कारण मैं विक्षुब्ध रहता था। अपने शरीर की अक्षमताओं का भान होते ही प्रार्थना की लहरें मेरे भीतर उठने लगती थीं। मेरे व्याकुल भाव अनेक भाषाओं के शब्दों में मेरे मन में व्यक्त होते थे। विविध भाषाओं के आंतरिक संभ्रम के बीच मैं धीरे-धीरे अपने लोगों के बंगाली शब्द सुनने का अभ्यस्त होता गया। यह

थी शिशु-मस्तिष्क की मन बहलाने की सीमा, जिसे बड़े लोग केवल खिलौनों और अँगूठा चूसने तक ही सीमित मानते हैं।

इस मानसिक विक्षुब्धता और मेरा साथ न देनेवाले शरीर के कारण कई बार मैं झल्लाकर आकुलता से रो पड़ता था। मेरी आकुलता पर परिवार में सबको होने वाला विस्मय मुझे याद है। सुखद स्मृतियाँ भी अनेक हैं: मेरी माँ का दुलार और तुतलाने तथा लड़खड़ा के चलने के मेरे आरम्भिक प्रयास। इन आरम्भिक सफलताओं को सामान्यतः जल्दी ही भुला दिया जाता है, परन्तु फिर भी ये आत्मविश्वास की स्वाभाविक आधार-शिलाएँ होती हैं।

मेरी इन सुदूरगामी स्मृतियों का होना कोई अपूर्व बात नहीं है। अनेक योगियों के विषय में ज्ञात है कि उन्होंने जन्म-मृत्यु के नाटकीय अवस्था परिवर्तन में भी अपने आत्मबोध को बनाए रखा। यदि मनुष्य केवल शरीर होता तो निःसंशय उसकी मृत्यु के साथ ही उसका अस्तित्व समाप्त हो जाता। किंतु यदि युग-युगान्तर से सिद्ध महात्माओं ने सत्य प्रतिपादित किया है तो मानव मूलतः अशरीरी, सर्वव्यापी आत्मा है।

शैशवावस्था की सुस्पष्ट स्मृतियों का होना विलक्षण तो है किन्तु ऐसी घटनाएँ अति दुर्लभ भी नहीं। अनेक देशों में यात्रा करते हुए मैंने अनेक सत्यनिष्ठ स्त्री-पुरुषों के मुख से उनकी शैशवावस्था की स्मृतियाँ सुनी हैं।

मेरा जन्म पूर्वोत्तर भारत में हिमालय पर्वत श्रेणी के निकट स्थित गोरखपुर में 5 जनवरी 1893 ई. को हुआ था। वहीं मेरे जीवन के पहले आठ वर्ष व्यतीत हुए थे। हम आठ बच्चे थे: चार भाई और चार बहनें। मैं मुकुन्दलाल घोष, भाइयों में दूसरा और माता-पिता की चौथी सन्तान था।

मेरे माता-पिता बंगाली क्षत्रिय थे। दोनों ही सन्त-प्रकृति के थे। उनके शांत एवं शालीन दाम्पत्य प्रेम में कभी कोई अनर्थक व्यवहार व्यक्त नहीं हुआ। माता-पिता के बीच आपसी सामंजस्य चारों ओर चलने वाले आठ नन्हें जीवों के कोलाहल का शान्त केन्द्र था।

मेरे पिता श्री भगवतीचरण घोष स्वभाव से दयालु, गंभीर और कभी-कभी कठोर थे। उनसे अत्यंत प्यार करते हुए भी हम बच्चे उनसे आदरयुक्त दूरी बनाये रखते थे। वे असाधारण गणितज्ञ और तर्कशास्त्रवेत्ता थे तथा मुख्यतः अपनी बुद्धि से ही काम लेते थे। किन्तु माँ तो स्नेह की देवी थीं और हमें केवल प्रेम के द्वारा ही सिखाती थीं। माँ के देहान्त के पश्चात् पिताजी अपनी आंतरिक कोमलता

अधिक स्पष्ट रूप से व्यक्त करने लगे। तब मैंने देखा कि उनकी आँखों में प्रायः मेरी माँ की आँखों की झलक दिखाई पड़ती थी।

माँ के सान्निध्य में हम बच्चों का बचपन में ही धर्मग्रन्थों के साथ कटु-मधुर परिचय हो गया। अनुशासन की आवश्यकता पड़ने पर माँ रामायण और महाभारत से प्रसंगोचित कहानियाँ हमें सुनाती थीं। ऐसे अवसरों पर डाँट और शिक्षा, दोनों ही साथ-साथ चलते थे।

पिताजी के प्रति आदर के प्रतीक स्वरूप कार्यालय से उनके घर आने पर उनका स्वागत करने के लिए शाम में माँ हम बच्चों को कपड़े आदि पहनाकर ध्यानपूर्वक तैयार करतीं। पिताजी भारत की तत्कालीन बड़ी कंपनियों में से एक, बंगाल-नागपुर रेलवे (बी.एन.आर.) में उपाध्यक्ष (Vice-President) के समकक्ष पद पर कार्यरत थे। यात्रा उनके कार्य का एक हिस्सा थी; हमारा परिवार मेरे बाल्यकाल में अनेक शहरों में रहा।

माँ गरीबों की सहायता के लिये सदा तत्पर रहती थीं। पिताजी भी इस मामले में करुणापूर्ण दृष्टिकोण रखते थे परन्तु अपनी आर्थिक सीमा के अन्दर ही व्यय करना पसन्द करते थे। एक बार पंद्रह दिनों में माँ ने गरीबों को खिलाने में पिताजी की मासिक आय से अधिक रकम खर्च कर दी।

इस पर पिताजी ने माँ से कहा, "मैं तुमसे केवल इतना ही कहना चाहता हूँ कि कृपा करके अपना दानधर्म तुम उचित सीमा के अन्दर करो।" माँ को अपने पति की यह सौम्य उलाहना भी व्यथाजनक लगी। बच्चों को किसी प्रकार के मतभेद का कोई आभास दिये बिना माँ ने एक घोड़ागाड़ी मँगवाई।

"अलविदा! मैं अपने मायके जा रही हूँ।" प्राचीन धमकी!

हम लोग चकित होकर विलाप करने लगे। उसी समय संयोगवश हमारे मामा वहाँ आ गए। उन्होंने पिताजी के कान में फुसफुसाकर धीरे से कोई परामर्श दिया, निःसंशय सदियों से चला आ रहा कोई उपाय। पिताजी के कुछ संधिजनक स्पष्टीकरण के बाद माँ ने खुशी-खुशी घोड़ागाड़ी लौटा दी। अपने माता-पिता के बीच मेरे द्वारा देखे गए एकमात्र विवाद का इस प्रकार अंत हुआ। परन्तु एक विशेष संवाद मुझे याद आता है।

"कृपया अभी-अभी घर पर आयी एक असहाय महिला को देने के लिये मुझे दस रुपये दीजिये।" माँ की मुस्कराहट में मनाने की अपनी एक शक्ति थी।

"दस किसलिये? एक रुपया काफ़ी है।" पिताजी ने इसके साथ एक औचित्य-समर्थन भी जोड़ दियाः "जब मेरे पिताजी और दादा-दादी की अचानक मृत्यु हो गई, तब मैंने गरीबी को पहली बार अनुभव किया। मीलों चलकर स्कूल जाने से पहले मेरा नाश्ता होता था केवल एक छोटा केला। कॉलेज पहुँचने तक मेरी अवस्था इतनी बुरी हो गई कि मैंने एक धनी न्यायाधीश से मासिक एक रुपये की सहायता के लिए प्रार्थना की। उसने यह कहते हुए मना कर दिया कि एक रुपया भी मूल्यवान होता है।"

"उस एक रुपये के मना किये जाने की आपको कितनी कड़वी याद है!" माँ के हृदय से तत्काल तर्क उभरा। "क्या आप चाहते हैं कि यह महिला भी आपके द्वारा इन दस रुपयों को मना किये जाने की वैसी ही दुःखद स्मृति अपने मन में रखे जिनकी उसे अत्यधिक आवश्यकता है?"

"तुम जीतीं!" पराभूत पति की सनातन भाव भंगिमा के साथ पिताजी ने अपना बटुआ खोला और कहाः "यह लो दस रुपये का नोट। उस महिला को यह मेरी शुभकामनाओं सहित दे दो।"

किसी भी नये प्रस्ताव पर पहले "नहीं" कह देना पिताजी का स्वभाव था। इतनी सहजता से माँ की सहानुभूति जगाने वाली उस अपरिचिता के प्रति पिताजी का रवैया उनकी स्वभावगत सतर्कता का एक उदाहरण था। तत्क्षण कोई बात स्वीकार कर लेने में अनिच्छा वस्तुतः "सोच-विचार के बाद निर्णय" के सिद्धान्त का पालन मात्र है। मैंने सदा ही देखा कि पिताजी उचित और संतुलित निर्णय लेते थे। यदि मैं अपने अनेकानेक अनुरोधों के पक्ष में एक-दो अच्छे तर्क प्रस्तुत कर देता, तो वे सदा ही मेरी इच्छा पूरी कर देते—चाहे वह इच्छा छुट्टियों में मनोरंजक-यात्रा की हो या नई मोटरसाइकिल की।

अपने बच्चों के बाल्यकाल में पिताजी अनुशासन में उनके साथ दृढ़ता बरतते थे, परन्तु स्वयं किसी वैरागी की तरह सरल, सात्विक जीवन व्यतीत करते थे। उदाहरणार्थ, वे कभी थियेटर नहीं गए, बल्कि विभिन्न आध्यात्मिक साधनाओं में और भगवद्गीता पढ़ने में ही उन्हें आनन्द आता था। उन्होंने सारे सुखोपभोगों का त्याग कर दिया था, यहाँ तक कि वे जूतों की एक जोड़ी का भी तब तक प्रयोग करते थे, जब तक वह बिल्कुल ही प्रयोग न करने योग्य न हो जाए। मोटरकारें साधारण चलन में आ जाने के बाद उनके बेटों ने कारें खरीद लीं, परन्तु पिताजी प्रतिदिन अपने ऑफ़िस जाने के लिए ट्रामगाड़ी की सवारी में ही संतुष्ट रहे।

सत्ता या वर्चस्व प्राप्त करने के लिए धनसंचय करने में पिताजी को कोई रुचि नहीं थी। कोलकाता अर्बन बैंक का गठन करने के बाद स्वयं अपने लाभ के लिये उसके शेयर रखने से उन्होंने इनकार कर दिया। उनकी इच्छा तो अपने अतिरिक्त समय में केवल अपने नागरिक कर्तव्य का निर्वाह करने की थी।

पिताजी के पेंशन लेकर सेवानिवृत्त होने के कई वर्षों बाद बंगाल-नागपुर रेलवे के बही-खातों की जाँच करने के लिये इंग्लैण्ड से एक एकाउंटेण्ट महोदय भारत आये। विस्मित जाँच-अधिकारी ने देखा कि पिताजी ने उचित समय पर अदा न किये गये किसी बोनस के लिए कभी कोई आवेदन नहीं किया था।

उन्होंने कंपनी को बताया: "इन्होंने अकेले तीन आदमियों के बराबर काम किया है। पिछली क्षतिपूर्तिस्वरूप इनका 1 लाख 25 हज़ार रुपया कंपनी से निकलता है।" कंपनी के कोषाध्यक्ष ने उक्त रकम का चेक पिताजी को भेज दिया। पर मेरे पिताजी ने इस घटना को इतना नगण्य माना कि वे परिवार को इसकी सूचना देना भी भूल गए। बहुत बाद में मेरे सबसे छोटे भाई विष्णु ने बैंक द्वारा दिये गए विवरण में इतनी बड़ी धनराशि जमा देखकर पिताजी से इसके बारे में पूछा था।

"भौतिक लाभ में इतना उल्लासित क्यों हों?" पिताजी ने कहा। "समभाव को जिसने अपना लक्ष्य बना लिया हो वह न तो किसी लाभ से उल्लासित होता है न ही किसी हानि से दुःखी। वह जानता है कि मनुष्य इस संसार में खाली हाथ आता है और खाली हाथ ही जाता है।"

अपने वैवाहिक जीवन में पदार्पण करने के शीघ्र बाद ही मेरे माता-पिता एक महान गुरु, बनारस के लाहिड़ी महाशय के शिष्य हो गए। इस सम्पर्क से पिताजी के पहले से ही विरक्त स्वभाव को और बल मिला। माँ ने एक बार मेरी सबसे बड़ी बहन रोमा को एक उल्लेखनीय बात बतायी: "तुम्हारे पिताजी और मैं संतान प्राप्ति के लिए वर्ष में मात्र एक बार पति-पत्नी के रूप में साथ सोते हैं।"

पिताजी लाहिड़ी महाशय से अविनाश बाबू के माध्यम से मिले थे। अविनाश बाबू बंगाल-नागपुर रेलवे के एक कर्मचारी थे। गोरखपुर में मेरे बचपन में अविनाश बाबू मुझे अनेक भारतीय संतों की मन को तल्लीन कर देने वाली कहानियाँ सुनाया करते थे। वे सदा अपने गुरु की श्रेष्ठतर महिमा के विषय में श्रद्धापूर्वक कुछ-न-कुछ कहकर ही अपनी कहानी समाप्त करते थे।

"तुमने कभी सुना है, किन असाधारण परिस्थितियों में तुम्हारे पिताजी लाहिड़ी महाशय के शिष्य बने थे?" गर्मियों के मौसम में एक अलसाये दिन मैं और

अविनाश बाबू मेरे घर के अहाते में बैठे थे तब उन्होंने मेरी उत्सुकता जगाने वाला यह प्रश्न मुझसे किया। मैंने आशाभरी मुस्कुराहट के साथ ना में सिर हिलाया।

''तुम्हारे जन्म से कई वर्ष पहले मैंने अपने वरिष्ठ अधिकारी, अर्थात् तुम्हारे पिताजी से अपने गुरु का दर्शन करने बनारस जाने के लिए एक सप्ताह की छुट्टी देने की याचना की। पर तुम्हारे पिताजी ने मेरी इच्छा का उपहास किया।

''उन्होंने कहाः 'क्या तुम धार्मिक कट्टरवादी बनना चाहते हो? यदि जीवन में आगे बढ़ना चाहते हो तो अपने काम पर ध्यान दो।'

''झाड़ियों में से गुज़रती एक पगडंडी से उस दिन उदास मन लिए मैं घर जा रहा था कि पालकी पर सवार तुम्हारे पिताजी से मेरी मुलाकात हो गई। उन्होंने पालकी और नौकरों को विदा कर दिया और मेरे साथ चलने लगे। मुझे सान्त्वना देने के लिये वे सांसारिक सफलता के लिये प्रयास करने के लाभ मुझे समझाने लगे। पर मैं उनकी बातें बेमन हो कर सुन रहा था। मेरा हृदय बार-बार यही पुकार रहा थाः 'लाहिड़ी महाशय! मैं आपके दर्शन के बिना जी नहीं सकता!'

''हम लोग चलते-चलते एक सुनसान मैदान के किनारे पहुँच गए, जहाँ सांध्यकालीन सूर्य की किरणें लहराती ऊँची जंगली घास पर चमक रही थीं। हम लोग उस मनोरम दृश्य को देखने के लिए रुक गये। वहाँ उस मैदान में, हमसे कुछ ही गज की दूरी पर मेरे महान गुरु अकस्मात् प्रकट हो गए!

''उनका स्वर वातावरण में गूँज उठाः 'भगवती! तुम अपने कर्मचारी के प्रति अत्यन्त कठोर हो!' इसके साथ ही वे जिस रहस्यमय ढंग से प्रकट हुए थे, उसी रहस्यमय ढंग से अंतर्ध्यान हो गये। मैं ज़मीन पर घुटने टेककर 'लाहिड़ी महाशय! लाहिड़ी महाशय!' पुकार रहा था। कुछ क्षणों के लिये तुम्हारे पिताजी स्तम्भित हो गए।

'''अविनाश! मैं न केवल तुम्हें छुट्टी दे रहा हूँ, बल्कि वाराणसी जाने के लिये मैं स्वयं भी छुट्टी ले रहा हूँ। तुम्हारी सहायता करने के लिये जब चाहे अपनी इच्छा के अनुसार प्रकट होने की शक्ति रखनेवाले इन महान लाहिड़ी महाशय के दर्शन मुझे करने ही होंगे। मैं अपनी पत्नी को भी साथ लूँगा और इन महान गुरु से प्रार्थना करूँगा कि वे हमें अपने आध्यात्मिक पथ में दीक्षित करें। क्या तुम हम दोनों को उनके पास ले चलोगे?'

'''अवश्य!' अपनी प्रार्थना के इस चमत्कारपूर्ण उत्तर को पाकर और घटनाओं के इतने शीघ्र अनुकूल मोड़ लेने पर मेरा मन आनन्द से गद्‌गद् हो उठा था।

"अगले दिन शाम को तुम्हारे माता-पिता और मैं रेलगाड़ी से वाराणसी के लिए चल पड़े। अगले दिन हम लोग वहाँ पहुँचे तो कुछ दूर तक घोड़ा-गाड़ी से गए, और फिर तंग गलियों में से चलते हुए मेरे गुरु के घर पहुँचे। उनका घर आसानी से दिखायी नहीं पड़ता था। उनकी छोटी-सी बैठक में प्रवेश करने पर वहाँ हमेशा की तरह पद्मासन में बैठे हुए गुरुदेव को हमने प्रणाम किया। उन्होंने अपनी हृदयवेधी आँखें झपकाईं और उन्हें तुम्हारे पिताजी पर स्थिर कर दिया। 'भगवती! तुम अपने कर्मचारी के प्रति अत्यन्त कठोर हो!' दो दिन पहले घास भरे मैदान में कहे हुए वही शब्द उन्होंने फिर से दोहराये। फिर उन्होंने आगे कहाः 'मुझे खुशी है कि तुमने अविनाश को आने की अनुमति दी और साथ में तुम भी अपनी पत्नी को साथ लेकर यहाँ आ गए।'

"तुम्हारे माता-पिता को अत्यन्त आनन्द हुआ कि गुरुदेव ने उन्हें क्रियायोग की दीक्षा दी। उस पवित्र दर्शन के अविस्मरणीय दिन से ही तुम्हारे पिताजी और मैं गुरुभाई के रिश्ते से घनिष्ठ मित्र रहे हैं। लाहिड़ी महाशय ने तुम्हारे जन्म में विशेष रुचि दिखायी थी। तुम्हारा जीवन निश्चय ही स्वयं उनके जीवन के साथ जुड़ा रहेगा; गुरुदेव का आशीर्वाद कभी निष्फल नहीं होता।"

मेरे जन्म के थोड़े ही दिन बाद लाहिड़ी महाशय ने इस जगत् से प्रस्थान कर लिया। पिताजी का जहाँ-जहाँ भी स्थानान्तरण होता था, वहाँ-वहाँ लाहिड़ी महाशय की एक सुन्दर अलंकृत फ्रेम में सजी हुई फ़ोटो हमारे पूजा-घर में देवताओं के चित्रों और मूर्तियों के साथ विराजमान रहती थी। लगभग रोज़ ही सुबह और शाम को माँ और मैं उस पूजा-वेदी के सामने ध्यान लगाकर बैठते थे और चंदनसिक्त पुष्प अर्पण करते थे। धूप और गुग्गुल के साथ-साथ अपनी संयुक्त भक्ति द्वारा हम उस ईश्वरत्व की पूजा करते थे, जो लाहिड़ी महाशय में पूर्णतः अभिव्यक्त हुआ था।

उनकी उस फ़ोटो का मेरे जीवन पर ज़बरदस्त प्रभाव पड़ा। जैसे-जैसे मैं बड़ा होता गया वैसे-वैसे मेरे मन में उस महान गुरु का विचार अधिक दृढ़ होता गया। ध्यान में प्रायः मैं देखता कि उनकी छवि उस छोटे-से फ्रेम से बाहर आ गई है और जीवित रूप धारण कर मेरे सामने बैठ गई है। जब मैं उनके ज्योतिर्मय शरीर के चरणों का स्पर्श करने का प्रयास करता, तब वे बदल कर पुनः चित्र बन जाते। जब मैंने बाल्यावस्था से किशोरावस्था में प्रवेश किया तो मैंने देखा कि फ्रेम में जकड़ी लाहिड़ी महाशय की छोटी-सी छवि मेरे मन में जीवित, ज्ञान-प्रदायिनी उपस्थिति बन

कर विराजमान हो चुकी है। किसी उलझन या परीक्षा की घड़ी में मैं प्रायः प्रार्थना करता और अपने अन्तर में उनका सांत्वनादायक मार्गदर्शन पाता।

पहले-पहले तो मुझे दुःख होता था कि वे शारीरिक रूप में जीवित नहीं थे। किंतु जैसे-जैसे मुझे उनकी गुप्त सर्वव्यापकता का पता चलता गया, वैसे-वैसे मेरा दुःख कम होता गया। अपने उन शिष्यों को, जो उनके दर्शन के लिए अति लालायित रहते थे, वे प्रायः लिखा करते थेः "जब मैं सदा तुम्हारे कूटस्थ (दिव्य दृष्टि) की पहुँच में हूँ तो मेरे अस्थि-माँस को देखने के लिए आने की क्या आवश्यकता है?"

लगभग 8 वर्ष की आयु में मुझे लाहिड़ी महाशय की फ़ोटो के माध्यम से चमत्कारी स्वास्थ्यलाभ का आशीर्वाद प्राप्त हुआ। इस अनुभव ने मेरे प्रेम को और भी अधिक उत्कट कर दिया। जब मैं बंगाल के इचापुर में अपने पारिवारिक घर में रह रहा था, तब मुझे हैजा हो गया। मेरे बचने की कोई आशा नहीं रही। डॉक्टर कुछ भी नहीं कर पा रहे थे। मेरे बिस्तर के पास बैठी माँ ने भावविह्वलता के अतिरेक के साथ मेरे सिर के ऊपर टंगी लाहिड़ी महाशय की फ़ोटो की ओर देखने का मुझे इशारा किया।

"उन्हें मन ही मन प्रणाम करो!" वे जानती थीं कि प्रणाम करने के लिये हाथ उठाने की शक्ति मुझमें नहीं बची थी। "यदि तुम सचमुच अपनी भक्ति प्रकट करोगे और अपने अन्तर में उनका चरणस्पर्श करोगे, तो तुम्हें जीवनदान मिल जाएगा!"

मैंने उनकी फ़ोटो की ओर देखा तो वहाँ आँखें चौंधियानेवाला प्रखर प्रकाश दिखाई पड़ा जिसने मेरे शरीर और पूरे कमरे को अपने में समा लिया। मेरी मिचलाहट और अन्य अनियंत्रणीय लक्षण समाप्त हो गये; मैं स्वस्थ हो गया। तत्क्षण ही मुझमें इतनी शक्ति आ गई कि अपने गुरु में अपार श्रद्धा रखनेवाली माँ का मैंने झुककर चरणस्पर्श किया। माँ बार-बार उस छोटी-सी फ़ोटो पर अपना माथा टेक रही थीं।

"हे सर्वव्यापी गुरुदेव! मैं आपकी कृतज्ञ हूँ कि आपके आलोक ने मेरे पुत्र को अच्छा कर दिया!"

मैं समझ गया कि उन्होंने भी उस तेजोमय ज्योति का दर्शन किया था जिसकी महिमा से मैं उस साधारणतया प्राणघातक साबित होनेवाली बीमारी से एकाएक अच्छा हो गया था।

मेरे पास जो कुछ भी अनमोल चीज़ें हैं, उनमें एक वह फ़ोटो भी है स्वयं लाहिड़ी महाशय द्वारा पिताजी को दी गई यह फ़ोटो एक पवित्र स्पंदन से युक्त है। इस फ़ोटो के पीछे भी एक चमत्कारिक कहानी है। मैंने यह कहानी पिताजी के गुरुभाई कालीकुमार राय से सुनी थी।

ऐसा प्रतीत होता है कि लाहिड़ी महाशय को अपनी फ़ोटो खिंचवाना अच्छा नहीं लगता था। एक बार उनके विरोध के बावजूद उनकी और उनके कई शिष्यों की, जिनमें कालीकुमार राय भी शामिल थे, एक सामूहिक फ़ोटो खींची गई। पर उस समय फ़ोटोग्राफ़र के आश्चर्य की सीमा न रही जब उसने देखा कि उस फ़ोटो में सब शिष्यों के चित्र तो एकदम स्पष्ट दिखाई दे रहे थे, परन्तु बीच में, जहाँ उसने लाहिड़ी महाशय का चित्र होने की सार्थक आशा की थी, कोई आकृति नहीं थी; वह स्थान बिल्कुल खाली था। इस विस्मयकारी घटना पर खूब चर्चा हुई।

एक शिष्य गंगाधर बाबू, जो एक कुशल फ़ोटोग्राफ़र थे, ने डींग मारी कि लाहिड़ी महाशय चाहे जो कर लें, वे उनकी फ़ोटो अवश्य खींच सकते हैं। अगले दिन प्रातःकाल जब गुरुदेव लकड़ी की बेंच पर पद्मासन में बैठे थे और उनके पीछे एक कपड़े का पर्दा भी लगा दिया था, तब गंगाधर बाबू अपने साज-सामान के साथ वहाँ पहुँच गए। सफलता के लिये सारी सावधानियाँ बरतते हुए उन्होंने उत्कंठापूर्वक बारह फ़ोटो खींचीं। किंतु शीघ्र ही उन्हें दिखायी पड़ा कि हर प्लेट पर लकड़ी की बेंच और पर्दे का चित्र तो स्पष्ट है, पर गुरुदेव की आकृति का पुनः कहीं पता नहीं।

गंगाधर बाबू का अभिमान चूर-चूर हो गया। अश्रु बहाते हुए वे दौड़े-दौड़े लाहिड़ी महाशय के पास पहुँचे। कई घण्टों के बाद लाहिड़ी महाशय ने इस सारगर्भित वाक्य के साथ अपना मौन तोड़ाः "मैं ब्रह्म हूँ। क्या तुम्हारा कैमरा सर्वव्यापी अगोचर का चित्र खींच सकता है?"

गंगाधर बाबू ने कहाः "मैं देख रहा हूँ कि नहीं खींच सकता! परन्तु हे सर्वज्ञ गुरुदेव! आपके देहमन्दिर की एक फ़ोटो प्राप्त करने की बहुत इच्छा है। मेरी दृष्टि संकुचित रही है। आज तक मैं यह नहीं समझ पाया था कि आपमें ब्रह्म पूर्ण रूप से वास करता है।"

"फिर कल सुबह आओ। मैं तुम्हारे कैमरे के सामने बैठकर फ़ोटो खिंचवा लूँगा।"

पुनः फ़ोटोग्राफ़र ने अपना कैमरा फ़ोकस किया। इस बार अगोचर रहस्यमयता के आवरण से रहित उस पवित्र महापुरुष की आकृति प्लेट पर स्पष्ट रूप से उभर

आयी। गुरुदेव ने इसके बाद कभी अपनी कोई फ़ोटो नहीं खिंचवायी; कम से कम मैंने नहीं देखी।

सांचे में ढली लाहिड़ी महाशय की मुखाकृति से कुछ पता नहीं चल पाता कि वे किस कुल-वंश के थे। उनकी रहस्यमयी मुस्कान में ईश्वर-साक्षात्कार के आनंद की कुछ-कुछ झलक दिखाई देती है। बाह्य जगत् में नाममात्र की रुचि का संकेत देती उनकी अर्धोन्मीलित आँखें आंतरिक परमानंद का संकेत करती हुई आधी बंद भी हैं। इस जगत् के क्षुद्र प्रलोभनों से अलिप्त वे आध्यात्मिक सहायता के लिये पास आनेवाले जिज्ञासुओं की आध्यात्मिक समस्याओं के प्रति सतत पूर्ण जागरूक रहते थे।

गुरुदेव के चित्र की महिमा से स्वास्थ्यलाभ करने के थोड़े दिन बाद ही मुझे एक प्रभावकारी दिव्य-दर्शन हुआ। एक दिन प्रातः अपने बिछौने पर बैठा मैं एक गहन दिवास्वप्न में डूब गया।

"बंद आँखों के अन्धकार के पीछे क्या है?" यह अनुसंधानात्मक विचार बड़े वेग से मेरे मन में उभर आया। तत्क्षण ही मेरी अंतर्दृष्टि के सामने प्रखर प्रकाश कौंध गया। मेरे ललाट में विस्तीर्ण दीप्तिमान पट पर पर्वत-गुफाओं में ध्यानस्थ बैठे सन्तों की आकृतियाँ छोटे-छोटे चलचित्रों की भाँति प्रकट होने लगीं।

"आप लोग कौन हैं?" मैंने उच्च स्वर में पूछा।

"हम हिमालय के योगी हैं।" इस दिव्य उत्तर का आनंद वर्णनातीत था; मेरा हृदय पुलकित हो उठा।

"आह! मैं भी हिमालय में आकर आपके जैसा बनना चाहता हूँ!" दृश्य अंतर्ध्यान हो गया, परन्तु रजत किरणें मण्डलाकार में अनंत की ओर विस्तृत होती गईं।

"यह अद्भुत आलोक क्या है?"

"मैं ईश्वर हूँ। मैं प्रकाश हूँ।" यह ध्वनि बादलों की सौम्य बुदबुदाहट जैसी थी।

"मैं आपके साथ एकाकार होना चाहता हूँ!"

यद्यपि वह ईश्वरीय आनन्द क्रमशः क्षीण होता गया, पर उससे मैं ब्रह्म की स्थायी खोज की विरासत प्राप्त करने में सफल हुआ। "ईश्वर शाश्वत, नित्य-नवीन आनंद है!" यह स्मृति मेरे हृदयपटल पर इस अनुभव के बाद लम्बे समय तक बनी रही।

बचपन की एक अन्य स्मृति असाधारण है, और उल्लेखनीय भी है, क्योंकि उसका चिह्न आज भी मेरे हाथ पर है। एक दिन प्रातःसमय मैं और मेरी बड़ी बहन उमा अपने गोरखपुर के घर के अहाते में नीम के पेड़ के नीचे बैठे थे। आस-पास के तोतों को नीम के पके फल खाते हुए मैं निहार रहा था और बीच में जो समय मिलता उस में उमा दीदी मुझे बंगाली की पहली पुस्तक पढ़ने में मदद कर रही थीं।

उमा दीदी ने अपने पैर पर फोड़ा होने की बात बतायी और वह उस पर लगाने के लिये मरहम की एक डिबिया ले आयी। मैंने उसमें से थोड़ा मरहम लेकर अपने हाथ पर लगा लिया।

"तुम नीरोग हाथ पर मरहम क्यों लगा रहे हो?"

"बात ऐसी है दीदी, मुझे लग रहा है कि कल मुझे यहाँ फोड़ा होने वाला है।"

"चल, झूठा कहीं का!"

"दीदी, जब तक तुम कल सुबह क्या होता है यह देख नहीं लेतीं, तब तक मुझे झूठा नहीं कह सकतीं।" मुझे क्रोध आ गया।

उमा पर उसका कोई असर नहीं पड़ा और उसने तीन बार अपने व्यंग्य को दोहराया। एक दृढ़ निश्चय मेरी आवाज़ में ध्वनित होने लगा जब मैंने धीरे-धीरे कहना शुरू किया:

"मैं अपनी इच्छाशक्ति के बल के साथ कहता हूँ कि कल मेरे हाथ पर इसी जगह एक बहुत बड़ा फोड़ा निकल आयेगा; और तुम्हारा फोड़ा सूज कर दुगुना हो जाएगा।"

सुबह मेरे हाथ पर एक बहुत बड़ा फोड़ा निकल आया और उमा का फोड़ा आकार में दुगुना हो गया। मेरी बहन चीखती हुई माँ के पास भागी। "माँ! मुकुन्द जादू-टोना करना सीख गया है!" माँ ने गम्भीर होकर मुझसे कहा कि हानि करने के लिए मैं शब्द-शक्ति का प्रयोग कभी न करूँ।

मैंने माँ का वह उपदेश सदा ही याद रखा है और उसका पालन किया है। मेरे फोड़े का इलाज चीरे से हुआ। डॉक्टर के चीरे से बना चिह्न आज भी है। मेरे दाहिने हाथ पर मनुष्य के शब्द की शक्ति का नित्य स्मरण दिलाता हुआ यह चिह्न स्मारक के रूप में विद्यमान है।

गहरी एकाग्रता के साथ उमा को कहे गए उन साधारण एवं प्रकटतः हानिरहित प्रतीत होनेवाले शब्दों में बम के सदृश विस्फोट कर निश्चित परिणाम उत्पन्न करने की (यद्यपि परिणाम हानिकर थे) पर्याप्त शक्ति निहित थी। बाद में

मेरी समझ में आया कि किसी के जीवन को संकट से बचाने के लिए वाणी की विस्फोटक स्पंदन-शक्ति का सदुपयोग किया जा सकता है और इस प्रकार बिना चिह्न या कष्ट रहित शल्य-चिकित्सा की जा सकती है।

हमारा परिवार पंजाब के लाहौर शहर में स्थानांतरित हुआ। वहाँ मैंने देवी काली के रूप में जगन्माता का चित्र प्राप्त किया। हमारे घर की बाल्कनी में इस चित्र का अनौपचारिक मन्दिर बना। मेरे मन में अनायास ही यह निश्चित विश्वास पैदा हो गया कि उस पवित्र स्थान पर की गई मेरी किसी भी प्रार्थना को पूर्ति का ताज पहना दिया जाएगा। एक दिन वहाँ उमा के साथ खड़ा होकर मैं दो लड़कों को दो घरों की छतों पर पतंग उड़ाते देख रहा था। इन दोनों घरों और हमारे घर के बीच एक बहुत ही संकरी गली थी।

"तुम आज इतने चुप क्यों हो?" उमा ने खेल-खेल में मुझे धक्का देकर पूछा।

"मैं यह सोच रहा हूँ कि कितनी अद्‌भुत बात है कि मैं जो भी माँगता हूँ, जगन्माता मुझे दे देती हैं।"

"मैं समझती हूँ वे तुम्हें वे दोनों पतंगे भी दे देंगी!" मेरी बहन उपहास की हँसी हँसते हुए बोली।

"क्यों नहीं?" मैंने उन पतंगों को पाने के लिए मौन प्रार्थना शुरू कर दी।

भारत में धागों पर मांजा (गोंद और शीशे का चूर्ण) लगाकर पतंगों का खेल खेला जाता है। प्रत्येक पतंग उड़ानेवाला अपने प्रतिद्वन्द्वी की पतंग काटने का प्रयास करता है। कटी हुई पतंग छतों के ऊपर से जाती है, तब उसे पकड़ने में बड़ा मज़ा आता है। उमा और मैं ऐसी बाल्कनी में खड़े थे जिसके ऊपर छत थी और दोनों ओर दीवारें भी थीं, इसलिये किसी कटी पतंग का हमारे हाथ आना असम्भव प्रतीत होता था क्योंकि स्वाभाविक तौर पर उसका धागा छत के ऊपर ही लटकता हुआ आगे निकल जाता।

गली के उस पार पतंग उड़ानेवालों ने अपना खेल शुरू किया। एक धागा कट गया; तत्क्षण ही पतंग मेरी दिशा में लपकी। अचानक हवा बन्द हो जाने के कारण वह पतंग एक क्षण के लिये स्थिर हो गई और इसी बीच उसका धागा सामने वाले घर की छत पर रखे नागफनी के एक पौधे में उलझ गया। मेरे पकड़ने के लिये एक पूरा फंदा बन गया। मैंने यह पुरस्कार उमा को सौंप दिया।

"यह तो केवल एक असाधारण संयोग था, न कि तुम्हारी प्रार्थना का उत्तर। यदि वह दूसरी पतंग भी तुम्हारे पास आ जाये, तो मैं मानूँगी।"

दीदी की काली आँखों से उनके शब्दों की अपेक्षा कहीं अधिक विस्मय प्रकट हो रहा था। मैंने तीव्रता से अपनी प्रार्थनाएं जारी रखीं। उस दूसरे पतंग उड़ानेवाले के ज़ोर से झटका मारने के कारण उसका धागा भी टूट गया। हवा में नाचती हुई पतंग मेरी ओर आने लगी। मेरे सहायक नागफनी के पौधे ने फिर से धागे को उलझाकर आवश्यक फंदा बना दिया ताकि मैं उसे पकड़ सकूँ। मैंने अपना यह दूसरा पुरस्कार भी उमा को भेंट कर दिया।

''सचमुच जगन्माता तुम्हारी प्रार्थना सुनती हैं! यह सब मेरे लिये विलक्षण है!'' दीदी भयभीत मृगशावक की भाँति भाग गईं।

प्रकरण—2

माँ का देहान्त और अलौकिक तावीज़

मेरी माँ की सबसे बड़ी इच्छा मेरे बड़े भाई के विवाह की थी। "अहा! जब मैं अनन्त की पत्नी का मुख देखूँगी तब मुझे इस धरती पर ही स्वर्ग मिल जाएगा!" इन शब्दों में माँ को अपने वंश को आगे चलाने की प्रबल भारतीय भावना व्यक्त करते मैं प्रायः सुनता था।

अनन्त की सगाई के समय मैं लगभग ग्यारह वर्ष का था। माँ कोलकाता में अत्यंत उल्लास से विवाह की तैयारियों में जुटी हुई थीं। केवल पिताजी और मैं ही उत्तरी भारत में स्थित बरेली में अपने घर में रह गए थे, जहाँ लाहौर में दो वर्ष रहने के बाद पिताजी का स्थानान्तरण हो गया था।

इसके पूर्व मैं अपनी दो बड़ी बहनों रमा और उमा के विवाहों का ठाठबाट देख चुका था, किन्तु घर में सबसे बड़ा पुत्र होने के नाते अनन्त के विवाह की तैयारियाँ तो और भी बड़े स्तर पर हो रही थीं। माँ प्रतिदिन दूर-दूर से कोलकाता पहुँचते सगे-संबंधियों की आवभगत करने में व्यस्त थीं। माँ ने 50, एमहर्स्ट स्ट्रीट में लिये गए एक नये विशाल घर में उन सबके आरामपूर्वक ठहरने की व्यवस्था की थी। सारी तैयारियाँ पूरी हो चुकीं थीं—विवाह-भोज के लिये नाना-विध व्यंजन, बारात के साथ अनंत को ले जाने के लिये पालकी, रंगबिरंगी बत्तियों की कतारें, गत्ते के विशालकाय हाथी और ऊँट, अंग्रेज़ी, स्कॉटिश और हिंदुस्तानी बैंडबाजे, पेशेवर गायक तथा नर्तक, विवाह-विधि सम्पन्न कराने के लिए पंडित-पुरोहित—सब कुछ तैयार था।

मंगलोत्सव के उत्साह से भरे हुए पिताजी और मैं समय पर विवाह के लिए पहुँचने का विचार कर रहे थे। परन्तु उस शुभ दिन से थोड़े ही पहले मैंने एक अमंगलसूचक दृश्य ध्यान में देखा।

यह बरेली में अर्द्धरात्रि के समय था। मैं पिताजी के साथ अपने बंगले के बरामदे में सोया हुआ था। पलंग पर लगी मच्छरदानी की विचित्र फड़फड़ाहट की-सी ध्वनि से मेरी नींद खुल गई। पतली मच्छरदानी के पर्दे खुल गए और मुझे अपनी प्रिय माँ दिखायी पड़ीं।

''अपने पिताजी को जगाओ!'' माँ की आवाज़ केवल एक फुसफुसाहट की तरह लगी। ''आज ही भोर को चार बजे यहाँ से चलनेवाली पहली गाड़ी पकड़ो। यदि मुझे देखना चाहते हो तो जल्दी करो!'' इसके बाद वह छायामूर्ति अदृश्य हो गई।

''पिताजी, पिताजी! माँ प्राण त्याग रही हैं!'' मेरे आर्त स्वर में व्याप्त भयाकुलता ने उन्हें तत्क्षण जगा दिया। सुबकते हुए मैंने उन्हें सारी घटना सुना दी। अपने स्वभाव के अनुसार इस स्थिति को अस्वीकार करते हुए उन्होंने मुझसे कहा: ''चिंता की कोई बात नहीं। यह तुम्हारे मन का भ्रम मात्र है। तुम्हारी माँ बिलकुल ठीक हैं। यदि कोई दुःखद समाचार मिल ही गया तो हम लोग कल चल पड़ेंगे।''

''यदि आप अभी तुरन्त नहीं चले तो अपने आप को आप कभी क्षमा नहीं कर पायेंगे!''

तीव्र व्यथा के कारण मेरे मुँह से ये शब्द भी निकल पड़ेः ''और न ही मैं आपको कभी क्षमा करूँगा!''

विषादपूर्ण प्रातःकाल स्पष्ट सन्देश लेकर आयाः ''माँ गम्भीर रूप से अस्वस्थ; विवाह स्थगित; तुरन्त आइये।''

पिताजी और मैं हतबुद्धि होकर निकल पड़े। रास्ते में जहाँ गाड़ी बदलनी पड़ती थी, वहाँ मेरे एक चाचा हम लोगों से मिले। आकार में बड़ी-बड़ी होती जाती एक रेलगाड़ी वज्र-गर्जन के साथ हमारी ओर आ रही थी। आंतरिक क्षुब्धता के कारण अपने आप को गाड़ी के आगे झोंक देने का निश्चय अचानक मेरे मन में उठा। मुझे लगा कि माँ की छत्रछाया से वंचित हो जाने के बाद अब अचानक पूर्णतः उजड़ गए इस संसार को सहने की क्षमता मुझमें नहीं है। मैं माँ से इस संसार में सबसे प्रिय मित्र के रूप में प्यार करता था। उनके सांत्वनादायक काले नयन बचपन की छोटी-छोटी व्यथा-वेदनाओं के समय मेरा एकमात्र आश्रय थे।

"क्या माँ अभी तक जीवित हैं?" चाचा से एक अंतिम प्रश्न करने के लिए मैं रुक गया।

चाचा को मेरे चेहरे पर छायी अधीरता को भाँप लेने में तनिक भी देर नहीं लगी। "निस्संशय वे जीवित हैं!" पर मुझे उन पर थोड़ा भी विश्वास नहीं हुआ।

हम कोलकाता में घर पहुँचे तो हमें मृत्यु के अचेतन करने वाले रहस्य का सामना करना पड़ा। मैं मृतप्राय-सा होकर गिर पड़ा। किसी प्रकार की सांत्वना को मेरे हृदय का स्पर्श भी कर पाने के लिये कई वर्ष लग गये। मेरी आर्त पुकारों ने साक्षात् स्वर्ग के द्वारों को हिला दिया। आख़िर जगज्जननी को आना ही पड़ा। उनके स्नेहस्निग्ध शब्दों ने मेरे रिसते घावों को भर दियाः

"वह मैं ही थी जिसने जन्म-जन्मांतर में अनेक माताओं की स्नेहवत्सलता के माध्यम से तुम्हारी देखभाल की। खोये हुए जिन दो सुन्दर काले नयनों को तुम ढूँढ रहे हो, उन्हें मेरी आँखों में देखो!"

परमप्रिय माँ के श्राद्ध-कर्म के बाद शीघ्र ही पिताजी और मैं बरेली लौट आये। अतीत की स्मृति में प्रतिदिन भोर में ही मैं अपने बंगले के सामने स्थित नरम, हरित-स्वर्णिम हरियाली को छाया देते खड़े पारिजात वृक्ष की दुःखार्त होकर तीर्थयात्रा करता। कभी-कभी काव्यमय क्षणों में मैं सोचता था कि पारिजात के श्वेत पुष्प अपनी अन्तर्जात भक्ति से हरित तृण-वेदी पर अपने आप को बिखेर रहे हैं। ओस-बिन्दुओं के साथ अपने अश्रुबिन्दुओं को मिलाते हुए मैं प्रायः उषा से लोकोत्तर, अलौकिक प्रकाश निकलता देखा करता। ईश्वर को पाने की तीव्र कसक से मैं तड़प उठता। हिमालय में चले जाने की प्रबल इच्छा मुझमें जाग उठी।

मेरे एक चचेरे भाई हिमालय की पावन पर्वत श्रेणियों की यात्रा कर हमारे यहाँ बरेली आये। योगियों और स्वामियों के उस उच्च पर्वत-निवास स्थान की कहानियाँ मैंने उनसे उत्सुकतापूर्वक सुनीं।

"चलो, हिमालय भाग चलें।" यह प्रस्ताव एक दिन मैंने बरेली में अपने मकान-मालिक के पुत्र द्वारका प्रसाद के समक्ष रखा, परन्तु वह ऐसे विचारों से सहमत नहीं था। उसने मेरे इस विचार से मेरे बड़े भाई को अवगत करा दिया जो उसी समय पिताजी से मिलने के लिये वहाँ आये थे। एक छोटे बच्चे की इस अव्यावहारिक योजना को हँसकर टाल देने के बदले अनन्त ने मेरा उपहास करने का निश्चय कर लिया।

"तुम्हारे गेरुए कपड़े कहाँ हैं? उनके बिना तो तुम स्वामी नहीं बन सकते!"

परन्तु उनके इन शब्दों से मैं अबोधगम्य रूप से पुलकित हो उठा। उन शब्दों ने एक स्पष्ट चित्र मेरी दृष्टि के सामने खड़ा कर दिया, कि मैं संन्यासी बन कर भारत-भ्रमण कर रहा हूँ। शायद उन शब्दों ने किसी पूर्वजन्म की स्मृतियों को जगा दिया था। चाहे जो बात हो, पर मुझे यह तो पता चल गया कि प्राचीन संन्यास परम्परा के गेरुए वस्त्र मैं अत्यंत स्वाभाविक सहजता के साथ धारण कर सकूँगा।

एक दिन द्वारका के साथ बातचीत करते हुए मैंने अनुभव किया कि हिमस्खलन के समान प्रचण्ड वेग से ईश्वर-प्रेम की धारा मुझमें उतर रही है। इस के फलस्वरूप शब्दों का जो धारा-प्रवाह मुझसे बहने लगा उसकी ओर द्वारका का तो विशेष ध्यान नहीं था, पर मैं पूरे मन से अपने आप को सुन रहा था।

उसी दिन दोपहर को मैं हिमालय की तलहटी में स्थित पहाड़ियों में बसे नैनीताल की ओर भाग गया। अनन्त ने भी दृढ़ संकल्प के साथ मेरा पीछा किया और विवश होकर मुझे दुःखी अंतःकरण के साथ बरेली वापस आना पड़ा। मुझे केवल एक ही तीर्थयात्रा करने की अनुमति थी और वह थी प्रतिदिन प्रातः की पारिजात वृक्ष की तीर्थयात्रा। मेरा हृदय अपनी खोयी हुई दोनों माताओं के लिये मूक रुदन करता रहा—एक मानवी माता, दूसरी जगन्माता।

माँ के स्वर्गवास से परिवार में जो रिक्तता उत्पन्न हो गई वह कभी भरी नहीं जा सकती थी। अपने जीवन के लगभग चालीस शेष वर्षों में पिताजी ने दूसरा विवाह नहीं किया। अपने बालवृन्द के माता-पिता की कठिन भूमिका उन्होंने स्वयं ही स्वीकार कर ली और इसके निर्वाह में वे हमारे साथ अधिक कोमल-हृदय, अधिक मिलनसार बन गए। शांति और सूझ-बूझ के साथ ही वे विभिन्न पारिवारिक समस्याओं को हल करते। कार्यालय से आने के पश्चात् वे किसी विरक्त की भाँति अपने कक्ष में चले जाते और आनन्दपूर्ण प्रशान्ति में क्रिया योग का अभ्यास करते। माँ के स्वर्गवास के बहुत समय बाद मैंने ऐसी छोटी-छोटी बातों का ध्यान रखने के लिए एक अंग्रेज़ परिचारिका को रखने का प्रयास किया ताकि पिताजी को कुछ आराम मिल सके। परन्तु पिताजी ने सिर हिला-हिला कर अपनी असहमति प्रकट की।

"तुम्हारी माँ के साथ ही मेरी सेवा का अन्त हो गया।" आजीवन एकपत्नी-परायणता के भाव में उनकी आँखें खो गईं। "मैं किसी भी अन्य स्त्री की सेवा ग्रहण नहीं करूँगा।"

माँ के गुज़र जाने के 14 महीने बाद मुझे ज्ञात हुआ कि वे मेरे लिये एक महत्त्वपूर्ण संदेश छोड़ गई हैं। उनके अंतिम समय अनन्त दा उनके पास उपस्थित थे और उन्होंने उनके शब्दों को लिख लिया था। यद्यपि माँ ने वह संदेश मुझे एक वर्ष में दिये जाने का निर्देश दिया था तथापि मेरे भाई ने उसमें विलम्ब कर दिया था। उन्हें शीघ्र ही माँ द्वारा उनके लिये पसन्द की हुई कन्या से विवाह करने के लिये बरेली से कोलकाता प्रस्थान करना था। एक दिन संध्या को उन्होंने मुझे अपने पास बुलाया।

"मुकुन्द! तुम्हें यह विलक्षण समाचार देने में मैं आनाकानी करता रहा।" उनके स्वर में विवशतापूर्ण समर्पण था।

"मुझे भय था कि इससे तुम्हारी गृहत्याग की इच्छा और भड़क उठेगी। परन्तु तुम वैसे भी अभी प्रबल ईश्वर-प्रेम से ओत-प्रोत हो। अभी हाल ही में जब मैं तुम्हें हिमालय जाते हुए रास्ते से पकड़ लाया, तभी मैंने एक निश्चित संकल्प कर लिया। मुझे किसी भी परिस्थिति में अब अपना पवित्र वचन निभाने में देर नहीं करनी चाहिये।" मेरे भाई ने मुझे एक छोटी-सी डिबिया दी और माँ का सन्देश मुझे सुनाया।

माँ ने कहा था, "मेरे प्रिय पुत्र मुकुन्द! मेरे ये शब्द तुम्हारे लिये मेरा अन्तिम आशीर्वाद हैं। अब वह समय आ गया है जब मुझे तुम्हारे जन्म के पश्चात् घटी अलौकिक घटनाओं से तुम्हें अवगत करा देना चाहिये। जब तुम मेरी गोद में एक नन्हे-से शिशु मात्र थे, तभी मुझे तुम्हारे निहित मार्ग का पता चल गया था। मैं तुम्हें वाराणसी में अपने गुरु के घर ले गई थी। वहाँ शिष्यों की भीड़ की ओट में लगभग छिपे हुए, मैं ध्यानस्थ लाहिड़ी महाशय को कठिनता से देख पा रही थी।

"तुम्हें थपकियाँ देते-देते मैं मन-ही-मन प्रार्थना करती जा रही थी कि गुरुदेव को वहाँ हमारी उपस्थिति का ज्ञान हो जाए और वे तुम्हें आशीर्वाद दें। जब मेरी मूक भक्तिपूर्ण प्रार्थना तीव्र हो गई, तब उन्होंने आँखें खोलीं और मुझे पास आने का इशारा किया। सभी लोगों ने मुझे रास्ता दिया; मैंने जाकर उन परमपवित्र चरणकमलों में अपना सिर रखा। लाहिड़ी महाशय ने तुम्हें अपनी गोद में ले लिया और आध्यात्मिक दीक्षा के रूप में तुम्हारे ललाट पर अपना हाथ रखा।

"'छोटी माँ! तुम्हारा पुत्र एक योगी होगा। एक आध्यात्मिक इंजन बनकर वह अनेक आत्माओं को ईश्वर के साम्राज्य में ले जाएगा।'

''सर्वज्ञ गुरुदेव ने मेरी गुप्त प्रार्थना स्वीकार कर ली। यह देखकर मेरा हृदय आनन्द से नाच उठा। तुम्हारे जन्म के कुछ पहले उन्होंने मुझे बताया था कि तुम उनके ही मार्ग पर चलोगे।

''मेरे पुत्र! बाद में तुम्हारे द्वारा अद्‌भुत आलोक के दर्शन का पता भी मुझे और तुम्हारी बड़ी बहन रमा को चल गया था, क्योंकि हम दोनों उस वक्त साथ के कमरे से तुम्हें अपनी शय्या पर निश्चल बैठा देख रही थीं। तुम्हारे छोटे-से मुखमण्डल पर तेज प्रकट हुआ था; जब तुम भगवान को खोजने के लिए हिमालय में जाने की बात कर रहे थे तब तुम्हारी आवाज़ में अत्यंत दृढ़ निश्चय ध्वनित हो रहा था।

''इन सब माध्यमों से, मेरे पुत्र! मैं समझ गई थी कि तुम्हारा मार्ग सांसारिक महत्त्वाकांक्षाओं से दूर है। मेरे जीवन की एक अद्वितीय घटना ने तो इस पर निश्चितता की मुहर लगा दी। वही घटना आज मुझे मृत्युशय्या से यह संदेश तुम्हें देने के लिये विवश कर रही है।

''यह घटना है पंजाब में एक साधु के दर्शन की। जब हमारा परिवार लाहौर में रहता था, तब एक दिन प्रातःकाल नौकर मेरे कमरे में आया, 'मालकिन! एक अजीब साधु द्वार पर आया है; कहता है कि उसे मुकुन्द की माँ से ही मिलना है।

''इन सीधे-सरल शब्दों से मेरे भीतर कोई तार झंकृत हो उठा। मैं तुरन्त साधु से मिलने बाहर गई। उनके चरणों में प्रणाम करते समय मैं समझ गई कि मेरे सामने कोई सच्चा सिद्ध-पुरुष खड़ा है।

''उन्होंने कहा, 'माता! महान् गुरुजन तुम्हें यह बता देना चाहते हैं कि इस पृथ्वी पर तुम्हारा वास अब अधिक दिन नहीं रहेगा। तुम्हारी अगली बीमारी तुम्हारे लिये अंतिम सिद्ध होगी।' इसके पश्चात् थोड़ी देर वे मौन रहे। उस मौन के दौरान मैंने कोई भय या संकट नहीं, बल्कि महान् शांति अनुभव की। अंततः वे फिर कहने लगे:

'''तुम्हें अपने पास अमानत के रूप में रखने के लिये चाँदी का एक तावीज़ दिया जाएगा। वह आज मैं तुम्हें नहीं दूँगा। मेरे कथन को सत्य प्रमाणित करने के लिये कल जब तुम ध्यान कर रही होगी तब वह तुम्हारे हाथों में मूर्त रूप धारण कर लेगा। जब तुम्हारे मृत्यु की घड़ी निकट आएगी तब तुम्हें वह तावीज़ अपने बड़े बेटे अनन्त को देकर उसे बताना होगा कि एक वर्ष तक वह उस तावीज़ को अपने पास रखे और तत्पश्चात् उसे तुम्हारे द्वितीय पुत्र को दे। महापुरुषों से प्राप्त उस तावीज़ के मर्म को मुकुन्द समझ लेगा। उसे वह तावीज़ तब मिलना चाहिए

जब वह सारी सांसारिक आशा-आकांक्षाओं का परित्यागकर प्राणपण से ईश्वर की खोज करने के लिये प्रस्तुत हो रहा हो। जब वह तावीज़ कुछ वर्षों तक उसके पास रह चुका होगा और जब उसका उद्देश्य पूरा हो चुका होगा, तब वह अपने आप अदृश्य हो जाएगा। गुप्त से अति गुप्त स्थान में भी वह रखा हो, तब भी वह जहाँ से आया था वहीं वापस चला जाएगा।'

"मैंने उस साधु को भिक्षा अर्पण कर परम भक्तिभाव से नमन किया। भिक्षा ग्रहण न कर, मुझे आशीर्वाद देकर वे चले गये। अगले दिन संध्या को जब मैं हाथ जोड़कर ध्यान में बैठी थी, तब चाँदी का एक तावीज़ मेरी हथेलियों के बीच में प्रकट हो गया, जैसा साधु ने कहा था। उसके शीतल, चिकने स्पर्श से मुझे उसके प्रकट होने का ज्ञान हो गया। मैंने दो वर्षों से अधिक समय तक इसे सावधानीपूर्वक संभालकर रखा और अब इसे अनन्त के पास छोड़े जा रही हूँ। मेरे लिये कोई शोक मत करना क्योंकि मुझे मेरे गुरुदेव ईश्वर की गोद में पहुँचा देंगे। अच्छा, मेरे बच्चे! अब मैं चलती हूँ। जगन्माता तेरी रक्षा करेंगी।"

तावीज़ मेरे हाथ में आते ही ज्ञान का उज्ज्वल प्रकाश मुझ पर छा गया; अनेक सुप्त स्मृतियाँ जागृत हो उठीं। तावीज़ गोल, दिखने में कुछ विचित्र-सा और प्राचीन लगता था। उस पर संस्कृत के अक्षर खुदे हुए थे। मैं समझ गया कि इस जन्म में जीवनपथ पर भी अदृश्य रूप से मेरा मार्गदर्शन करनेवाले मेरे पूर्वजन्मों के गुरुओं ने इसे भेजा था। इसका एक और अधिक गहन अभिप्राय भी था; परन्तु तावीज़ के भीतरी रहस्य का भेद खोल देना उचित नहीं होगा।

मेरे जीवन की अत्यन्त दुःखद घटनाओं के बीच वह तावीज़ अन्ततः किस प्रकार अदृश्य हो गया और उसका अदृश्य होना किस प्रकार मेरे लिये गुरु लाभ का सूचक सिद्ध हुआ, इस का वर्णन इस प्रकरण में करने की आवश्यकता नहीं।

किन्तु हिमालय में जाने की अपनी चेष्टाओं में बार-बार असफल किया गया यह बालक तावीज़ के पंखों पर सवार होकर प्रतिदिन दूर-दूर तक यात्रा कर लेता था।

प्रकरण—3

द्विशरीरी संत

"पिताजी! यदि मैं बिना किसी दबाव के घर लौटने का वचन दूँ, तो क्या दर्शन यात्रा के लिये बनारस जा सकता हूँ?"

मेरे यात्रा-प्रेम में पिताजी शायद ही कभी बाधा बनते थे। मेरी किशोरावस्था में भी अनेक शहरों और तीर्थस्थलों की यात्रा करने की अनुमति वे मुझे दे देते थे। साधारणतया मेरे साथ मेरे एक या अधिक मित्र होते। पिताजी द्वारा प्रदत्त प्रथम श्रेणी के पासों पर हम लोग आरामपूर्वक यात्रा करते। हमारे परिवार के खानाबदोश लोगों के लिये पिताजी का रेलवे अधिकारी का पद पूर्णतः संतोषप्रद था।

पिताजी ने मेरे अनुरोध पर यथोचित विचार करने का वचन दिया। दूसरे दिन मुझे अपने पास बुलाकर उन्होंने बरेली से बनारस जाने-आने का एक पास, एक रुपये के कुछ नोट और दो पत्र देते हुए कहाः

"मुझे बनारस के अपने मित्र केदारनाथ बाबू को एक कार्य के विषय में कुछ प्रस्ताव भेजना है। दुर्भाग्यवश उनके पते का कागज़ मैंने कहीं खो दिया है। परन्तु मुझे विश्वास है कि हम दोनों के मित्र स्वामी प्रणवानन्द की सहायता से तुम यह पत्र उन तक पहुँचा सकोगे। स्वामीजी मेरे गुरुभाई हैं, उन्होंने अति उन्नत आध्यात्मिक अवस्था प्राप्त कर ली है। उनके संग से तुम्हें भी लाभ होगा। यह दूसरा पत्र उन्हें तुम्हारा परिचय देगा।"

साथ में यह कहते हुए पिताजी की आँखें चमक उठीं: "याद रखो, अब फिर कभी घर से नहीं भागना, समझे!"

अपनी बारह वर्ष की आयु के उत्साह के साथ मैं निकल पड़ा (यद्यपि समय ने नवीन दृश्यों और अपरिचित व्यक्तियों से मुझे मिलने वाले आनंद में अभी तो कोई कमी नहीं आने दी है)। बनारस पहुँचते ही मैं सीधे स्वामीजी के निवास स्थान की ओर चल पड़ा। सामने का द्वार खुला था, मैं दूसरी मंज़िल पर स्थित एक लम्बे हॉलनुमा कमरे में जा पहुँचा। फ़र्श से कुछ ऊँची उठी हुई एक चौकी पर स्थूलकाय एक व्यक्ति केवल एक अधोवस्त्र धारण किये हुए पद्मासन में बैठे थे। उनके होठों पर शांत, सुन्दर मुस्कान खेल रही थी। ऐसे अवांछित प्रवेश के संकोच को दूर करने के लिए किसी चिरपरिचित मित्र की भाँति उन्होंने मेरा स्वागत किया।

''बाबा आनन्द।'' बालसुलभ आवाज़ में उन्होंने इन शब्दों के साथ मेरा हार्दिक स्वागत किया। मैंने घुटने टेक कर उनके चरणस्पर्श किए।

''क्या आप ही स्वामी प्रणवानंदजी हैं?''

उन्होंने स्वीकारार्थ सिर हिलाया। ''तुम भगवती के बेटे हो?'' इससे पहले कि मुझे अपनी जेब से पिताजी का पत्र निकालने का अवसर भी मिल पाता, उनके शब्द निकल चुके थे। आश्चर्यचकित हो कर मैंने पिताजी का उन के लिए दिया हुआ अपना परिचय पत्र निकालकर उनके हाथ में दिया, जो अब निरर्थक जान पड़ता था।

''तुम्हारे लिये केदारनाथ बाबू को मैं अवश्य ढूँढ निकालूँगा।'' संत ने पुनः एक बार अपनी अतीन्द्रिय दृष्टि से मुझे विस्मित कर दिया। तत्पश्चात् उन्होंने पत्र पर एक दृष्टि डाली और मेरे पिताजी के संबंध में कुछ स्नेह भरे उद्गार व्यक्त किये।

''देखो, मुझे दो पेन्शनें मिलती हैं। एक तुम्हारे पिताजी की सिफारिश से, जिनके अधीन मैं रेलवे कार्यालय में काम करता था। दूसरी मेरे परमपिता के अनुग्रह से जिनके लिये मैंने अपने जीवन के सांसारिक कर्तव्यों को अन्तःप्रेरणा के अनुसार अपना सर्वोत्तम प्रयास करके पूर्ण कर दिया है।''

मुझे यह कथन अत्यंत गूढ़ लगा। ''परमपिता से आपको कैसी पेन्शन मिलती है, स्वामीजी? वे क्या धन आपकी गोद में डाल देते हैं?''

स्वामीजी हँस पड़े। ''पेन्शन से मेरा अभिप्राय है अगाध शान्ति-अनेक वर्षों के गहन ध्यान का पुरस्कार। मुझे अब धन की कभी कोई इच्छा नहीं होती। मेरी अत्यल्प भौतिक आवश्यकताओं की पूर्ति हो जाती है। इस दूसरी पेन्शन का तात्पर्य तुम बाद में समझ जाओगे।''

अचानक वार्तालाप बन्द कर स्वामीजी गम्भीर और निश्चल हो गए। किसी रहस्यमय भाव ने उन्हें आवृत कर लिया। प्रारम्भ में तो उनकी आँखें चमक उठीं जैसे किसी आकर्षक वस्तु को देख रही हों, बाद में निष्प्रभ हो गईं। मैं उनके इस अचानक मौन से उद्विग्न हो गया; उन्होंने अभी तक मुझे यह नहीं बताया था कि मैं अपने पिताजी के मित्र से कैसे मिल सकूँगा। तनिक बेचैन होकर मैंने उस खाली कमरे में दृष्टि दौड़ायी जिसमें हम दोनों के अतिरिक्त और कुछ भी नहीं था। जिस चौकी पर वे बैठे थे, उसके नीचे रखी उनकी काठ की खड़ाऊँ पर मेरी दृष्टि पड़ी।

''छोटे महाशय! चिन्ता मत करो। जिनसे तुम मिलना चाहते हो वे आधे घंटे में यहाँ पहुँच जाएँगे।'' योगीवर मेरे मन को पढ़ रहे थे। उस समय यह कोई बड़ी बात भी नहीं लग रही थी!

उन्होंने पुनः गहन मौन धारण कर लिया। जब मेरी घड़ी से मुझे पता चला कि तीस मिनट बीत चुके हैं तब स्वामीजी स्वयं ही उठ गए।

''लगता है केदारनाथ बाबू दरवाज़े के निकट पहुँच गए हैं,'' उन्होंने कहा। मैंने सीढ़ियों से किसी के ऊपर आने की आहट सुनी। विस्मित अबोध्यता में मैं अचानक डूब गया; असमंजस में मेरे विचार दौड़ने लगेः ''बिना किसी संदेशवाहक का उपयोग किये पिताजी के मित्र को यहाँ बुलाना कैसे संभव हो सकता है? मेरे यहाँ आने के बाद स्वामीजी ने तो मेरे अतिरिक्त किसी से भी बात नहीं की है।''

मैं चुपचाप उठकर कमरे से बाहर आ गया और सीढ़ियाँ उतरने लगा। आधे रास्ते में ही मध्यम कद के एक दुबले-पतले, गौरवर्ण व्यक्ति से मेरी भेंट हुई। वे किसी जल्दी में लग रहे थे।

''क्या आप केदारनाथ बाबू हैं?'' मेरी आवाज़ में उत्तेजना स्पष्ट थी।

''हाँ। और तुम भगवती के बेटे हो ना, जो मुझसे मिलने के लिये यहाँ प्रतीक्षा कर रहे हो?'' वे मित्रतापूर्ण ढंग से मुस्कराये।

''महाशय! पर आप यहाँ कैसे आये?'' उनकी अबोध्य उपस्थिति से मुझे विस्मयकारी रोष का अनुभव हुआ।

''आज सब कुछ रहस्यमय लग रहा है! एक घंटे से भी कम समय पहले मैंने गंगास्नान समाप्त किया ही था कि स्वामी प्रणवानन्दजी मेरे पास पहुँच गए। मैं सोच भी नहीं सकता कि उन्हें कैसे पता चला कि मैं उस समय वहाँ था।

'''भगवती का बेटा मेरे घर में तुम्हारी प्रतीक्षा कर रहा है,' उन्होंने कहा। 'क्या तुम मेरे साथ चलोगे?' मैं खुशी से तैयार हुआ। हम लोग हाथ में हाथ डालकर

चलने लगे, किन्तु खड़ाऊँ पहनने के बावजूद भी स्वामीजी आश्चर्यजनक ढंग से मुझे पीछे छोड़कर आगे निकल गये, हालाँकि मैं ये मज़बूत जूते पहने हुए था।

"फिर प्रणवानन्दजी ने अकस्मात् रुककर मुझसे पूछाः 'मेरे घर पहुँचने में तुम्हें कितना समय लगेगा?'

"'लगभग आधा घंटा।'

"'मुझे अभी कुछ और काम है।' उन्होंने एक रहस्यमयी दृष्टि मुझ पर डाली। 'अब मुझे तुम्हें पीछे छोड़कर जाना होगा। तुम सीधे मेरे घर पहुँच जाओ जहाँ मैं और भगवती का बेटा तुम्हारी प्रतीक्षा कर रहे होंगे।'

"मैं उनसे कुछ कह सकूँ इससे पहले ही वे तेज़ी से मेरे पास से निकल गए और भीड़ में अदृश्य हो गये। मैं जितना तेज़ चल सकता था उतना तेज़ चलकर यहाँ पहुँचा हूँ।"

केदारनाथ बाबू के इस कथन से मैं और भी हतबुद्धि हो गया। मैंने उनसे पूछा कि वे स्वामीजी को कब से जानते थे।

"पिछले वर्ष तो हमारी कुछ मुलाकातें हुई थीं, पर हाल में कभी भेंट नहीं हुई। आज पुनः स्नानघाट पर उनसे मिलकर मुझे बहुत खुशी हुई।"

"मुझे अपने कानों पर विश्वास नहीं हो रहा है। मेरा दिमाग तो नहीं फिर रहा है? क्या आप उनसे मनःदृष्टि में मिले थे, या वास्तव में देखा था, उनके हाथ का स्पर्श किया था और उनकी पदचाप सुनी थी?"

"तुम कहना क्या चाहते हो?" गुस्से से उनका चेहरा तमतमा गया। "मैं तुमसे झूठ नहीं बोल रहा हूँ। क्या तुम यह नहीं समझ पा रहे हो कि केवल स्वामीजी के द्वारा ही तो मुझे पता चल सकता था कि तुम यहाँ मेरी प्रतीक्षा कर रहे हो?"

"पर यह देखिये, मैं एक घंटा पहले यहाँ आया और तब से अब तक स्वामी प्रणवानंदजी एक क्षण के लिये भी मेरी दृष्टि से ओझल नहीं हुए।" मैंने सारी कहानी उन्हें सुना दी और स्वामीजी और मेरे बीच का वार्तालाप भी उनके सामने दुहरा दिया।

उनकी आँखें फैल गईं। "हम लोग इस भौतिक युग में जी रहे हैं या स्वप्न देख रहे हैं? मैंने अपने जीवन में कभी भी इस प्रकार का चमत्कार देख पाने की आशा नहीं की थी! मैं तो समझता था ये स्वामीजी केवल एक साधारण मनुष्य हैं, और अब देखता हूँ कि ये एक और शरीर भी धारण कर सकते हैं, उसके द्वारा काम

भी कर सकते हैं!'' हम दोनों ने साथ-साथ ही स्वामीजी के कमरे में प्रवेश किया। केदारनाथ बाबू ने चौकी के नीचे पड़ी खड़ाऊँ की ओर इशारा किया।

''देखो! ये वही खड़ाऊँ हैं जो स्वामीजी ने घाट पर पहनी हुई थीं,'' उन्होंने फुसफसाकर कहा। ''उन्होंने केवल एक अधोवस्त्र पहन रखा था जैसा उन्होंने अभी पहन रखा है।''

केदारनाथ बाबू ने जब स्वामीजी के चरणों में प्रणाम किया तो स्वामीजी मेरी ओर देखते हुए विनोदपूर्ण ढंग से मुस्कुराये।

''तुम इस सब से इतने स्तम्भित क्यों हो? दृश्य जगत् की सूक्ष्म एकता सच्चे योगियों से छिपी नहीं रहती। मैं सुदूर कोलकाता में रहने वाले अपने शिष्यों के सामने क्षणभर में प्रकट होकर उनसे वार्तालाप कर सकता हूँ। वे भी इसी प्रकार स्थूल जगत् की प्रत्येक बाधा को अपनी इच्छानुसार पार कर सकते हैं।''

शायद मेरे बाल-हृदय में आध्यात्मिक उत्साह जगाने के उद्देश्य से ही स्वामीजी अपने दूरश्रवण और दूरदर्शन के योगबल के बारे में मुझे बताने के लिए राज़ी हुए। परन्तु उत्साह के बदले मुझे विस्मययुक्त भय का अनुभव हुआ। चूँकि मेरी ईश्वर-खोज एक विशिष्ट गुरु श्रीयुक्तेश्वरजी के मार्गदर्शन में ही होनी तय थी, जिनसे मैं अभी मिला भी नहीं था, अतः प्रणवानंदजी को अपना गुरु मानने की कोई प्रवृत्ति मेरे मन में नहीं उठी। मैंने यह सोचते हुए उनकी ओर सशंकित मन से देखा कि मेरे सामने बैठे हुए वे स्वयं ही थे, या उनका प्रतिरूप था?

स्वामीजी ने मेरी ओर आत्मज्ञानोदय कराने वाली दृष्टि से देखते हुए तथा अपने गुरु महाराज के विषय में कुछ प्रेरणादायक बातें बताते हुए मेरी अशान्ति दूर करने की चेष्टा की। ''जितने योगियों को मैं जानता हूँ उन सब में लाहिड़ी महाशय सबसे महान् योगी थे। वे नरदेह में साक्षात् ईश्वर थे।''

मैंने मन-ही-मन सोचा कि जब शिष्य भी इच्छामात्र से एक और रक्त-माँस का शरीर धारण कर सकता है, तब उसके गुरु के लिए कौन-सा चमत्कार करना असम्भव होगा?

''गुरु की सहायता कितनी अमूल्य होती है, वह सुनो। मैं गुरुदेव के एक अन्य शिष्य के साथ नित्य रात को आठ घण्टे ध्यान किया करता था। दिन में हम दोनों रेलवे कार्यालय में काम करते थे। क्लर्क के कार्य-निर्वाह में कठिनाई होते देख पूरा समय ईश-चिंतन में लगाने की मेरी इच्छा हुई। आठ वर्ष तक आधी रात मैं ध्यान में ही बिताता था। इस साधना के अद्‌भुत परिणाम मुझे प्राप्त होते थे,

गहरी आध्यात्मिक अनुभूतियों से मन में ज्ञान का प्रकाश फैलता था। परन्तु उस अनंत परमतत्त्व और मेरे बीच सदैव एक झीना पर्दा बना रहता था। अतिमानवी एकाग्रता और निष्ठा के साथ प्रयास करते रहने पर भी मैंने पाया कि परम निर्विघ्न एकात्मता से मैं वंचित हूँ। एक दिन सायंकाल मैं लाहिड़ी महाशय की सेवा में उपस्थित हुआ और मध्यस्थता के लिये मैंने उनसे प्रार्थना की। हठपूर्वक सारी रात मैं उनसे आग्रह करता रहा।

''करुणासागर गुरुदेव! मेरी आत्मा इतनी तड़प रही है कि मैं उस प्राणप्रिय परमप्रेमी के प्रत्यक्ष दर्शन बिना अब और जीवित नहीं रह सकता।''

''तो मैं क्या कर सकता हूँ? तुम्हें अधिक गहराई से ध्यान करना पड़ेगा।''

''मैं आप से प्रार्थना करता हूँ, 'हे प्रभु, मेरे स्वामी! मैं आपको अपने समक्ष इस भौतिक शरीर में प्रकट देख रहा हूँ; मुझे आशीर्वाद दीजिये कि आपके अनन्त स्वरूप में मैं आपके दर्शन कर सकूँ!'

''लाहिड़ी महाशय ने आशीर्वाद-मुद्रा में हाथ उठाते हुए कहा: 'तुम अब जाकर ध्यान करो। मैंने तुम्हारे लिये ब्रह्मा से प्रार्थना कर दी है।'

''अपरिमित आनन्द से उल्लसित होकर मैं घर लौटा। उस रात ध्यान में मुझे अपने जीवन के ज्वलंत चरम लक्ष्य की प्राप्ति हो गई। अब मुझे निरन्तर वह आध्यात्मिक पेन्शन मिल रही है। उस दिन से फिर कभी वह आनन्द पूर्ण स्रष्टा माया के किसी परदे के पीछे छिपकर मेरी दृष्टि से ओझल नहीं हुआ।''

प्रणवानन्दजी का मुखमण्डल दिव्य तेज से दमक रहा था। एक अलौकिक शांति मेरे हृदय में प्रविष्ट हुई; सारा भय नष्ट हो गया। फिर स्वामीजी ने और एक गुप्त बात मुझे बतायी।

''कुछ महीनों बाद मैं फिर लाहिड़ी महाशय के चरणों में उपस्थित हुआ और उनके असीम वरदान के लिये कृतज्ञता प्रकट करने का मैंने प्रयास किया। फिर मैंने दूसरी एक बात छेड़ी।

'''दयानिधान गुरुदेव! मैं अब कार्यालय में काम नहीं कर सकता। कृपा करके मुझे मुक्त कर दीजिये। ब्रह्म मुझे निरन्तर उन्मत्त बनाये रखता है।'

'अपनी कंपनी से पेन्शन के लिये अर्ज़ी दो।'

'इतने अल्पकाल की नौकरी के बाद मैं पेन्शन के लिए क्या कारण बता सकूँगा?'

'जो मन में आये वही बता दो।'

''अगले दिन मैंने पेन्शन के लिए आवेदन दे दिया। डॉक्टर ने समयपूर्व पेन्शन के लिए कारण पूछा।

'''काम करते समय मेरी रीढ़ में मुझ पर काबू करनेवाली कोई अत्यधिक तीव्र संवेदना उठती है। वह पूरे शरीर मैं फैल जाती है और फिर मैं अपने कर्तव्यों का निर्वाह करने में असमर्थ हो जाता हूँ।'

''और कोई प्रश्न किये बिना डॉक्टर ने पेन्शन के लिए मेरे पक्ष में बहुत अच्छी सिफारिश लिख दी और मुझे शीघ्र ही पेन्शन मिल गई। मैं जानता हूँ कि डॉक्टर और तुम्हारे पिता सहित सब संबंधित रेलवे अधिकारियों के माध्यम से लाहिड़ी महाशय की दैवी इच्छा ही कार्य कर रही थी। उन लोगों ने लाहिड़ी महाशय के दैवी निर्देश का अपने आप ही पालन किया और मुझे अखण्ड ईश-चिंतन के लिए मुक्त कर दिया।

''इस असाधारण रहस्योद्घाटन के उपरान्त स्वामी प्रणवानन्द जी दीर्घकाल तक मौन रहे। अब मैं भक्तिभाव से उनका चरणस्पर्श कर उनसे जाने के लिये अनुमति माँग रहा था, तब उन्होंने आशीर्वाद दियाः

'''तुम्हारा जीवन संन्यास और योगमार्ग के लिये है। तुम्हारे पिताजी और तुम्हारे साथ मेरी फिर एक बार भेंट होगी।' अनेक वर्षों के उपरान्त ये दोनों ही भविष्यवाणियाँ सत्य सिद्ध हुईं।

''बढ़ते हुए अन्धकार में केदारनाथ बाबू मेरे साथ-साथ चल रहे थे। मैंने उन्हें पिताजी का पत्र दिया जो उन्होंने सड़क पर लगी रोशनी के प्रकाश में पढ़ा।

''तुम्हारे पिताजी ने इस में अपनी रेलवे कंपनी के कोलकाता कार्यालय में मुझे एक पद ग्रहण करने का प्रस्ताव दिया है। स्वामी प्रणवानन्दजी को मिलने वाली पेन्शनों में से कम-से-कम एक पेन्शन का अधिकारी हो पाना कितना सुखद होता! परन्तु यह असम्भव है; मैं बनारस छोड़ कर नहीं जा सकता। खेद है कि एक साथ दो शरीर धारण करने का मेरा समय अभी नहीं आया है।''

प्रकरण–4

हिमालय की ओर मेरे पलायन में बाधा

"कोई भी छोटा-मोटा बहाना बनाकर अपनी कक्षा से बाहर निकल आओ और एक घोड़ागाड़ी किराये पर ले लो। हमारी गली में ऐसी जगह आकर ठहरना जहाँ तुम्हें मेरे घर का कोई सदस्य न देख सके।"

हिमालय में मेरे साथ जाने की योजना बनाने वाले उच्च माध्यमिक विद्यालय के अपने सहपाठी अमर मित्तर को मेरा यह अंतिम निर्देश था। अपने पलायन के लिये हम लोगों ने अगला दिन तय किया था। अनन्तदा मुझ पर कड़ी दृष्टि रखते थे, इसलिए सावधानी बरतना आवश्यक था। उन्हें पूरा सन्देह था कि मेरे मन में भाग जाने की प्रबल इच्छा है, और वे मेरी योजना को विफल बनाने के लिये कृतसंकल्प थे। तावीज़ चुपचाप अपना कार्य करता हुआ मेरे अन्दर आध्यात्मिक उफान ला रहा था। मुझे आशा थी कि हिमालय में मुझे अपने वे गुरु मिल जाएंगे जिनका चेहरा प्रायः मुझे अपने अंतर्मन के दिव्य दर्शनों में दिखायी देता था।

पिताजी का स्थायी रूप से कोलकाता में स्थानान्तरण हो गया था और अब हमारा परिवार वहीं रह रहा था। पितृसत्तात्मक भारतीय परम्परा के अनुसार अनन्तदा भी अपनी नववधू के साथ हमारे घर में रहने आ गए थे। वहाँ मैं अटारी पर स्थित एक छोटे-से कमरे में नित्य ध्यान करके अपने मन को ईश्वरानुसंधान के लिए तैयार कर रहा था।

उस अविस्मरणीय दिन का उदय अमंगलकारी वर्षा के साथ हुआ। सड़क पर अमर की घोड़ा-गाड़ी की आवाज़ सुनते ही मैंने जल्दी-जल्दी एक कम्बल में

एक जोड़ा खड़ाऊँ, दो कौपीन, एक जपमाला, लाहिड़ी महाशय की फ़ोटो और भगवद्गीता की एक प्रति बाँध ली। यह पोटली मैंने तीसरी मंज़िल की अपनी खिड़की से नीचे फेंक दी। मैं भागते हुए सीढ़ियों से नीचे उतरा और द्वार पर मछली खरीद रहे चाचाजी की बगल से आगे बढ़ गया।

"क्या जल्दी है?" उन्होंने सशंक दृष्टि से मुझे ऊपर से नीचे तक देखा।

बिना कोई उत्तर दिये एक उदासीन मुस्कराहट के साथ उनकी ओर देखते हुए मैं गली की ओर चल पड़ा। अपनी पोटली उठाकर षड्यंत्रकारी सावधानी बरतता हुआ मैं अमर से जा मिला। हम गाड़ी में बैठकर शहर के एक बाज़ार क्षेत्र चाँदनी चौक में गए। अंग्रेज़ी पोशाक खरीदने के लिए हम कई महीनों से अपने प्रतिदिन जलपान के लिए मिलनेवाले थोड़े-थोड़े पैसे बचाते आये थे। हम जानते थे कि मेरे चालाक भाई एक गुप्तचर की भूमिका निभा सकते हैं, इसलिए यूरोपियन पोशाक पहनकर हम उन्हें चकमा देना चाहते थे।

स्टेशन जाते-जाते रास्ते में हम सभी मेरे चचेरे भाई जतिन घोष, जिन्हें मैं जतिनदा कहता था, के लिए रुके। वे नए-नए ही हमारे पंथानुयायी बने थे और हिमालय में किसी गुरु की शरण प्राप्त करने के आकांक्षी बने थे। हमारे पास पहले से तैयार नया सूट उन्होंने पहन लिया। *अब हमें कोई नहीं पहचान सकता,* हमने सोचा! हमारे मन गहरे उल्लास से खिल उठे।

"बस, अब केवल कैनवस जूतों की कमी है।" मैं इन दोनों को एक दुकान पर ले गया जहाँ रबड़ के तले लगे जूतों को सजाया गया था। "ऐसी पवित्र यात्रा में जीव-हत्या द्वारा प्राप्त हुई चमड़े की चीज़ें नहीं ले जानी चाहिये।" अपनी भगवद्गीता की चमड़े की जिल्द और विलायती हैट पर लगे चमड़े के फीते निकालकर फेंकने के लिये मैं बाहर सड़क पर रुक गया।

स्टेशन पर हम लोगों ने बर्दवान के टिकट खरीदे। हम बर्दवान में हिमालय के चरणों में स्थित हरिद्वार जाने के लिए गाड़ी बदलने वाले थे। जब गाड़ी भी हम लोगों के समान ही भागने लगी, तो मैंने अपनी कुछ महान् आशाओं को शब्द प्रदान किये।

"जरा कल्पना तो करो!" मैंने उत्साह पूर्वक कहा। "महान् गुरुओं से दीक्षा लेकर हम लोग ब्रह्मचैतन्य की समाधि का अनुभव करेंगे। हमारे शरीरों में ऐसी चुम्बकीय शक्ति पैदा हो जाएगी कि हिमालय के वन्य पशु पालतू जानवरों की भाँति हमारे पास आएंगे। बाघ हमारा दुलार पाने की प्रतीक्षा में बैठी रहनेवाली घरेलू निरीह बिल्लियों से अधिक कुछ न होंगे!"

भविष्य का चित्र प्रस्तुत करने वाला यह वर्णन, जिसे मैं लाक्षणिक तथा वास्तविक, दोनों दृष्टियों से चित्तमोहक मान रहा था, अमर के होठों पर उत्साहपूर्ण मुस्कान ले आया। परन्तु जतिन दा ने अपनी दृष्टि दूसरी ओर घुमा ली और खिड़की से बाहर भागते हुए प्राकृतिक दृश्यों को देखने लगे।

"पैसे को तीन हिस्सों में बाँट लेते हैं।" जतिन दा ने इस प्रस्ताव के साथ अपने दीर्घ मौन को तोड़ा। "बर्दवान में हमें अपने टिकट अलग-अलग खरीदने चाहिये। इससे किसी को सन्देह नहीं होगा कि हम लोग साथ-साथ भाग रहे हैं।"

मैं बिना किसी आशंका के सहमत हो गया। सूर्यास्त के समय हमारी ट्रेन बर्दवान स्टेशन पर रुकी। जतिन दा टिकट-घर में घुस गए; अमर और मैं प्लेटफ़ार्म पर बैठे रहे। हम लोगों ने पन्द्रह मिनट तक प्रतीक्षा की, और फिर उनके विषय में निष्फल पूछताछ की। चारों ओर खोज लेने के बाद हम लोगों ने भय-व्याकुल होकर जोर-जोर से जतिन दा को आवाज़ें दीं। परन्तु वे तो उस छोटे-से स्टेशन के चारों ओर फैले अन्धकार में न जाने कहाँ लुप्त हो गए थे।

मैं पूर्णतः घबरा गया और इस आघात से मेरे हाथ-पाँव फूल गए। भगवान को भी यह निराशाजनक घटना स्वीकार थी? भगवान के लिए मेरे प्रथम सुनियोजित पलायन के रोमांचक अवसर पर विषाद का निर्मम साया पड़ चुका था।

"अमर! हमें घर लौट जाना चाहिये।" मैं छोटे बच्चे की तरह रो रहा था। "जतिन दा का निष्ठुर प्रयाण अनिष्टसूचक संकेत है। विफल होना ही इस यात्रा की नियति है।"

"यही है तुम्हारा ईश्वर-प्रेम? एक विश्वासघाती साथी के रूप में ली गई छोटी-सी परीक्षा को भी तुम सह नहीं सकते?"

अमर द्वारा इसे ईश्वरीय परीक्षा बताये जाने पर मेरा मन शांत हुआ। हमने बर्दवान के सुविख्यात सीताभोग और मोतीचूर का नाश्ता किया। कुछ ही घंटों में हम बरेली होकर हरिद्वार जाने वाली गाड़ी में बैठ गए। अगले दिन मुग़लसराय में गाड़ी बदलने के लिए जब हम प्लेटफार्म पर प्रतीक्षा कर रहे थे, तब हमने एक महत्त्वपूर्ण विषय पर विचार-विमर्श किया।

"अमर, सम्भव है कि शीघ्र ही हमें रेलवे अधिकारियों की गहरी पूछताछ का सामना करना पड़े। मैं अपने भाई की चतुरता को कम महत्त्व नहीं देता। परिणाम चाहे जो भी हो, मैं झूठ नहीं बोलूँगा।"

"मुकुन्द, मेरा तुमसे इतना ही अनुरोध है कि तुम चुप रहना। मैं जब उनसे बात करूँ, तो तुम मुस्कराना या हँसना नहीं।"

इतने में ही एक यूरोपियन रेलवे अधिकारी मेरे पास आया। उसने एक तार-पत्र हिला कर मुझे दिखाया जिसका आशय मैं तुरन्त समझ गया।

"क्या तुम लोग गुस्से में घर से भाग रहे हो?"

"जी नहीं!" मैं प्रसन्न था कि उसके चुने हुए शब्दों ने मुझे सुस्पष्ट उत्तर देने की अनुमति दे दी। मैं जानता था कि क्रोध नहीं, बल्कि "दैवी-वैराग्य" मेरे इस अस्वाभाविक व्यवहार का कारण था।

फिर वह अधिकारी अमर की ओर मुड़ा। उन दोनों के बीच बुद्धि-चातुर्य का जो द्वन्द्व हुआ उसे सुनते हुए निर्विकार गाम्भीर्य बनाये रखने के अनुरोध का पालन करना मेरे लिये कठिन से कठिनतर होता गया।

अधिकारी ने अपनी आवाज़ में अपने अधिकार को पूरी तरह ध्वनित करते हुए पूछा: "तीसरा लड़का कहाँ है? चलो, सच बोलो!"

"साहब! आपने चश्मा पहना हुआ है। क्या फिर भी आपको दिखायी नहीं देता कि हम केवल दो ही हैं?" अमर धृष्टतापूर्वक मुस्कराया। "मैं कोई जादूगर नहीं हूँ कि एक तीसरा लड़का निकाल दूँ।"

अधिकारी ने, इस धृष्टता से स्पष्ट रूप से हड़बड़ा कर, आक्रमण का नया पैंतरा लिया। "तुम्हारा नाम क्या है?"

"मुझे टॉमस कहते हैं। मैं अंग्रेज़ माता और भारतीय धर्मांतरित ईसाई पिता की संतान हूँ।"

"तुम्हारे मित्र का क्या नाम है?"

"मैं उसे टॉमसन कहता हूँ।"

अब तो अन्दर-ही-अन्दर मेरी हँसी चरम सीमा तक पहुँच चुकी थी। मैं किसी से कुछ कहे बिना ट्रेन की ओर चल पड़ा जो भगवान की दया से प्रस्थान करने के लिए सीटी बजा रही थी। अमर भी उस अधिकारी के साथ मेरे पीछे-पीछे ही चला आया जो अब उसकी बातों पर इतना विश्वास करने लगा था कि उसने शिष्टतापूर्वक हमें यूरोपियन लोगों के लिये निर्धारित डिब्बे में आराम से बिठा दिया। स्पष्ट था कि दो अर्द्ध-अंग्रेज़ बालकों को हिंदुस्तानियों के डिब्बे में यात्रा करते देखना उसके लिए कष्टदायक था। उसके वहाँ से विनयपूर्वक प्रस्थान करने के बाद मैं सीट पर

लेट गया और जोर-जोर से हँसता रहा। एक अनुभवी अंग्रेज़ अधिकारी को बुद्धि चातुर्य में मात देने का आनंदपूर्ण संतोष अमर के चेहरे पर व्याप्त था।

प्लेटफ़ार्म पर मैंने तार को चोरदृष्टि से पढ़ लिया था। तार मेरे भाई अनन्त का था। उसमें लिखा था, "यूरोपियन पोशाक पहने तीन बंगाली लड़के घर से भागकर मुग़लसराय के मार्ग से हरिद्वार की ओर जा रहे हैं। मेरे पहुँचने तक उन्हें कृपया रोके रखें। आपकी सेवाओं के लिये योग्य पुरस्कार दिया जाएगा।"

"अमर! मैंने तुम्हें कहा था कि निशान लगाये हुए टाइम-टेबल को घर में मत छोड़ना।" मेरी आँखों में नाराज़गी थी। "मेरे भैया को अवश्य ही वहाँ ऐसा कोई टाइम-टेबल मिल गया होगा।"

मेरे मित्र ने झेंपकर इस डाँट को स्वीकार किया। हम थोड़ी देर के लिए बरेली में रुके जहाँ द्वारका प्रसाद अनन्त द्वारा भेजी एक तार के साथ हमारी प्रतीक्षा कर रहा था। द्वारका ने हमें रोके रखने का भरपूर प्रयास किया किन्तु मैंने उसे अच्छी तरह विश्वास दिला दिया कि हमने यह पलायन हँसी-मज़ाक के तौर पर शुरू नहीं किया था। पहले की भांति इस बार भी द्वारका ने हमारे साथ हिमालय भाग चलने का प्रस्ताव स्वीकार नहीं किया।

उसी रात जब हमारी गाड़ी एक स्टेशन पर खड़ी हुई थी और मैं अर्द्धनिद्रित अवस्था में था, तब पूछताछ करते एक और अधिकारी ने आकर अमर को जगा दिया। वह भी "टॉमस" और "टॉमसन" नामों के इन्द्रजाल में फँस गया। भोर होते-होते गाड़ी ने हमें सफलतापूर्वक हरिद्वार पहुँचा दिया। हमें अपनी ओर बुलाते गौरवशाली पर्वत कुछ दूरी पर अस्पष्ट दिखायी दे रहे थे। हम लोग तेज़ी से भागते हुए स्टेशन से बाहर निकले और नगर की स्वतंत्र भीड़ में प्रविष्ट हो गए। हमारा पहला काम था देशी पोशाक धारण करना, क्योंकि अनन्तदा को किसी प्रकार हमारे यूरोपियन छद्मवेश का पता लग गया था। पकड़े जाने का पूर्वाभास मेरे मन पर बोझ बन रहा था।

हरिद्वार से तुरन्त निकल जाना ही उपयुक्त मानकर हमने सदियों से अनेकानेक सन्तों की चरणरज से पवित्र हुए ऋषिकेश जाने के लिये टिकटें खरीद लीं। मैं पहले ही ट्रेन में बैठ गया था, जबकि अमर अभी पीछे प्लेटफ़ार्म पर ही था। एक पुलिस वाले ने पुकारकर उसे रोक लिया। वह अवांछित प्रतिपालक हमें पुलिस स्टेशन के बंगले में ले गया और उसने हमारे सब पैसे ले लिये। उसने शिष्टतापूर्वक यह स्पष्ट किया कि मेरे बड़े भाई के आने तक हमें वहाँ रोककर रखना उसका कर्तव्य था।

यह जानकर कि इन दो भगोड़ों का गन्तव्य स्थल हिमालय था, उस सिपाही ने एक अद्‌भुत घटना सुनायी।

"मैं देख रहा हूँ कि तुम सन्तों के दीवाने हो! अभी कल ही मेरी जिस संत से मुलाकात हुई थी, उस से बड़ा सन्त तुम्हें कभी नहीं मिलेगा। मेरे एक सहयोगी और मैं उनसे पहली बार पाँच दिन पहले मिले थे। एक विशिष्ट हत्यारे की तीव्र खोज में हम गंगा के पास गश्त लगा रहे थे। उसे ज़िन्दा या मुर्दा पकड़ने का हमें आदेश था। उसके बारे में हमें सिर्फ यह ही ज्ञात था कि तीर्थयात्रियों को लूटने के लिये वह साधु का छद्मवेश धारण कर घूम रहा है। अपने सामने थोड़ी ही दूरी पर हमने एक आकृति देखी जो उस अपराधी के वर्णन से मिलती-जुलती थी। जब वह हमारे आदेश पर नहीं रुका तो उसे पकड़ने के लिये हम लोग दौड़े। उसके पीछे पहुँचकर मैंने उस पर पूरी शक्ति से फरसे का वार कर दिया। उसका दाहिना हाथ कटकर उसके शरीर से लगभग पूर्णतः अलग हो गया।

"आश्चर्य यह है कि किसी प्रकार की कोई आवाज़ निकाले बिना और उस भयंकर घाव पर दृष्टि भी डाले बिना वह अजनबी अपनी तेज़ गति से चलता ही रहा। जब हम लपक कर उसके सामने खड़े हो गए, तो उसने शान्त भाव से कहाः

"जिस हत्यारे की तुम्हें तलाश है, वह मैं नहीं हूँ।"

"यह देखकर मुझे गहरा आघात लगा कि मैंने दिव्य पुरुष-से दीखनवाले एक संत के शरीर को घायल कर दिया था। मैं उनके चरणों में साष्टांग लेट गया और कातर स्वर में क्षमायाचना करने लगा तथा तेज़ी से निकलते रक्त की धारा को रोकने के लिये मैंने अपनी पगड़ी का कपड़ा उन्हें दिया।

"'बेटा! तुम्हारी भूल स्वाभाविक ही थी।' उस महापुरुष ने मेरी ओर दया और स्नेह से देखते हुए कहा। 'जाओ और पश्चात्ताप मत करो। परमप्रिय जगन्माता मेरी देखभाल कर रही हैं।' उन्होंने अपनी लटकती भुजा को पकड़कर उसके स्थान पर लगाया और चमत्कार! वह जुड़ गई; और आश्चर्यजनक रूप से रक्त-प्रवाह भी तुरन्त बन्द हो गया।

"'तीन दिन बाद मुझसे उस पेड़ के नीचे आकर मिलो। तुम मुझे पूर्णतः स्वस्थ पाओगे। इस प्रकार तुम्हें पश्चात्ताप नहीं रहेगा।'

"कल ही मैं अपने सहयोगी के साथ वहाँ गया था। वे सन्त वहीं थे और उन्होंने हमें अपनी बाँह का निरीक्षण करने दिया। वहाँ पर न तो घाव का कोई चिह्न था, न ही चोट का कोई लक्षण!

'''मैं ऋषिकेश होते हुए हिमालय के निर्जन प्रदेशों में जा रहा हूँ।' महात्मा ने वहाँ से तुरन्त प्रस्थान करते हुए हमें आशीर्वाद दिया। मुझे लगता है कि उनकी पवित्रता से मेरा जीवन भी उन्नत हो गया है।''

उस अफसर ने पवित्र उद्गार के साथ अपनी कथा समाप्त की; उसके अनुभव ने स्पष्टतया उसके भीतर की नई गहराइयों को छू लिया था। एक प्रभावशाली ढंग से उसने उस चमत्कार के संबंध में छपी हुई समाचार पत्र की कतरन मुझे दी। एक सनसनीखेज समाचार-पत्र में साधारणतया जिस तरह तोड़-मरोड़कर समाचार प्रकाशित किये जाते हैं (खेद है कि इसका भारत में भी अभाव नहीं है), उसी तरह संवाददाता ने भी अपने विवरण में घटना को कुछ बढ़ा-चढ़ा कर छाप दिया था; उसमें लिखा था कि साधु का सिर ही धड़ से लगभग अलग हो गया था!

अमर को और मुझे अत्यंत खेद हुआ कि हम ऐसे महान योगी के दर्शन-लाभ से वंचित रह गए, जिन्होंने अपने पर अत्याचार करने वाले को भी ईसामसीह के समान क्षमा कर दिया। भारतवर्ष पिछली दो शताब्दियों से आर्थिक दृष्टि से भले ही गरीब हो गया हो, परन्तु अभी भी उसके पास दैवी सम्पदा का अक्षय भण्डार है। कभी-कभी इस पुलिस अधिकारी जैसे सांसारिक लोग भी आध्यात्मिक जगत् के गगनचुम्बी व्यक्तित्वों के अनायास ही दर्शन पा जाते हैं।

अपनी इस अद्भुत कहानी से हमारा समय बिताने के लिये हमने पुलिस अधिकारी का धन्यवाद किया। संभवतः वह हमें सूचित कर रहा था कि वह हमसे अधिक भाग्यवान थाः उसे अनायास ही एक आत्मज्ञानी संत के दर्शन हो गए थे, जब कि हमारी उत्कट खोज ने हमें किसी सिद्ध पुरुष के चरणों में नहीं, बल्कि एक घटिया पुलिस स्टेशन में पहुँचा दिया था!

हिमालय के कितने निकट, किन्तु फिर भी बन्धन में होने के कारण कितने दूर! मैंने अमर से कहा कि इस बन्धन से मुक्त होने के लिये मेरा मन दुगने उत्साह से जोर मार रहा है।

''अवसर मिलते ही, यहाँ से खिसक चले। पुण्यतीर्थ ऋषिकेश तक तो हम पैदल भी जा सकते हैं।'' प्रोत्साहन देने के लिये मैं मुस्कराया।

परन्तु मेरा मित्र उसी समय निराशावादी बन गया था, जैसे ही हमसे पैसे का मज़बूत सहारा छीन लिया गया था।

''यदि हम ऐसे खतरनाक जंगल से पैदल चले, तो उस साधु-संतों के नगर में नहीं, बल्कि बाघों के पेट में पहुँच जाएंगे!''

अनन्त और अमर के भाई तीन दिन बाद पहुँचे। अमर ने मुक्ति के आनन्द से अपने भाई का सस्नेह स्वागत किया। परन्तु मुझे इस पुनर्मिलन में कोई रुचि नहीं थी; अनन्त को मुझसे कठोर उलाहने के अतिरिक्त और कुछ नहीं मिला।

"तुम्हारे मन की भावना मैं समझता हूँ।" अनन्तदा सांत्वनात्मक शब्दों में बोले। "मैं तुमसे केवल इतना ही चाहता हूँ कि तुम एक बार मेरे साथ बनारस चलो, वहाँ एक विशिष्ट संत से मिल लो और वहाँ से फिर कुछ दिनों के लिये दुःखित पिताजी से मिलने कोलकाता चले जाओ। उसके बाद तुम यहाँ अपने गुरु की खोज पुनः आरम्भ कर सकते हो।"

यहाँ पर अमर हमारे वार्तालाप में टपक पड़ा; उसने कहा कि मेरे साथ पुनः हरिद्वार आने का उसका कोई इरादा नहीं है। वह पारिवारिक स्नेहसुधा का उपभोग कर रहा था। परन्तु मुझे विश्वास था कि मैं कभी भी अपने गुरु की खोज का परित्याग नहीं करूँगा।

हमारी मण्डली बनारस के लिये रेलगाड़ी पर सवार हो गई। वहाँ मुझे अपनी प्रार्थना का एक अद्‌भुत और प्रत्यक्ष उत्तर मिल गया।

अनन्तदा ने पहले से ही एक कौशलपूर्ण व्यूहरचना कर रखी थी। हरिद्वार में मुझसे मिलने से पहले वे बनारस में उतर गए थे और वहाँ उन्होंने एक शास्त्रपंडित से मिलकर मुझे उससे उपदेश दिलाने की व्यवस्था कर रखी थी। पंडित और उनके सुपुत्र ने भी, मुझे संन्यास पथ से विरत कर देने का प्रयास करने का अनन्तदा को वचन दिया हुआ था।

अनन्तदा मुझे उनके घर ले गये। पंडितजी के अति उत्साही स्वभाव वाले युवा पुत्र ने आगे बढ़कर आँगन में ही मेरा स्वागत किया उसने मुझे एक लम्बे दार्शनिक तर्क-वितर्क में उलझा लिया। अपनी अतींद्रिय दृष्टि से मेरे भविष्य को देख पाने का दावा करते हुए उन्होंने मेरे संन्यासी बनने के विचार पर असहमति प्रकट की।

"यदि तुम अपने साधारण उत्तरदायित्वों को त्याग देने का हठ करोगे तो निरन्तर दुर्भाग्य का शिकार बनोगे और ईश्वर को पाने में असमर्थ रहोगे! सांसारिक अनुभव के बिना तुम अपने पूर्व कर्मों को समाप्त नहीं कर सकते।"

उत्तर में भगवद्‌गीता के सनातन शब्द मेरे होठों पर उभर आयेः

"यदि कोई अतिशय दुराचारी भी अनन्य भाव से मुझे भजता है; तो उसके पिछले दुष्कर्मों का प्रभाव शीघ्र ही नष्ट हो जाता है। महात्मा बनकर वह शीघ्र

शाश्वत शान्ति को प्राप्त करता है। हे कुन्तीपुत्र, तुम यह निश्चित रूप से जान लो, जो भक्त मुझमें पूर्ण विश्वास रखता है उसका कभी विनाश नहीं होता!"

किन्तु उस युवक द्वारा दृढ़तापूर्वक की गई भविष्यवाणी ने मेरे विश्वास को थोड़ा-सा हिला दिया था। अपने हृदय की पूर्ण भक्ति से मैंने मन ही मन ईश्वर से प्रार्थना की:

"अभी यहीं और इसी क्षण मेरी सारी व्यग्रता को दूर कर मुझे उत्तर दो, तुम क्या चाहते हो, मैं संन्यासी का जीवन व्यतीत करूँ या संसारी मनुष्य का?"

पंडितजी के घर की चहारदीवारी के निकट ही बाहर मैंने एक उदात्त शरीर वाले साधु को खड़े देखा। स्पष्टतया उन्होंने मेरे और स्वघोषित दिव्य द्रष्टा के बीच का वार्तालाप सुन लिया था, क्योंकि उन्होंने अपरिचित होते हुए भी मुझे अपने पास बुलाया। उनके प्रशांत नेत्रों से मैंने एक प्रचण्ड शक्ति को प्रवाहित होते हुए अनुभव किया।

"वत्स! उस मूढ़ की बातें मन सुनो। तुम्हारी प्रार्थना के प्रत्युत्तर स्वरूप ईश्वर मुझे तुम्हें यह आश्वासन देने का निर्देश दे रहे हैं कि तुम्हारे जीवन का एकमेव मार्ग संन्यास ही है।"

विस्मय और कृतज्ञता के साथ इस निर्णायक सन्देश पर मैं प्रसन्नता से मुस्कराया।

"उस व्यक्ति से दूर होकर इधर चले आओ!" आँगन से वह "मूढ़" मुझे बुला रहा था। मेरे उस सन्तवत् मार्गदर्शक ने आशीर्वाद मुद्रा में हाथ उठाया और वे धीरे-धीरे चले गए।

"वह साधु भी तुम्हारे समान पागल ही है।" यह मनोज्ञ टिप्पणी करने वाले श्वेतकेशधारी पंडितजी थे। वे और उनके सुपुत्र मेरी ओर शोचनीय दृष्टि से देख रहे थे। "मैंने सुना है कि उसने भी ईश्वर की सन्दिग्ध खोज के लिए अपना घर-बार छोड़ दिया है।"

मैंने मुँह फेर लिया। अनन्त दा की ओर मुड़कर मैंने कहा कि मैं इन लोगों से और किसी तर्क में नहीं उलझना चाहता। मेरे हतोत्साहित भाई तत्काल प्रस्थान के लिये मान गए। हम लोग शीघ्र ही कोलकाता जानेवाली गाड़ी पर सवार हो गए।

"श्रीमान गुप्तचरजी! यह तो बताइये कि आपको कैसे पता चला कि मैं दो साथियों के साथ भागा हूँ?" मैंने अपनी तीव्र जिज्ञासा शांत करने के लिये घर जाते हुए रास्ते में अनन्तदा से पूछा। वे शरारत भरे ढंग से मुस्कराये।

"तुम्हारे स्कूल में मुझे पता चला कि अमर अपनी कक्षा से बाहर चला गया था और लौटकर नहीं आया था। मैं अगले दिन सुबह उसके घर गया और वहाँ एक निशान लगाया हुआ एक टाइम-टेबल खोज निकाला। अमर के पिता उसी समय घोड़ागाड़ी से बाहर जा रहे थे और कोचवान से बातें कर रहे थे।

"आज मेरा बेटा स्कूल जाने के लिए मेरे साथ गाड़ी में नहीं आएगा। वह गायब हो गया है!" पिता ने दुःखभरे स्वर में कहा।

"मैंने एक साथी कोचवान से सुना है कि आपका बेटा और दो अन्य लड़के यूरोपियन पोशाक पहने हावड़ा स्टेशन में एक गाड़ी में चढ़कर कहीं चले गए हैं। कोचवान ने कहा, 'अपने चमड़े के जूते उन्होंने उस कोचवान को दे दिये।'

"इस प्रकार मुझे तीन सूत्र मिल गए—टाइम-टेबल, तीन लड़कों की मण्डली और अंग्रेज़ी वेश।"

अनन्तदा के रहस्योद्घाटनों को मैं हँसी और खीझ के मिलेजुले भावों के साथ सुन रहा था। कोचवान के प्रति हमारी उदारता कुछ अपात्र दान ही ठहरी।

"यह तो स्वाभाविक ही था कि मैंने अमर द्वारा टाइम-टेबल में निशान लगाये गए शहरों के रेलवे-अधिकारियों को तत्काल तार भेज दिये। उसने बरेली पर भी निशान लगाया था, इसलिए मैंने वहाँ तुम्हारे दोस्त द्वारका को तार भेज दिया था। कोलकाता में अपने पड़ोस में पूछताछ करने पर मुझे पता चला कि हमारे चचेरे भाई जतिनदा एक रात के लिए गायब रहे पर दूसरे दिन सुबह ही अंग्रेज़ी वेश में वापस आ गये थे। मैंने उन्हें खोजा और भोजन पर निमन्त्रित किया। उन्होंने मेरे मैत्रीपूर्ण व्यवहार से निःशंक होकर निमंत्रण स्वीकार किया। रास्ते में संदेह-रहित ढंग से मैं उन्हें एक पुलिस स्टेशन में ले गया। वहाँ उन्हें अनेक पुलिस अधिकारियों ने घेर लिया जिन्हें मैंने उनकी डरावनी सूरत के कारण पहले से ही चुन रखा था। उनकी भयावह दृष्टि के आगे जतिनदा अपने रहस्यात्मक व्यवहार का स्पष्टीकरण देने के लिए तैयार हो गए।

"'आध्यात्मिक भावनामय उत्साह में मैं हिमालय की ओर चल पड़ा,' उन्होंने कहा। 'सिद्ध महात्माओं के दर्शनों के विचार ने मेरे अंतःकरण को प्रेरणा से भर दिया था। परन्तु जैसे ही मुकुन्द ने कहा, 'हिमालय की गुफाओं में जब हम समाधि में बैठ जाएंगे, तब बाघ भी वशीभूत होकर हमारे इर्दगिर्द पालतू बिल्लियों की भाँति बैठेंगे,' तो मेरा सारा जोश ठंडा हो गया और ललाट पर पसीने की बूँदे झलकने लगीं। मैंने सोचाः *तब क्या होगा? यदि हमारे योगबल से हिंस्र बाघों का स्वभाव*

नहीं बदल सका तो क्या वे हमारे साथ घरेलू बिल्लियों का-सा आचरण करेंगे? अपने मनश्चक्षु में मैंने पहले से ही स्वयं को किसी बाघ के पेट के बलात् अंतर्वासी के रूप में देखा; वहाँ सम्पूर्ण शरीर के साथ एक ही बार में प्रवेश करके नहीं बल्कि शरीर के विभिन्न हिस्सों की अनेक किस्तों में!''

जतिनदा के अदृश्य हो जाने के कारण जो मेरा क्रोध था, वह हँसी में बदल गया। उन्होंने मुझे जो संताप दिया था उसका सारा मूल्य रेलगाड़ी में मिले लोटपोट करनेवाले स्पष्टीकरण से चुकता हो गया। मुझे स्वीकार करना पड़ेगा कि मुझे इस बात से कुछ सन्तोष अवश्य हुआ कि जतिनदा भी पुलिस की ख़ातिरदारी से नहीं बचे थे!

''अनंतदा! आप जन्मजात गुप्तचर हैं!'' मेरी विनोदपूर्ण दृष्टि पूर्णतः क्रोधरहित नहीं थी। ''और मैं। जतिनदा से कहूँगा कि मुझे खुशी है कि वे विश्वासघात के किसी उद्देश्य से नहीं, जैसा कि प्रतीत होता था, बल्कि केवल आत्मरक्षा की सतर्क सहजप्रवृत्ति से प्रेरित हुए थे!''

कोलकाता में घर पहुँचने पर पिताजी ने अत्यंत मर्मस्पर्शी ढंग से मुझसे अनुरोध किया कि कम-से-कम उच्च विद्यालय की पढ़ाई पूरी कर लेने तक मैं अपने पाँवों पर अंकुश लगाऊँ। मेरी अनुपस्थिति में उन्होंने एक सन्तवत् महात्मा पंडित स्वामी केवलानंदजी के नियमित हमारे घर आने की व्यवस्था की एक प्रेमपूर्वक योजना बनायी थी।

''ये ऋषितुल्य महात्मा तुम्हारे संस्कृत शिक्षक होंगे,'' पिताजी ने विश्वस्त ढंग से घोषणा की।

पिताजी को आशा थी कि वे मेरी आध्यात्मिक पिपासा एक विद्वान दार्शनिक से शिक्षा दिलाकर शान्त कर देंगे। परन्तु परिणाम रहस्यपूर्ण ढंग से उलटा हुआः मेरे नवनियुक्त शिक्षक मुझे शुष्क बौद्धिक ज्ञान देने के बदले मेरी ईश्वराकांक्षा के अंगारों को हवा देने लगे। पिताजी को यह ज्ञात नहीं था कि स्वामी केवलानंदजी लाहिड़ी महाशय के एक उन्नत शिष्य थे। उस अद्वितीय गुरु के सहस्रों शिष्य थे जो उनकी अमोघ दैवी शक्ति के चुम्बकीय प्रभाव से अपने आप उनकी ओर आकर्षित हो गए थे। मुझे बाद में ज्ञात हुआ कि लाहिड़ी महाशय केवलानन्दजी को प्रायः ऋषि कहकर संबोधित करते थे।

लम्बे घुंघराले केश मेरे शिक्षक के सुन्दर मुख-मण्डल की शोभा बढ़ा रहे थे। उनकी काली आँखें शिशु-नेत्रों की भाँति निश्छल और भोली थीं। उनके

छरहरे शरीर की सब गतिविधियों में एक प्रशान्त गम्भीरता थी। सदैव शान्त और स्नेहमय केवलानन्दजी अनन्त ब्रह्म के चैतन्य में दृढ़ता के साथ स्थिर हो गए थे। हम दोनों के सहवास के अनेक आनन्दमय प्रहर गहरे क्रिया योग ध्यान में बीतते थे।

केवलानन्दजी प्राचीन शास्त्रों के सुप्रतिष्ठित पंडित थे; उनके इस अगाध ज्ञान के कारण ही उन्हें शास्त्री महाशय की उपाधि मिली थी जिसके द्वारा वे प्रायः सम्बोधित किये जाते थे। परन्तु संस्कृत पांडित्य में मेरी प्रगति अनुल्लेखनीय थी। मैं सदा इसी सुयोग की ताक में रहता था कि किस तरह नीरस व्याकरण से जान बचे और योग तथा लाहिड़ी महाशय की चर्चा शुरू हो। मेरे शिक्षक महोदय ने एक दिन लाहिड़ी महाशय के साथ बिताये गए अपने जीवन के बारे में कुछ बताने का अनुग्रह किया।

''मुझे दस वर्ष तक लाहिड़ी महाशय के पास रहने का दुर्लभ सौभाग्य प्राप्त हुआ था। बनारस में उनका घर मेरा रात्रिकालीन इष्ट तीर्थस्थान था। नीचे के तल्ले पर सामने वाली छोटी-सी बैठक में वे सदा विराजमान रहते थे। लकड़ी की चौकी पर पद्मासन में बैठे हुए वे अपने शिष्यों से एक माला की भाँति अर्धवृत्ताकार में घिरे रहते थे। उनकी आँखें चमकती हुई तथा ईश्वरीय आनंद से नाचती रहती थीं। उनकी सदैव अर्द्धोन्मीलित रहनेवाली आँखें भीतर के दूरदर्शी गोलक में से सदा शाश्वत-आनंद के लोक में झाँकती रहती थीं। वे कदाचित् ही अधिक समय के लिए बोलते थे। यदा-कदा उनकी दृष्टि किसी ऐसे शिष्य पर केन्द्रित हो जाती जिसे सहायता की आवश्यकता होती थी; तब शांतिप्रद वचन उनके मुख से प्रकाश के हिमप्रपात की भाँति झरने लगते।

''गुरुदेव के एक दृष्टिपात मात्र से मेरे अन्दर एक अवर्णनीय शान्ति खिल उठती थी। मैं उनकी सुगन्ध से भर जाता था जैसे वे अनंत के किसी पद्म की सुगंध हो। उनके साथ अनेकानेक दिनों तक एक शब्द भी बोले बिना रहना एक ऐसा अनुभव था जो मेरे सम्पूर्ण अस्तित्व को परिवर्तित कर देता। यदि मेरी एकाग्रता में कोई अदृश्य बाधा आ खड़ी हो तो गुरु के चरणों में ध्यान करने बैठ जाता। वहाँ सबसे सूक्ष्म अवस्थाओं का भी मुझे सहजबोध हो जाता। ऐसी अनुभूतियाँ मुझे निम्नतर कोटि के गुरुओं के सान्निध्य में नहीं होती थीं। गुरुदेव ईश्वर के सजीव मन्दिर थे जिनके गुप्तद्वार भक्ति के माध्यम से सभी शिष्यों के लिये खुले रहते थे।

''लाहिड़ी महाशय शास्त्रों के पुस्तकीय टीकाकार नहीं थे। वे सहज ही 'दैवी पुस्तकालय' में डुबकी लगा लेते थे। शब्दों का फेन और विचारों की फुहारें उनकी सर्वज्ञता के फव्वारे से फूट पड़ते थे। वेदों में युगों पहले अस्तमान हुए गहन दर्शनों के विज्ञान के रहस्यों को खोलने का अद्‌भुत कौशल उन्हें प्राप्त था। प्राचीन शास्त्रों में उल्लिखित चेतना के विविध स्तरों को समझाने का अनुरोध करने पर वे मुस्कराकर स्वीकार कर लेते थे।

'''मैं अभी उन अवस्थाओं में प्रवेश करता हूँ और अपनी अनुभूतियाँ तुम्हें बताता हूँ।' इस प्रकार वे उन गुरुओं से बिल्कुल विपरीत थे जो शास्त्रों को कंठस्थ कर बिना किसी वास्तविक अनुभूति के अपनी कल्पना से ही उनका अर्थ बताते हैं।

'''श्लोकों का अर्थ तुम्हें जिस रूप में समझ आये, उसी प्रकार उनकी व्याख्या करो।' मितभाषी गुरुदेव प्रायः अपने पास बैठे किसी शिष्य को यह निर्देश देते। 'मैं तुम्हारे विचारों को परिचालित करूँगा ताकि सही अर्थ तुम्हारे मुख से उच्चरित हो।' इस प्रकार लाहिड़ी महाशय की अनेक अनुभूतियों को उनके विभिन्न शिष्यों ने विस्तृत भाष्यों सहित लिपिबद्ध कर लिया।

''किसी बात पर आँख बंद कर विश्वास कर लेने की सलाह गुरुवर कभी नहीं देते थे। 'शब्द खोखले हैं,' वे कहते थे। 'ईश्वर की उपस्थिति के दृढ़ विश्वास को ध्यान में अपने परमानंदमय सम्पर्क से प्राप्त करो।'

''शिष्य की समस्या चाहे जो भी हो, उसके समाधान के लिए गुरुदेव क्रिया योग के अभ्यास का ही परामर्श देते थे।

'''तुम्हारा मार्गदर्शन करने के लिये जब मैं इस शरीर में नहीं रहूँगा तब भी इस यौगिक कुंजी का सामर्थ्य कम नहीं होगा। यह प्रविधि भव्य प्रेरणाओं की तरह जिल्द बाँधकर, अलमारी में रखकर, भूल जाने की वस्तु नहीं है। क्रिया योग के माध्यम से अनवरत अपने मुक्तिपथ पर चलते जाओ। जिस (क्रिया) की शक्ति इसके अभ्यास से निहित है।'

''मैं स्वयं क्रिया को मानव के अभी तक स्वतः प्रयास द्वारा अनंत ईश्वर की खोज के लिये विकसित साधनों में सबसे अधिक प्रभावशाली मानता हूँ।'' केवलानन्दजी ने इस उत्साहपूर्ण प्रमाण के साथ अपना कथन समाप्त किया। ''इसके अभ्यास से सभी मनुष्यों में छिपे सर्वव्यापी ईश्वर लाहिड़ी महाशय और उनके अनेक शिष्यों की देह में प्रत्यक्ष रूप में अवतरित हुए।''

ईसा मसीह की तरह एक चमत्कार लाहिड़ी महाशय द्वारा केवलानन्दजी की उपस्थिति में हुआ। एक दिन उन्होंने वह कहानी मुझे सुनायी। सामने मेज़ पर पड़ी संस्कृत की पुस्तकों से हटी उनकी आँखें सुदूर कहीं लगी हुई थीं।

"एक दृष्टिहीन शिष्य रामू के लिए मैं करुणार्द्रता अनुभव करने लगा। क्या उसकी आँखों की ज्योति कभी लौटकर नहीं आ सकती, जब वह इतनी श्रद्धा एवं निष्ठा के साथ हमारे गुरुदेव की सेवा कर रहा था, जिनमें ईश्वरत्व अपने पूर्ण तेज के साथ दीप्तिमान था? एक दिन सुबह मैं रामू से बात करना चाह रहा था, परन्तु वह शांति पूर्वक घंटों तक गुरुदेव पर पंखा झलता रहा। अंततः जब वह कमरे से बाहर निकला तो मैं उसके पीछे हो लिया।

"रामू! तुम कब से अंधे हो?"

"'जन्म से ही, महाशय! मेरी आँखों को कभी भी सूर्यदर्शन का सौभाग्य प्राप्त नहीं हुआ।'

"'हमारे सर्वशक्तिमान गुरु तुम्हारी सहायता कर सकते हैं। एक बार उनसे प्रार्थना तो करो।'

"अगले दिन रामू कुछ संकोचपूर्वक लाहिड़ी महाशय की सेवा में उपस्थित हुआ, किन्तु अपने अतुल आध्यात्मिक ऐश्वर्य में शारीरिक सम्पदा को जोड़ने का अनुरोध करना उसे लगभग लज्जास्पद लग रहा था।

"'गुरुदेव! ब्रह्माण्ड को प्रकाश देनेवाला ईश्वर आप में विद्यमान है। मैं आपसे प्रार्थना करता हूँ कि उसकी ज्योति मेरी आँखों को भी प्रदान करें ताकि मैं सूर्य के गौण तेज को देख सकूँ।'

"'रामू! किसी ने मुझे कठिन परिस्थिति में डालने की योजना बनाई है। मेरे पास किसी को स्वस्थ करने की कोई शक्ति नहीं है।'

"'गुरुदेव! आपमें विराजमान अनंत ईश्वर निश्चय ही मुझे स्वस्थ कर सकते हैं।'

"'यह तो सचमुच अलग बात है, रामू! ईश्वर की कोई सीमा नहीं है। वह जो तारों को चमक देता है और शरीर-कोशिकाओं में रहस्यमय प्राणशक्ति संचारित करता है, निश्चय ही वह तुम्हारे नेत्रों को भी ज्योति प्रदान कर सकता है।' तत्पश्चात् गुरुदेव ने रामू के माथे पर दोनों भौहों के बीच में स्पर्श किया।

"'अपने मन को यहाँ केन्द्रित रखो और सात दिनों तक बारम्बार रामनाम का जप करो। सूर्य का वैभव तुम्हारे लिये विशेष उषाकाल का दृश्य प्रस्तुत करेगा।'

"और एक सप्ताह में ठीक ऐसा ही हुआ। रामू ने प्रकृति के सुन्दर रूप को प्रथम बार देखा। सर्वज्ञ गुरुदेव ने अपने शिष्य को रामनाम जपने का आदेश दिया क्योंकि राम ही उसके इष्टदेवता थे। रामू के विश्वास ने भक्ति से जोती हुई ज़मीन पर काम किया जिसमें गुरुदेव का स्थायी रूप से स्वस्थ कर देने वाला शक्तिशाली बीज अंकुरित हो गया।"

केवलानन्दजी ने क्षणभर मौन रहने के बाद गुरु के चरणों में एक और श्रद्धासुमन अर्पित किया।

"लाहिड़ी महाशय ने जितने भी चमत्कार किये, उन सब में एक बात स्पष्ट रूप से पता चलती थी कि उन्होंने अहं तत्त्व को कभी भी स्वयं को कारण-तत्त्व या कर्ता नहीं मानने दिया। सर्वोच्च रोग-निवारक शक्ति, अर्थात् ईश्वर के प्रति पूर्ण आत्मसमर्पण के कारण गुरुदेव उस शक्ति का अपने में से मुक्त रूप से प्रवाहित होना सुलभ बना देते थे।

"लाहिड़ी महाशय ने जिन अनेकानेक शरीरों को चमत्कारपूर्ण ढंग से स्वस्थ किया उन्हें अंततः चिताग्नि की ज्वालाओं का भक्ष्य बनना ही पड़ा। परन्तु उन्होंने लोगों के अंतर में जो आध्यात्मिक जागृति उत्पन्न की, जो ईसा-समान शिष्य तैयार किये, वही उनके अजरामर चमत्कार हैं।"

मैं संस्कृत का विद्वान कभी नहीं बना, केवलानन्दजी ने मुझे उससे भी भव्य-दिव्य भाषा पढ़ा दी।

प्रकरण—5

गंधबाबा के चमत्कारी प्रदर्शन

“इस संसार में हर वस्तु की एक विशेष ऋतु और हर काम का एक समय होता है।”

अपने मन को सांत्वना देने के लिए सोलोमन का यह ज्ञान उस समय मुझे प्राप्त नहीं था; घर से बाहर जहाँ कहीं भी मैं घूमने जाता, मेरी आँखें अपने इर्दगिर्द मेरे लिये नियत गुरु को ढूँढ़ती रहतीं। परन्तु मेरी हाई स्कूल की पढ़ाई पूर्ण होने तक मेरी उनसे भेंट न हो सकी।

अमर के साथ हिमालय की ओर पलायन और श्रीयुक्तेश्वरजी के मेरे जीवन में आगमन के महान् दिवस के बीच दो वर्ष व्यतीत हो गए। इस बीच मैं अनेक साधु संतों से मिला—“गंधबाबा”, “बाघस्वामी”, नागेन्द्रनाथ भादुड़ी, मास्टर महाशय, और विश्वविख्यात बंगाली वैज्ञानिक जगदीशचन्द्र बोस।

गंधबाबा के साथ मेरी भेंट की दो भूमिकाएँ थीं; इनमें से एक सामंजस्यपूर्ण थी और दूसरी विनोदपूर्ण।

“ईश्वर सरल है। अन्य सब कुछ जटिल है। प्रकृति के सापेक्ष जगत् में निरपेक्ष मूल्यों की आशा मत करो।”

जब मैं मंदिर में काली माता की मूर्ति के सामने मौन खड़ा था तब यह दार्शनिक निष्कर्ष कोमल स्वर में मेरे कानों में प्रविष्ट हुआ। पलटकर मैंने देखा तो मेरे समक्ष एक लम्बे कद का व्यक्ति खड़ा था जिसके कपड़ों से, या उनके अभाव से, ऐसा लगता था कि वह कोई परिव्राजक साधु था।

''आपने सचमुच मेरे विचारों के संभ्रम को जान लिया!'' मैं कृतज्ञतापूर्वक मुस्कराया। ''प्रकृति के कल्याणकर और भयंकर रूपों की उलझन, जिनका प्रतीक काली है, ने मुझसे अधिक बुद्धिमान लोगों को भी असमंजस में डाल दिया है।''

''बहुत ही कम लोग उसके रहस्य का भेद पाते हैं! अच्छा और बुरा तो प्रत्येक मनुष्य की बुद्धि को चुनौती देनेवाली वह पहेली है जिसे जीवन ने उसके सामने एक स्फिंक्स की भाँति रख दिया है। इस पहेली को सुलझाने का कोई प्रयास भी किये बिना अधिकांश लोग अपनी मृत्यु के रूप में इसका दंड भर देते हैं। यह दंड आज भी उतना ही लागू होता है जितना थीबस के दिनों में था। कभी-कभार एकाध अत्यन्त उच्च व्यक्तित्व पराजय अस्वीकार कर देता है। द्वैत की माया से वह अद्वैत का अविभाजित सत्य खींच लेता है।''

''आप के शब्दों में दृढ़ विश्वास दिखता है, महाराज!''

''ज्ञानप्राप्ति के तीव्र दुःखदायी मार्ग, अर्थात् सत्यनिष्ठ आत्मपरीक्षण का मैंने दीर्घकाल तक अभ्यास किया है। आत्मपरीक्षण या अपने विचारों पर निरन्तर निर्मम दृष्टि रखना, एक कठोर और झकझोरने वाला अनुभव है। यह बलवान से बलवान अहंकार को भी चूर-चूर कर देता है। परन्तु सच्चा आत्मविश्लेषण गणित के नियमों की भाँति सिद्ध पुरुष उत्पन्न करने का कार्य करता है। अपने विचारों से अति प्रेम एवं व्यक्तिगत मान्यताओं में दृढ़ता का मार्ग अहंकारियों का निर्माण करता है जो ईश्वर और सृष्टि की अपने ढंग से व्याख्या करना अपना अधिकार समझते हैं।''

''ऐसी अहंकारयुक्त मौलिकता के सामने तो सत्य निश्चित ही विनम्रतापूर्वक पीछे हट जाता है,'' मैंने कहा। मुझे इस चर्चा में आनंद आ रहा था।

''मनुष्य जब तक अपने दुराग्रहों से मुक्त नहीं हो जाता, जब तक वह किसी शाश्वत सत्य को नहीं समझ सकता। शताब्दियों से जमा हो रहे कीचड़ में सना मानवी मन असंख्य सांसारिक मायाभ्रमों से व्याप्त घृणाजनक जीवन से भरपूर है। यहाँ युद्धक्षेत्र की भीषण लड़ाई भी फीकी पड़ जाती है जब मनुष्य पहली बार अपने अन्तःशत्रुओं का विरोध करता है। ये कोई साधारण मरने वाले शत्रु नहीं हैं जिन्हें सुसज्जित सेनाओं की सहायता से काबू में किया जा सके। विषाक्त प्राणघातक अस्त्रों से सुसज्जित ये सर्वव्यापी, अविराम कार्य करनेवाले अन्ध वासनाओं के सिपाही मनुष्य का नींद में भी पीछा करते हुए हम सब को धराशायी कर देने का अवसर खोजते रहते हैं। विचारहीन है वह मनुष्य जो सर्वसामान्य नियति के आगे

आत्मसमर्पण कर अपने आदर्शों का गला घोट देता है। क्या उसे नपुंसक, निष्प्राण, मानवजाति पर कलंक के अतिरिक्त और कुछ कहा जा सकता है?"

"पूज्यवर! क्या विभ्रान्त, किंकर्तव्यविमूढ़ जनसाधारण के लिये आपके मन में कोई सहानुभूति नहीं है?"

साधु महाराज पलभर के लिए चुप रहे, फिर सीधा उत्तर देना टालकर बोलेः

"अदृश्य ईश्वर, जो सारे सद्गुणों का भण्डार है, और दृश्यमान मनुष्य, जिसमें प्रायः एक भी सद्गुण नज़र नहीं आता—इन दोनों से एक साथ प्रेम करना प्रायः व्यक्ति को चकरा देता है। परन्तु विलक्षण बुद्धि का सामर्थ्य भी कम नहीं होता। अन्तःकरण का शोध शीघ्र ही सब लोगों के मन की एकता को प्रकट कर देता है—स्वार्थी उद्देश्यों की समानता। कम-से-कम इस एक अर्थ में मानव की विश्वबंधुता का परिचय मिलता है। अहंकार को पूर्णतः पछाड़ देने वाला यह समानता का आविष्कार मनुष्य के मन में भयचकित विनम्रता उत्पन्न करता है। यह विनम्रता विकसित होते-होते आत्मा की निरामयकारिणी शक्तियों के अनुसन्धान की ओर कोई ध्यान न देनेवाले अपने जातिबांधवों के प्रति सहानुभूति में परिवर्तित हो जाती है।"

"महाराज! सब युगों के सन्त आप ही के समान जगत् के दुःखों से व्याकुल हुए हैं।"

"केवल तुच्छ व्यक्ति ही दूसरों के जीवन के दुःखों के प्रति संवेदनशीलता खो बैठता है क्योंकि वह अपने ही संकीर्ण दुःखों में डूबा रहता है।" साधु का उग्र रूप काफ़ी सौम्य हो गया था। "जो किसी डॉक्टर द्वारा की जानेवाली चीर-फाड़ की भाँति अपने विचारों की चीर-फाड़ कर मन का गहरा परीक्षण करेगा, वही अपने भीतर सबके लिए दया विकसित होती देखेगा। तब उसे अहंकार की नित्य कोलाहलकारी माँगों से मुक्ति मिल जाएगी। ऐसी ही मनोभूमि पर ईश्वर का प्रेम खिलता है। तब वह जीव अपने स्रष्टा की ओर मुड़ता है, किसी और बात के लिए नहीं तो केवल अपनी व्यथा की तड़प में यह पूछने के लिये, 'क्यों प्रभु, क्यों?' दुःख के मानमर्दनकारी कोड़े खा-खाकर मनुष्य अंततः उस विधाता के समक्ष पहुँच जाता है। जिसका सौन्दर्य मात्र ही मनुष्य को अपनी ओर आकृष्ट करने के लिये पर्याप्त है।"

उक्त साधु और मैं कोलकाता के कालीघाट मन्दिर में वार्तालाप कर रहे थे जहाँ मैं उस मन्दिर का विख्यात सौन्दर्य एवं भव्यता देखने गया था। मन्दिर की

अलंकारिक शोभा की ओर हाथ से इशारा करते हुए उस सारे वैभव को साधु ने निष्प्रयोज्य ठहराया।

"ईंटें और गारा हमें कोई श्रवणीय सुर नहीं सुना सकते; केवल अन्दर से उठने वाली आवाज़ से ही हृदय के कपाट खुलते हैं।"

मन को आकृष्ट करनेवाली धूप का आनंद लेने के लिये हम प्रवेश द्वार की ओर गए जहाँ भक्तों के झुण्डों का आवागमन चल रहा था।

"तुम अभी युवा हो।" साधु महाराज कुछ सोचते हुए मेरी ओर देख रहे थे। "भारत भी युवा है। प्राचीन ऋषियों ने आध्यात्मिक जीवन शैली के अमिट आदर्श स्थापित किये थे। उनके महान् उपदेश आज के समय और देश के लिये पर्याप्त हैं। उनके अनुशासन-नियम न तो आज के लोकाचार के विरुद्ध हैं, न ही ऐसे हैं कि भौतिकवाद की धूर्तता को भी कृत्रिम लगें और इसीलिए आज भी भारत पर उनकी पकड़ मजबूत है। लज्जित पंडितगण जितने काल का हिसाब लगा सकते हैं, उससे भी कहीं अधिक काल से—सहस्राब्दियों से—संशयशील समय ने वेदों की योग्यता की पुष्टि की है। इन्हें अपनी विरासत के रूप में ग्रहण करो।"

जब मैं इस वाक्पटु साधु से सविनय विदा ले रहा था तब उन्होंने एक अतींद्रिय अनुभूति मुझे बताईः

"यहाँ से जाने के बाद तुम्हें आज एक असाधारण अनुभव होगा।"

मन्दिर के अहाते से बाहर निकल कर मैं निरुद्देश्य यूँ ही चलने लगा। मुड़कर दूसरे एक रास्ते पर बढ़ा ही था कि पुराने परिचित से भेंट हो गई। ये महाशय उन महाभागों में से एक थे जिनकी संभाषण शक्ति समय की ओर कोई ध्यान न देते हुए अनंत काल का आलिंगन करती है।

"मैं तुम्हें जल्दी ही छोड़ दूँगा।" उसने वचन दिया, "यदि तुम जल्दी-जल्दी मुझे हमारे बिछुड़ने के बाद के वर्षों में क्या-क्या हुआ वह सब बता दो।"

"परस्परविरोधी बातें! अब तो मुझे जाना ही पड़ेगा।"

परन्तु उसने मेरा हाथ पकड़ लिया और थोड़ा-थोड़ा करके मुझसे जानकारी लेने लगा। ये भूखे भेड़िये से कम नहीं है, मैंने कौतुक से मन ही मन सोचा; जितना अधिक मैं बताता जाता था उतना ही अधिक समाचार जानने की उसकी भूख बढ़ती जाती थी। मन-ही-मन मैं जल्दी छुटकारा पाने का कोई उपाय करने की प्रार्थना माँ काली से करने लगा।

अचानक वह मुझे छोड़कर जाने लगा। मैंने ठंडी साँस ली और उसे वाचालता का ज्वर फिर कहीं चढ़ न आये, इस भय से दुगुनी गति से चलने लगा। अपने पीछे द्रुतगति की पदचाप सुनकर मैंने अपनी गति और बढ़ा दी। मुड़कर पीछे देखने का साहस मुझसे नहीं हुआ। परन्तु एक छलाँग लगाकर वह मेरे साथ हो लिया और आनन्द से उसने मेरा कंधा पकड़ लिया।

"मैं तुम्हें गन्धबाबा के बारे में बताना तो भूल ही गया। वे उस सामने वाले मकान में रहते हैं।" कुछ ही गज की दूरी पर स्थित एक मकान की ओर उसने इशारा किया। "उनसे अवश्य मिलो; बड़े दिलचस्प आदमी हैं। तुम्हें कोई असाधारण अनुभव हो सकता है। अच्छा! चलता हूँ," और वह सचमुच चला गया।

कालीघाट मन्दिर में लगभग इन्हीं शब्दों में साधु द्वारा की गई भविष्यवाणी मेरे मस्तिष्क में कौंध उठी। कौतुहलवश मैं उस मकान के अन्दर गया तो मुझे एक प्रशस्त दालान में ले जाया गया। वहाँ एक मोटे नारंगी रंग के गलीचे पर बहुत लोग इधर-उधर बैठे हुए थे, जैसे साधारणतः भारत में बैठते हैं। एक आदरयुक्त फुसफुसाहट मेरे कानों में टकरायीः

"वहाँ जो चीते की खाल पर बैठे हैं, वही गन्धबाबा हैं। वे किसी गन्धहीन फूल में किसी भी फूल की प्राकृतिक सुगन्ध भर सकते हैं या किसी मुरझाये फूल को फिर से ताज़ा कर सकते हैं या किसी मनुष्य की त्वचा से मनोरम सुगन्ध निकलवा सकते हैं।"

मैंने सीधे उस संत की ओर देखा; उनकी दृष्टि भी उसी समय मुझ पर स्थिर हुई। वे कृष्णवर्ण और स्थूलकाय थे। उनके चेहरे पर दाढ़ी थी और आँखें बड़ी-बड़ी तथा तेजस्वी थीं।

"बेटा! तुम्हें देखकर मैं प्रसन्न हुआ। बोलो तुम्हें क्या चाहिये? कोई सुगन्ध चाहिये?"

"किसलिये?" मुझे उनकी बातें बचकानी-सी लगीं।

"चमत्कारपूर्ण ढंग से सुगन्ध का आनन्द लेने के लिये।"

"सुगन्ध बनाने के लिये भगवान का उपयोग?"

"तो उसमें क्या है? भगवान वैसे ही सुगन्ध तो बनाते ही हैं।"

"जी हाँ! परन्तु वे हर बार ताज़ा सुगन्ध लेने के लिये और लेने के बाद फेंक देने के लिये फूलों की कोमल पँखुड़ियों रूपी शीशियों का निर्माण करते हैं। क्या आप फूलों का निर्माण कर सकते हैं?"

''हाँ! परन्तु साधारणतः मैं सुगन्ध ही निकालता हूँ।''

''तब तो इत्र के कारखाने बंद हो जाएंगे।''

''मेरी ओर से उन्हें अपना व्यवसाय करते रहने की अनुमति है! मेरा अपना उद्देश्य तो केवल ईश्वर की शक्ति दिखाना है।''

''महाराज! क्या ईश्वर की शक्ति का प्रमाण देना आवश्यक है? क्या वे सकल विश्व में सर्वत्र अपने चमत्कार नहीं कर रहे हैं?''

''कर रहे हैं, परन्तु उनकी अनन्त सृजनात्मक विविधता में से कुछ तो सृजनात्मकता हमें भी प्रकट करनी चाहिये।''

''यह सिद्धि प्राप्त करने में आपको कितना समय लगा?''

''बारह वर्ष।''

''दैवी शक्ति से केवल सुगंध बनाने के लिये! हे महात्मन्! मुझे तो लगता है आपने बारह वर्ष व्यर्थ गँवा दिये उन सुगंधों के लिये जिन्हें आप किसी भी फूलवाले की दुकान से कुछ ही रुपयों में प्राप्त कर सकते हैं।''

''फूलों की सुगन्ध उनके साथ ही चली जाती है।''

''मृत्यु के साथ ही सुगन्ध चली जाती है। मैं किसी ऐसी सुगन्ध की कामना क्यों करूँ जो केवल शरीर को सुख देती है?''

''दार्शनिक महाशय! तुमने मेरे मन को प्रसन्न कर दिया। अब अपना दाहिना हाथ आगे बढ़ाओ।'' उन्होंने आशीर्वाद-मुद्रा में अपना हाथ उठाया।

''मैं गन्धबाबा से कई गज दूर था; कोई अन्य व्यक्ति भी मेरे इतने निकट नहीं था कि मेरे शरीर का स्पर्श कर सके। मैंने अपना हाथ आगे बढ़ाया जिसे उस योगी ने छुआ तक नहीं।

''कौन-सी सुगंध चाहिये?''

''गुलाब।''

''तथास्तु।''

मेरे आश्चर्य का ठिकाना न रहा जब मेरी हथेली के मध्य से गुलाब की मधुर सुगंध तीव्रता के साथ निकलने लगी। मैंने मुस्कराते हुए पास ही की एक फूलदानी से एक गंधहीन श्वेत पुष्प निकाल लिया।

''क्या इस गंधहीन फूल में चमेली की सुगन्ध भरी जा सकती है?''

''तथास्तु।''

तत्क्षण उस फूल से चमेली की सुगन्ध उठी। मैंने चमत्कारी संत का धन्यवाद किया और उनके एक शिष्य के पास जाकर बैठ गया। उस शिष्य ने मुझे बताया कि गंधबाबा ने, जिनका नाम स्वामी विशुद्धानन्द था, तिब्बत के एक योगी से अनेक आश्चर्यजनक सिद्धियाँ प्राप्त कर ली थीं। उसने मुझे यह भी बताया कि उस तिब्बती योगी की आयु एक हजार वर्ष से अधिक थी।

''उस महान् गुरु के शिष्य गंधबाबा हमेशा ही केवल साधारण उच्चारण से सुगंध निर्माण नहीं करते जैसा तुमने अभी देखा।'' शिष्य के बोलने में अपने गुरु के प्रति गर्व प्रकट था। ''व्यक्ति के स्वभाव के अनुसार वे भिन्न-भिन्न पद्धतियाँ अपनाते हैं। बाबा असामान्य हैं! कोलकाता के अनेक पढ़े-लिखे लोग उनके शिष्य हैं।''

मैंने मन-ही-मन निश्चय किया कि मैं उन शिष्यों की संख्या में अपने को जोड़कर उस संख्या की और अधिक वृद्धि नहीं करूँगा। गुरु का अक्षरशः ''असामान्य'' होना मेरे मन के अनुकूल नहीं था। विनम्रता से गंधबाबा का अभिवादन कर मैं वहाँ से निकल पड़ा। घूमते-घूमते घर जाते हुए मैं उस दिन तीन विविधतापूर्ण घटनाओं के विषय में सोच रहा था।

मैंने जैसे ही घर के द्वार से अन्दर प्रवेश किया, मेरी बहन उमा सामने ही खड़ी थी।

''क्या बात है? आजकल तुम इत्र के बड़े शौकीन बनते जा रहे हो?''

बिना कुछ बोले मैंने अपना हाथ बढ़ाकर उसे सूँघने का इशारा किया।

''कितनी मोहक गुलाब की सुगन्ध! और यह असाधारण रूप से तीव्र भी है!''

यह सोचते हुए कि यह ''तीव्र रूप से असाधारण'' है, मैंने चुपचाप दैवी रूप से सुगंधित किया गया फूल उसकी नाक के नीचे रखा।

''ओह! चमेली मुझे बहुत पसन्द है!'' उसने फूल छीन लिया। जिस फूल के विषय में उसे अच्छी तरह ज्ञात था कि वह गंधहीन होता है, उसी फूल में से चमेली की सुगंध आते देखकर, जैसे-जैसे वह उसे सूँघती जाती थी वैसे-वैसे उसके चेहरे पर विनोदी लगने वाले संभ्रम के भाव प्रकट होते जाते थे। उसकी इस प्रतिक्रिया ने मेरे मन से रहा-सहा सन्देह भी मिटा दिया कि हो सकता है गन्धबाबा ने मुझ पर आत्म-सम्मोहन का प्रयोग किया हो जिससे केवल मैं ही सुगन्ध का अनुभव कर सकूँ।

बाद में मुझे अपने एक मित्र अलकानंद से पता चला कि गंधबाबा के पास ऐसी शक्ति भी थी जो यदि संसार के करोड़ों क्षुधा-पीड़ितों के पास होती, तो उनकी समस्या हल हो जाती।

"बर्दवान में गंधबाबा के घर में उस समय सैकड़ों लोगों में मैं भी उपस्थित था," अलकानंद ने मुझे बताया। "एक उत्सव था। योगीवर की ख्याति थी कि वे शून्य में से कुछ भी उत्पन्न कर सकते हैं, इसलिए मैंने हँसते हुए उनसे संतरे उत्पन्न करने का अनुरोध किया। वह संतरों का मौसम नहीं था। तत्क्षण ही केले के पत्तों पर जो पूरियाँ परोसी गई थीं, वे सब फूल उठीं। हर पूरी की पपड़ी के भीतर एक-एक छिला हुआ संतरा आ गया था। मैंने कुछ सहमे-सहमे मन से अपना संतरा खाना शुरू किया, परन्तु वह बड़ा ही स्वादिष्ट था।"

कई वर्षों बाद आत्म-साक्षात्कार के बल से मैं गंधबाबा के चमत्कारों के रहस्य को जान गया। खेद इस बात का है कि वह विधि विश्व के क्षुधार्त मानव-झुण्डों की पहुँच से बाहर है।

मानव के शब्द, स्पर्श, रस, रूप, गंध की जो विभिन्न इंद्रियानुभूतियाँ होती हैं, वे इलेक्ट्रोन्स और प्रोटोन्स की स्पन्दनात्मक विविधता के कारण होती हैं। उनके स्पन्दनों को पंचप्राण नियंत्रित करते हैं। ये पंचप्राण आण्विक उर्जाओं से भी सूक्ष्मतर होते हैं और प्रज्ञायुक्त पाँच विशिष्ट संवेदी तन्मात्राओं से युक्त होते हैं।

गंधबाबा कुछ यौगिक प्रक्रियाओं के बल से इस प्राणशक्ति के साथ समरस होकर प्राणकणिकाओं की स्पंदन-रचना में परिवर्तन लाने में और इस प्रकार इच्छित परिणाम प्राप्त करने में समर्थ थे। उनके गन्ध, फल और अन्य चमत्कार केवल सम्मोहन द्वारा उत्पन्न आंतरिक संवेदन नहीं होते थे, बल्कि लौकिक स्पंदनों के वास्तव में मूर्त रूप होते थे।

सम्मोहन-विद्या को डॉक्टरों द्वारा छोटी-छोटी शल्यक्रियाओं में उन लोगों पर प्रयुक्त किया गया है जिनके लिये बेहोशी की दवाएँ खतरनाक हो सकती हैं। परन्तु जिन पर बार-बार सम्मोहन का प्रयोग किया जाता है उनके लिए यह हानिकारक होता है। इसका हानिकारक मनोवैज्ञानिक परिणाम कालान्तर में मस्तिष्क की कोशिकाओं की रचना में गड़बड़ उत्पन्न कर देता है। सम्मोहन दूसरे की चेतना के क्षेत्र में अनाधिकार प्रवेश है। इसके अस्थायी आभासों में और ईश्वरानुभूति-सम्पन्न पुरुषों द्वारा किये गए चमत्कारों में कोई समानता नहीं है। ईश्वर में जागृत हुए सच्चे

सन्त नित्य सृजन करने वाले उस विराट स्वप्नद्रष्टा के साथ इच्छा को मिलाकर इस स्वप्न-सृष्टि में परिवर्तन करते हैं।

गंधबाबा जैसे चमत्कारों का प्रदर्शन करते थे वैसे चमत्कार दिखाने से लोग आकर्षित तो होते हैं, परन्तु आध्यात्मिक दृष्टि से उनका कोई लाभ नहीं होता। मनोरंजन के अतिरिक्त उनका कोई प्रयोजन नहीं होता, अतः ईश्वर की यथार्थ खोज से ये साधक को पथच्युत कर देते हैं।

असाधारण शक्तियों के आडम्बरपूर्ण प्रदर्शन की सिद्धजनों ने निंदा की है। फ़ारस के सन्त अबु सईद ने जल, हवा और अंतरिक्ष पर अपनी चमत्कारी शक्तियों की सत्ता का अभिमान करनेवाले कुछ फकीरों का उपहास किया था।

''मेंढक भी पानी में आराम से रह सकता है!'' अबु सईद ने सौम्यता से उपहास करते हुए कहा था। ''चील कौए आसानी से हवा में उड़ सकते हैं; शैतान पूर्व में भी है और पश्चिम में भी। सच्चा मनुष्य वह है जो समाज में सदाचार का पालन करता हुआ रहता है और क्रय-विक्रय करते हुए भी कभी एक क्षण के लिए भी ईश्वर को नहीं भुलाता!'' एक अन्य अवसर पर इस महान् फ़ारसी संत ने धार्मिक जीवन के विषय में अपना मत इस प्रकार व्यक्त किया था: ''अपने दिमाग में जो कुछ है उसे निकाल देना (स्वार्थनिष्ठ इच्छा-आकांक्षाएँ); हाथ में जो कुछ है उस का मुक्त रूप से दान करना; आपत्तियों के आघात से कभी भी विचलित नहीं होना!''

न तो कालीघाट के निस्पृह महात्मा और न तिब्बत से प्रशिक्षित योगी ही मेरी गुरुप्राप्ति की तीव्र इच्छा को संतुष्ट कर सके। किसी का आध्यात्मिक स्तर पहचानने में मेरे हृदय को शिक्षित करने की आवश्यकता नहीं थी। जब किसी सचमुच उदात्त व्यक्तित्व का सामना होता तब वह धन्य-धन्य कर उठता, यह धन्य-धन्य और भी गूँजनेवाली होती क्योंकि यह कभी-कभार ही और वह भी अंतरतम गहराइयों से उठती। अंततः जब अपने गुरु से मेरा साक्षात्कार हुआ, तब उन्होंने केवल उदाहरण की अत्युच्चता के द्वारा ही मुझे सच्चे पुरुष का परिणाम सिखाया।

प्रकरण–6

बाघ स्वामी

"मैंने बाघ स्वामी का पता खोज निकाला है। चलो, कल उनके दर्शन किये जाएँ।"

यह स्वागतार्ह प्रस्ताव हाईस्कूल के मेरे एक मित्र चण्डी से मिला। अपने संन्यासपूर्व जीवन में केवल अपने नंगे हाथों से बाघों के साथ लड़ने और उन्हें पकड़नेवाले इस सन्त के दर्शन करने के लिये मैं भी उत्सुक था। ऐसे असाधारण साहसिक कार्यों के प्रति मुझमें भरपूर बालसुलभ उत्साह था।

दूसरे दिन प्रातःकाल बहुत ठण्ड पड़ रही थी, पर मैं चण्डी के साथ अत्यन्त उत्साह और स्फूर्ति के साथ चल पड़ा। कोलकाता के बाहर भवानीपुर में बहुत देर तक व्यर्थ खोज करने के बाद हम ठीक घर पर पहुँच गए। दरवाज़े पर लोहे की दो गोलाकार कड़ियाँ लगी हुई थीं। मैंने उन्हें बहुत जोर-जोर से खटखटाया। उस कर्णकर्कश खड़खड़ाहट को सुनकर भी एक नौकर अन्दर से धीरे-धीरे आरामपूर्वक चलता हुआ हमारी ओर आया। उसकी व्यंग्यात्मक मुस्कान इस बात का द्योतक थी कि शोर मचानेवाले आगन्तुक भी एक सन्त के घर की शांति भंग नहीं कर सकते।

उसकी मौन भर्त्सना को हमने अनुभव किया, पर बैठक में आने के लिए आमंत्रित किये जाने पर चण्डी और मैं उसके प्रति कृतज्ञ थे। वहाँ लम्बी प्रतीक्षा हम लोगों के मन में शंका-कुशंकाएँ उत्पन्न करने लगीं। सत्य की खोज करने वाले के लिए भारत का अलिखित नियम है धैर्य; संत-महात्मा कभी-कभी

जानबूझकर दर्शनार्थी की उत्सुकता की परीक्षा ले सकते हैं। पाश्चात्य डॉक्टर और दन्तचिकित्सक इस मनोवैज्ञानिक कूटनीति का भरपूर प्रयोग करते हैं।

अन्ततः नौकर द्वारा बुलाये जाने पर चण्डी और मैं एक शयनकक्ष में गए। वहाँ सुविख्यात सोऽहम् स्वामी अपने पलंग पर बैठे हुए थे। उनके भीमकाय शरीर को देखकर हम दोनों के मन पर अद्भुत प्रभाव पड़ा। आँखें फाड़े हम अवाक् उनकी ओर देखते रहे। वैसी विशाल छाती और फुटबॉल की तरह बाजुएँ हमने पहले कभी नहीं देखी थीं। अत्यन्त मज़बूत, भरी गर्दन पर स्वामीजी का उग्र दिखने वाला परन्तु शांत मुखमण्डल, मूँछ, दाढ़ी और झूलते केशों से सुशोभित था। उनकी काली आँखों में कबूतर एवं बाघसमान गुणों का मिलाजुला संकेत चमक रहा था। दृढ़ मांसल कटिप्रदेश को घेर कर पहने हुए एक व्याघ्रचर्म के अतिरिक्त उनके शरीर पर और कोई कपड़ा नहीं था।

जब हमारी वाक्शक्ति लौट आयी तब बाघों के साथ लड़ने में उनकी वीरता के प्रति आदरयुक्त विस्मय प्रकट करते हुए मैंने उनका अभिवादन किया।

"क्या आप कृपा करके हमें यह नहीं बताएंगे कि वन्य पशुओं में सबसे भयंकर रॉयल बंगाल टाइगर को केवल अपने हाथों से परास्त करना कैसे संभव है?"

"मेरे बच्चों! बाघों के साथ लड़ना मेरे लिये कुछ भी नहीं है। आवश्यकता पड़ने पर मैं आज भी वह कर सकता हूँ।" वे बच्चों के समान खिलखिलाकर हँसे। "तुम बाघों को बाघ मानते हो; मैं उन्हें मात्र बिल्लियाँ समझता हूँ।"

"स्वामीजी! मैं अपने मन को तो विश्वास दिला सकूँगा कि बाघ बिल्लियाँ मात्र हैं, परन्तु क्या बाघों को मैं वैसा विश्वास करा सकूँगा?"

"निश्चय ही शक्ति भी आवश्यक है! केवल कोई बच्चा बाघ को घरेलू बिल्ली मान लेगा तो उसे बाघ पर विजय मिल जाएगी यह मानना व्यर्थ है। मेरे शक्तिशाली हाथ शस्त्र के रूप में पर्याप्त हैं।"

उन्होंने हमें अपने साथ आँगन में आने को कहा जहाँ एक दीवार के किनारे पर उन्होंने प्रहार किया। दीवार की एक ईंट टूट कर ज़मीन पर गिर पड़ी। टूटे हुए दाँत की तरह बनी खाली जगह से आकाश धृष्टतापूर्वक झाँकने लगा। मैं हक्का-बक्का रह गया; सोचने लगा, *जो आदमी एक ही प्रहार में दीवार में चुनी हुई ईंट को गिरा सकता है, वह अवश्य ही बाघों के दाँत भी तोड़ सकता है!*

"अनेक लोगों में मेरे समान शारीरिक शक्ति होती है, परन्तु फिर भी उनमें दृढ़ आत्म-विश्वास का अभाव होता है। जो शरीर से तो बलिष्ठ होते हैं परन्तु

मन से नहीं, वे जंगल में स्वच्छन्द विचरण करते हिंस्र पशु को देखकर ही मूर्च्छित हो सकते हैं। प्राकृतिक परिस्थितियों में वास करने वाला और अपने मूल हिंसक स्वभाव के अनुसार जीने वाला बाघ सर्कस के अफ़ीम खिलाये गए बाघ से अत्यन्त भिन्न होता है!

''भीम के समान प्रबल शक्तिशाली होते हुए भी अनेक व्यक्ति रॉयल बंगाल टाइगर के प्रचण्ड आक्रमण के सामने अत्यन्त भयभीत और असहाय हो उठते हैं। इस प्रकार बाघ मनुष्य को उसके ही मन की कल्पना में एक साधारण बिल्ली की भयभीत अवस्था के समान स्थिति में डाल देता है। परन्तु जिस मनुष्य में यथावत् बलिष्ठ शरीर के साथ-साथ अत्यन्त दृढ़ निश्चय हो, वह इस परिस्थिति को बाघ पर ही उलट सकता है और उसे यह मानने पर विवश कर सकता है कि वह एक बिल्ली के समान ही आत्मरक्षा में असमर्थ है। कितनी ही बार मैंने यही किया है!''

मैं यह मानने के लिये पूर्णतः तैयार था कि मेरे समक्ष उपस्थित अतिशक्तिशाली पुरुष बाघ को बिल्ली में रूपान्तरित करने में समर्थ थे। वे कुछ उपदेश देने की मनःस्थिति में प्रतीत हुए; चण्डी और मैं आदर के साथ उनकी बातें सुनने लगे।

''मन ही मांसपेशियों को नियंत्रित करता है। जैसे हथौड़े के आघात की शक्ति उस पर लगाये गए बल पर निर्भर होती है, वैसे ही मनुष्य की शारीरिक शक्ति की अभिव्यक्ति उसकी आक्रामक इच्छाशक्ति की तीव्रता एवं साहस पर निर्भर करती है। मन ही अक्षरशः शरीर का निर्माण करता है और वही उसे जीवित रखता है। गतजन्मों की प्रवृत्तियों की प्रबलता के अनुसार अच्छे या बुरे स्वभावगुण धीरे-धीरे मानव-चेतना में उतरते हैं। ये स्वभावगुण आदतों में ढल जाते हैं और ये आदतें फिर एक वांछनीय या अवांछनीय शरीर के रूप में प्रदर्शित होती हैं। बाह्य दुर्बलता की जड़ मन में होती है और आदत से लाचार शरीर मन की अवहेलना करता है; इस प्रकार यह कुचक्र चलता जाता है। यदि मालिक नौकर की आज्ञा का पालन करने लगे तो नौकर निरंकुश स्वेच्छाचारी बन जाता है; इसी प्रकार मन भी शरीर की आज्ञाओं का पालन कर-कर के उसका दास बन जाता है।''

हमारे अनुनय पर यह तेजस्वी स्वामी अपने जीवन के बारे में हमें कुछ बताने के लिए सहमत हो गए।

''बचपन से ही बाघों से लड़ने की महत्त्वाकांक्षा मेरे मन में थी। मेरी इच्छा शक्तिशाली थी परन्तु देह दुर्बल थी।''

मेरे मुँह से आश्चर्योद्‌गार फूट पड़ा। यह अविश्वसनीय लगता था कि ''पृथ्वी का भार उठाने के योग्य कन्धों'' वाले इस मनुष्य का दुर्बलता के साथ दूर-दूर से भी कभी कोई परिचय रहा हो।

''स्वास्थ्य और शक्ति के चिंतन में अदम्य दृढ़ता द्वारा ही मैंने इस बाधा को दूर करने में सफलता प्राप्त की। इस प्रभावशाली मानसिक शक्ति की प्रशंसा करने का कारण और भी बढ़ जाता है क्योंकि मैंने देखा है कि रॉयल बंगाल टाइगर को पराजित करने वाली वस्तुतः यही शक्ति थी।''

''स्वामीजी! क्या आपको लगता है कि मैं भी कभी बाघों के साथ लड़ पाऊँगा?'' यह पहला और अन्तिम अवसर था जब यह विचित्र महत्त्वाकांक्षा मेरे मन में उठी!

''हाँ।'' वे मुस्करा रहे थे। ''परन्तु बाघ अनेक प्रकार के होते हैं; कुछ मनुष्य की इच्छा-वासनाओं के जंगल में घूमते हैं। पशुओं को अपने प्रहार से बेहोश कर देने से कोई आध्यात्मिक लाभ नहीं होता। उससे अच्छा यह है कि अपने अंतर में घूमते उन बाघों को पराजित किया जाए।''

''स्वामीजी! क्या आप हमें बताएंगे कि आप हिंस्र बाघों को वश में करते-करते हिंस्र वासनाओं को वश में कैसे करने लग गए?''

बाघ स्वामी मौन हो गए। अतीत के दृश्यों को निहारने का प्रयास करती उनकी दृष्टि सुदूर कहीं लग गई। मैंने भाँप लिया कि उनके मन में मेरे अनुरोध को स्वीकार करें या न करें इस पर थोड़ी उथल-पुथल चल रही थी। अन्त में मन-ही-मन स्वीकार करके वे मुस्करा उठे।

''जब मेरी कीर्ति चरमबिन्दु पर पहुँच गई तब मुझे गर्व का नशा चढ़ गया। मैंने तय किया कि मैं न केवल बाघों से लड़ूँगा बल्कि लोगों के सामने उनसे विविध करतब भी कराऊँगा। मेरी महत्त्वाकांक्षा ही यह बन गई कि मैं हिंस्र पशुओं को पालतू जानवरों की तरह बर्ताव करने पर विवश कर दूँगा। मै सार्वजनिक रूप से अपने करतब दिखाने लगा और उसमें मिलने वाली सफलता से मुझे खुशी भी होने लगी।

''एक दिन शाम को मेरे पिताजी अत्यन्त चिन्तातुर मनःस्थिति में मेरे कमरे में आये।

'''बेटा! मैं तुम्हें सावधान करने आया हूँ। कर्म की चलती चक्की से उत्पन्न होकर आनेवाले अमंगलों से मैं तुम्हें बचाना चाहता हूँ।'

'''क्या आप भाग्यवादी हैं, पिताजी? अंधविश्वास से क्या मेरी गतिविधियों के शक्तिशाली प्रवाह को अवरुद्ध होने देना चाहिए?'

'''मैं भाग्यवादी नहीं हूँ, बेटा! परन्तु पवित्र शास्त्रों में कहे गए प्रतिफल के नियम में मेरा विश्वास है। जंगल परिवार में तुम्हारे विरुद्ध आक्रोश व्याप्त है; यह आक्रोश कभी भी तुम्हारी जान के लिए खतरा बनकर सामने आ सकता है।'

'''पिताजी! आप मुझे आश्चर्य में डालते हैं! बाघ क्या होते हैं आप अच्छी तरह जानते हैं—सुन्दर परन्तु निर्दयी! कौन जाने, मेरे प्रहार उनके ठोसबुद्धि में शायद कुछ उदारता के विचार भर सकें? उन्हें सभ्य शिष्टाचार सिखाने के लिए ही मैं जंगल-विद्यालय का प्रधानाध्यापक बना हूँ!

'''पिताजी! कृपया आप मुझे बाघों को पालनेवाला बाघ-पालक मानें, बाघ-हत्यारा नहीं। मेरे ये सत्कर्म मेरा अनिष्ट कैसे कर सकते हैं? मैं आपसे प्रार्थना करता हूँ कि आप मुझे अपने जीवन का मार्ग बदलने की आज्ञा न दें।'''

चण्डी और मैं ध्यानपूर्वक सुन रहे थे और अतीत के इस धर्मसंकट को समझ रहे थे। भारत में कोई संतान अपने माता-पिता की इच्छाओं का अनादर नहीं करती। बाघ स्वामी आगे कहते गए:

''निर्विकार मौन में पिताजी ने मेरा स्पष्टीकरण सुना। तदुपरान्त उन्होंने गम्भीरतापूर्वक एक रहस्योद्‌घाटन किया।

''बेटा! तुम मुझे एक संत की अमंगल-सूचक भविष्यवाणी दोहराने पर विवश कर रहे हो। कल जब मैं बरामदे में बैठकर नित्य की भाँति अपना ध्यान कर रहा था तब वे मेरे पास आये।

'''मित्रवर! मैं आपके युद्धप्रिय बेटे के लिए एक संदेश लेकर आया हूँ। उससे कहिये कि वह अपनी बर्बर गतिविधियाँ बन्द कर दे। अन्यथा बाघ के साथ उसकी अगली लड़ाई में उसे अनेक दुःसाध्य घाव होंगे जिससे छह महीनों तक वह मरणासन्न अवस्था में पड़ा रहेगा। तब वह अपना पुराना मार्ग छोड़कर संन्यासी बन जाएगा।'''

''इस कहानी का मुझ पर कोई प्रभाव नहीं पड़ा। मैंने यही माना कि पिताजी किसी भ्रान्तिग्रसित कट्टरवादी की भ्रान्ति का शिकार हो गए हैं।''

यह कहते हुए बाघस्वामी के हाव-भाव इतने अधीर और ऐसे थे मानों अपनी मूर्खता पर उन्हें क्रोध आ रहा हो। काफ़ी देर तक वे गम्भीर मुद्रा में मौन बैठे रहे जैसे वहाँ हमारी उपस्थिति का उन्हें कोई भान न हो। फिर उन्होंने

अकस्मात् ही अपनी कहानी आगे शुरू की, इस बार उनकी आवाज़ में नरमी आ गई थी।

''पिताजी की चेतावनी के कुछ ही दिन बाद मैं राजधानी कूचबिहार गया। प्राकृतिक सौन्दर्य से भरा यह प्रदेश मेरे लिए नया था और मैं सुखप्रद परिवर्तन की आशा कर रहा था। जैसा हर जगह सदा ही होता था, यहाँ भी सड़कों पर मेरे पीछे-पीछे उत्सुक लोगों की भीड़ चलती रहती थी। उनकी फुसफुसाहट के कुछ अंश कभी-कभी मुझे सुनायी पड़ते थे,

'''यह वही आदमी है जो जंगली बाघों के साथ लड़ता है।'

'''उसके वे पैर हैं या पेड़ के तने?'

'''उसका चेहरा तो देखो! वह स्वयं बाघों के राजा का अवतार मालूम होता है!'

''तुम तो जानते ही हो गाँवों के नटखट छोकरे किस प्रकार ताज़ा समाचार-पत्र का काम करते हैं! और किस गति से महिलाओं की मौखिक जनसूचना प्रणाली इस घर से उस घर समाचार पहुँचाती है! कुछ ही घंटों में मेरी वहाँ उपस्थिति से सारे शहर में खलबली मच गई।

''संध्या के समय मैं चुपचाप आराम कर रहा था कि घोड़ों की टापों की ध्वनि सुनाई दी। मैं जिस घर में रुका था उसी के सामने आकर वह ध्वनि रुक गई। लम्बे कद के पगड़ीधारी पुलिस सिपाहियों का एक दल अन्दर घुस आया।

''मैं अवाक् रह गया। मैंने सोचा, *इन पुलिसवालों के लिए कुछ भी संभव है। कहीं वे मेरे लिए पूर्णतया अगम्य किसी बात पर मेरी खिंचाई करने तो नहीं आये हैं?* परन्तु उन्होंने अपने सामान्य व्यवहार के विपरीत अत्यंत विनय के साथ मेरा अभिवादन किया।

'''आदरणीय महोदय! कूचबिहार के युवराज की ओर से आपका स्वागत करने के लिए हमें भेजा गया है! उन्होंने कल प्रातःकाल आपको अपने राजप्रासाद में पधारने का आमंत्रण भेजा है।'

''मैं थोड़ी देर उस पर सोचता रहा। किसी अज्ञात कारण से अपनी इस शांत यात्रा में उपस्थित हुए इस विघ्न से तीव्र उद्वेग की भावना मेरे मन में उठ रही थी। परन्तु पुलिसवालों की विनयशीलता ने मेरे हृदय को छू लिया; मैंने निमंत्रण स्वीकार किया।

''दूसरे दिन जिस दासोचित विनम्रता और खुशामद के साथ मुझे अपने द्वार से चार घोड़े जुते हुए शाही कोच तक ले जाया गया उसे देखकर मैं चकित

रह गया। एक सेवक तीव्र धूप से मुझे बचाने के लिए एक अलंकृत छाता मेरे ऊपर पकड़े खड़ा रहा। नगर और उसके बाहर के वनक्षेत्र में से सुखद कोच सवारी करते हुए मुझे बड़ा मज़ा आ रहा था। युवराज स्वयं मेरा स्वागत करने के लिये राजप्रासाद के सिंहद्वार पर उपस्थित थे। अपने स्वर्णजड़ित आसन पर उन्होंने बैठाया और मुस्कराते हुए स्वयं उससे कम साज-सज्जायुक्त एक आसन पर बैठ गए।

यह सब विनम्र सेवा निश्चय ही मुझ पर कोई मुसीबत लानेवाली है! बढ़ते हुए आश्चर्य के साथ मैं सोच रहा था। इधर-उधर की थोड़ी बातें करने के बाद युवराज का उद्देश्य प्रकट हो ही गया।

''मेरे नगर में अफ़वाह फैली हुई है कि आप केवल अपने नंगे हाथों से जंगली बाघों के साथ लड़ सकते हैं। क्या यह सच है?''

'''बिल्कुल सच है।'

'''हमें इस पर विश्वास नहीं होता! आप शहरी लोगों के पालिश किये हुए चावल पर पले कोलकाता के बंगाली हैं। कृपया सच-सच बताइये, क्या आप केवल निर्बल, अफ़ीम खिलाये गए बाघों से ही नहीं लड़ते रहे हैं?' उनका स्वर ऊँचा और व्यंग्यभरा था। उनके बोलने के ढंग में उनके प्रांत की शैली की झलक थी।

उनके उस अपमानजनक प्रश्न का उत्तर देना मैंने आवश्यक नहीं समझा।

'''हम आपको हाल ही में पकड़े गए अपने बाघ राजाबेगम के साथ लड़ने की चुनौती देते हैं। यदि आप उसका सफलतापूर्वक सामना कर सके और उसे ज़ंजीर से बाँधकर चेतन अवस्था में उसके पिंजरे से बाहर निकल सके, तो वह रॉयल बंगाल टाइगर आपका हो जाएगा। इसके अतिरिक्त सहस्रावधि रुपये एवं अन्य कई उपहार भी आपको मिलेंगे। और यदि आपने उससे लड़ना अस्वीकार कर दिया तो हम अपने पूरे राज्य में आपको पाखण्डी घोषित कर देंगे!'

''उनके उद्धत शब्द गोलियों की बौछार के समान मुझे लग गए। मैंने गुस्से से उनकी शर्तें स्वीकार कर लीं। उत्तेजना में आसन से आधे उठ खड़े हुए युवराज निष्ठुर मुस्कान के साथ वापस बैठ गए। उनकी वह मुस्कान देखकर मुझे उन रोमन सम्राटों की याद आयी जिन्हें ईसाइयों को हिंस्र पशुओं के साथ लड़ाने में आनन्द आता था। युवराज ने आगे कहा:

'''आपकी लड़ाई आज से एक सप्ताह बाद होगी। हमें खेद है कि हम लड़ाई से पहले बाघ को देखने की अनुमति आपको नहीं दे सकते।'

‘‘युवराज को कहीं यह भय तो नहीं था कि मैं बाघ पर सम्मोहन विद्या का प्रयोग करूँगा या उसे अफ़ीम खिलाने का प्रयास करूँगा, मैं नहीं जानता।

‘‘मैं राजप्रासाद से चल पड़ा। मज़े की बात यह थी कि अब की बार न तो राज-छत्र था और न ही वह साजसज्जायुक्त कोच!

‘‘अगले सप्ताह भर में मैं आगामी अग्निपरीक्षा के लिये अपने मन और शरीर, दोनों को विधिवत् तैयार करता रहा। अपने नौकर द्वारा मुझे विलक्षण कहानियाँ सुनने को मिल रही थीं। पिताजी के पास संत ने जो भीषण भविष्यवाणी की थी वह किसी प्रकार लोगों में फैल गई और फैलते-फैलते बढ़ती गई। अनेक भोले-भाले ग्रामीणों का विश्वास था कि एक दुष्ट आत्मा ने देवताओं के शाप के कारण बाघ का जन्म लिया था जो रात को विभिन्न आसुरी रूप धारण करती है, परन्तु दिन में फिर से बाघ बनकर रहती है। लोगों का अनुमान था कि वह यही आसुरी बाघ है जिसे मेरा गर्व हनन करने के लिये भेजा गया है।

‘‘एक अन्य कल्पना यह थी कि बाघों की अपने देवता से की गई प्रार्थनाओं का उत्तर राजाबेगम के रूप में आ गया है। समग्र व्याघ्र जाति के लिए इतना मानहानिकारक ठहरे इस धृष्ट दोपाये को—मुझे—दण्डित करने के लिये उसे नियत किया गया है। एक लोम-दन्तविहीन मानव नख-दन्त युक्त, शक्तिशाली पादयुक्त बाघ को चुनौती देने का दुस्साहस करे! लोग यह भी कह रहे थे कि सभी अवमानित बाघों के द्वेष ने मिलकर इतना ज़ोर पकड़ लिया है कि बाघों का मानमर्दन करने वाले इस अभिमानी पुरुष का पतन कराने के लिये वह ज़ोर अब सूक्ष्म नियमों को कार्यान्वित कर रहा है।

‘‘मेरे नौकर ने मुझे आगे बताया कि युवराज स्वयं मानव और पशु के बीच होने वाले इस द्वन्द्व के व्यवस्थापन का कार्यभार संभाल रहे थे। उन्होंने स्वयं अपनी देखरेख में हज़ारों लोगों के बैठने योग्य एक ऐसे विशाल तंबू का निर्माण कराया जो आंधी-तूफान में भी सुरक्षित खड़ा रह सके। उस तंबू के मध्य में लोहे के एक विशाल पिंजरे में राजाबेगम को रखा गया था। इस पिंजरे के बाहर सुरक्षा का एक और घेरा था। राजाबेगम निरन्तर खून जमा देनेवाली भयंकर गर्जनाएँ करता जा रहा था। उसकी क्षुधाग्नि और क्रोधाग्नि दोनों को भड़काने के लिए उसे बहुत कम खाना दिया जा रहा था। शायद युवराज को आशा थी कि मैं उसका पुरस्कारस्वरूप भोजन बनूँगा!

‘‘डंका बजा-बजाकर नगर और आस-पास के इलाके में इस अद्वितीय द्वन्द्व की जो घोषणा की जा रही थी, उसे सुनकर लोगों ने भारी संख्या में उत्सुकतापूर्वक

टिकटें खरीदीं। द्वन्द्व के दिन सीटों की कमी के कारण सैकड़ों लोगों को लौटा दिया गया। कई लोग तंबू की दरारों में से अन्दर घुस आये, या गैलरी के नीचे जहाँ भी जगह मिली वहीं खड़े हो गए।''

जैसे-जैसे बाघ स्वामी की कथा चरमसीमा की ओर बढ़ रही थी, वैसे-वैसे मेरी उत्तेजना भी बढ़ती गई; चण्डी भी मंत्रमुग्ध होकर अवाक् बैठा था।

''राजाबेगम की कान फाड़ देने वाली गर्जनाओं के और भयभीत दर्शकों के कोलाहल के बीच मैंने शान्त मन से तंबू में प्रवेश किया। लंगोट के अतिरिक्त मेरे शरीर पर और कोई कपड़ा नहीं था। मैंने सुरक्षात्मक घेरे के दरवाज़े का कुंडा सरकाकर उसे खोला और अन्दर जाकर अपने पीछे शांत मन से दरवाज़े को बंद कर लिया। बाघ को रक्त की गन्ध लग गई। उछलकर धड़ाम से लोहे की छड़ों से टकराने की ध्वनि के साथ उसने मेरा भीषण स्वागत किया। करुणार्द्र भय से दर्शकों में सन्नाटा छा गया; उस अति उग्र बाघ के सामने मैं निरीह मेमना लग रहा था।

''पलक झपकते ही मैं उसके पिंजरे में घुस गया; परन्तु जैसे ही मैंने दरवाज़ा बन्द किया, राजाबेगम उछलकर सीधा मेरे ऊपर आ गया। मेरा दाहिना हाथ बुरी तरह क्षत-विक्षत हो गया। बाघ के लिए परम स्वादिष्ट मानव-रक्त की प्रचण्ड धाराएँ गिरने लगीं। संत की भविष्यवाणी सत्य होने के आसार नज़र आने लगे।

''इस प्रकार की गम्भीर चोट मुझे जीवन में पहली बार आयी थी, पर मैं तुरन्त उस से संभल गया। रक्तरंजित अँगुलियों को लंगोट में घुसाकर मैंने उन्हें छिपा लिया और बाएँ हाथ से एक हड्डी-तोड़ प्रहार बाघ पर किया। बाघ लड़खड़ाकर पीछे हट गया, पिंजरे के अंत तक पीछे गया, फिर पलटकर अत्यंत गुस्से के साथ पुनः मुझ पर झपटा। मेरे सुविख्यात मुष्टि शासन के प्रहार उसके सिर पर बरसने लगे।

''परन्तु राजाबेगम को रक्त का जो स्वाद लग गया था, उसने दीर्घकाल तक शराब से वंचित रहने वाले शराबी को जैसे शराब का पहला घूँट उन्मत्त कर देता है, उसी प्रकार उन्मत्त कर दिया था। बीच-बीच में कान बैठा देनेवाली दहाड़ें मारते हुए उसके आक्रमणों की उग्रता बढ़ती ही जा रही थी। उसके दाँतों और नखों के आगे मेरा केवल एक हाथ से बचाव करना अपर्याप्त पड़ रहा था और मेरी आत्मरक्षा-प्रणाली अभेद्य नहीं रह पा रही थी। परन्तु मैं भी तिलमिलाने वाले प्रहार उस पर करता गया। दोनों ही रक्तरंजित होकर जीवन-मरण का युद्ध लड़ रहे थे। पिंजरे में कोलाहल था, चारों दिशाओं में रक्त के छींटे उड़ रहे थे, बाघ के गले से पीड़ा और खूनी प्राण-पिपासा के चीत्कार फूट रहे थे।

"'गोली चलाओ! बाघ को मार डालो!' दर्शक चीख रहे थे। मानव और पशु इतनी तेज़ गति से हिल रहे थे कि एक सिपाही की गोली भी निशाना चूक गई। मैंने अपनी सारी संकल्पशक्ति एकत्र की और भीषण गर्जन के साथ उसके मस्तक पर एक अंतिम खोपड़ी-तोड़ प्रहार किया। बाघ गिर गया और ठण्डा होकर पड़ा रहा।"

"पालतू बिल्ली की भाँति!" मैं बीच में ही बोल पड़ा।

स्वामीजी खिलखिलाकर हँस पड़े, फिर उन्होंने तन्मय कर देने वाली अपनी कहानी को आगे बताना शुरू किया।

"आख़िर राजाबेगम पराजित हो ही गया। उसका रहा-सहा राजगर्व भी चूर-चूर हो गया, अपने विदीर्ण, रक्तरंजित हाथों से मैंने उसका जबड़ा खोला और एक नाट्यपूर्ण क्षण के लिये उस खुले मृत्युद्वार में अपना सिर रखा। ज़ंज़ीर के लिए इधर-उधर देखा और ज़मीन पर पड़े ज़ंज़ीरों के ढेर में से एक ज़ंज़ीर खींचकर उससे बाघ की गर्दन पिंजरे की छड़ों के साथ बाँध दी। विजयोल्लास में मैं दरवाज़े की ओर चलने लगा।

"परन्तु वह मूर्तिमान शैतान राजाबेगम! उसकी कल्पित आसुरी उत्पत्ति के अनुरूप ही वह जीवट था! एक ही विस्मयकारी झटके के साथ ज़ंज़ीर तोड़कर वह मेरी पीठ पर झपट पड़ा। मेरा कंधा उसके जबड़े में फँसा हुआ था और ऐसी स्थिति में मैं जोर से नीचे गिरा। परन्तु पलक झपकते ही मैंने उसे अपने नीचे धर दबोचा। निष्ठुर प्रहारों के आघातों से वह अर्द्ध-मूर्छित हो गया। इस बार मैंने उसे अधिक सावधानीपूर्वक बाँध दिया। धीरे-धीरे मैं पिंजरे से बाहर निकला।

"फिर से चारों तरफ चीख-पुकार सुनायी दी, इस बार वह हर्षोल्लास की थी। भीड़ की चीख-पुकार की हर्षध्वनि जैसे एक ही विराट गले से निकल रही थी। मैं भीषण रूप से घायल तो हो गया था परन्तु फिर भी मैंने द्वन्द्व की तीनों शर्तें पूरी कर दी थीं—बाघ को अचेत करना, उसे ज़ंज़ीर से बाँधना और बिना किसी प्रकार की सहायता लिये पिंजरे से बाहर आना। इसके अलावा मैंने उस हिंस्र पशु को इस तरह घायल और भयभीत कर दिया था कि मेरे सिर का अप्रतिम पुरस्कार अपने मुख में पाकर भी उसकी ओर उसने कोई ध्यान नहीं दिया!

"मेरे घावों का प्राथमिक उपचार करने के बाद मेरा सम्मान किया गया और मुझे पुष्पहार पहनाये गए। मेरे चरणों में स्वर्ग मुहरों की वर्षा की गई। असाधारण रूप से विशाल और वैसे ही क्रूर बाघ पर मेरी विजय की अन्तहीन चर्चाएँ चारों ओर से सुनायी दे रही थीं। वचन के अनुसार राजाबेगम मुझे दे दिया गया, परन्तु

मुझे कोई हर्ष नहीं हुआ। मेरे हृदय में आध्यात्मिक परिवर्तन आ गया था। ऐसा प्रतीत हो रहा था कि पिंजरे से बाहर निकलने के साथ ही मैंने संसार में अपनी महत्त्वाकांक्षाओं का द्वार भी बंद कर दिया था।

"उसके बाद का कुछ समय अत्यंत वेदना और मनस्ताप में बीता। रक्त में विष फैलने के कारण छः महीनों तक मैं मरणासन्न अवस्था में पड़ा रहा। कूचबिहार छोड़ने योग्य ठीक होते ही मैं अपने गाँव लौट आया।

"'अब मैं जान गया हूँ कि जिन साधु ने सावधानी का विवेकपूर्ण इशारा दिया था वही मेरे गुरु हैं,' एक दिन विनम्रतापूर्वक मैंने पिताजी से कहा। 'काश! मैं किसी प्रकार उन्हें ढूँढ पाता!' मेरी लालसा सच्ची थी, क्योंकि एक दिन वही संत बिना किसी सूचना के हमारे घर पधारे।

"'बाघों का दमन बहुत हो गया।' शांत अधिकारपूर्ण वाणी में वे बोल रहे थे। 'मेरे साथ आओ; मैं तुम्हें मानव-मन के जंगलों में विचरने वाले अज्ञान के पशुओं का दमन करना सिखाऊँगा। तुम्हें दर्शकों की आदत हो गई है; अब योगाभ्यास में तुम्हारी रोमांचक पारंगति से झूम उठनेवाले देवता तुम्हारे दर्शक होंगे!'

"मेरे गुरु ने मुझे आध्यात्मिक मार्ग की दीक्षा दी। मेरी आत्मा के दीर्घकाल तक अप्रयुक्त रहने से मोर्चा लगे, खोलने में कठिन द्वार उन्होंने खोल दिये। शीघ्र ही एक-दूसरे का हाथ थामे, मेरी साधना के लिए हम दोनों हिमालय की ओर चल पड़े।"

अपने तूफ़ानी जीवन की एक झलक हमें दिखाने के लिए कृतज्ञ होकर चण्डी और मैंने स्वामीजी के चरणों में प्रणाम किया। मुझे और मेरे मित्र को लगा कि बैठक में उपेक्षा में की गई लम्बी प्रतीक्षा का हमें भरपूर प्रतिफल मिला!

प्रकरण–7

प्लवनशील सन्त

"कल रात एक सभा में मैंने एक योगी को ज़मीन से कई फुट ऊपर हवा में ठहरे हुए देखा।" मेरा मित्र उपेन्द्र मोहन चौधरी बड़े ही प्रभावशाली ढंग से बोल रहा था।

मैंने उत्साहपूर्ण मुस्कान के साथ कहाः "शायद मैं उनका नाम बता सकता हूँ। कहीं वे अप्पर सर्क्युलर रोड के भादुड़ी महाशय तो नहीं थे?"

उपेन्द्र ने स्वीकृति में सिर हिलाया। यह बात मुझे पहले ही ज्ञात है, यह देखकर उसका चेहरा थोड़ा उतर गया। सन्तों के बारे में मेरी जिज्ञासा से मेरे सभी मित्र भली-भाँति परिचित थे; कोई नयी जानकारी मिलते ही मुझे उनके पीछे लगा देने में उन्हें बड़ा आनन्द आता था।

"ये योगी महाराज मेरे घर के इतने निकट रहते हैं कि मैं प्रायः उनसे मिलने जाता हूँ।" मेरे इस कथन से उपेन्द्र के चेहरे पर उत्सुकता के भाव उमड़ते देख मैंने उसे और भी बातें बताना शुरू किया।

"उनके कई कमाल मैंने देखे हैं। पतंजलि प्रणीत प्राचीन अष्टांग योग के विभिन्न प्राणायाम विधियों में वे निष्णात हैं। एक बार भादुड़ी महाशय ने मेरे सामने भस्त्रिका प्राणायाम इतने ज़ोर से किया कि लगता था मानो उस कमरे में सचमुच का तूफ़ान आ गया हो! फिर उन्होंने गर्जन करते श्वासोच्छवास को बंद कर दिया और वे अतिचेतनता (समाधि) की एक उच्च अवस्था में निश्छल बैठे रहे। तूफ़ान के बाद शान्ति का वातावरण इतना प्रभावपूर्ण था कि उसे कभी भुलाया नहीं जा सकता।"

"मैंने सुना है कि वे कभी घर से बाहर नहीं निकलते।" उपेन्द्र के स्वर में कुछ अविश्वसनीयता झलक रही थी।

"वास्तव में यह सच है! विगत बीस वर्षों से वे घर के भीतर ही रहते आये हैं। केवल हमारे पर्व-त्यौहारों के अवसर पर वे स्वयं ही लगाये इस नियम को थोड़ा ढीला करते हैं जब वे अपने ही अहाते में स्थित सामने की पगडंडी तक जाते हैं! वहाँ पर भिखारी जमा हो जाते हैं क्योंकि सन्त भादुड़ी अपने दयार्द्र हृदय के लिए प्रसिद्ध हैं।"

"गुरुत्वाकर्षण के नियम को ठुकराकर वे हवा में कैसे रह पाते हैं?"

"कुछ प्राणायामों के अभ्यास से योगियों के शरीर की जड़ता नष्ट हो जाती है। तब उनका शरीर हवा में उठ जाता है या फिर मेंढक की तरह यहाँ से वहाँ फुदकने लगता है। जो सन्त योगाभ्यास नहीं करते, वे भी ईश्वर के प्रति तीव्र भक्ति की अवस्था में हवा में ऊपर उठते पाये गए हैं।"

"इस सन्त के विषय में मैं अधिक जानना चाहता हूँ। क्या तुम उनकी सांयकालीन सभाओं में जाते हो?" उपेन्द्र की आँखें कौतुहल से चमक रही थीं।

"हाँ, मैं प्रायः जाता हूँ उनके उपदेशों में विद्यमान विनोदपूर्ण चुटकियों और हास-परिहास में मुझे बड़ा मज़ा आता है। कभी-कभी मेरे लंबे अट्टहास से सभा की गंभीरता भंग हो जाती है। भादुड़ी महाशय तो उसका बुरा नहीं मानते किन्तु उनके शिष्य खा जाने वाली नज़रों से मेरी ओर देखते हैं!"

उस दिन दोपहर को स्कूल से घर लौटते समय मैं भादुड़ी महाशय के एकान्त निवास के पास से गुज़र रहा था तो उनका दर्शन करने की इच्छा हो गई। जनसाधारण के लिए उनका दर्शन दुर्लभ था। निचली मंज़िल पर अकेला रहनेवाला उनका एक शिष्य इस बात का ध्यान रखता था कि उनके एकान्त में खलल न पड़े। यह शिष्य कुछ ज़्यादा ही अनुशासनप्रिय व्यक्ति था। उसने मुझसे पूछा कि क्या मैंने भेंट के लिये पहले से समय लिया हुआ है? उसके गुरुदेव उसी समय वहाँ आ पहुँचे और उन्होंने मुझे अविलम्ब "बहिर्गत" किये जाने से बचा लिया।

"मुकुन्द जब भी आना चाहे, उसे आने दिया करो।" सन्तवर की आँखें चमक उठीं। "एकान्त का मेरा नियम मेरी अपनी सुविधा के लिए नहीं बल्कि लोगों की सुविधा के लिए है। संसारी लोगों को उनके मोहजाल को तहस-नहस कर देनेवाली स्पष्टवादिता अच्छी नहीं लगती। सन्त न केवल दुर्लभ हैं, बल्कि वे

लोगों को व्याकुल भी कर देते हैं। शास्त्र-पुराणों में भी वे प्रायः जनसाधारण को विह्वल करते पाये जाते हैं।''

मैं भादुड़ी महाशय के पीछे-पीछे ऊपरी मंज़िल पर स्थित उनके अत्यन्त सादे कक्ष में जा पहुँचा, जहाँ से वे शायद ही कभी बाहर निकालते थे। संसार की क्षुद्र उत्तेजनाओं के तीव्र गति से नित्य बदलते चित्रों की ओर संतजन प्रायः कोई ध्यान नहीं देते; केवल युग-युगान्तर में स्थिर हुए कालजयी सत्यों पर उनका ध्यान केन्द्रित रहता है। सन्तों के समकालीन लोग केवल उनके संकीर्ण वर्तमान के लोग ही नहीं होते।

''महर्षि! जहाँ तक मैं जानता हूँ, आप पहले ऐसे योगी हैं जो हमेशा घर के अन्दर ही रहते हैं।''

''भगवान कभी-कभी अपने सन्तों को अप्रत्याशित परिस्थितियों में डाल देते हैं, कि कहीं हम यह न सोचें कि हम सन्तों को एक विशिष्ट नियम की चौखट में बिठा सकते हैं।''

आरोग्य और शक्ति से ओतप्रोत अपना शरीर उन्होंने पद्मासन में स्थिर किया। उनकी आयु सत्तर और अस्सी वर्ष के बीच थी, परन्तु आयु या निष्क्रिय जीवन पद्धति का कोई अप्रिय लक्षण उनके शरीर पर नहीं था। उनका सुगठित एवं सीधा शरीर प्रत्येक दृष्टि से आदर्शस्वरूप था। उनका मुखमण्डल पुराणों में वर्णित ऋषियों के समान था—भव्य मस्तक, भरपूर दाढ़ी, शांत आँखें सदैव दृढ़ता के साथ सीधे बैठते थे।

हम दोनों ध्यानस्थ हो गए। एक घंटे के बाद उनकी सौम्य वाणी ने मुझे जगा दिया।

''तुम प्रायः ध्यान लगाते हो, परन्तु क्या तुम्हें कुछ अनुभव हुआ है?'' वे मुझे ध्यान से अधिक ईश्वर से प्रेम करने का स्मरण दिला रहे थे। ''साधन को ही साध्य समझ लेने की भूल नहीं करना।''

उन्होंने मुझे कुछ आम दिये। अपने गम्भीर स्वभाव में भी मुझे हमेशा ही आनंदित करनेवाली अपनी विनोद बुद्धि को प्रकट करते हुए उन्होंने कहाः ''साधारणतया लोगों को ध्यानयोग से जलयोग (जलपान) अधिक अच्छा लगता है।''

योग के विषय में उनकी इस शब्दक्रीड़ा को सुनकर मैं ठहाके लगाकर हँसने लगा।

"क्या हँसी है तुम्हारी!" वात्सल्यपूर्ण चमक उनकी दृष्टि में प्रकट हुई। उनका अपना चेहरा सदैव गम्भीर ही रहता था, परन्तु उसमें भी परमानन्दभरी मुस्कराहट की झलक होती थी। उनके विशाल कमलनयनों में सदैव एक दिव्य हँसी छिपी होती थी।

"वे पत्र सुदूर स्थित अमेरिका से आये हैं।" उन्होंने मेज़ पर पड़े अनेक मोटे-मोटे लिफ़ाफ़ों की ओर संकेत किया। "वहाँ की कुछ सोसाइटियों के साथ, जिनके सदस्य योगशास्त्र में रुचि रखते हैं, मैं पत्रव्यवहार करता हूँ। वे कोलंबस से बेहतर दिशाज्ञान के साथ भारत की नये सिरे से खोज कर रहे हैं। उनकी सहायता करने में मुझे खुशी होती है। दिन के उजाले की तरह योगशास्त्र का ज्ञान भी उन सबके लिये है जो इसे प्राप्त करने के इच्छुक हैं।

"जिसे मानव की मुक्ति के लिये ऋषियों ने अनिवार्य समझा है उसे पाश्चात्य लोगों के लिए हल्का करने की आवश्यकता नहीं है। बाह्य अनुभव भिन्न होते हुए भी सबकी आत्मा एक समान ही है, और जब तक योग का कुछ-न-कुछ अभ्यास नहीं किया जाता, तब तक न ही पाश्चात्य और न ही पौर्वात्य लोग उन्नति कर सकते हैं।"

उन्होंने अपनी शांत दृष्टि मुझ पर स्थिर की। मेरी समझ में तब यह नहीं आया कि उनके वक्तव्य में भविष्यवाणीयुक्त मार्गदर्शन छिपा हुआ था। वह तो केवल अब, जब मैं ये शब्द लिख रहा हूँ, उनके द्वारा प्रायः दिये गए संकेतों का पूर्ण अर्थ मेरी समझ में आ रहा है कि मैं किसी दिन भारत की शिक्षाओं को अमेरिका ले जाऊँगा।

"महर्षि! मैं चाहता हूँ कि आप जगत् के कल्याण के लिए योगशास्त्र पर एक पुस्तक लिखें।"

"मैं शिष्यों को तैयार कर रहा हूँ। वे स्वयं और उनके शिष्यों की शृंखला जीवन्त पुस्तकों का काम करेंगे जो समय के स्वाभाविक क्षय और टीकाकारों की अस्वाभाविक टीकाओं से अछूते रहेंगे।"

संध्याकाल को उनके शिष्यों के आने तक मैं अकेला ही उनके साथ रहा। शिष्यों के आने के बाद भादुड़ी महाशय ने अपना अद्वितीय प्रवचन शुरू किया। शांत बाढ़ की तरह अपने श्रोताओं के मन के कूड़े-करकट को बहा ले जाकर वे उन्हें ईश्वर की ओर ले चले। विशुद्ध बंगाली में वे हृदयस्पर्शी दृष्टान्त देते जा रहे थे।

उस दिन भादुड़ी महाशय संत-संगति को पाने के लिए अपने राजसी जीवन का त्याग करनेवाली मध्ययुगीन राजपूत रानी मीराबाई के जीवन से संबंधित कुछ दार्शनिक तत्त्वों को समझा रहे थे। एक बार एक महान् संन्यासी सनातन गोस्वामी ने मीराबाई से मिलने से इसलिए इन्कार कर दिया कि वे स्त्री थीं। उत्तर में मीराबाई ने जो कुछ कहा उसे सुनकर गोस्वामी विनम्र बनकर उनके चरणों में नत हो गए।

"महात्माजी से कहो," मीराबाई ने कहा, "कि मैं नहीं जानती थी कि सृष्टि में ईश्वर के अतिरिक्त और भी कोई पुरुष है। क्या हम सब उनके सामने स्त्रियाँ नहीं हैं?" (शास्त्रों का एक सिद्धान्त यह है कि केवल ईश्वर ही एकमात्र सृजनक्षम पुरुष तत्त्व है, उसकी सृष्टि तो केवल निष्क्रिय माया है।)

मीराबाई ने भक्तिरस से ओतप्रोत अनेक पदों की रचना की है जो आज भी भारत में प्रेम और श्रद्धा के साथ गाये जाते हैं। उनमें से एक है:

साधन करना चाहि रे मनवा, भजन करना चाहि।
प्रेम लगाना चाहि रे मनवा, प्रीत लगाना चाहि।।
नीर-नहन से हरि मिले, तो जल जन्तु होई।
फल-मूल खाकर हरि मिले, तो बादूर बंदराई।।
तुलसी पूजने से हरि मिले, तो मैं पूजु तुलसी झाड़।
पत्थर पूजने से हरि मिले, तो मैं पूजू पहाड़।।
तृण भखण से हरि मिले, तो बहुत मृगी अजा।
स्त्री छोड़न से हरि मिले, तो बहुत मिले खोजा।।
दूध पीवन से हरि मिले, तो बहुत वत्स बाला।
मीरा कहे बिना प्रेम से न मिले नन्दलाला।।

भादुड़ी महाशय जहाँ यौगिक आसन में बैठते थे, वहीं उनके पास पड़ी उनकी खड़ाऊँ पर कई शिष्य प्रणामी रख देते थे। भारत में प्रचलित इस श्रद्धापूर्ण चढ़ावे का अर्थ है कि शिष्य अपनी भौतिक सम्पदा गुरु के चरणों में अर्पित कर रहा है। कृतज्ञ मित्रों के रूप में प्रभु ही अपने भक्तों की देखभाल करते रहते हैं।

"गुरुदेव आप महान् हैं!" उस पितामहतुल्य ऋषि से विदा लेते समय उनकी ओर भक्तिपूर्ण दृष्टि से देखते हुए एक शिष्य ने कहा। "आपने ईश्वर को पाने के लिये और हमें ज्ञान देने के लिये अपनी संपत्ति, आराम आदि सब कुछ त्याग

दिया!" यह सर्वविदित था कि भादुड़ी महाशय ने बचपन में ही विशाल पैतृक संपत्ति को त्याग दिया था, जब उन्होंने अनन्यभाव से योगमार्ग में पदार्पण किया।

"तुम ठीक उल्टी बात बोल रहे हो!" भादुड़ी महाशय के मुखारविंद पर भर्त्सना के अत्यंत सौम्य भाव प्रकट हुए। "मैंने तो अंतहीन आनन्द का विराट साम्राज्य प्राप्त करने के लिये कुछ थोड़े-से रुपये और कुछ तुच्छ सुख-विलासों को छोड़ दिया। फिर मैंने कोई त्याग कहाँ किया है? और उस निधि को बाँटने में जो आनन्द मिल सकता है, उसका मुझे ज्ञान है। इसे क्या त्याग कहा जा सकता है? अल्पदृष्टिवाले सांसारिकजन ही वास्तव में सच्चे त्यागी हैं! वे अद्वितीय दिव्य संपत्ति को संसार के मुट्ठीभर तुच्छ खिलौनों के लिये त्याग देते हैं!"

त्याग की इस लोकविरुद्ध व्याख्या को सुनकर मेरी हँसी छूट गई, जिसमें किसी भी भिक्षुक सन्त को तो कुबेर का मुकुट पहनाया जाता है और धनगर्भित करोड़पतियों को अनभिज्ञ शहीद बना दिया जाता है।

"विधि का विधान हमारे भविष्य की योजना किसी भी बीमा कंपनी से अधिक अच्छी तरह बनाता है।" उनके ये निष्कर्षात्मक शब्द उनकी अपनी श्रद्धा का अनुभवसिद्ध धर्म था। "आज संसार बाह्य सुरक्षा में ही विश्वास करने वाले बेचैन लोगों से भरा है। उनके कटु विचार उनके ललाटों पर अंकित घावचिह्नों के समान हैं। जिसने हमारे प्रथम श्वास के साथ ही हमारे लिये हवा और दूध की व्यवस्था कर दी वह भगवान अपने भक्तों की दिन-प्रतिदिन की व्यवस्था करना भी जानता है।"

स्कूल से छुट्टी होते ही इन सन्त के द्वार की तीर्थयात्रा करने का क्रम मैंने जारी रखा। आंतरिक उत्साह के साथ वे अनुभव-लाभ में मेरी सहायता करते रहे। एक दिन वे मेरे घर से दूर राममोहन राय रोड पर रहने के लिये चले गए। उनके श्रद्धालु शिष्यों ने उनके लिये वहाँ नागेन्द्र मठ नाम से एक नया आश्रम बना दिया था।

यहाँ मेरी कहानी अचानक कई वर्ष आगे निकल जाती है, फिर भी भादुड़ी महाशय के मुझसे कहे गये अंतिम शब्दों का उल्लेख मैं यहाँ करना चाहता हूँ। पश्चिम की ओर प्रस्थान करने से कुछ पहले मैं उनके दर्शन करने गया और आशीर्वाद पाने के लिये मैंने उनके चरणों पर सिर रखा।

"बेटा! अमेरिका जाओ। युगयुगान्तर की भारत की महिमा को अपनी ढाल के रूप में ले जाओ। विजय तुम्हारे ललाट पर लिखी हुई है; उस देश के भले लोग तुम्हारा हृदयपूर्वक स्वागत करेंगे।"

प्रकरण–8

भारत के महान् वैज्ञानिक सर जगदीशचन्द्र बोस

"जगदीशचन्द्र बोस ने वायरलेस का आविष्कार मार्कोनी से पहले ही कर लिया था।"

यह उत्तेजक टिप्पणी सुनकर मैं रास्ते के किनारे खड़े होकर विज्ञान विषयक चर्चा कर रहे प्राध्यापकों के एक दल के पास जाकर खड़ा हो गया। यदि उनमें सम्मिलित होने के पीछे मेरी भावना जाति के अभिमान की थी, तो मुझे उसका खेद है। भारत न केवल गूढ़ चिन्तन में, वरन् भौतिक विज्ञान में भी प्रमुख भूमिका निभा सकता है इस बात के प्रमाण में अपनी गहरी अभिरुचि को मैं अस्वीकार नहीं कर सकता।

"आप कहना क्या चाहते हैं, सर?"

प्राध्यापक महोदय ने प्रसन्नतापूर्वक स्पष्टीकरण दिया। "वायरलेस कोहीरर (wireless coherer) और विद्युत तरंगों की वक्रता दर्शाने वाले एक यंत्र का आविष्कार सबसे पहले बोस ने किया था। परन्तु इस भारतीय वैज्ञानिक ने अपने आविष्कारों से कोई आर्थिक लाभ उठाने की चेष्टा नहीं की। शीघ्र ही उन्होंने अपना ध्यान अजैव से जैव जगत की ओर मोड़ दिया। वनस्पति शास्त्रज्ञ के रूप में उनके द्वारा किये गए क्रांतिकारी आविष्कार उनके भौतिक विज्ञानी के रूप में किये गए मौलिक आविष्कारों से भी कहीं अधिक बढ़-चढ़कर हैं।"

मेरे ज्ञान में वृद्धि करने वाले प्राध्यापक महाशय का मैंने विनम्रतापूर्वक धन्यवाद किया। उन्होंने आगे कहाः "यह महान् वैज्ञानिक प्रेसिडेन्सी कॉलेज में मेरे सहाध्यापक हैं।"

दूसरे ही दिन मैं उस ऋषितुल्य महान् ज्ञानवेत्ता से मिलने उनके घर गया जो मेरे घर के पास ही था। लम्बे समय से मैं दूर से ही उनके प्रति श्रद्धाभाव रखता आ रहा था। गम्भीर, प्रशान्त और एकान्तप्रेमी वनस्पति शास्त्रज्ञ ने शिष्टतापूर्वक मेरा स्वागत किया। उनकी आयु पचास से साठ वर्ष के बीच थी। वे घने केश, विस्तीर्ण ललाट तथा स्वप्निल नेत्रों के रूपवान व्यक्ति थे। उनका शरीर सुगठित था। बोलने में उनका विशुद्ध उच्चारण शुरू से ही उनके वैज्ञानिक स्वभाव को दर्शाता था।

"पश्चिम की वैज्ञानिक सोसाइटियों की सभाओं में भाग लेकर मैं हाल ही में वापस आया हूँ। मेरे द्वारा आविष्कृत जीवन की अविभाज्य एकता दर्शाने वाले उपकरणों में उनके सदस्यों ने गहरी रुचि दिखायी। बोस क्रेस्कोग्राफ (crescograph) की परिवर्धन-शक्ति (magnifying power) एक करोड़ गुना है। माइक्रोस्कोप तो केवल कुछ सहस्त्र गुना ही परिवर्धन करता है, फिर भी उसने जीव-विज्ञान को तीव्र गति प्रदान कर दी, जीवविज्ञान में प्राण फूँक दिये। क्रेस्कोग्राफ अगणित मार्ग खोलता है।"

"सर! आपने विज्ञान की अमूर्त बाहों से पूर्व और पश्चिम के आलिंगनबद्ध होने की प्रक्रिया को तेज़ करने के लिये बहुत कुछ किया है।"

"मेरी शिक्षा कैम्ब्रिज में हुई। प्रयोगों के आधार पर ही किसी भी सिद्धान्त की सूक्ष्म से सूक्ष्म जाँच करने की पाश्चात्य पद्धति कितनी सराहनीय है! यह प्रयोगमूलक कार्यपद्धति मुझे अपनी पौर्वात्य विरासत में मिली आत्मपरीक्षण की क्षमता के साथ जुड़कर और भी अधिक प्रभावी हो गई। इन दोनों की युति ने मुझे दीर्घकाल से अबोल रहे प्रकृति-जगत् के मौन को तोड़ने में समर्थ बनाया। सारे भेद खोल देने वाले मेरे क्रेस्कोग्राफ़ के रेखाचित्र प्रमाण हैं सन्देह करने वाले किसी भी व्यक्ति के लिये कि पेड़-पौधों में भी संवेदनशील स्नायु-तंत्र होता है और उनका जीवन विभिन्न भावनाओं से युक्त भी होता है। प्रेम, घृणा, आनन्द, भय, सुख, दुःख, मूर्च्छा और अन्य उत्तेजनाओं के प्रति असंख्य प्रकार की प्रतिक्रियाओं की भावानुभूति जिस प्रकार सब प्राणियों को होती है, उसी प्रकार सब पेड़-पौधों को भी होती है।"

"सर, आपके इस क्षेत्र में आगमन से पहले तो सारी सृष्टि में व्याप्त जीवन की अद्वितीय धड़कन एक कवि की कल्पना मात्र लगती होगी! एक सन्त को मैं कभी जानता था जो कभी कोई फूल नहीं तोड़ते थे। वे कहते थेः 'गुलाब के पौधे से मैं उसका सौन्दर्याभिमान कैसे छीन लूँ? अपनी उद्दण्डता से उसे विवस्त्र करके उसके आत्म-सम्मान को धक्का कैसे पहुँचाऊँ?' उनके उन सहानुभूतिपूर्ण शब्दों को आपके आविष्कारों ने अक्षरशः यथार्थ सिद्ध कर दिया है।"

"कवि सत्य से अंतरंग होता है, जब कि वैज्ञानिक अजीबोगरीब ढंग से उस तक पहुँचने का प्रयास करता है। किसी दिन मेरी प्रयोगशाला में आकर क्रेस्कोग्राफ़ से असंदिग्ध प्रमाणों को देख लो।"

कृतज्ञतापूर्वक मैंने आमन्त्रण स्वीकार कर उन से विदा ली। बाद में मैंने सुना कि उन्होंने प्रेसिडेन्सी कॉलेज छोड़ दिया है। और अब वे कोलकाता में एक अनुसन्धान केन्द्र स्थापित करने की योजना बना रहे हैं।

जब बोस इंस्टिट्यूट का उद्‌घाटन हुआ तब मैं उस उद्‌घाटन समारोह में उपस्थित था। सैंकड़ों उत्साही लोग संस्थान के परिसर में इधर से उधर घूम रहे थे। विज्ञान के इस नए पीठ की कलात्मकता और आध्यात्मिक प्रतीकात्मकता को देखकर मैं मुग्ध हुआ। उसका प्रवेशद्वार सुदूर स्थित किसी प्राचीन मंदिर का अवशेष है। कमलों से भरे एक जलकुंड के पीछे स्थित मशालधारी स्त्री मूर्ति नारी के लिये अमर प्रकाश-दात्री के रूप में भारत के आदर को सूचित करती है। एक उद्यान में अगोचर ब्रह्म को समर्पित एक छोटा-सा मंदिर है। मंदिर में मूर्तिविहीन रिक्त स्थान ईश्वर की निराकारता को सूचित करता है।

इस उद्‌घाटन के महान् अवसर पर सर जगदीशचन्द्र बोस का भाषण ऐसा लग रहा था मानों वह सीधे किसी अन्तःप्रेरित प्राचीन ऋषि के मुख से निःसृत हो रहा हो।

"इस संस्था को मैं आज केवल एक प्रयोगशाला के रूप में नहीं, वरन् एक मंदिर के रूप में समर्पित करता हूँ।" उनकी आदरणीय महानता खचाखच भरे सभागृह पर एक अदृश्य चादर के समान छा गई। "अपनी खोज में मैं कब पदार्थ विज्ञान और प्रकृति विज्ञान के सीमा क्षेत्र में पहुँच गया, मुझे पता ही नहीं चला। मेरा आश्चर्य बढ़ता ही गया जब मैंने देखा कि सजीव जगत् और निर्जीव जगत् के बीच की सीमारेखाएँ मिटती जा रही हैं और स्पर्शबिन्दु उभरते जा रहे हैं। मैंने देखा कि निर्जीव जगत् निष्क्रिय नहीं था; वह तो असंख्य शक्तियों के प्रभाव में पुलकित हो रहा था।

"सब में एकसमान प्रतिक्रिया धातु, वनस्पति और प्राणी को एक ही सामान्य नियम में बाँधती प्रतीत हुई। वे सब थकान और खिन्नता के तत्त्वतः एकसमान लक्षण प्रदर्शित करते थे जिनमें पुनः तरो-ताज़ा और हर्षोत्फुल्ल होने की संभावनाएँ बनी रहती थीं। मृत्यु के साथ जुड़ी हुई स्थायी प्रतिक्रियाहीनता के प्रदर्शन में भी सब एक समान थे। इस विराट सामान्यत्व से विस्मयविभोर होकर मैंने बहुत बड़ी आशा के साथ अपने प्रयोगों के परिणामों को रॉयल सोसायटी के समक्ष रखा। परन्तु वहाँ उपस्थित प्रकृति विज्ञानियों ने मुझे उनके लिए सुरक्षित क्षेत्रों पर अतिक्रमण करने के बदले उस पदार्थ-विज्ञान के क्षेत्र तक ही अपने अनुसंधान को सीमित रखने की सलाह दी जिस में मेरी सफलता का भरोसा था। मैंने अनजाने में एक अपरिचित जाति व्यवस्था के क्षेत्र में घुसकर उसके शिष्टाचार का उल्लघंन कर दिया था।

"वहाँ अनजाने में एक धर्मशास्त्रीय पूर्वाग्रह भी कार्यरत था जो अज्ञान को भी धर्म के समान प्रश्नातीत मानता है। यह प्रायः भुला दिया जाता है कि जिस परमसत्ता ने हमें चारों ओर से सृष्टि के इस नित्य बढ़ते ही जाते रहस्य से घेर रखा है उसी ने प्रश्न करने और समझने की इच्छा भी हम में प्रतिष्ठापित कर दी है। अनेक वर्षों तक लोगों की गलतफ़हमियों का शिकार बनते रहने से एक बात मेरी समझ में आ गई—विज्ञान के उपासक का जीवन अनिवार्य रूप से अनन्त संघर्ष से भरा होता है। लाभ और हानि, सफलता और विफलता को एक समान मानते हुए उसे अपना जीवन प्रेमश्रद्धायुक्त अर्घ्य के रूप में अर्पण करना पड़ता है।

"कालान्तर में विश्व की प्रमुख वैज्ञानिक सोसायटियों ने मेरे सिद्धान्तों और निष्कर्षों को स्वीकार करके विज्ञान में भारत के योगदान को मान्य किया। जो कुछ भी छोटा या सीमित हो, वह क्या भारत के मन को कभी तृप्त कर सकता है? एक अखण्ड जीवन्त परंपरा और पुनर्यौवन प्राप्त करने की एक जीवनप्रद शक्ति के द्वारा इस भूमि ने अगणित परिवर्तनों में बार-बार अपना कायाकल्प किया है। भारत में सदा ही ऐसे लोग उत्पन्न होते आये हैं जिन्होंने समय के तात्कालिक और मोहक पुरस्कार को ठुकराकर जीवन के सर्वोच्च अभीष्टों को पाने का प्रयास किया है—अकर्मण्य परित्याग द्वारा नहीं, वरन् कर्मठ, कठोर संघर्ष द्वारा। संघर्ष को अस्वीकार करने वाले दुर्बल के पास कुछ प्राप्त न कर पाने के कारण त्यागने के लिए भी कुछ नहीं होता। जिसने संघर्ष कर विजय प्राप्त की हो, वही केवल संसार को अपनी विजय के अनुभव का फल प्रदान कर उसे समृद्ध कर सकता है।

''इस बोस प्रयोगशाला में जड़ पदार्थों की प्रतिक्रिया पर अब तक किये जा चुके कार्य से और वनस्पति-जीवन के अप्रत्याशित तथ्य सामने आ जाने से पदार्थ विज्ञान, प्रकृति विज्ञान, चिकित्सा, कृषि और यहाँ तक कि मनोविज्ञान के क्षेत्र में भी, अनुसन्धान के अत्यंत विस्तृत क्षेत्र खुल गए हैं। जिन उलझनों के बारे में अब तक यह माना जाता था कि उन्हें सुलझाया नहीं जा सकता, वे भी अब प्रयोगात्मक अन्वेषण के कार्यक्षेत्र में आ गई हैं।

''परन्तु कठोर सटीकता के बिना उच्च सफलता नहीं मिल सकती। इसीलिए प्रवेश कक्ष में अपने-अपने केस में रखे गए मेरे द्वारा आविष्कृत अतिसंवेदनशील उपकरणों और वैज्ञानिक यंत्रों की लम्बी-लम्बी कतारें लगी हैं। वे दृश्यमान आभास के पीछे छिपे सत्य को खोजने के लिये आवश्यक दीर्घकालिक अनवरत प्रयत्न की व मानव के सीमित सामर्थ्य की परिसीमाओं को लाँघने के लिये आवश्यक अविराम कठोर परिश्रम, लगन और उद्योगशीलता की गाथा सुनाते हैं। सभी आविष्कारक वैज्ञानिक जानते हैं कि वास्तविक प्रयोगशाला तो मन है, जहाँ के माया के पर्दे के पीछे छिपे सत्य के नियमों को खोज निकालते हैं।

''यहाँ जो लेक्चर दिये जाएंगे, वे किसी दूसरे से प्राप्त ज्ञान की पुनरावृत्ति मात्र नहीं होंगे। उनमें इन कक्षों में प्रथम बार सिद्ध किये गए नये आविष्कारों का ज्ञान दिया जाएगा। इस संस्था के कार्य-विवरण के नियमित प्रकाशनों द्वारा भारत के योगदान समस्त विश्व में पहुँच जाएंगे। वे सार्वजनिक सम्पत्ति बन जाएंगे। कभी भी किसी भी बात का 'पेटेंट' नहीं लिया जाएगा। हमारी राष्ट्रीय संस्कृति का सार ही यह है कि हमें ज्ञान का प्रयोग केवल अपने लाभ के लिये करने की संस्कृतिहीनता से सदैव दूर रहना चाहिए।

''मेरी यह भी इच्छा है कि इस संस्था की सुविधाएँ, जहाँ तक सम्भव हो सके, सभी देशों के अनुसन्धानकर्त्ताओं के लिए उपलब्ध हों। इसमें मैं अपने देश की परम्पराओं को आगे चलाने का प्रयास कर रहा हूँ। पच्चीस शताब्दियों पूर्व भी भारत नालंदा और तक्षशिला के अपने प्राचीन विश्वविद्यालयों में विश्व के सभी हिस्सों से आते छात्रों को ज्ञानप्राप्ति की सुविधा उपलब्ध कराता था।

''विज्ञान न तो पूर्व का है न पश्चिम का, बल्कि अपनी सार्वलौकिकता के कारण वह सब देशों का है, परन्तु फिर भी भारत इसमें महान् योगदान देने के लिये विशेष रूप से योग्य है। भारतीयों की ज्वलंत कल्पनाशक्ति तो ऊपर-ऊपर परस्परविरोधी लगने वाले तथ्यों की गुत्थी से भी नया सूत्र निकाल सकती है, परन्तु

एकाग्रता की आदत ने इसे रोक रखा है। यह संयमित मन को अनंत धीरज के साथ सत्य की खोज में लगाये रखने की शक्ति प्रदान करता है।''

उस महान् वैज्ञानिक के उन अंतिम शब्दों को सुनकर मेरी आँखें छलछला उठीं। यह ''धीरज'' ही क्या सचमुच भारत का पर्यायवाची शब्द नहीं बन गया है, जिसने काल और इतिहासकार, दोनों को ही समान रूप से अचंभित कर रखा है?

उद्घाटन दिवस के थोड़े दिनों बाद मैं उस अनुसन्धान केन्द्र में फिर से गया। उस महान् वनस्पतिशास्त्रज्ञ को अपने वचन का स्मरण था। वे मुझे अपनी शांत प्रयोगशाला में ले गए।

''अब मैं इस फर्न के पौधे को क्रेस्कोग्राफ लगाता हूँ, इसकी गतिविधियों का अनेक गुना परिवर्धित चित्र उभरेगा। इसी मात्रा में यदि घोंघें की रेंगने की क्रिया को परिवर्धित किया जाए तो घोंघा एक्सप्रेस ट्रेन की गति से चलता दिखायी देगा!''

मेरी दृष्टि उत्सुकतावश पर्दे पर लगी हुई थी जहाँ फर्न की परिवर्धित छाया दीख रही थी। सूक्ष्मातिसूक्ष्म जैव-क्रियाएँ भी अब स्पष्ट दिखायी दे रही थीं, मेरी मंत्रमुग्ध आँखों के सामने वह फर्न का पौधा अत्यंत धीरे-धीरे बढ़ रहा था। बोस महाशय ने पौधे की नोंक को धातु की एक छोटी-सी छड़ से छुआ। पर्दे पर चल रहा मूक-नृत्य हठात् रुक गया, जैसे ही छड़ हटायी वैसे ही उस की लयबद्ध थिरक पुनः शुरू हो गई।

''तुमने देखा कैसे तनिक-सा भी बाह्य हस्तक्षेप संवेदनशील ऊतकों के लिए बाधक है,'' बोस महाशय ने कहा। ''अब देखो; मैं इसे क्लोरोफ़ॉर्म दूँगा और फिर उसका प्रभाव नष्ट करने वाली औषधि भी।''

क्लोरोफ़ॉर्म के प्रभाव ने विकास को पूर्णतः रोक दिया; उसका प्रभाव नष्ट करने वाली औषधि ने उसे पुनः शुरू कर दिया। पर्दे पर दिखने वाले विकास के संकेतों ने मुझे किसी सिनेमा के कथानक से भी अधिक तन्मयता के साथ जकड़ रखा था। बोस महाशय (यहाँ खलनायक की भूमिका में) ने उस फर्न के एक हिस्से में एक तीक्ष्ण औज़ार घुसा दिया; आकस्मिक फड़फड़ाहट ने दर्द का संकेत दिया। जब उन्होंने पौधे के तने को ब्लेड से अंशतः काट दिया तब छाया में तीव्र छटपटाहट दिखायी दी, फिर मृत्यु की अंतिम स्तब्धता में वह शांत हो गई।

''एक विशाल वृक्ष को पहले क्लोरोफ़ॉर्म देकर फिर उसका स्थानान्तरण करने में मैंने सफलता प्राप्त कर ली। साधारणतया वनों के ये राजा स्थानान्तरित करने के कुछ ही दिन बाद मर जाते हैं।'' उस जीवनरक्षक युक्तिकौशल का वर्णन

करते हुए बोस महाशय अत्यंत प्रसन्नता के साथ मुस्करा रहे थे। ''मेरे सूक्ष्मग्राही यंत्रों के रेखाचित्रों ने सिद्ध कर दिया है कि पेड़-पौधों में रस संचार-प्रणाली होती है; प्राणियों में जैसे रक्तसंचार होता है, वैसे ही पेड़-पौधों में रस संचार होता है। पेड़-पौधों में रस की ऊर्ध्वगति को केवल केशिका आकर्षण (capillary attraction) सदृश किसी यांत्रिक क्रिया के आधार पर स्पष्ट नहीं किया जा सकता, जैसा कि सामान्यतया प्रयास किया जाता है। क्रेस्कोग्राफ़ ने इसे सजीव कोशिकाओं की क्रिया के रूप में दर्शाया है। पेड़ के अन्दर से लम्बी गोलाकार नली चलती है जिसमें क्रमिक वृत्तों में सिकुड़ने वाली लहरें उठती रहती हैं जो हृदय का काम करती हैं! हम जितनी ही अधिक गहराई में जाकर देखेंगे उतनी ही अधिक स्पष्टता से इस सत्य का प्रमाण मिलता जाता है कि इस बहुविध प्रकृति का प्रत्येक रूप एक ही सूत्र में बँधा है।''

बोस महाशय ने एक अन्य बोस यंत्र की ओर इशारा किया।

''मैं तुम्हें टिन के एक टुकड़े पर कुछ प्रयोग दिखाता हूँ। धातुओं की प्राणशक्ति उत्तेजना के प्रभाव में अनुकूल या प्रतिकूल प्रतिक्रिया दिखाती है। स्याही के निशान विभिन्न प्रतिक्रियाओं को चिह्नांकित करेंगे।''

मैं तल्लीन होकर आण्विक संरचना की लक्षणस्वरूप तरंगों को अंकित करने वाले रेखाचित्र (graph) को देखने लगा। जब प्रोफ़ेसर साहब ने टिन को क्लोरोफ़ॉर्म लगाया तब कंपन-लेखन थम गया। जब धीरे-धीरे उस टिन की सामान्य अवस्था लौट आयी, तब वह पुनः शुरू हो गया। अब बोस महाशय ने एक विषैला रसायन लगाया। टिन के छटपटाते छोर के साथ-साथ सुई ने अद्‌भुत रूप से रेखाचित्र पर मृत्यु की सूचना अंकित कर दी। वैज्ञानिक महोदय ने कहा,

''बोस यंत्रों ने प्रदर्शित कर दिया है कि कैंची और मशीनरी में प्रयुक्त इस्पात सदृश धातु भी थकते हैं और बीच-बीच में विश्राम मिलने से उनमें पुनः ताज़गी और कार्यक्षमता आ जाती है। विद्युत प्रवाह या अति भारी दबाव से धातुओं में जीवन की धड़कन को गम्भीर क्षति पहुँचती है या वह धड़कन सदा के लिए रुक भी सकती है।''

उस कक्ष में चारों ओर रखे अथक प्रतिभा के मुखर प्रतीक, असंख्य आविष्कारों पर मैंने दृष्टि दौड़ायी।

''सर, यह दुःख की बात है कि आपके अद्‌भुत यंत्रों का पूर्ण लाभ उठाकर बड़े पैमाने पर कृषि-विकास को गति नहीं दी जा रही है। इनमें से कुछ यन्त्रों को

त्वरित प्रयोगों में प्रयुक्त करके खाद के विभिन्न प्रकारों का पौधों पर क्या प्रभाव है, यह देखना क्या सहज सम्भव नहीं हो सकता?''

''तुम ठीक कह रहे हो। भावी पीढ़ियाँ बोस यंत्रों को अगणित प्रकारों से प्रयोग से लाएँगी। वैज्ञानिक को उसके परिश्रम का तत्काल पुरस्कार कदाचित ही मिलता है; सृजनात्मक सेवा का आनन्द ही उसके लिए पर्याप्त है।''

उस अदम्य ऋषि के प्रति अपनी हार्दिक कृतज्ञता व्यक्त कर मैंने उनसे विदा ली। मैंने सोचा, ''उनकी अद्‍भुत प्रतिभा की विस्मयकारी उर्वरता क्या कभी निःशेष हो सकती है?''

बढ़ते वर्षों के साथ उनकी प्रतिभा में कोई कमी नहीं आई। ''रेज़ोनेन्ट कार्डियोग्राफ़'' नामक एक जटिल यंत्र का आविष्कार करने के बाद बोस महाशय असंख्य भारतीय पेड़-पौधों के विस्तृत अनुसंधान में लग गए। किसी को कल्पना भी नहीं थी ऐसी-ऐसी उपयुक्त औषधियों की एक विराट भेषज-तालिका तैयार हो गई। कार्डियोग्राफ़ ऐसी अचूक सटीकता के साथ तैयार किया गया है कि उससे एक सेकण्ड का शतांश तक रेखाचित्र में अंकित हो जाता है। पेड़-पौधे, प्राणी एवं मानव-शरीर की संरचना के सूक्ष्मातिसूक्ष्म स्पन्दन भी यह कार्डियोग्राफ़ अंकित कर लेता है। उस महान् वनस्पति-शास्त्रज्ञ ने भविष्यवाणी की कि वैद्यकीय अनुसंधान के लिए प्राणियों के अंगच्छेदन से ही काम चल जाएगा।

''किसी औषधि के पौधे और प्राणी पर एक साथ किये गए प्रयोग के परिणामों के अंकन से साफ़ पता चलता है कि उन दोनों पर उस औषधि के प्रभाव में आश्चर्यजनक समानता है,'' उन्होंने स्पष्ट किया। ''मनुष्य में जो कुछ भी है उस सब का पूर्वाभास पेड़-पौधों में विद्यमान है। वनस्पति जगत् पर प्रयोग प्राणियों और मानवों की यातना को कम करने में योगदान देंगे।''

कई वर्षों के बाद बोस महाशय के पथप्रदर्शक वनस्पति आविष्कारों की अन्य वैज्ञानिकों द्वारा पुष्टि की गई। कोलम्बिया युनिवर्सिटी में 1938 में किये गए शोध कार्य की वार्ता ''द न्यूयॉर्क टाइम्स'' में निम्नलिखित रूप में प्रकाशित हुई थीः

गत कतिपय वर्षों में यह निर्धारित हो चुका है कि जब मस्तिष्क और शरीर के अन्य हिस्सों के बीच तंत्रिकाएँ (Nerves) संदेश वहन करती हैं, तब छोटी-छोटी विद्युत तरंगें निर्माण होती हैं। इन विद्युत तरंगों को सूक्ष्मग्राही विद्युद्धारामापी यंत्रों (galvanometers) से मापा गया और आधुनिक परिवर्धनकारी यंत्रों से इन का लक्ष-लक्ष गुना परिवर्धन किया गया। मानव या जीवित प्राणियों के तंत्रिका-तंतुओं

(nerve fibre) में प्रवाहित होने वाली इन तरंगों का अध्ययन करने का कोई संतोषजनक तरीका इनकी अत्यंत तीव्र गति के कारण अब तक ढूँढा नहीं जा सका था।

डॉ. के. एस. कोल और डॉ. एच. जे. कर्टिन ने यह जानकारी दी कि उन्होंने इस बात को खोज निकाला है कि साधारणतया घरों में मछली-पात्र में डाला जाने वाला जो मीठे पानी में जीने वाला पौधा होता है, जिसे निटेला कहते हैं और जिसमें एक ही लम्बी कोशिका होती है, उसकी कोशिका में और तंत्री-तंतु की कोशिकाओं में पूर्ण समानता है, कोई भी भिन्नता नहीं है। इसके अतिरिक्त उन्होंने यह भी पाया कि निटेला पौधे के तंतुओं को उत्तेजित किये जाने पर वे विद्युत तरंगें निर्माण करते हैं जो, केवल गति को छोड़कर, अन्य सब दृष्टियों से प्राणी और मानव के तंत्री-तंतुओं में निर्माण होने वाली विद्युत तरंगों के समान ही होती हैं। इस पौधे के तंतुओं की विद्युत तरंगें प्राणियों के तंतुओं की विद्युत तरंगों से कहीं धीमे चलती देखी गईं। इसलिए तंत्रिकाओं में प्रवाहित होने वाली विद्युत तरंगों के प्रवाह के मन्दगति चलचित्र (slow motion pictures) लेने के लिए कोलम्बिया युनिवर्सिटी के अनुसंधानकर्ताओं ने इस आविष्कार को तुरन्त उपयोग में लाया।

इस प्रकार निटेला पौधा मन और स्थूल जगत् के सीमाक्षेत्र के गुप्त रहस्यों की गूढ़लिपि का अर्थ जानने में एक प्रकार से रोसेटा पत्थर की भूमिका अदा कर सकता है।

कविवर रवीन्द्रनाथ टैगोर भारत के इस आदर्शवादी वैज्ञानिक के अंतरंग मित्र थे। उन्हें सम्बोधित कर कविवर ने निम्नलिखित पंक्तियाँ लिखी थीं:

हे तपस्वि डाको तूमि साममंत्रे जलदगर्जने,
"उत्तिष्ठत्! निबोधत!" डाको शास्त्र अभिमानीजने—
पाण्डित्येर पण्डतर्क हते। सुबृह विश्वतले
डाको मूढ़ दाम्भि केरे। डाक दाओ तब शिष्य दले—
एकत्रे दाँड़ाक तारा तब होम-हुताग्नि घिरिया।
बार-बार ए भारत आपनाते आसूक फिरिया
निष्ठाय, श्रद्धाय, ध्याने-बसूक से अप्रमत्तचित्ते
लोभहीन, द्वन्द्वहीन, शुद्ध, शान्त गुरुर वेदिते।

"हे तपस्वि! साममन्त्रों की जलद गम्भीर गर्जना से पुकारो—"उठो! जागो!" शास्त्राभिमानी जनों और कुतर्कों से आहत बुद्धि पण्डितों को पुकारो और उन्हें बेकार तर्कों का त्याग करने को कहो। उन मूढ़ दम्भियों को इस सुविस्तृत संसार में आने की प्रेरणा दो। अपने शिष्यों का भी आह्वान करो कि वे कर्तव्यरूपी यज्ञवेदी के चारों ओर एकत्रित हों, जिससे हमारा भारत, हमारा प्राचीन देश अपने सच्चे स्वरूप को पुनः प्राप्त करे और कर्तव्यनिष्ठा, श्रद्धा और ध्यान में अप्रमत्तचित्त होकर लोभहीन, द्वन्द्वहीन, शुद्ध और शान्त बनकर विश्वगुरु के आसन पर एक बार फिर अधिष्ठित हो।"

प्रकरण–9

परमानन्दमग्न भक्त और उनकी ईश्वर के साथ प्रेमलीला

"छोटे महाशय, बैठो। मैं अपनी जगन्माता से वार्तालाप कर रहा हूँ।"

मैंने अत्यन्त श्रद्धा के साथ कमरे में चुपचाप प्रवेश किया था। मास्टर महाशय के देवता सदृश्य रूप ने मुझे चकाचौंध कर दिया। श्वेत रेशम समान दाढ़ी और विशाल तेजस्वी नेत्रों से युक्त वे पवित्रता का साक्षात् अवतार लग रहे थे। ऊपर की ओर उठा हुआ उनका चेहरा और जुड़े हुए हाथ देखकर मैं समझ गया कि उनके पास मेरे उस प्रथम आगमन ने उनकी अर्चना में बाधा डाली है।

उस समय तक मुझे जितने धक्के लगे थे उन सबसे बढ़कर तीव्र धक्का उनके स्वागतपूर्ण सरल शब्दों से लगा। माँ की मृत्यु के कारण हुए विरह-दुःख को ही मैं दुःख की पराकाष्ठा मानता आ रहा था। अब अपनी जगन्माता से विरह की भावना मेरी आत्मा को अवर्णनीय यातना देने लगी। विलाप करते हुए मैं ज़मीन पर गिर पड़ा।

"छोटे महाशय, शांत हो जाओ!" संतवर को सहानुभूतिपूर्ण दुःख हो रहा था।

किसी अगाध समुद्र में असहाय छोड़ दिए गए मनुष्य की तरह अपने बचाव का एकमात्र उपाय जानकर मैंने उनके चरणों को कसकर पकड़ लिया।

"महात्मन्, आप मध्यस्थता करें। जगन्माता से पूछिये कि क्या मुझ पर उनकी कृपादृष्टि होगी?"

इस प्रकार की मध्यस्थता का वचन सहज ही नहीं दे दिया जाता; अतः महात्मा चुप रहने पर बाध्य हो गए।

मुझे समस्त शंकाओं से परे विश्वास हो गया था कि मास्टर महाशय वहाँ जगन्माता से घनिष्ठता के साथ वार्तालाप कर रहे थे। यह सोचकर मैं अत्यंत अपमानित अनुभव कर रहा था कि मेरी आँखें जगन्माता को देख नहीं सकती थीं जिन्हें अभी इस समय भी उस सन्त की निर्मल दृष्टि निहार रही थी। निर्लज्जतापूर्वक उनके पाँव पकड़े हुए और उनके सौम्य विरोध को अनसुना करते हुए मैं बार-बार उनकी मध्यस्थता की कृपा की याचना उनसे करता रहा।

"मैं परमप्रिय माँ तक तुम्हारी प्रार्थना पहुँचा दूँगा।" मास्टर महाशय ने आख़िर हार मानकर सहानुभूतिपूर्वक धीरे-से मुस्कराते हुए कहा।

क्या शक्ति थी उन शब्दों में कि मेरा मन विरह-व्याकुलता से तुरन्त मुक्त हो गया!

"महाशय, अपना वचन याद रखिये! माँ का सन्देश पाने के लिए मैं पुनः शीघ्र ही आपकी सेवा में उपस्थित हो जाऊँगा।" एक क्षण पूर्व ही दुःख और सिसकियों से मेरा जो कण्ठस्वर अवरुद्ध हुआ जाता था, अब आशा की आनन्द ध्वनि से मुखरित हो रहा था।

लम्बे जीने से नीचे उतरते-उतरते अतीत की स्मृतियों से मेरा मन भर आया। 50, एमहर्स्ट स्ट्रीट के इसी घर में, जो अब मास्टर महाशय का आवास था, किसी समय मेरा परिवार रहा करता था। यहीं मेरी माँ की मृत्यु हुई थी। स्वर्गवासी माता के लिए यहीं पर मेरा मानवी हृदय पीड़ित हुआ था; और यहीं पर आज जगन्माता के विरह में मेरी आत्मा विद्ध हो उठी थी। मेरे शोकविह्वल मन की वेदनाओं और अंततः मेरी निरामयता की मौन साक्षी बनी यही वे पुनीत दीवारें थीं!

घर जाते हुए मेरे पाँव उत्सुकतावश जल्दी-जल्दी उठ रहे थे। अपनी छोटी-सी अटारी में मैं दस बजे तक एकान्त में ध्यान करता रहा। उष्ण रात्रि का अन्धकार अचानक एक अद्‌भुत दृश्य के साथ प्रकाशमान हो उठा।

दिव्य आभायुक्त जगज्जननी मेरे सामने खड़ी थीं। मधुर स्मित करता उनका मुखारविंद परमसौन्दर्य का मूर्त रूप था।

"सदा ही मैंने तुम्हें प्रेम किया है! सदैव मैं तुमसे प्रेम करती रहूँगी!"

उनका दिव्य स्वर अभी वातावरण में गूँज ही रहा था कि वे अदृश्य हो गईं।

दूसरे दिन प्रातःकाल सूर्य ने क्षितिज पर अभी झाँकना आरम्भ ही किया था कि मैं मास्टर महाशय के घर पहुँच गया। हृदयविदारक स्मृतियों से जुड़े उस घर की सीढ़ियाँ चढ़ कर मैं चौथी मंज़िल पर उनके कमरे के सामने पहुँच गया। बन्द दरवाज़े की मूठ पर एक कपड़ा लिपटा हुआ था जो शायद इस बात का संकेत था कि वे एकान्त चाहते हैं। मैं दरवाज़े के सामने दुविधा में खड़ा था कि इतने में मास्टर महाशय ने स्वयं ही दरवाज़ा खोल दिया। मैंने उनके पूज्य चरणकमलों में प्रणाम किया।

दिव्य उल्लास को छिपाते हुए मैंने विनोद भाव में अपना मुख गम्भीर बना लिया।

''महाशय, आपके सन्देश के लिए मैं आ गया हूँ—मैं मानता हूँ कि अति भोर में ही आ गया हूँ! क्या प्रिय जगज्जननी ने मेरे विषय में कुछ कहा?''

''नटखट छोटे महाशय!''

इसके अतिरिक्त उन्होंने कुछ भी नहीं कहा। स्पष्ट था कि मेरी गम्भीरता का नाटक प्रभावी नहीं था।

''इतनी गूढ़ता, इतना छल क्यों? क्या सन्त कभी सीधी बात नहीं करते'' मैं शायद थोड़ा चिढ़ गया था।

''क्या मेरी परीक्षा लेना अनिवार्य है?'' उनकी शांत आँखें समझदारी और विवेक से भरपूर थीं। ''कल रात को 10 बजे स्वयं दिव्यरूपा जगन्माता ने तुम्हें जो आश्वासन दिया, उसके बाद भी अब मेरे लिये कहने को कुछ बचा है?''

मेरी आत्मा की खिड़कियों को खोलने की कुंजी मास्टर महाशय के पास थी; मैंने पुनः चरणों में साष्टांग प्रणिपात किया। परन्तु इस बार मेरी आँखों से जो अश्रु बह रहे थे वे अतीव हर्ष के थे, दुःख के नहीं।

''क्या तुम सोचते हो कि तुम्हारी भक्ति ने माता की अनंत करुणा को नहीं छुआ है? ईश्वर का मातृभाव, जिसे तुमने मानवी और दैवी रूपों में पूजा है, तुम्हारी आर्त्त पुकार का उत्तर दिये बना कदापि नहीं रह सकता।''

ये सीधे-सादे सन्त कौन थे, जिनका परमसत्ता से किया गया छोटे से छोटा अनुरोध भी मधुर स्वीकृति पा जाता था? इस संसार के जीवन में उनकी भूमिका अत्यंत साधारण थी, जो मेरी दृष्टि में विनम्रता के सर्वश्रेष्ठ व्यक्ति के अनुरूप थी। एमहर्स्ट स्ट्रीट के इस घर में मास्टर महाशय लड़कों के लिए एक छोटा-सा हाईस्कूल चलाते थे। उनके मुँह से कभी डाँट-फटकार का कोई शब्द नहीं

निकलता था। उनका अनुशासन किसी नियम या छड़ी की वजह से नहीं था। इन सादगीयुक्त कक्षाओं में सच्चा उच्चतर गणित सिखाया जाता था, और सिखाया जाता था प्रेम का रसायन शास्त्र जिसका पाठ्यपुस्तकों में कभी कोई उल्लेख भी नहीं मिल सकता।

अगम्य प्रतीत होने वाले नीरस उपदेशों की अपेक्षा आध्यात्मिक संसर्ग के द्वारा ही वे अपने ज्ञान का प्रसार करते थे। जगज्जननी के विशुद्ध प्रेम में वे इतने चूर रहते थे कि मान-अपमान की बाह्य औपचारिकताओं की ओर इनका कोई ध्यान ही नहीं रहता था।

''मैं तुम्हारा गुरु नहीं हूँ; तुम्हारे गुरु थोड़े समय बाद आएँगे,'' उन्होंने मुझसे कहा। ''उनके मार्गदर्शन में प्रेम और भक्ति के रूप में तुम्हें मिली ईश्वर की अनुभूतियाँ उनके अगाध ज्ञान की अनुभूतियों में रूपांतरित हो जाएँगी।''

प्रतिदिन दोपहर ढलते-ढलते मैं एमहर्स्ट स्ट्रीट में उनके घर पहुँच जाता। मुझे मास्टर महाशय के उस दिव्य चषक की चाह रहती थी जो इतना लबालब भरा हुआ था कि उसकी बूँदें प्रतिदिन मेरे ऊपर छलकती थीं। पहले कभी भी इतने भक्तिभाव से मैं नतमस्तक नहीं हुआ था; अब तो मास्टर महाशय के चरणस्पर्श से पुनीत हुई भूमि पर केवल चलने का अवसर मिलने को भी मैं अपना सौभाग्य मानने लगा।

''महाशय! कृपया इस चंपकमाला को धारण कीजिये। मैंने यह खास आपके लिए बनाई है।'' एक दिन शाम को मैं अपनी पुष्पमाला हाथ में लिए उनके घर पहुँच गया। परन्तु बार-बार इस सम्मान को अस्वीकार करते हुए वे संकोच से पीछे हट गए। मेरे दुःख का अनुभव करते हुए अन्ततः उन्होंने मुस्कराते हुए उसे स्वीकार कर लिया।

''चूँकि हम दोनों ही माँ के भक्त हैं, इसलिए इस शरीर में वास करने वाली माँ के प्रति अपनी श्रद्धा के रूप में तुम वह माला इस देह-मन्दिर को पहना सकते हो।'' उनके विशाल स्वभाव में कहीं तनिक भी जगह नहीं थी कि अहंकार अपना पग जमा सके।

''कल हम मेरे गुरु के वास से सदा के लिए धन्य हुए दक्षिणेश्वर के काली मन्दिर चलेंगे।'' मास्टर महाशय ईसा-सदृश गुरु श्रीरामकृष्ण परहमंस के शिष्य थे।

अगले दिन सुबह दक्षिणेश्वर तक की चार मील की यात्रा हमने नाव से तय की। काली के नौ गुम्बदों वाले मन्दिर में हमने प्रवेश किया जहाँ माँ काली और शिव की मूर्ति अति कौशल से निर्मित चाँदी के चमकदार सहस्रदल कमल पर

विराजमान है। मास्टर महाशय आनन्द से प्रफुल्लित हो उठे। वे अपनी प्रियतम माँ के साथ अनेक प्रेमलीला में मग्न थे। जैसे-जैसे वे माँ का नाम जपते जा रहे थे, मेरा आनंदित मन मानो उस सहस्रदल कमल की तरह ही सहस्रधाराओं में फूट पड़ रहा था।

कुछ देर बाद हम दोनों उस पुण्यभूमि में टहलते-टहलते झाऊ के झुरमुट में जाकर रुक गए। इस पेड़ की विशेषतास्वरूप इस से झरने वाला मधुर रस मानों मास्टर महाशय से झरते अमृत का प्रतीक था। उनका नाम जप चलता ही जा रहा था। झाऊ के गुलाबी परदार पुष्पों के बीच मैं घास पर सख्त, निश्चल शरीर से बैठा रहा। उतने समय के लिए मैं शरीर को भूलकर दिव्य लोकों की यात्रा करता रहा।

इस संत के साथ की हुई दक्षिणेश्वर की अनेक तीर्थयात्राओं में यह प्रथम थी। मास्टर महाशय से ही मैंने ईश्वर के मातृत्व पक्ष या ईश्वरीय करुणा के माधुर्य को जाना। उस शिशुसरल संत को ईश्वर के पितृत्व पक्ष या ईश्वरीय न्याय में कोई रुचि नहीं थी। कठोर, सटीक, गणितीय निर्णय की कल्पना ही उनके कोमल स्वभाव के विपरीत थी।

"ये तो पृथ्वी पर स्वर्ग के साक्षात् देवताओं के प्रतिरूप हैं!" एक दिन उन्हें प्रार्थना करते देख मेरे मन में उनके प्रति प्रेम से भरकर विचार उठा। किसी प्रकार की निंदा-आलोचना या गुण-दोष का विचार कभी उनके मन में नहीं उठा। वे तो इस जगत् को आद्यपवित्रता से चिरपरिचित अपनी दृष्टि से ही निहारते थे। उनके काया, वाणी, मन, कर्म, सब कुछ उनकी आत्मा की सरलता के साथ सहज सुसामंजस्य रखते थे।

"मेरे गुरुदेव ने मुझे यही बताया था।" अपने हर उपदेश को किसी प्रकार के आग्रह या अधिकारवाणी के बिना इसी श्रद्धापूरित वाक्य के साथ वे समाप्त करते थे। श्रीरामकृष्ण के साथ मास्टर महाशय की एकात्मता इतनी गहरी हो गई थी कि अपने किसी भी विचार को अब वे अपना विचार नहीं मानते थे।

एक दिन संध्या समय मास्टर महाशय और मैं एक-दूसरे का हाथ थामे उनके स्कूल के पास वाले रास्ते पर चल रहे थे। मेरा आनंद फीका हो गया जब एक परिचित घमंडी व्यक्ति वहाँ आ पहुँचा। उसने अपने लम्बे प्रवचन से हमें तंग कर दिया।

"मैं देख रहा हूँ कि तुम इस आदमी से प्रसन्न नहीं हो।" मास्टर महाशय की मेरे कान में यह फुसफुसाहट अपनी ही बातों में मग्न उस घमंडी को सुनायी

नहीं दी। ''मैंने इस बारे में जगन्माता को बता दिया है; उन्हें भी हमारी दुःखद परिस्थिति का ज्ञान है। उन्होंने वचन दिया है कि जैसे ही हम उस लाल मकान के पास पहुँचेंगे, वे इस आदमी को एक अत्यावश्यक काम को याद दिला देंगी।''

मेरी दृष्टि उस मुक्ति-स्थल पर लगी रही। उसके लाल द्वार पर पहुँचते ही अपना अधूरा वाक्य भी पूरा किये बिना और कुछ भी कहे बिना वह व्यक्ति अचानक मुड़कर चला गया। विक्षुब्ध वातावरण में फिर से शांति छा गई।

एक अन्य दिन मैं हावड़ा रेलवे स्टेशन के पास अकेला ही टहल रहा था। एक पल के लिए मैं एक छोटे-से मन्दिर के पास खड़ा हो गया और वहाँ ढोलक, करताल के शोर ज़ोर-ज़ोर से कीर्तन करते लोगों को मन-ही-मन कोसने लगा।

''केवल मुँह से तोते की तरह प्रभु का पवित्र नाम लेते रहने वाले इन लोगों के कीर्तन में भक्ति का कितना अभाव है, ''मैं मन-ही-मन सोच रहा था। अचानक मास्टर महाशय को तेज़ कदमों से अपनी ओर आते देखकर मैं विस्मित हो गया।

''महाशय, आप यहाँ कैसे?''

उस सन्त ने मेरे प्रश्न की ओर कोई ध्यान न देकर सीधे मेरे मन के विचार का उत्तर दिया। ''क्या यह सच नहीं है छोटे महाशय, कि प्रभु का नाम किसी भी मुँह से क्यों न निकला हो, मधुर ही लगता है चाहे वह मुँह अज्ञानी का हो या ज्ञानी का?'' उन्होंने स्नेहपूर्वक एक हाथ से मुझे अपने अंक में भर लिया; उनके जादू के गालिचे पर सवार होकर मैं तुरंत जगज्जननी के दयामयी सान्निध्य में पहुँच गया।

''क्या तुम कुछ बायोस्कोप देखना चाहोगे?'' एक दिन अपराह्न को एकान्तप्रिय मास्टर महाशय से यह प्रश्न सुनकर मुझे आश्यचर्य हुआ। उस समय भारत में चलचित्र को बायोस्कोप कहते थे। मैं सहमत हो गया; किसी भी कारण से क्यों न हो, उनके सान्निध्य में रहने का आनंद मेरे लिए पर्याप्त था। द्रुत गति से चलते हुए थोड़ी ही देर में हम कोलकाता विश्वविद्यालय के सामने स्थित बगीचे में पहुँच गए। मास्टर महाशय ने दीघी (जलकुंड) के पास स्थित एक बेंच की ओर इशारा किया।

''यहाँ कुछ देर बैठते हैं। मेरे गुरुदेव ने मुझे बताया था कि जब भी कोई जलाशय दिखाई दे तो ध्यान करना चाहिये। यहाँ यह शान्त जल ईश्वर की विराट शान्ति का स्मरण कराता है। जिस प्रकार जल में सभी वस्तुओं का प्रतिबिंब पड़ता है, उसी प्रकार सम्पूर्ण ब्रह्माण्ड विश्व-चैतन्य में प्रतिबिंबित होता है। मेरे गुरुदेव प्रायः यह कहते थे।''

थोड़ी देर बाद हम विश्वविद्यालय के एक कक्ष में गए जहाँ एक लेक्चर चल रहा था। बीच-बीच में स्लाइड्स से चित्र भी दिखाये जा रहे थे, किन्तु वह लेक्चर और स्लाइड शो, दोनों ही समान रूप से अत्यंत नीरस थे।

"तो यह है वह बायोस्कोप जो मास्टर महाशय मुझे दिखाना चाहते थे!" मैं अधीर हो उठा था, परन्तु चेहरे पर उकताहट का कोई भाव लाकर मैं मास्टर महाशय को दुःखी नहीं करना चाहता था। इतने में वे चुपचाप मेरी ओर झुके।

"मैं देख रहा हूँ छोटे महाशय कि तुम्हें यह बायोस्कोप अच्छा नहीं लग रहा है। मैंने यह बात जगज्जननी को बता दी है और उन्हें भी हम दोनों से पूर्ण सहानुभूति है। उन्होंने मुझसे कहा है कि अभी बिजली की रोशनी बंद हो जाएगी और तब तक पुनः नहीं जलेगी जब तक हम दोनों यहाँ से खिसक न लें।"

जैसे ही मेरे कान में चल रही उनकी यह फुसफुसाहट समाप्त हुई, कक्ष में अंधेरा छा गया। अब तक ऊँची आवाज़ में ज़ोर-ज़ोर से व्याख्यान दे रहे प्रोफ़ेसर महोदय की वाणी विस्मय से एक पल के लिए रुक गई और फिर उन्होंने कहा, "इस कक्ष की विद्युत प्रणाली में कुछ गड़बड़ मालूम होती है।" इतने समय में मास्टर महाशय और मैं उस कक्ष के द्वार से बाहर निकल चुके थे। बरामदे में से जाते हुए मैंने पलटकर पीछे देखा तो उस कक्ष में फिर से रोशनी हो गई थी।

"छोटे महाशय, उस बायोस्कोप से तुम निराश हो गए थे परन्तु मैं समझता हूँ कि तुम्हें एक दूसरा बायोस्कोप अवश्य पसन्द आयेगा।" मास्टर महाशय और मैं विश्वविद्यालय भवन के सामने एक फुटपाथ पर खड़े थे। उन्होंने हृदय के स्थान पर मेरी छाती पर धीरे से थपकी दी।

उसी के साथ मुझ पर एक अद्भुत निःस्तब्धता छा गई। जैसे आधुनिक बोलपट (talkies), यदि ध्वनियंत्र में कुछ खराबी आ जाए तो मूक चलचित्र बन जाते हैं, उसी प्रकार, विधाता के हाथ ने किसी अगम्य चमत्कार के द्वारा जगत् के सारे कोलाहल का गला घोंट दिया। पदयात्री, ट्रामगाड़ियाँ, मोटर कारें, बैलगाड़ियाँ, लोहे के चक्कों वाली घोड़ागाड़ियाँ, सब बिना कोई आवाज़ किये इधर से उधर आ-जा रहे थे। मैं अपने पीछे, दायें, बायें के सभी दृश्य वैसे ही देख रहा था जैसे अपने सामने के दृश्य; मानो मेरी दृष्टि सर्वव्यापी हो गई हो। कोलकाता के उस छोटे-से हिस्से की समस्त गतिविधियों का परिदृश्य मेरे समक्ष बिना कोई आवाज़ किये चल रहा था। राख की पतली परत के नीचे नज़र आने वाली अग्नि की दीप्ति के समान मद्धिम प्रभा सारे परिदृश्य में व्याप्त थी।

मेरा अपना शरीर उस परिदृश्य में विद्यमान अनेकानेक परछाइयों से अधिक कुछ भी नहीं लग रहा था; फर्क सिर्फ इतना था कि मेरे शरीर की परछाई निश्चल थी जबकि अन्य सभी परछाईयाँ बिना किसी आवाज़ के इधर-उधर आ-जा रहीं थीं। कई लड़के, जो मेरे मित्र ही थे, मेरी ओर आये और चले गये; यद्यपि उन्होंने मेरी ओर सीधे देखा परन्तु उसमें पहचान का कोई संकेत तक नहीं था।

इस अद्वितीय मूकनाट्य ने मुझे एक अवर्णनीय आनंद से विभोर कर दिया। मैं किसी आनंदामृत के झरने से जी भरकर अमृतपान कर रहा था। अकस्मात् मेरी छाती पर पुनः मास्टर महाशय का कोमल आघात हुआ। जगत् का कर्णकर्कश कोलाहल मेरी अनिच्छुक श्रवणेंद्रियों पर टूट पड़ा। मैं लड़खड़ाया, जैसे किसी ने अत्यंत नाज़ुक स्वप्न से निष्ठुरतापूर्वक जगा दिया हो। वह दिव्य मदिरा मेरी पहुँच से बाहर हटा दी गई थी।

"छोटे महाशय, मैं देख रहा हूँ कि यह दूसरा बायोस्कोप तुम्हें अच्छा लगा।" वे मुस्करा रहे थे। मैं कृतज्ञतावश उनके सामने भूमि पर माथा टेकने के लिए झुकने लगा। "अब तुम मेरे साथ यह नहीं कर सकते," उन्होंने कहा। "तुम जान गए हो कि भगवान तुम्हारे देहमंदिर में भी स्थित है! मैं जगन्माता को तुम्हारे हाथों के माध्यम से अपने चरणों को छूने नहीं दूँगा!"

यदि किसी ने सीधे-सादे, विनम्र मास्टर महाशय को और मुझे उस समय उस भीड़ भरे फुटपाथ से दूर जाते देखा होगा तो उसे अवश्य ही सन्देह हुआ होगा कि हम दोनों नशे में धुत हैं। मुझे लग रहा था कि संध्या के प्रकाश की रंग बदलती छटाएँ भी हमारी ही तरह ईश्वर के नशे में डूबी जा रही थीं।

तुच्छ शब्दों में उनकी महत्कृपा का वर्णन करने का प्रयास करते हुए यह विचार मेरे मन में आये बिना नहीं रहता कि क्या मास्टर महाशय और अन्य संतजनों को जिनसे मैं मिला था, उस समय यह ज्ञात होगा कि अनेक वर्षोपरान्त मैं एक पाश्चात्य देश में बैठकर उनके भगवद्भक्तिरस से ओतप्रोत जीवन की गाथाएँ लिखूँगा? उन्हें इसका पूर्वज्ञान हो तो मुझे कोई आश्चर्य नहीं होगा, न ही, मैं सोचता हूँ मेरे पाठकों को होगा जो यहाँ तक मेरे साथ रहे हैं।

सभी धर्मों के सन्तों ने ईश्वर को दिव्य प्रियतम मानकर उस सरल आधार पर ईश्वर-साक्षात्कार प्राप्त किया है। चूँकि परमब्रह्म निर्गुण और अचिंत्य है, इसलिए मानवी विचार और आकांक्षा ने सदा ही उसे जगन्माता का रूप दिया है। साकार, सगुण ईश्वर और निराकार, निर्गुण ब्रह्म के मतों का संयोग हिंदू विचारधारा की

प्राचीन उपलब्धि है, जिसका प्रतिपादन वेदों और भगवद्गीता में किया गया है। "परस्पर विरोधी विचारों का यह मिलाप" हृदय और बुद्धि दोनों को ही संतुष्ट करता है। भक्ति और ज्ञान मूलतः एक ही हैं। प्रपत्ति (ईश्वर में आश्रय लेना) और शरणागति (ईश्वरीय अनुकम्पा के प्रति सम्पूर्ण समर्पण भाव) वस्तुतः सर्वोच्च ज्ञान के पथ हैं।

मास्टर महाशय एवं अन्य सभी सन्तों की विनम्रता इस बोध से उपजती है कि वे पूर्णतः उस ईश्वर पर निर्भर हैं जो एकमात्र जीविताधार और एकमात्र विधाता है। चूँकि ईश्वर का स्वरूप ही आनंद है, अतः ईश्वर के साथ तादात्म्य होनेवाला या उसमें मग्न होनेवाला मनुष्य सहज ही असीम आनंद को अनुभव करता है। "आनंद उन सब चीज़ों में सर्वप्रथम और सर्वोपरि है जिनके लिए आत्मा और इच्छाशक्ति तड़पती है।"

सभी युगों के सन्तों ने शिशुसुलभ भाव से जगन्माता को प्राप्त किया और उन सभी ने कहा कि उन्होंने सदा ही जगन्माता को उनके साथ खेलते पाया। मास्टर महाशय के जीवन में महत्त्वपूर्ण और महत्त्वहीन अवसरों पर भी इस दिव्य खेल की अभिव्यक्तियाँ स्पष्ट हुईं। ईश्वर की दृष्टि में कुछ भी छोटा या बड़ा नहीं होता। यदि छोटे-से परमाणु को बनाने में ईश्वर ने अपनी अतिशय सूक्ष्म-दर्शिता के औचित्य को न लगाया होता तो क्या आकाश अभिजित और स्वाति नक्षत्रों जैसी गौरवशाली रचनाओं को धारण कर पाता? "महत्त्वपूर्ण" और "महत्त्वहीन" का भेद प्रभु के लिए निश्चय ही अज्ञात है, कि कहीं एक सुई के अभाव में पूरा ब्रह्माण्ड ही ढह जाए!

प्रकरण–10

अपने गुरु श्रीयुक्तेश्वरजी से मेरी भेंट

"ईश्वर में श्रद्धा कोई भी चमत्कार कर सकती है, केवल एक को छोड़कर–अध्ययन के बिना परीक्षा में उत्तीर्ण होना।" झुँझलाकर मैंने वह "प्रेरणाप्रद" पुस्तक बंद कर दी जिसे मैंने खाली समय में एक दिन उठा लिया था।

लेखक का यह अपवाद कथन उसकी ईश्वर में श्रद्धा का पूर्ण अभाव दर्शाता है, मैंने सोचा। *बेचारा! रात-रात भर पढ़ाई करने में उसे अत्यधिक विश्वास है!*

मैंने पिताजी को वचन दे रखा था कि मैं अपनी हाई स्कूल की पढ़ाई पूर्ण करूँगा। मैं परिश्रमी विद्यार्थी होने का दावा नहीं कर सकता। महीने पर महीने बीतते गए थे पर मैं क्लास रूम में कम और कोलकाता के स्नान-घाटों के आस-पास सुनसान जगहों पर अधिक होता था। उन घाटों के पास स्थित श्मशान, जो रात में और भी अधिक भयावह बन जाते हैं, योगी को अत्यंत आकर्षित करते हैं। जिसे अमर तत्त्व की खोज करनी हो, उसे कतिपय अनलंकृत नरकपालों को देखकर विचलित नहीं होना चाहिए। विभिन्न प्रकार की अस्थियों से व्याप्त उस विषादालय में मानवी अपूर्णता उजागर होती है। इस प्रकार मेरा रात्रि-जागरण विद्यार्थियों के रात्रि-जागरण से भिन्न प्रकार का था।

हिन्दू हाई स्कूल की वार्षिक परीक्षा का सप्ताह तेज़ी से निकट आ रहा था। परीक्षा का यह समय भी भूत-प्रेतों से युक्त उन श्मशानों की तरह ही एक सुपरिचित दहशत मन में उत्पन्न करता है। फिर भी मेरा मन शान्त था। भूत-पिशाचों के क्षेत्र में जा-जाकर मैं एक ऐसे ज्ञान को खोद कर निकाल रहा था

जो स्कूल कथाओं में कभी नहीं मिल सकता। परन्तु मेरे पास स्वामी प्रणवानन्दजी का कौशल नहीं था जो एक ही समय में दो स्थानों पर आसानी से उपस्थित हो सकते थे। मेरा तर्क (यद्यपि अनेक लोगों को, अफसोस! यह कुतर्क लगता है) यह था कि प्रभु मेरी दुविधा को समझकर मुझे उससे उबार लेंगे। विपत्तियों से तत्क्षण उबारने के ईश्वर के हज़ारों स्पष्टीकरणतीत कारनामों से भक्त के मन में ऐसी तर्कशून्यता आ जाती है।

"अरे, मुकुन्द! आजकल तो तुम्हारे दर्शन ही नहीं होते!" एक दिन अपराह्न गड़पार रोड पर मेरी ही कक्षा के एक सहपाठी से अचानक भेंट हुई तो उसने मुझसे कहा।

"ओह, नंतू! लगता है स्कूल में मेरी अनुपस्थिति ने मुझे निश्चित तौर पर कठिन परिस्थिति में डाल दिया है।" मैंने उसकी स्नेहपूर्ण दृष्टि के आगे अपने हृदय का भार हल्का किया।

नंतू, जो एक तीक्ष्ण बुद्धि छात्र था, दिल खोलकर हँसने लगा; आख़िर मेरी परिस्थिति भी हास्यजनक ही थी।

"वार्षिक परीक्षा के लिए तो तुम बिल्कुल भी तैयार नहीं हो!" उसने कहा। "लगता है अब मुझे ही तुम्हारी सहायता करनी होगी!"

नंतू के ये सहज-सरल शब्द दैवी आश्वासन बनकर मेरे कानों में उतरे। तत्परता के साथ मैं उसके घर गया। परीक्षा में जिन प्रश्नों के पूछे जाने की सम्भावना उसे प्रतीत हो रही थी उनके उत्तर उसने मुझे समझा दिये।

"ये प्रश्न ऐसे दाने हैं जो अनेक भोले-भाले विद्यार्थियों को परीक्षा के जाल में फँसा लेंगे। मेरे उत्तरों को ठीक से याद करोगे तो तुम उस जाल से सही सलामत निकल जाओगे।"

जब मैं उसके घर से निकला तब काफ़ी रात बीत गई थी। उधार की विद्वत्ता से लबालब भरा हुआ मैं पूरे भक्तिभाव के साथ प्रार्थना कर रहा था कि अगले कुछ संकटपूर्ण दिनों में वह पांडित्य मुझमें बना रहे। मुझे अपने विभिन्न विषयों में नंतू ने परीक्षा के लिये तैयार कर दिया था, परन्तु समयाभाव के कारण संस्कृत को भूल गया था। मैंने उत्कटतापूर्वक भगवान को इस भूल की याद दिला दी।

दूसरे दिन प्रातःकाल मैं चलते कदमों की लय पर अपना नया ज्ञान आत्मसात् करता हुआ सैर कर रहा था। रास्ते के छोर पर पहुँचकर कोने पर स्थित खाली भू-खण्ड की घास-पात में से मैं चल पड़ा कि अचानक मेरी दृष्टि कुछ छपे हुए

बिखरे पड़े कागज़ों पर पड़ी। मैंने झपटकर कागज़ उठा लिये। मेरा झपटना सार्थक भी हुआ। मेरे हाथ में संस्कृत श्लोक थे! उनका अर्थ लगाने के अपने डगमगाते प्रयासों में सहायता के लिए मैंने एक पंडित को पकड़ा। उनकी मधुर वाणी ने वातावरण को उस प्राचीन भाषा के निनादी, मधुर सौन्दर्य से भर दिया।

''इन असामान्य श्लोकों को सीखकर संस्कृत की तुम्हारी परीक्षा में कोई सहायता नहीं हो सकती।'' पंडित ने उन श्लोकों को निश्चयपूर्वक मेरे लिये बेकार ठहराया।

परन्तु उन श्लोकों का अर्थ जानने के कारण ही दूसरे दिन मैं संस्कृत की परीक्षा में पास हो सका। नंतू ने अपनी दूरदृष्टि से जो सहायता मुझे दी थी, उसके कारण मुझे अपने अन्य सभी विषयों में भी उत्तीर्णांक मिल गए।

पिताजी खुश हुए कि मैंने हाई स्कूल की पढ़ाई पूरी करने का अपना वचन निभाया था। मेरी कृतज्ञता ईश्वर के चरणों में समर्पित हुई। मैं जानता था कि केवल उनकी प्रेरणा के कारण ही मैं नंतू के घर पहुँचा था और कूड़े से भरे भू-खण्ड के अप्रचलित मार्ग से भी उन्हीं की प्रेरणा से गया था। उन्होंने अपनी लीला करते हुए मुझे उबारने की अपनी यथासमय योजना की दुहरी अभिव्यक्ति प्रदर्शित की थी।

निरर्थक मानकर रख दी हुई उस पुस्तक पर मेरी दृष्टि पड़ी जिसके लेखक ने परीक्षा भवन में ईश्वर की महत्ता को अपर्याप्त माना था। मेरे मन में उठे इस विचार पर मैं अपनी हँसी को रोक नहीं पायाः

''यदि मैं इस लेखक को बता दूँ कि मृतदेहों के अवशेषों के बीच बैठकर ईश्वर का ध्यान करना हाई स्कूल परीक्षा पास करने का सहज उपाय है तो उसकी उलझनें और अधिक बढ़ जाएँगी!''

नई प्रतिष्ठा से गौरवान्वित होकर अब मैं खुले रूप से घर छोड़ने की योजना बनाने लगा। अपने एक समवयस्क मित्र जितेन्द्र मजूमदार के साथ वाराणसी के एक आश्रम, श्री भारत धर्म महामंडल में जाकर रहने का और वहाँ आध्यात्मिक शिक्षा ग्रहण करने का मैंने निश्चय किया।

अपने परिवार से वियोग की कल्पना एक दिन गहरा विषाद बन कर मुझ पर छा गई। माँ के स्वर्गवास के बाद मेरे दो छोटे भाइयों सनन्द और विष्णु तथा सबसे छोटी बहन थामू के लिए विशेष रूप से मेरा प्रेम तीव्र हो गया था। मैं शीघ्रतापूर्वक अपने एकान्त स्थान, उस छोटी-सी अटारी में जा पहुँचा जो

मेरी आकुल साधना के अनेकानेक प्रसंगों की साक्षी थी। दो घंटों के अश्रुपात के बाद मैंने अपने में एक अपूर्व परिवर्तन अनुभव किया, जैसे किसी चमत्कारी परिष्कारक तत्त्व से मेरा अन्तर धुलकर एकदम साफ हो गया हो। सारी आसक्ति हवा हो गई। मित्रों के मित्र ईश्वर की खोज करने का मेरा निश्चय और भी दृढ़ हो गया।

"मैं तुमसे आख़िरी बार अनुरोध करता हूँ।" मैं पिताजी के समक्ष उनका आशीर्वाद लेने के लिये खड़ा था, तब उन्होंने मर्माहत होकर कहा। "मेरा और अपने शोकाकुल भाई-बहनों का त्याग मत करो।"

"पूज्य पिताजी, मैं आपके प्रति अपने प्रेम को किन शब्दों में व्यक्त कर सकता हूँ? परन्तु उस परमपिता के लिए मेरा प्रेम उससे भी बढ़कर है, जिसने मुझे इस लोक में आप जैसा आदर्श पिता प्रदान किया। मुझे जाने दीजिये ताकि मैं किसी दिन अधिक दिव्य ज्ञान के साथ आपके पास लौट सकूँ।"

पिताजी की अनिच्छापूर्ण स्वीकृति के साथ मैं वाराणसी के आश्रम में पहले ही पहुँच चुके जितेन्द्र के साथ होने के लिए निकल पड़ा। वहाँ पहुँचने पर आश्रम के युवा अधिपति स्वामी दयानन्दजी ने हृदयपूर्वक मेरा स्वागत किया। लम्बे, छरहरे बदन के, चिन्तनशील मुखाकृति वाले स्वामीजी के प्रति मेरे मन में अनुकूल धारणा उत्पन्न हुई। उनकी गौरवर्ण मुखाकृति पर बुद्धसमान भाव था।

मुझे यह देखकर खुशी हुई कि मेरे इस नए घर में भी एक अटारी थी। भोर और प्रातःकाल का समय मैं वहीं व्यतीत करने लगा। आश्रमवासियों को ध्यानाभ्यास का अत्यल्प ज्ञान था, अतः उनका विचार था कि मुझे अपना सारा समय आश्रम के प्रबन्धात्मक कार्यों में लगाना चाहिये। अपराह्न उनके कार्यालय में मैं जो काम करता था उसके लिए वे मेरी सराहना करते थे।

"ईश्वर को इतनी जल्दी पकड़ने का प्रयास मत करो!" एक दिन मैं भोर में अटारी की ओर जा रहा था तब एक आश्रमवासी ने मेरा उपहास किया। मैं दयानन्दजी के पास गया जो गंगा का दृश्य प्रस्तुत करने वाले अपने छोटे-से कक्ष में व्यस्त थे।

"स्वामीजी, मेरी समझ में नहीं आ रहा है कि यहाँ मुझसे क्या अपेक्षा की जाती है। मुझे ईश्वर की प्रत्यक्ष अनुभूति की जिज्ञासा है। ईश्वर के अतिरिक्त मैं किसी और चीज़ से सन्तुष्ट नहीं हो सकता—न अच्छे कार्यों के साथ जुड़ने से, न उनके सिद्धान्त से, न उन्हें करने से।"

गेरुए वस्त्रधारी स्वामीजी ने स्नेहपूर्वक मेरा कन्धा थपथपाया। निकट ही खड़े कुछ शिष्यों को नकली फटकार का ढोंग रचाते हुए उन्होंने डाँटाः "मुकुन्द को परेशान मत करो। हमारे तौर-तरीके वह सीख लेगा।"

मैंने शिष्टतापूर्वक अपना सन्देह भीतर ही दबा लिया। शिष्यगण कक्ष से बाहर चले गये; डाँट का उन पर कोई प्रभाव दृष्टिगोचर नहीं हो रहा था। दयानन्दजी को अब मुझसे कुछ कहना था।

"मुकुन्द, मैं देख रहा हूँ कि तुम्हारे पिताजी तुम्हें नियमित रूप से पैसा भेजते हैं। वह पैसा उन्हें लौटा दो; यहाँ तुम्हें किसी पैसे की आवश्यकता नहीं। यहाँ तुम्हारे नियम-पालन में दूसरी बात भोजन से संबंधित है। तुम कितने ही भूखे क्यों न हो, उसके विषय में कभी किसी से मत कहो।"

मेरी आँखों में क्षुधार्तता प्रकट हो रही थी या नहीं, मैं नहीं जानता। लेकिन इतना अवश्य जानता था कि मुझे भूख लगी हुई थी। आश्रम में दिन के प्रथम भोजन का नियत समय 12 बजे का था। अपने घर में प्रातः 9 बजे ही मैं भरपेट नाश्ता करने का आदी था।

तीन घंटों का यह अन्तर मुझे दिन पर दिन अधिकाधिक लम्बा प्रतीत होने लगा। कोलकाता के वे दिन अब चले गए थे जब दस मिनट की देरी के लिये भी मैं रसोइये पर बरस पड़ता था। अब मैं अपनी भूख को नियंत्रित करने की चेष्टा करने लगा; मैंने चौबीस घंटे का उपवास पूरा किया। दुगुने चाव और उत्कंठा के साथ मैं दूसरे दिन के मध्याह्न की प्रतीक्षा करने लगा।

"दयानन्दजी की ट्रेन विलम्ब से चल रही है; उनके आने तक भोजन नहीं होगा।" जितेन्द्र ने आकर यह दारूण वार्ता मुझे सुनायी। दो सप्ताहों तक बाहर रहे स्वामीजी के स्वागत-सम्मान में अनेक स्वादिष्ट व्यंजन बनाकर तैयार रखे हुए थे। उनकी भूख बढ़ाने वाली सुगंध से वातावरण भर गया था। निगलने के लिए और कुछ भी न मिल पाने पर अब मैं बीते हुए कल के उपवास के दम्भ के अतिरिक्त और निगल ही क्या सकता था?

हे प्रभो! कुछ ऐसा करो कि ट्रेन जल्दी आ जाए! मैंने सोचा, किसी के पास भूख का ज़िक्र न करने की जो निषेधाज्ञा दयानन्दजी ने मुझे दे रखी थी उसमें अवश्य ही वह परमदाता तो शामिल नहीं होगा! परन्तु उस परमदाता का ध्यान भी उस समय कहीं और था; घड़ी मंथर गति से घंटों पर घंटे दर्शाती गई। जब

हमारे प्रमुख महाराज ने मुख्यद्वार से प्रवेश किया तब अंधेरा छा रहा था। मैंने आनन्दातिरेक के साथ उनका अभिवादन किया।

"दयानन्दजी अब स्नान करेंगे, तत्पश्चात् ध्यान करेंगे और तब जाकर भोजन परोसा जाएगा।" जितेन्द्र किसी अपशकुन सूचक पक्षी की तरह फिर मेरे पास आ गया था।

मैं लगभग गिरने जैसा हो गया। निराहार रहना मेरे युवा उदर के लिए नया अनुभव था; पेट में दौड़ने वाले चूहे अब उसे कुतरने लग गए थे और पेट पूरी शक्ति के साथ विद्रोह कर रहा था। दुर्भिक्ष-पीड़ितों के जो चित्र मैंने देखे थे वे प्रेतात्माओं की तरह मेरे सामने से गुज़रने लगे।

दुर्भिक्ष से वाराणसी में अगली मृत्यु अब किसी भी क्षण उसी आश्रम में होने वाली है, मैं सोच रहा था। सम्भावित मृत्यु नौ बजे टल गई। खाने का बुलावा जैसे साक्षात् स्वर्गीय भोज का निमंत्रण बन कर आया! उस रात का भोजन मेरी स्मृति में जीवन के सबसे सार्थक अवसरों में से एक बनकर स्पष्ट रूप से बैठ गया है।

भोजन में प्रगाढ़ तल्लीनता भी मुझे यह देखने से नहीं रोक पायी कि दयानन्दजी का मन खाने में नहीं था। वे स्पष्टतया मेरी स्थूल सुखानुभूतियों से ऊपर थे।

"स्वामीजी, क्या आपको भूख नहीं लगी थी?" पेट फटने तक खाकर तृप्ति का सुख अनुभव करता हुआ मैं उनके काम करने के कमरे में उनके साथ अकेला था।

"हाँ, भूख तो अवश्य लगी थी!" उन्होंने कहा। "पिछले चार दिनों से मैंने कुछ भी खाया-पिया नहीं था। मैं ट्रेन में कभी कुछ नहीं खाता क्योंकि वहाँ का वातावरण संसारी लोगों के विविध प्रकार के स्पन्दनों से भरा रहता है। मेरे सम्प्रदाय के संन्यासियों के लिए निर्धारित सारे शास्त्रीय नियमों का मैं कड़ाई से पालन करता हूँ।

"आश्रम की कुछ समस्याएँ मेरे मन पर छायी हुई थीं। इसीलिए आज रात भोजन में मेरा मन नहीं था। जल्दी भी क्या है? कल मैं ठीक से भोजन करने का ध्यान रखूँगा।" वे हँस पड़े।

लज्जा के मारे मेरा दम घुटने लगा। परन्तु कल की यन्त्रणा को आसानी से भुला भी तो नहीं दिया जा सकता था! मैंने और एक बात कहने का साहस किया।

"स्वामीजी, आपके आदेश से मैं उलझन में पड़ गया हूँ। कल्पना कीजिये कि मैं कभी खाना न माँगूँ और कोई अपने आप मुझे खाना न दे। तब तो मैं भूख से मर ही जाऊँगा।"

"तब मरो!" इस भयंकर उपदेश ने जैसे वातावरण में विस्फोट कर दिया। "यदि मरना ही पड़ा तो मर जाओ, मुकुन्द! कभी भी यह मत मानो कि तुम भगवान की शक्ति से नहीं; अन्न की शक्ति से जीवित रहते हो! जिसने भरण-पोषण के सब प्रकारों का सृजन किया है, जिसने भूख दी है, वह भगवान अपने भक्तों का भरण-पोषण भी अवश्य करेगा। कभी यह कल्पना भी मत करना कि तुम चावल से जीवित हो या रुपया-पैसा या लोग तुम्हारा पालन-पोषण करते हैं। यदि प्रभु तुम्हारी प्राणशक्ति को वापस ले लें तो क्या इनमें से कोई तुम्हारी सहायता कर सकेगा? ये सब तो उस भगवान के ही साधन मात्र हैं। क्या इसमें तुम्हारा कोई अपना कर्तव्य है कि अन्न का तुम्हारे पेट में पाचन होता है? विवेक की तलवार का उपयोग करो, मुकुन्द! माध्यम की ज़ंज़ीरों को काट दो और उस सब के पीछे विद्यमान 'परम कारण' को पहचानो!"

उनके वेधक शब्द मुझे अपनी किसी गहरी मज्जा में उतरते प्रतीत हुए। तहस-नहस हो गई प्राचीन काल से चली आ रही वह भ्राँति जिसके कारण शरीर के आदेश आत्मा को झुका देते थे। वहीं, उसी क्षण मैंने परमात्मा की सर्वसमर्थता का रसास्वादन किया। आगे के मेरे अविराम भ्रमणशील जीवन में कितने ही अपरिचित शहरों में वाराणसी के उस आश्रम में प्राप्त उपदेश की उपयोगिता को सिद्ध करने के कितने ही अवसर आये।

कोलकाता से अपने साथ लायी हुई मेरी एकमात्र दौलत थी साधु का वह चाँदी का तावीज़ जो माँ ने मेरे लिए रख छोड़ा था। वर्षों तक सम्भालकर रखते हुए अब मैंने उसे आश्रम में अपने कमरे में सावधानीपूर्वक छुपा कर रखा था। तावीज़ रूपी प्रमाण को देखकर मुझे होने वाले आनंद को फिर से ताज़ा करने के लिए मैंने एक दिन प्रातः उस बंद डिबिया को खोला। सीलबंद लिफ़ाफ़ा तो जैसा का वैसा था, परन्तु आश्चर्य! तावीज़ गायब था। शोकाकुल होकर मैंने हर सन्देह को मिटाने के लिये लिफ़ाफ़ा फाड़कर देखा। साधु की भविष्यवाणी के अनुसार, जिस शून्य से साधु ने उसे आमंत्रित किया था उसी शून्य में वह वापस चला गया था।

दयानन्दजी के शिष्यों के साथ मेरे सम्बन्ध क्रमशः अधिकाधिक बिगड़ते चले गए। मेरी दृढ़ उदासीनता से चिढ़कर सारे आश्रमवासी मुझसे दूर होते गए। जिस

'आदर्श' के लिए मैंने अपने घर को और अपनी सारी लौकिक आशा-आकांक्षाओं को छोड़ दिया था, उस आदर्श का ध्यान करने की मेरी दृढ़ नियमनिष्ठा पर चारों ओर से छिछली तानाकशी होने लगी।

दारुण आत्मिक दुःख से व्यथित होकर एक दिन भोर में ही मैंने यह निश्चय करके अटारी में प्रवेश किया कि जब तक उत्तर नहीं मिलेगा तब तक मैं प्रार्थना करता ही जाऊँगा।

"हे करुणामयी जगन्माते! या तो तुम स्वयं ही दिव्य दर्शनों के माध्यम से मुझे सिखाओ, या फिर जिस के माध्यम से सिखाओगी उस गुरु को भेज दो!"

कई घंटे बीत गए पर सुबक-सुबक कर की जा रही मेरी प्रार्थनाओं का कोई उत्तर नहीं आया। अचानक मुझे ऐसा लगा मानो मैं सशरीर ऊपर उठता हुआ असीम महाशून्य में पहुँच गया हूँ।

"तुम्हारे गुरु आज आएँगे।" महाशून्य में मानो सब तरफ से, पर न जाने कहाँ से एक दिव्य नारी स्वर गूँजा।

इतने में असीम जगत् के उस दिव्य अनुभव को एक निश्चित स्थान से आयी चीख ने छिन्न-भिन्न कर दिया। नीचे रसोईघर में हबू नाम का एक युवा पुजारी मुझे पुकार रहा था।

"मुकुन्द, बहुत हो गया ध्यान! यहाँ एक काम पर तुम्हें जाना है।"

कोई दूसरा दिन होता तो मैंने पलटकर जवाब दे दिया होता; परन्तु अब मैंने अपना अश्रुसिक्त, रो-रोकर सूजा हुआ चेहरा पोंछा और चुपचाप उसके पास चल दिया। हबू और मैं वाराणसी में हमारे आश्रम से दूर स्थित बंगाली टोले के बाज़ार में जाने के लिए निकले। हम बाज़ार में सामान खरीद रहे थे; सूर्य तप तो रहा था, पर अभी मध्याह्न नहीं हुआ था, इसलिए उसने अपना उग्र रूप अभी धारण नहीं किया था। हम दोनों गृहिणियों, गाईडों, पंडे-पुरोहितों, सादे वस्त्र धारण कर रखी विधवाओं, सम्माननीय ब्राह्मणों और वाराणसी में सर्वत्र विचरणशील साँडों की रंग-बिरंगी भीड़ में से रास्ता निकालते जा रहे थे। हम आगे-आगे बढ़ते ही जा रहे थे कि मैंने अपनी गर्दन घुमाकर एक आसानी से ध्यान में भी न आनेवाली संकरी गली की ओर देखा।

गली के छोर पर स्वामियों का गेरुआ परिधान धारण किये एक महापुरुष निश्चल खड़े थे। उन पर दृष्टि पड़ते ही मुझे ऐसा लगा मानो युग-युगान्तर से मैं उन्हें जानता था। एक क्षण के लिये मेरी प्यासी आँखों ने उनका लोलुपता से पान किया। परन्तु फिर मन में संशय जाग उठा।

मेरा मन कहने लगा, ''इस परिव्राजक संन्यासी का चेहरा तुम्हारे किसी परिचित से शायद मिलता-जुलता है। स्वप्नदर्शी, चलते चलो।''

दस मिनट पश्चात् मेरे पाँव सुन्न हो गए। ऐसा लगा जैसे दोनों पाँव पत्थर बन गए हों और अब मेरा भार आगे ढोने में असमर्थ हो गए हों। बड़े परिश्रम से मैं पीछे की ओर मुड़ा, तुरन्त दोनों पाँव स्वाभाविक अवस्था में आ गए। फिर पीछे मुड़ने पर पुनः वही विचित्र भारीपन लौट आया।

''वह महापुरुष मुझे चुंबकीय ढंग से अपनी ओर खींच रहे हैं!'' इस विचार के मन में आते ही मैंने अपने थैले हबू के हाथ में थमा दिये। वह आश्चर्य से मेरे पाँवों का नाच देख रहा था। अब वह खिलखिलाकर हँस पड़ा।

''तुम्हें क्या तकलीफ़ है? पागल तो नहीं हो गए हो?''

मेरे मन में तुमुल मचा रही भावना के कारण मैंने कोई उत्तर नहीं दिया; चुपचाप तेज़ी से चल दिया।

मैं ऐसे वापस चला जैसे मुझे पंख लग गए हों और शीघ्र ही उस गली में जा पहुँचा। उस ओर दृष्टि उठाते ही मैंने देखा कि वह शांत मूर्ति स्थिर दृष्टि से मेरी ही दिशा में देख रही थी। कुछ ही उत्कंठापूर्ण कदम मैंने उठाये तो सीधे उनके चरणों में पहुँच गया।

''गुरुदेव!'' यह दिव्य चेहरा वही था जिसे मैंने हज़ार बार दिव्य दर्शनों में देखा था। नुकीली दाढ़ी और लहाराते केशों से सज्जित सिंह समान मस्तक में स्थित उन शांत, तेजस्वी नेत्रों ने प्रायः मेरे रात्रिकालीन विशृंखल ध्यान के धुंधलेपन से ऐसे झाँककर देखा था जैसे उनमें कोई आश्वासन झलक रहा हो, जिसे मैं पूरी तरह समझ नहीं पाता था।

''ओ मेरे प्रिय, तुम मेरे पास आ गए!'' आनन्दकंपित स्वर में मेरे गुरु बंगाली भाषा में बार-बार यह कह रहे थे। ''कितने वर्षों से मैं तुम्हारी प्रतीक्षा कर रहा था!''

निःशब्दता की एकता में हम दोनों एक हो गए; शब्दों का प्रयोजन निकृष्टतम प्रतीत होने लगा। कायल करनेवाला संवाद गुरु के हृदय से शब्दरहित सान्त्वना बन कर शिष्य के हृदय में समाता चला गया। अपने अंतर्मन में मैं निर्विवाद रूप से जान गया कि मेरे गुरु ईश्वर को जानते हैं और मुझे ईश्वर तक पहुँचा सकते हैं। इस जीवन का अन्धकार पूर्व जीवन की स्मृतियों के मधुर अरुणोदय में अदृश्य हो गया। रोमांचक समय! भूत, वर्तमान और भविष्य कालचक्र पर चक्राकार घूमते दृश्य हैं। सूर्य इन पवित्र चरणों में मुझे पहली बार नहीं देख रहा था!

मेरा हाथ पकड़कर मेरे गुरु मुझे काशी के राणामहल क्षेत्र में स्थित अपने डेरे पर ले गए। उनका बलवान शरीर दृढ़ कदमों से आगे बढ़ता था। इस समय उनकी आयु लगभग पचपन वर्ष की थी परन्तु उनकी लम्बी और सीधी देह में युवकों की-सी चपलता और कार्यक्षमता थी। उनकी काली, विशाल, सुन्दर आँखों में अथाह ज्ञान का तेज था। हल्के-से घुँघराले केश उनके रौबीले मुख को सौम्यता प्रदान कर रहे थे। उनमें शक्ति और सौम्यता का सूक्ष्म संगम था।

जब गंगा किनारे स्थित एक मकान की पत्थर से बनी बाल्कनी, जहाँ से गंगा साफ दिखाई देती थी, की ओर हम जा रहे थे, तब उन्होंने प्यार से कहा:

''मैं अपने आश्रम और जो कुछ भी मेरा है, वह सब तुम्हें दे दूँगा।''

''गुरुदेव, मैं केवल ज्ञान और ईश्वरप्राप्ति के लिए आपके पास आया हूँ। मुझे आपका केवल वही गुप्तधन चाहिए!''

मेरे गुरु ने जब पुनः बोलने के लिए मुँह खोला तब तक सांध्य आलोक की धूमिलता आधी उतर आयी थी। उनकी आँखों में अथाह स्नेह झलक रहा था।

''मैं तुम्हें अपना निःस्वार्थ प्रेम प्रदान करता हूँ।''

अमूल्य शब्द! मेरे कानों में दोबारा उनके प्रेम का यह रस पड़ने तक एक चौथाई शताब्दी बीत गई। उनके होंठ भावोत्कटता प्रकट करने में अनभिज्ञ थे; उनके सागर समान विशाल हृदय को मौन प्रिय था।

''क्या तुम भी मुझे वैसा ही निःस्वार्थ प्रेम दोगे?'' वे शिशुसुलभ आशा के साथ मेरी ओर देख रहे थे।

''मैं आपसे सदा-सर्वदा के लिए प्रेम करूँगा, गुरुदेव!''

''साधारण प्रेम स्वार्थी होता है, उसका मूल कामनाओं और तृप्तियों के दलदल में स्थित होता है। दिव्य प्रेम में कोई शर्त नहीं होती, कोई सीमा नहीं होती, कोई परिवर्तन नहीं होता। शुद्ध प्रेम के स्तम्भनकारी स्पर्श से मानवी हृदय में नित्य होने वाले परिवर्तन सदा के लिए रुक जाते हैं।'' विनम्रतापूर्वक उन्होंने आगे कहा, ''यदि कभी भी तुम मुझे ईश्वरप्राप्ति की अवस्था से गिरता देखो, तो मुझे वचन दो कि तुम मेरा सिर अपनी गोद में लेकर मुझे उस प्रियतम प्रभु के पास लौटा लाने में सहायता करोगे, जिसे हम दोनों पूजते हैं।''

फैलते हुए अन्धकार में वे उठकर खड़े हुए और मुझे अन्दर एक कमरे में ले गए। हम आम और बादाम की कुछ मिठाइयाँ खाने लगे। साथ-साथ वार्तालाप चल रहा था। अपने वार्तालाप में उन्होंने बिना किसी आलोचनात्मक रूख के, सहजभाव

से मेरे स्वभाव का गहरा ज्ञान व्यक्त किया। उनकी अन्तर्जात विनम्रता और अगाध ज्ञान के प्रताप को देखकर मैं विस्मय-विभोर हो गया।

"अपने तावीज़ के लिए दुःख मत करो। उसका उद्देश्य पूरा हो चुका है।" किसी दैवी दर्पण की भाँति मेरे गुरु ने स्पष्टतया मेरे सम्पूर्ण जीवन के प्रतिबिंब को देख लिया था।

"गुरुदेव, आपकी उपस्थिति की जीवन्त सच्चाई का आनन्द किसी भी प्रतीक से कहीं बढ़कर है।"

"जहाँ तक आश्रम में तुम्हारी दुःखद परिस्थिति का सम्बन्ध है, तो उसमें परिवर्तन का समय आ गया है।"

मैंने अपने जीवन का कोई उल्लेख नहीं किया था; उस का कोई भी उल्लेख अब निरर्थक प्रतीत हो रहा था! उनके सहज-साधारण ढंग को देखते हुए यह बात मेरी समझ में आ गई थी कि उनकी दिव्य दृष्टि पर किसी प्रकार का विस्मय प्रकट करना उन्हें अच्छा नहीं लगेगा।

"तुम्हें कोलकाता लौट जाना चाहिए। मानवजाति के प्रति अपने प्रेम से अपने रिश्तेदारों को ही क्यों वंचित करो?"

उनके इस सुझाव से मैं निराश हो गया। मेरे परिवार के घर लौट आने का अनुरोध करने वाले अनेक पत्रों की मैं उपेक्षा करता रहा था, तब भी परिजन मेरे लौटने की भविष्यवाणी कर ही रहे थे। अनंत ने तो कहा था, "इस पक्षी शावक को आध्यात्मिक अवकाश में उड़ लेने दो। वहाँ के भारी वातावरण में इसके पंख थक जाएँगे। तब हम इसे घर की ओर नीचे झपट्टा मारते और अपने पंख समेटकर चुपचाप अपने पारिवारिक घोंसले में आराम करते देखेंगे।" उत्साह भंग करने वाली यह तुलना मेरे मन में अभी ताज़ी थी और मैं कोलकाता की दिशा में कोई "झपट्टा न मारने" के लिए कृतसंकल्प था।

"गुरुदेव, मैं लौटकर घर नहीं जाऊँगा। परन्तु मैं आपके साथ कहीं भी आने के लिए तैयार हूँ। कृपा करके मुझे अपना नाम और पता बता दीजिये।"

"स्वामी श्रीयुक्तेश्वर गिरि। मेरा मुख्य आश्रम श्रीरामपुर में रायघाट लेन में है। यहाँ मैं केवल थोड़े दिनों के लिए अपनी माँ से मिलने आया हूँ।"

भगवान की अपने भक्तों के साथ गूढ़ लीला देखकर मैं हैरान था। श्रीरामपुर कोलकाता से केवल बारह मील दूर है, फिर भी उस इलाके में कभी मुझे अपने गुरु की झलक नहीं मिली। एक-दूसरे से मिलने के लिए हमें यात्रा करके लाहिड़ी

महाशय की स्मृतियों से पुनीत नगरी काशी आना पड़ा। इस नगरी की धरती को बुद्ध, शंकाराचार्य अनेककानेक योगियों, अवतारों की चरणरज ने भी पवित्र किया है।

"तुम चार सप्ताहों में मेरे पास आ जाओगे।" श्रीयुक्तेश्वर के स्वर में पहली बार कठोरता आ गई थी। "अब जब कि मैंने तुम्हें अपने चिरंतन प्रेम के बारे में बता दिया है और तुम्हें पाने पर अपना हर्ष प्रकट कर दिया है, तो तुम मेरे अनुरोध की अवहेलना करने पर तुले हुए हो। अगली बार जब हम मिलेंगे, तब तुम्हें अपने में मेरी रुचि को पुनः जागृत करना पड़ेगा। मैं आसानी से तुम्हें शिष्य रूप में स्वीकार नहीं करूँगाः मेरी कठोर शिक्षा के आज्ञापालन द्वारा सम्पूर्ण समर्पण तुम्हें करना होगा।"

मैं दुराग्रहपूर्वक चुप रहा। मेरे गुरु ने शीघ्र ही मेरी समस्या को पहचान लिया।

"तुम समझते हो कि तुम्हारे रिश्तेदार तुम पर हँसेंगे?"

"मैं लौटकर नहीं जाऊँगा।"

"तुम तीस दिन में लौट जाओगे।"

"कदापि नहीं।"

इस वादविवाद से उत्पन्न तनाव में कोई कमी नहीं आयी। मैंने उनके चरणों में आदरपूर्वक प्रणाम किया और वहाँ से चल दिया। अर्द्धरात्रि के अन्धकार में आश्रम की ओर चलता हुआ मैं सोचता जा रहा था कि हमारी इस अद्‌भुत भेंट का अन्त इतना बेसुरा क्यों हुआ? माया का तराजू प्रत्येक आनन्द के साथ समतुल्य दुःख भी तौल देता है! मेरा किशोर हृदय अभी मेरे गुरु की रूपांतरकारी अँगुलियों के लिए पर्याप्त मुलायम नहीं बना था।

दूसरे दिन सुबह मैंने देखा कि आश्रमवासियों का मेरे प्रति द्वेषभाव और भी अधिक बढ़ गया है। वे नित्य अशिष्टताओं से मुझे दिन भर सताने लगे। तीन सप्ताह इस प्रकार बीत गए; फिर दयानन्दजी एक सम्मेलन में भाग लेने के लिए मुम्बई चले गए। मुझ अभागे के सिर पर जैसे पहाड़ टूट पड़ा।

"मुकुन्द परजीवी है। आश्रम की सुविधाओं का तो लाभ उठा रहा है पर बदले में आश्रम के लिए कुछ नहीं करता।" एक दिन मुझ पर चल रही यह टीका-टिप्पणी मेरे कानों में पड़ी तो पहली बार मुझे खेद हुआ कि मैंने सारा पैसा पिताजी को वापस भेज देने के आदेश को मान लिया था। भारी हृदय से मैं अपने एकमात्र मित्र जितेन्द्र के पास जा पहुँचा।

''मैं आश्रम छोड़कर जा रहा हूँ। जब दयानन्दजी लौट आयें तो उनके चरणों में मेरा प्रणाम कहकर मेरी ओर से क्षमा माँग लेना।''

''मैं भी यह आश्रम छोड़कर आ रहा हूँ। यहाँ मेरे ध्यान करने के प्रयासों पर प्रतिक्रिया का हाल भी तुम्हारे जैसा ही है।'' जितेन्द्र निश्चयपूर्वक बोल रहा था।

''मैं एक ईश्वरप्राप्त संत से मिला हूँ। चलो हम उनके पास श्रीरामपुर चलते हैं।''

और इस प्रकार ''पक्षी'' कोलकाता के संकटजनक रूप से निकट ''नीचे झपटने'' की तैयारी कर रहा था।

प्रकरण—11

दो अकिंचन बालक वृन्दावन में

“यदि पिताजी तुम्हें उत्तराधिकार से वंचित कर दें तो कोई अन्याय नहीं होगा, मुकुन्द! कितनी मूर्खता से तुम अपना जीवन व्यर्थ गँवा रहे हो!” ज्येष्ठ भ्राता का हितोपदेश मेरे कानों पर आक्रमण कर रहा था।

जितेन्द्र और मैं ताज़े-ताज़े (केवल एक वाक्यालंकार! हम थे धूलिधूसरित) रेलगाड़ी से उतरकर अनन्तदा के घर पहुँचे थे जो हाल ही में कोलकाला से स्थानान्तरित होकर इस प्राचीन नगरी आगरा में रहने आये थे। वे सरकारी लोकनिर्माण विभाग (PWD) में सुपरवाइज़िंग एकाउण्टेन्ट थे।

“आप को भली भाँति मालूम है अनन्तदा, कि मैं अपने परमपिता से अपना उत्तराधिकार प्राप्त करना चाहता हूँ।”

“पहले भगवान; लक्ष्मी तो उनके अधीन है! कौन कह सकता है, जीवन अत्यधिक छोटा भी हो सकता है।”

मेरा यह जवाब केवल प्रसंगानुरूप दिया गया प्रत्युत्तर था, इसमें किसी पूर्वाभास का कोई संकेत नहीं था। (अफ़सोस! अनन्त का जीवन सचमुच छोटा साबित हुआ।)

“लगता है आश्रम में बड़ा ज्ञान पा लिया है तुम ने! पर बनारस तो तुम ने छोड़ दिया है!” अनन्तदा की आँखें आत्मतृप्ति के भाव से चमक रही थीं; उन्हें अब भी आशा थी कि वे मेरे पंखों को समेटकर मुझे पारिवारिक घोंसले में सुरक्षित रख पाएंगे।

“बनारस में मेरा अल्पवास व्यर्थ नहीं हुआ! मेरा हृदय जिसके लिए तड़प रहा था उसे मैंने वहाँ पा लिया है और आप निश्चिन्त रह सकते हैं कि वे आपके पंडित या उनके सुपुत्र नहीं हैं!”

उस प्रसंग की याद में अनन्तदा भी मेरे साथ हँस पड़े। उन्हें यह स्वीकार करना पड़ा कि बनारस के जिस “अन्तर्दर्शी” को उन्होंने नियुक्त किया था वह अल्पदर्शी ही सिद्ध हुआ था।

“तो अब तुम्हारा क्या विचार है, मेरे घुमक्कड़ भाई?”

“जितेन्द्र ने मुझे आगरा आने के लिए मनाया। यहाँ हम ताजमहल की सुन्दरता देखेंगे और उसके बाद हम लोग मेरे नए-नए ही मिले गुरु के पास जाएंगे, जिनका आश्रम श्रीरामपुर में है,” मैंने कहा।

अनन्त ने हमारे रहने की आरामदेह व्यवस्था की। उस दिन शाम को मैंने अनन्त को कई बार चिन्तनशील भाव से मुझ पर दृष्टि गड़ाये देखा।

मैं इस दृष्टि को अच्छी तरह पहचानता हूँ! मैंने सोचा, *कोई षड्यन्त्र रचा जा रहा है!*

सुबह जल्दी ही हम नाश्ता करने बैठे तब षड्यन्त्र का रहस्योद्घाटन भी हो गया।

“तो तुम्हें पिताजी की सम्पत्ति के आधार की कोई आवश्यकता नहीं लगती।” कल की बातचीत का सूत्र फिर पकड़ते हुए अनन्त ने निष्कपट दृष्टि से कहा।

“मुझे यह बोध है कि मैं ईश्वर पर निर्भर हूँ।”

“बातें करना आसान है! जीवन ने अब तक तुम्हारी सुरक्षा की है। यदि तुम्हें भोजन और आश्रय के लिए उसी ईश्वर के अदृश्य हाथ पर निर्भर रहना पड़ता तो तुम्हारी क्या दशा होगी? शीघ्र ही तुम सड़कों पर भीख माँगते फिरते।”

“कदापि नहीं! ईश्वर को छोड़कर किसी पथिक से कोई आशा मैं कदापि न करता! भगवान अपने भक्त के लिए भिक्षापात्र के अलावा भी हज़ार अन्य उपाय कर सकते हैं।”

“और अधिक वाग्विलास! यदि मैं कहूँ कि तुम अपने जिस तत्त्वज्ञान के बारे में इतनी डींग मार रहे हो उसे इस मूर्त जगत् में आजमाया जाए, तो?”

“तो मैं तुरन्त स्वीकार कर लूँगा! आप क्या ईश्वर को कल्पना-जगत् तक ही सीमित मानते हैं?”

"पता चल जाएगा। आज तुम्हें ऐसा अवसर मिलेगा कि तुम मेरे दृष्टिकोण को और भी अधिक विस्तारित करोगे या फिर कम-से-कम उस का समर्थन तो तुम्हें करना ही पड़ेगा।" अनन्तदा वातावरण में गम्भीरता को बढ़ाने के लिए थोड़ी देर रुके, फिर गम्भीरतापूर्वक धीरे-धीरे बोलने लगे,

"मेरा यह प्रस्ताव है कि मैं तुम्हें और तुम्हारे गुरुभाई जितेन्द्र को अभी सुबह निकट ही स्थित वृन्दावन भेजूँ। तुम दोनों अपने साथ एक भी रुपया नहीं ले जाओगे; तुम भिक्षा नहीं माँगोगे—न अन्न की, न पैसे की; तुम किसी को भी अपनी परिस्थिति से अवगत नहीं कराओगे; तुम भोजन से वंचित नहीं रहोगे; और तुम वृन्दावन में फंस कर नहीं रहोगे। यदि आज रात बारह बजे तक इनमें से किसी भी शर्त को तोड़े बिना तुम दोनों मेरे बंगले पर लौट आओ तो मैं आगरा में सबसे अधिक विस्मय चकित मनुष्य होऊँगा!"

"मुझे यह चुनौती स्वीकार है।" मेरे शब्दों में भी और मेरे हृदय में भी कोई हिचकिचाहट नहीं थी। ईश्वर की तत्काल कृपा की कृतज्ञतापूर्ण स्मृतियाँ मेरे मन में कौंध गईं: लाहिड़ी महाशय की तस्वीर के सामने प्रार्थना करने से प्राणघातक हैज़े से मेरी मुक्ति, लाहौर में छत पर मुझे दो पतंगों का लीलामय ढंग से उपहार दिया जाना; बरेली में घोर निराशा के बीच सही अवसर पर ताबीज़ का मेरे पास आना; बनारस में पंडित के आँगन के बाहर से साधु द्वारा निर्णायक सन्देश का दिया जाना; जगज्जननी माँ का दर्शन ओर उनकी दिव्य प्रेमवाणी; जगज्जननी द्वारा मेरी छोटी से छोटी परेशानियों को भी मास्टर महाशय के माध्यम से हटाया जाना; हाईस्कूल की अंतिम परीक्षा उत्तीर्ण करने में अंतिम क्षण में किया गया मेरा मार्गदर्शन; और सर्वोच्च वरदान, मेरे जीवन भर के सपनों की धुंध से प्रकट हुए मेरे जीते-जागते गुरुदेव! मैं कभी भी यह मानने के लिए तैयार नहीं होता कि मेरा "तत्त्वज्ञान" संसार की किसी भी कसौटी पर खरा नहीं उतरेगा, चाहे वह कसौटी कितनी ही कठोर क्यों न हो!

"तुम्हारी यह अनुकूलता सराहनीय है। मैं अभी तुरन्त ही तुम लोगों को रेलगाड़ी पर बिठा देता हूँ," अनन्त ने कहा।

वे आश्चर्यचकित जितेन्द्र की ओर मुड़े! "तुम्हें भी इस के साथ जाना होगा—एक गवाह के रूप में, और उस पर आनेवाली आपदाओं में, जिसकी सम्भावना अधिक है, एक सहभागी के रूप में!"

आधे घंटे के बाद जितेन्द्र के और मेरे हाथ में आगरा से वृन्दावन के टिकट आ गए। स्टेशन के एक एकान्त भाग में जाकर हम ने अनन्त को अपनी तलाशी लेने दी। अनन्तदा शीघ्र ही आश्वस्त हो गए कि हम कोई छिपा ख़ज़ाना अपने साथ नहीं ले जा रहे थे; जो छिपाना आवश्यक था उससे अधिक हमारी सादी धोतियों में कुछ भी नहीं छिपा हुआ था।

जैसे ही विश्वास ने वित्त-प्रबंध के महत्त्वपूर्ण क्षेत्र पर आक्रमण किया तो मेरे मित्र ने विचलित स्वर में कहा, "अनन्तदा, आप सुरक्षा की दृष्टि से मुझे एक-दो रुपये देकर रखिये। तब मैं किसी संकट की घड़ी में आप को तार दे सकूँगा।"

"जितेन्द्र!" तीव्र स्वर में मैंने उसकी भर्त्सना की। "यदि तुम आख़िरी उपाय के तौर पर कोई पैसा अपने साथ लोगे तो मैं इस परीक्षा में नहीं आऊँगा।"

"सिक्कों की खनक में दिलासा देने की कोई शक्ति होती है।" मेरी कठोर दृष्टि को देखते हुए जितेन्द्र इससे अधिक कुछ नहीं बोला।

"मुकुन्द! मैं निष्ठुर नहीं हूँ।" कोमलता की हल्की-सी झलक अनन्त के स्वर में आ गई थी। संभव है कि उनका अन्तःकरण उन्हें धिक्कार रहा था– शायद दो अकिंचन बालकों को एक अपरिचित शहर में भेजने के लिये; या फिर ईश्वर में उनकी अपनी अनास्था के लिए। "यदि संयोगवश या भगवान की कृपा से तुम इस वृन्दावन परीक्षा में सफल हो गए, तो मैं तुमसे मुझे अपना शिष्य बनाकर दीक्षा देने का निवेदन करूँगा।"

इस असामान्य परिस्थिति में उनके द्वारा की गई प्रतिज्ञा में एक विसंगति थी। भारतीय परिवार में बड़ा भाई अपने छोटे भाइयों के आगे नतमस्तक नहीं होता; बल्कि पिता के बाद उसी को परिवार में तत्सम सम्मान मिलता है और सब उसकी आज्ञाओं का पालन करते हैं। परन्तु इस विषय में मेरे कुछ कहने के लिए समय नहीं था; हमारी गाड़ी छूटने वाली थी।

गाड़ी दौड़ती जा रही थी और जितेन्द्र उदास होकर खामोश बैठा था। आख़िर हरकत में आते हुए वह मेरी ओर झुका और एक नाजुक स्थान पर पीड़ाजनक चुटकी काटते हुए बोलाः

"मुझे तो कोई लक्षण दिखाई नहीं दे रहे कि भगवान हमारे अगले भोजन की कोई व्यवस्था करने वाले हैं!"

"चुप रहो, संशयात्मा! भगवान हमारे साथ हैं और हमारी सारी व्यवस्था कर रहे हैं।"

"क्या तुम उनसे ज़रा जल्दी कराने की भी व्यवस्था कर सकते हो? अपने आगे की परिस्थिति के विचार से ही मैं भूख से अधमरा हुआ जा रहा हूँ। मैं बनारस से ताज महल देखने के लिए चला था, अपने मकबरे में प्रवेश करने के लिए नहीं!"

"अब खुश हो जाओ, जितेन्द्र! हम आज वृन्दावन के पवित्र स्थानों का पहली बार दर्शन करने जा रहे हैं न? मुझे तो इस विचार से ही गहरा आनन्द हो रहा है कि भगवान श्रीकृष्ण की पदधूलि से पुनीत उस भूमि पर आज हम चलेंगे।"

हमारे डिब्बे का दरवाज़ा खुला और दो सज्जन अन्दर आकर बैठ गए। अगले ही स्टेशन पर हमें उतरना था।

"बच्चों, वृन्दावन में क्या कोई तुम्हारी जान-पहचान का है?" मेरे सामने बैठा हुआ अपरिचित व्यक्ति हममें आश्चर्यजनक रुचि ले रहा था।

"आपको इससे प्रयोजन?" बेरुखेपन से मैंने अपनी दृष्टि घुमा ली।

"शायद तुम लोग चित्तचोर के सम्मोहन में अपने परिवारों से भागे जा रहे हो। मैं स्वयं भक्तिप्रधान प्रकृति का मनुष्य हूँ। मैं इसे अपना कर्तव्य मानता हूँ कि इस असह्य गर्मी में मैं तुम लोगों के रहने-खाने की व्यवस्था करूँ।"

"नहीं, महोदय! हमें अकेला छोड़ दीजिये। यह आपकी बड़ी कृपा है; परन्तु हमें घर से भागे हुए समझने में आप भूल कर रहे हैं।"

इससे आगे कोई वार्तालाप नहीं हुआ; गाड़ी स्टेशन पर पहुँचकर रुक चुकी थी। जितेन्द्र और मैं प्लेटफ़ार्म पर उतरे तो हमारे संयोग से सहयात्री बने सज्जनों ने हमारे हाथ थाम कर एक घोड़ागाड़ी को बुलाया।

हम एक भव्य, वैभवशाली आश्रम के सामने उतरे जिसके चारों ओर सुन्दर बाग-बगीचा था और सदाबहार वृक्ष थे। हमें ले आनेवाले सज्जन से स्पष्टतया यहाँ भली भाँति परिचित थे; कुछ भी कहे बिना एक मुस्कराता लड़का हमें बैठकखाने में ले गया। शीघ्र ही वहाँ एक शालीन, सौम्यदर्शना प्रौढ़ महिला आ पहुँचीं।

"गौरी माँ, राजकुमार तो नहीं आ सके।" दो में से एक सज्जन ने आश्रमवासी महिला से कहा, "अन्तिम क्षण में उन्हें अपना कार्यक्रम बदलना पड़ा। इसके लिए उन्होंने खेद व्यक्त किया है। परन्तु हम दूसरे दो अतिथियों को ले आए हैं। जैसे ही गाड़ी में हमारी मुलाकात हुई, मैं इनकी ओर खिंच गया। मुझे ये कृष्णभक्त प्रतीत हुए।"

"अच्छा, बच्चों! हम चलते हैं। भगवान ने चाहा तो फिर मुलाकात होगी," दोनों सज्जनों ने दरवाज़े की ओर जाते हुए कहा।

"यहाँ तुम दोनों का स्वागत है।" गौरी माँ ममतामयी ढंग से मुस्करायीं।" तुम्हारे आगमन का आज से अधिक अच्छा दिन दूसरा कोई न होता। आज इस आश्रम के दो आश्रयदाता राजकुमार यहाँ आनेवाले थे। कितने खेद की बात होती यदि मेरे बनाए पकवान को सराहनेवाला कोई न होता!"

इन मधुर शब्दों का जितेन्द्र पर आश्चर्यजनक प्रभाव पड़ा—उसकी आँखों से अश्रुधाराएँ बहने लगीं। वृन्दावन में जिस "आगे की परिस्थिति" का उसे भय था वह तो राजसी सत्कार में बदल रही थी; आकस्मिक रूप से इतने बड़े परिवर्तन के साथ अपने मन का मेल बिठाना उसकी क्षमता से बाहर हो रहा था। गौरी माँ ने कौतूहल से उसकी ओर देखा पर कहा कुछ नहीं; शायद वे किशोर प्रवृत्तियों से परिचित थीं।

भोजन का बुलावा आ गया; गौरी माँ हमें एक बरामदे में ले गईं जहाँ भोजन किया जाता था। वह बरामदा नाना प्रकार के व्यंजनों की सुगन्ध से महक रहा था। फिर वे साथ ही में लगे रसोईघर में चली गईं।

मैं इस क्षण के बारे में पहले से ही विचार कर रहा था। जितेन्द्र के शरीर पर योग्य स्थान चुनकर मैंने उसे वहाँ उतनी ही ज़ोर से पीड़ाजनक चुटकी काटी जितनी ज़ोर से उसने गाड़ी में मुझे काटी थी।

"संशयात्मा! भगवान व्यवस्था करते हैं—जल्दी से भी!"

गौरी माँ एक पंखा लेकर लौट आयीं। हम अलंकृत ऊनी आसनों पर बैठे थे और वे हमें भारतीय पद्धति के अनुसार पंखा झलती रहीं। आश्रमवासी शिष्य कुछ तीस-एक व्यंजनों को परोसते आ-जा रहे थे। उसे "भोजन" कहने से "राजसी भोज" कहना अधिक युक्तिसंगत होगा। इस धरातल पर जन्म लेने से लेकर अब तक न जितेन्द्र ने और न मैंने कभी ऐसे व्यंजन चखे थे।

"ये व्यंजन तो सचमुच राजकुमारों के ही योग्य हैं, पूज्य माताजी! आपके राजसी आश्रयदाताओं को इतने स्वादिष्ट भोजन से अधिक क्या महत्त्वपूर्ण लगा, मैं कल्पना ही नहीं कर सकता। आपने हमें जीवनभर के लिए एक स्मृति प्रदान कर दी है!"

अनन्त की शर्त से मुँह बन्द किये जाने के कारण हम उस करुणामयी, भद्र नारी से यह भी नहीं कह सकते थे कि हमारे धन्यवाद का दोहरा महत्त्व था। कम-से-कम हमारे हृदय की सच्चाई उन उद्‌गारों में सुस्पष्ट थी। हम उनके आशीर्वाद और आश्रम में पुनः आने के निमंत्रण के साथ वहाँ से चल पड़े।

बाहर धधकती धूप थी। जितेन्द्र और मैं आश्रम के फाटक के पास स्थित एक विशाल कदम्ब वृक्ष की छाया में जाकर खड़े हो गए। वहाँ पहुँचते ही जितेन्द्र के मुँह से तीव्र शब्दबाण चलने लगे; वह फिर एक बार शंकाव्यथित हो उठा था।

"तुम ने अच्छी मुसीबत में फंसा दिया है आज मुझे! हमारा यह भोजन तो केवल एक संयोग था! हम दोनों के पास एक भी पैसा तो है नहीं, इस शहर का दृश्यावलोकन कैसे करेंगे? और सबसे बड़ी बात तो यह है कि बिना पैसे के तुम मुझे अनन्त के घर तक वापस कैसे ले जानेवाले हो?"

"तुम भगवान को जल्दी ही भूल जाते हो, अब तुम्हारा पेट जो भर गया है!" मेरे शब्दों में कटुता तो नहीं थी पर आरोप अवश्य था। मनुष्य के मन में दैवी कृपा की स्मृति कितनी अल्पकालिक होती है! ऐसा कोई भी मनुष्य नहीं है जिसकी कोई-न-कोई प्रार्थना कभी-न-कभी पूरी न हुई हो।

"तुम्हारे जैसे पागल का साथ देने का दुस्साहस करके मैंने जो भूल की है, उसे मैं कभी नहीं भूल सकूँगा!"

"शांत हो जाओ, जितेन्द्र! जिस भगवान ने हमें खाना खिलाया वही हमें वृन्दावन का दर्शन भी कराएँगे और आगरा वापस भी ले जाएँगे।"

इतने में एक क्षीणकाय युवक हमारी ओर तेज़ी से आता दिखायी पड़ा। उसी कदम्ब वृक्ष के नीचे आकर उसने मेरे सामने शीश झुकाया।

"प्रिय मित्र, आप और आपके साथी निश्चय ही यहाँ नए हैं। आइये, मैं आपको अगवानी और पथप्रदर्शन करता हूँ।"

किसी भारतीय का चेहरा पीला पड़ना वस्तुतः शायद ही कभी संभव हो सकता है, परन्तु जितेन्द्र का रंग अकस्मात् उड़ गया। मैंने उस प्रस्ताव को नम्रता से अस्वीकार कर दिया।

"निश्चय ही आप मुझे भगा नहीं रहे हैं?" उस अजनबी के चेहरे पर उभरे व्यग्रता के भाव अन्य किसी भी परिस्थिति में हँसी ले आते।

"क्यों नहीं?"

"आप मेरे गुरु हैं।" विश्वास से भरी उसकी आँखें मेरी आँखों में जिज्ञासापूर्वक झाँकने लगीं। "मेरी मध्याह्न-उपासना के दौरान परमकृपालु भगवान श्रीकृष्ण मेरी अंतर्दृष्टि में प्रकट हुए। उन्होंने इसी वृक्ष के नीचे मुझे दो असहाय आकृतियाँ दिखाईं। उनमें से एक आप का ही चेहरा था, मेरे गुरुदेव! मैंने यह चेहरा प्रायः ध्यान में देखा है। आप यदि मेरी सेवा स्वीकार करें तो कितना आनन्द होगा मुझे!"

''मुझे भी आनन्द हुआ है कि तुमने मुझे ढूँढ निकाला। न तो भगवान ने, न ही मनुष्य ने हमारा परित्याग किया है!'' यूँ तो अपने सामने के उत्सुक चेहरे की ओर देखकर मुस्कराता हुआ मैं निश्चल खड़ा था; तथापि एक आन्तरिक प्रणाम ने मुझे प्रभु के चरणों में डाल दिया।

''प्रिय मित्रो! क्या आप लोग मेरे घर पधारकर उसकी शोभा नहीं बढ़ाएंगे?''

''यह तुम्हारी बड़ी दया है; परन्तु हम ऐसा नहीं कर सकते। पहले ही हम आगरा में मेरे भाई के अतिथि हैं।''

''कम-से-कम मुझे आपके साथ वृन्दावन घूमने की स्मृतियाँ देते जाइये।''

मैं सहर्ष तैयार हो गया। उस युवक ने, जिसने अपना नाम प्रताप चटर्जी बताया, एक घोड़ागाड़ी रुकवायी। हम लोगों ने मदनमोहन मन्दिर और कुछ अन्य कृष्ण मन्दिरों में जाकर दर्शन किये। हमारा मन्दिर-दर्शन समाप्त होने से पहले ही रात हो गई।

''क्षमा कीजिये, मैं थोड़ा सन्देश ले आता हूँ।'' प्रताप रेलवे स्टेशन के नज़दीक एक दुकान में चला गया। जितेन्द्र और मैं उस चौड़ी सड़क पर, जो उस समय कुछ ठण्डक के कारण भीड़ से भर गई थी, टहलने लगे। हमारे उस मित्र ने कुछ समय तो लिया परन्तु जब आया तो वह अनेक मिठाइयों के उपहार लेकर आया।

''कृपया मुझे इतना पुण्य कमाने दीजिये।'' प्रताप ने अनुरोधपूर्ण ढंग से मुस्कराते हुए एक रुपये के नोटों का एक बंडल और आगरा के दो टिकट जो उसने अभी-अभी खरीदे थे, हमारे सामने बढ़ा दिये।

मेरी स्वीकृति में श्रद्धा भगवान के अदृश्य हाथ के लिए थी। अनन्त ने उनका इतना उपहास किया था, पर फिर भी क्या भगवान ने हमें अपनी आवश्यकता से कहीं अधिक नहीं दे दिया था?

हमने स्टेशन पर एक एकान्त स्थान ढूँढ निकाला।

''प्रताप, अब मैं तुम्हें आधुनिक युग के सबसे महान योगी लाहिड़ी महाशय के क्रिया योग में दीक्षित करूँगा। उनकी यह साधना प्रविधि ही अब तुम्हारी गुरु होगी।''

आधे घंटे में दीक्षा समाप्त हुई। ''क्रिया अब तुम्हारी चिंतामणि है,'' मैंने नए शिष्य से कहा। ''जैसा कि तुमने अभी देखा, यह प्रविधि अत्यंत सरल है और इसमें मनुष्य के आध्यात्मिक विकास की गति बढ़ाने की प्रक्रिया निहित है। हिन्दू शास्त्र कहते हैं कि जन्म लेनेवाली आत्मा को माया से मुक्त होने के लिए

दस लाख वर्ष लगते हैं। यह प्राकृतिक अवधि क्रिया योग के अभ्यास से बहुत घट जाती है। जैसे पौधे की विकास-गति को उसकी प्राकृतिक गति से कहीं अधिक बढ़ाया जा सकता है, जैसा कि सर जगदीशचंद्र बोस ने प्रदर्शित कर दिया है, वैसे ही मनुष्य के मनोवैज्ञानिक विकास की गति को भी वैज्ञानिक तरीके से बढ़ाया जा सकता है। निष्ठापूर्वक साधना करो; तुम समस्त गुरुओं के गुरु के पास पहुँच जाओगे।''

''इस चिर-इच्छित यौगिक कुंजी को पाकर मैं जैसे दूसरे लोकों में पहुँच गया हूँ।'' प्रताप ने गम्भीर होकर विचारपूर्वक कहा। ''मेरे इन्द्रिय-बन्धनों से उद्धार करने वाला इसका प्रभाव मुझे उच्चतर अनुभूतियों के लिए मुक्त कर देगा। अंतर्दृष्टि में आज भगवान श्रीकृष्ण का दर्शन मेरे परममंगल का ही द्योतक है।''

हम थोड़ी देर शांत बैठे रहे, फिर धीरे-धीरे स्टेशन की ओर चलने लगे। जब मैं गाड़ी में चढ़ रहा था तो मैं तो आनन्द से भरा था पर जितेन्द्र के लिए आज आँसू बहाने का ही दिन था। प्रताप से प्रेमपूर्ण विदा लेते समय मेरे दोनों ही साथियों के गले से दबी हुई सिसकियाँ निकल रही थीं। इस यात्रा में जितेन्द्र फिर एक बार गहरे दुःख में डूबा हुआ था; इस बार अपनी ख़ातिर नहीं, बल्कि अपने विरूद्ध।

''मेरा विश्वास कितना उथला है; मेरा हृदय पत्थर बना हुआ था! अब फिर कभी मैं भगवान के संरक्षण के प्रति सन्देह नहीं करूँगा।''

मध्यरात्रि होने को थी। अकिंचन अवस्था में भेजे गए उन दो बालकों ने अनन्त के शयनकक्ष में प्रवेश किया। जैसा कि उन्होंने बातों-बातों में यूँ ही कह दिया था, उनका विस्मयचकित चेहरा अब देखते ही बनता था। मैंने चुपचाप एक टेबल पर रुपये के नोटों की वर्षा कर दी।

''जितेन्द्र! सच-सच बताओ!'' अनंतदा मज़ाक करने के अंदाज़ में बोले। ''इस लड़के ने रास्ते में किसी को लूटा है न?''

परन्तु जैसे-जैसे यात्रा की कहानी खुलती गई, मेरे भाई शांत होकर फिर गम्भीर हो गए।

''माँग और पूर्ति का नियम जैसे मैंने सोचा था उससे कहीं अधिक सूक्ष्म स्तर पर कार्य करता है।'' अनन्त एक ऐसे आध्यात्मिक उत्साह के साथ बोल रहे थे जो उनमें कभी दृष्टिगोचर नहीं हुआ था। ''तिजोरियों और इस संसार की सामान्य चीज़ों के संचय के प्रति तुम्हारी उदासीनता को आज पहली बार मैं समझ पा रहा हूँ।''

रात बहुत बीत गई थी, तब भी अनंतदा ने आग्रह किया कि उन्हें उसी समय क्रियायोग की दीक्षा दी जाए। ''गुरु'' मुकुन्द को एक ही रात में दो-दो अनचाहे ''शिष्यों'' की ज़िम्मेदारी अपने कंधों पर लेनी पड़ी।

दूसरे दिन प्रातःकाल का जलपान एक ऐसे मधुर और मिलनसार वातावरण में सम्पन्न हुआ, जिसका पहले दिन नितान्त अभाव था।

मैं जितेन्द्र की ओर देखकर मुस्कराया। ''तुम ताजमहल देखने से वंचित नहीं रहोगे। श्रीरामपुर के लिए निकलने से पहले हम उसे देखने चलते हैं।''

अनंत से विदा लेकर मेरा मित्र और मैं शीघ्र ही आगरा के गौरव ताजमहल के सामने पहुँचे। सूर्य की किरणों में चमकते श्वेत संगमरमर से बना ताजमहल शुद्ध अनुपातसंगति का मूर्तिमान रूप है। काले, घने सरु के वृक्ष, चमकदार हरियाली और प्रशान्त जलाशय का दृश्यपट उसके शृंगार को पूर्ण कर देता है। अत्यंत बारीक नक्काशी की रत्नजड़ित जालियों से बना भीतरी भाग अति सुन्दर है। भूरे तथा बैंगनी रंग के संगमरमर से बना अत्यन्त नाजुक बेलबूटा अति सुन्दर है। गुम्बज की रोशनी शहंशाह शाहजहाँ और उसकी सल्तनत एवं दिल की मलिका मुमताज़ महल की कब्रों पर पड़ती है।

अब दृश्यावलोकन बहुत हो गया। मैं अपने गुरु के पास जाने के लिए आतुर हो रहा था। शीघ्र ही जितेन्द्र और मैं रेलगाड़ी से दक्षिण दिशा में बंगाल की ओर जा रहे थे।

''मुकुन्द! मैंने कई महीनों से अपने परिवारजनों को नहीं देखा है। मैंने अपना इरादा बदल दिया है; शायद फिर कभी मैं तुम्हारे गुरु से मिलने श्रीरामपुर आऊँगा।''

मेरे मित्र ने, जिसे सौम्य भाषा में अस्थिरचित्त कहा जा सकता है, कोलकाता में मेरा साथ छोड़ दिया। मैं एक लोकल ट्रेन पकड़कर शीघ्र ही कोलकाता के उत्तर में बारह मील पर स्थित श्रीरामपुर पहुँच गया।

जैसे ही मुझे यह एहसास हुआ कि बनारस में गुरुदेव से मिले ठीक अट्ठाइस दिन बीत गए थे, विस्मय से मेरा हृदय धड़कने लगा। ''तुम चार सप्ताह में मेरे पास आ जाओगे!'' और आज मैं धड़कते हृदय से रायघाट लेन में उनके आँगन में खड़ा था। आज पहली बार मैंने उस आश्रम में प्रवेश किया था जहाँ मैं अपने जीवन के अगले दस वर्षों के सर्वोत्तम अंश भारत के ज्ञानावतार के साथ बितानेवाला था।

प्रकरण–12

अपने गुरु के आश्रम की कालावधि

"तुम आ गए!" श्रीयुक्तेश्वरजी ने बरामदे के पीछे स्थित बैठक में बिछे हुए व्याघ्रचर्म पर बैठे-बैठे ही मुझसे कहा। उनका स्वर ठंडा था, ढंग भावशून्य।

"जी गुरुदेव! मैं आपके अनुसरण के लिए आया हूँ।" झुककर मैंने उनका चरणस्पर्श किया।

"परन्तु यह कैसे हो सकता है? तुम तो मेरी इच्छाओं की अवहेलना करते हो।"

"अब ऐसा नहीं होगा, गुरुजी! आप की इच्छा ही मेरा धर्म होगी।"

"तब ठीक है! अब मैं तुम्हारे जीवन का उत्तरदायित्व ले सकता हूँ।"

"मैं स्वेच्छा से अपना सारा भार आपको सौंपता हूँ, गुरुदेव!"

"तो अब मेरा पहला अनुरोध यह है कि तुम अपने परिवार के पास घर लौट जाओ। मैं चाहता हूँ कि तुम कोलकाता जाकर कॉलेज में प्रवेश ले लो। तुम्हारी आगे की पढ़ाई चलती रहनी चाहिए।"

"ठीक है, गुरुदेव!" मैंने अपनी व्याकुलता को छिपा लिया। क्या ये जिद्दी पुस्तकें वर्षों तक मेरा पीछा नहीं छोड़ेंगी? पहले पिताजी, अब श्रीयुक्तेश्वरजी!

"किसी दिन तुम्हें पाश्चात्य जगत् में जाना होगा। वहाँ के लोग भारत के प्राचीन ज्ञान के प्रति अधिक ग्रहणशील होंगे यदि अपरिचित हिन्दू गुरु के पास विश्वविद्यालय की डिग्री होगी।"

"आप बेहतर जानते हैं, गुरुजी।" मेरी उदासी छँट गई। पाश्चात्य जगत् का उल्लेख मुझे कुछ उलझनकारी, अगोचर-सा लगा; परन्तु इस समय गुरुदेव को अपने आज्ञापालन से प्रसन्न करने के अवसर का तत्काल उपयोग करना अत्यावश्यक था।

"तुम कोलकाता में पास ही रहोगे; जब भी तुम्हें समय मिले, यहाँ आ जाना।"

"संभव हुआ तो प्रतिदिन आऊँगा, गुरुदेव! अपने जीवन के प्रत्येक पहलू पर मैं आपका अधिकार कृतज्ञतापूर्वक स्वीकार करता हूँ—केवल एक शर्त पर।"

"क्या?"

"कि आप मुझे भगवत्साक्षात्कार कराने का वचन दें!"

एक घंटे तक वाग्युद्ध चलता रहा। गुरुवचन मिथ्या नहीं हो सकता; वह सहज भी नहीं दिया जा सकता। इस वचन में निहित सम्भावनाएँ हैं। इससे पहले कि एक गुरु ईश्वर को प्रकट होने के लिए बाध्य करे, उसका ईश्वर के साथ घनिष्ठ सम्बन्ध होना आवश्यक है। श्रीयुक्तेश्वरजी के ईश्वर के साथ तादात्म्य को मैं जान गया था और उनका शिष्य होने के नाते उनसे यह वचन प्राप्त करने के लिए दृढ़निश्चयी था।

"तुम बहुत हठी हो।" इसके पश्चात् करुणापूर्ण निर्णायकता के साथ गुरुदेव की सहमति गूँज उठीः

"तुम्हारी इच्छा ही मेरी इच्छा हो।"

मेरे हृदय में जीवनव्यापी पर्दा हट गया; इधर-उधर अनिश्चित खोज का अब अंत हो गया। मुझे सद्गुरु के चरणों में चिरंतन आश्रय मिल गया था।

"आओ, मैं तुम्हें आश्रम दिखाता हूँ।" गुरुदेव अपने व्याघ्रचर्म के आसन से उठे। इधर-उधर दृष्टिपात करते मैंने दीवार पर टंगी एक तस्वीर देखी जिसे चमेली का हार पहनाया हुआ था।

"लाहिड़ी महाशय!" मैंने साश्चर्य कहा।

"हाँ। मेरे ईश्वरतुल्य गुरु।" युक्तेश्वरजी का स्वर आदर से कंपित था। "वे उन सब गुरुओं से कहीं महान थे—एक मनुष्य के रूप में और एक योगी के रूप में भी—जिनका जीवन मेरे अन्वेषण की परिसीमा में आया।"

उस सुपरिचित तस्वीर को मैंने और प्रणाम किया। मेरी आत्मा की भक्ति उस लोकोत्तर गुरु के लिए बह निकली जिन्होंने मेरे शैशव काल को अपने आशीर्वाद से धन्य करते हुए इस क्षण तक मेरा मार्गदर्शन किया।

गुरुदेव के पीछे-पीछे मैं उस घर और सारे प्रांगण में घूमा। भारी-भरकम खंभों से युक्त उस विशाल और पुराने आश्रम के बीच में एक आँगन था। बाहर की दीवारों पर काई जम गई थी। आश्रम परिसर पर निःसंकोच कब्जा किये हुए कबूतर सपाट, धूसर रंग की छत पर फड़फड़ा रहे थे। आश्रम के पिछवाड़े में एक बगीचा था जिसे कटहल, आम और केले के पेड़ों ने सुहावना बनाया हुआ था। इस दोमंज़िला भवन के ऊपर के कमरों के कटघरेदार बरामदे बीच में स्थित आँगन को तीन ओर से घेरे थे। नीचे के तल्ले पर एक प्रशस्त हाल था जिसकी ऊँची छत खम्भों पर टिकी हुई थी। गुरुदेव ने बताया कि इस कमरे का उपयोग मुख्यतः वार्षिक दुर्गा पूजा उत्सव के लिए होता था। श्रीयुक्तेश्वरजी के बैठक-कक्ष में जाने के लिए एक संकरी सीढ़ी थी। इस कक्ष की छोटी-सी बाल्कनी से सड़क दिखती थी। आश्रम में साज-सामान सरल था; हर चीज़ अत्यंत सादी, स्वच्छ और उपयोगी थी। कई पाश्चात्य पद्धति की कुर्सियाँ, बेंच और मेज़ें भी दिखाई दे रही थी।

गुरुदेव ने मुझे रात को वहीं रहने के लिए निमन्त्रित किया। आश्रम में शिक्षा ग्रहण कर रहे दो लड़कों ने रात को भोजन के लिए रस्सेदार सब्जी परोसी।

"गुरुजी! कृपया अपने जीवन के विषय में कुछ बताइये।" उनके व्याघ्रचर्म के पास एक चटाई पर मैं बैठा था। बरामदे से बाहर दिखाई पड़ने वाले मैत्रीपूर्ण तारे अत्यंत समीप लग रहे थे।

"मेरा पारिवारिक नाम प्रियनाथ कड़ार था। मेरा जन्म यहीं श्रीरामपुर में हुआ था जहाँ मेरे पिताजी एक धनवान व्यापारी थे। वे ही यह पैतृक मकान छोड़ गए जो अब मेरा आश्रम है। मेरी स्कूली पढ़ाई बहुत कम हुई; मुझे वह धीमी और उथली प्रतीत होती थी। युवावस्था के आरम्भ में मैंने गृहस्थ धर्म का उत्तरदायित्व स्वीकार कर लिया और मेरी एक बेटी है जिसका विवाह हो चुका है। मेरा प्रौढ़ जीवन लाहिड़ी महाशय के मार्गदर्शन से धन्य हुआ। पत्नी की मृत्यु के पश्चात् मैंने स्वामी परम्परा के अंतर्गत संन्यास ग्रहण कर लिया और मुझे नया नाम मिला श्रीयुक्तेश्वर। यही सरल मेरा वृत्तान्त है।"

मेरे उत्सुक चेहरे को देख कर गुरुदेव मुस्कराये। सभी जीवन-वृत्तान्तों की तरह उनके वृत्तान्त ने भी उनका केवल बाह्य परिचय ही दिया, बिना आंतरिक पुरुष का परिचय दिये।

"गुरुजी! मुझे आपके बचपन की कुछ कहानियाँ सुनने की इच्छा है।"

"कुछ कहानियाँ बताता हूँ—और प्रत्येक में निहित नैतिक शिक्षा भी।" इस चेतावनी के साथ श्रीयुक्तेश्वरजी की आँखें हँसी की झलक में चमक उठीं। "एक बार मेरी माँ ने एक अंधेरे कमरे में भूत होने की डरावनी कहानी बताकर मुझे डराने की चेष्टा की। मैं तुरन्त वहाँ गया और भूत को न पाकर निराशा प्रकट की। उसके बाद माँ ने मुझे कभी कोई डरावनी कहानी नहीं सुनाई। नैतिक शिक्षाः भय का सामना करो, तब वह तुम्हें सताना बंद कर देगा।

"बचपन की एक अन्य स्मृति है एक पड़ोसी के भद्दे कुत्ते की मेरी चाह की। उस कुत्ते को पाने के लिए मैंने कई सप्ताह तक सारे घर को सिर पर उठा रखा था। उससे कहीं अधिक सुन्दर अनेक कुत्तों के सारे प्रस्ताव जैसे मेरे कानों तक पहुँच ही नहीं पाते थे। नैतिक शिक्षाः मोह अंधा बना देता है; वह इच्छित वस्तु के चारों ओर आकर्षण के काल्पनिक मायाजाल की रचना कर देता है।

"तीसरी कहानी किशोर मन की सुकुमारता से संबंधित है। मैं अपनी माँ को कभी-कभी यह कहते सुनता था कि 'जो मनुष्य किसी और के मातहत नौकरी स्वीकार कर लेता है वह दास है।' यह धारणा मेरे मन में इतनी पक्की बैठ गई कि मैंने विवाह के उपरान्त भी सारी नौकरियाँ ठुकरा दीं। अपनी पैतृक सम्पत्ति को भूमि के व्यवसाय में लगाकर मैंने अपनी आजीविका चलाई। नैतिक शिक्षाः केवल अच्छी और सकारात्मक शिक्षाएँ ही बच्चों के मन में जानी चाहिए। उनकी प्रारम्भिक धारणाएँ दीर्घ काल तक सुस्पष्ट बनी रहती हैं।"

गुरुदेव प्रशान्त मौन में डूब गए। मध्यरात्रि के आसपास उन्होंने मुझे एक सँकरी खाट सोने के लिए दी। अपने गुरु के आश्रम की छत के नीचे उस पहली रात नींद खूब गाढ़ी और मधुर थी।

श्रीयुक्तेश्वरजी ने दूसरे दिन प्रातःकाल ही मुझे क्रियायोग की दीक्षा देने का निश्चय किया इस प्रविधि की दीक्षा मुझे पहले ही लाहिड़ी महाशय के दो शिष्यों से मिल चुकी थी—पिताजी और मेरे शिक्षक स्वामी केवलानन्दजी—परन्तु गुरुदेव के पास रूपांतर करने की शक्ति थी; उनके स्पर्शमात्र से एक प्रचण्ड ज्योति मेरे सम्पूर्ण अस्तित्व पर छा गई मानो करोड़ों सूर्य एक साथ उद्दीप्त हो उठे हों। एक अवर्णनीय आनन्द की बाढ़ ने मेरे हृदय को अंतरतम कोने तक अभिभूत कर दिया।

उसके दूसरे दिन लगभग सायंकाल हो चला था जब मैं आश्रम से जाने के लिए तैयार हो पाया।

"तुम तीस दिन में लौट जाओगे।" जब मैंने कोलकाता के अपने घर के द्वार में प्रवेश किया तो गुरुदेव की भविष्यवाणी भी मेरे साथ थी। "उड़ते पक्षी" के पुनरागमन के बारे में कोई भी व्यंग्य बाण, जिसका मुझे डर था, मेरे किसी सम्बन्धी ने नहीं चलाया।

मैं अपनी छोटी-सी अटारी में गया और उस पर प्रेमभरी दृष्टि दौड़ायी मानों वह कोई जीवन्त उपस्थिति हो। "तुम मेरे ध्यान की साक्षी हो और मेरी साधना के अश्रुपात और आँधी-तूफ़ानों की भी। अब मैं अपने दिव्य गुरु के आश्रय में पहुँच गया हूँ।"

"बेटा! आज मैं हम दोनों के लिए ही बहुत खुश हूँ।" पिताजी और मैं शान्त, नीरव सन्ध्या में बैठे थे। "तुम्हें तुम्हारे गुरु मिल गए, जैसे चमत्कारी ढंग से मुझे अपने गुरु मिले थे। लाहिड़ी महाशय का पुण्यहस्त हमारे जीवन की रक्षा कर रहा है। तुम्हारे गुरु कोई दुर्गम हिमालय के सन्त नहीं, बल्कि निकट के ही निकले। मेरी प्रार्थनाएँ स्वीकार हो गईं: तुम्हारी ईश्वर-खोज में तुम्हें मेरी दृष्टि से सदा के लिए ही ओझल नहीं कर दिया गया है।"

पिताजी को इस बात की भी खुशी थी कि मेरी औपचारिक पढ़ाई फिर से आरम्भ होगी; उन्होंने यथोचित व्यवस्था कर दी। दूसरे दिन कोलकाता में निकट ही स्थित स्कॉटिश चर्च कॉलेज में मैंने दाखिला ले लिया।

खुशी के मास तेज़ी से बीतते गए। मेरे पाठकों ने निश्चय ही यह सही अनुमान लगा लिया होगा कि कॉलेज की कक्षाओं में मैं कम ही दिखाई पड़ता था। श्रीरामपुर आश्रम का आकर्षण दुर्निवार था। मेरी वहाँ नित्य उपस्थिति पर गुरुदेव ने कभी कुछ नहीं कहा। मुझे बड़ी राहत मिली क्योंकि वे शायद ही कभी विद्या के उन दालानों का जिक्र करते थे। सभी को यह पता तो चल ही गया था कि मैं विद्वान या विद्यालंकृत बनने के लिए नहीं बना था, फिर भी हर बार मैं न्यूनतम उत्तीर्णांक प्राप्त करता रहा।

आश्रम में दैनिक जीवन शान्त, सरल रूप से चलता था, उसमें शायद ही कभी कोई परिवर्तन होता था। मेरे गुरुदेव ब्रह्मवेला में ही जाग जाते थे। पड़े-पड़े ही या कभी-कभी बिस्तर पर बैठे हुए वे समाधि की अवस्था में प्रवेश कर जाते थे। गुरुदेव कब जागे यह पहचानना अत्यंत सरल था: जबरदस्त गर्जन करते खर्राटों का अकस्मात् रूक जाना। एकाध-दो दीर्घ निःश्वास; कभी शरीर की कोई हलचल। फिर श्वासरहितता की निःशब्द अवस्था, और वे गहरे समाधि-आनन्द में डूब जाते।

इसके बाद नाश्ता नहीं होता था; पहले गंगा के किनारे-किनारे लम्बा भ्रमण होता था। मेरे गुरु के साथ वह प्रातःकालीन भ्रमण—अभी भी कितने जीवन्त और सुस्पष्ट हैं स्मृति में! स्मृति की सहज पुनरावृत्ति में मैं प्रायः अपने आप को उनके साथ पाता हूँ। प्रातःकाल का सूर्य नदी को उष्ण कर रहा है और ज्ञान के अधिकार से ध्वनित होता उनका स्वर गूँज रहा है।

स्नान और फिर मध्याह्न भोजन। गुरुदेव के दैनिक निर्देशानुसार भोजन तैयार करने का सतर्क कार्य तरुण शिष्यों का था। गुरुदेव शाकाहारी थे। संन्यास लेने से पूर्व वे अंडे और मछली खाते थे। शिष्यों के लिए उनका उपदेश यही रहता था कि अपनी शरीर-प्रकृति के अनुसार कोई भी सादा आहार लें।

गुरुदेव बहुत कम खाते थे; प्रायः हल्दी या चुकन्दर अथवा पालक के रस के बने चावल और इस पर थोड़ा भैंस का घी या पिघला हुआ मक्खन। या किसी दिन केवल मसूर दाल या पनीर की रस्सेदार सब्जी और उसके साथ कोई तरकारी। भोजन के अन्त में वे चावल की खीर के साथ आम, संतरा या फिर कटहल का रस लेते।

अपराह्न में दर्शनार्थी आया करते। एक अविरत धारा बाह्य संसार से शान्त आश्रम के भीतर बहती रहती। गुरुदेव सभी आनेवालों के साथ प्रेम और सौजन्यपूर्ण व्यवहार करते थे। एक सद्गुरु—जिसने अपने आप को देह या अहम् नहीं बल्कि सर्वव्यापी आत्मा के रूप में पहचान लिया हो—सभी मनुष्यों में एक अद्भुत समानता देखता है।

संतों की निष्पक्षता ज्ञान में स्थापित होती है। उन पर माया के बदलते चेहरों का कोई प्रभाव नहीं पड़ता। अज्ञानी लोगों की समझ को उलझन में डाल देने वाले राग-द्वेष उन्हें छू भी नहीं पाते। श्रीयुक्तेश्वरजी ऐसे लोगों को कोई पृथक महत्त्व नहीं देते थे जो सत्ताधारी, शक्तिशाली, धनी या विशेष उपलब्धि प्राप्त हों; न ही वे कभी किसी की गरीबी या अनपढ़ता के कारण उपेक्षा करते थे। किसी बच्चे के मुँह से भी वे ज्ञान के वचन आदरपूर्वक सुनते और अवसर पड़ने पर किसी दम्भी पंडित की खुले रूप से उपेक्षा करते।

आठ बजे रात्रिभोजन का समय था जिसमें कभी-कभी देर तक ठहरे हुए अतिथि भी सम्मिलित होते। गुरुदेव अकेले भोजन करने नहीं बैठते थे; कोई भी उनके आश्रम में भूखा या अतृप्त नहीं लौटता था। श्रीयुक्तेश्वरजी अतिथियों के अप्रत्याशित आगमन से न ही कभी घबराते थे, न ही कभी व्यग्र होते थे; उनके

युक्तिपूर्ण मार्गदर्शन में शिष्यों द्वारा बनाया गया अल्प भोजन भी महाभोज प्रतीत होता था। परन्तु साथ ही वे मितव्ययी भी थे और अपनी थोड़ी-सी पूँजी से बहुत कुछ कर लेते थे। "अपनी जेब की सीमा में संतुष्ट रहो, फिजूलखर्ची तुम्हारे लिए अशान्ति पैदा करेगी," वे प्रायः कहते थे। चाहे आश्रम में आतिथ्य-सत्कार का कार्य हो, या भवन-निर्माण या मरम्मत का, या कोई भी अन्य व्यावहारिक कार्य हो, हर कार्य की छोटी-से-छोटी बातों में गुरुदेव सृजनात्मक मौलिकता का परिचय देते।

सायंकाल के शान्त समय में प्रायः गुरुदेव प्रवचन करते। अक्षय रत्नभंडार! उनका प्रत्येक शब्द ज्ञान से तराशा होता था। एक अलौकिक आत्म-विश्वास उनके निरूपण में झलकता था; उनका निरूपण अद्वितीय होता था। उनकी तरह बोलने वाला मैंने कभी कोई नहीं देखा। अपने विचारों को शब्दों का परिधान पहनाने से पहले वे उन्हें विवेक के नाजुक तराजू में तोलते थे। सत्य का मूल तत्त्व, सर्वव्यापक भौतिक रूप में भी विद्यमान, उनसे आत्मा के सौरभ की तरह निःसृत होता था। मुझे सदा इस बात का आभास था कि मैं भगवान के जीवन्त विग्रह के सान्निध्य में हूँ। उनकी दिव्यता का भार अपने आप मेरे मस्तक को उनके सामने नत कर देता था।

यदि अतिथि यह भाँप जाते कि श्रीयुक्तेश्वरजी अनंत ईश्वर में मग्न हो रहे हैं, तो गुरुदेव तुरन्त उनके साथ वार्तालाप शुरू कर देते। किसी प्रकार का प्रदर्शन करना या अपनी आंतरिक मग्नता की शेखी मारना उन्हें नहीं आता था। ईश्वर के साथ सदा एकरूप, उन्हें ध्यान के लिए अलग से समय निकलने की आवश्यकता नहीं थी। आत्मज्ञानी सिद्धों ने ध्यान की सीढ़ी को पहले ही पीछे छोड़ दिया होता है। "फल आने पर फूल अपने आप झड़ जाता है।" परन्तु शिष्यों के लिए उदाहरण स्थापित करने के लिए सन्तजन प्रायः साधना-भजन आदि बाह्य साधनों में जुटे रहते हैं।

मध्यरात्रि होते-होते मेरे गुरुदेव प्रायः बालसुलभ सहजता के साथ निद्राधीन हो जाते। बिस्तर आदि का कोई महत्त्व नहीं होता। प्रायः वे, बिना किसी तकिये के भी, एक संकीर्ण मेज़ पर सो जाते जो उनके प्रचलित व्याघ्रचर्म आसन के पीछे रखी होती थी।

तत्त्वज्ञान की चर्चा में पूरी रात कट जाना असामान्य नहीं था; अपनी जिज्ञासा की तीव्रता से कोई भी शिष्य ऐसी चर्चा को आरम्भ करा सकता था। तब मुझे न तो थकान महसूस होती थी, न ही नींद आती थी; गुरुदेव के ओजस्वी शब्द पर्याप्त

थे। "ओह! भोर हो गई। चलो, गंगा किनारे घूमने चलें।" मेरे रात्रिकालीन शिक्षण के कई प्रसंगों का अन्त इस प्रकार होता था।

श्रीयुक्तेश्वर जी के सान्निध्य के प्रारम्भिक कुछ महीनों में ही मुझे एक उपयोगी शिक्षा मिलीः "मच्छरों को चालाकी से कैसे मात करें।" मेरे घर में लोग सदा ही मच्छरदानी का उपयोग करते थे। मैं यह देखकर हैरान हुआ कि श्रीरामपुर आश्रम में इस विवेकपूर्ण प्रथा का पालन उसके उल्लंघन के रूप में होता था। तथापि मच्छरों का वहाँ पूरा साम्राज्य था; सिर से पाँव तक मुझे वे काटते रहते थे। गुरुदेव को मुझ पर दया आ गई।

"अपने लिए एक मच्छरदानी खरीद लो और एक मेरे लिए भी।" हँसकर उन्होंने आगे कहा, "तुम यदि केवल अपने लिए ही लाओगे, तो सब मच्छर मुझ पर टूट पड़ेंगे!"

मैंने इस आज्ञा का अतिशय कृतज्ञता के साथ पालन किया। जिस रात मैं श्रीरामपुर में रह जाता, गुरुदेव मच्छरदानियाँ लगाने के लिये अवश्य कहते।

एक रात को जब मच्छर सेना ने हमें घेरा हुआ था, गुरुदेव सदा की भाँति मच्छरदानी लगाने के लिए कहना भूल गए। मैं व्याकुल होकर मच्छरों की भिनभिन सुन रहा था। बिस्तर पर लेटकर मैंने उन्हें शान्त करने के लिए एक प्रार्थना उनकी दिशा में प्रवाहित कर दी। आधे घंटे बाद गुरुदेव का ध्यान आकर्षित करने के लिए मैंने झूठमूठ ही खाँस कर देखा। मुझे लग रहा था जैसे मच्छरों के दंश से और खासकर रक्तपिपासु उत्सव मनाती हुई उनकी गुनगुनाहट से मैं पागल हो जाऊँगा।

गुरुदेव की ओर से कोई प्रतिक्रियात्मक हलचल नहीं; मैं सतर्कतापूर्वक उनके समीप गया। उनका श्वास नहीं चल रहा था। उन्हें इतने निकट से समाधि अवस्था में देखने का यह मेरा पहला अवसर था; इससे मैं भयभीत हो उठा।

"इनका 'हार्टफेल' तो नहीं हो गया!" मैंने उनकी नाक के नीचे एक आइना रखा; उस पर श्वास की भाँप नहीं पड़ी। पूर्णतया सुनिश्चित करने के लिए मैंने कई मिनटों तक उनका मुँह और नाक अपनी उंगलियों से बन्द करके रखे। उनकी देह ठंडी और निश्चल थी। किंकर्त्तव्यविमूढ़ होकर मैं लोगों को बुलाने के लिए दरवाज़े की ओर मुड़ा।

"अच्छा! एक उभरता हुआ प्रयोगकर्ता! मेरी बेचारी नाक!" गुरुदेव का स्वर हास्यकम्पित था। "तुम सोते क्यों नहीं? क्या तुम्हारे लिए सारी दुनिया बदल जाएगी? अपने आप को बदलो, मच्छरों की चेतना से अपने को मुक्त करो।"

चुपचाप मैं अपने बिस्तर पर लौट आया। इसके बाद एक भी मच्छर मेरे पास नहीं फटका। मैं समझ गया कि गुरुदेव केवल मुझे खुश करने के लिए मच्छरदानियाँ लाने के लिए सहमत हो गए थे; उन्हें मच्छरों का कोई डर नहीं था। अपनी योगशक्ति से वे उन्हें काटने से रोक सकते थे; या यदि वे चाहते तो अपनी आंतरिक ध्यान अवस्था में जा सकते थे जिसमें मच्छरों का उन्हें पता ही नहीं चलता।

मैं सोच रहा था: *वे मुझे दिखा रहे थे कि यह वह योगावस्था है जिसे मुझे प्राप्त करने का प्रयास करना होगा।* सच्चा योगी समाधि की पराचेतन अवस्था में जा सकता है और उसी अवस्था में रह सकता है, उन समस्त विक्षेपों के बावजूद जिनका इस धरातल पर कभी अभाव नहीं होता—कीटकों की भिनभिनाहट! परिव्याप्त सूर्यप्रकाश की तीव्रता! समाधि की प्रथमावस्था (सविकल्प) में साधक बहिर्जगत् के इंद्रियबोध को बंद कर देता है। तब उसे आदि ईडन के भूस्वर्ग से भी कहीं अधिक सुन्दर अंतर्जगत् की ध्वनियों और दृश्यों का प्रतिदान प्राप्त होता है।

यह शिक्षाप्रद मच्छर आश्रम में मुझे एक और प्रारम्भिक शिक्षा मिलने का कारण बने। वह सायंकाल का शांत समय था। मेरे गुरुदेव प्राचीन शास्त्रों की अनुपम व्याख्या कर रहे थे। उनके चरणों में मैं सम्पूर्ण शांति में था। एक धृष्ट मच्छर इस रसमय वातावरण में घुस आया और मेरा ध्यान अपनी ओर खींचने लगा। उसने जैसे ही अपनी "विषैली सुई" मेरी जाँघ में घुसायी। मैंने स्वाभाविकतया अपना हाथ प्रतिशोध के लिए ऊपर उठाया। निकटवर्ती प्राणदण्ड स्थगित कर दो! मुझे पंतजलि के अहिंसा परक सूत्र की समयानुकूल याद आ गई।

"तुम ने अपना काम पूरा क्यों नहीं किया?"

"गुरुदेव! क्या आप प्राणहरण का समर्थन करते हैं?"

"नहीं, परन्तु अपने मन में तो तुमने उस पर जानलेवा प्रहार कर ही दिया था।"

"मैं समझा नहीं।"

"अहिंसा से पंतजलि का तात्पर्य था हिंसा की इच्छा को भी त्याग देना।" श्रीयुक्तेश्वरजी के लिए मेरा मन खुली किताब की तरह था। "यह जगत् अहिंसा के अक्षरशः पालन के लिए असुविधाजनक रूप से व्यवस्थित है। मनुष्य हानिकारक जीवों का नाश करने के लिए बाध्य हो सकता है। परन्तु उसके अनुरूप क्रोध या द्वेष को अनुभव करने के लिए वह बाध्य नहीं है। सभी जीवों का मायाजगत् की हवा पर समान रूप से अधिकार है। जो सन्त सृष्टि के रहस्य को जान लेता है वह

प्रकृति के असंख्य विस्मयकारी रूपों के साथ तदात्म हो जाता है। हिंसा की भावना को नष्ट कर सभी लोग इस सत्य को समझ सकते हैं।''

''गुरुदेव! क्या हिंस्र प्राणी का वध करने के बजाय अपनी बलि दे देनी चाहिए?''

''नहीं, मानवदेह अमूल्य है। मस्तिष्क और मेरुदण्ड में स्थित चक्रों के कारण क्रमविकास की दृष्टि से मानवदेह सबसे मूल्यवान है। ये चक्र उन्नत साधक को ब्रह्मचैतन्य की उच्चतम स्थितियों को प्राप्त करने और उन्हें अभिव्यक्त करने की क्षमता प्रदान करते हैं। मानवयोनि से निकृष्ट किसी भी योनि के जीव में यह क्षमता नहीं होती। यह सच है कि मनुष्य किसी प्राणी या अन्य किसी जीव को मारने पर बाध्य हो जाता है, तब भी उसे थोड़ा पाप तो लगता ही है। परन्तु पवित्र शास्त्र कहते हैं कि मानव शरीर का व्यर्थ में नाश कर्मसिद्धान्त के नियमों का गम्भीर उल्लंघन है।''

मैंने राहत की साँस ली; सहजात प्रवृत्तियों को शास्त्रमत का भी आधार मिलना, यह बात हमेशा तो नहीं होती।

जहाँ तक मुझे ज्ञात है, गुरुदेव का कभी किसी बाघ या चीते से सामना नहीं हुआ। परन्तु एक अत्यंत विषैले नाग से उनका पाला पड़ा था और उस नाग को उन्होंने अपने प्रेम से वश में किया था। यह घटना पुरी में हुई थी जहाँ गुरुदेव का समुद्र तट पर आश्रम था। गुरुदेव के जीवन के उत्तरकाल में उनका शिष्य बना प्रफुल्ल नाम का एक लड़का उस समय उनके साथ था।

''हम आश्रम के पास बाहर बैठे थे,'' प्रफुल्ल ने मुझे बताया। ''चार फुट लम्बा, आतंक का मूर्तिमान रूप एक नाग पास ही निकला। क्रोध से फन फैलाकर वह तेज़ी से हमारी ही ओर आ रहा था। गुरुदेव उसे देखकर ऐसे मुस्कराये जैसे किसी बच्चे को मुस्कराकर अपने पास बुला रहे हों। श्रीयुक्तेश्वरजी को हाथों से लयबद्ध ताल देते देखकर मैं भयभीत हो उठा। वे उस भयावह आगन्तुक का स्वागत कर रहे थे! मैं मन ही मन भगवान से उत्कट प्रार्थना करता हुआ चुपचाप खड़ा रहा। नाग गुरुदेव के अत्यंत निकट पहुँच गया था, पर वह निश्चल हो गया; ऐसा प्रतीत हो रहा था कि उनके प्यार से पुचकारने का ढंग देखकर सम्मोहित हो गया था। वह भयानक फन धीरे-धीरे सिकुड़ गया; नाग गुरुदेव के पाँवों के बीच में से होकर झाड़ी में अदृश्य हो गया।

''गुरुदेव क्यों हाथ हिला रहे थे और नाग ने उनके हिलते हाथों पर फन क्यों नहीं मारा, यह बात उस समय मेरी समझ से परे थी। उस घटना से अब मेरी

समझ में आ गया है कि हमारे गुरुदेव को किसी प्राणी से हानि का भय नहीं है,'' प्रफुल्ल ने अपनी कहानी समाप्त करते हुए कहा।

आश्रम में आरम्भ के महीनों में एक दिन अपराह्न में मैंने श्रीयुक्तेश्वरजी की भेदक दृष्टि अपने ऊपर स्थिर पायी।

''तुम बहुत दुबले-पतले हो, मुकुन्द!''

उनकी बात ने मेरी दुखती रग को छू लिया। अपनी धँसी हुई आँखें और कृश देह मुझे भी अच्छी नहीं लगती थी। मुझे बचपन से ही अजीर्ण की शिकायत थी। घर में मेरे कमरे में एक पट्टी पर पाचक और बलवर्द्धक औषधियों की अनेकानेक शीशियाँ पड़ी थीं परन्तु किसी से भी मुझे कोई लाभ नहीं हुआ था। कभी-कभी तो मैं मन-ही-मन सोचा करता था कि क्या इतने दुर्बल शरीर में जीने का भी कोई अर्थ हो सकता है?

''औषधियों की अपनी सीमाएँ हैं; दिव्य संजीवनी प्राणशक्ति की कोई सीमा नहीं। विश्वास रखो, तो तुम स्वस्थ और बलवान हो जाओगे।''

गुरुदेव के शब्दों से मुझे तुरन्त यह विश्वास हो गया कि मैं उनमें निहित सत्य का अपने जीवन में सफल प्रयोग कर सकता हूँ। अन्य कोई भी चिकित्सक (मैंने कई आज़माये थे) मुझमें इतना गहरा विश्वास नहीं जगा सका था।

दिन-प्रतिदिन मेरे स्वास्थ्य और बल में वृद्धि होने लगी। श्रीयुक्तेश्वरजी के गुप्त आशीर्वाद से दो सप्ताहों में मेरा इच्छित वज़न मुझे प्राप्त हो गया, जो तब तक अन्य उपायों से प्राप्त करने का मैं व्यर्थ प्रयास करता रहा था। मेरे पेट के सारे विकार सदा के लिए दूर हो गए।

बाद में तो अनेक बार अपने गुरु को दैवी शक्ति द्वारा लोगों को मधुमेह, मिरगी, क्षयरोग और पक्षाघात जैसी बीमारियों से मुक्त करते देखने का सौभाग्य मुझे प्राप्त हुआ।

''कई वर्ष पहले मैं भी अपना वज़न बढ़ाने के लिए आतुर था,'' मुझे स्वस्थ करने के थोड़े ही दिन बाद गुरुदेव मुझे बता रहे थे। ''एक उग्र बीमारी से उठने के बाद मैं स्वास्थ्यलाभ कर ही रहा था कि वाराणसी में लाहिड़ी महाशय के दर्शन के लिए चला गया।

''मैंने कहा, 'गुरुदेव! मैं बहुत बीमार था और मेरा वज़न बहुत कम हो गया है।'

'''मैं देख रहा हूँ, युक्तेश्वर कि तुमने पहले तो अपने आप को अस्वस्थ कर लिया और अब सोचते हो कि तुम दुबले भी हो गए हो।'

‘‘मुझे जिस उत्तर की आशा थी उससे तो यह उत्तर कहीं हटकर था; परन्तु मेरे गुरुदेव ने मुझे हिम्मत दिलाते हुए आगे कहाः

‘मुझे देखने दो; मुझे विश्वास है कि कल तक तुम्हारा स्वास्थ्य बेहतर हो जाएगा।’

‘‘मेरे श्रद्धालु मन ने यह मान लिया कि उनके शब्द इस बात का संकेत हैं कि वे गुप्त रूप में मुझे स्वस्थ करनेवाले हैं। दूसरे दिन प्रातः काल ही मैं उनके पास पहुँच गया और उल्लास के साथ मैंने कहा, ‘गुरुदेव! आज मुझे कल की अपेक्षा बहुत अच्छा लग रहा है।’

‘‘‘सचमुच! आज तुमने अपने आप को शक्ति से भर लिया है।’

‘‘‘नहीं गुरुदेव!’ मैंने सविनय प्रतिवाद किया। ‘ये तो आप हैं जिन्होंने मुझे स्वस्थ कर दिया है, कई सप्ताहों में आज पहली बार मैं अपने में कुछ शक्ति अनुभव कर रहा हूँ।’

‘‘‘हाँ-हाँ! तुम्हारी बीमारी तो काफ़ी गम्भीर थी। तुम्हारा शरीर अभी भी काफ़ी दुर्बल है; कौन कह सकता है, यह कल कैसा रहेगा?’

‘‘अपनी दुर्बलता के लौट आने की सम्भावना के विचार मात्र से मैं भय से सिहर उठा। दूसरे दिन सुबह मैं मुश्किल से अपने आप को लाहिड़ी महाशय के घर तक घसीट सका।

‘‘‘गुरुदेव! मैं फिर बीमार हो गया हूँ।’

‘‘‘मेरे गुरु की आँखों में शरारत उतर आयी थी। ‘तो फिर एक बार तुमने अपने आप को बीमार बना लिया।’

‘‘मेरा धैर्य समाप्त हो गया। मैंने कहा, ‘गुरुदेव! अब मैं समझ गया हूँ कि दिन-प्रतिदिन आप केवल मेरा मज़ाक ही उड़ा रहे थे। मेरी समझ में नहीं आता कि मेरी सच्ची बातों पर आपको विश्वास क्यों नहीं होता।’

‘‘‘सचमुच, वे केवल तुम्हारे विचार ही हैं जिन्होंने तुम्हें बारी-बारी से दुर्बल और स्वस्थ अनुभव कराया है।’ मेरे गुरु प्रेम से मुझे निहार रहे थे। ‘तुमने देख लिया है कि कैसे तुम्हारा स्वास्थ्य तुम्हारी अवचेतन प्रत्याशाओं के अनुसार बदलता रहा। विचार भी विद्युत शक्ति या गुरुत्वाकर्षण शक्ति के समान एक शक्ति है। मानव-मन ईश्वर के सर्वशक्तिमान चैतन्य मन जिस किसी भी बात में तीव्र विश्वास रहेगा, वह तत्क्षण घटित होकर रहेगा।’

''यह जानते हुए कि लाहिड़ी महाशय कभी व्यर्थ बात नहीं करते, मैंने श्रद्धा और कृतज्ञता से भावविभोर होकर उनसे कहा, 'गुरुदेव! यदि मैं सोचूँ कि मैं स्वस्थ हूँ और मेरा वजन पूर्ववत् हो गया है तो क्या ऐसा हो जाएगा?'

'''इसी क्षण भी ऐसा ही है।' मेरी आँखों में एकाग्रतापूर्वक देखते हुए गुरुदेव ने गम्भीरता से कहा।

''मैंने तत्क्षण न केवल अपनी शक्ति में बल्कि वज़न में भी वृद्धि अनुभव की। लाहिड़ी महाशय पुनः अपने मौन में खो गए। उनके चरणों में कुछ घंटे बैठने के बाद मैं अपनी माँ के घर लौटा, जहाँ काशी जाने पर मैं रुकता था।

'''बेटे! तुम्हें क्या हो गया है? जलशोथ की बीमारी से क्या तुम्हारा शरीर फूल रहा है?' माँ को अपनी आँखों पर विश्वास नहीं हो रहा था। मेरा शरीर अब वैसा ही हृष्ट-पुष्ट हो गया था जैसा बीमारी से पहले था।

''मैंने अपना वज़न किया तो देखा कि एक दिन में मेरा वज़न पचास पौंड बढ़ गया था और उसके बाद वह वज़न हमेशा के लिए बना रहा। जिन मित्रों और परिचितों ने मेरा क्षीण शरीर देखा था वे आश्चर्य से हतप्रभ रह गए। उनमें से अनेकों ने इस चमत्कार के परिणामस्वरूप अपनी जीवन-दिशा बदल ली और लाहिड़ी महाशय के शिष्य बन गए।

''ईश्वर में सदा जागृत मेरे गुरुदेव जानते थे कि यह संसार और कुछ न होकर केवल स्रष्टा का मूर्तरूप धारण किया हुआ स्वप्न है। लाहिड़ी महाशय को उस दिव्य स्वप्नद्रष्टा के साथ अपनी एकात्मता का पूर्ण भान था, इसलिए वे दृश्य जगत् के स्वप्नाणुओं को प्रकट करने या लुप्त करने या उनमें अपनी इच्छानुसार कोई भी परिवर्तन करने में समर्थ थे।

''अन्त में श्रीयुक्तेश्वरजी ने कहाः 'सम्पूर्ण सृष्टि विधि-नियम के अधीन है। बाह्य सृष्टि में कार्यरत नियम, जिनकी खोज वैज्ञानिक कर सकते हैं, प्राकृतिक नियम कहलाते हैं। परन्तु इन नियमों की अपेक्षा सूक्ष्मतर नियम भी हैं जो अन्तश्चेतना के आध्यात्मिक जगत् में कार्यरत हैं। इन नियम-सिद्धान्तों को योग के द्वारा जाना जा सकता है। पदार्थ जगत् के सच्चे स्वरूप को पदार्थविज्ञानी नहीं बल्कि आत्मज्ञानी सिद्ध ही वास्तव में समझता है। इस प्रकार के ज्ञान द्वारा ही ईसा मसीह ने उस नौकर के कान को पुनः जोड़ दिया था। जिसे उनके एक शिष्य ने काट डाला था।'''

श्रीयुक्तेश्वरजी शास्त्रों की अद्वितीय व्याख्या करते थे। मेरी अनेक सबसे सुखद स्मृतियाँ उनके प्रवचनों के साथ जुड़ी हुई हैं। परन्तु वे अपने विचार-रत्न अवधानता और मूढ़ता की राख में कभी नहीं फेंकते थे। मेरे शरीर की थोड़ी-सी भी बेचैन हलचल या ध्यान की थोड़ी-सी भी अवधानता गुरुदेव की शास्त्र-व्याख्या को तत्क्षण बंद कराने के लिए काफ़ी थी।

"तुम यहाँ नहीं हो।" एक दिन अपराह्न श्रीयुक्तेश्वरजी ने यह टिप्पणी करते हुए अपना वाक्प्रवाह खंडित कर दिया। सदा की भाँति वे मेरे मनोयोग का निर्ममता से ध्यान रख रहे थे।

"गुरुजी!" मेरे स्वर में विरोध स्पष्ट था। "मैं ज़रा भी नहीं हिला; मेरी पलकें भी नहीं हिलीं; आपने जो-जो अभी कहा है, मैं एक-एक शब्द दुहरा सकता हूँ!"

"फिर भी पूर्ण रूप से तुम मेरे साथ नहीं थे। तुम्हारा विरोध करना मुझे यह कहने के लिए विवश कर रहा है कि तुम अपने मन की पृष्ठभूमि में तीन संस्थाओं का निर्माण कर रहे थे। एक थी मैदानी क्षेत्र में एकांत आश्रम, दूसरी एक पहाड़ी के शिखर पर तीसरी एक समुद्र-तट पर।"

ये अस्पष्ट विचार लगभग अवचेतन स्वर पर ही मेरे मन में सचमुच चल रहे थे। मैंने क्षमायाचक दृष्टि से उनकी ओर देखा।

"ऐसे गुरु के साथ मैं कर ही क्या सकता हूँ जो यदा-कदा अचानक मेरे मन में उठने वाले विचारों को भी पकड़ लेते हैं?"

"तुमने स्वयं ही वह अधिकार मुझे दिया है। मैं जिन सूक्ष्म तत्त्वों को समझा रहा हूँ उन्हें तुम पूर्ण मनोयोग के बिना नहीं समझ सकते। जब तक आवश्यक न हो, मैं दूसरों के मन के एकान्त में नहीं झाँकता। मनुष्य को अपने विचारों में गुप्त रूप से विचरण करने का स्वाभाविक अधिकार है। बिन बुलाये तो भगवान भी वहाँ प्रवेश नहीं करते; न ही मैं वह हिम्मत कर सकता हूँ।"

"आपका सदा स्वागत है, गुरुदेव!"

"तुम्हारे ये वास्तु-स्वप्न बाद में साकार होंगे। अभी केवल अध्ययन का समय है!"

इस प्रकार मेरे गुरु ने प्रसंगवश ही, अपने सहज ढंग में मेरे जीवन में आनेवाली तीन महत्त्वपूर्ण घटनाओं का अपना पूर्वज्ञान प्रदर्शित कर दिया। किशोरावस्था के प्रारंभ से ही मुझे तीन इमारतों की रहस्यमयी झाँकियाँ मिलती थीं जिनमें से प्रत्येक इमारत अलग-अलग परिदृश्य में दिखती थी। श्रीयुक्तेश्वरजी ने

जिस क्रम में बताया था, ठीक उसी क्रम में इन तीन दृश्यों ने साकार रूप धारण किया। सर्वप्रथम राँची के एक मैदानी क्षेत्र में मेरे द्वारा स्थापित बालकों के लिए योग विद्यालय की स्थापना, फिर लॉस ऐंजेलिस में एक पहाड़ी पर मेरा अमेरिकी मुख्यालय और उसके बाद विशाल प्रशांत महासागर के तट पर कैलिफ़ोर्निया के एन्सीनीट्स में एक आश्रम।

गुरुदेव कभी गर्व के साथ ऐसा नहीं कहते थे कि, "मैं भविष्यवाणी करता हूँ कि अमुक-अमुक घटना होगी!" बल्कि वे संकेत मात्र देतेः "तुम्हें नहीं लगता कि ऐसा हो सकता है?" परन्तु उनके सादे वक्तव्यों के पीछे भविष्यद्रष्टा की शक्ति छिपी रहती थी। वे एक बार कही हुई बात को कभी वापस नहीं लेते थे, न उसमें कभी कोई परिवर्तन करते थे; उनकी किंचित् ढकी हुई भविष्यवाणी कभी मिथ्या सिद्ध नहीं हुई।

श्रीयुक्तेश्वरजी स्वभाव से मितभाषी, स्पष्टवादी और पूर्णतः आडम्बररहित थे। उनके विचारों में न तो कहीं अस्पष्टता का लवलेश था, न स्वपनिलता का कोई अंश। उनके पाँव ज़मीन पर दृढ़ थे, मस्तक स्वर्ग की शांति में स्थिर था। व्यावहारिक स्वभाव के लोग उन्हें अच्छे लगते थे। वे कहते थेः "साधुता का अर्थ भोंदूपन या अकर्मण्यता नहीं है! ईश्वरानुभूतियाँ किसी को अक्षम नहीं बनातीं! चरित्र-बल की सक्रिय अभिव्यक्ति तीक्ष्णतम बुद्धि को विकसित करती है।"

मेरे गुरु सूक्ष्म लोकों की चर्चा करना पसन्द नहीं करते थे। पूर्ण सादगी ही "असामान्यता" का एकमात्र लक्षण बनकर उनमें दीख पड़ती थी। वार्तालाप में विस्मयकारी संदर्भ देने से वे बचते थे; कार्यों में अपने सामर्थ्य को मुक्त रूप से अभिव्यक्त करते थे। अनेक तथाकथित गुरु चमत्कारों की चर्चा तो खूब करते थे पर कृति में कुछ नहीं उतार सकते थे; श्रीयुक्तेश्वरजी शायद ही कभी सूक्ष्म नियमों का उल्लेख करते पर गुप्त रूप से अपनी इच्छानुसार उन्हें कार्यान्वित करते।

"आत्मदर्शी पुरुष कभी कोई चमत्कार नहीं करता जब तक उसे अपने अंतर से उसके लिए आज्ञा नहीं मिलती," गुरुदेव कहते थे। "ईश्वर नहीं चाहते कि उनकी सृष्टि के रहस्यों को यत्र-तत्र सर्वत्र प्रकट किया जाए। और फिर संसार में प्रत्येक व्यक्ति को अपनी स्वतंत्र इच्छाशक्ति का असंक्राम्य अधिकार है। कोई सन्त उस स्वतंत्रता पर कभी अतिक्रमण नहीं करेगा।"

स्वभावतः ही श्रीयुक्तेश्वरजी का मौन रहना उनकी अनंत ब्रह्म की गहरी अनुभूतियों के कारण था। आत्मसाक्षात्कारविहीन गुरु अनवरत रूप से जिस

"ज्ञान" को व्यक्त करने में दिनभर व्यस्त रहते हैं, उसके लिए उनके पास कोई समय नहीं बचता था। हिन्दू शास्त्रों में एक कहावत है: "उथले पुरुषों में छोटे-छोटे विचारों की मछलियाँ खूब खलबली मचाती हैं। सागर समान मन में अन्तःप्रेरणा के महामत्स्य भी शायद ही कोई तरंग उत्पन्न कर पाते हैं।"

मेरे गुरु के आडम्बरहीन, अत्यंत साधारण बाह्य आचरण के कारण उनके समकालीन लोगों में बहुत कम ऐसे थे जो उन्हें अवतारी पुरुष के रूप में पहचान सके थे। वह कहावत कि "जो अपने ज्ञान को छिपा नहीं सकता वह मूर्ख है," मेरे परमज्ञानी और शांत गुरु पर कभी लागू नहीं हो सकती थी।

यद्यपि श्रीयुक्तेश्वरजी ने भी अन्य मर्त्य लोगों की तरह ही जन्म लिया था, तथापि वे सृष्टि के नियंता के साथ एक बन चुके थे। ईश्वरत्व में मनुष्यत्व के विलयन में गुरुदेव ने कोई दुर्लंघ्य बाधा नहीं पायी। बाद में मेरी समझ में आया कि केवल मनुष्य की आध्यात्मिक प्रयासहीनता के अलावा ऐसी कोई बाधा नहीं होती।

श्रीयुक्तेश्वरजी के पवित्र चरणों का स्पर्श करते समय मैं सदा ही रोमांचित हो उठता था। गुरु का श्रद्धापूर्ण स्पर्श करने से शिष्य आध्यात्मिक शक्ति से परिपूर्ण हो जाता है; एक सूक्ष्म विद्युत धारा प्रवाहित होती है। शिष्य के मस्तिष्क में विद्यमान अवांछनीय प्रवृत्ति-प्रणालियाँ उस प्रवाह में प्रायः भस्म हो जाती हैं; उसकी सांसारिक प्रवृत्तियों के खाँचों में कल्याणप्रद उथल-पुथल मच जाती है। कम-से-कम क्षणभर के लिए ही सही, वह माया के गुप्त पर्दे उठते अनुभव कर सकता है और परमानन्द की सच्चाई की झलक पा सकता है। मैं जब भी अपने गुरु के चरणों पर माथा टेकता था, मेरा सम्पूर्ण शरीर जैसे एक मुक्तिप्रदायक तेज से भर जाता था।

गुरुदेव ने मुझे बताया: "जब लाहिड़ी महाशय मौन रहते थे तब भी, या किसी ऐसे विषय पर चर्चा कर रहे हों जो पूर्णतः धार्मिक न हो तब भी, मैंने देखा कि उन्होंने मुझमें अगाध ज्ञान का संचार कर दिया है।"

मुझ पर भी श्रीयुक्तेश्वरजी का प्रभाव ऐसा ही पड़ता था। यदि मैं कभी चिंतित या अन्यमनस्क मन से आश्रम में प्रवेश करता तो मेरी मनोवृत्ति अगम्य ढंग से बदल जाती। अपने गुरु के दर्शनमात्र से ही एक प्रकार की सुखद शान्ति मुझमें आ जाती। उनके सान्निध्य में प्रतिदिन आनंद, शान्ति और ज्ञान का एक नया अनुभव होता था। मैंने उन्हें कभी माया के किसी आकर्षण से ग्रस्त या लोभ, क्रोध अथवा किसी के प्रति मानवी अनुरक्ति की भावना में उत्तेजित नहीं देखा।

किंचित् अधीरता के साथ मैं दरवाज़े के पास बैठ गया। श्रीयुक्तेश्वरजी ने मुझसे मजिस्ट्रेट के लिए कुर्सी लाने को भी नहीं कहा, अतः उन्हें लकड़ी के एक डिब्बे पर बैठकर ही संतोष करना पड़ा। अपने पद की गरिमा के अनुसार स्वागत किये जाने की उनकी किसी भी आशा की पूर्ति नहीं हुई।

आध्यात्मिक चर्चा आरम्भ हुई। मजिस्ट्रेट महोदय शास्त्रों का अर्थ बताने में गलतियों पर गलतियाँ करते गए और जैसे-जैसे गलतियाँ करते जाते थे वैसे-वैसे उनका क्रोध बढ़ता गया।

"आप जानते हैं कि मैं एम.ए. की परीक्षा में प्रथम आया था?" उनकी बुद्धि जवाब दे चुकी थी पर चिल्लाना उन्हें अब भी आता था।

"मजिस्ट्रेट महोदय, आप भूल रहे हैं कि यह अदालत का कमरा नहीं," गुरुदेव ने शांत भाव से कहा। "आपकी बचकानी बातों से तो यही लगता है कि आपका विद्यार्थी जीवन कोई विशेष प्रतिभावान नहीं रहा। और वैसे भी, युनिवर्सिटी की डिग्री का वैदिक ज्ञान के साथ कोई सम्बन्ध नहीं है। सन्त एकाउण्टेंटों की भाँति प्रतिवर्ष समूह में नहीं निकलते।"

कुछ देर तो मजिस्ट्रेट महोदय स्तब्ध रह गए, फिर दिल खोलकर हँसने लगे।

"पहली बार किसी दैवी मजिस्ट्रेट के साथ मेरा सामना हुआ है," उन्होंने कहा। बाद में उन्होंने कानूनी शब्दों से भरी भाषा में, जो उनके व्यक्तित्व का एक हिस्सा ही बन चुकी थी, "प्रत्याशी" (probationary) शिष्य के रूप में स्वीकार किये जाने का औपचारिक निवेदन किया।

लाहिड़ी महाशय की तरह की श्रीयुक्तेश्वरजी ने भी अनेक अवसरों पर संन्यास ग्रहण के इच्छुक "अपरिपक्व" शिष्यों को उससे परावृत्त किया। ये दोनों ही गुरु कहते थे, "ईश्वरानुभूति का अभाव होते हुए भी गेरुए वस्त्र धारण करने का अर्थ समाज को ठगना है। त्याग के इन बाह्य प्रतीकों का विचार मत करो जो तुममें झूठा अहंकार उत्पन्न करके तुम्हारी हानि कर सकते हैं। तुम्हारी स्थिर दैनिक आध्यात्मिक प्रगति के अलावा और किसी बात का कोई महत्त्व नहीं है; और उसके लिए क्रियायोग का उपयोग करो।"

किसी व्यक्ति को योग्य या अयोग्य ठहराने के लिए संतजन एक ही अचल मापदण्ड को अपनाते हैं जो संसार के नित्य बदलते रहते मापदण्डों से सर्वथा भिन्न है। स्वयं अपनी दृष्टि में भी इतनी बहुरंगी रहनेवाली मानवजाति संतों की दृष्टि

में केवल दो वर्गों में विभाजित होती है—अज्ञानीजन जिन्हें ईश्वर की तलाश नहीं, और ज्ञानीजन जो ईश्वर की तलाश में रत हैं।

मेरे गुरु अपनी ज़मीन-जायदाद से सम्बन्धित प्रत्येक छोटी-छोटी बात की भी देखभाल स्वयं करते थे। भिन्न-भिन्न अवसरों पर विश्वासघाती लोगों ने गुरुदेव की पैतृक ज़मीन-जायदाद पर कब्ज़ा कर लेने का प्रयास किया था। उन सब को श्रीयुक्तेश्वरजी ने दृढ़तापूर्वक, यहाँ तक कि उनके विरुद्ध मुकदमे भी दायर करके, मात दे दी। इन सब दुःखदायी अनुभवों से उन्हें इसलिए गुज़रना पड़ता था कि वे भिक्षाजीवी गुरु नहीं बनना चाहते थे, न ही वे अपने शिष्यों पर बोझ बनना चाहते थे।

आर्थिक स्वतंत्रता भी एक कारण थी कि मेरे प्रखर स्पष्टवक्ता गुरु कूटनीति के छल-कपट से पूर्णतया अनभिज्ञ थे। उन गुरुओं के विपरीत, जिन्हें उनका भार वहन करने वाले दाताओं के अहंभाव को सन्तुष्ट करना पड़ता है, मेरे गुरु दूसरों के धनैश्वर्य के प्रत्यक्ष या सूक्ष्म, किसी प्रकार के प्रभाव में नहीं आते थे। मैंने उन्हें किसी से किसी भी काम के लिए पैसा माँगते या उसका संकेत भी करते कभी नहीं सुना। उनके आश्रम की शिक्षा सभी शिष्यों के लिए निःशुल्क थी।

एक बार श्रीरामपुर आश्रम में सम्मन देने के लिए अदालत का एक कर्मचारी आया। कन्हाई नाम का एक शिष्य और मैं उसे गुरुदेव के पास ले गए।

श्रीयुक्तेश्वरजी के प्रति उस कर्मचारी का रवैया अपमानजनक था। "आपकी भलाई अब इसी में है कि आप अपने इस आश्रम की छाया से बाहर निकलकर ज़रा अदालत की सत्यनिष्ठ हवा खाएँ।" उसने अपमानसूचक स्वर में कहा।

मैं अपने आप पर काबू नहीं रख सका। "इसके आगे यदि गुस्ताखी का एक भी शब्द तुम्हारे मुँह से निकला तो तुम अभी यहीं धूल चाटते नज़र आओगे!" मैं उसी इरादे से उसकी ओर बढ़ने लगा।

कन्हाई भी उस कर्मचारी पर चिल्ला रहा था: "अरे दुष्ट! तुम्हारी यह हिम्मत कि तुम अपनी दुष्टता को इस पवित्र आश्रम में भी ले आये?"

किन्तु गुरुदेव उस कर्मचारी के रक्षक बनकर उसके सामने खड़े हो गए। "अकारण उत्तेजित होने की आवश्यकता नहीं। यह व्यक्ति केवल अपने कर्तव्य का पालन कर रहा है।"

वह कर्मचारी इन विभिन्न प्रकारों से होते अपने स्वागत को देखकर चकित रह गया और आदरपूर्वक क्षमा माँगकर वहाँ से द्रुतगति से चलता बना।

बड़ा आश्चर्यजनक था यह देखना कि एक उग्र इच्छाशक्ति वाला सिद्ध पुरुष, अन्दर से इतना शांत-शीतल भी रह सकता था। वेदों में सन्त के विषय में दी गई परिभाषा श्रीयुक्तेश्वरजी पर सटीक बैठती थीः ''वज्रादपि कठोराणि मृदूनि कुसुमादपि।'' अर्थात् जहाँ दया का प्रश्न है वहाँ फूलों से भी कोमल; जहाँ सिद्धान्तों का प्रश्न है वहाँ वज्र से भी कठोर।

इस संसार में सदा ही ऐसे लोग होते हैं जो ब्राउनिंग के शब्दों में ''स्वयं अंधेरे में रहने के कारण प्रकाश को सहन नहीं कर सकते।'' कभी-कभी कोई व्यक्ति आकर अपनी किसी काल्पनिक शिकायत पर श्रीयुक्तेश्वरजी को भला-बुरा कह देता। मेरे स्थितप्रज्ञ गुरु नम्रता से उसके द्वारा की जा रही अपनी निंदा सुनते और अन्दर-ही-अन्दर अपना विश्लेषण करते जाते, यह देखने के लिए कि वह जो दोषारोपण कर रहा है उसमें कहीं कोई सत्य का अंश तो नहीं! ऐसे प्रसंग गुरुदेव की अप्रतिम उक्तियों का मुझे स्मरण करा देतेः ''कुछ लोग दूसरों के सिर काटकर स्वयं ऊँचा बनने का प्रयास करते हैं!''

साधु-सन्तों की अचल शांति उपदेशों से कहीं अधिक प्रभावकारी होती है। ''जिसका अपने क्रोध पर नियंत्रण हो वह महाबलवान से अधिक बलवान है; जिसने अपने आप को जीत लिया हो वह राज्य-विजेता से बड़ा विजेता है।''

अनेक बार मेरे मन में यह विचार आता कि यदि मेरे तेजस्वी गुरु का मन ख्याति या सांसारिक उपलब्धियों पर केन्द्रित हो जाता तो वे आसानी से सम्राट या विश्व को थर्रा देने वाले योद्धा बन सकते थे। परन्तु इसके बदले उन्होंने क्रोध और अहंकार के उन आंतरिक दुर्गों को ध्वंस करना पसन्द किया जिनके पतन में मनुष्य की चरम उपलब्धि निहित है।

प्रकरण–13

विनिद्र संत

"कृपया मुझे हिमालय में जाने की अनुमति दीजिये। मुझे लगता है कि वहाँ के अखण्ड एकान्त में मैं ईश्वर से अनवरत तादात्म्य स्थापित कर सकूँगा।"

एक बार सचमुच मैंने अपने गुरु से ये कृतघ्न शब्द कहे। कभी-कभी साधक के मन में अप्रत्याशित रूप से उत्पन्न होने वाले भ्रम के जाल में मैं फँस गया था। कॉलेज की पढ़ाई और आश्रम के कर्तव्यों के प्रति दिन-प्रतिदिन बढ़ती उदासीनता मुझे अधिकाधिक अधीर किये जा रही थी। इस कृतघ्नता के पातक को किंचित् हल्का करने वाली बात यह थी कि मैंने यह प्रस्ताव तब रखा था जब श्रीयुक्तेश्वरजी के साथ रहते मुझे केवल छह महीने ही हुए थे। अभी तक मैं उनकी गगनस्पर्शी उच्चता को पहचान नहीं पाया था।

"हिमालय में कई पहाड़ी लोग रहते हैं, उन्हें तो कोई ईश्वरानुभूति नहीं है।" मेरे गुरु ने धीरे-धीरे और सहजभाव से कहा। "जड़ पर्वत की अपेक्षा किसी आत्मज्ञानी मनुष्य से ज्ञान प्राप्त करना अधिक अच्छा है।"

गुरुदेव के इस संकेत की कि मेरे गुरु पर्वत नहीं बल्कि वे स्वयं हैं, उपेक्षा कर मैंने पुनः अपनी प्रार्थना दुहराई। श्रीयुक्तेश्वरजी ने कोई उत्तर नहीं दिया। मैंने उनके मौन को स्वीकृति मान लिया—एक संदिग्ध परन्तु मनोनुकूल निर्णय।

उस दिन शाम को कोलकाता के अपने घर में मैं अपनी यात्रा की तैयारी करने में जुट गया। एक कंबल में कुछ सामान को बाँधते समय मुझे इसी प्रकार की उस गठरी की सहसा याद आ गई, जिसे मैंने कुछ वर्ष पूर्व चोरी-चोरी अपनी अटारी

की खिड़की से नीचे फेंका था। मन में यूँ ही विचार आया कि कहीं यह भी एक और अनिष्ट-ग्रहयोगमुक्त हिमालय-पलायन साबित न हो। पहली बार की यात्रा के समय मेरा आध्यात्मिक उत्साह उछाल पर था; आज अपने गुरु को छोड़कर जाने के विचार पर मेरा अंतर्मन मुझे धिक्कार रहा था।

दूसरे दिन प्रातः मैं स्कॉटिश चर्च कॉलेज के अपने संस्कृत प्राध्यापक बिहारी पंडित के पास जा पहुँचा।

"सर, लाहिड़ी महाशय के एक महान् शिष्य के साथ अपनी मित्रता के बारे में आपने मुझे बताया था। कृपया मुझे उनका पता बता दीजिये।"

"तुम्हारा आशय रामगोपाल मजूमदार से है। मैं उन्हें विनिद्र संत कहता हूँ। वे सदा ही ब्रह्मानन्द में निमग्न रहते हुए जागृत रहते हैं। उनका घर तारकेश्वर के निकट रणबाजपुर में है।"

मैंने उनका धन्यवाद किया और तुरन्त तारकेश्वर जाने के लिए ट्रेन पर सवार हो गया। इस विनिद्र संत से हिमालय में एकान्त ध्यान में रत होने की अनुमति लेकर मैं अपने मन में उठ रही आशंका को शांत करना चाहता था। बिहारी पंडित ने मुझे बताया था कि रामगोपाल को बंगाल की निर्जन गुफाओं में अनेक वर्षों तक क्रियायोग का अभ्यास करने के पश्चात् आत्म-साक्षात्कार हो गया था।

तारकेश्वर में मैं वहाँ के सुविख्यात मन्दिर की ओर चल पड़ा। हिन्दू लोगों के मन में इस मन्दिर के प्रति नितान्त श्रद्धाभाव है, जैसे फ्रांस में स्थित लूर्ड के पवित्र स्थल के प्रति कैथोलिक ईसाइयों के मन में है। तारकेश्वर में रोग-निवारण के असंख्य चमत्कार घटित हुए हैं जिनमें से एक मेरे परिवार के एक सदस्य के साथ भी हुआ था।

"'मैं मन्दिर में पूरे एक सप्ताह तक बैठी रही,' मेरी सबसे बड़ी चाची ने मुझे बताया था। 'पूर्ण उपवास करते हुए मैं तुम्हारे शारदा चाचा की एक जीर्ण रोग से मुक्ति के लिए प्रार्थना करती रही। सातवें दिन मेरी अंजलि में अपने आप एक बूटी प्रकट हो गई! मैंने उसका काढ़ा तैयार किया और तुम्हारे चाचा को पिला दिया। उनका रोग तत्क्षण गायब हो गया और फिर कभी प्रकट नहीं हुआ।' "

मैंने तारकेश्वर के पवित्र मन्दिर में प्रवेश किया। उस मन्दिर में एक गोल पत्थर के अतिरिक्त और कुछ नहीं है। उसकी अनादि और अनन्त परिधि अनन्त ब्रह्म का उचित प्रतीक है। भारत में एक अनपढ़ किसान भी निराकार ब्रह्म की

संकल्पना को समझता है; वस्तुतः पाश्चात्यों ने यदा-कदा उस पर कल्पना जगत् में जीने का आरोप भी लगाया है!

मेरी अपनी मनःस्थिति उस समय इतनी वैराग्यपूर्ण थी कि उस पत्थर के आगे नतमस्तक होने की मेरी इच्छा नहीं हुई। मुझे लगा कि ईश्वर को केवल अपनी आत्मा में ही ढूँढा जाना चाहिए।

मैं वहाँ प्रणाम किये बिना ही मन्दिर से बाहर आ गया और निकट स्थित रणबाजपुर की ओर द्रुतगति से चल पड़ा। रास्ते में मिले एक व्यक्ति से जब मैंने रणबाजपुर का रास्ता पूछा तो वह दीर्घ चिंतन में डूब गया।

"आगे एक चौराहा आएगा, वहाँ दाहिने मुड़ जाओ और चलते जाओ," उसने प्रश्नदेवता की गहन भावभंगिमा में अन्ततः उच्चारण किया।

उसके दिशा-निर्देश का पालन करते हुए मैं एक नहर के किनारे-किनारे चलता गया। चलते-चलते अंधेरा हो गया। जंगल में बसे गाँव के बाहर का इलाका चमकते जुगनुओं और आस-पास मँडराते सियारों की "हुआ-हुआ" से सजीव हो उठा। चाँद का प्रकाश इतना मंद था कि उसमें रास्ता दिखाई देना कठिन हो रहा था। दो घंटे तक मैं ठोकरें खाता रहा।

आहा! गाय के गले में बँधी घण्टी की वह आह्लादक ध्वनि! मेरे बारम्बार ज़ोर-ज़ोर से पुकारने पर आख़िर एक किसान मेरे पास आ गया।

"मैं रामगोपाल बाबू की खोज में हूँ।"

"इस नाम का कोई व्यक्ति हमारे गाँव में नहीं रहता।" उस आदमी ने कटु स्वर में कहा। "तुम शायद झूठ बोल रहे हो और कोई जासूस हो।"

उसके राजनीतिक आशंकाओं से व्यथित मन से सन्देह दूर करने की आशा से मैंने हृदयस्पर्शी ढंग से अपनी रामकहानी उसे सुनाई। वह मुझे अपने घर ले गया और उसने मेरी अच्छी आवभगत की।

रणबाज़पुर तो यहाँ से काफ़ी दूर है," उसने कहा। "चौराहे पर तुम्हें बायें मुड़ना चाहिये था, दाहिने नहीं।"

खिन्न मन से मैं सोचने लगा, मुझे रास्ते में मिलकर दिशानिर्देश देने वाला वह पहला आदमी अनभिज्ञ पथिकों के लिए एक निश्चित अभिशाप था। मोटे चावल का भात, मसूर की दाल और आलू और कच्चे केले की रसदार सब्जी के स्वादिष्ट भोजन के बाद आँगन से सटी एक छोटी-सी झोंपड़ी में मैं सोने के लिए चला गया। दूर कहीं पर गाँव के लोग मृदंगों और करतालों की ध्वनि के

साथ उच्च स्वर में कीर्तन कर रहे थे। उस रात नींद आने का तो प्रश्न ही नहीं था; मैं एकान्तवासी योगी रामगोपाल के पास पहुँच जाने के लिए गहरी प्रार्थना करता रहा।

जैसे ही मेरी झोंपड़ी के छिद्रों से उषा की पहली किरण अन्दर आयी, मैं रणबाज़पुर के लिए निकल पड़ा। धान के ऊबड़-खाबड़ खेतों में से कटे हुए धान के ठूँठों पर और सूखी मिट्टी के बड़े-बड़े ढेलों से बचता-बचाता मैं धीरे-धीरे चलता जा रहा था। यदा-कदा मिल जाने वाला कोई किसान मुझे पूछने पर एक ही उत्तर देता कि रणबाजपुर "बस एक ही कोस (दो मील) दूर है।" छह घंटों में सूर्य ने क्षितिज से मध्याकाश की अपनी यात्रा तय कर ली, परन्तु मुझे अब लगने लगा था कि मैं रणबाज़पुर से सदा के लिए एक कोस दूर ही रहूँगा।

दोपहर भी आधी ढल गई, तब भी मेरा विश्व अंतहीन धान के खेतों में ही सिमट कर रह गया था। आकाश से हो रही अग्नि-वर्षा से बचने का कोई उपाय नहीं था और उसकी दाहकता ने मुझे लगभग चक्कर खाकर गिर पड़ने की अवस्था तक पहुँचा दिया था। मैंने एक आदमी को आराम से टहलते हुए अपने पास आते देखा। अब मुझे उससे फिर वही प्रश्न पूछने का साहस भी नहीं हो रहा था कि कहीं फिर "बस एक कोस" का उत्तर न मिले।

वह आदमी मेरे पास आकर रूक गया। नाटे कद और दुबले-पतले शरीर का वह आदमी अपनी हृदयवेधी काली तेजस्वी आँखों के अतिरिक्त दिखने में पूर्णतः अप्रभावशाली था।

"मैं रणबाज़पुर से जाने वाला था परन्तु तुम्हारा उद्देश्य अच्छा था, इसलिए मैंने तुम्हारी प्रतीक्षा की।" मेरे विस्मय चकित चेहरे के आगे उँगली नचाते हुए उसने आगे कहा, "तुम बिना सूचित किए मुझ पर झपट पड़ने की चतुराई दिखाना चाहते थे न? उस प्राध्यापक बिहारी को कोई अधिकार नहीं था कि वह तुम्हें मेरा पता दे दे।"

इस सिद्ध को अपना परिचय देना अब केवल शब्दाडंबर ही होगा यह सोचकर अपने ऐसे स्वागत पर कुछ दुःखित अन्तःकरण में मैं अवाक् खड़ा रहा। अचानक उन्होंने अगला प्रश्न किया:

"अच्छा बताओ तो, तुम्हारे विचार में भगवान कहाँ है?"

"क्यों? वह मेरे भीतर और सर्वत्र है।" निश्चय ही मेरी व्याकुलता मेरे चेहरे पर पूर्णतः प्रकट हो रही थी।

''सर्वव्यापी, हाँ?'' वे दबी हँसी हँसे। ''तब क्यों, युवक महोदय, तुमने कल तारकेश्वर मन्दिर में प्रस्तर-प्रतीक में विद्यमान ब्रह्म के आगे सिर नहीं झुकाया? तुम्हारे अभिमान के कारण ही तुम्हें उस पथिक द्वारा, जिसने दाहिने-बायें के सूक्ष्म भेदों की चिंता ही नहीं की, गलत दिशानिर्देश दिए जाने का दण्ड मिला। आज भी तुम्हें काफ़ी मुसीबतें झेलनी पड़ी हैं!''

मैं इस बात से विस्मय-विभोर था कि मेरे सामने खड़े अतिसामान्य दिखनेवाले उस शरीर में सर्वव्यापी दृष्टि छुपी हुई थी और उनकी बात से मैं पूर्णतः सहमत हुआ। योगी से एक व्यथा-निवारक शक्ति निःसृत हो रही थी; मैं उस दाहक खेत में भी तत्क्षण ताज़गी अनुभव करने लगा।

''भक्त में यह सोचने की प्रवृत्ति होती है कि उसने जो मार्ग अपनाया है वही ईश्वर-प्राप्ति का एकमेव मार्ग है,'' उन्होंने कहा। ''योग, जिससे अपने भीतर ही ईश्वर मिल जाता है, निस्संशय सर्वोच्च मार्ग है, जैसा कि लाहिड़ी महाशय ने हमें बताया है। परन्तु भीतर ईश्वर की प्राप्ति हो जाने पर हम शीघ्र ही बाहर भी उसकी अनुभूति करते हैं। तारकेश्वर तथा अन्य स्थानों पवित्र मन्दिरों के प्रति उन्हें आध्यात्मिक शक्ति के केन्द्र मानकर जो श्रद्धाभाव लोगों में है वह बिल्कुल सही है।''

योगीश्वर की आलोचनात्मक वृत्ति अब अन्तर्हित हो गई; उनके नेत्र करुणार्द्रता से स्निग्ध हो उठे। उन्होंने मेरा कंधा थपथपाया।

''छोटे योगी, मैं देख रहा हूँ कि तुम अपने गुरु से दूर भाग रहे हो। उनके पास वह सब कुछ है जिसकी तुम्हें आवश्यकता है; तुम्हें उनके पास लौट जाना चाहिए।'' आगे उन्होंने कहा, ''पर्वत तुम्हारे गुरु नहीं बन सकते''—दो दिन पहले श्रीयुक्तेश्वरजी द्वारा प्रकट किया गया वही विचार।

''सिद्ध जन केवल पर्वतों में ही निवास करें, ऐसा कोई विधि का विधान नहीं है।'' मेरी ओर रहस्यपूर्ण दृष्टि से देखते हुए वे कहते जा रहे थे, ''भारत और तिब्बत के हिमालय शिखरों का सन्तों पर कोई एकाधिकार नहीं है। जिसे अपने अन्दर पाने का कष्ट न किया जाए, उसे शरीर को यहाँ-वहाँ ले जाने से प्राप्त नहीं किया जा सकता। जैसे ही साधक आध्यात्मिक ज्ञानलाभ के लिए विश्व के अंतिम छोर तक भी जाने को तैयार हो जाता है, उसका गुरु उसके पास ही प्रकट हो जाता है।''

मन-ही-मन मैं इस बात से सहमत हो गया। मुझे काशी के उस आश्रम में की हुई अपनी प्रार्थना का स्मरण हो आया जिसके बाद भीड़-भाड़ से भरी एक गली में श्रीयुक्तेश्वरजी से मेरी भेंट हुई थी।

"क्या तुम एक ऐसे छोटे-से कमरे की अपने लिए व्यवस्था कर सकते हो जिसका दरवाज़ा बंद कर तुम अन्दर एकान्त में रह सको?"

"जी, हाँ।" मेरे मन में यह विचार उभर आया कि ये सन्तवर इतनी विलक्षण गति से सामान्य स्तर की बातों से व्यक्तिगत स्तर पर उतर आते हैं।

"तो वही तुम्हारी गुफ़ा है।" योगीराज ने ज्ञान जगा देने वाली एक ऐसी दृष्टि मुझ पर डाली कि मैं उसे आज तक नहीं भूल पाया। "वही तुम्हारा पावन पर्वत है। वहीं तुम्हें ईश्वर की प्राप्ति होगी।"

उनके इन सरल शब्दों ने हिमालय के लिए मेरे मन में बैठी तीव्र आसक्ति एक पल में समाप्त कर दी। धान के एक दाहक खेत में मैं पर्वतों और अनंत बर्फ के स्वप्न से जाग गया।

"युवक महोदय, तुम्हारी ईश्वर-लालसा प्रशंसनीय है। मैं तुम्हारे प्रति तीव्र प्रेम अनुभव कर रहा हूँ।" रामगोपाल बाबू ने मेरा हाथ अपने हाथ में पकड़ा और जंगल में बनी खुली जगह में बसी एक छोटी-सी विचित्र-सी लगने वाली बस्ती में मुझे ले गए। इस बस्ती में घर मिट्टी के बने हुए थे जिनकी छतें नारियल के पत्तों से बनी थीं। प्रवेश-द्वारों को ताज़े फूलों से सजाया गया था।

अपनी छोटी-सी कुटीर में ले जाकर सन्त महाराज ने मुझे एक बाँस के मचान पर बैठाया। मुझे उन्होंने नींबू का शरबत और मिश्री का एक टुकड़ा दिया; तत्पश्चात् हम उनके आँगन में गए और पद्मासन लगाकर ध्यानस्थ हो गए। ध्यान में चार घंटे बीत गए। मैंने आँखें खोलकर देखा तो चंद्रमा के प्रकाश में योगीराज की मूर्ति निश्चल बैठी थी। मैं अपने पेट को दृढ़तापूर्वक याद दिला रहा था कि मनुष्य केवल अन्न से ही जीवित नहीं रहता, तभी रामगोपाल अपने आसन से उठ गए।

"मैं देख रहा हूँ कि तुम्हें बहुत ज़ोर से भूख लगी है," उन्होंने कहा। "भोजन अभी तैयार हो जाएगा।"

आँगन में ही उन्होंने मिट्टी के एक चूल्हे में आग जलायी। थोड़ी ही देर में हम केले के विशाल पत्तों पर चावल और दाल खा रहे थे। उन्होंने खाना बनाने में मेरी ओर से कोई सहायता स्वीकार नहीं की थी। 'अतिथि देवो भव' की हिन्दू लोकोक्ति का भारत में अनादिकाल से श्रद्धापूर्वक पालन किया जाता रहा है। बाद में अपनी विश्व-भ्रमण यात्राओं में मैं यह देखकर अत्यन्त आनन्दित हुआ कि अनेक देशों के देहाती इलाकों में अतिथियों का इसी प्रकार सम्मान किया जाता

है। शहरी लोगों में अपरिचित चेहरों की अति बहुलता के कारण अतिथिसेवा का उत्साह ठंडा पड़ गया है।

उस छोटी-सी जंगल-बस्ती के एकान्त में योगीश्वर के पास बैठे-बैठे मनुष्यों की भीड़-भाड़ से भरे स्थान कल्पनातीत रूप से सुदूर लग रहे थे। कुटीर का वह छोटा-सा कमरा एक मृदु प्रकाश में रहस्यमय रूप से आलोकित लग रहा था। रामगोपाल ने मेरा बिस्तर बनाने के लिए कुछ फटे कंबल ज़मीन पर बिछा दिये और स्वयं एक चटाई पर बैठ गए। उनके आध्यात्मिक आकर्षण से विभोर होकर मैंने साहस बटोरकर एक निवेदन उनसे किया।

"महाराज! मुझे आप समाधि क्यों नहीं प्रदान कर देते?"

"प्रिय वत्स! मैं खुशी से तुम्हें यह ईश-सम्पर्क करा देता परन्तु उसका मुझे अधिकार नहीं है।" उन्होंने अर्धोन्मीलित नेत्रों से मेरी ओर देखा। "शीघ्र ही तुम्हारे गुरुदेव तुम्हें वह अनुभव प्रदान कर देंगे। इस क्षण तुम्हारा शरीर उसके लिए तैयार नहीं है। छोटे-से विद्युत बल्ब में अत्यधिक वोल्टेज की विद्युत छोड़ दी जाए तो उसके जैसे परखच्चे उड़ जाएंगे, उसी प्रकार तुम्हारी नाड़ियाँ भी अभी महाप्राण के उस अत्यधिक भारी प्रवाह को सहन करने के योग्य नहीं बनी हैं। इसी समय यदि मैं तुम्हें समाधि दे दूँ तो तुम ऐसे जलोगे कि मानो तुम्हारे शरीर की प्रत्येक कोशिका में आग लग गई हो।

"तुम मुझसे ब्रह्म ज्ञान चाहते हो," योगीवर सोच में डूबे हुए आगे कहते जा रहे थे, "जब कि जितना नगण्य व्यक्ति मैं हूँ और जितनी अत्यल्प ध्यान-धारणा मैंने की है, उससे मैं स्वयं इस अचरज में हूँ कि क्या मैं भगवान को प्रसन्न करने में सफल हो पाया हूँ? और उसकी दृष्टि में अंतिम मूल्यांकन के समय मेरा मूल्य क्या होगा?"

"महाराज, क्या आप लम्बे समय से अनन्यभाव से ईश्वरप्राप्ति का प्रयास नहीं करते आ रहे हैं?"

"मैंने कुछ खास नहीं किया है। बिहारी ने तुम्हें मेरे जीवन के विषय में अवश्य ही कुछ बताया होगा। बीस साल तक मैं एक निर्जन गुफ़ा में प्रतिदिन 18 घंटे ध्यान करता था। फिर मैं उससे भी अधिक दुर्गम क्षेत्र में एक गुफ़ा में जाकर पच्चीस साल तक रहा। वहाँ मैं प्रतिदिन बीस घंटे यौगिक ध्यान में लीन रहता था। मुझे निद्रा की आवश्यकता नहीं थी क्योंकि मैं सदा ईश्वर के साथ ही रहता था। निद्रा की साधारण अवचेतन अवस्था की आंशिक शान्ति से मेरे शरीर को

जितना विश्राम मिलता उससे कहीं अधिक समाधि की अधिचेतन अवस्था की पूर्ण शान्ति में मिलता था।

"निद्रावस्था में मांसपेशियों को विश्राम मिलता है परन्तु हृदय, फेफड़े और रक्त संचारण प्रणाली निरन्तर कार्यरत रहती है; उन्हें कोई विश्राम नहीं मिलता। अधिचेतन अवस्था में सभी आंतरिक अवयव भी महाप्राण की शक्ति से आवेशित होकर निष्क्रिय जीवन्तता की अवस्था में स्थिर रहते हैं। ऐसी अवस्थाओं के कारण वर्षों से निद्रा मेरे लिये अनावश्यक हो गई।" फिर उन्होंने कहा, "एक समय आएगा जब तुम्हें भी निद्रा की आवश्यकता नहीं रहेगी।"

"हे भगवान! आप इतने लम्बे समय से इतनी अधिक ध्यान-धारणा करते आ रहे हैं और अभी भी आपको निश्चित पता नहीं कि आपने प्रभु को प्रसन्न कर दिया है या नहीं?" मैंने आश्चर्य से कहा। "फिर हम जैसे साधारण लोगों का क्या होगा?"

"क्या तुम नहीं समझ रहे हो वत्स, कि ईश्वर स्वयं अनंत काल है? यह सोचना कि केवल पैंतालीस वर्षों की ध्यान-धारणा से कोई उसे पूर्ण रूप से जान लेगा, असंगत अपेक्षा रखना है। तथापि बाबाजी हमें यह विश्वास अवश्य दिलाते हैं कि थोड़ी-सी ध्यान-धारणा भी मृत्युभय और परलोक की अवस्था के भय से हमारा रक्षण करती है। तुच्छ पर्वतों को अपना आध्यात्मिक आदर्श न बनाकर निर्गुण ईश्वर-प्राप्ति के तारे पर अपना लक्ष्य केन्द्रित करो। यदि कठिन परिश्रम करोगे तो वहाँ पहुँच जाओगे।"

इस सम्भावना से रोमांचित होकर मैंने उनसे कुछ और ज्ञानोपदेश करने की याचना की। उन्होंने लाहिड़ी महाशय के गुरु बाबाजी के साथ अपनी प्रथम भेंट की अद्‌भुत कहानी सुनाई। लगभग मध्यरात्रि होने पर तब रामगोपाल मौन हो गए और मैं अपने कंबलों पर लेट गया। जब मैंने आँखें बन्द कीं तो मुझे बिजलियाँ कौंधती दिखाई देने लगी; मेरे अन्दर का विशाल अन्तराल जैसे पिघले हुए प्रकाश से भर गया। मैंने आँखें खोलीं तो वही चुँधियाने वाला प्रकाश दिखाई दे रहा था। वह कुटीर उस अनन्त महाकाश का एक छोटा-सा हिस्सा बन गई थी, जिसे मैं अपनी अंतर्दृष्टि से देख रहा था।

तभी योगीराज ने कहाः "तुम सोते क्यों नहीं?"

"महाराज! मैं कैसे सो सकता हूँ जब मेरे चारों ओर बिजलियाँ कौंध रही हों, चाहे मेरी आँखें बन्द हों या खुलीं?"

"तुम धन्य हो जो तुम्हें यह अनुभव मिल रहा है। इन आध्यात्मिक प्रभा-किरणों का दर्शन आसानी से नहीं होता।" फिर उन्होंने स्नेह के कुछ और शब्द कहे।

उषाकाल होने पर रामगोपाल ने मुझे मिश्री के कुछ टुकड़े दिये और वापस लौट जाने के लिए कहा। उनसे विदा लेने में मुझे इतना दुःख हो रहा था कि अश्रु मेरे गालों पर बहने लगे।

"मैं तुम्हें खाली हाथ नहीं जाने दूँगा," योगीराज ने दयार्द्र होकर कहा। "मैं तुम्हारे लिए कुछ अवश्य करूँगा।"

वे मुस्कराये और उन्होंने अपनी दृष्टि मुझ पर स्थिर की। मैं निश्चल हो गया, मानो ज़मीन से चिपक गया होऊँ। उनसे निःसृत होने वाली शान्ति की धाराओं ने मेरे सम्पूर्ण अस्तित्व को आप्लावित कर दिया। तत्क्षण मेरी पीठ का दर्द ठीक हो गया जो अनेक वर्षों से बीच-बीच में मुझे तकलीफ़ देता रहता था।

ज्योतिर्मय आनन्द के सागर में नहा कर नव उल्लास प्राप्त करने से अब मेरा रूदन बंद हो गया। रामगोपाल की चरणवंदना करके मैं जंगल में प्रवेश कर गया। जंगल की उलझती झाड़ियों में से रास्ता बनाते हुए कई धान-खेतों को पार करता हुआ आख़िर मैं तारकेश्वर पहुँचा।

तारकेश्वर में दूसरी बार मैं अब मन्दिर गया और वहाँ भगवान के सामने साष्टांग दण्डवत किया। वह गोल पत्थर मेरी अंतर्दृष्टि के सामने आकार में बढ़ता गया और आकाशपिंड बन गया जिसमें वलयों पर वलय, अंचलों पर अंचल, सभी ईश्वर की प्रभा से ओतप्रोत लग रहे थे।

एक घंटे बाद मैं खुशी-खुशी कोलकाता की गाड़ी में बैठ गया। मेरी यात्राओं का अन्त हो गया—उत्तुंग पर्वतों में नहीं बल्कि अपने गुरु के हिमालय सदृश व्यक्तित्व के चरणों में।

प्रकरण—14

दिव्य चेतना में एक अनुभव

"मैं आ गया हूँ, गुरुजी!" मेरा लज्जित चेहरा मेरे मनोभावों को अधिक स्पष्टता से व्यक्त कर रहा था।

"चलो रसोईघर में चलकर खाने के लिए कुछ देखते हैं।" श्रीयुक्तेश्वरजी का बर्ताव इतना सहज था मानों हम कुछ दिनों के लिए नहीं बल्कि कुछ घंटों के लिए ही अलग रहे हों।

"गुरुदेव! मेरे द्वारा आश्रम के कर्तव्यों को अचानक छोड़ कर चले जाने से आपको अवश्य निराशा हुई होगी। मुझे तो लगा था आप मुझ पर क्रोधित होंगे!"

"नहीं, बिलकुल नहीं! क्रोध केवल इच्छा के अवरोध से उत्पन्न होता है। मैं कभी दूसरों से कोई अपेक्षा नहीं रखता, इसलिए उनका कोई भी कार्य मेरी इच्छाओं के विपरीत नहीं हो सकता। मैं अपने किसी स्वार्थ के लिए तुम्हारा उपयोग कभी नहीं करता; मैं तो केवल तुम्हारे सच्चे सुख में ही खुश हूँ।"

"गुरुदेव! दिव्य प्रेम के बारे में मैंने केवल सुना ही था और कुछ धुँधली-सी कल्पना कर सकता था, परन्तु आज आपके देवतास्वरूप उदाहरण में मैं उसका प्रत्यक्ष दर्शन कर रहा हूँ। संसार में तो अपना पुत्र भी यदि पिता को पूर्वसूचना दिये बिना उसका काम छोड़कर चला जाता है तो पिता उसे आसानी से क्षमा नहीं करता। परन्तु आप में क्रोध तो क्या, ज़रा-सी नाराज़गी का भी लवलेश मात्र नहीं है, जब कि मेरे कई काम अधूरे छोड़ जाने से आपको भारी असुविधा हुई होगी।"

हम दोनों ने एक-दूसरे की आँखों में देखा। दोनों के ही नेत्रों में अश्रु भर आये थे। आनन्द की एक लहर ने मुझे निमग्न कर दिया; मुझे यह बोध हो रहा था कि मेरे गुरु के रूप में साक्षात् भगवान मेरे हृदय के प्रेम की सीमित उत्कण्ठाओं को विराट प्रेम में विस्तारित कर रहे थे।

कुछ दिन बीत जाने के बाद एक दिन सुबह में गुरुदेव के खाली बैठक-कक्ष में गया। वहाँ ध्यान करने का मेरा विचार था, परन्तु मेरा अवज्ञाकारी मन इस प्रशंसनीय उद्देश्य में सहयोग देने के लिए तैयार नहीं था। विचार ऐसे बिखर रहे थे जैसे किसी शिकारी के आते ही पक्षी बिखर जाते हैं।

"मुकुन्द!" दूर की एक बाल्कनी से श्रीयुक्तेश्वरजी की आवाज़ आयी।

मेरे विचार जितने विद्रोही थे उतना ही विद्रोही अब मैं भी बन गया। "गुरुदेव सदा मुझे ध्यान करने को कहते हैं," मैं अपने आप से बड़बड़ाया। "उन्हें मालूम है कि मैं यहाँ किसलिए आया हूँ। अब उन्हें मेरे प्रयास में बाधा नहीं डालनी चाहिए।"

उन्होंने फिर मुझे बुलाया; मैं चुप ही बैठा रहा। तीसरी बार जब उन्होंने फिर पुकारा तो उनके स्वर में कठोरता आ गई थी।

"मैं ध्यान कर रहा हूँ, गुरुजी," मैं विरोध में चिल्लाया।

"मैं जानता हूँ तुम कैसा ध्यान कर रहे हो," मेरे गुरु ने उधर से कहा, "आँधी में उड़ रहे पत्तों के समान मन से! यहाँ मेरे पास आओ।"

प्रयत्न में विफल रहने और भेद खुल जाने पर मैं खिन्न मन से चुपचाप उनके पास जाकर खड़ा हो गया।

"नादान बच्चे! तुम्हें जो चाहिये वह पर्वत तुम्हें नहीं दे सके।" गुरुदेव स्नेह भरे, सांत्वना देते स्वर में बोल रहे थे। उनकी शान्त दृष्टि अथाह बन गई थी। "तुम्हारे हृदय की लालसा अवश्य पूरी होगी।"

श्रीयुक्तेश्वरजी कदाचित् ही कभी गूढ़ भाषा में बोलते थे; मैं असमंजस में पड़ गया। उन्होंने धीरे-से मेरी छाती पर हृदय के ऊपर थपथपाया।

मेरा शरीर निश्चल होकर ज़मीन से चिपक गया; श्वास तेज़ी से फेफड़ों से बाहर खिंच गया, मानो किसी महाकाय चुम्बक ने उसे खींच लिया हो। आत्मा और मन तत्क्षण शरीर के बन्धन से मुक्त हो गए और किसी प्रवाहमान तीक्ष्ण तेज के समान मेरे शरीर के रोम-रोम से बाहर बहने लगे स्थूल शरीर मृतवत् हो गया; फिर भी अपने तीव्र बोध में मुझे यह भान हो रहा था कि मैं पहले कभी भी पूर्ण रूप से जीवित नहीं था। अपने अस्तित्व का मेरा बोध अब संकुचित

रूप से केवल मेरे शरीर तक ही सीमित नहीं था बल्कि मेरे चारों ओर व्याप्त अणु-परमाणुओं में फैल गया था। दूर सड़कों पर चल रहे लोग मेरी अपनी ही सुदूर स्थित परिधि पर चलते प्रतीत हो रहे थे। भूमि की धुँधली पारदर्शिता में पेड़-पौधों की जड़ें दिखाई दे रही थीं, उनके अन्दर चल रहे रस प्रवाह का भी मैं स्पष्ट अवलोकन कर रहा था।

आस-पास का पूरा क्षेत्र मेरे सामने अनावृत्त हो गया था। केवल सामने ही देख पाने वाली मेरी साधारण दृष्टि अब चतुर्दिग्दर्शी विशाल मंडलाकार दृष्टि में परिवर्तित हो गई थी जो सर्वदर्शी भी थी। अपने मस्तक के पीछे से मैं रायघाट लेन में दूर चलते-फिरते लोगों को देख रहा था, और एक श्वेत गाय को भी मैंने वहाँ देखा जो धीरे-धीरे आश्रम की ओर आ रही थी। जब वह आश्रम के खुले द्वार पर पहुँच गई तो मैंने उसे ऐसे देखा मानो अपनी दो स्थूल आँखों से देखा हो। जब वह आश्रम के अहाते की दीवार के पीछे चली गई तब भी मैं उसे स्पष्ट देख रहा था।

मेरी विशालदर्शी दृष्टि में दिखने वाली सारी वस्तुएँ तेज़ चलने वाले चलचित्रों की भाँति कंपित और स्पन्दित थीं। मेरा शरीर, गुरुदेव का शरीर, चारों ओर से खम्भों से घिरा आश्रम का चौक, फर्नीचर और फ़र्श, पेड़-पौधे और धूप यदा-कदा उग्रता से स्पन्दित होते, जब तक कि सब कुछ प्रकाश-सागर में विलीन नहीं हो गया; ठीक जैसे पानी भरे गिलास में चीनी डालने के बाद उसे हिलाने से वह पानी में घुल जाती है। सब कुछ अपने में विलीन कर लेने वाला यह प्रकाश बीच-बीच में आकार धारण कर लेता था, फिर वह आकार उसी प्रकाश में विलीन हो जाता था। प्रकाश और स्थूल आकार पर्यायक्रम में एक-दूसरे में रूपान्तरित होकर सृष्टि के कार्य-कारण सिद्धान्त को स्पष्ट कर रहे थे।

मेरी आत्मा के शान्त अनंत तट पर सागर के समान आनन्द उमड़ पड़ा। मैंने अनुभव किया कि ईश्वर का स्वरूप अक्षय आनन्द है; उसका शरीर प्रकाश के असंख्य तंतु हैं। मेरे अन्दर उमड़ती दिव्य ज्योति ने विस्तृत होते-होते नगरों, महाद्वीपों, पृथ्वी, सूर्यमंडल, तारामंडल, निहारिका-पुंज और अंतरिक्ष में प्रवर्तमान ब्रह्मांडों को अपने में समा लिया। रात में दूर से दिखाई पड़ने वाले प्रकाशमय शहर की भाँति समस्त ब्रह्माण्ड मेरे अस्तित्व की अनन्तता में जगमगा रहा था। ब्रह्माण्ड की स्पष्ट रेखांकित परिधि के परे चमकने वाला तीव्र प्रकाश उसके दूरतम किनारों तक पहुँचते-पहुँचते किंचित क्षीण-सा होता जा रहा था; वहाँ मुझे एक स्निग्ध, मृदु तेज

दिखाई दे रहा था जिसमें कभी किसी प्रकार की कोई क्षीणता नहीं आ रही थी। वह तेज अवर्णनीय रूप से सूक्ष्म था, नक्षत्र-पुंजों के आकार अपेक्षाकृत स्थूल प्रकाश से बने हुए थे।

एक शाश्वत उद्गम-स्रोत से दिव्य किरणों का प्रसार हो रहा था और वे अवर्णनीय प्रभामंडल से देदीप्यमान आकाश-गंगाओं में रूपान्तरित हो रही थीं। बार-बार मैंने सृजनात्मक किरणों को नक्षत्रों में और फिर विस्तृत पारदर्शक ज्वालाओं में रूपान्तरित होते देखा। लयबद्ध प्रत्यावर्तन के द्वारा करोड़ों-करोड़ों विश्व का पारदर्शक तेज में विलय हो गए और फिर वह तेज़ महाव्योम बन गया।

मुझे यह ज्ञान हुआ कि इस समस्त तेजोब्रह्माण्ड का केन्द्र मेरे हृदय में स्थित अंतर्ज्ञानानुभूति का बिन्दु है। एक प्रकाशकारी ज्योति मेरी नाभि से समस्त ब्रह्माण्ड के प्रत्येक भाग को प्रसारित हो रही थी। परमानन्दमय अमृत मेरे अस्तित्व के कण-कण के पारे के प्रवाह की भाँति व्याप्त हो रहा था। ईश्वर की सृजनात्मक ध्वनि को, ब्रह्माण्ड के प्रेरक यंत्र की ध्वनि को मैं ओम् की झंकार में प्रतिध्वनित होते सुन रहा था।

अचानक श्वास मेरे फेफड़ों में लौट आया। लगभग असह्य निराशा के साथ मैं जान गया कि मेरी विराट असीमता लुप्त हो गई थी। फिर एक बार मैं अपमानास्पद देह-पिंजड़े में आबद्ध हो गया था जिसमें ब्रह्म को आसानी से कोई स्थान नहीं मिल सकता। घर से भागे बालक की भाँति मैं अपने विराट तेजोधाम से भाग आया था और अपने आपको मैंने एक संकीर्ण पार्थिव देह के क्षुद्र पिंजड़े में कैद कर लिया था।

मेरे गुरु मेरे सामने निश्चल खड़े थे। लम्बे समय से मुझे जिस ब्रह्म चैतन्य के अनुभव की उत्कट लालसा थी वह अनुभव उन्होंने मुझे करा दिया था। उनके प्रति कृतज्ञता व्यक्त करने के लिए जैसे ही मैं उनके सामने साष्टांग दण्डवत करने लगा तो रोककर उन्होंने मुझे सीधा खड़ा कर दिया और शान्तभाव से बोले,

"तुम्हें परमानन्द में डूबे नहीं रहना है। तुम्हारे लिए अभी जगत् में बहुत-सा काम करना बाकी है। आओ, बरामदे में पहले झाड़ू लगाते हैं और फिर गंगा के किनारे-किनारे घूमने जाएंगे।"

मैं एक झाड़ू लाया। मैं जानता था कि गुरुदेव मुझे संतुलित जीवन की शिक्षा दे रहे थे। शरीर के अपने दैनिक कर्तव्यों का निर्वाह करते हुए आत्मा को विश्वोत्पत्ति के रहस्यों को अपने में समाते हुए विस्तारित होते रहना चाहिए।

बाद में जब श्रीयुक्तेश्वरजी और मैं घूमने निकले तब भी मैं अनिर्वचनीय आनन्द में विभोर था। मैं दोनों के शरीरों को प्राणशक्ति से बने चित्रों के रूप में देख रहा था जो प्रकाश से बनी एक नदी के किनारे-किनारे प्रकाश के ही बने एक रास्ते पर चल रहे थे।

"वह ईश्वर का चैतन्य ही है जो सृष्टि में विद्यमान प्रत्येक रूप-आकार और प्रत्येक शक्ति का पोषण करता है और उसे आधार देता है; फिर भी वह स्वयं स्पन्दनशील प्रतिभासिक सृष्टि से परे परमानन्दमय असृष्ट महाशून्य में इन सबसे पृथक, अलिप्त रहता है," गुरुदेव समझा रहे थे। "जो लोग इस भूलोक में आत्म-साक्षात्कार प्राप्त कर लेते हैं वे भी इसी प्रकार का द्विविध जीवन जीते हैं। विवेक और निष्ठा के साथ जगत् में अपना कार्य करते हुए भी वे अपने आंतरिक परमानन्द में निमग्न रहते हैं।

"ईश्वर ने अपने अस्तित्व के असीम आनन्द से ही सब मनुष्यों की सृष्टि की है। यद्यपि वे शरीर में कष्टप्रद रूप से आबद्ध हैं, फिर भी ईश्वर यह अपेक्षा करता है कि उसकी प्रतिमूर्ति स्वरूप बने मानव इन्द्रियबोध से उत्पन्न सीमित व्यक्तित्व से ऊपर उठ कर उसके साथ पुनः एकात्म स्थापित कर लें।"

इस विश्व-रूप दर्शन से मुझे कई स्थायी शिक्षाएँ मिलीं। प्रतिदिन अपनी चित्तवृत्तियों का निरोध कर मैं इस भ्रमात्मक धारणा से मुक्त हो सकता था कि मेरा शरीर भूमि पर चलने-फिरने वाला एक हाड़-मांस का पिण्ड मात्र है। मैंने देखा कि श्वास और चंचल मन ऐसे तूफानों के समान हैं जो प्रकाश-सागर को आलोड़ित कर उसमें पृथ्वी, आकाश, मानव, प्राणी, पक्षी, वृक्ष आदि भौतिक आकारों की लहरें उत्पन्न करते हैं। इन तूफानों को शान्त किये बिना उस अनन्त परमतत्त्व की एकमात्र अखण्ड प्रकाश के रूप में अनुभूति नहीं की जा सकती।

जब-जब मैंने इन दो प्राकृतिक तूफानों को शान्त किया, तब-तब मैंने सृष्टि की असंख्य उत्ताल तरंगों को उस प्रकाश-सागर में ठीक उसी प्रकार विलीन होते देखा, जिस प्रकार समुद्र की लहरें तूफान के थम जाने के बाद शान्त होकर विलीन हो जाती हैं।

गुरु तभी विश्व-चैतन्य का यह अनुभव अपने शिष्य को प्रदान करता है, जब उसने ध्यान-धारणा द्वारा अपने मन को सुदृढ़ बना लिया हो कि वह इन विराट दृश्यों को देखकर घबरा न जाए। केवल बौद्धिक इच्छा या खुले दिमाग का होना इसके लिए पर्याप्त नहीं है। योग-साधना और भक्ति द्वारा चेतना की समुचित रूप

से उन्नति द्वारा ही साधक सर्वव्यापकता के मुक्तिदायी आघात को सहन करने के योग्य बनता है।

सच्चे भक्त को यह दिव्य अनुभव अवश्य होता है। उसकी अत्यंत तीव्र लालसा ईश्वर को इस प्रकार खींचने लगती है कि ईश्वर उसका प्रतिकार नहीं कर सकता। उस चुंबकीय उत्कंठा से सृष्टिपति विराट दर्शन के रूप में साधक की चेतना की सीमा में खिंच आते हैं।

कई वर्षों बाद मैंने ''समाधि'' नाम से निम्नलिखित कविता लिखी जिसमें मैंने समाधि की महिमा की एक झाँकी प्रस्तुत करने का प्रयास किया थाः

अदृश्य हो गए प्रकाश और छाया के पर्दे सारे,
दुःख का लवलेश भी कहीं नहीं रहा,
मिट गए क्षणभंगुर सुखों के बोध सारे,
नष्ट हो गई इन्द्रियों की धुँधली मृग मरीचिका।
प्रेम, घृणा, स्वास्थ्य, रोग, जन्म, मृत्युः
द्वैत के पर्दे पर खेलती ये सारी मिथ्या परछाइयाँ लुप्त हो गईं।
माया का तूफान थम गया
गहन अंतर्ज्ञान की जादुई छड़ी से।
वर्तमान, भूत, भविष्य, कुछ भी नहीं रहा अब मेरे लिये,
अब तो केवल मैं ही हूँ सदा-सर्वदा फैलता सबमें, सब ओर।
ग्रह, तारे, निहारिकापुंज, पृथ्वी,
महाप्रलय के ज्वालामुखियों के विस्फोट,
सृष्टि की ढलाई की धधकती भट्ठी,
नीरव क्ष-किरणों के हिमनद, ज्वलन्त विद्युत अणुओं की बाढ़,
अतीत में हुए, वर्तमान में जी रहे, भविष्य में होने वाले सब मनुष्यों के विचार,
घास तक का प्रत्येक पत्ता, मैं स्वयं, समस्त मानवजाति,
सृष्टि का प्रत्येक कण,
काम, क्रोध, लोभ, अच्छा, बुरा, मोक्ष, मुक्ति,
इन सब को मैंने निगल लिया
और ये सब मेरे एकमात्र विराट अस्तित्व के रुधिर का महासागर बन गए।
भीतर ही भीतर सुलगते आनन्द ने, जो ध्यान में प्रायः सुलग उठता,

मेरे अश्रुपूर्ण नेत्रों को रुद्ध कर दिया,
और भड़क उठा परमानन्द के शोलों के रूप में,
और स्वाहा कर लिया मेरे अश्रुओं को, मेरे शरीर को, मेरे सम्पूर्ण अस्तित्व को।
ब्रह्म मुझमें समा गया, मैं ब्रह्म में समा गया,
ज्ञान, ज्ञाता, ज्ञेय सब एक हो गए!
शांत, अखंड रोमांच, सदा के लिए जीती-जागती नित्य नवीन शांति।
समस्त आशा और कल्पनाओं से परे आनन्द देने वाला समाधि का परमानन्द!
नहीं यह कोई अचेत अवस्था
या मानसिक बेहोशी जिसमें से स्वेच्छा से लौटा न जा सके,
बल्कि समाधि तो मेरी चेतना के विस्तार को
मर्त्य देह की सीमाओं से परे ले जाती है
अनंतता की दूरतम परिधि तक
जहाँ ब्रह्मसागर बना मैं
अपने छोटे-से अहं रूप की अपने में ही तैरता देखता हूँ।
अणुओं की सरसराहट सुनाई देती है,
निस्तेज पृथ्वी, पहाड़-पर्वत, घाटियाँ,
पल भर में सब गल कर तरल बन गए!
सागर-प्रवाह निहारिकाओं की धुन्ध में बदल गए!
इस धुन्ध पर प्रणव की फुंकार आयी,
और उसने उस धुन्ध के तुषारों पर छाये पर्दे उठा दिये,
ज्योतिर्मय अणु-परमाणुओं के सागर-महासागर दृष्टि के सामने अनावृत हो गए,
जब तक ओम् के ब्रह्मनाद से सब स्थूल तर आलोक
आख़िर सर्वव्याप्त परमानन्द की शाश्वत किरणों में विलीन न हो गए।
आनन्द से मैं आया था, आनन्द के लिए मैं जीता हूँ,
पवित्र आनन्द में मैं विलीन हो जाता हूँ।
मन का सागर बना मैं सृष्टि की सारी तरंगों को पीता हूँ।
उठ गए चार पर्दे जड़, तरल, वायु एवं प्रकाश के।
कण-कण में विद्यमान मैं अपने विराट स्वरूप में विलीन होता हूँ!
चली गई सदा के लिए मर्त्य स्मृति की अस्थिर, फरफराती परछाइयाँ;
निरभ्र है मेरे मन का आकाश अब—नीचे, ऊपर, आगे-पीछे;

अनंतता और मैं एकरूप बनी एक ही किरण हैं अब।
हँसी का एक नन्हा-सा बुलबुला मैं;
अब बन गया हूँ सागर हर्षोल्लास का स्वयं।

श्रीयुक्तेश्वरजी ने मुझे यह दिव्य आनन्दपूर्ण अनुभव अपनी इच्छानुसार जब चाहे प्राप्त करने का और जिनकी अंतर्ज्ञान प्रणाली पर्याप्त रूप से विकसित हो गई, ऐसे लोगों को भी इसे प्रदान करने का तरीका सिखाया।

इस प्रथम अनुभव के बाद कई महीनों तक मैं इस परमानन्दमय एकात्मता की अवस्था में तल्लीन रहा और प्रतिदिन यह बात मेरी समझ में आती रही कि उपनिषदों में ईश्वर को रस स्वरूप—'रसौ वै सः'' क्यों कहा गया है। परन्तु एक दिन सुबह मैं एक समस्या लेकर गुरुदेव के पास गया।

"मैं जानना चाहता हूँ, गुरुदेव! मुझे ईश्वर-प्राप्ति कब होगी?"

"तुम्हें ईश्वर-प्राप्ति हो चुकी है।"

"जी नहीं, गुरुदेव! मुझे तो ऐसा नहीं लगता!"

मेरे गुरु मुस्करा रहे थे। "मुझे विश्वास है कि तुम सृष्टि के किसी जीवाणुरहित साफ सुथरे कोने में सिंहासन पर विराजमान किसी पूजनीय व्यक्ति को ईश्वर नहीं मान रहे हो! तथापि मैं यह भी देख रहा हूँ कि तुम्हारी ऐसी कल्पना है कि चमत्कारी शक्तियों का किसी के पास होना ही इस बात का प्रमाण है कि उसने ईश्वर को प्राप्त कर लिया है। नहीं, ऐसा नहीं है। किसी को पूरे ब्रह्माण्ड को नियन्त्रित करने की शक्ति मिल सकती है परन्तु फिर भी ईश्वर उसकी पहुँच से दूर रह सकता है। आध्यात्मिक उन्नति को बाह्य शक्तियों के प्रदर्शन से नहीं मापा जा सकता, बल्कि उसका मापदण्ड केवल यह है कि ध्यान में वह आनन्द की कितनी गहराई में उतरता है।

"नित्यनवीन आनन्द ही ईश्वर है। वह अक्षय है; वर्षों पर वर्ष जैसे-जैसे तुम ध्यान करते जाओ, वैसे-वैसे वह अनन्त युक्तियों से तुम्हें मोहित करता ही रहेगा। तुम्हारे जैसे भक्त, जिन्हें ईश्वर का मार्ग मिल जाता है, स्वप्न में भी कभी ईश्वर के स्थान पर दूसरे किसी सुख की प्राप्ति की कल्पना नहीं कर सकते। ईश्वर तुलना या प्रतिस्पर्धा से भी परे बेजोड़ विमोहक है।

"इहलौकिक सुखों से हम कितनी जल्दी ऊब जाते हैं! भौतिक सुखों की कामनाओं का अन्त नहीं है। मनुष्य कभी पूर्ण तृप्त नहीं होता और एक के बाद

दूसरे लक्ष्य के पीछे दौड़ता ही रहता है। सुख के लिए वह जिस 'कुछ और' की खोज करता रहता है वह 'कुछ और' ईश्वर ही है और केवल वही शाश्वत आनन्द प्रदान कर सकता है।

''बाह्य इच्छाएँ हमें अभ्यन्तर के 'स्वर्ग' से बाहर खींच लाती हैं; वे मिथ्या आनन्द देती हैं जो आत्मिक आनन्द का छद्म आभास मात्र है। खोया हुआ आन्तरिक स्वर्ग दिव्य ध्यान के द्वारा शीघ्र ही पुनः प्राप्त किया जा सकता है। ईश्वर अकल्पित नित्य-नूतनता है, अतः हम कभी उससे ऊब नहीं सकते। जो परमानन्द अनन्त काल तक सदा के लिए आह्लादक विविधताओं से भरा हो उससे क्या कभी किसी का मन भर सकता है?''

''अब मेरी समझ में आया गुरुदेव, कि सन्तों ने ईश्वर को अगाध क्यों कहा है। अमर जीवन भी ईश्वर को समझने के लिए पर्याप्त नहीं है।''

''यह सच है, किन्तु वह निकटसम्बन्धी और प्रियजन भी है। जब क्रियायोग द्वारा मन इन्द्रियजन्य विकारों से रहित हो जाता है, तब ध्यान ईश्वर का दुहरा प्रमाण प्रस्तुत कर देता है। नित्य-नवीन आनन्द उसके अस्तित्व का प्रमाण है, जो हमारे प्रत्येक अणु को भी उसकी प्रतीति करा देता है। और ध्यान में हमारी प्रत्येक समस्या के लिए ईश्वर का तत्क्षण मार्गदर्शन उसका समुचित प्रत्युत्तर भी मिलता है।''

''गुरुजी! आपने मेरी समस्या का निराकरण कर दिया।'' मैं कृतज्ञतापूर्वक मुस्कराया। ''अब मैं यह जान गया हूँ कि मैंने ईश्वर को पा लिया है, क्योंकि जब कभी कार्यशीलता के बीच ध्यान का आनन्द मेरे सुप्त मन में लौट आता है, तब प्रत्येक कार्य में—यहाँ तक कि उससे सम्बन्धित छोटी से छोटी बात में भी, सही दिशा अपनाने का सूक्ष्म मार्गदर्शन मुझे मिलता रहता है।''

''ईश्वर की इच्छा का ज्ञान कैसे किया जाता है यह जब तक हमें पता नहीं चलता, तब तक मानव-जीवन दुःखों से ग्रस्त रहता है। उसकी इच्छा की 'सही दिशा' भी प्रायः अहंमन्य बुद्धि के लिए चकरा देने वाली होती है,'' गुरुदेव ने कहा।

''केवल ईश्वर ही अचूक मार्गदर्शन देता है; आख़िर वह नहीं तो और कौन सृष्टि का भार वहन कर रहा है?''

प्रकरण—15

फूलगोभी की चोरी

"गुरुदेव! आपके लिए भेंट! इन छह बड़ी-बड़ी फूलगोभियों को मैने अपने हाथों से लगाया था और इनकी देखभाल उसी ममता के साथ की थी जैसे कोई माँ अपने बच्चे की देखभाल करती है।" इतना कहकर मैंने बड़ी भाव-भंगिमा के साथ गोभियों की टोकरी प्रस्तुत की।

"शाबाश!" श्रीयुक्तेश्वरजी ने सस्नेह मुस्करा कर अपनी स्वीकृति प्रकट की। "अभी इन्हें अपने कमरे में ही रखो; कल एक विशेष भोज में ये काम आ जाएंगी।"

कॉलेज की गर्मियों की छुट्टियाँ अपने गुरु के साथ उनके समुद्र-तट पर स्थित पुरी आश्रम में बिताने के लिए मैं अभी-अभी पुरी पहुँचा था। गुरुदेव और उनके शिष्यों द्वारा निर्मित इस दोमंज़िलें छोटे-से सुन्दर आश्रम के सामने ही बंगाल की खाड़ी है।

खारी समुद्री हवा के झोंको से और आश्रम के शान्त वातावरण से तरोताज़ा होकर दूसरे दिन प्रातःकाल तड़के ही मैं जाग गया। गुरुदेव अपने कर्णमधुर स्वर में मुझे पुकार रहे थे। मैंने अपनी प्रिय फूलगोभियों पर एक दुलारभरी दृष्टि डाली और उन्हें हिफाज़त से अपनी खटिया के नीचे रख दिया।

"आओ, समुद्र-तट पर चलें।" गुरुदेव आगे-आगे चलने लगे कई बालक शिष्य और मैं उनके पीछे फैले हुए झुण्ड में चलने लगे। गुरुदेव ने सौम्य आलोचना से भरी दृष्टि हम पर दौड़ायी।

"जब हमारे पाश्चात्य बंधुजन चलते हैं, तब सामान्यतया उन्हें तालबद्ध ढंग से चलना अभिमानास्पद लगता है। अब कृपया दो पंक्तियों में एक-दूसरे के साथ पग मिलाकर चलो।" जब इस आज्ञा का पालन करते हुए हम चलने लगे तो श्रीयुक्तेश्वरजी की दृष्टि हम पर जमी रही। उन्होंने गाना शुरू कर दिया: "लड़के चलते जाते हैं, पंक्ति में भाते हैं।" चुस्ती और फुर्ती से चलते अपने बालक शिष्यों के साथ जिस आसानी से पग मिलाकर श्रीयुक्तेश्वरजी चल रहे थे, उसे देखकर मैं विस्मित हुए बिना नहीं रह सका।

"ठहरो!" मेरे गुरु ने मेरी आँखों में आँखें गड़ा दीं। "तुमने याद से आश्रम के पिछवाड़े के दरवाज़े में ताला लगाया था?"

"जहाँ तक मुझे लगता है, लगाया था गुरुजी!"

होठों पर दबी मुस्कुराहट लिये श्रीयुक्तेश्वरजी चन्द मिनटों के लिए चुपचाप खड़े रहे। "नहीं, तुम भूल गए," आख़िर वे बोले। "ईश-चिंतन को सांसारिक लापरवाही का बहाना नहीं बनाया जा सकता। तुमने आश्रम की सुरक्षा के अपने कर्तव्य की अवहेलना की है। तुम्हें सज़ा मिलनी ही चाहिए।"

जब उन्होंने आगे कहा कि "तुम्हारी छह फूलगोभियाँ शीघ्र ही पाँच बन जाएंगी," तो मुझे लगा वे कोई गूढ़ मज़ाक कर रहे हैं।

गुरुदेव का आदेश पाकर हम लोग वापस मुड़े और उसी प्रकार पंक्तिबद्ध चलते हुए आश्रम की ओर चल दिये। जब आश्रम के पास पहुँचे तो गुरुदेव ने कहा:

"यहाँ थोड़ी देर ठहरो। मुकुन्द! अपनी बायीं तरफ अहाते के उस पार की सड़क को देखते रहो। अभी वहाँ एक आदमी पहुँचेगा। वही तुम्हारी सज़ा का माध्यम बनेगा।"

इन अगम्य शब्दों पर मन में उत्पन्न हुई परेशानी को मैंने मन में ही दबा लिया। सड़क पर शीघ्र ही एक किसान दिखाई पड़ा; अपने हाथ इधर-उधर उछालकर निरर्थक अंगविक्षेप करता हुआ वह हास्यास्पद ढंग से नाच रहा था। कौतूहल से लगभग जड़-सा बना मैं उस हास्यप्रद दृश्य को एकटक देखता रहा। जैसे ही वह आदमी सड़क पर ऐसे स्थान पर पहुँचा जहाँ से वह हमारी दृष्टि से ओझल हो जाता, श्रीयुक्तेश्वरजी ने कहा, "अब वह लौटकर वापस आएगा।"

उस किसान ने तुरन्त अपनी दिशा बदल दी और आश्रम के पिछवाड़े की ओर चल पड़ा। रेत के एक मैदान को पार कर वह पीछे के दरवाज़े से आश्रम में घुस गया। जैसा कि मेरे गुरु ने कहा था, मैंने दरवाज़े में ताला नहीं लगाया था।

शीघ्र ही वह आदमी मुझे बहुमूल्य लगने वाली मेरी एक गोभी हाथ में लिए बाहर आ गया। अब वह सम्पत्ति की महिमा से पूर्ण होकर सम्भ्रान्त ढंग से चलने लगा।

इस हास्य-नाटिका का घटनाक्रम, जिसमें मेरी भूमिका एक लूटे जा रहे किंकर्तव्यविमूढ़ व्यक्ति की-सी प्रतीत हो रही थी, इतना हतबुद्धि कर देनेवाला भी नहीं था कि मैं ताव में आकर चोर का पीछा करना भूल जाऊँ। सड़क की ओर आधी दूर ही मैं पहुँचा था कि गुरुदेव ने मुझे वापस बुला लिया। हँसी के मारे सिर से पाँव तक उनका सारा शरीर हिल रहा था।

बार-बार उमड़ पड़ती हँसी के ठहाकों के बीच उन्होंने बताया: "उस बेचारे पगले को एक फूलगोभी चाहिए थी। मैंने सोचा उसे तुम्हारी असुरक्षित छोड़ दी गई गोभियों में से एक मिल जाए तो अच्छा ही होगा!"

मैं दौड़कर अपने कमरे में पहुँचा। वहाँ मैंने देखा कि उस चोर ने, जो स्पष्टतः केवल सब्ज़ीचोर ही प्रतीत हो रहा था, कंबल पर खुले आम पड़ी मेरी सोने की अँगुठियों, घड़ी और पैसे को छुआ तक नहीं था। इस के बदले वह रेंगकर खटिया के नीचे घुस गया था जहाँ बाहर से बिलकुल भी दिखाई न देने वाली गोभियों की वह टोकरी थी जिसमें उसे अपनी एकमात्र मनोवांछित वस्तु मिल गई।

उस दिन शाम को मैंने इस घटना को समझाने का अनुरोध श्रीयुक्तेश्वरजी से किया (मुझे लग रहा था कि इस घटना में कुछ सामान्य स्तर पर समझ में न आने वाली बातें थीं)।

मेरे गुरु ने धीरे-धीरे सिर हिलाया। "किसी दिन यह बात तुम्हारी समझ में आ जाएगी। विज्ञान शीघ्र ही इन गुप्त नियमों में से अनेकों को खोज निकालेगा।"

कुछ वर्षों बाद जब रेडियो की चमत्कारपूर्ण ध्वनि विस्मयचकित विश्व में गूँजने लगी तो मुझे गुरुदेव की भविष्यवाणी स्मरण हो आयी। काल और देश की युगों पुरानी कल्पना का उन्मूलन हो गया; किसी का घर इतना छोटा नहीं रहा कि उसमें लन्दन या कोलकाता प्रविष्ट न हो सके! मानव की सर्वव्यापकता के एक पहलू के निर्विवाद प्रमाण के आगे मन्दतम बुद्धि भी विस्तारित हो गई।

फूलगोभी हास्य-नाटिका के "कथानक" को रेडियो की सादृश्यता से सर्वोत्तम ढंग से समझा जा सकता है। मेरे गुरु एक सर्वांगपूर्ण मानव-रेडियो थे। विचार और कुछ न होकर केवल आकाश (Ether) में संचरण करने वाले सूक्ष्म स्पन्दन हैं। जिस प्रकार उचित स्वर-समंजन करते ही (स्टेशन मिलाते ही) हर दिशा से आनेवाले हज़ारों अन्य कार्यक्रमों में से आपको जो गाना सुनना है वही

गाना रेडियो पकड़ लेता है, उसी प्रकार विचारों को प्रसारित करने वाले विश्व के मानव-मनों के असंख्य विचारों में से एक अचूक प्रसंगोचित विचार (फूलगोभी के लिए लालायित उस अर्द्धविक्षिप्त मनुष्य के विचार) के प्रति श्रीयुक्तेश्वरजी उस समय अत्यंत संवेदनशील रूप से ग्रहणशील हो गए थे। समुद्र तट की ओर चलते समय जैसे ही गुरुदेव ने उस किसान की साधारण लालसा के विचार को पकड़ा वैसे ही शिष्यों को दृष्टिगोचर होने के पहले ही सड़क पर नाचते आ रहे उस आदमी को देख लिया था। आश्रम के दरवाज़े में ताला लगाने की मेरी भूल से गुरुदेव को मुझे अपनी प्रिय गोभियों में से एक से वंचित कर देने का सहज बहाना मिल गया था।

इस प्रकार एक ग्राही यंत्र का काम करने के बाद श्रीयुक्तेश्वरजी ने अपनी अत्यंत शक्तिशाली इच्छाशक्ति को प्रयुक्त कर एक प्रसारण-यंत्र का काम किया। उस भूमिका में उन्होंने उस मनुष्य को अपनी दिशा बदलने और केवल एक फूलगोभी के लिए एक निश्चित कमरे में जाने का सफलतापूर्वक निर्देश दिया।

अंतर्ज्ञान आत्मा का मार्गदर्शन है, जो मनुष्य के मन में तब स्वाभाविक रूप से प्रकट होता है जब वह शांत होता है। लगभग हर व्यक्ति को कभी न कभी सच्चा "पूर्व संकेत" मिलने का अनुभव है, जिसका कोई स्पष्टीकरण नहीं होता या कभी न कभी लगभग हर व्यक्ति ने किसी दूसरे व्यक्ति को अपने विचार ऐसे के ऐसे सम्प्रेषित किये हैं।

चंचलता और अशान्ति की "खरखराहट" से मुक्त हुआ मानव मन जटिल रेडियो यन्त्रावलि के समस्त कार्य करने में समर्थ हो जाता है, जिसमें वह विचारों को भेज भी सकता है और ग्रहण भी कर सकता है तथा अवांछनीय विचारों को अन्दर आने से रोक भी सकता है। जिस प्रकार किसी रेडियो-प्रसारण केन्द्र की शक्ति वह कितनी विद्युत शक्ति को काम में ला सकता है उस पर निर्भर करती है, उसी प्रकार मनुष्यरूपी रेडियो की परिणामकारिता हर व्यक्ति में विद्यमान इच्छाशक्ति पर निर्भर करती है।

सभी विचार हमेशा के लिए ब्रह्माण्ड में स्पन्दित होते रहते हैं। गहन एकाग्रता के द्वारा सिद्ध पुरुष किसी भी मनुष्य के विचारों को जान सकता है, चाहे वह मनुष्य जीवित हो या मृत। विचार किसी व्यक्ति में नहीं बल्कि सृष्टि में अवस्थित हैं; किसी सत्य का सृजन नहीं किया जा सकता, केवल उसे जाना जा सकता है। मनुष्य के गलत विचार उसके विवेक की छोटी-बड़ी त्रुटि के परिणाम हैं। योग-विज्ञान का

लक्ष्य मन को शान्त करता है, ताकि विकार रहित होकर वह अंतर्वासी परमात्मा की अमोघ मन्त्रणा सुन सके।

रेडियो और टेलीविजन के कारण लक्ष-लक्ष लोग घर बैठे ही सुदूर स्थित लोगों की आवाज़ तत्क्षण सुन सकते हैं और उन्हें देख भी सकते हैं, जो इस बात का प्रथम अस्फुट-सा वैज्ञानिक संकेत है कि मनुष्य सर्वत्र व्याप्त आत्मा है। यद्यपि अहंकार बर्बरतम तरीकों से उसे अपना दास बनाये रखने का यत्न करता है, तथापि मनुष्य किसी स्थान में आबद्ध शरीर नहीं बल्कि तत्त्वरूप से सर्वव्यापी आत्मा है।

> शरीर-विज्ञान में नोबेल पुरस्कार प्राप्त चार्ल्स राबर्ट रिशेट ने कहा हैः ''अत्यन्त विचित्र, अत्यन्त विस्मयकारी, अत्यन्त असम्भाव्य प्रतीत होने वाली बातें अभी भी प्रत्यक्ष सामने आ सकती हैं जिनके एक बार प्रतिष्ठापित हो जाने पर हमें उसी तरह आश्चर्य नहीं होगा, जिस तरह गत एक शताब्दी के दौरान विज्ञान द्वारा किये गए आविष्कारों पर नहीं होता। ऐसा मान लिया जाता है कि जिन चमत्कारिक घटनाओं को हम अब बिना विस्मित हुए स्वीकार कर लेते हैं, वे हमारी उत्कंठा को इसलिए उत्तेजित नहीं कर पातीं, कि उन्हें हम भलीभाँति समझ चुके होते हैं। पर बात ऐसी नहीं है। यदि हमें अब वे चकित नहीं करतीं तो इस का कारण यह नहीं है कि वे भलीभाँति हमारी समझ में आ चुकी हैं, बल्कि उसका कारण यह है कि वे हमारे लिए अब परिचित हो चुकी है; क्योंकि यदि ऐसा हो कि जो बातें हमारी समझ में न आयें वे हमें चकित करती रहें, तो हमें हर बात पर—हवा में उछाले गए पत्थर के गिरने पर, बीज से वटवृक्ष बन जाने पर, गरमी पाकर पारे के फैलने पर, चुम्बक की ओर लोहे के खिंचने पर—आश्चर्यचकित होना चाहिए।
>
> ''आज का विज्ञान तो फिर भी एक साधारण बात है... जिन आश्चर्यकारक सत्यों का हमारी आनेवाली पीढ़ियाँ आविष्कार करेंगी वे अभी भी हमारे चारों ओर विद्यमान हैं, और एक प्रकार से कहें तो हमारी आँखों में आँखें डालकर हमें घूर रहे हैं; परन्तु फिर भी हम उन्हें नहीं देख पाते। केवल

यह कहना कि हम उन्हें नहीं देख पाते, पर्याप्त नहीं है; हम उन्हें देखना ही नहीं चाहते, क्योंकि जैसे ही कोई अप्रत्याशित और अपरिचित तथ्य प्रकट होता है, हम उसे प्रचलित जानकारी की सर्वसामान्य चौखट में बिठा देने का प्रयास करते हैं, और कुपित हो उठते हैं कि यदि कोई उससे आगे के प्रयोग करने का दुस्साह करता है!"

इतने अविश्वसनीय ढंग से मेरी गोभी की चोरी हो जाने के कुछ ही दिन बाद एक बड़ी ही विनोदी घटना घटी। मिट्टी के तेल का एक दीया ढूँढने पर भी नहीं मिल रहा था। अपने गुरु की सर्वदर्शी अंतदृष्टि का हाल ही में परिचय मिलने से मैंने सोचा कि वे प्रदर्शित कर देंगे कि उस दीये को ढूँढना उनके लिए बच्चों का खेल है।

गुरुदेव मेरे मन की बात ताड़ गए। अति गम्भीरता का दिखावा करते हुए उन्होंने सब आश्रमवासियों से पूछताछ की। एक बालशिष्य ने स्वीकार किया कि उसने पिछवाड़े के आँगन में स्थित कुएँ पर जाने के लिए उस दीये का उपयोग किया था।

श्रीयुक्तेश्वरजी ने धीरे-गम्भीर स्वर में आदेश दियाः "उस दीये को कुएँ के पास खोजो।"

मैं दौड़कर वहाँ पहुँचा; दीया नहीं! छोटा-सा मुँह बनाकर अपने गुरु के पास लौट आया। अब वे मेरी प्रत्याशा धूल में मिलने पर बिना किसी खेद के ज़ोर-ज़ोर से हँस रहे थे।

"अफ़सोस कि मैं तुम्हें खोये हुए दीये तक नहीं पहुँचा सका; मैं कोई ज्योतिषी तो हूँ नहीं!" उनकी आँखें चमक उठी थीं। उन्होंने आगे कहा, "मैं तो ठीक से शेरलॉक होम्स भी नहीं हूँ!"

मैं समझ गया कि गुरुदेव किसी के कहने से या तुच्छ बातों में अपनी शक्तियाँ कभी प्रदर्शित नहीं करेंगे।

हँसी-खुशी कई सप्ताह तेज़ी से बीत गए। श्रीयुक्तेश्वरजी का एक नगर संकीर्तन शोभायात्रा निकालने का विचार था। उन्होंने मुझसे नगर की सड़कों तथा समुद्रतट से शिष्यों की शोभायात्रा ले जाने के लिए कहा। उत्सव (कर्क संक्रान्तिः दक्षिणायन प्रारंभ) के दिन प्रातःकाल से ही भीषण गर्मी थी।

"गुरुजी! मैं शिष्य-मण्डली को नंगे पाँव उस अंगारों की तरह तप्त रेत पर कैसे ले जा सकूँगा।" मैंने हताश हो कर पूछा।

"मैं तुम्हें एक गुप्त बात बताता हूँ। प्रभु एक मेघ-छत्र भेज देंगे; तुम सब सुखद वातावरण में चलोगे," गुरुदेव ने कहा।

मैंने खुशी-खुशी शोभायात्रा की तैयारी की। हमारा दल आश्रम से सत्संग की पताका लेकर रवाना हुआ। इस पताका की परिकल्पना श्रीयुक्तेश्वरजी द्वारा तैयार की गई थी, जिस पर तृतीय नेत्र या दिव्यचक्षु का प्रतीक बना हुआ था।

जैसे ही हम लोग आश्रम से बाहर निकले, मानो जादू से आकाश मेघाच्छन्न हो गया। देखने वालों के मुँह से भी आश्चर्योद्गार निकल पड़े जब वर्षा की हल्की बौछार भी हो गई, जिससे नगर की सड़कें और समुद्र-तट की तप्त रेत भी शीतल हो गई।

दो घण्टों की संकीर्तन-यात्रा के दौरान सुखद बूँदें पड़ती रहीं। जिस क्षण हमारा दल आश्रम में लौट आया, उसी क्षण बादल और वर्षा, दोनों लुप्त हो गए।

गुरुदेव के पास जाकर जब मैंने कृतज्ञता व्यक्त की, तो उन्होंने कहा: "देखा, भगवान हमारा कितना ध्यान रखते हैं? वे सबको प्रत्युत्तर देते हैं और सबका काम करते हैं। जैसे उन्होंने मेरी प्रार्थना पर वर्षा भेज दी, वैसे ही वे किसी भी भक्त की कोई भी सच्ची इच्छा पूर्ण करते हैं। लोग कदाचित् ही समझ पाते हैं कि भगवान कितनी बार प्रायः उनकी प्रार्थनाओं को पूर्ण करते हैं। भगवान कुछ गिने-चुने लोगों की ही सुनते हैं ऐसा नहीं है, बल्कि जो भी श्रद्धा से उनके चरणों में जाता है, उस प्रत्येक मनुष्य की प्रार्थना वे स्वीकार करते हैं। उनकी सन्तानों को अपने सर्वव्यापी परमपिता की प्रेमपूर्ण कृपालुता में अटल विश्वास रखना चाहिए।"

श्रीयुक्तेश्वरजी सम्पात (शारदीय विषुव और वासंतिक विषुव) और अयनसंधि (मकर संक्रान्तिः उत्तरायणः कर्क संक्रान्तिः दक्षिणायन) के दिन चार वार्षिक उत्सवों का आयोजन करते थे। इन अवसरों पर आस-पास के और दूर-दूर से भी उनके शिष्य एकत्रित होते थे। मकर संक्रान्ति का आयोजन श्रीरामपुर में होता था। मैंने सर्वप्रथम जब इसमें भाग लिया तो उससे मुझे एक स्थायी कल्याणकारी लाभ हुआ।

प्रातःकाल सड़कों पर नंगे पाँव शोभायात्रा के साथ उत्सव आरम्भ हुआ। सैकड़ों शिष्य मधुर स्वर में भजन-कीर्तन कर रहे थे; कुछ वादक बाँसुरी और खोल-करताल पर उनकी संगत कर रहे थे। हमारी गूँजती हरिनाम-स्तुति की ध्वनि को सुनकर नगर जन खुशी से अपने नीरस कर्तव्यों को छोड़कर रास्ते में पुष्पवृष्टि

कर रहे थे। अनेक रास्तों से घूमते हुए यह शोभायात्रा आश्रम के आँगन में आकर समाप्त हुई। वहाँ हम अपने गुरु को चारों ओर से घेर कर नाम गान करते रहे। उस समय ऊपर के बरामदों से कुछ शिष्य हम सब पर गेंदे के फूल बरसा रहे थे।

बहुत-से अतिथि आश्रम में ऊपर गए जहाँ उन्हें पनीर और संतरे से बनी खीरनुमा मिठाई दी गई। मैं अपने गुरुबन्धुओं की ओर चला गया जो आज रसोइयों का काम कर रहे थे। इतनी बड़ी संख्या में जब लोग आते थे तब खाना बाहर खुली जगह में ही बड़े-बड़े हंडों में बनाना पड़ता था। ईंट-मिट्टी के चूल्हों में जलने वाली लकड़ियों से धुआँ उठ रहा था जिससे आँखों में पानी आ रहा था, पर हम अपने काम में प्रसन्नतापूर्वक लगे हुए थे। भारत में धार्मिक उत्सवों को कभी कष्टकर नहीं माना जाता; प्रत्येक भक्त अपना-अपना योगदान देता है—कोई पैसा देता है, कोई चावल या सब्जियाँ अथवा कोई व्यक्तिगत परिश्रम की सेवा अर्पण करता है।

भोज की तैयारी की हर छोटी-मोटी बात का स्वयं ध्यान रखने के लिए शीघ्र ही गुरुदेव भी हम लोगों के बीच आ पहुँचे। हर क्षण व्यस्त रहते हुए भी वे अत्यन्त फुर्तीले युवा शिष्यों के साथ-साथ परिश्रम कर रहे थे।

ऊपर की मंज़िल पर हारमोनियम और खोल की संगत के साथ संकीर्तन चल रहा था। श्रीयुक्तेश्वरजी कौतुक के साथ उसे सुन रहे थे; उन्हें संगीत का पूर्ण ज्ञान था।

"वे बेसुरा गा रहे हैं!" गुरुदेव रसोइयों को छोड़कर संगीतवालों के बीच पहुँच गए। संगीत की धुन फिर सुनाई दी, इस बार वह सही स्वर-ताल में थी।

संसार में संगीत-विज्ञान की सबसे पहली जानकारी सामवेद में उपलब्ध है। भारत में संगीत, चित्रकला एवं नाट्यकला को दैवी कलाएँ माना जाता है। अनादि-अनंत त्रिमूर्ति ब्रह्मा, विष्णु और शिव आद्य संगीतकार थे। शास्त्र-पुराणों में वर्णन है कि शिव ने अपने नटराज या विराट-नर्तक के रूप में ब्रह्माण्ड की सृष्टि, स्थिति और लय की प्रक्रिया के नृत्य में लय के अनंत प्रकारों को जन्म दिया। ब्रह्मा और विष्णु करताल और मृदंग पर ताल पकड़े हुए थे।

विद्या की अधिष्ठात्री देवी सरस्वती को सभी तार-वाद्यों की जननी वीणा को बजाते हुए दिखाया गया है। हिंदू चित्रकला में विष्णु के एक अवतार कृष्ण को बंसी-बजैया के रूप में चित्रित किया गया है; उस बंसी पर वे माया में भटकती आत्माओं को अपने सच्चे घर को लौट आने का बुलावा देने वाली धुन बजाते रहते हैं।

राग-रागिनियाँ या सुनिश्चित स्वरक्रम हिन्दू संगीत की आधारशिलाएँ हैं। छह मूल रागों की 126 शाखाएँ-उपशाखाएँ हैं जिन्हें रागिनियाँ (पत्नियाँ) और पुत्र कहते हैं। हर राग के कम-से-कम पाँच स्वर होते हैं: एक मुख्य स्वर (वादी या राजा), एक आनुषंगिक स्वर (संवादी या प्रधानमंत्री), दो या अधिक सहायक स्वर (अनुवादी या सेवक), और एक अनमेल स्वर (विवादी या शत्रु)।

छह रागों में से हर एक राग की दिन के विशिष्ट समय और वर्ष की विशिष्ट ऋतु के साथ प्राकृतिक अनुरूपता है और हर राग का एक अधिष्ठाता देवता है जो उसे विशिष्ट शक्ति और प्रभाव प्रदान करता है। इस प्रकार (1) हिंडोल राग को केवल वसन्त ऋतु में उषाकाल में सुना जाता है, इससे सर्वव्यापक प्रेम का भाव जागता है; (2) दीपक राग को ग्रीष्म ऋतु में सांध्य बेला में गाया जाता है, इससे अनुकम्पा या दया का भाव जागता है; (3) मेघ राग वर्षा ऋतु में मध्याह्न काल के लिए है, इससे साहस जागता है; (4) भैरव राग अगस्त, सितम्बर, अक्टूबर महीनों के प्रातःकाल में गाया जाता है, इससे शान्ति उत्पन्न होती है; (5) श्रीराग शरद ऋतु की गोधूलि बेला में गाया जाता है, इससे विशुद्ध प्रेम का भाव मन पर छा जाता है; (6) मालकौंस राग शीत ऋतु की मध्यरात्रि में गाया जाता है; इससे वीरता का संचार होता है।

प्राचीन ऋषियों ने प्रकृति और मानव के बीच ध्वनि संबंधों के इन नियमों को खोज निकाला। चूँकि प्रकृति नादब्रह्म या प्रणव झंकार या ओंकारध्वनि का घनीभूत रूप है, अतः मनुष्य विशिष्ट मंत्रों के प्रयोग द्वारा सारी प्राकृतिक अभिव्यक्तियों पर नियंत्रण प्राप्त कर सकता है। इतिहास में सोलहवीं शताब्दी के बादशाह अकबर में दरबारी गायक तानसेन की उल्लेखनीय शक्तियों का वर्णन है। एक बार दिन में ही बादशाह ने उन्हें एक रात्रिकालीन राग गाने का आदेश दिया तो तानसेन ने एक मंत्र का प्रयोग किया जिससे महल के सारे परिसर में तत्क्षण अंधेरा छा गया।

भारतीय संगीत में स्वर सप्तक को 22 श्रुतियों में विभक्त किया गया है। स्वर के इन सूक्ष्म अन्तरालों के कारण संगीत की अभिव्यक्ति में छोटे-छोटे भेद भी संभव हो जाते हैं, जो 12 श्रुतियों के पाश्चात्य स्वरक्रम में दुष्प्राप्य होते हैं। हिन्दू पुराणों में सप्तक के सात मूल स्वरों का एक-एक रंग तथा किसी पक्षी या पशु के प्राकृतिक स्वर के साथ सम्बन्ध बताया गया है–'सा' का हरे रंग और मोर के साथ, 'रे' का लाल रंग और चातक पक्षी के साथ, 'ग' का सुनहरे रंग और बकरे

के साथ, 'म' का पीली छटा लिए श्वेत रंग और सारस पक्षी के साथ, 'प' का काले रंग और कोकिला के साथ, 'ध' का पीले रंग और घोड़े के साथ, 'नी' का सभी रंगों के मिश्रण और हाथी के साथ।

भारतीय संगीत में 72 थाट या आधार स्वर समूह हैं। संगीतज्ञ के लिए किसी राग को लेकर उस राग की सीमा के अंतर्गत अपनी प्रतिभा के अनुसार संगीत निर्माण करने की अनन्त सम्भावनाएँ रहती हैं; वह उस राग के भाव को केन्द्र में रखकर उसके चारों ओर अपनी मौलिकता की सीमा तक उसे सजाता है। हिन्दू संगीतज्ञ पहले ही निर्धारित किये जा चुके स्वरों को पढ़-पढ़ कर संगीत का निर्माण नहीं करता; वह हर वादन या गायन के समय राग के ढाँचे को नए सुरों के वस्त्र पहनाता है और यह प्रायः एक ही धुन को लेकर करता है जिसमें वह सूक्ष्म स्वरों और लय के विभिन्न प्रकारों को बार-बार प्रयुक्त कर उन्हें निखारता है।

पाश्चात्य संगीत-रचनाकारों में बाक (Bach) ने स्वल्प विविधता के साथ सैकड़ों जटिल तरीकों से सुरों की पुनरावृत्ति की सुन्दरता और उसकी शक्ति को पहचान लिया था।

संस्कृत साहित्य में 120 तालों का वर्णन है। परम्परा के अनुसार हिन्दू संगीत के प्रथम आचार्य माने जाने वाले भरत मुनि भारद्वाज के बारे में कहा जाता है कि उन्होंने कोकिला के गीत में ही 32 तालों का शोध किया था। ताल या लय का मूल मानव शरीर की गति पर आधारित है—चलने का दुगना समय तथा निद्रावस्था में श्वासोच्छवास का तिगुना समय जब श्वास की लंबाई प्रश्वास से दुगनी होती है—में निहित है।

भारतवर्ष में प्राचीन काल से ही मानव के कंठस्वर को ध्वनि का सर्वांगपूर्ण साधन माना गया है। अतः हिन्दू संगीत प्रधानतः कंठस्वर के तीन सप्तकों में ही प्रतिबद्ध है। इसीलिए हिन्दू संगीत में स्वरसंगति (एक साथ उत्पन्न होने वाले स्वरों का परस्पर संबंध) की अपेक्षा स्वरक्रम (क्रमानुसार उत्पन्न होने वाले स्वरों का परस्पर संबंध) पर बल दिया गया है।

हिन्दू संगीत स्वानुभूतिपरक, आध्यात्मिक तथा व्यक्तिपरक कला है जिसका लक्ष्य वाद्यवृन्द की प्रतिभा प्रदर्शित करना नहीं, बल्कि परम-आत्मा के साथ अपना मेल बिठाना है। भारतवर्ष के सभी प्रख्यात गीतों की रचना भागवतों अर्थात् ईशभक्तों द्वारा की गई है। "संगीतज्ञ" को संस्कृत में भागवतार कहते हैं, अर्थात् "जो भगवान का गुणगान करता है।"

संकीर्तन योग आध्यात्मिक साधना का एक प्रभावशाली प्रकार है जिसमें मूलविचार और ध्वनि में तीव्र एकाग्रता तथा तन्मयता आवश्यक होती है। मानव स्वयं नादब्रह्म या ओम् ध्वनि की एक अभिव्यक्ति है, इसलिए ध्वनि उस पर तत्काल प्रबल प्रभाव डालती है। पौर्वात्य और पाश्चात्य, दोनों ही प्रकार का भक्तिसंगीत मनुष्य में आनन्द उत्पन्न कर देता है क्योंकि इस प्रकार का संगीत मनुष्य के मेरुदण्ड में स्थित चक्रों में से किसी चक्र में उतने समय के लिए स्पन्दनात्मक जागृति उत्पन्न कर देता है। आनन्द के उन क्षणों में उसे अपने ईश्वरीय मूल का अस्फुट-सा स्मरण हो आता है।

उत्सव के दिन श्रीयुक्तेश्वरजी की ऊपर की बैठक से आती संकीर्तन की ध्वनि खाना बना रहे शिष्यों को चारों ओर उबलते-खौलते बर्तनों के बीच भी प्रेरणा दे रही थी। मेरे गुरु भाई और मैं आनन्दित होकर हाथ से ताल बजाते हुए टेक गा रहे थे।

सूर्यास्त तक हम लोगों ने अपने सैंकड़ों अतिथियों को खिचड़ी, सब्जी और चावल की खीर का भोजन करा दिया था। आँगन में हमने सूती दरियाँ बिछा दी थीं। शीघ्र ही तारों से भरे आकाश के नीचे जनसमूह बैठ गया और श्रीयुक्तेश्वरजी के अमृतमय ज्ञानोपदेश को मनोयोगपूर्वक सुनने लगा। उनके सार्वजनिक प्रवचनों में क्रिया योग और आत्म-सम्मानपूर्ण जीवन, शान्ति, दृढ़संकल्प, सादा आहार और नियमित व्यायाम के महत्त्व पर विशेष बल दिया जाता था।

अत्यंत छोटी आयु के बालशिष्यों ने फिर स्तोत्रपाठ किया; उसके बाद उत्कट संकीर्तन के साथ सभा विसर्जित हुई। रात दस बजे से अर्द्धरात्रि होने तक आश्रमवासियों ने बर्तनों और कड़ाहियों को माँज-धोकर साफ किया तथा आँगन को भी साफ किया। गुरुदेव ने मुझे अपने पास बुलाया।

"तुम्हारे आज के और तैयारी में लगे गत पूरे सप्ताह सहर्ष परिश्रम से मैं प्रसन्न हूँ। मैं तुम्हें अपने साथ चाहता हूँ; आज तुम मेरे साथ सो सकते हो।"

यह एक ऐसा सौभाग्य था जिसके प्राप्त होने की मैंने कभी आशा भी नहीं की थी। हम थोड़ी देर के लिए गहन दैवी प्रशान्ति में निमग्न बैठे रहे। सोने के लिए हम दोनों के लेट जाने के दस मिनट बाद ही गुरुदेव उठ गए और पूरे कपड़े पहनने लगे।

"क्या हुआ गुरुदेव?" अपने गुरु के पास सोने के आनन्द में अचानक विघ्नता का अंश आ गया।

"मुझे लगता है कि कुछ शिष्य ठीक से गाड़ियाँ न मिलने के कारण अब कुछ ही समय में यहाँ पहुँचने वाले हैं। चलो, हमें उनके लिए कुछ भोजन तैयार करके रखना चाहिए।"

"गुरुजी! रात में एक बजे कोई नहीं आएगा!"

"तुम सो जाओ; तुमने बड़ा कठिन परिश्रम किया है। पर मैं खाना बनाने जा रहा हूँ।"

श्रीयुक्तेश्वरजी का दृढ़ स्वर सुनते ही मैं पलंग से कूद पड़ा और उनके पीछे-पीछे ऊपर के ही तल्ले पर अन्दर की ओर की बाल्कनी से लगे रसोईघर में जा पहुँचा। इस छोटे-से रसोईघर को हम दैनिक उपयोग में लाते थे। शीघ्र ही चावल और दाल उबल रहे थे।

मेरे गुरु स्नेहपूर्वक मुस्कराये। "आज रात तुमने थकान और कठोर परिश्रम के भय को जीत लिया है; भविष्य में इनसे तुम्हें कभी परेशानी नहीं होगी।"

उनके श्रीमुख से आजीवन आशीर्वाद के शब्द निकले ही थे कि आँगन में पगध्वनि सुनाई पड़ी। मैं दौड़कर नीचे गया और दरवाज़ा खोला तो शिष्यों का एक दल अन्दर प्रविष्ट हुआ।

उनमें से एक ने कहाः "प्रिय बन्धु! ऐसे समय गुरुदेव को कष्ट देना हमें अच्छा नहीं लगता, परन्तु क्या करते? गाड़ियों के समय के बारे में हमसे भूल हो गई, पर हमने सोचा कि यहाँ तक आने के बाद अपने गुरु के दर्शन किये बिना लौट जाना भी उचित नहीं होगा।"

"वे आप लोगों की प्रतीक्षा कर रहे हैं और आपके लिए भोजन भी बना रहे हैं।"

श्रीयुक्तेश्वरजी की स्वागत-वाणी गूँज उठी। मैं विस्मयचकित अतिथियों को रसोईघर में ले गया। गुरुदेव मेरी ओर मुड़े। उनकी आँखों में चमक नाच रही थी।

"अब जब तुमने उनसे बातें कर ली हैं तो निश्चय ही तुम्हारे सन्देह का निवारण हो गया होगा कि सचमुच उनकी गाड़ी छूट गई थी!"

आधे घण्टे बाद मैं ईशतुल्य गुरु के पास सोने के सौभाग्य की सुखद आशा करता हुआ उनके पीछे-पीछे उनके शयन-कक्ष में पहुँच गया।

प्रकरण–16

ग्रह-शान्ति

"मुकुन्द! तुम ज्योतिष सम्बन्धी एक कड़ा क्यों नहीं ले आते?"

"क्या मुझे लाना चाहिए, गुरुदेव? मैं तो ज्योतिष में विश्वास नहीं करता!"

"यह विश्वास का प्रश्न नहीं है; किसी भी विषय में वैज्ञानिक दृष्टिकोण यह होना चाहिए कि यह सत्य है या नहीं। गुरुत्वाकर्षण का नियम न्यूटन से पहले भी उसी तरह कार्य करता था जैसा उसके बाद। ब्रह्माण्ड में अच्छी-ख़ासी अराजकता मच जाती यदि उसके नियम मानवीय विश्वास की मान्यता के बिना कार्य न कर पाते।

"पाखंडी ज्योतिषियों ने प्राचीन ज्योतिष-विज्ञान को उसकी वर्तमान बदनाम अवस्था में लाकर रख दिया है। गणितीय और दार्शनिक, दोनों ही दृष्टियों से ज्योतिष शास्त्र इतना विराट है कि गहरी समझ वाले व्यक्ति के अतिरिक्त कोई उसे ठीक से समझ ही नहीं सकता। यदि मूर्ख और अज्ञानी लोग ग्रह-तारों के संकेतों को समझ नहीं पाते और अर्थ का अनर्थ करते हैं तो यह इस अपूर्ण जगत् में अपेक्षित ही है। ऐसे 'ज्ञानियों' के साथ ज्ञान को भी मिथ्या नहीं मान लेना चाहिए।

"सृष्टि के सभी अंग एक-दूसरे से जुड़े हुए हैं और एक-दूसरे पर प्रभाव डालते रहते हैं। परस्पर आदान-प्रदान ही ब्रह्माण्ड की संतुलित लयबद्ध गति का मूल आधार है," मेरे गुरु कहते गए। "मनुष्य को अपने मानवीय स्तर पर दो प्रकार की शक्तियों का सामना करना पड़ता है—प्रथमः पृथ्वी, जल, अग्नि, वायु, आकाश के सम्मिश्रण से उसके भीतर उत्पन्न होने वाली क्षुब्धता; द्वितीय प्रकृति की बाह्य विघटनकारी शक्तियाँ। जब तक मनुष्य अपनी मानवीय सीमाबद्धता के साथ

संघर्षरत रहता है, तब तक पृथ्वी और अंतरिक्ष के असंख्य परिवर्तनों का प्रभाव उस पर पड़ता रहता है।

"ज्योतिष विद्या में ग्रहों के प्रभाव के अन्तर्गत मनुष्य की क्या प्रतिक्रिया होगी इसका अध्ययन किया जाता है। ग्रह-नक्षत्रों में कोई दया या कोप का सचेत भाव नहीं होता। वे तो केवल धनात्मक (Positive) एवं ऋणात्मक (Negative) किरणें उत्सर्जित करते हैं। अपने आप में ये मानवजाति को कोई लाभ या हानि नहीं पहुँचाते, किन्तु मनुष्य द्वारा अतीत में कार्यान्वित किये गए कार्य-कारण के सन्तुलन को स्थापित करने के लिए बाह्य स्तर पर कार्यप्रणाली का एक विधिवत माध्यम प्रस्तुत करते हैं।

"बच्चा ऐसे दिन और ऐसे क्षण में ही जन्म लेता है, जब ग्रह-नक्षत्रों की किरणों का उसके व्यक्तिगत कर्मों के साथ सम्पूर्ण गणितीय तालमेल बैठ जाता है। उसकी जन्मकुंडली उसके परिवर्तनीय अतीत और उस अतीत के संभावित भावी परिणामों को दर्शाने वाली एक चुनौतीपूर्ण आलेखन होती है। परन्तु जन्मकुंडली का सही अर्थ केवल अंतःप्रज्ञ ज्ञान से सम्पन्न व्यक्ति ही लगा सकते हैं; और ऐसे लोग बहुत कम होते हैं।

"जन्म के क्षण में अंतरिक्ष में स्पष्ट रूप से चिह्नांकित हो जाने वाले संदेश का उद्देश्य भाग्य (गत अच्छे-बुरे कर्मों के फल) को अति महत्त्व देना नहीं है, बल्कि विश्वनियमों के इन बन्धनों से छूट जाने के लिए मनुष्य की इच्छाशक्ति को जगाना है। उसने जो कुछ किया है उसे वह मिटा भी सकता है। उसके जीवन में अभी जो भी परिणाम सामने आ रहे होते हैं उनके कारणों को उकसाने वाला भी वही था। वह किसी भी सीमा को पार कर सकता है क्योंकि प्रथम तो उस सीमा सृजन उसने स्वयं अपने कर्मों से ही किया है और फिर उसके पास आध्यात्मिक संसाधन हैं जो किसी ग्रह-नक्षत्र के दबाव में नहीं होते।

"ज्योतिष शास्त्र के प्रति अंधी श्रद्धा व्यक्ति को यन्त्रवत् बना देती है जो अपने हर कार्य के लिए यांत्रिक मार्गदर्शन का दास बन जाता है बुद्धिमान मनुष्य सृष्टि के बदले स्रष्टा में अपनी निष्ठा रखकर अपने ग्रहों को, अर्थात् अपने अतीत को मात दे सकता है। जितना अधिक परमात्मा के साथ अपनी एकात्मता का उसे ज्ञान होता है उतना ही प्रकृति का उस पर प्रभाव कम होता है। आत्मा सदैव मुक्त है; वह अमर है क्योंकि वह अजन्मा है। उस पर ग्रह-नक्षत्र कभी शासन नहीं कर सकते।

''मनुष्य आत्मा है और उसे शरीर मिला हुआ है और जब वह स्वयं को इस रूप में जान जाता है, तब ग्रह-नक्षत्रों के समस्त विवशताकारी योग-कुयोगों को पीछे छोड़ देता है। जब तक वह अपनी आत्मिक विस्मृति की साधारण अवस्था में किंकर्त्तव्यविमूढ़ बना रहता है, तब तक वह प्रकृति के विधि नियमों की सूक्ष्म ज़ंजीरों में जकड़ा रहता है।

''ईश्वर स्वयं सामंजस्य है; उसके साथ जो भक्त सुर मिला लेता है, वह कदापि कोई गलत काम नहीं कर सकता। उसके सारे कार्यकलाप अपने आप ही ज्योतिषीय नियम के अनुसार सही समय पर होंगे गहन प्रार्थना और ध्यान के बाद वह अपनी दिव्य चेतना के सम्पर्क में होता है; उस आंतरिक सुरक्षा से बढ़कर और कोई शक्ति नहीं है।''

''पूज्य गुरुदेव! तब आप मुझे कड़ा पहनने के लिए क्यों कह रहे हैं?'' दीर्घ मौन के बाद मैंने यह प्रश्न पूछने का साहस किया। मैं श्रीयुक्तेश्वरजी के ज्ञानगर्भित स्पष्टीकरण को आत्मसात् करने का प्रयास कर रहा था जिसमें निहित विचार मेरे लिए एकदम नए थे।

''जब यात्री अपने गन्तव्य स्थान पर पहुँच जाए, उस समय यदि वह नक्शों को फेंक देता है तब वह ठीक है। यात्रा के दौरान तो उसे जो भी सुविधाजनक छोटा रास्ता मिले वह ले लेना चाहिए। प्राचीन ऋषियों ने माया में मानव के निर्वास की अवधि को कम करने के अनेक तरीके ढूँढ निकाले। कर्म-नियम में कुछ ऐसे भौतिक घटक हैं जिन्हें ज्ञान की उँगलियों से कुशलतापूर्वक इधर-उधर करके अपने अनुकूल बनाया जा सकता है।

''मनुष्य के सारे दुःख-कष्ट किसी-न-किसी प्रकार से प्रकृति के नियमों का उल्लंघन करने के कारण ही पैदा होते हैं। शास्त्र कहते हैं कि मनुष्य की प्रकृति के नियमों का पालन करना चाहिए, पर साथ ही ईश्वर की सर्वशक्तिमत्ता में भी उसे अविश्वास या सन्देह नहीं होना चाहिए। उसे यह कहना चाहिए: 'प्रभो! आप में मेरा पूर्ण विश्वास है और मैं जानता हूँ कि आप मेरी सहायता करेंगे, परन्तु मैं भी अपनी ओर से अपनी भूलों का परिमार्जन करने का पूरा-पूरा प्रयास करूँगा।' अनेक उपायों द्वारा, जैसे प्रार्थना द्वारा, इच्छाशक्ति द्वारा, योग-साधना द्वारा, सन्तों के साथ सत्संग द्वारा ग्रहशान्ति करने वाले कड़ों को पहनने के द्वारा, गत कर्मों के प्रतिकूल प्रभावों को कम किया जा सकता है या उन्हें पूरा ही काट भी दिया जा सकता है।

"जिस प्रकार घर के ऊपर तांबे की छड़ लगाकर घर पर गिरने वाली बिजली से घर को बचाया जा सकता है, उसी प्रकार देह-मन्दिर को भी कुछ विशिष्ट उपायों से बचाया जा सकता है।

"विश्व में निरन्तर विद्युत और चुम्बकीय किरणों का संचार होता रहता है; ये किरणें मानव-शरीर पर अच्छा या बुरा प्रभाव डालती हैं। युगों पूर्व हमारे ऋषि-मुनियों ने सूक्ष्म वैश्विक किरणों के प्रतिकूल प्रभावों का सामना करने की समस्या पर गहन चिंतन किया, तब उन्हें पता चला कि शुद्ध धातुएँ एक ऐसे सूक्ष्म प्रकाश की किरणों का उत्सर्जन करती हैं जो ग्रहों के प्रतिकूल प्रभावों को निष्फल करने की प्रचण्ड शक्ति रखती हैं। जड़ी-बूटियों के कई संयोग भी यह काम कर सकते हैं। परन्तु इन सब में सबसे अधिक प्रभावशाली है दो रत्ती से अधिक वजन के दोषरहित रत्न।

"ज्योतिष के प्रत्यक्ष बचावात्मक उपायों के विषय में भारत के अलावा कहीं और बहुत ही कम अध्ययन हुआ है। यह तथ्य बहुत कम लोग जानते हैं कि योग्य रत्नों, धातुओं और जड़ी-बूटियों के संयोगों से भी कोई लाभ नहीं होता यदि वे आवश्यक वज़न के न हों और यदि उन्हें इस तरह न धारण किया जाए कि वे त्वचा का स्पर्श करते रहें।"

"गुरुदेव! मैं अवश्य ही आपका सुझाव मानकर कड़ा ले आऊँगा। किसी ग्रह को मात देने के विचार से ही मेरा रोम-रोम पुलकित हो रहा है।"

"सामान्य प्रयोजन के लिए तो मैं सोना, चाँदी और ताँबे से बना कड़ा पहनने के लिए कहता हूँ। परन्तु तुम्हारे लिए किसी विशेष कारणवश मैं चाहता हूँ कि तुम चाँदी और सीसे से बना कड़ा पहनो।" श्रीयुक्तेश्वरजी ने इसके विषय में ध्यान रखने की अन्य बातें भी बतायीं।

"गुरुजी! विशेष कारणवश से आपका क्या मतलब है?"

"ग्रह तुम्हारे प्रति कुछ 'अमैत्रीपूर्ण' रूख अपनाने जा रहे हैं, मुकुन्द! डरो मत! तुम सुरक्षित रहोगे। एक महीने के आसपास तुम्हारा यकृत तुम्हें गहरी पीड़ा देने वाला है। विधिलेख के अनुसार इस रोग को छह महीने रहना है परन्तु ग्रहशान्ति का कड़ा पहनने से यह अवधि घट कर चौबीस दिन हो जाएगी।"

दूसरे ही दिन मैं एक जौहरी के पास पहुँच गया और शीघ्र ही मेरा कड़ा बन कर तैयार हो गया। मेरा स्वास्थ्य अति उत्तम था; गुरुदेव की भविष्यवाणी मेरे दिमाग से निकल भी गई। वे काशी में कुछ दिन रहने के लिए श्रीरामपुर

से चले गए। हमारे उस वार्तालाप के तीस दिन बाद यकृत के आसपास मुझे अचानक पीड़ा होने लगी। उसके बाद के कुछ सप्ताह भयंकर यातना के दुःस्वप्न की भाँति गुज़रे। गुरुदेव को इसके लिए कष्ट देने की मेरी इच्छा नहीं थी, अतः मैंने सोचा कि इस यातना को मैं स्वयं ही हिम्मत करके सहन कर लूँगा।

परन्तु तेईस दिन की भयंकर यातना ने मेरे संकल्प को कमज़ोर कर दिया और काशी जाने के लिए मैं रेलगाड़ी पर सवार हो गया। वहाँ श्रीयुक्तेश्वरजी अस्वाभाविक उत्साह और प्रेम के साथ मुझसे मिले परन्तु अकेले में अपनी पीड़ा उन्हें बताने का कोई अवसर उन्होंने मुझे नहीं दिया। यह दिन अनेक लोग उनके केवल दर्शन के लिए वहाँ आये। रुग्ण और उपेक्षित अवस्था में मैं एक कोने में बैठा रहा। रात को भोजन के बाद ही सारे अतिथियों से छुट्टी मिली। तब मेरे गुरु ने मुझे उस घर की अष्टकोणी बाल्कनी में बुलाया।

"तुम अवश्य अपनी यकृत-पीड़ा के सम्बन्ध में यहाँ आये होगे।" मेरी ओर न देखते हुए श्रीयुक्तेश्वरजी बाल्कनी में चहलकदमी कर रहे थे और यदा-कदा चाँद के और मेरे बीच में आ जाते थे। "मुझे देखने दो, तुम चौबीस दिनों से बीमार हो, है न?"

"जी, गुरुदेव।"

"मैंने तुम्हें पेट का जो व्यायाम सिखाया है, उसे करो।"

"गुरुदेव! आप यदि जानते कि मुझे कितनी पीड़ा हो रही है तो मुझसे व्यायाम करने के लिए न कहते।" किन्तु फिर भी मैंने उनकी आज्ञा का पालन करने कर क्षीण-सा प्रयास किया।

"तुम कहते हो तुम्हें पीड़ा है; मैं कहता हूँ तुम्हें कोई पीड़ा नहीं है। ये परस्पर विरोधी बातें एक साथ सच कैसे हो सकती हैं?" मेरे गुरु ने मेरी ओर प्रश्नार्थक दृष्टि से देखा।

मैं स्तम्भित हो गया और फिर आनन्दयुक्त स्वास्थ्य से विभोर हो गया। अब उस पीड़ा का कहीं लवलेश मात्र भी नहीं था जिसने कई सप्ताहों तक मुझे सोने भी नहीं दिया था। श्रीयुक्तेश्वरजी के मुख से शब्द निकलते ही रोग इस प्रकार लुप्त हो गया जैसे कभी हुआ ही न हो।

कृतज्ञता से भरकर मैं उनका चरण स्पर्श करने के लिए झुकने लगा परन्तु उन्होंने तुरन्त मुझे रोक लिया।

"बचपना मत करो। खड़े हो जाओ और गंगा पर चमकते चाँद के सौन्दर्य का आनन्द लो।" किन्तु जब मैं उनके साथ खड़ा हो गया तब उनकी आँखें खुशी से चमक रही थीं। उनके भाव से मैं समझ गया कि वे चाहते थे कि मैं इस बात को समझूँ कि मुझे उन्होंने नहीं बल्कि भगवान ने स्वस्थ किया था।

उस सुदूर अतीत की मुझे सदा ही प्रिय लगने वाली स्मृति के चिह्न रूप में मैं आज भी वह चाँदी और सीसे का भारी कड़ा पहने रहता हूँ, क्योंकि उस दिन मुझे फिर एक बार यह ज्ञात हुआ कि मैं एक महामानव के साथ रह रहा हूँ। बाद में अनेक अवसरों पर जब मैं अपने मित्रों को रोगमुक्ति के लिए श्रीयुक्तेश्वरजी के पास लाता, तब वे निरपवाद रूप से हर बार उनके लिए कोई रत्न या कड़ा बताते थे और ग्रहशान्ति में ही बुद्धिमानी है यह उन्हें जता देते थे।

बचपन से ही मेरे मन में ज्योतिषविद्या के विरुद्ध पूर्वाग्रह बस गया था। इसका कारण अंशतः यह था कि मैंने अनेक लोगों को ज्योतिषी जो भी बताएगा उसी के अनुसार चलते देखा था और कुछ हमारे परिवार के ज्योतिषी की मेरे लिए की गई एक भविष्यवाणी के कारणः "तुम दो बार विधुर हो जाओगे और कुल तीन बार विवाह करोगे।" मैं जब भी इस पर विचार करता तो मुझे ऐसा लगता मानो मैं तीन विवाहों के मन्दिर के बाहर बलि के लिए बँधा बकरा हूँ।

"अब अच्छा यही है कि तुम अपने भाग्य के सामने समर्पण कर दो," मेरे भाई अनन्त ने कहा था। तुम्हारी जन्मकुंडली के फल ज्योतिष में लिखी गई बात कि तुम बचपन में घर से भागकर हिमालय की ओर जाओगे, पर जबरदस्ती वापस ले आए जाओगे भी सही हो गई। तुम्हारे विवाहों की भविष्यवाणी भी सच होकर ही रहेगी।"

एक रात मेरे मन में स्पष्ट अंतर्ज्ञान उभर आया कि यह भविष्यवाणी पूर्णतः मिथ्या है। मैंने जन्मकुंडली को आग लगा दी और उसकी राख को एक लिफाफे में भरकर उस पर लिख दियाः "दिव्य ज्ञान की अग्नि में जला देने पर अतीत के कर्मबीज अंकुरित नहीं हो सकते।" मैंने उस लिफाफे को ऐसी जगह रख दिया जहाँ आसानी से वह सबको दिखाई पड़े। अनन्तदा ने मेरे विद्रोही मन्तव्य को तुरन्त पढ़ लिया।

"जिस आसानी से तुमने इस काग़ज़ को जला दिया उतनी आसानी से तुम सत्य को नष्ट नहीं कर पाओगे।" अनन्तदा तिरस्कार से हँसे।

यह सत्य है कि मेरे बालिग होने तक मेरे परिवार ने तीन बार मेरा विवाह निश्चित करने का प्रयास किया था। तीनों बार मैंने उनकी योजनाओं पर पानी फेर

दिया। मैं जानता था कि अतीत के द्वारा मुझे मनाने के लिए किये जा रहे किसी भी ज्योतिषीय प्रयास से ईश्वर के लिए मेरा प्रेम कहीं अधिक प्रबल है।

"जितनी अधिक गहरी किसी मनुष्य की आत्मानुभूति होती है, उतना ही अधिक वह पूरे ब्रह्माण्ड को अपने सूक्ष्म आध्यात्मिक स्पन्दनों से प्रभावित करता है और उतना ही कम वह स्वयं ब्रह्माण्ड के परिवर्तनों से प्रभावित होता है।" गुरुदेव के ये शब्द प्रायः मेरे मन में उठकर मुझे प्रोत्साहित करते रहते।

कभी-कभी मैं ज्योतिषियों से ग्रहदशा के अनुसार अपना सबसे बुरा समय चुनने के लिए कहता और उसी समय में जो काम हाथ में लेता उसे पूर्ण कर देता। हाँ, यह सच है कि मेरे प्रसंगों पर सफलता मिलने से पूर्व असाधारण कठिनाइयाँ मेरे सामने आतीं। परन्तु मेरा यह विश्वास सदा ही सत्य सिद्ध हुआः ईश्वरीय संरक्षण में पूर्ण विश्वास और मनुष्य की ईश्वर-प्रदत्त इच्छाशक्ति, ये दोनों ऐसी प्रचण्ड शक्तियाँ हैं कि इन के सामने ग्रह-नक्षत्रों से प्रवाहित होने वाली शक्तियाँ ठहर नहीं सकतीं।

यह बात मेरी समझ में आ गई कि जन्म-वेला के समय ही ग्रहों की स्थिति का अर्थ यह नहीं होता कि मानव अपने अतीत के हाथों की केवल एक कठपुतली है, बल्कि उसका संदेश तो मानव के स्वाभिमान को जगाने के लिए एक शूल है स्वयं अंतरिक्ष हर प्रकार की सीमा से मुक्त होने के लिए मानव के दृढ़ निश्चय को जगाना चाहता है। ईश्वर ने प्रत्येक मनुष्य को आत्मा के रूप में बनाया है, उसे स्वतंत्र व्यक्तित्व दिया है। इसलिए वह विश्व रचना का एक अनिवार्य अंश है, फिर अपनी अल्पकालिक भूमिका में चाहे वह आधार स्तम्भ हो चाहे एक परजीवी। यदि मनुष्य चाहे तो उसकी मुक्ति तत्काल और अंतिम होगी। यह बाह्य विजयों पर नहीं बल्कि आंतरिक विजयों पर निर्भर है।

श्रीयुक्तेश्वरजी ने हमारे वर्तमान युग के संदर्भ में एक चौबीस हज़ार वर्ष के महा विषुव चक्र (आवर्तन) के गाणितिक प्रयोग की खोज की थी। यह चक्र बारह हज़ार वर्ष के एक आरोही अर्द्धचक्र और उतने ही काल के एक अवरोही अर्द्धचक्र में विभाजित किया गया है। इस प्रत्येक अर्द्धचक्र में चार युग होते हैं, यथाः कलि, द्वापर, त्रेता और सत्य। ये चार नाम यूनानी विचारधारा के लौह, कांस्य, रौप्य और स्वर्ण युग के समानार्थी हैं।

मेरे गुरु ने विभिन्न गणितीय गणनाओं से यह निश्चित किया कि आरोही अर्द्ध चक्र का कलियुग या लौह युग ईसवी सन् 500 के लगभग शुरू हुआ। लौह

युग, जिसकी अवधि 1200 वर्ष होती है, भौतिकतावादी काल होता है; यह ईसवी सन् 1700 के लगभग समाप्त हुआ। इस वर्ष द्वापर युग शुरू हुआ। विद्युत शक्ति और अणु शक्ति के विकास का यह युग 2400 वर्षों का होता हैं इसमें टेलिग्राफ़ी, रेडियो, हवाई जहाज और दूरी को नष्ट करने वाले अन्य साधनों का विकास होता है।

3600 वर्षों के त्रेता युग का आरम्भ ईसवी सन् 4100 में होगा; इस युग में निकट या सुदूर स्थित व्यक्तियों में विचारों का आदान-प्रदान और दूरी को ध्वस्त करने वाले अन्य साधनों का सामान्य जन को भी ज्ञान होगा। आरोही अर्द्धचक्र के अंतिम युग, सत्ययुग में मनुष्य अत्यंत विकसित होगा। तब वह ईश्वरीय योजना के साथ सुसामंजस्य रखते हुए कार्य करेगा।

फिर विश्व में बारह हज़ार वर्षों का अवरोही अर्द्धचक्र शुरू होगा जिसका आरम्भ 4800 वर्षों के अवरोही सत्ययुग से होगा (ईसवी सन् 12500 में) और इसी के साथ मनुष्य अज्ञान में डूबता चला जाएगा। ये कालचक्र माया–गोचर जगत् के परस्पर विरोध (द्वन्द्व) और सापेक्षता–के अनन्त तक निरन्तर रहने वाले, आवर्तन हैं। जैसे-जैसे मनुष्य एक-एक करके स्रष्टा के साथ अपनी अटूट दिव्य एकता की चेतना में जागते हैं, वैसे-वैसे वे प्रकृति के द्वैत की कारागार से मुक्त होते जाते हैं।

गुरुदेव ने न केवल ज्योतिष शास्त्र के, बल्कि विश्व के अनेकों धर्मशास्त्रों के ज्ञान के बारे में मेरी समझ में विस्तार किया। पवित्र धर्मशास्त्रों को अपने मन के निर्मल, स्वच्छ ऑपरेशन-टेबल पर रखकर वे अन्तःप्रेरणात्मक बुद्धि के चाकू से उनका विच्छेदन कर उनमें अन्तर्वेशित हुई पंडितों की गलत व्याख्याओं को द्रष्टा महात्माओं द्वारा व्यक्त किये गए मूल सत्यों से पृथक कर सकते थे।

''नाक के सिरे पर दृष्टि स्थिर करो।'' भगवद्गीता के छठे अध्याय के तेरहवें श्लोक के 'सम्प्रेक्ष्य नासिकाग्रं' के पौर्वात्य पंडितों और पाश्चात्य अनुवादकों द्वारा मान्य किये गए इस गलत अर्थ पर गुरुदेव हमेशा हँस पड़ते थे।

'''योगी का मार्ग वैसे ही काफ़ी विचित्र है,' वे कहते थे, ''उससे और यह क्यों कहा जाए कि उसे भेंगा भी बनना होगा? 'नासिकाग्रं' का वास्तविक अर्थ है 'नासिका का मूल', न कि 'नासिका का सिरा।' नाक का मूल दोनों भौंहों के बीच में है, उस भ्रूमध्य में, जो दिव्य दृष्टि का स्थान है।'''

सांख्यशास्त्र का मूल सूत्र हैः 'ईश्वर असिद्धे'' ('सृष्टि के स्वामी को सिद्ध नहीं किया जा सकता' या 'ईश्वर का प्रमाण नहीं होता') मुख्यतः इस वाक्य के आधार पर ही अधिकांश पंडितगण समस्त सांख्य दर्शन को ही अनीश्वरवादी कहते हैं।

"वह सूत्र नास्तिकतासूचक नहीं है," श्रीयुक्तेश्वरजी कहते थे। "उसका केवल इतना ही अर्थ है कि अज्ञानी मनुष्य के लिए, जो अपने सारे निष्कर्षों के लिए केवल अपनी इन्द्रियों पर ही निर्भर रहता है, ईश्वर का प्रमाण सदा अज्ञात ही रहेगा और इसलिए उस प्रमाण का अस्तित्व नहीं हो सकता। सच्चे सांख्य साधक ध्यानजनित अचल अंतर्दृष्टि के द्वारा यह जानते हैं कि ईश्वर का अस्तित्व भी है और उसे जाना भी जा सकता है।"

गुरुदेव ईसाइयों की बाइबिल की अत्यंत सुन्दर स्पष्टता के साथ व्याख्या करते थे। ईसाई सदस्यता की नामावली को पूर्णतः अपरिचित अपने हिन्दू गुरु से मैंने बाइबिल के अमर सत्त्व को पहचानना और ईसा के उस वचन की सत्यता को समझना सीखा जो मानव वाणी द्वारा उच्चरित समस्त वचनों में निश्चय ही सबसे अधिक रोमांचक दृढ़ता से भरा हुआ थाः "स्वर्ग और पृथ्वी का लोप हो जाएगा पर मेरे शब्दों का कभी लोप नहीं होगा।"

भारत के महान् सिद्धजन उन्हीं देवतानुरूप आदर्शों के आधार पर अपना जीवन जीते हैं जिन्होंने ईसामसीह को प्रेरित किया था और यही लोग ईसा के सगे-सम्बन्धी हैं जिनके बारे में उन्होंने कहा थाः "जो भी स्वर्ग में स्थित मेरे पिता की इच्छा का पालन करेगा वही मेरा, भाई, बहन और माता है।" ईसा ने कहा थाः "तुम यदि मेरे शब्दों का पालन करोगे तो तुम सचमुच मेरे शिष्य हो; तब तुम सत्य को जान जाओगे और सत्य तुम्हें मुक्त कर देगा।" स्वयं अपने स्वामी बन चुके भारत के जीवनमुक्त योगी-मुनि उस अमर बिरादरी का हिस्सा हैं, जिसके सदस्य एक ही परमपिता का मुक्तिदायक ज्ञान प्राप्त कर लेते हैं।

"यह आदम और हौवा की कहानी मेरी समझ में नहीं आती!" इस दृष्टान्त को समझने के मेरे प्रारंभिक प्रयासों के बीच एक दिन मैंने काफ़ी गरम होकर कहा। "ईश्वर ने न केवल उस दोषी दम्पति को, बल्कि निर्दोष भावी पीढ़ियों को भी क्यों दण्डित कर दिया?"

मेरे अज्ञान से अधिक मेरी उग्रता से गुरुदेव को हँसी आ गई। "बाइबिल की उत्पत्ति नामक पुस्तक (Genesis) में गहरी प्रतीकात्मकता भरी है। इसकी शब्दशः व्याख्या करने से कुछ भी समझ में नहीं आ सकता," उन्होंने समझाया। "उसमें जिस 'जीवन-वृक्ष' का उल्लेख है, वह मानव शरीर है। मेरुदण्ड उलटे किये गए वृक्ष के समान है जिसमें मानव के केश उसकी जड़ें हैं और अन्तर्वाही और बहिर्वाही नाड़ियाँ उस वृक्ष की शाखाएँ हैं। नाड़ीतंत के वृक्ष में आनन्द देने वाले अनेक फल

लगते हैं अर्थात् शब्द, स्पर्श, रस, रूप, गन्ध के संवेदन। इनका आनन्द लेने की मनुष्य को पूरी-पूरी छूट थी; परन्तु उसे शरीर के मध्य में स्थित ('बगीचे के मध्य में स्थित')' 'सेब' रूपी काम सुख का अनुभव लेने से मना किया गया था।

''उसमें 'सर्प' मेरुदण्ड में कुंडली मारकर बैठी कुंडलिनी शक्ति का प्रतिनिधित्व करता है जो कामेन्द्रिय से संबंधित नाड़ियों को उत्तेजित करती है। 'आदम' विवेक है और 'हौवा' भावना है। जब किसी भी मनुष्य में भावना या हौवा-मानसिकता पर काम वासना हावी हो जाती है, तब उसका विवेक या आदम भी विनिष्ट हो जाता है।

''ईश्वर ने अपनी इच्छाशक्ति के बल से पुरुष और स्त्री के शरीरों का निर्माण कर मानवजाति का सृजन किया। उसने इस नवसृष्ट जाति को उसी 'निष्कलंक' या दिव्य तरीके से संतानोत्पत्ति करने की शक्ति प्रदान की।'' चूँकि तब तक विलग आत्मा के रूप में परमात्मा की अभिव्यक्ति नैसर्गिक प्रवृत्तिबद्ध और विवेकहीन पशुओं तक ही सीमित थी, अतः ईश्वर ने प्रथम मानव-शरीरों का सृजन किया जिन्हें प्रतीकात्मक रूप से आदम और हौवा कहा जाता है। इन शरीरों में उसने लाभप्रद उन्नतिकारक क्रमविकास के उद्देश्य से दो पशुओं की आत्माओं को या उनके दिव्य सत्त्व को प्रस्थापित कर दिया। आदम या पुरुष के विवेक का और हौवा या स्त्री में भावना का प्राधान्य था। इस प्रकार गोचर दृष्टि से विद्यमान द्वैत या ध्रुवत्व की अभिव्यक्ति हुई। विवेक और भावना तब तक परस्पर सहयोग के आनन्द के स्वर्ग में रहते हैं जब तक मानव मन पशु वृत्ति वाली सर्प-शक्ति या कामवासना के बहकावे में नहीं आता।

''अतः मानव शरीर केवल पशुओं के क्रमविकास का परिणाम मात्र नहीं था, बल्कि ईश्वर के विशेष सृजन से उत्पन्न हुआ था। पशु शरीर इतने अविकसित थे कि पूर्ण ईश्वरत्व की अभिव्यक्ति उनमें नहीं हो सकती थी; केवल मानव को ही सर्वशक्तिमत्ता की संभावना से युक्त सहस्रदल कमल मस्तिष्क में दिया गया, साथ ही मेरुदण्ड में आध्यात्मिक शक्ति के पूर्ण जागृत गुप्त केन्द्र दिये गए।

''अस्तित्व में आये उस प्रथम नर-नारी युगल में विद्यमान ईश्वर या ईश-चैतन्य ने उन्हें सब इन्द्रियानुभूतियों का सुख लेने के लिए कहा, केवल एक को छोड़कर: यौन-अनुभूति। यह मनाही इसलिए की गई थी कि मानवजाति वंशवृद्धि की निकृष्ट पशु-पद्धति में उलझकर न रह जाए। सुप्त अवस्था में स्थित पाशविक स्मृतियों को न जगाने की चेतावनी की अपेक्षा की गई। संतानोत्पत्ति की पाशविक पद्धति को

पुनः अपनाकर आदम और हौवा मूल सम्पूर्ण मानव में सहज ही विद्यमान स्वर्गीय आनन्द की अवस्था से गिर गए। जब उन्हें ज्ञात हुआ कि 'वे नग्न थे', तब जैसा कि उन्हें ईश्वर ने पहले ही सावधान किया था, उनकी अमरता की चेतना खो गई; उन्होंने स्वयं ही अपने को जड़ सृष्टि के नियम के अधीन कर दिया था जिसमें जन्म लेने वाले शरीर की मृत्यु निश्चित रूप से होती है।

"सर्प ने हौवा को जिस 'अच्छे-बुरे' के ज्ञान का वचन दिया था उसका अभिप्राय द्वैत भाव और परस्पर विरोधी अनुभवों से है जो माया के अधीन जीने वाले सभी जीवों को सहने ही पड़ते हैं। अपनी भावना और विवेक या हौवा और आदम-चैतन्य के दुरुपयोग से माया के भ्रमजाल में गिरकर मनुष्य दिव्य आत्म-निर्भरता की स्वर्गीय वाटिका में प्रवेश करने का अपना अधिकार खो बैठता है। प्रत्येक मानव प्राणी का यह व्यक्तिगत दायित्व है कि वह अपने 'माता-पिता' या द्विमुखी प्रकृति को एकता के तालमेल में या ईडेन में पुनः प्रतिष्ठित करें।"

जब श्रीयुक्तेश्वरजी का प्रवचन समाप्त हुआ, तो मैंने नई श्रद्धा के साथ उत्पत्ति के पृष्ठों पर पुनः दृष्टि डाली।

मैंने कहाः "पूज्य गुरुदेव! आज प्रथम बार मैं आदम और हौवा के प्रति सन्तान का यथोचित दायित्व अनुभव कर रहा हूँ!"

प्रकरण—17

शशि और तीन नीलम

"तुम्हारी और मेरे बेटे की स्वामी श्रीयुक्तेश्वरजी के बारे में इतनी ऊँची धारणा होने के कारण ही मैं किसी दिन उनसे मिलने आ जाऊँगा।" डॉक्टर नारायण चंदर राय के स्वर से यह स्पष्ट था कि वे केवल मूर्खों की सनक के प्रति सौजन्य दिखा रहे थे। मतांतरण करने वालों की परंपरा के अनुसार मैंने अपने रोष को अन्दर ही अन्दर दबा लिया।

ये डॉक्टर महोदय, जो पशु-चिकित्सक थे, विचारों से पक्के नास्तिक थे। उनके युवा पुत्र सन्तोष ने मुझसे उनमें रुचि लेने के लिए अनुनय-विनय किया था। अभी तक तो मेरी अमूल्य सहायता कुछ अदृश्य स्तर पर ही प्रतीत हो रही थी।

दूसरे दिन डॉक्टर राय मेरे साथ श्रीरामपुर आश्रम में आये। श्रीयुक्तेश्वरजी के साथ अल्पकालिक साक्षात्कार के बाद, जिसका अधिकांश समय दोनों ओर से दृढ़ मौन में ही कट गया था, वे हठात् वहाँ से निकलकर चल पड़े।

"किसी मरे हुए मनुष्य को आश्रम में लाने का क्या प्रयोजन है?" कोलकाता के उस नास्तिक के चले जाने के बाद जैसे ही दरवाज़ा बन्द हुआ, श्रीयुक्तेश्वरजी मेरी ओर प्रश्नसूचक दृष्टि से देखते हुए पूछने लगे।

"गुरुदेव! डॉक्टर तो जीते-जागते मनुष्य हैं!"

"किन्तु शीघ्र ही वे मरने वाले हैं।"

मैं स्तब्ध रह गया। ''गुरुदेव! इससे उनके बेटे को भयंकर आघात लगेगा। सन्तोष को अभी भी आशा है कि समय उसके पिता के भौतिकवादी दृष्टिकोण को बदल देगा। मैं आपसे प्रार्थना करता हूँ, गुरुदेव! उनकी सहायता कीजिये।''

''ठीक है—तुम्हारी ख़ातिर।'' गुरुजी का चेहरा भावशून्य था। ''यह अहंकारी घोड़ा-डॉक्टर भीतर ही भीतर मधुमेह की बीमारी से जर्जर हो चुका है, परन्तु उसे इसकी जानकारी नहीं है। पन्द्रह दिन में वह बिस्तर पकड़ लेगा। चिकित्सक जवाब दे देंगे। उसका इस लोक से विदा होने का नैसर्गिक समय आज से छह सप्ताहों के पूरे होते ही तय है। किन्तु तुम्हारी मध्यस्थता के कारण उस दिन वह अच्छा हो जाएगा। परन्तु एक शर्त है: उसे ग्रहशांति के लिए कड़ा पहनना पड़ेगा। वह निस्संशय ऑपरेशन के पहले कोई घोड़ा जैसी उछलकूद करता है, वैसा ही उग्रता के साथ प्रतिकार करेगा।'' इतना कहकर गुरुदेव हँस पड़े।

कुछ देर मौन छाया रहा, जिसमें मैं यही सोचता रहा कि सन्तोष और मैं खुशामद का कौन-सा तरीका अपनाकर डॉक्टर को सहमत करा पाएंगे। श्रीयुक्तेश्वरजी ने कुछ और बातें कही।

''जैसे ही वह अच्छा हो जाएगा, उससे कहो कि वह मांसाहार न करे। किन्तु वह इस परामर्श को नहीं मानेगा और छह महीनों में, जब उसे अपना स्वास्थ्य पूर्णतः अच्छा लग रहा होगा, अचानक चल बसेगा।'' मेरे गुरु ने आगे कहा: ''जीवन के ये छह अतिरिक्त महीने उसे केवल तुम्हारी प्रार्थना के कारण दिये जा रहे हैं।''

दूसरे दिन मैंने सन्तोष को बताया कि वह जौहरी को कड़ा बनाने के लिए कह दें। एक सप्ताह में कड़ा बनकर आ गया, परन्तु डॉक्टर ने उसे पहनने से इन्कार कर दिया।

''मेरा स्वास्थ्य एकदम ठीक है। तुम लोग इस ज्योतिष की अंधश्रद्धा को मेरे मन में कभी प्रवेश नहीं दिला सकते।'' डॉक्टर युद्ध के लिए ललकारने की दृष्टि से मेरी ओर देख रहे थे।

मुझे कौतुक के साथ स्मरण हो आया कि गुरुदेव ने इस आदमी की अड़ियल घोड़े के साथ योग्य ही तुलना की थी। सात दिन बीत गए; डॉक्टर अचानक बीमार हो गए और तब नम्रता के साथ कड़ा पहनने के लिए राज़ी हो गए। दो सप्ताहों बाद उनका इलाज करने वाले डॉक्टर ने मुझे बताया कि उनके बचने की कोई आशा नहीं है। उन्होंने मधुमेह से उनके शरीर में भीतर ही भीतर हुई विध्वंसकारी क्षति का हृदयविदारक विस्तारसहित वर्णन भी मुझे सुना दिया।

मैंने असहमति में सिर हिलाकर कहाः ''मेरे गुरु ने कहा है कि एक महीने की रुग्णता के बाद डॉक्टर राय ठीक हो जाएंगे।''

डॉक्टर अविश्वास से मेरी ओर देखते ही रह गए। परन्तु पन्द्रह दिन बाद सकुचाते हुए वे मेरे पास आये।

''डॉक्टर राय पूर्ण स्वस्थ हो गए हैं!'' वे बोल पड़े। ''मेरे देखने में यह सबसे विस्मयचकित कर देने वाली घटना है। इससे पहले कभी भी मैंने किसी मरणासन्न व्यक्ति को इस प्रकार अकल्पनीय रूप से स्वस्थ होते नहीं देखा। तुम्हारे गुरु सचमुच रोगमुक्त करने वाली शक्ति से संपन्न कोई सिद्ध पुरुष हैं!''

डॉक्टर राय से एक भेंट के बाद, जिसमें मैंने मांसाहर वर्जित करने की श्रीयुक्तेश्वरजी की सलाह दुहरा दी, मैं छह महीने तक फिर उनसे नहीं मिला। एक दिन शाम को मैं अपने घर के बरामदे में बाहर बैठा हुआ था तो वे मुझसे बातें करने के लिए थोड़ी देर रुक गए।

''अपने गुरु से बोल दो कि बार-बार मांसाहार करने से ही मैंने अपनी पुरानी शक्ति फिर से पूर्णतः प्राप्त कर ली है। भोजन के बारे में उनकी अवैज्ञानिक कल्पनाओं का मुझ पर कोई असर नहीं पड़ा।'' यह सच था कि डॉक्टर राय पूर्ण स्वास्थ्य की साक्षात् मूर्ति दिखाई पड़ रहे थे।

किन्तु सन्तोष दूसरे ही दिन पड़ोस के अपने घर से दौड़ता हुआ मेरे पास आया। ''आज सुबह पिताजी की मृत्यु हो गई।''

गुरुजी के साथ मेरे अनेक अनुभवों में से यह अनुभव सबसे विलक्षण था। उन्होंने उस विद्रोही पशु-चिकित्सक को उसके अविश्वास के बावजूद रोगमुक्त कर दिया और पृथ्वी पर उसके जीवन की नैसर्गिक अवधि छह महीनों से बढ़ा दी—केवल इस कारण कि मैंने इसकी तीव्र प्रार्थना की थी। भक्त की उत्कृष्ट प्रार्थना को पूर्ण करने में श्रीयुक्तेश्वरजी अपार दया के सागर थे।

अपने मित्रों को श्रीयुक्तेश्वरजी के पास ले आना मेरा सबसे बड़ा सौभाग्य था। उनमें से अनेक कम से कम आश्रम में, पढ़े-लिखे लोगों में प्रचलित नास्तिकता का अपना जामा उतार फेंकते थे।

मेरा एक मित्र शशि, अनेक रविवार श्रीरामपुर में आश्रम में बिताता था। गुरुदेव उसे बहुत चाहने लगे थे पर उन्हें उसके उच्छृंखल और असंयत जीवन पर खेद होता था।

"शशि! अगर तुमने अपने तौर-तरीके नहीं बदले, तो अब से एक साल में तुम घातक रूप से बीमार हो जाओगे।" श्रीयुक्तेश्वरजी मेरे मित्र की ओर प्रेम भरे रोष के साथ देख रहे थे। "मुकुन्द साक्षी है; बाद में मत कहना कि मैंने तुम्हें सावधान नहीं किया था।"

शशि ने हँस कर कहा: "गुरुदेव! मेरी इस शोचनीय दशा में मेरे भाग्य को नियंत्रित करने वाली शक्तियों को मेरे प्रति दीनवत्सल बनाने का भार मैं आप पर छोड़ता हूँ! मैं सुधरना चाहता तो हूँ, पर मेरा मन अति दुर्बल है। पृथ्वी पर मेरे रक्षणकर्त्ता केवल आप ही हैं; मैं किसी और बात में विश्वास नहीं करता।"

"तो कम से कम दो कैरेट का एक नीलम तुम धारण करो। उससे तुम्हारी सहायता होगी।"

"मैं उसे खरीदने में असमर्थ हूँ। और वैसे भी, गुरुजी, यदि कोई विपत्ति आ ही जाती है, तो मुझे विश्वास है कि आप मेरी रक्षा करेंगे।"

"तुम एक वर्ष के अन्दर तीन नीलम ले आओगे पर तब उनसे कोई लाभ नहीं होगा, "श्रीयुक्तेश्वरजी ने कहा।

थोड़े-बहुत फेर-बदल के साथ यही बातें नियमित रूप से चलती रहती थीं। "मैं सुधर नहीं सकता!" शशि हास्यप्रद निराशा के स्वर में कहता। "और आपमें मेरा विश्वास मेरे लिए किसी रत्न से अधिक मूल्यवान है, गुरुदेव!"

एक वर्ष बीत गया। एक दिन मैं कोलकाता में गुरुदेव के एक शिष्य नरेन बाबू के घर में गुरुदेव से मिलने गया जहाँ वे ठहरे हुए थे। सुबह दस बजे जब श्रीयुक्तेश्वरजी और मैं दूसरी मंजिल में बैठक खाने में बैठे हुए थे, तब मैंने सामने के द्वार के खुलने की आवाज सुनी। गुरुदेव का शरीर एकदम सख्त और सीधा हो गया।

उन्होंने गम्भीरतापूर्वक कहा: "ये वह शशि है। एक वर्ष पूरा हो गया; उसके दोनों फेफड़े बेकार हो चुके हैं। उसने मेरी बात नहीं मानी; उससे कह दो कि मैं उससे मिलना नहीं चाहता।"

श्रीयुक्तेश्वरजी की कठोरता देखकर मैं स्तम्भित रह गया और तेज़ी से सीढ़ियों से नीचे उतरने लगा। शशि सीढ़ियाँ चढ़ रहा था।

"ओ मुकुन्द! मुझे आशा है कि गुरुदेव यहाँ हैं; मेरे मन में अचानक यह विचार उठा था कि वे यहाँ हो सकते हैं।"

"हाँ, परन्तु वे किसी से मिलना नहीं चाहते।"

शशि अचानक रो पड़ा ओर मुझे एक तरफ ठेलकर तेज़ी से सीढ़ियाँ चढ़ गया। अपने आप को उसने श्रीयुक्तेश्वरजी के चरणों में झोंक दिया और तीन सुन्दर नीलम निकालकर वहाँ रख दिये।

"हे सर्वज्ञ गुरुदेव! डॉक्टर लोग कहते हैं कि मुझे फेफड़ों का क्षयरोग हो गया है। वे कहते हैं कि मैं तीन महीनों से अधिक जीवित नहीं रह सकता! आपकी सहायता के लिए मैं आपसे विनम्र प्रार्थना करता हूँ; मैं जानता हूँ कि आप मुझे रोगमुक्त कर सकते हैं!"

"अपने जीवन की चिंता करने में अब थोड़ी देर नहीं हो गई है? अपने रत्न लेकर यहाँ से चले जाओ, उनकी उपयोगिता का समय बीत चुका है।" और तब गुरुदेव कठोर मौन धारण करके पत्थर की मूर्ति के समान निर्विकार चेहरे से बैठे रहे। बीच-बीच में केवल दया की भीख माँगते हुए शशि की सिसिकियाँ सुनाई दे रही थीं।

मेरे अन्तर्मन में एक ऐसी दृढ़ धारणा जागी कि श्रीयुक्तेश्वरजी रोगमुक्त करने की दैवी शक्ति में शशि के विश्वास की गहराई की केवल परीक्षा ले रहे हैं। इसलिए एक घंटे के तनावपूर्ण समय के बीतने के बाद जब श्रीयुक्तेश्वरजी ने मेरे साष्टांग प्रणत मित्र पर सहानुभूतिपूर्ण दृष्टि डाली तो मुझे कोई आश्चर्य नहीं हुआ।

"उठो शशि! दूसरे के घर में तुमने कितनी गड़बड़ मचा रखी है! ये नीलम जौहरी को वापस कर दो, इन पर खर्च करने की अब आवश्यकता नहीं। परन्तु ग्रहशान्ति का एक कड़ा ले आओ और उसे पहनो। घबराओ मत; कुछ ही सप्ताहों में तुम ठीक हो जाओगे।"

शशि की मुस्कराहट ने उसके अश्रुशक्ति चेहरे को ऐसा उज्ज्वल बना दिया जैसे भीगे हुए, आर्द प्रतीत होते भूप्रदेश पर अचानक सूर्य की किरणें निकल आयी हों। "पूज्य गुरुदेव! क्या मैं डाक्टरों की दवाएँ भी लेता रहूँ?"

"जैसा तुम चाहो–उन्हें चाहे लो या फेंक दो; इससे कोई फर्क नहीं पड़ता। अब तुम्हारा क्षयरोग से मरना उतना ही असंभव है जितना सूर्य और चन्द्र का आपस में अपने स्थान बदलना।" फिर अचानक श्रीयुक्तेश्वरजी कह उठेः "इससे पहले कि मेरा विचार बदल जाए, अब यहाँ से चले जाओ!"

घबराकर उन्हें तुरन्त नमस्कार कर शशि शीघ्रता से वहाँ से चला गया। अगले कुछ सप्ताहों में मैं अनेक बार जाकर उससे मिला और दिन-ब-दिन उसकी बिगड़ती अवस्था देखकर हैरान रह गया।

"शशि आज की रात नहीं निकाल सकता।" उसके डॉक्टर के इन शब्दों को सुनकर और मेरे मित्र के अस्थिरपंजर देह को देखकर मैं शीघ्रातिशीघ्र श्रीरामपुर जा पहुँचा। मेरे अश्रुपूरित वृत्तान्त को गुरुदेव निःस्पृह भाव से सुनते रहे।

"तुम यहाँ मुझे परेशान करने क्यों आ गए? तुम्हारे सामने ही तो मैंने शशि को स्वास्थ्य लाभ का आश्वासन दिया था।"

अत्यंत श्रद्धा के साथ उन्हें नमस्कार कर मैं दरवाज़े की ओर बढ़ा। श्रीयुक्तेश्वरजी ने विदाई-सूचक एक भी शब्द मुँह से नहीं निकाला, बल्कि गहरे मौन में डूब गए। उनकी पलकें झपकना बन्द हो गया, नेत्र अर्द्धोन्मीलित हो गए, नेत्रों की दृष्टि किसी दूसरे लोक में लग गई।

मैं तुरन्त लौटकर कोलकाता में शशि के घर गया। विस्फारित नेत्रों से मैं देखता ही रह गया कि मेरा मित्र उठ कर बैठा हुआ दूध पी रहा है।

"ओ मुकुन्द! क्या चमत्कार हुआ! चार घंटे पहले मैंने अपने कमरे में गुरुदेव की उपस्थिति अनुभव की और उसी क्षण मेरे भयंकर रोग के लक्षण गायब हो गए। मुझे लगता है कि उनकी कृपा से मैं पूर्ण स्वस्थ हो गया हूँ।"

कुछ ही सप्ताहों में शशि इतना हृष्टपुष्ट और स्वस्थ हो गया जितना पहले कभी नहीं था। परन्तु इस रोगमुक्ति पर उसकी प्रतिक्रिया में कृतघ्नता की झलक आ गई। वह श्रीयुक्तेश्वरजी के दर्शनों के लिए फिर कभी शायद ही आया हो! एक दिन उसने मुझे बताया कि उसे अपने पूर्व जीवन के ढंग से इतना खेद हो रहा था कि गुरुदेव के सामने जाने में उसे लज्जा आती थी।

मैं इसी निष्कर्ष पर पहुँचा कि शशि की बीमारी ने उस पर परस्पर विरोधी परिणाम किया था; एक ओर उसकी इच्छाशक्ति को दृढ़ कर दिया था, तो दूसरी ओर उसके आचार-विचार को खराब कर दिया था।

स्कॉटिश चर्च कॉलेज में मेरी पढ़ाई के पहले दो वर्ष समाप्त होने को आ रहे थे। कक्षा में मेरी उपस्थिति अत्यन्त कम रही थी; मैंने जो कुछ थोड़ी-सी पढ़ाई की थी, वह भी केवल अपने परिवार के लोगों को शान्त रखने के लिए की थी। मेरे दो गृह-शिक्षक नियमित रूप से मेरे घर आया करते; मैं नियमित रूप से अनुपस्थित रहता, अपने छात्र-जीवन में कम से कम इस बात में अपनी नियमितता मुझे दिखाई पड़ती है!

भारत में कॉलेज की दो वर्ष की सफल पढ़ाई के बाद इन्टर मीडिएट आर्ट्स का डिप्लोमा मिलता है; उसके बाद और दो वर्ष की पढ़ाई करने के बाद विद्यार्थी अपनी बी.ए. की डिग्री की आशा कर सकता है।

इन्टर मीडिएट आर्ट्स की वार्षिक परीक्षा भयंकर संकट बनकर सामने खड़ी थी। मैं पुरी भाग गया, जहाँ मेरे गुरुदेव कुछ सप्ताह रहने के लिए गए थे। मन में यह धुँधली-सी आशा लिये हुए कि वे कहेंगे मुझे परीक्षा देने की आवश्यकता नहीं, मैंने उन्हें परीक्षा के लिए अपने तैयार न होने की बात बताई।

श्रीयुक्तेश्वरजी सान्त्वनादायक ढंग से मुस्कराये। "तुमने पूर्ण मन लगाकर अपने आध्यात्मिक कर्तव्यों का पालन किया है, अतः कॉलेज के कार्य की उपेक्षा स्वाभाविक ही थी। अब इस अगले सप्ताह भर कठोर परिश्रम के साथ पढ़ाई करो; तुम्हें इस परीक्षा में सफलता मिल जाएगी।"

बीच-बीच में मन में उठने वाले तर्कसंगत सन्देहों को दृढ़ता के साथ दबा देता हुआ मैं कोलकाता लौट आया। अपनी मेज़ पर पड़ी पुस्तकों के पहाड़ को देखकर मुझे जंगल में रास्ता भटके किसी मुसाफ़िर जैसा लग रहा था।

लम्बे समय तक ध्यान करने के बाद मेरे मन में श्रम-बचत की एक युक्ति आयी। प्रत्येक पुस्तक को कहीं भी खोलकर जो भी पृष्ठ सामने आता, उसी का केवल मैं अध्ययन करता। इस प्रकार एक सप्ताह तक प्रतिदिन अठारह घंटों तक पढ़ाई करने के बाद मैं अपने आपको रटने की कला में निपुण मानने लगा।

आगामी दिनों में परीक्षा के दौरान यह सिद्ध हो गया कि इस प्रकार की दैवाधीन या अस्तव्यस्त प्रतीत होने वाली मेरी पढ़ाई की पद्धति योग्य ही थी। सभी विषयों में मैं न्यूनतम से अत्यल्प ही अधिक अंकों से ही क्यों न हो, पास हो गया। मित्रों और परिजनों द्वारा किये गए अभिनंदन में आश्चर्योद्गार भी इस तरह से शामिल थे कि सुनते ही हँसी आती थी।

पुरी से जब श्रीयुक्तेश्वरजी लौट आये तो उन्होंने मुझे एक सुखद आश्चर्य दिया। "कोलकाता में तुम्हारी पढ़ाई अब समाप्त हुई," उन्होंने कहा। "अब मैं ऐसी व्यवस्था करता हूँ कि तुम विश्वविद्यालय की अगले दो वर्षों की पढ़ाई श्रीरामपुर में रह कर कर सको।"

मैं उलझन में पड़ गया। "गुरुदेव! इस कस्बे में तो बी.ए. का कोर्स नहीं है।" वहाँ उच्च शिक्षा की एकमात्र संस्था श्रीरामपुर कॉलेज ही थी और वहाँ केवल इण्टर तक की ही पढ़ाई की व्यवस्था थी।

गुरुदेव के चेहरे पर शरारतभरी मुस्कराहट उभर आयी। "अब तुम्हारे लिए बी.ए. का कॉलेज बनाने की ख़ातिर चंदा जमा करते घूमने की तो मेरी उम्र नहीं रही। लगता है मुझे किसी और के माध्यम से ही यह व्यवस्था करनी पड़ेगी।"

दो महीने बाद श्रीरामपुर कॉलेज के अध्यक्ष प्रोफ़ेसर हॉवेल्स ने सार्वजनिक घोषणा की कि चार वर्ष का डिग्री कोर्स शुरू करने के लिए पर्याप्त धन एकत्रित करने में उन्हें सफलता मिल गई है। श्रीरामपुर कॉलेज कोलकाता विश्वविद्यालय की संबद्ध शाखा बन गया। उस कॉलेज में बी.ए. के कोर्स के लिए दाखिला लेने वाले प्रथम छात्रों में मैं एक था।

''गुरुजी! आप मेरे प्रति कितने दयालु हैं! न जाने कितने दिनों से मेरी इच्छा थी कि कोलकाता छोड़कर यहाँ श्रीरामपुर में ही मैं प्रतिदिन आपके पास रहूँ। प्रोफ़ेसर हॉवेल्स को स्वप्न में भी इस की कल्पना नहीं होगी कि उनकी सफलता में आपकी मौन सहायता की कितना हाथ है।''

श्रीयुक्तेश्वरजी ने कृत्रिम कठोरता से मेरी ओर देखा। ''अब तुम्हें ट्रेन पर इतने सारे घंटे बिताने नहीं पड़ेंगे और पढ़ाई के लिए बहुत सारा खाली समय मिलेगा। शायद अब तुम आख़िरी समय में रट-रट कर पास होने वाले न रहकर सच्चे अध्ययनकर्ता विद्यार्थी बनोगे।''

परन्तु उनके स्वर में कहीं विश्वास का अभाव लग रहा था।

प्रकरण–18

एक मुस्लिम चमत्कार-प्रदर्शक

"कई वर्ष पहले, ठीक इसी कमरे में जहाँ तुम अभी रहते हो, एक मुस्लिम चमत्कार-प्रदर्शक ने मेरे समक्ष चार चमत्कार दिखाये थे।"

श्रीयुक्तेश्वरजी मेरे नए कमरे में पहली बार आये तब उन्होंने यह बात कही। श्रीरामपुर कॉलेज में प्रवेश लेने के तुरन्त बाद ही मैंने निकट स्थित पंथी नामक छात्रावास में एक कमरा ले लिया था। यह गंगा तट पर स्थित पुराने ढंग का ईंटों का एक भवन था।

"यह कैसा संयोग है, गुरुदेव! क्या ये नव-शृंगारित दीवारें स्मृतियों को अपने में छिपाये इतनी पुरातन हैं?" अपने सीधे-सादे तरीके से सजाये गए कमरे में मैंने नए कौतुहल के साथ दृष्टि दौड़ायी।

"यह एक लम्बी कहानी है।" मेरे गुरु पूर्वस्मृतियों को ताज़ा करते हुए मुस्कराये। "उस फ़क़ीर का नाम अफ़ज़ल खान था। एक हिन्दू योगी के साथ अनायास भेंट हो जाने के फलस्वरूप उसे असाधारण सिद्धियाँ मिल गई थीं।

"'बेटा! मुझे बहुत प्यास लगी है; थोड़ा पानी ला दो।' अफ़ज़ल के बचपन में पूर्वी बंगाल के एक छोटे-से गाँव में एक दिन धूल-धूसरित संन्यासी ने उससे याचना की।

"'बाबूजी! मैं तो मुसलमान हूँ। आप हिन्दू होकर मेरे हाथ का पानी कैसे पियेंगे?"

‘‘‘मैं तुम्हारी सत्यशीलता से प्रसन्न हूँ, बेटा! मैं जाति भेदभाव और छुआछूत के अधर्मपूर्ण नियमों का पालन नहीं करता। जाओ, जल्दी से पानी लेकर आओ।’

‘‘अफ़ज़ल की श्रद्धापूर्ण आज्ञाकारिता से प्रसन्न होकर संन्यासी ने प्रेमभरी दृष्टि से उसकी ओर देखा।

‘‘‘तुम्हारे पिछले जन्मों के कर्म बहुत अच्छे हैं,’ उसने विचारमग्न होकर कहा। ‘मैं तुम्हें एक योग प्रक्रिया सिखा रहा हूँ जिसके द्वारा अदृश्य लोकों में से एक लोक पर तुम्हारी सत्ता स्थापित हो जाएगी। उससे तुम्हें जो महान शक्तियाँ प्राप्त होंगी उनका उपयोग केवल अच्छे उद्देश्यों के लिए करना; स्वार्थ के लिए उन्हें कभी प्रयुक्त मत करना! परन्तु अफ़सोस! मैं देख रहा हूँ कि पूर्वजन्मों की विध्वंसक प्रवृत्तियों के कुछ बीज अभी भी तुम में हैं। उन्हें अब नए बुरे कर्मों से सींचकर अंकुरित मत करना। तुम्हारे गतकर्म इस प्रकार उलझे हुए हैं कि तुम्हें अपने इस जीवन का उपयोग अपनी यौगिक उपलब्धियों को उच्चतम लोक-हितैषी लक्ष्यों को प्राप्त करने में ही करना चाहिए।

‘‘विस्मय-चकित बालक को एक जटिल प्रक्रिया समझा देने के बाद महात्मा अन्तर्धान हो गए।

‘‘अफ़ज़ल ने बीस वर्षों तक निष्ठापूर्वक उस यौगिक प्रक्रिया का अभ्यास किया। उसके चमत्कारी कृत्यों की ख्याति फैलने लगी। मालूम होता है कि उसके साथ सदैव कोई अदृश्य आत्मा रहती थी, जिसे वह ‘हज़रत’ कह कर पुकारा करता था। वह अदृश्य अस्तित्व अफ़ज़ल की छोटी से छोटी इच्छा को भी पूर्ण करने में समर्थ था।

‘‘अपने गुरु की चेतावनी को भूल कर अफ़ज़ल ने अपनी शक्तियों को दुरुपयोग करना आरम्भ कर दिया। जिस किसी वस्तु को भी वह एक बार उठाकर वापस रख देता, वह शीघ्र ही ऐसे अदृश्य हो जाती कि फिर उसका अता-पता लगाना संभव न होता। इस बात की व्यथाकारी संभावना सदा ही रहने के कारण साधारणतया किसी को भी उसका अपने घर-दुकान पर आना अच्छा नहीं लगता था!

‘‘समय-समय पर वह कोलकाता में जवाहरात की बड़ी-बड़ी दुकानों में खरीददारी के बहाने पहुँच जाता। वहाँ जिस-जिस रत्न को भी वह छू लेता, वे सभी रत्न उसके दुकान से जाते ही ग़ायब हो जाते।

‘‘अफ़ज़ल प्रायः सैकड़ों शिष्यों से घिरा रहता जो उसके भेद को जानने की आशा में उसके शिष्य बन गए थे। कभी-कभी वह यात्रा में उन्हें अपने साथ ले

लेता। रेलवे स्टेशन पर वह किसी न किसी प्रकार टिकटों की गड्डी को छू लेता। फिर इस गड्डी को वह क्लर्क की ओर यह कहते हुए सरका देता कि 'मैंने इरादा बदल दिया है, अब मुझे ये टिकट नहीं चाहिए।' परन्तु जब वह अपनी शिष्य मंडली के साथ ट्रेन पर सवार हो जाता, तब सब के लिए आवश्यक टिकटें उसके पास होतीं।

''इन कारनामों से हाहाकार मच गया; बंगाल के जौहरी और टिकट बेचने वाले बाबू व्याकुल हो उठे! अफ़ज़ल को पकड़ने की ताक में रहने वाले पुलिस वाले असहाय हो गए क्योंकि उसे दोषी ठहराने की क्षमता रखने वाले प्रमाण को वह केवल यह कहकर अदृश्य कर सकता थाः 'हज़रत, इसे हटा दो।' ''

श्रीयुक्तेश्वरजी उठकर मेरे कमरे के बाहर बनी बाल्कनी में जा खड़े हुए जहाँ से गंगा का दृश्य दिखता था। अफ़ज़ल के कुछ विस्मयकारी कारनामों को सुनने की उत्सुकता से मैं भी उनके पीछे-पीछे चला गया।

''यह पंथी भवन पहले मेरे एक मित्र का था। उसकी अफ़ज़ल से पहचान हो गई और उसने उसे यहाँ बुला लिया। मेरे मित्र ने लगभग बीस-एक पड़ोसियों को भी बुला लिया जिनमें मैं भी था। उस समय मैं एक नवयुवक मात्र था और इस सर्वविदित फ़क़ीर के प्रति मेरे मन में रोचक जिज्ञासा जाग उठी थी।'' गुरुदेव हँस पड़े। ''कोई बहुमूल्य वस्तु न पहनने की सावधानी मैंने बरती थी! अफ़ज़ल ने मुझे कुतूहलपूर्ण दृष्टि से देखा, फिर कहाः

'''तुम्हारे हाथ बड़े मज़बूत हैं। नीचे बगीचे में जाओ; एक चिकना-सा पत्थर उठा लाओ और उस पर खड़िया से अपना नाम लिखो; फिर उसे गंगा में जितनी दूर फेंक सकते हो, फेंको।'

''मैंने वैसा ही किया। जैसे ही पत्थर दूर गंगा की लहरों में डूब गया, वैसे ही अफ़ज़ल ने फिर मुझसे कहाः

'''इस घर के साथ-साथ बहने वाले गंगा के पानी को एक बर्तन में भरकर ले आओ।'

''जब मैं पानी भरकर बर्तन ले आया, तब अफ़ज़ल ने पुकाराः 'हज़रत! वह पत्थर इस बर्तन में डालो!'

''तत्क्षण पत्थर वहाँ प्रकट हो गया। मैंने उसे बर्तन से निकालकर देखा तो अपने नाम को उस पर यथावत् पाया।

‘‘उस कमरे में उपस्थित लोगों में मेरा ‘‘बाबू’’ नाम का एक मित्र भी था जिसने सोने की पुरानी भारी घड़ी और चेन पहन रखी थी। अफ़ज़ल ने अमंगलसूचक सराहना के साथ उनकी जाँच-परख की। शीघ्र ही वे ग़ायब हो गईं!

‘‘‘अफ़ज़ल, कृपया मेरी घड़ी और चेन लौटा दो। वे मेरी अनमोल पारम्परिक सम्पत्ति हैं!’ बाबू रुआँसा हो कर कह रहा था।

‘‘थोड़ी देर तो अफ़ज़ल निर्विकार चेहरा बनाकर मौन बैठा रहा, फिर उसने कहा, ‘तुम्हारे घर की तिजोरी में पाँच सौ रुपया है, उसे मेरे पास ले आओ तो बताऊँगा तुम्हारी घड़ी कहाँ मिलेगी।’

‘‘व्याकुल हुआ बाबू तुरन्त घर जाने के लिए निकल पड़ा। शीघ्र ही वह वापस आ गया और उसने अफ़ज़ल को पाँच सौ रुपया दे दिया।

‘‘‘अपने घर के पास की छोटी पुलिया पर जाओ और हज़रत को अपनी घड़ी और चेन देने के लिए पुकारो,’ अफ़ज़ल ने उससे कहा।

‘‘बाबू तीर की तरह दौड़ा। जब वापस आया तो उसके चेहरे पर मुस्कान तो थी, पर शरीर पर कोई घड़ी या चेन नहीं थी।

‘‘‘जब मैंने निर्देश के अनुसार हज़रत को पुकारा तो मेरी घड़ी और चेन हवा में कलाबाजियाँ खाती हुई सीधे मेरे दाहिने हाथ में आ गईं! यहाँ आने के पहले मैं सीधा घर गया और उन दोनों वस्तुओं को तिजोरी में डालकर मैंने ताला लगा दिया!’

‘‘घड़ी के बदले धन लिये जाने की उस हास्य-शोकांतिका के प्रत्यक्षदर्शी बाबू के मित्र अफ़ज़ल को तिरस्कार से घूर रहे थे। उन्हें शांत करने के लिए अफ़ज़ल ने मृदु स्वर में कहाः

‘‘‘आप लोगों को जो भी पीने के लिए चाहिए उसका केवल नाम बताइये; हज़रत उसे तुरन्त ला देगा।’

‘‘कुछ लोगों ने दूध माँगा, तो अन्य लोगों ने फलों का रस माँगा। मुझे आश्चर्य नहीं हुआ, जब बाबू ने व्हिस्की माँगी! अफ़ज़ल ने आदेश दिया; आज्ञाकारी हज़रत ने तुरन्त सीलबंद बोतलें वहाँ प्रस्तुत कर दीं जो धड़ाधड़ आकर ज़मीन पर गिर गईं। हर आदमी को अपनी-अपनी पसन्द का पेय मिल गया।

चौथे चमत्कार का आश्वासन बाबू के लिए तो निश्चय ही सुखदायी थाः अफ़ज़ल ने सबको वहीं पर भोजन देनें का प्रस्ताव दिया।

"'सबसे महँगा भोजन मँगाते हैं,' बाबू ने खिन्न स्वर में कहा। 'मुझे अपने पाँच सौ रुपये के बदले पूरा राजसी भोज चाहिए। सब व्यंजन सोने की थालियों में परोसे होने चाहिए!'

"जैसे ही सब लोगों ने अपनी-अपनी पसन्द बता दी, अफ़ज़ल ने सतत् तत्पर हज़रत को आदेश दिया। बर्तनों की खनखनाहट सुनाई दी; मसालेदार सब्जियों, गरम-गरम पूरियों और अनेक बेमौसमी फलों से भरे सोने के बड़े-बड़े थाल शून्य में से हमारे सामने ज़मीन पर प्रकट हुए। भोजन की हर चीज़ अत्यंत स्वादिष्ट थी। एक घंटे तक खाना पीना चलने के बाद हम लोग कमरे से बाहर जाने लगे इतने में बड़े ज़ोर की खनखनाहट की ध्वनि सुनाई दी मानो सब बर्तनों को एकत्र किया जा रहा हो। हमने मुड़कर देखा तो वहाँ थालियों की या बचे हुए भोजन की भी कोई निशानी शेष नहीं थी।"

"गुरुजी!" मैं बीच में ही बोल पड़ा। "यदि अफ़ज़ल सोने की थालियों जैसी चीज़ें भी इतनी आसानी से प्राप्त कर सकता था तो उसे दूसरों की संपत्ति की लालसा क्यों थी?"

"अफ़ज़ल आध्यात्मिक दृष्टि से बहुत उन्नत नहीं था," श्रीयुक्तेश्वरजी ने कहा। "योग की एक विशेष प्रक्रिया पर प्रभुत्व पा लेने से उसकी पहुँच एक ऐसे सूक्ष्म लोक तक हो गई थी जहाँ किसी भी इच्छा को तुरन्त मूर्त रूप दिया जा सकता है। हज़रत, जो उस सूक्ष्मलोक का एक जीव था, की सहायता से अफ़ज़ल अपनी बलवन्त इच्छाशक्ति के द्वारा सूक्ष्म उर्जा से किसी भी वस्तु के अणुओं को खींचकर उस वस्तु को प्रकट कर सकता था। परन्तु इस प्रकार सूक्ष्म शक्ति को मूर्त रूप देकर तैयार की गई वस्तुओं की रचना ही ऐसी होती है कि ये थोड़े समय के लिए ही अस्तित्व में रह सकती हैं। अफ़ज़ल को अभी भी इस जगत् की संपत्ति की तृष्णा थी जिसे कमाने के लिए अधिक मेहनत तो करनी पड़ती है, पर जो अधिक टिकाऊ भी होती है।"

मैं हँस पड़ा। "वह भी तो कभी-कभी अनोखे ढंग से ग़ायब हो जाती है!"

"अफ़ज़ल ईश्वर-प्राप्त संत नहीं था," गुरुदेव आगे कहते गए। "स्थायी और कल्याणप्रद प्रकार के चमत्कार केवल सच्चे संत ही कर सकते हैं क्योंकि वे सर्वशक्तिमान जगतसृष्टा के साथ एकात्मता प्राप्त कर चुके होते हैं। अफ़ज़ल केवल एक साधारण मनुष्य था, जिसे एक ऐसे सूक्ष्मलोक में प्रवेश करने की असाधारण शक्ति प्राप्त थी, जहाँ मर्त्य मानव मृत्यु के पहले प्रवेश नहीं कर सकते।"

''अब मेरी समझ में आ गया, गुरुजी! परलोक में काफ़ी मोहक आकर्षण जान पड़ते हैं।''

गुरुदेव इससे सहमत हो गए। ''मैंने उस दिन के बाद अफ़ज़ल को फिर कभी नहीं देखा। परन्तु कुछ वर्षों बाद बाबू एक दिन मेरे घर समाचार पत्र में छपी अफ़ज़ल की खुली स्वीकारोक्ति का विवरण दिखाने आया। मैंने तुम्हें उसके बचपन में हिन्दू गुरु से दीक्षा मिलने की जो बात अभी-अभी बताई थी, उसकी जानकारी मुझे उसी विवरण से हुई थी।''

श्रीयुक्तेश्वरजी को जो याद था, उसके अनुसार उस प्रकाशित विवरण के अन्तिम भाग का सारांश इस प्रकार थाः ''मैं अफ़ज़ल खान, पश्चाताप के रूप में और अलौकिक शक्तियाँ प्राप्त करने के इच्छुकों को सावधान करने के लिए यह सब लिख रहा हूँ। भगवान और मेरे गुरु की कृपा से मुझे जो अद्भुत क्षमताएँ प्राप्त हुई थीं, उनका मैं कई वर्षों से दुरुपयोग करता आ रहा हूँ। अहंकार के मद में चूर होकर मैं समझने लगा था कि मैं नैतिकता के सामान्य नियमों से परे हूँ। आख़िर मेरे न्याय का दिन भी आ गया।

''हाल ही में कोलकाता के बाहर सड़क पर मेरी एक बूढ़े आदमी से मुलाकात हुई। वह दर्द के कारण लँगड़ाता हुआ चल रहा था। उसके हाथ में सोने जैसी कोई वस्तु चमक रही थी। मेरे मन में लालच पैदा हो गया और मैंने उससे कहाः

'''मैं महान् फ़क़ीर अफ़ज़ल खान हूँ। तुम्हारे हाथ में क्या है?'

'''यह सोने का गोला संसार में मेरी एकमात्र सम्पत्ति है; एक फ़क़ीर के लिए यह बेकार है। मेरी आपसे प्रार्थना है, महोदय! मेरा यह लँगड़ाना ठीक कर दीजिये।'

''मैंने उस गोले का स्पर्श किया और कोई उत्तर दिये बिना आगे बढ़ गया। वह बूढ़ा लँगड़ाते-लँगड़ाते मेरे पीछे-पीछे आने लगा। अचानक वह शोर मचाने लग गयाः 'मेरा सोना ग़ायब हो गया।'

''जब मैंने उसकी ओर कोई ध्यान नहीं दिया, तब वह अचानक बुलंद आवाज में बात करने लगा जो उसके जीर्ण-शीर्ण शरीर से निकलती बड़ी ही अजीब लग रही थीः

'''क्या तुमने मुझे पहचाना नहीं?'

''मैं अवाक् रह गया; इतनी देर बाद इस बात से ध्यान में आते ही मैं स्तब्ध रह गया कि वह दुर्बल लगने वाला लँगड़ा बूढ़ा कोई और नहीं, वही महान् संत थे

जिन्होंने कई वर्ष पहले मुझे योग की दीक्षा दी थी। वे सीधे खड़े हो गए; उनका शरीर एक क्षण में मज़बूत और जवान हो गया।

मेरे गुरु क़ी आँखों से अंगारे बरस रहे थे। "तो! मैं स्वयं अपनी आँखों से देख रहा हूँ कि तुम अपनी शक्तियों का उपयोग दुःख-पीड़ित मानवजाति की सहायता के लिए नहीं, बल्कि एक घटिया चोर की तरह उसे लूटने के लिए करते हो! मैं तुम्हारी सारी शक्तियाँ वापस लेता हूँ; हज़रत अब तुमसे मुक्त हो गया। अब तुम बंगाल के आतंक बन कर नहीं रहोगे।

"मैंने बेहद दर्दभरी आवाज़ में हज़रत को बार-बार पुकारा; यह पहला मौका था जब मेरी वह मेरी अन्तर्दृष्टि के सामने प्रकट नहीं हुआ। लेकिन मेरी बुद्धि पर पड़ा एक काला पर्दा अचानक हट गया; मैंने साफ देखा कि मेरी जिंदगी कितनी निन्दनीय हो गई थी।

"मैं सुबकते हुए गुरुजी के चरणों में गिर पड़ा। मैंने कहाः 'मेरे पूज्य गुरुदेव! मेरी लम्बी नींद को तोड़ने के लिए आप आए, इसलिए मैं आपका शुक्रगुज़ार हूँ। मैं आपसे वादा करता हूँ कि मैं अपनी सारी सांसारिक महत्त्वाकांक्षाओं को त्यागकर भगवान का ध्यान करने के लिए पर्वतों में चला जाऊँगा और आशा करता हूँ कि इससे मेरे पाप भरे अतीत का प्रायश्चित्त हो जाएगा।'

"मेरे गुरु चुपचाप खड़े सहानुभूतिपूर्वक मुझे देखते रहे। आख़िर उन्होंने कहाः 'मैं तुम्हारे हृदय की सच्चाई को देख रहा हूँ। शुरुआत के वर्षों में तुमने जो कठोर आज्ञा पालन किया और आज जिस सच्चे प्रायश्चित्त की आग में तुम जल रहे हो, उसके लिए मैं तुम्हें एक वर देता हूँ। तुम्हारी अन्य सारी शक्तियाँ तो समाप्त हो गईं। पर जब भी तुम्हें अन्न या वस्त्र की आवश्यकता होगी, तब तुम अभी भी हज़रत से वह प्राप्त कर सकते हो। पर्वतों के एकान्त में पूरा मन लगाकर ईश्वर का ज्ञान प्राप्त करने में अपने आपको समर्पित कर दो।'

"फिर मेरे गुरु अंतर्धान हो गए; वहाँ रह गए थे मैं और मेरे आँसू और अतीत के विचारों पर तड़पता मेरा मन। अलविदा, दुनिया! मैं अब उस विराट प्रेमी की क्षमा प्राप्त करने का प्रयत्न करने जा रहा हूँ।"

प्रकरण–19

मेरे गुरु कोलकाता में, प्रकट होते हैं श्रीरामपुर में

"ईश्वर के अस्तित्व के विषय में शंकाओं से मैं प्रायः उद्विग्न हो जाता हूँ। फिर भी एक कष्टप्रद विचार बार-बार मुझे सताता रहता है: क्या आत्मा में मेरी सम्भावनाएँ नहीं हो सकतीं जिन्हें मानवजाति ने कभी प्रयुक्त ही न किया हो? यदि इन सम्भावनाओं का पता मनुष्य नहीं लगा पाता, तो क्या वह अपने वास्तविक लक्ष्य से चूक नहीं जाता?"

यह मन्तव्य पंथी छात्रावास के कमरे में मेरे साथ रहने वाले दिजेन बाबू ने तब प्रकट किया जब मैंने उन्हें आकर अपने गुरु से मिलने के लिए कहा।

"श्रीयुक्तेश्वरजी तुम्हें क्रियायोग की दीक्षा देंगे," मैंने उत्तर दिया। "उससे एक दिव्य आंतरिक विश्वास के द्वारा ऐसी द्वन्द्वात्मक वैचारिक खलबली शान्त हो जाती है।"

उस दिन शाम को दिजेन बाबू मेरे साथ आश्रम आये। गुरुदेव के सान्निध्य में उन्हें ऐसी आध्यात्मिक शान्ति का लाभ हुआ कि शीघ्र ही वे नियमित रूप से आश्रम में आने लगे।

दैनिक जीवन की छोटी-मोटी आवश्यकताओं की पूर्ति में व्यस्त रहने से ही हमारी गहनतम आवश्यकताओं की पूर्ति नहीं हो जाती; क्योंकि मनुष्य में ज्ञान की भी स्वाभाविक तृष्णा होती है। मेरे गुरु की बातों से दिजेन बाबू अपने अन्तर में

एक क्षणभंगुर जन्म के उथले अहंकार से अधिक गहरे आत्मस्वरूप को खोजने का प्रयास करने में प्रेरित हुए।

दिजेन और मैं, दोनों ही श्रीरामपुर कॉलेज में बी.ए. की पढ़ाई कर रहे थे, इसलिए हमारी यह आदत ही बन गई कि कॉलेज से छुट्टी मिलते ही दोनों साथ-साथ चलकर आश्रम पहुँच जाते थे। हम प्रायः श्रीयुक्तेश्वरजी को दूसरे तल्ले की बाल्कनी में खड़े देखते और जैसे-जैसे हम आश्रम के करीब पहुँचते, वे हमारी ओर देखकर मुस्कराते रहते।

एक दिन दोपहर को जब हम आश्रम के द्वार पर पहुँचे तो आश्रम में रहने वाले कन्हाई नामक एक लड़के ने हमें निराश करने वाला समाचार सुना दिया।

"गुरुदेव यहाँ नहीं हैं; एक अत्यावश्यक सूचना मिलने से उन्हें कोलकाता जाना पड़ा।"

दूसरे दिन मुझे गुरुदेव का एक पोस्टकार्ड मिला। उन्होंने लिखा था, "मैं बुधबार की सुबह यहाँ से चल पड़ूँगा। तुम और दिजेन सुबह नौ बजे श्रीरामपुर स्टेशन पर मिलो।"

बुधबार को सुबह लगभग साढ़े आठ बजे श्रीयुक्तेश्वरजी का मनःसंचार पद्धति (Telepathy) से भेजा गया सन्देश मेरे मन में बार-बार दृढ़तापूर्वक उभरने लगा, "मुझे रुकना पड़ रहा है; नौ बजे स्टेशन पर मत आना।"

दिजेन बाबू पहले ही कपड़े पहने स्टेशन जाने के लिए तैयार हो गए थे; तभी मैंने उन्हें यह नवीनतम सन्देश सुनाया।

"तुम और तुम्हारी अन्तर्प्रेरणा!" उनकी आवाज़ में तिरस्कार की धार थी। "मैं तो गुरुदेव के लिखित सन्देश पर ही विश्वास करना श्रेष्ठ समझता हूँ।"

मैंने अपने कंधे उचकाये और शान्त निश्चय के साथ बैठ गया। दिजेन बाबू गुस्से में बड़बड़ाते हुए दरवाज़े से बाहर गए और उसे ज़ोर की आवाज़ के साथ अपने पीछे बन्द कर चले गए।

कमरे में कुछ अन्धेरा-सा होने के कारण मैं बाहर सड़क की ओर खुलने वाली खिड़की के पास जाकर खड़ा हो गया। सूर्य का मन्द प्रकाश हठात् एक ऐसी तीव्र ज्योति में बदल गया कि उसमें लोहे की छड़ें लगी खिड़की पूर्णतः अदृश्य हो गई। इस दीप्तिमान पृष्ठभूमि पर श्रीयुक्तेश्वरजी स्पष्टतया प्रकट हुए!

विस्मयविमूढ़-सा होकर मैं तुरन्त कुर्सी से उठ खड़ा हुआ और उन्हें प्रणाम करने के लिए झुका। अपने गुरु के चरणों में आदर व्यक्त करने की अपनी आदत

के अनुसार मैंने उनके जूतों का स्पर्श किया। टाट के तलेवाले नारंगी कैनवस के ये जूते मेरे चिर-परिचित थे। उनका गेरुआ वस्त्र उड़-उड़ कर मेरे शरीर का स्पर्श कर रहा था। न केवल उनके वस्त्र की बुनाई को ही, बल्कि उनके जूतों के खुरदरेपन को और उनके भीतर हाथों को लगते उनके पाँवों की उँगलियों के दबाव को भी मैं स्पष्ट रूप से अनुभव कर रहा था। आश्चर्य से अवाक् खड़ा होकर मैं प्रश्नार्थक दृष्टि से उनकी ओर देखता रहा।

''मैं खुश हूँ कि तुम्हें मेरा मनःसंचारित सन्देश मिल गया।'' गुरुदेव का स्वर शान्त और सदा की तरह ही सहज था। ''अब कोलकाता में मेरा काम समाप्त हो गया है और दस बजे की गाड़ी से मैं श्रीरामपुर पहुँच रहा हूँ।''

मैं अब भी अवाक् ही रहकर उनकी ओर देख रहा था। श्रीयुक्तेश्वरजी कहते गएः ''यह कोई आभास नहीं, बल्कि मेरा हाड़-मांस का शरीर है। पृथ्वी पर अत्यंत दुर्लभ यह अनुभव तुम्हें प्रदान करने की आज्ञा मुझे ईश्वर ने दी है। मुझे स्टेशन पर मिलो; अभी मैं जिस परिधान में हूँ, उसी परिधान में तुम और दिजेन मुझे अपनी ओर आते देखोगे। मेरे आगे-आगे, उसी ट्रेन से उतरा एक छोटा बच्चा हाथ में चाँदी का लोटा लिए चल रहा होगा।''

मेरे गुरु ने अपने दोनों हाथ मेरे मस्तक पर रखकर आशीर्वाद दिया। जैसे ही उन्होंने विदा लेने के लिए, ''तबे आशी'' कहा, मुझे एक अजीब प्रकार की गड़गड़ाहट सुनाई देने लगी। उस तीव्र प्रकाश में धीरे-धीरे उनका शरीर विलीन होने लगा। पहले उनके चरण और टाँगे विलीन होकर अदृश्य हो गए, बाद में धड़ और फिर सिर, जैसे किसी लेखपट को कोई नीचे से ऊपर की ओर लपेट रहा हो। अंतिम क्षण तक, बालों पर हलके से टिकी उनकी उँगलियों का स्पर्श मैं अनुभव कर रहा था। धीरे-धीरे वह दीप्तिमान प्रकाश लुप्त हो गया; अब मेरी दृष्टि के सामने छड़ें लगी खिड़की और मंद सूर्यप्रकाश के अतिरिक्त कुछ नहीं रहा।

मैं यह सोचता हुआ अर्द्धग्लानि की अवस्था में खड़ा रहा कि कहीं मैं चित्त-भ्रम का शिकार तो नहीं हो गया था। शीघ्र ही दिजेन बाबू मुँह लटकाये कमरे में दाखिल हुए।

''गुरुदेव न तो नौ बजे पहुँचने वाली गाड़ी में थे और न ही साढ़े नौ बजे पहुँचने वाली गाड़ी में'' उनके स्वर में अपनी भूल के एहसास की किंचित्-सी झलक थी।

"चलो, मैं जानता हूँ वे दस बजे की गाड़ी से आ रहे हैं।" मैंने दिजेन बाबू का हाथ पकड़ा और उनके विरोध की ओर कोई ध्यान न देकर उन्हें अपने साथ खींचता ले गया। लगभग दस मिनट में हम लोग स्टेशन पहुँच गए जहाँ गाड़ी अभी-अभी आकर रुक ही रही थी।

"पूरी गाड़ी गुरुदेव के तेज के आलोक से भरी हुई है! वे इसमें हैं!" आनन्द से मेरे उद्गार निकले।

"तुम ऐसे ही सपना देख रहे हो?" दिजेन बाबू उपहास के साथ हँस रहे थे।

"हम यहाँ खड़े रहते हैं।" मैंने अपने मित्र को गुरुदेव हमारी ओर किस प्रकार आएंगे, वह सब बताया। जैसे ही मेरा वर्णन समाप्त हुआ, श्रीयुक्तेश्वरजी हमें दिखाई पड़े। उन्होंने वही कपड़े पहन रखे थे जो थोड़ी देर पहले मुझे दिखाई दिये थे। वे धीरे-धीरे एक चाँदी का लोटा पकड़े चल रहे बच्चे के पीछे आ रहे थे।

अपने विचित्र एवं अपूर्व अनुभव पर मैं एक क्षण के लिए भय से सिहर उठा। मुझे ऐसा लग रहा था मानों बीसवीं शताब्दी का भौतिकवादी संसार मेरी पकड़ से फिसल रहा है; क्या मैं उस प्राचीन काल में पहुँच गया था जब ईसा मसीह पीटर के सामने सागर जल पर प्रकट हो गए थे?

जब ईसा की कोटि के आधुनिक योगी श्रीयुक्तेश्वरजी जहाँ दिजेन और मैं अवाक् खड़े थे, उस स्थान के समीप आ गए, तब गुरुदेव ने दिजेन की ओर देखकर मुस्कराते हुए कहाः

"मैंने तुम्हें भी सन्देश भेजा था, पर तुम उसे ग्रहण नहीं कर सके।"

दिजेन बाबू चुप थे, पर सन्देह के मारे मेरी ओर क्रोधभरी दृष्टि से देख रहे थे। अपने गुरुदेव को आश्रम में पहुँचा देने के बाद दिजेन बाबू और मैं श्रीरामपुर कॉलेज की ओर जाने लगे। रास्ते में अचानक दिजेन बाबू रुक गए, उनके प्रत्येक रंध्र से जैसे रोष बह रहा था।

"तो! गुरुदेव ने मेरे लिए सन्देश भेजा था! फिर भी तुमने उसे छुपाकर रखा! इसका कोई कारण बता सकते हो?"

"यदि तुम्हारे मन का दर्पण अशान्ति से इतना चंचल है कि गुरुदेव के निर्देशों को तुम उसमें पढ़ नहीं पाते, तो इसमें मैं क्या कर सकता हूँ?" मैंने पलटकर जवाब दिया।

दिजेन बाबू के चेहरे से क्रोध लुप्त हो गया। "अब मेरी समझ में आ रहा है तुम क्या कहना चाहते हो," उन्होंने खेदभरे स्वर में कहा। "परन्तु फिर भी

कृपा करके मुझे यह बताओ कि लोटा पकड़े बच्चे के बारे में तुम्हें पूर्व जानकारी कैसे मिली?"

उस दिन प्रातःकाल छात्रावास में गुरुदेव के प्रकट होने की अलौकिक कहानी जब तक मैंने पूरी की, तब तक हम श्रीरामपुर कॉलेज पहुँच चुके थे।

दिजेन बाबू ने कहाः "तुम्हारे गुरु की शक्तियों का जो वर्णन मैंने अभी-अभी तुमसे सुना है, उसके आगे तो लगता है कि संसार के सारे विश्वविद्यालय शिशु-विद्यालय मात्र हैं।"

प्रकरण—20

कश्मीर-यात्रा में बाधा

"पिताजी! मैं गर्मी की छुट्टियों में गुरुदेव और चार मित्रों को लेकर हिमालय की तलहटी में स्थित पहाड़ियों के क्षेत्र में जाना चाहता हूँ। क्या आप मुझे कश्मीर के छह रेलवे-पास और यात्रा में खर्च के लिए पर्याप्त रुपया देंगे?"

मेरी अपेक्षा के अनुरूप ही पिताजी ठहाका मारकर हँसने लगे। "यह तीसरी बार है कि तुम मुझे फिर वही शेखचिल्ली की कहानी सुना रहे हो। पिछले साल और उसके पिछले साल भी तुमने मुझसे यही अनुरोध किया था न? अन्तिम क्षण में श्रीयुक्तेश्वरजी जाने से मना कर देते हैं।"

"यह सच है, पिताजी! पता नहीं क्यों कश्मीर के बारे में गुरुदेव मुझे कभी पक्का वचन नहीं दे पाते। परन्तु यदि मैं उन्हें यह बता दूँ कि मैंने आपसे पास भी ले लिये हैं, तो किसी कारण से मुझे लगता है कि वे इस बार यात्रा के लिए राज़ी जो जाएंगे।"

पिताजी को उस समय तो पूरा विश्वास नहीं हुआ, परन्तु दूसरे दिन कुछ हास्य-विनोद के कटाक्ष करने के बाद उन्होंने मुझे छह पास और दस-दस रुपये के नोटों की एक गड्डी थमा दी और साथ में कहाः

"मैं नहीं समझता कि तुम्हारी काल्पनिक यात्रा के लिए इस प्रकार के प्रत्यक्ष सहारों की कोई आवश्यकता पड़ेगी, परन्तु फिर भी इन्हें अभी रख लो।"

उसी दिन दोपहर को मैंने श्रीयुक्तेश्वरजी को वह खज़ाना दिखा दिया। वे मेरे उत्साह पर मुस्कराये तो अवश्य, परन्तु उनके शब्द गोलमोल ही थेः

"मैं जाना तो चाहता हूँ, पर देखेंगे।" मैंने जब उनके आश्रमवासी बाल शिष्य कन्हाई को हमारे साथ चलने के लिए कहा, तब भी वे कुछ नहीं बोले। मैंने तीन अन्य मित्रों को भी चलने के लिए कहा—राजेन्द्र नाथ मित्र, ज्योतिन ऑडी और एक अन्य लड़का। हमारे प्रस्थान के लिए अगले सोमवार का दिन तय किया गया।

घर में एक चचेरे भाई की शादी होने के कारण शनिवार और रविवार को मैं कोलकाता में ही रहा। सोमवार को प्रातः ही मैं अपने सामान के साथ श्रीरामपुर पहुँच गया। आश्रम के द्वार पर ही राजेन्द्र से भेंट हो गई।

"गुरुदेव बाहर टहलने गए हैं। उन्होंने जाने से इन्कार कर दिया है।"

मुझे जितना संताप हुआ, उतनी ही ज़िद भी चढ़ गई। "मैं पिताजी को अपनी तीसरी काल्पनिक कश्मीर यात्रा का मज़ाक उड़ाने का अवसर नहीं दूँगा। चलो, हम बाकी लोग ही चले चलते हैं।"

राजेन्द्र मान गया। मैं किसी नौकर को ढूँढ़ने के लिए आश्रम से निकल पड़ा। मैं जानता था कि गुरुदेव नहीं जाएंगे तो कन्हाई भी नहीं जाएगा और सामान की देखभाल के लिए कोई न कोई तो चाहिए ही था। सबसे पहले मेरे मन में बिहारी का ख्याल आया। वह पहले हमारे घर में नौकर था और अब श्रीरामपुर में एक शिक्षक के यहाँ नौकरी कर रहा था। मैं जल्दी-जल्दी चल रहा था। श्रीरामपुर कचहरी के पास स्थित गिरजाघर के सामने गुरुदेव से भेंट हो गई।

"कहाँ जा रहे हो?" श्रीयुक्तेश्वरजी के चेहरे पर मुस्कराहट का लवलेश भी नहीं था। "गुरुजी! मुझे पता चला कि आप और कन्हाई हमारी यात्रा में शामिल नहीं होंगे। मैं बिहारी को खोजने जा रहा हूँ। आपको याद होगा कि पिछले साल वह कश्मीर देखने के लिए इतना उत्सुक था कि बिना किसी मज़दूरी के भी सेवा देने को तैयार था।"

"मुझे याद है। फिर भी मुझे नहीं लगता कि बिहारी जाना चाहेगा।"

"वह इस अवसर की आतुरता से प्रतीक्षा कर रहा है!" मैंने चिढ़कर कहा।

गुरुदेव चुपचाप आगे बढ़ गए। मैं थोड़े समय में ही उस शिक्षक के घर पहुँच गया। बिहारी घर के आँगन में ही था। मुझे देखते ही वह प्रेम से मुस्कराते हुए मेरी ओर आया, परन्तु जैसे ही मैंने कश्मीर की बात छेड़ी, उसकी मुस्कराहट हवा हो गई। होंठों में ही बड़बड़ाते हुए उसने क्षमा माँगी और अपने मालिक के घर के भीतर चला गया। मैं आधे घंटे तक अपने आपको यह दिलासा देता वहीं खड़ा रहा

कि बिहारी मेरे साथ आने की तैयारी कर रहा होगा, इसीलिए उसे देर हो रही है। आख़िर मैंने सामने के द्वार पर दस्तक दी।

"बिहारी तो लगभग आधे घंटे पहले ही पीछे की सीढ़ी से उतरकर कहीं बाहर चला गया है," एक आदमी ने बताया। उसके होठों पर हल्की मुस्कान खेल रही थी।

उदास होकर मैं यह सोचते हुए वहाँ से चल पड़ा कि मेरे निमंत्रण में उसे अत्यधिक ज़ोर-ज़बरदस्ती जान पड़ी, या गुरुदेव का अदृश्य प्रभाव अपना काम कर रहा था? गिरजाघर को पार करते ही मैंने गुरुदेव को पुनः अपनी ओर आते देखा। मेरे कुछ कहने के पहले ही वे बोल पड़ेः

"तो बिहारी नहीं जाएगा! अब तुम्हारी क्या योजना है?"

मैं स्वयं को किसी ऐसे ज़िद्दी बच्चे की तरह समझ रहा था जिसने अपने अधिकार जताने वाले पिता का विरोध करने की ठान ली हो। "गुरुजी! मैं अपने चाचाजी के पास यह अनुरोध करने जा रहा हूँ कि वे अपने नौकर लालधारी को मेरे साथ भेज दें।"

"तुम्हारी इच्छा ही है तो अपने चाचा से मिल लो, परन्तु मुझे नहीं लगता वहाँ जाने पर तुम्हें कोई खुशी होने वाली है।"

सहम कर परन्तु विद्रोही बन कर मैं अपने गुरु को वहीं छोड़ श्रीरामपुर कचहरी में जा पहुँचा। मेरे चाचा शारदा घोष ने, जो एक सरकारी वकील थे, बड़े प्रेम से मेरा स्वागत किया।

"मैं आज ही कुछ मित्रों के साथ कश्मीर जा रहा हूँ," मैंने उन्हें बताया। "कई वर्षों से मुझे हिमालय की इस यात्रा की प्रतीक्षा थी।"

"मुझे बहुत खुशी हुई, मुकुन्द! तुम्हारी यात्रा को अधिक आरामदायक बनाने के लिए क्या मैं कुछ कर सकता हूँ?"

इन स्नेहपूर्ण शब्दों से मेरा उत्साह और भी अधिक बढ़ गया। मैंने कहाः "चाचाजी! क्या आप अपने नौकर लालधारी को मेरे साथ भेज सकेंगे?"

मेरे इस सीधे-सीधे अनुरोध से मानो भूचाल आ गया। चाचाजी इतने ज़ोर से उछल पड़े कि उनकी कुर्सी उलट गई, मेज़ पर पड़े कागज़ दश-दिशाओं में उड़ गए और उनका हुक्का अत्यधिक खड़खड़ाहट के साथ फर्श पर जा गिरा।

गुस्से से काँपते हुए वे चीख उठेः "स्वार्थी लड़के! तुम्हारी मति मारी गई है! अपनी इस मटरगश्ती की यात्रा पर तुम मेरे नौकर को ले जाओगे तो मेरे काम कौन करेगा?"

यह सोचते हुए कि नरम स्वभाव के मिलनसार चाचाजी के रवैये में यह अचानक परिवर्तन अनेक अगम्य रहस्यों से परिपूर्ण दिन का एक और गूढ़ रहस्य है, मैंने अपने विस्मय को भीतर ही दबा लिया। जिस चाल से मैं कचहरी से बाहर निकला, उस में गरिमा की अपेक्षा शीघ्रता अधिक थी।

मैं आश्रम लौट आया, जहाँ मेरे मित्रगण एकत्र होकर आस लगाये बैठे थे। मेरे मन में यह विश्वास अब ज़ोर पकड़ता जा रहा था कि गुरुदेव के इस रवैये के पीछे कोई समुचित परन्तु अत्यन्त गहन उद्देश्य अवश्य है। अपने गुरु की इच्छा को विफल करने का प्रयत्न करने के पश्चाताप से मेरा मन ग्लानि से भर आया।

"मुकुन्द! क्या तुम थोड़ी देर मेरे साथ यहाँ रहना नहीं चाहोगे?" श्रीयुक्तेश्वरजी पूछ रहे थे। "राजेन्द्र और बाकी लोग अभी आगे जाकर कोलकाता में तुम्हारे लिए रुक सकते हैं। कोलकाता से कश्मीर के लिए शाम को छूटने वाली अंतिम गाड़ी पकड़ने के लिए फिर भी बहुत समय मिलेगा।"

"गुरुदेव! मैं आपके बिना नहीं जाना चाहता," मैंने विषण्ण मन से कहा।

मेरे मित्रों ने मेरी इस बात की ओर कोई ध्यान नहीं दिया। उन्होंने एक घोड़ागाड़ी मँगायी और अपने सारे सामान सहित वे चले गए। कन्हाई और मैं चुपचाप अपने गुरुदेव के चरणों में बैठ गए। आधे घंटे तक सब मौन बैठे रहने के बाद गुरुदेव उठे और दूसरे तल्ले के भोजन कक्ष की ओर चल दिये।

"कन्हाई, मुकुन्द का खाना परोस दो। उसकी ट्रेन का समय हो रहा है।"

कंबल के आसन पर से उठते ही अचानक मुझे भयंकर मिचली आने लगी और पेट में मरोड़ के साथ भयंकर शूल उठने लगा। ऐसा लग रहा था मानो पेट में छुरियाँ चल रही हों। यातना इतनी तीव्र थी कि मुझे ऐसा लग रहा था जैसे किसी ने मुझे अचानक दारुण नर्क-कुंड में फेंक दिया हो। अन्धे की भाँति हाथ से टटोलते हुए, लड़खड़ाते कदमों से मैं अपने गुरु की ओर बढ़ने लगा और उनके सामने जाकर ढह पड़ा। भयावह एशियाटिक कॉलरा के सब लक्षण प्रकट हो गए थे। श्रीयुक्तेश्वरजी और कन्हाई मुझे उठाकर बैठकखाने में ले गए।

भीषण वेदना से तड़पते हुए मैं चीख उठाः "गुरुदेव! मैं अपना जीवन आपके चरणों में समर्पित करता हूँ;" और उस समय मुझे सचमुच ऐसा लग रहा था कि जीवन का सागर मेरे देह-किनारे से दूर जा रहा था।

श्रीयुक्तेश्वर ने मेरा सिर अपनी गोद में रख लिया और अत्यंत कोमलता से उसे सहलाते हुए बोलेः "अब तुम्हें पता चला कि इस समय तुम यदि अपने मित्रों

के साथ स्टेशन पर होते तो क्या होता? मुझे इस विचित्र प्रकार से तुम्हारी देखभाल करनी पड़ी, क्योंकि यात्रा के इस विशिष्ट समय के बारे में मेरे निर्णय पर तुमने शक किया।''

आख़िर मेरी समझ में आ गया। कदाचित ही सिद्ध पुरुष अपनी शक्तियों का खुला प्रदर्शन करना उचित समझते हैं, इसलिए उस दिन की घटनाएँ किसी भी सामान्य मनुष्य को स्वाभाविक ही जान पड़तीं। मेरे गुरुदेव का हस्तक्षेप इतने सूक्ष्म स्तर पर हो रहा था कि उसका पता चलना असंभव था। उन्होंने बिहारी, मेरे चाचा और राजेन्द्र तथा अन्य लोगों के माध्यम से अपनी इच्छाशक्ति को अव्यक्त रूप से कार्यान्वित किया था। मुझे छोड़कर शायद हर किसी ने परिस्थितियों को तर्कसंगत और सामान्य समझा था।

श्रीयुक्तेश्वरजी अपने सामाजिक दायित्वों को निभाने में कभी चूकते नहीं थे, अतः उन्होंने डॉक्टर को बुला लाने के लिये और चाचाजी को सूचित करने के लिए कन्हाई को भेज दिया।

मैंने विरोध दर्शाते हुए कहाः ''गुरुदेव! मुझे केवल आप ही ठीक कर सकते हैं। मैं किसी भी डॉक्टर की शक्ति से बाहर जा चुका हूँ।''

''मेरे बच्चे, ईश्वर की कृपा तुम्हारी रक्षा कर रही है। डॉक्टर की चिंता मत करो; उसे तुम इस अवस्था में नहीं मिलोगे। तुम ठीक हो चुके हो।''

मेरे गुरुदेव के मुँह से ये शब्द निकलते ही मेरी तीव्र वेदना अचानक गायब हो गई। कमज़ोरी तो थी पर मैं उठकर बैठ गया। शीघ्र ही एक डॉक्टर वहाँ आये और उन्होंने मेरी जाँच की।

''तुम्हारा संकट टल गया है,'' उन्होंने कहा। ''लैबोरेटरी टेस्ट के लिए तुम्हारे कुछ नमूने मैं अपने साथ ले जाता हूँ।''

दूसरे दिन प्रातःकाल ही डॉक्टर जल्दबाज़ी में आये। मैं स्वस्थचित्त होकर बैठा हुआ था।

मेरे हाथ को पकड़कर धीरे-धीरे थपथपाते हुए उन्होंने कहाः ''अच्छा! तुम तो इस प्रकार बैठकर गपशप कर रहे हो जैसे मृत्यु तुम्हारे पास फटकी भी नहीं थी! तुम्हारे नमूनों के परीक्षण से जब मुझे पता चला कि तुम्हें एशियाटिक कॉलरा हो गया है, तो तुम्हें अभी जीवित देखने की बहुत ही कम आशा मेरे मन में थी। तुम बहुत भाग्यवान हो बच्चे, कि तुम्हें रोग-निवारण की दैवी शक्ति से सम्पन्न गुरु मिले हैं! मुझे इस बात का पूरा विश्वास हो गया है!''

मैं पूरी तरह से सहमत था। जब डॉक्टर निकल ही रहे थे, तो राजेन्द्र और ऑडी दरवाज़े पर आ पहुँचे। डॉक्टर और मेरे मुरझाये चेहरों पर दृष्टि पड़ते ही उनके चेहरों पर प्रकट रोष के भाव सहानुभूति में बदल गए।

''जब तुम कोलकाता में ट्रेन के समय पर नहीं पहुँचे, तो हमें बहुत गुस्सा आ गया था। तुम बीमार हो गए हो?''

''हाँ।'' जब मेरे मित्रों ने अपना सामान फिर उसी कोने में रखा जहाँ वह कल था, तो मुझे हँसी आये बिना नहीं रही। उस प्रसंग के योग्य एक पद मेरे मुँह से निकल पड़ाः

''जहाज़ एक निकला था स्पेन जाने के लिए; वहाँ पहुँचने से पहले ही विवश हुआ लौट आने के लिए!''

गुरुदेव कमरे में आये। मैंने स्वास्थ्य-लाभ करने वाले रोगी को मिल सकने वाली छूट का लाभ उठाते हुए प्रेम से उनका हाथ पकड़ लिया।

''गुरुदेव!'' मैंने कहा, ''बारह वर्ष की आयु से ही मैंने हिमालय जाने का कई बार असफल प्रयास किया और अब अन्ततः मुझे इस बात का विश्वास हो गया है कि आपके आशीर्वाद के बिना देवी पार्वती मुझे अपने पास नहीं आने देंगी।''

प्रकरण—21

हमारी कश्मीर-यात्रा

"अब तुम यात्रा करने योग्य स्वस्थ हो गए हो। मैं भी तुम्हारे साथ कश्मीर चलूँगा," श्रीयुक्तेश्वरजी ने एशियाटिक कॉलरा से मेरे ठीक हो जाने के दो दिन बाद मुझसे कहा।

उसी दिन शाम को छह लोगों का हमारा दल उत्तर की ओर जाने के लिए गाड़ी पर सवार हो गया। हमारा पहला पड़ाव शिमला में हुआ, जो हिमालय के पहाड़ों के सिंहासन पर विराजमान रानीसदृश शहर है। भव्य दृश्यों का आनन्द लेते हुए हम ढलानयुक्त सड़कों पर घूमे।

"विलायती स्ट्राबेरी ले लो," एक सुन्दर दृश्य प्रस्तुत करते स्थान में लगे खुले बाजार में बैठी एक वृद्धा चिल्ला रही थी।

छोटे-छोटे लाल-लाल अपरिचित फलों को देखकर गुरुदेव का कौतूहल जागा। उन्होंने एक बड़ी टोकरी भर फल खरीद लिए और पास ही खड़े कन्हाई और मुझे खाने को दिये। मैंने एक फल खाकर देखा, पर तुरन्त ही उसे थूक दिया।

"कितना खट्टा है यह, गुरुदेव! मुझे स्ट्राबेरी कभी अच्छी नहीं लग सकती!"

मेरे गुरु हँसने लगे। "अमेरिका में तुम्हें ये खूब अच्छी लगेंगी। वहाँ एक रात्रि-भोज में जिसके घर तुम उस दिन खाना खा रहे होगे, उस घर की गृहिणी तुम्हें मलाई और शक्कर के साथ स्ट्राबेरी देगी। जब वह काँटे से स्ट्राबेरियों को कुचलकर तुम्हें देगी, तब तुम उन्हें खाकर देखोगे और कहोगे: 'कितनी स्वादिष्ट स्ट्राबेरी!' तब तुम्हें शिमला में आज का यह दिन याद आएगा।"

(श्रीयुक्तेश्वरजी की यह भविष्यवाणी मेरे दिमाग से पूरी तरह निकल गई थी, परन्तु कई वर्षों बाद मेरे अमेरिका जाने के शीघ्र ही पश्चात् फिर याद आ गई। मैसाच्युसेट्स प्रान्त के वेस्ट सोमरविल नगर में श्रीमती एलिस टी. हैसी (योगमाता) के घर में एक रात्रिभोज पर मैं निमन्त्रित था। भोजन के अन्त में जब स्ट्राबेरी टेबल पर लाकर रखी गई, तो श्रीमती हैसे ने एक काँटा उठाकर उससे मेरे सामने रखी गयी स्ट्राबेरियों को अच्छी तरह कुचल दिया और उसमें मलाई एवं शक्कर डाल दी। ''यह फल कुछ अधिक ही खट्टा होता है; मुझे लगता है आपको इसे इस तरह खाना पसन्द आएगा,'' उन्होंने कहा। मैंने थोड़ा-सा उठाकर मुँह में डाला। ''कितनी स्वादिष्ट स्ट्राबेरी!'' मेरे मुँह से अनायास ही निकल पड़ा। उसी क्षण स्मृति की अथाह गुफा से शिमला में की गई मेरे गुरुदेव की भविष्यवाणी मानस पटल पर उभर आयी। यह ध्यान में आते ही मैं नितान्त आदर और विस्मय से विभोर हो उठा कि बहुत पहले ही उनके ईश्वर-लीन मन ने भविष्य के ईंथर में विचरण करने वाले प्रारब्धीय घटनाक्रम को देख लिया था।)

हम लोग शीघ्र ही शिमला छोड़ रावलपिंडी जाने के लिए गाड़ी में बैठ गए। वहाँ से कश्मीर की राजधानी श्रीनगर तक ही सात दिन की यात्रा के लिए हमने दो घोड़ों द्वारा खींची जाने वाली एक बड़ी बग्गी किराये पर ली, जो चारों ओर से बन्द थी और उस पर छत भी थी। हमारी इस उत्तर की ओर यात्रा में दूसरे दिन से हिमालय की सच्ची विस्तीर्णता दृष्टिगोचर होने लगी। जैसे-जैसे हमारी बग्गी के लोहे के पहिये गरम पथरीले मार्गों पर घड़-घड़ करते आगे बढ़ रहे थे, वैसे-वैसे पर्वत शोभा के बदलते सुन्दर दृश्यों को देखकर हम मुग्ध हो रहे थे।

''गुरुदेव!'' ऑडी ने कहा, ''आपकी पवित्र संगत में इन वैभवशाली दृश्यों का बहुत आनंद आ रहा है।''

ऑडी के मुँह से सराहना के ये उद्‍गार मुझे बड़े सुखद लगे, क्योंकि इस यात्रा में मैं संयोजक की भूमिका निभा रहा था। श्रीयुक्तेश्वरजी ने मेरे मन के भाव को पढ़ लिया और मेरी ओर मुड़कर फुसफुसाते स्वर में बोलेः

''मिथ्या आत्म-प्रशंसा मत करो; ऑडी को इन दृश्यों से उतना आनन्द नहीं आ रहा है जितना सिगरेट पीने के लिए पर्याप्त समय तक हमसे दूर हो सकने की संभावना से आ रहा है।''

मुझे अच्छा नहीं लगा। मैंने धीमे स्वर में कहाः ''गुरुदेव! इन अप्रिय शब्दों से अब कृपया रंग में भंग मत डालिए। मुझे विश्वास नहीं होता कि ऑडी सिगरेट

पीने के लिए बेचैन हो रहा है।" पर गुरुदेव कभी ऐसी बातों से दबते नहीं थे, अतः मैंने आशंका से उनकी ओर देखा।

"ठीक है। मैं ऑडी को कुछ नहीं कहूँगा," गुरुदेव ने हँसते हुए कहा। "परन्तु तुम शीघ्र ही देखोगे कि जैसे ही बग्गी रुकेगी, वह उस अवसर का लाभ उठाने के लिए कितना तत्पर होगा।"

बग्गी एक छोटी सराय पर पहुँच गई। घोड़ों को पानी पिलाने के लिए ले ही जाया जा रहा था कि ऑडी ने पूछाः "गुरुदेव! ज़रा ताज़ी हवा खाने के लिए मैं थोड़ी देर बाहर कोचवान के साथ बैठूँ तो आप बुरा तो नहीं मानेंगे?"

श्रीयुक्तेश्वरजी ने अनुमति तो दे दी, पर मुझसे कहाः "उसे ताज़ा धुआँ चाहिए, ताज़ी हवा नहीं।"

बग्गी फिर धूल भरी सड़क पर आवाज़ करते हुए चलने लगी। गुरुदेव की आँखों में हँसी की चमक आ गई थी; मुझसे उन्होंने कहाः "बग्गी के दरवाज़े से जरा अपनी गर्दन बाहर निकालो और देखो ऑडी कैसी हवा खा रहा है।"

मैंने गर्दन बाहर निकाली और यह देखकर स्तम्भित रह गया कि ऑडी मुँह से सिगरेट के धुएँ के छल्ले छोड़ रहा है। मैंने अपनी हार मानकर गुरुदेव की ओर देखा।

"हमेशा की तरह आप ही की बात सच निकली, गुरुदेव! ऑडी प्रकृति के दृश्यों के साथ-साथ सिगरेट का भी मज़ा ले रहा है।" मैंने अनुमान लगाया कि ऑडी को कोचवान से सिगरेट मिली होगी क्योंकि इतना तो मैं जानता था कि उसने कोलकाता से कोई भी सिगरेट साथ नहीं ली थी।

नदियों, घाटियों, कगार पर बैठी बड़ी-बड़ी शिलाओं और अनेकानेक पर्वतमालाओं के मनोरम दृश्यों का आनन्द उठाते हुए हम घुमावदार रास्ते पर आगे बढ़ रहे थे। हर रात को हम किसी ग्रामीण सराय में ठहरकर अपना खाना बनाते। श्रीयुक्तेश्वरजी मेरे पथ्य का विशेष ध्यान रखते और प्रत्येक भोजन में नींबू का रस अवश्य दिलाते। मुझमें अभी भी कमज़ोरी थी, पर प्रतिदिन उसमें सुधार हो रहा था, हालांकि गड़गड़ाहट करते चलने वाली वह बग्गी उसमें बैठने वालों को सभी ओर से तकलीफ़ देने का विशेष ध्यान रख कर ही बनायी गई थी।

जैसे-जैसे हम मध्य कश्मीर के निकट पहुँचने लगे, हमारे हृदयों में आनन्दाशाएँ उमड़ने लगींः कश्मीर—कमल-पुष्पों से भरे सरोवरों की, तैरते उद्यानों की, सुसज्जित शिकारों की, बहुसेतु-शोभित झेलम नदी की, पुष्पों से

युक्त हरियाली की स्वर्ग भूमि! और उस पर यह चारों ओर से हिमालय से घिरा हुआ!

श्रीनगर पहुँचने के हमारे मार्ग पर दोनों ओर ऊँचे-ऊँचे, स्वागत करते वृक्ष खड़े थे। जहाँ से ये सुन्दर पहाड़ नज़र आते थे, ऐसी एक दुमंज़िली धर्मशाला में हमने कमरे लिए। वहाँ नल वगैरह नहीं थे; हम पास के एक कुएँ से पानी निकालकर लाते थे। वहाँ ग्रीष्म ऋतु अत्यंत सुखद थीः दिन में साधारण गर्मी और रात में हल्की-सी ठंड।

हम लोग श्रीनगर में शंकराचार्य के प्राचीन मन्दिर में दर्शनार्थ गए। पर्वत-शिखर पर स्थित दूर से ही स्पष्ट दिखाई पड़ने वाले आश्रम पर मेरी दृष्टि पड़ते ही मैं एक परमानन्दमय अवस्था में चला गया। उस अवस्था में एक सुदूर देश में एक पहाड़ी के शिखर पर एक भवन दिखाई देने लगा; शंकराचार्य का भव्य मन्दिर उस भवन में परिवर्तित हो गया, जहाँ मैंने कई वर्षों बाद अमेरिका में सेल्फ़-रियलाइज़ेशन फ़ेलोशिप के मुख्य आश्रम की स्थापना की। (जब मैं पहली बार कैलिफ़ोर्निया में लॉस ऐंजिलिस गया और वहाँ माऊंट वाशिंगटन के शिखर पर स्थित वह विशाल भवन देखा, तो तुरन्त उसे वर्षों पहले कश्मीर और अन्यत्र अपने अंतर में देखे दृश्यों के भवन के रूप में पहचान लिया।)

कुछ दिन श्रीनगर में बिताने के बाद हम लोग आठ हज़ार पाँच सौ फीट की ऊँचाई पर स्थित गुलमर्ग "पुष्प युक्त पर्वतीय मार्ग" गए। वहाँ मैंने जीवन में पहली बार बड़े घोड़े की सवारी की। राजेन्द्र एक ऐसे टट्टू पर सवार हुआ, जो तेज़ दौड़ने के लिए अति उत्सुक था। हम लोग खिल्लनमर्ग जाने के लिए निकल पड़े। रास्ता एकदम सीधी चढ़ाई का था और घने जंगल में से जाता था जो छातेनुमा वृक्षों से आच्छादित था। कुहरे से ढकी पगडण्डियाँ प्रायः दिखाई नहीं पड़ती थीं। परन्तु इस सब के बावजूद राजेन्द्र के टट्टू ने मेरे बड़े घोड़े को एक पल के लिए भी विश्राम नहीं लेने दिया, यहाँ तक कि खतरनाक मोड़ों पर भी नहीं। प्रतिस्पर्धा के आनन्द के अतिरिक्त अन्य सब बातों से बेख़बर राजेन्द्र का टट्टू अथक रूप से पीछे-पीछे आता ही रहा।

यह स्पर्धा कष्टकर तो थी, पर इसके बाद जो विस्मयकारी दृश्य देखने को मिला, उससे यह सारा कष्ट सार्थक हो गया। इस जीवन में पहली बार मैंने चतुर्दिक दृष्टि घुमाकर सब तरफ केवल हिमालय के हिमशिखरों की देखा। पर्वत-शिखरों की मालाओं पर मालाएँ, जो ध्रुवप्रदेश के विशालकाय सफेद रीछों की आकृति के

समान दिख रही थीं। मेरी आँखें सूर्यकिरणोज्ज्वल नीले आकाश की पृष्ठभूमि में अनंत फैले बर्फ़ीले पहाड़ों के विस्तार की शोभा का परमहर्ष से पान कर रही थीं।

मैं अपने युवा साथियों के साथ चमकती श्वेत ढलानों पर इधर से उधर खूब मज़े के साथ लोटता रहा। हम सबने ओवरकोट पहन रखे थे। नीचे वापस लौटते समय हमने दूर पीले फूलों का जैसे एक विशाल कालीन देखा, जिससे विवर्ण पहाड़ियों का पूरा रूप ही बदल गया था।

इसके बाद हम बादशाह जहाँगीर के "विलास-उद्यान" शालीमार और निशात बाग़ देखने गए। निशात बाग़ का प्राचीन राजमहल एक प्राकृतिक जलप्रपात के ही ऊपर बना है। पर्वतों के अत्यंत वेग के साथ नीचे गिरते जलप्रवाह को कौशलपूर्ण यंत्र-योजना के द्वारा नियन्त्रित कर कहीं तो विविधरंगी समतल चट्टानों पर से बहाया गया है, तो कहीं सुन्दर-सुन्दर रंग-बिरंगी पुष्प क्यारियों के बीच फव्वारों के रूप में निकाला गया है। यह प्रवाहधारा राजमहल में अनेक कमरों में से भी बहती है और अन्त में धरती पर उतरते समय किसी आकाशगामिनी परी के समान नीचे स्थित झील में उतरती है। इन विशाल उद्यानों में रंगों का जैसे उत्सव है—गुलाब, चमेली, लिली, स्नैपड्रैगन, पैनसी, लैवेण्डर, पॉपी। चिनार, सरो और चेरी की सुडौल पंक्तियों से पन्ने-सा एक हरा वृत्त बन गया था, जिसके पार हिमालय की उच्च श्रृंखला आकाश को छू रही थी।

तथाकथित कश्मीरी अंगूर कोलकाता में मुश्किल से ही मिल सकने वाला और महंगा परन्तु अत्यंत स्वादिष्ट फल माना जाता है। राजेन्द्र रास्तेभर कश्मीर में भरपेट अंगूर खाने की चर्चा करता आ रहा था, परन्तु कश्मीर में अंगूर का कोई बड़ा बाग़ देखने में न आने से उसे घोर निराशा हुई। उसकी निराधार अपेक्षा के लिए मैं उसे यदा-कदा चिढ़ाया करता।

"ओह, मेरा पेट अंगूर से इतना भर गया है कि मुझसे चला नहीं जाता!" मैं कहता। "इन अदृश्य अंगूरों की मेरे पेट में मद्य भी बन रही है!" बाद में हमने सुना कि मीठे अंगूर कश्मीर के पश्चिम में काबुल में होते हैं। हम पिस्तामिश्रित रबड़ी की आइसक्रीम पर ही तसल्ली कर लेते।

लाल, कशीदाकारी किये हुए छत्र वाले शिकारों में बैठकर हम पानी में मकड़ीजाल के समान लगने वाले अनेकानेक नहरों के जाल से बने डल सरोवर में अनेक बार घूमे। यहाँ लट्ठों और मिट्टी की सहायता से बने अनेक तैरते उद्यान दिखाई देते हैं। वस्तुतः प्रथम दृष्टि में दूर-दूर तक फैले हुए पानी के बीच

साग-सब्जियों और तरबूजों की फसल का दृश्य ही इतना विसंगत लगता है कि कोई भी आश्चर्यचकित हुए बिना नहीं रहता। "भूमि से बँधे रहना" पसन्द न करने के कारण किसान अपने चौरस "खेत" को उस बहुशाखा-प्रशाखा युक्त झील में नाव से रस्सी के सहारे एक जगह से दूसरी जगह खींच कर ले जाते हुए कभी-कभी दिखाई देते हैं।

इस सीढ़ीदार घाटी में पृथ्वी के हर प्रकार के सौन्दर्य का सार दृष्टिगोचर होता है। कश्मीर रूपी सुन्दरी ने पर्वतों का मुकुट पहना है, गले में झीलों की माला और पाँवों में पुष्प पादुकायें पहने हैं। बाद के वर्षों में अनेक देशों की यात्रा करने के बाद मैं समझ गया कि कश्मीर को संसार का सर्वाधिक सुन्दर प्रदेश क्यों कहा जाता है। स्विट्ज़रलैंड के आल्प्स पर्वत, स्कॉटलैंड की लॉच लोमण्ड झील तथा इंग्लैंड की अतिसुन्दर झीलों की कुछ झाँकियाँ यहाँ मिल जाती हैं। कश्मीर की यात्रा पर आये अमेरिकी यात्रियों को यहाँ अलास्का के अकलुषित ऊबड़-खाबड़ सौन्दर्य की और डेनवर के पास स्थित पाईक्स पीक की याद दिलाने वाला बहुत कुछ मिल जाएगा।

प्राकृतिक सौन्दर्य स्पर्धा में पहला पुरस्कार मैं या तो मेस्सिको के ज़ोकिमिल्को के शानदान दृश्य को दूँगा, जहाँ आकाश, पर्वत और पोप्लर वृक्ष पानी की असंख्य धाराओं में अठखेलियाँ करती मछलियों के बीच प्रतिबिम्बत होते हैं; या फिर कश्मीर की झीलों को दूँगा जो हिमालय के कठोर पहरे में सुरक्षित सुन्दरियों के समान लगती हैं। ये दो स्थान मेरी स्मृति में पृथ्वी पर सबसे सुन्दर स्थलों के रूप में उभर आते हैं।

फिर भी जब मैंने येलोस्टोन नेशनल पार्क, कोलोरैडो के ग्रैन्ड कैनियन और अलास्का का सौन्दर्य देखा, तो मैं मंत्रमुग्ध हो गया। येलोस्टोन पार्क पृथ्वी पर शायद एकमेव प्रदेश है, जहाँ घड़ी की-सी नियमितता से गरम जल के फव्वारे फूट कर हवा में ऊँचे उठते रहते हैं। इस ज्वालामुखीय क्षेत्र में प्रकृति ने आज भी आरम्भिक सृष्टि का नमूना रख छोड़ा हैः गंधकमय गरम जल के झरने, दूधिया और इंद्रनील वर्ण के जलाशय, उग्र गरम फव्वारे, मुक्त रूप से विचरण करते भालू, भेड़िये, जंगली भैंसे और अनेक प्रकार के अन्य जंगली पशु। वायेमिंग से बुदबुदाते गरम कीचड़ के "डेविल्स पेन्ट पॉट" की ओर कार से जाते समय रास्ते के किनारों पर कलकल निनाद करते झरने, गरम जल के फव्वारे और बाष्पमय फुहारें देखकर मेरे मन में यह विचार अवश्य आया कि येलोस्टोन को एकमेवाद्वितीयता के लिए विशेष पुरस्कार मिलना चाहिए।

कैलिफ़ोर्निया के योसेमिटी पार्क में अत्यंत पुराने, उत्तुंग सिक्वाइया (देवदार जाति के अति ऊँचे बढ़ने वाले) पेड़ जो आकाश में दूर तक उठे भीमकाय स्तम्भों की भाँति दिखते हैं, दिव्य कौशल से निर्मित हरे प्राकृतिक मन्दिर हैं। यूँ तो पौर्वात्य देशों में भी अनेक सुन्दर-सुन्दर जलप्रपात हैं, परन्तु इनमें से एक भी न्यू यार्क राज्य में कैनेडा की सीमा पर स्थित नायाग्रा जलप्रपात के सौन्दर्य की बराबरी नहीं कर सकता। केन्टकी की अति विशालकाय मैमथ गुफा और न्यू मेक्सिको में भूमिगत स्थित अत्यंत विशाल गुफा कार्ल्सबाड़ कैवर्न्स तो विचित्रताओं से भरपूर परी देश ही हैं। इन गुफाओं की छतों से लटकते, बर्फ के मीनारों के समान दिखते पत्थर के सुओं का प्रतिबिम्ब नीचे भूगर्भस्थ जल में पड़ता है। यह दृश्य परलोकों की मानव की कल्पना की झाँकी प्रस्तुत करता है।

अपने सौन्दर्य के लिए जगद्‌विख्यात कश्मीरियों में से अनेक लोग यूरोपियनों के समान ही गोरे हैं और उनका नाक-नक्श तथा शरीर का गठन भी उन्हीं के समान है; अनेक लोग नीली आँखों के भी हैं और सुनहरे बालों के भी। पाश्चात्य पोशाक में ये लोग ठेठ अमेरिकनों की तरह दिखते हैं। हिमालय की ठंड उनका सूर्य के उत्ताप से बचाव करती है और इस प्रकार उनके गौरवर्ण की रक्षा करती है। भारत में हम जैसे-जैसे दक्षिण दिशा में उष्ण कटिबंध की ओर बढ़ते जाते हैं, वैसे-वैसे लोगों का रंग अधिकाधिक काला दिखाई देने लगता है।

कश्मीर में कुछ सप्ताह सुखपूर्वक बिताने के पश्चात मुझे बंगाल लौटने की तैयारी करने के लिए विवश होना पड़ा, क्योंकि श्रीरामपुर कॉलेज का नया सत्र आरम्भ होने वाला था। श्रीयुक्तेश्वरजी कन्हाई और ऑडी कुछ दिन और श्रीनगर में रुकने वाले थे। वहाँ से मेरे प्रस्थान से कुछ समय पहले गुरुदेव ने संकेत दिया कि कश्मीर में उनका शरीर अस्वस्थ होने वाला है।

"गुरुदेव! परन्तु आप तो पूर्णतः स्वस्थ लग रहे हैं," मैंने कहा।

"ऐसी भी संभावना है कि मैं इस संसार से ही उठ जाऊँ।"

"गुरुजी।" उनके चरणों में गिरकर मैं गिड़गिड़ाने लगा।

"कृपा करके वचन दीजिये कि आप अभी देहत्याग नहीं करेंगे। मैं अभी आपके बिना चल सकने के लिए तैयार नहीं हूँ।"

श्रीयुक्तेश्वरजी चुप रहे, परन्तु मेरी ओर देखकर इतनी अनुकंपा के साथ मुस्कराये कि मैं आश्वस्त हो गया। अनिच्छपूर्वक ही मैं वहाँ से चल पड़ा।

''गुरुदेव अस्वस्थ; स्थिति अत्यंत नाजुक।'' ऑडी का यह तार मुझे श्रीरामपुर लौटने के थोड़े ही बाद मिला।

दुःख और संताप के अतिरेक में मैंने तुरन्त गुरुदेव को तार भेजाः ''गुरुदेव! मैंने आपसे देहत्याग न करने का वचन माँगा था। कृपा करके शरीर मत छोड़िये, नहीं तो मैं भी मर जाऊँगा।''

''तथास्तु!'' यह गुरुदेव का कश्मीर से जवाब था।

कुछ ही दिनों में ऑडी का एक पत्र आया जिसमें उसने लिखा था कि गुरुदेव स्वस्थ हो गए हैं। अगले पखवाड़े में जब गुरुदेव श्रीरामपुर वापस आये तो उनका आकार में आधा हुआ शरीर देखकर मुझे अत्यंत दुःख हुआ।

श्रीयुक्तेश्वर के शिष्यों के लिए अच्छी बात यह थी कि श्रीयुक्तेश्वरजी ने कश्मीर में अपने भीषण ज्वर की अग्नि में उनके अनेक पापों को जला डाला था। उच्चकोटि के योगियों को एक शरीर से रोग निकालकर अपने शरीर में ले लेने के आधिभौतिक तरीके का ज्ञान होता है। बलवान मनुष्य भारी वज़न ढोने में कमज़ोर मनुष्य की सहायता कर सकता है, उसी प्रकार आध्यात्मिक महामानव अपने शिष्यों के कर्मभार के कुछ हिस्से को अपने ऊपर लेकर उनके शारीरिक और मानसिक कष्टों को न्यूनतम स्तर तक कम कर सकता है। जिस प्रकार धनाढ्य मनुष्य अपने अपव्ययी पुत्र के भारी कर्ज़ को चुकाने के लिए अपने धन के कुछ हिस्से को त्याग कर उसे उसकी गलतियों के भीषण परिणामों से बचा लेता है, उसी प्रकार गुरु अपने शिष्यों की दुर्गति को कम करने के लिए अपनी स्वास्थ्य-संपदा के कुछ हिस्से को तिलांजलि दे देता है।

एक गुप्त योग पद्धति द्वारा संत अपने मन और सूक्ष्म देह को पीड़ित व्यक्ति के मन और सूक्ष्म देह के साथ जोड़ लेता है, और इस प्रक्रिया में रोग पूर्ण रूप से या आंशिक रूप से योगी के शरीर में संक्रमित हो जाता है। देह-भूमि पर ईश्वर-साक्षात्कार की फसल काट लेने के बाद सिद्ध पुरुष अपने शरीर की चिंता नहीं करता। फिर वह दूसरों के कष्ट कम करने के लिए अपने शरीर को रोगग्रस्त होने भी देता है, तो भी उसके कभी दूषित न हो सकने वाले मन पर उसका कोई प्रभाव नहीं पड़ता। ऐसी सहायता कर पाने के लिए वह अपने आप को भाग्यवान मानता है। ईश्वर में सायुज्य मोक्ष प्राप्त करने में ही मानव-देह का उद्देश्य संपूर्ण रूप से पूरा होना अंतर्निहित है; यह हो जाने के बाद सिद्ध पुरुष उसकी जैसी इच्छा हो वैसा अपने देह का उपयोग करता है।

एक गुरु का संसार में कार्य है मानवजाति के दुःख कम करना, चाहे वह आध्यात्मिक उपायों से हो या बौद्धिक उपदेशों से, या इच्छाशक्ति के द्वारा हो या उनके रोगों को अपने ऊपर लेने के द्वारा हो। इच्छा मात्र से अधिचेतन अवस्था में प्रविष्ट होकर सद्गुरु अपने शारीरिक कष्ट से अलिप्त हो सकता है; परन्तु कभी-कभी शिष्यों के लिए उदाहरण स्थापित करने हेतु वह शारीरिक पीड़ा को उदासीन भाव से स्वेच्छा से सहन करता है। दूसरों के रोग अपने ऊपर लेकर योगी उनके लिए कर्मसिद्धान्त के कार्य-कारण नियम की पूर्ति कर सकता है। यह नियम गणित की-सी अनिवार्यता से अपने आप कार्य करता है; इस की कार्य विधि में ब्रह्मज्ञानी वैज्ञानिक आधार पर फेरबदल कर सकते हैं।

आध्यात्मिक नियम यह अनिवार्य नहीं बनाता कि कोई गुरु या सिद्ध पुरुष जब-जब दूसरे किसी मनुष्य को रोगमुक्त करें तो वह स्वयं बीमार हो जाएं। तुरन्त स्वस्थ करने की विभिन्न पद्धतियाँ हैं जो सन्तों को ज्ञात होती हैं, जिनमें आध्यात्मिक तरीके से रोगनिवारण करने वाले को कोई क्षति नहीं होती। सामान्यतः सन्तजन ऐसी ही किसी पद्धति से लोगों को रोगमुक्त कर देते हैं। परन्तु कभी-कभी, हालाँकि यह बहुत विरले ही होता है, कोई गुरु अपने शिष्यों के क्रमविकास में अत्यधिक गति लाना चाहता है, तब वह उनके अवांछनीय कर्मों के बहुत बड़े भाग को अपने ऊपर लेकर उनके परिणामों को अपने शरीर में भोग कर उन्हें निष्फल कर सकता है।

ईसा मसीह ने पहले ही स्पष्ट संकेत दे दिया था कि उनका जीवन अनेकों के पापों का मूल्य चुकाने के लिए है। उनमें जो दैवी शक्तियाँ थीं, उनके होते हुए ईसा को कभी भी क्रॉस पर मृत्यु नहीं दी जा सकती थी यदि वे स्वेच्छा से कार्य-कारण के सूक्ष्म विश्वनियम में सहयोग नहीं करते। इस प्रकार उन्होंने दूसरों के कर्मों के परिणामों को अपने ऊपर ले लिया, खास कर अपने शिष्यों के कर्मों के परिणामों को। इससे शिष्यों को उन्होंने परिशुद्ध किया और इस योग्य बनाया कि वे सर्वव्यापी चैतन्य को या "पवित्र आत्मा" (Holy Ghost) को धारण कर सकें, जो बाद में उनमें अवतरित हुआ।'

केवल आत्म-साक्षात्कार प्राप्त ब्रह्मज्ञानी सिद्ध पुरुष ही अपनी प्राणशक्ति को दूसरों में संचरित कर सकते हैं या उनके रोगों को अपने शरीर में ला सकते हैं। कोई साधारण मनुष्य इस यौगिक पद्धति का अवलम्बन नहीं कर सकता; न ही उसके लिए ऐसा करना वांछनीय है, क्योंकि अस्वस्थ शरीर गहरे ध्यान के लिए

बाधा बनता है। हिन्दू शास्त्र कहते हैं कि अपने शरीर को स्वस्थ रखना मनुष्य का अनिवार्य कर्तव्य है; अन्यथा उसका मन भगवत्-ध्यान में एकाग्र नहीं रह सकता।

तथापि अति बलशाली मन सभी शारीरिक बाधाओं को पार कर ईश्वर-साक्षात्कार को प्राप्त हो सकता है। अनेक सन्तों ने अपने रोगों की ओर कोई ध्यान न देकर अपने ईश्वरानुसंधान में सफलता प्राप्त की है। असीसी के सेंट फ्रान्सिस स्वयं गम्भीर रोगों से ग्रस्त होने के बावजूद दूसरे लोगों का रोगनिवारण करते थे और मृत लोगों को फिर से ज़िंदा भी कर देते थे।

मैं एक ऐसे भारतीय संत को जानता था जिनका आधा शरीर कभी फोड़ों से भरा हुआ था। उनका मधुमेह रोग इतना उग्र था कि वे लगातार पन्द्रह मिनट से अधिक स्थिर नहीं बैठ सकते थे। किन्तु उनकी आध्यात्मिक आकांक्षा अटल थी। वे प्रार्थना करतेः "प्रभु! क्या आप मेरे इस भग्न मन्दिर में आएंगे?" अविरत प्रचण्ड इच्छाशक्ति के बल से वे आख़िर प्रतिदिन अठारह घंटों तक पद्मासन में समाधि लगाकर बैठने लगे। उन्होंने मुझे बतायाः "और तीन साल पूरे होते-होते मैंने ईश्वर के अनंत प्रकाश को अपने भीतर जगमगाते पाया। उसके वैभव के आनन्द में मग्न होकर मैं अपने शरीर को भूल गया। बाद में मैंने देखा कि ईश्वर की दया से मेरा शरीर पूर्णतः स्वस्थ हो गया था।"

रोग-निवारण की एक ऐतिहासिक घटना भारत में मुग़ल साम्राज्य के संस्थापक बाबर (1483-1530) से सम्बन्धित है। उसका बेटा हुमायूँ चिंताजनक रूप से बीमार हो गया। बाबर ने अत्यंत व्यथित हृदय के निश्चय के साथ प्रार्थना की कि बेटे का रोग उस पर आ जाए और बेटे को जीवन-दान मिल जाए। हुमायूँ ठीक हो गया और बाबर उसी क्षण बीमार होकर बाद में उसी रोग से मर गया जिसने उसके बेटे को ग्रस लिया था।

अनेक लोग सोचते हैं कि सिद्ध पुरुषों को सैन्डो के समान स्वस्थ और शक्तिवान होना चाहिए। इस सोच का कोई आधार नहीं हैं जैसे आजीवन स्वस्थता आंतरिक ज्ञानप्रकाश का द्योतक नहीं है, वैसे ही बीमार शरीर रहने का अर्थ यह नहीं है कि उस महात्मा में दिव्य शक्तियों का अभाव है। संत की पहचान शारीरिक अवस्था पर नहीं, बल्कि आध्यात्मिक अवस्था पर आधारित होती है।

पाश्चात्य जगत् के अनेक विभ्रान्त जिज्ञासुओं की यह गलत धारणा है कि आध्यात्मिक विषय के उत्तम वक्ता या लेखक अवश्य सिद्ध पुरुष होंगे। परन्तु किसी के सिद्ध पुरुष होने का प्रमाण केवल यही है कि उसमें अपनी इच्छा के

अनुसार श्वासोच्छवास-रहित सविकल्प समाधि में जाने की क्षमता हो और उसे अखंड आनन्द (निर्विकल्प समाधि की अवस्था) प्राप्त हो। ऋषियों ने बताया है कि केवल इन उपलब्धियों के द्वारा ही मनुष्य यह प्रदर्शित कर सकता है कि उसने द्वैत के इन्द्रजाल या माया पर अधिकार पा लिया है। केवल वही आत्मज्ञान की गहराइयों से कह सकता है: ''एकम् सत्'' (केवल एक का ही अस्तित्व है)।

> महान् अद्वैतवादी आदि शंकराचार्य ने लिखा है:
>
> ''जब अज्ञान के कारण द्वैतभाव रहता है, तब सब कुछ आत्मा से अलग दिखाई देता है जब यह ज्ञान हो जाता है कि सब कुछ आत्मा ही है, तब एक अणु भी आत्मा से अलग दिखाई नहीं देता। सत्य का ज्ञान प्रकट होते ही शरीर के मिथ्यात्व के कारण हुए कर्मों के फल भोगने के लिए शेष नहीं रह सकते, जैसे जागने पर स्वप्न का अस्तित्व नहीं रहता।''

केवल सद्गुरु ही शिष्यों के कर्म अपने ऊपर ले सकते हैं। श्रीनगर में श्रीयुक्तेश्वरजी कभी कष्ट न भोगते, यदि उन्हें अपने अन्तर में वास करने वाले परमात्मा से अपने शिष्यों की उस विलक्षण ढंग से सहायता करने की अनुमति न मिलती। मेरे ईश्वरमग्न गुरु के अतिरिक्त ऐसे सन्त गिने-चुने ही हुए हैं, जो ईश्वर की आज्ञा के पालन के लिए आवश्यक सूक्ष्म ज्ञान से युक्त थे।

जब मैंने अपने गुरु की क्षीण हुई काया देखकर कुछ सहानुभूति जताने का प्रयास किया तो उन्होंने विनोदपूर्वक कहा:

''इसके कुछ अच्छे पहलू भी हैं; अब मैं उन छोटी बनियानों को भी पहन सकता हूँ, जिन्हें मैंने कई वर्षों से नहीं पहना है!''

गुरुदेव की प्रसन्न हँसी को सुनकर मुझे सेंट फ्रान्सिस डि सेल्स के वे शब्द याद आ गए: ''जो सन्त उदास रहता है, वह व्यर्थ संत है!''

प्रकरण—22

पाषाण प्रतिमा का हृदय

“मैं एक पति-परायणा हिन्दू नारी हूँ। मेरा उद्देश्य अपने पति की शिकायत करना नहीं है, पर मेरी यह तीव्र इच्छा है कि उनके भौतिकवादी विचारों में परिवर्तन हो। मेरे ध्यान के कमरे में लगी संतों की तस्वीरों का मज़ाक उड़ाने में उन्हें बड़ा आनन्द आता है। मेरे भाई, मुझे पूरा विश्वास है कि तुम उन्हें बदल सकते हो। बोलो, क्या यह काम करोगे?”

मेरी सबसे बड़ी बहन रमा अनुनयपूर्ण दृष्टि से मुझे देख रही थी। मैं थोड़ी देर उनसे मिलने के लिए कोलकाता के गिरीश विद्यारत्न लेन में स्थित उनके घर गया हुआ था। उनके इस अनुनय ने मेरे हृदय को छू लिया, क्योंकि मेरे बाल-जीवन पर उन्होंने गहरा आध्यात्मिक प्रभाव डाला था और माँ की मृत्यु के बाद परिवार में आयी रिक्तता को भी भरने का अत्यंत प्रेमपूर्वक प्रयास किया था।

“प्रिय दीदी! मुझसे जो कुछ भी हो सकता है, वह सब मैं अवश्य करूँगा।” उनके सदा शान्त और प्रफुल्ल चेहरे पर छायी उदासी को दूर करने के उद्देश्य से मैं मुस्कराया।

ईश्वर के मार्गदर्शन के लिए थोड़ी देर रमा दीदी और मैं प्रार्थना करते हुए मौन बैठे रहे। एक वर्ष पूर्व मेरी दीदी ने मुझसे क्रियायोग की दीक्षा ली थी और वे उसमें अच्छी प्रगति भी कर रही थीं।

अचानक मन में एक प्रेरणा उठी। मैंने कहाः “कल मैं दक्षिणेश्वर के काली मन्दिर में जा रहा हूँ। आप मेरे साथ आइये और अपने पतिदेव को भी आने के

लिए राज़ी कर लीजिये। मुझे ऐसा लग रहा है कि उस पवित्र स्थान के स्पन्दनशील वातावरण में जगन्माता उनके हृदय के तार अवश्य छोड़ देंगी। परन्तु उन्हें वहाँ ले जाने के हमारे उद्देश्य के बारे में उन्हें कुछ मत बताना।''

आशान्वित होकर दीदी सहमत हो गईं। दूसरे दिन तड़के ही रमा दीदी और जीजाजी को दक्षिणेश्वर चलने के लिए तैयार देखकर मुझे बहुत खुशी हुई। अप्पर सर्क्यूलर रोड से हमारी घोड़ागाड़ी दक्षिणेश्वर की ओर चली जा रही थी, और मेरे जीजाजी सतीश चन्द्र बोस गुरुओं की योग्यता का उपहास करने में आनन्द ले रहे थे। मैंने देखा कि रमा दीदी चुपचाप रो रही थीं।

मैं उनके कान में फुसफुसायाः ''दीदी, मुस्कराओ! अपने पति को यह सोचकर खुश मत होने दो कि उनके उपहास से हम चिढ़ते हैं।''

''मुकुन्द! तुम्हें ये निकम्मे पाखण्डी अच्छे कैसे लगते हैं?'' सतीश बाबू बोल रहे थे। ''साधुओं को तो देखकर ही घिन आती हैं या तो वे एकदम हड्डियों का ढाँचा होते हैं, या फिर हाथी की तरह मोटे!''

मैं हँस-हँस के लोटपोट होने लगा। यह प्रतिक्रिया देखकर सतीश बाबू नाराज़ हो गए और एकदम गुपचुप बैठे रहे। जैसे ही हमारी घोड़ागाड़ी दक्षिणेश्वर के मन्दिर के अहाते में पहुँची, उन्होंने व्यंग्यभरी मुस्कराहट के साथ कहाः

''लगता है यह दक्षिणेश्वर यात्रा मुझे सुधारने के लिए की जा रही है, है न?''

कोई उत्तर दिये बिना ही मैं मुड़ कर जाने लगा, तो उन्होंने मेरा हाथ पकड़ लिया और कहाः ''जनाब संन्यासी महाशय! मन्दिर के पदाधिकारियों से बात करके दोपहर के भोजन की ठीक से व्यवस्था करना मत भूलना।'' सतीश बाबू पुजारियों के साथ स्वयं बात भी नहीं करना चाहते थे।

''मैं अभी ध्यान करने जा रहा हूँ। भोजन की चिंता मत कीजिये,'' मैंने तीखे स्वर में कहा। ''जगन्माता उसकी व्यवस्था कर देंगी।''

''मुझे तनिक भी विश्वास नहीं है कि जगन्माता मेरे लिए कुछ भी करेंगी। किन्तु मेरे भोजन की ज़िम्मेदारी तुम्हारे ऊपर है।'' सतीश बाबू का स्वर काफ़ी उग्र था।

माँ काली (प्रकृति माता के रूप में ईश्वर) के विशाल मन्दिर के सामने वाले नाट्यमन्दिर में मैं अकेला चला गया। एक खम्भे के निकट छायादार स्थान देखकर मैं पद्मासन में बैठ गया। अभी तो केवल सात ही बजे थे, परन्तु शीघ्र ही धूप तेज़ होने वाली थी।

मैं भक्ति के गहरे भाव में डूब गया। संसार की सुध-बुध खो गई। मेरा मन माँ काली पर एकाग्र हो गया था। इसी मन्दिर में उनकी यही मूर्ति महान् सन्त श्रीरामकृष्ण परमहंस की इष्ट आराध्य-देवी बनी थी। उनकी कातर पुकार पर यही मूर्ति प्रायः जीवन्त रूप धारण कर उनसे बातचीत करती थी।

"हे पाषाणमयी माँ," मैं प्रार्थना कर रहा था। "अपने प्रिय भक्त रामकृष्ण की पुकार पर तुम सजीव हो उठती थीं; अपने इस पुत्र के उत्कट विलाप को क्यों नहीं सुनतीं?"

दिव्य शान्ति के साथ-साथ मेरी आकांक्षा और भी अधिकाधिक गहरी होती गई। पर जब इस प्रकार पाँच घंटे बीत गए और फिर भी जिस देवी का मैं अपने अंतर में ध्यान कर रहा था, उसकी ओर से कोई प्रत्युत्तर नहीं मिला, तो मुझे थोड़ी निराशा हुई। कभी-कभी प्रार्थना की पूर्ति में विलम्ब करके भगवान भक्त की परीक्षा लेते हैं, परन्तु आख़िर वे ज़िद्दी भक्त को उसके इष्ट देवता के रूप में दर्शन अवश्य देते हैं। एकनिष्ठ ईसाई भक्त को ईसा मसीह के दर्शन होते हैं, हिन्दू को भगवान श्रीकृष्ण के दर्शन होते हैं या माँ काली के, या यदि उसकी भक्ति निराकार स्वरूप की ओर मुड़ गई हो तो प्रसारित होती जाती ज्योति के दर्शन होते हैं।

अनिच्छापूर्वक मैंने आँखें खोलीं, तो एक पुजारी दोपहर के नियम के अनुसार मन्दिर का दरवाज़ा बन्द कर उसमें ताला लगा रहा था। मैं नाट्यमन्दिर के उस एकान्त स्थान में उठकर मन्दिर के प्रांगण में आया। उसका पत्थर का फर्श दोपहर की धूप में अंगारों के समान दहक रहा था; मेरे नंगे पाँवों के तलवे जल उठे।

मैं नाराज़ होकर मन-ही-मन कहने लगाः "माँ! तुमने दर्शन नहीं दिया और अब मन्दिर में बन्द दरवाज़े के पीछे भी छुप गई। मैं अपने बहनोई की ओर से तुमसे एक विशेष प्रार्थना करना चाहता था।"

मेरी यह आन्तरिक प्रार्थना तुरन्त स्वीकृत हो गई। सर्वप्रथम तो मेरी पीठ और मेरे तलवों के नीचे एक आनन्दप्रद शीतल लहर अनुभव हुई और सारी वेदना दूर हो गई। उसके बाद मैंने आश्चर्य के साथ देखा कि मन्दिर का आकार अत्यंत विशाल हो गया। उसका विशाल द्वार धीरे-धीरे खुला और माँ काली की पाषाण मूर्ति दिखाई देने लगी। फिर धीरे-धीरे पाषाण मूर्ति जीवन्त रूप में बदल गई और मेरी ओर देखकर उसने मुस्कराते हुए सिर हिलाया। मैं अवर्णनीय आनन्द से रोमांचित हो उठा। मानों किसी अदृश्य पिचकारी से मेरे फेफड़ों से साँस बाहर खींच ली गई हो; मेरा शरीर एकदम स्थिर हो गया पर उसमें जड़त्व नहीं था।

इसके बाद मेरी चेतना का परमानन्दमय विस्तार हुआ। मैं बायीं ओर गंगा नदी के ऊपर कई मीलों तक स्पष्ट देख सकता था। उसी तरह मन्दिर के बाहर दक्षिणेश्वर का संपूर्ण क्षेत्र भी मुझे स्पष्ट दिखाई देने लगा। सभी मकानों की दीवारें पारदर्शी होकर झिलमिलाने लगीं और उनमें से मुझे दूर इधर-उधर चलते लोग दिखाई देने लगे।

मैं श्वासरहित अवस्था में था और मेरा शरीर एक विलक्षण शांत अवस्था में, तब भी मैं हाथ-पाँव हिला सकता था। कई मिनटों तक मैंने आँखें बारी-बारी से बन्द कर पुनः खोलकर देखा; परन्तु दोनों ही अवस्थाओं में मुझे पूरा दृश्य उसी प्रकार स्पष्ट दिखाई दे रहा था।

एक्स-रे की भाँति आध्यात्मिक दृष्टि भी सभी पदार्थों को भेद लेती है। दिव्य चक्षु हर जगह केन्द्र होता है, परिधि कहीं नहीं। मैंने उस प्रांगण में धूप में खड़े-खड़े नए सिरे से यह अनुभव किया कि जब मनुष्य ईश्वर की पथभ्रष्ट सन्तान नहीं रह जाता और बुलबुले की भाँति सारहीन स्वप्नमय भौतिक संसार में लिप्त नहीं रहता, तब उसे अपना अनन्त साम्राज्य पुनः प्राप्त हो जाता है। यदि अपने संकीर्ण व्यक्तित्व में सिकुड़ कर बैठे हुए मनुष्य के लिए भाग निकलना आवश्यक ही हो, तो क्या सर्वव्यापकता में भाग निकलने जैसा अन्य कुछ है?

दक्षिणेश्वर के मेरे पवित्र अनुभव में केवल मन्दिर और माँ काली के रूप ने ही असाधारण बड़ा आकार धारण किया हुआ है। अन्य सब कुछ अपने साधारण आकार में ही दिखाई दे रहा था। हाँ, यह अवश्य है कि वह सब सफेद, नीले और इंद्रधनुषी रंगों के मृदु प्रकाश में आच्छादित लग रहा था। मेरा शरीर आकाशतत्त्व से बना प्रतीत हो रहा था, जो किसी भी क्षण हवा में उठ जाने के लिए तैयार हो। अपने आसपास की भौतिक परिस्थितियों के प्रति मैं पूर्ण सजग था। मैं अपने इर्दगिर्द देख लेता और उस आनन्दमय दिव्य दर्शन में कोई बाधा डाले बिना दो-चार कदम चल लेता।

मन्दिर की दीवारों के पीछे मैंने अचानक अपने जीजाजी को पवित्र बेल वृक्ष की कंटीली शाखाओं के नीचे बैठे देखा। मैं बिना किसी प्रयास के, उनके विचारों को पढ़ सकता था। दक्षिणेश्वर के पवित्र वातावरण के प्रभाव से उनके विचार कुछ उन्नत तो हो गए थे, पर मेरे बारे में उनके विचार अभी भी कुछ ठीक नहीं थे। मैं सीधा कृपामयी माँ काली की ओर मुड़ा और प्रार्थना करने लगा।

"माँ! क्या तुम मेरे बहनोई में आध्यात्मिक परिवर्तन नहीं लाओगी?"

अब तक मौन रही वह सुन्दर आकृति आख़िर बोल उठी। "तुम्हारी मनोकामना पूर्ण होगी!"

मैंने खुश होकर सतीश बाबू की ओर देखा। वे गुस्से में भरे ज़मीन से उठ खड़े हुए, मानो उन्हें एहसास हो गया था कि कोई आध्यात्मिक शक्ति उन पर कार्य कर रही है। मैंने उन्हें मन्दिर के पीछे दौड़ते देखा; शीघ्र ही वे मुझे मुक्का दिखाते हुए मेरे पास आ पहुँचे।

वह सर्वसमावेशी दर्शन लुप्त हो गया। देवी का तेजस्वी रूप अब मुझे दिखाई नहीं दे रहा था, मन्दिर की पारदर्शिता लुप्त हो गई और विशाल आकार भी अदृश्य होकर अब अपना मूल आकार धारण कर चुका था। मेरा शरीर पुनः धूप से झुलसने लगा। मैं छलाँग लगाकर नाट्यमन्दिर की छाया में चला गया। सतीश बाबू भी गुस्से में मेरे पीछे वहीं आ गए। मैंने अपनी घड़ी देखी। एक बजा था; दिव्य दर्शन एक घंटे तक चला था।

"अरे मूर्ख!" मेरे बहनोई बरस पड़े, "घंटों पर घंटे बीत गए और तुम वहाँ पालथी मारे आँख चढ़ाये बैठे रहे। मैंने कई बार आकर तुम्हें देखा और वापस चला गया। कहाँ है हमारा भोजन? अब मन्दिर भी बन्द हो गया; तुमने मन्दिर के पदाधिकारियों से कुछ कहा भी नहीं; अब तो भोजन की व्यवस्था करने के लिए बहुत देर हो चुकी है!"

देवी के आविर्भाव से अनुभूत परमानन्द अब भी मुझमें विद्यमान था। मैं बोल पड़ाः "माँ काली हमें भोजन कराएंगी!"

"मैं भी एक बार देखना चाहता हूँ कि पहले से कोई व्यवस्था न कर रखने पर भी तुम्हारी काली माँ यहाँ हमें भोजन कैसे कराती हैं!" वे चीख पड़े।

उनका चीखना पूरा हुआ ही था कि मन्दिर का एक पुजारी आँगन पार कर हमारे पास आया।

मुझसे उसने कहाः "बेटा! तुम जब ध्यान कर रहे थे, तब तुम्हारे मुख-मंडल पर मैंने दिव्य तेज देखा था। मैंने आज सुबह तुम लोगों को यहाँ आते देखा था और तभी से मेरे मन में इच्छा हो रही थी कि मैं तुम लोगों के लिए भोजन अलग निकाल कर रखूँ। जो लोग पहले से सूचित करके नहीं रखते उन्हें भोजन देना मन्दिर के नियमों के विरुद्ध है, परन्तु तुम पर मैं वह नियम लागू नहीं करूँगा।"

मैंने उसका धन्यवाद किया और सीधे सतीश बाबू की आँखों में आँखें डालकर देखने लगा। पश्चाताप में अपनी आँखें झुकाकर वे भावुक हो उठे। जब

हमारे सामने विविध व्यंजनों से युक्त भोजन परोस दिया गया, जिसमें बेमौसमी आम भी शामिल थे, तो मैंने देखा कि मेरे जीजाजी की भूख मर चुकी थी। वे अनमने-से होकर विचार सागर में गोते लगा थे।

कोलकाता वापस जाते समय सतीश बाबू नरमाये भावों के साथ यदा-कदा मेरी ओर अनुरोधपूर्ण दृष्टि से देख लेते थे। परन्तु मानो उनकी चुनौती के उत्तर स्वरूप पुजारी ने आकर जब हमें भोजन के लिए आमंत्रित किया था, तब से सतीश बाबू के मुँह से एक भी शब्द नहीं निकला था।

दूसरे दिन दोपहर को मैं अपनी बहन से मिलने उनके घर गया। दीदी ने अत्यंत स्नेह के साथ मेरा स्वागत किया।

उन्होंने कहाः ''मेरे भाई! चमत्कार हो गया! कल शाम को मेरे पति मेरे सामने खुले रूप से रोये।

''उन्होंने कहाः 'प्रिय देवी! मुझमें परिवर्तन लाने की तुम्हारे भाई की योजना पर मुझे वर्णनातीत आनन्द हो रहा है। मैंने तुम्हारे साथ जो-जो अन्याय किया है, उस प्रत्येक अन्याय का मैं प्रायश्चित करूँगा। आज से हम अपने विशाल शयनकक्ष को केवल पूजा के लिए इस्तेमाल करेंगे; तुम्हारे छोटे-से ध्यान के कमरे में अब हम सोयेंगे। मुझे सचमुच गहरा पश्चाताप हो रहा है कि मैंने तुम्हारे भाई का मज़ाक उड़ाया। जिस लज्जास्पद तरीके से मैंने मुकुन्द के साथ बर्ताव किया, उसके लिए मैं स्वयं अपने को यह सज़ा दूँगा कि जब तक मैं आध्यात्मिक पथ पर उन्नति नहीं कर लेता, तब तक मैं मुकुन्द से बात नहीं करूँगा। आज से मैं प्रयासों की पूर्ण गहराई के साथ जगन्माता की खोज शुरू कर दूँगा; किसी न किसी दिन तो उन्हें अवश्य पा ही लूँगा!''

इसके अनेक वर्षों बाद (1936) मैं दिल्ली में सतीश बाबू के घर गया। मुझे यह देखकर अत्यंत खुशी हुई कि उन्होंने आत्म-साक्षात्कार में बहुत उन्नति कर ली थी और जगन्माता ने उन्हें दर्शन देकर धन्य कर दिया था। उनके घर में अपने निवास के दौरान मैंने देखा कि सतीश बाबू प्रत्येक रात्रि का अधिकांश समय गुप्त रूप से ध्यान करने में लगाते थे, जब कि वे एक गम्भीर बीमारी से ग्रस्त हो गए थे और दिन भर अपने ऑफ़िस के काम में व्यस्त भी रहते थे।

मेरे मन में विचार आया कि मेरे जीजाजी की आयु लम्बी नहीं होगी। रमा दीदी ने अवश्य मेरे मन के विचार को पढ़ लिया होगा।

उन्होंने कहाः ''मुकुन्द! मैं स्वस्थ हूँ और मेरे पति बीमार हैं। परन्तु फिर भी तुम यह जान लो कि एक पति-परायणा हिन्दू नारी होने के नाते मैं ही पहले मरूँगी। अब मैं अधिक दिन जीवित नहीं रहूँगी।''

उनके अनिष्टसूचक शब्दों को सुनकर मैं सहम गया, परन्तु उन शब्दों के सत्य के दंश का मुझे अनभव था। अपनी इस भविष्यवाणी के लगभग अठारह महीने बाद जब मेरी बहन की मृत्यु हुई, तब मैं अमेरिका में था। मेरे सबसे छोटे भाई विष्णु ने मुझे बाद में पूरा विवरण लिखा।

विष्णु ने लिखा थाः ''दीदी की मृत्यु के समय दीदी और जीजाजी कोलकाता में थे। उस दिन सुबह दीदी ने अपना शादी का जोड़ा पहन लिया।

''यह विशेष परिधान किसलिये?'' सतीश बाबू ने उनसे पूछा।

'''इस पृथ्वी पर आपकी सेवा का आज मेरा अंतिम दिन है,' दीदी ने कहा। थोड़ी ही देर बाद उन्हें दिल का दौरा पड़ा। उनका बेटा जब डॉक्टर को लाने के लिए घर से बाहर भागने लगा, तो दीदी ने कहाः

'''बेटा! मुझे छोड़कर मत जाओ। अब उसका कोई उपयोग नहीं। डॉक्टर के आने से पहले ही मैं जा चुकी होऊँगी।' दस मिनट बाद अपने पति के चरणों को श्रद्धा से पकड़े हुए रमा दीदी ने प्रसन्नता के साथ और बिना किसी कष्ट के सचेत रूप से शरीर त्याग दिया।

''अपनी पत्नी की मृत्यु के बाद सतीश बाबू बहुत विरक्त हो गए थे,'' विष्णु ने लिखा था। एक दिन वे और मैं मुस्कराती रमा दीदी की फ़ोटो देख रहे थे।

'''क्यों मुस्करा रही हो?' सतीश बाबू अचानक कह उठे जैसे रमा दीदी वहाँ मौजूद हो। 'तुम समझती हो मुझसे पहले जाने की व्यवस्था करके तुमने बड़ी चालाकी की है? मैं सिद्ध कर दूँगा कि तुम अधिक समय तक मुझसे दूर नहीं रह सकती। जल्दी ही मैं भी तुम्हारे पास आ रहा हूँ।'''

''इस समय सतीश बाबू अपनी बीमारी से पूरी तरह ठीक हो गए थे और उनका स्वास्थ्य एकदम अच्छा था, फिर भी फ़ोटो कें सामने उनके द्वारा कहे गए उन विचित्र शब्दों के बाद जल्दी ही बिना किसी प्रकट कारण के वें चल बसे।''

इस तरह मेरी बहन रमा और उनके पति सतीश बाबू—जिनका दक्षिणेश्वर में एक अत्यन्त साधारण सांसारिक मनुष्य से एक अप्रकट सन्त में परिवर्तन हो गया था—दोनों ने ही भविष्यवाणी करके देहत्याग किया।

प्रकरण—23

विश्वविद्यालय से उपाधि की प्राप्ति

"तुम दर्शनशास्त्र के अध्ययन-कार्य की उपेक्षा कर रहे हो। इसमें सन्देह नहीं कि तुम परीक्षा में पास होने के लिए परिश्रमविहीन 'अंतः प्रेरणा' पर निर्भर कर रहे हो। परन्तु यदि तुम एक विद्यार्थी की तरह मेहनत से पढ़ाई नहीं करोगे, तो मैं तुम्हें इस परीक्षा में पास नहीं होने दूँगा।"

श्रीरामपुर कॉलेज के प्रोफ़ेसर डी.सी. घोषाल मुझसे सख्ती के साथ बोल रहे थे। यदि मैं उनकी लिखित फाइनल क्लास-रूम टेस्ट में पास नहीं होता, तो मैं विश्वविद्यालय की परीक्षा में बैठने के लिए अयोग्य ठहराया जाता। ये नियम कोलकाता विश्वविद्यालय के बनाये हुए हैं और श्रीरामपुर कॉलेज उसकी एक सम्बद्ध शाखा है। भारतीय विश्वविद्यालयों में बी.ए. की परीक्षा में एक विषय में भी अनुत्तीर्ण होने वाले विद्यार्थी को अगले वर्ष फिर से सब विषयों की परीक्षा देनी पड़ती है।

श्रीरामपुर कॉलेज के मेरे प्राध्यापक साधारणतया मेरे साथ अच्छा ही बर्ताव करते थे, यद्यपि उसमें कुछ विनोद की झलक अवश्य होती थी। "मुकुन्द धर्म में कुछ ज़्यादा ही बह गया है।" इस प्रकार मेरा आकलन कर वे मुझे कक्षा में प्रश्नों के उत्तर देने की मुसीबत से कुशलतापूर्वक बचाते थे; उन्हें पूर्ण विश्वास था कि फाइनल लिखित टेस्ट मुझे बी.ए. परीक्षार्थियों की सूची से हटाने का काम कर देगी। मेरे सहपाठियों का मेरे बारे में मत उनके द्वारा मुझे दिये गए नाम से ही स्पष्ट था—"पागल संन्यासी।"

प्रोफ़ेसर घोषाल की मुझे दर्शनशास्त्र में अनुत्तीर्ण करने की धमकी को विफल करने के लिए मैंने भी चालाकी की। जब फाइनल टेस्ट के परिणाम घोषित किये ही जाने वाले थे, तभी मैंने एक सहपाठी को अपने साथ प्रोफ़ेसर के कक्ष में चलने के लिए कहा।

"मेरे साथ चलो; मुझे एक साक्षी चाहिए," मैंने अपने सहपाठी से कहा। "यदि प्रोफ़ेसर को अपनी चालाकी से मात देने में मैं सफल नहीं हुआ, तो मुझे बड़ी निराशा होगी।"

जब मैंने पूछा कि मेरी उत्तर-पत्रिका पर उन्होंने कितने अंक दिये हैं, तो प्रोफ़ेसर घोषाल ने नकारार्थी सिर हिलाया।

"जो लोग पास हुए हैं, उनमें तुम नहीं हो," उन्होंने विजयी मुद्रा के साथ कहा। उन्होंने अपनी मेज़ पर पड़े उत्तर-पत्रिकाओं के गठ्ठर में देखना शुरू किया। "इसमें तुम्हारी उत्तर-पत्रिका ही नहीं है; परीक्षा में न बैठने के कारण तुम वैसे ही अनुर्त्तीण हो गए हो।"

मैं हँसा। "सर, मैं परीक्षा में बैठा था। क्या इस गट्ठे को मैं देख सकता हूँ?"

प्रोफ़ेसर ने असंमजस में पड़कर अनुमति दे दी। मैंने शीघ्र ही अपनी उत्तर-पत्रिका ढूँढ निकाली, जिस पर मैंने अपने रोल नम्बर के अतिरिक्त पहचान का कोई चिह्न नहीं छोड़ा था। मेरे नाम की "लाल झंडी" न दिखने के कारण पाठ्यपुस्तकों के उद्धरणों से अलंकृत न होने पर भी प्रोफ़ेसर ने मेरे उत्तरों को अच्छे अंक दिये थे।'

मेरी चालाकी ध्यान में आते ही वे गरज उठेः "केवल तुम्हारी किस्मत बलवान है!" फिर उन्होंने आशा के साथ कहाः "तुम बी.ए. की परीक्षा में अवश्य फेल हो जाओगे।"

मेरे अन्य विषयों की टेस्ट-परीक्षाओं के लिए मैंने कुछ मार्गदर्शन प्राप्त कर लिया था, विशेष कर मेरे प्रिय एवं चचेरे भाई प्रभास चन्द्र घोस से, जो मेरे शारदा चाचा के बेटे हैं। सभी विषयों की अपनी टेस्ट-परीक्षा में मैं कष्टप्रद रूप से परन्तु सफलतापूर्वक निकल गया—सभी विषयों में मुझे न्यूनतम उत्तीर्णांक जितने ही अंक मिले।

कॉलेज की चार वर्षों की पढ़ाई के साथ अब मैं बी.ए. की परीक्षा में बैठने के योग्य हो गया था। परन्तु इस अवसर से कोई लाभ उठा पाने की आशा नहीं के बराबर थी। कोलकाता विश्वविद्यालय की कड़ी बी.ए. की डिग्री परीक्षा की

तुलना में श्रीरामपुर कॉलेज की टेस्ट-परीक्षा तो बच्चों का खेल मात्र थी। लगभग प्रतिदिन श्रीयुक्तेश्वरजी के पास जाने के कारण कॉलेज जाने का मुझे समय ही नहीं मिलता था। अनुपस्थिति की अपेक्षा कक्षा में मेरी उपस्थिति ही छात्रों के विस्मय का कारण बनती।

लगभग प्रतिदिन मैं जिस दिनचर्या का अवलम्बन करता, उसकी शुरुआत सुबह साढ़े नौ बजे मेरे साइकिल पर निकल पड़ने से होती। एक हाथ में गुरुदेव को अर्पित करने के लिए पंथी छात्रावास के बगीचे से चुने हुए फूल रहते। प्रेम से मुझसे मिलते हुए गुरुदेव दोपहर का खाना वहीं खाने के लिए मुझसे कहते। मैं बिना किसी अपवाद के नित्य ही अत्यंत सत्वरता के साथ उनकी बात मान लेता ताकि दिनभर के लिए कॉलेज के विचार से मुक्ति मिल जाए। घंटों श्रीयुक्तेश्वरजी के सान्निध्य में रहकर उनका अपूर्व ज्ञानोपदेश सुनने या आश्रम के कार्यों में सहायता करने के बाद मैं करीब आधी रात के समय अनिच्छापूर्वक ही पंथी छात्रावास के लिए प्रस्थान करता। कभी-कभी तो रातभर मैं अपने गुरु के साथ ही रहता, उनकी बातों में इतना मग्न होता कि कब रात का अन्धकार भोर के उजाले में बदल गया पता ही नहीं चलता।

एक रात लगभग ग्यारह बजे जब मैं छात्रावास में वापसी की अपनी साइकिल सवारी के लिए जूते पहनकर तैयार हो रहा था, तो गुरुदेव ने गम्भीर मुद्रा के साथ पूछाः

"तुम्हारी बी.ए. की परीक्षा कब शुरू होती है?"

"आज से पाँच दिन बाद, गुरुदेव!"

"तुम ने तैयारी तो कर ली है न?"

मैं भय से काठ हो गया; हाथ का जूता हाथ में ही धरा रह गया। "गुरुदेव!" मैंने कहा, "आप जानते हैं कि मेरा सारा समय तो प्रोफ़ेसरों के बजाय आप ही के सान्निध्य में बीता है। अतः उस कठिन परीक्षा में बैठने का ढोंग रचने से क्या लाभ?"

श्रीयुक्तेश्वरजी ने अन्तर्भेदी दृष्टि से मेरी आँखों में देखा। "तुम्हें परीक्षा देनी ही होगी।" उन्होंने ठंडे निर्णायक स्वर में कहा। "हमें तुम्हारे पिताजी को या अन्य रिश्तेदारों को ऐसा कोई अवसर नहीं देना चाहिए, जिससे वे आश्रम-जीवन के प्रति तुम्हारी अभिरुचि की आलोचना कर सकें। मुझे केवल इतना वचन दो कि तुम परीक्षा में बैठोगे। तुमसे जैसे बनेंगे वैसे उत्तर लिख देना।"

आँसू बेकाबू होकर मेरे गालों पर बह रहे थे। मुझे लगा कि गुरुजी की आज्ञा अनुचित थी और इस ओर ध्यान देने में और कुछ नहीं तो विलम्ब उन्होंने अवश्य कर दिया था।

मैंने सिसकते हुए कहाः ''यदि आपकी ऐसी ही इच्छा है कि तो परीक्षा में तो मैं बैठ जाऊँगा, परन्तु अभी उचित तैयारी करने का समय नहीं रहा है।'' फिर अपने आपसे ही मैंने बुदबुदाते हुए कहाः ''प्रश्नों के उत्तर में मैं आपके ही उपदेशों से उत्तर-पत्रिकाएँ दूँगा!''

दूसरे दिन जब मैं सदा की भाँति अपने नियत समय पर आश्रम पहुँचा, तो मैंने विषण्ण मन से अपने फूल श्रीयुक्तेश्वरजी को अर्पित किये। मेरे खिन्न चेहरे को देखकर वे हँसने लगे।

''मुकुन्द! क्या भगवान परीक्षा में या अन्य कहीं तुम्हारी मदद करने में कभी चूके हैं?''

''नहीं, गुरुदेव!'' मैंने उत्साहित होकर उत्तर दिया। और साथ ही कृतज्ञतापूर्वक स्मृतियों से मुझमें नवशक्ति का संचार हो गया।

''कॉलेज में गौरव प्राप्त करने के प्रयास से तुम्हें तुम्हारे आलस्य ने नहीं, बल्कि ईश्वर-प्राप्ति के ज्वलंत उत्साह ने रोका है,'' मेरे गुरु ने प्रेम से कहा। थोड़ी देर मौन रहने के बाद उन्होंने बाइबिल के एक वचन को उद्‌धृत कियाः ''पहले ईश्वर के साम्राज्य को और उसकी नीतिपरायणता को प्राप्त करने का प्रयास करो; तब अन्य सारी चीज़ें तुम्हें अपने आप मिल जाएंगी।''

अन्य हज़ारों अवसरों की तरह इस बार भी गुरुदेव के सान्निध्य में मेरे मन से बोझ आज फिर हट गया। मध्याह्न भोजन रोज़ की अपेक्षा पहले खत्म करने के बाद उन्होंने मुझे पंथी लौट जाने की सलाह दी।

''तुम्हारा मित्र रमेशचन्द्र दत्त क्या अब भी तुम्हारे छात्रावास में रहता है?''

''जी गुरुदेव!''

''उससे मिलो; प्रभु उसे तुम्हारी परीक्षा की तैयारी में सहायता करने की प्रेरणा देंगे।''

''ठीक है, गुरुदेव! परन्तु रमेश इस समय अत्यन्त व्यस्त है। उसने ऑनर्स ले रखा है और अन्य छात्रों की अपेक्षा उसका पाठ्यक्रम अधिक है।''

गुरुदेव ने मेरे आक्षेपों की ओर कोई ध्यान नहीं दिया। ''तुम्हारे लिए रमेश समय निकाल लेगा। अब तुम जाओ।''

मैं साइकिल से पंथी वापस लौटा। छात्रावास के अहाते में पहुँचते ही सर्वप्रथम किसी से मेरी भेंट हुई, तो वह थी विद्याभ्यासी रमेश से। झिझकते हुए किये गए मेरे अनुरोध को उसने ऐसी तत्परता के साथ स्वीकार किया जैसे उसके पास समय ही समय हो।

"अवश्य! मैं तुम्हारी सेवा में उपस्थित हूँ।" उस दिन और उसके बाद के प्रत्येक दिन उसने मुझे मेरे विभिन्न विषयों की परीक्षा के लिए तैयार करने में कई घंटे व्यतीत किये।

"मुझे लगता है कि अंग्रेज़ी साहित्य में अनेक प्रश्न चाईल्ड हैरोल्ड ने अपनी यात्रा के लिए जो रास्ता अपनाया था, उससे संबंधित होंगे। हमें तुरन्त एक एटलस लानी चाहिए," उसने मुझे बताया।

मैं जल्दी-जल्दी शारदा चाचा के घर गया और एक एटलस माँग लाया। रमेश ने यूरोप के नक्शे में उन सभी स्थानों पर चिह्न लगा दिये, जहाँ बायरन का वह रोमांचक यात्री गया था।

रमेश जब मुझे बता रहा था, तब कुछ सहपाठी उसके मार्गदर्शन को सुनने के लिए हमारे इर्दगिर्द जमा हो गए थे। एक बैठक के अंत में उनमें से एक ने मुझसे कहा: "रमेश तुम्हें गलत सलाह दे रहा है। साधारणतया केवल पचास प्रतिशत प्रश्न ही पुस्तकों के बारे में होते हैं; अन्य आधे प्रश्न लेखकों की जीवनी से संबंधित होते हैं।"

जब परीक्षा भवन में अंग्रेज़ी साहित्य की प्रश्न-पत्रिका मेरे हाथ में आयी, तो उस पर प्रथम दृष्टि पड़ते ही मेरी आँखों से कृतज्ञता के आँसू बहकर मेरे पत्रिका को भिगोने लगे। उस कमरे के परीक्षा-पर्यवेक्षक मेरे पास आकर सहानुभूतिपूर्वक पूछताछ करने लगे।

मैंने उन्हें बताया: "मेरे महान् गुरु ने पहले ही मुझे बता दिया था कि रमेश मेरी सहायता करेगा और देखिये, रमेश ने मुझे जिन-जिन प्रश्नों के आने की सम्भावना बतायी थी, वही सब प्रश्न इस प्रश्न-पत्रिका में आये हैं!" फिर मैंने आगे कहा: "मेरी खुशकिस्मती से इस साल बहुत कम प्रश्न अंग्रेज़ लेखकों के बारे में हैं, जिनका जीवन मेरे लिए तो गहरे रहस्य में ही लिपटा हुआ है।"

जब मैं परीक्षा देकर छात्रावास लौटा, तो छात्रों ने मुझे देखकर ज़ोर से हर्षध्वनि की। जो लड़के रमेश के मार्गदर्शन में विश्वास करने के कारण मेरा मज़ाक उड़ा रहे थे, वही ज़ोर-ज़ोर से मेरा अभिनन्दन करके मेरे कानों के पर्दे फाड़ रहे थे।

परीक्षा के पूरे सप्ताह में मैं यथासम्भव अधिक से अधिक समय रमेश के साथ ही बिताता रहा, जो मुझे प्रोफ़ेसरों द्वारा प्रश्न-पत्रिका में डाले जा सकने वाले संभाव्य प्रश्न बताता रहा। दिन-प्रतिदिन प्रत्येक प्रश्न-पत्रिका में रमेश के बताये हुए प्रश्न लगभग उसी के शब्दों में आते रहे।

कॉलेज में बिजली की तरह यह बात फैल गई कि चमत्कार जैसा कुछ घटित हो रहा है और हमेशा अनमने से रहने वाले "पागल संन्यासी" का परीक्षा में उत्तीर्ण होना संभव लग रहा है। मैंने कुछ भी छिपाने का कोई प्रयास नहीं किया। विश्वविद्यालय के द्वारा बनायी गई प्रश्न-पत्रिकाओं में कोई फेर-बदल करना स्थानीय प्रोफ़ेसरों के हाथ में नहीं था।

एक दिन सुबह अंग्रेज़ी साहित्य की परीक्षा के विषय में सोचते हुए अचानक मेरे ध्यान में आया कि मैंने एक बड़ी भारी भूल कर दी थी। कुछ प्रश्न दो भागों में विभाजित किये गये थेः 'क' या 'ख', तथा 'ग' या 'घ'। प्रत्येक विभाग के एक प्रश्न का उत्तर लिखने के बजाय मैंने प्रथम विभाग के दोनों प्रश्नों के उत्तर लिख दिये थे और दूसरे विभाग को लापरवाही से पूर्णतः अनदेखा कर दिया था। उस परीक्षा में मुझे अधिक से अधिक 33 अंक मिल सकते थे—न्यूनतम उत्तीर्णांक 36 से तीन अंक कम।

मैं सीधा गुरुदेव के पास पहुँच गया और उन्हें अपनी भूल बता दी।

मैंने कहाः "गुरुदेव! मैंने अक्षम्य भूल कर दी है। मैं रमेश के माध्यम से मिली ईश्वरीय कृपा के योग्य नहीं हूँ; मैं बिलकुल अपात्र हूँ।"

"मुस्कराओ, मुकुन्द!" श्रीयुक्तेश्वरजी के स्वर में चिन्ता का लवलेश नहीं था। उन्होंने नीले आकाश की ओर उँगली दिखाते हुए कहाः "सूर्य-चन्द्र आकाश में अपने स्थानों की अदला-बदली कर सकते हैं, परन्तु तुम्हें विश्वविद्यालय की उपाधि मिलना नहीं रुक सकता!"

हिसाब करने से तो पास होना असम्भव लग रहा था, तथापि मैं जब आश्रम से बार निकला तो मेरा मन काफ़ी शान्त हो गया था। एक-दो बार मैंने सशंक मन से आकाश की ओर देखा; सूर्य अपनी प्रचलित कक्षा में ही सुस्थित लग रहे थे।

जब मैं पंथी पहुँचा, तो एक सहपाठी का स्वर मेरे कानों में पड़ाः "मैंने अभी-अभी सुना है कि इस वर्ष पहली बार अंग्रेज़ी साहित्य में उत्तीर्ण होने के लिए आवश्यक न्यूनतम उत्तीर्णांक को घटा दिया गया है।"

मैं इतनी तेज़ी से उस लड़के के कमरे में घुसा कि उसने घबराकर ऊपर देखा। मैंने अत्यंत उत्सुकता के साथ उससे पूछा।

उसने हँसते हुए कहा: "जटाधारी साधु महाराज! पढ़ाई-लिखाई में अचानक इतनी उत्सुकता क्यों? अन्तिम क्षण में रोने-धोने से क्या लाभ? परन्तु यह सच है कि उत्तीर्णांक को घटा कर 33 कर दिया गया है।"

खुशी के मारे उछलता-कूदता मैं अपने कमरे में पहुँचा और ज़मीन पर घुटने टेककर अचूक गणितीय हिसाब के लिए अपने परमपिता की स्तुति करने लगा।

प्रतिदिन रमेश के माध्यम से मेरा मार्गदर्शन करती एक आध्यात्मिक शक्ति की उपस्थिति के बोध से मैं रोमांचित हो उठता। बंगाली भाषा की परीक्षा के सम्बन्ध में एक उल्लेखनीय घटना हुई। एक दिन प्रातः जब मैं छात्रावास से निकल कर परीक्षा के लिए कॉलेज की ओर जाने लगा, तो रमेश ने मुझे पुकारा। उसने मुझे बंगाली भाषा के विषय में कोई मार्गदर्शन नहीं दिया था।

"वहाँ रमेश तुम्हारे लिए चिल्ला रहा है," एक सहपाठी छात्र ने अधीर होकर कहा। "अब वापस मत जाओ, वरना हम लोगों को परीक्षा के लिए देर हो जाएगी।"

उसकी बातों की ओर कोई ध्यान न देकर मैं छात्रावास भवन की ओर दौड़ पड़ा।

रमेश ने कहा: "हमारे बंगाली लड़के साधारणतया बंगाली भाषा में आसानी से पास हो जाते हैं, परन्तु मेरे मन में अभी-अभी ऐसी शंका उठी है कि इस वर्ष अपेक्षित पठन की पुस्तकों से प्रश्न पूछकर प्राध्यापकों ने विद्यार्थियों की बलि चढ़ाने की योजना बनाई है।" उसने फिर उन्नीसवीं शताब्दी के सुप्रसिद्ध बंगाली समाजसेवक विद्यासागर के जीवन की दो कहानियाँ संक्षेप में बतायी।

रमेश का धन्यवाद कर मैं तुरन्त साइकिल से कॉलेज पहुँचा। वहाँ मैंने देखा कि बंगाली की प्रश्न-पत्रिका में दो विभाग थे। पहले विभाग में लिखा था: "विद्यासागर के समाजकार्य की दो घटनाओं का वर्णन करो।" जब मैं अभी-अभी ज्ञात हुई कहानियों को उत्तर पत्रिका पर उतार रहा था, तो मन ही मन धन्यवाद करने लगा कि अन्तिम क्षण में भी मैंने रमेश की पुकार का मान रखा था। विद्यासागर के कल्याण-कार्यों (जिनमें अब एक मेरे प्रति भी हो गया था) से यदि मैं अनभिज्ञ रहता, तो बंगाली भाषा में मैं पास नहीं हो पाता।

प्रश्न-पत्रिका के दूसरे विभाग में लिखा था: "बंगाली में उस व्यक्ति के जीवन पर निबंध लिखो जिससे तुम्हें सर्वाधिक प्रेरणा मिली हो।" भद्र पाठक, निबंध के लिए मैंने किसे चुना, इसके बारे में आपको बताने की कोई आवश्यकता नहीं। जब मैं पृष्ठ पर पृष्ठ अपने गुरु की प्रशंसा से भरता जा रहा था, तो अपने आप

से बुदबुदाकर की हुई उस भविष्यवाणी को सच होते देख मेरे होंठों पर मुस्कान आ गईः "प्रश्नों के उत्तर में मैं आपके ही उपदेशों से उत्तर-पत्रिकाएँ भर दूँगा!"

दर्शनशास्त्र के पाठ्यक्रम के विषय में रमेश से कुछ पूछने की इच्छा मेरे मन में नहीं आई थी। श्रीयुक्तेश्वरजी के मार्गदर्शन में मिले दीर्घ प्रशिक्षण पर मुझे इतना भरोसा था कि पाठ्यपुस्तकों के विवरणों को मैंने कोई महत्त्व नहीं दिया। सब विषयों में मुझे सबसे अधिक अंक दर्शनशास्त्र में ही मिले। अन्य विषयों में मुझे केवल पास होने के लिए आवश्यक अंक ही मिले।

यहाँ बताते हुए मुझे अत्यंत हर्ष होता है कि मेरे निःस्वार्थी मित्र रमेश को उसकी अपनी ऑनर्स की डिग्री उच्च अंकों के साथ मिली।

मेरे स्नातक होने पर पिताजी की खुशी का ठिकाना न रहा। उन्होंने स्वीकार कियाः "मुकुन्द तुम अपने गुरु के साथ इतना अधिक समय व्यतीत करते थे कि मुझे तुम्हारे उत्तीर्ण होने की कोई आशा नहीं थी।" गुरुदेव ने मेरे पिताजी की अव्यक्त आलोचना को ठीक ही ताड़ लिया था।

वर्षों से मेरे मन में सन्देह बना हुआ था कि मैं अपने नाम के बाद बी.ए. के अक्षर जुड़े कभी देख भी पाऊँगा। इस उपाधि का उल्लेख करते समय हमेशा ही मेरे मन में यह विचार आये बिना नहीं रहता कि मुझे यह ईश्वर की ओर से उपहार स्वरूप मिली है, जिसके पीछे कोई गूढ़ कारण है। कभी-कभी मैं कॉलेज में पढ़े लोगों को ऐसा कहते सुनता हूँ कि उन्हें अपने रट-रट कर प्राप्त किये ज्ञान का बहुत अल्प अंश ही उपाधि मिलने के बाद याद रह पाता है। उनकी इस स्वीकारोक्ति से मुझे अपनी निस्सन्दिग्ध शैक्षणिक अपूर्णता के विषय में थोड़ी-सी सान्त्वना मिल जाती है।

जून 1915 के जिस दिन मुझे कोलकाता विश्वविद्यालय की उपाधि मिली, उस दिन अपने गुरु के चरणों में सिर नवाकर मैंने उनके जीवन से अपने जीवन में प्रवाहित होने वाली सभी कृपाओं के लिए उनके प्रति कृतज्ञता व्यक्त की।

"उठो, मुकुन्द!" उन्होंने प्रेम के साथ कहा। "बात केवल इतनी है कि प्रभु को सूर्य-चंद्र के स्थानों की अदला-बदली करने के बजाय तुम्हें स्नातक बना देना ज़्यादा आसान लगा!"

प्रकरण—24

मेरा संन्यास-ग्रहण: स्वामी-संस्थान के अन्तर्गत

"गुरुदेव! मेरे पिताजी मुझसे बंगाल-नागपुर रेलवे में एक अधिकारी का पद ग्रहण करने के लिए आग्रह करते रहे हैं। परन्तु मैंने साफ मना कर दिया है।" फिर मैंने आशा के साथ आगे कहा: "गुरुदेव! क्या आप मुझे स्वामी परंपरा की संन्यास दीक्षा नहीं देंगे?" मैं अनुनयपूर्वक अपने गुरु की ओर देखता रहा। विगत वर्षों में मेरे निश्चय की गहराई की परीक्षा लेने के लिए उन्होंने मेरे इसी अनुरोध को कई बार ठुकरा दिया था। परन्तु आज अनुग्रहपूर्ण मुस्कान उनके मुखमण्डल पर आ गई।

"ठीक है। कल मैं तुम्हें संन्यास दीक्षा दे दूँगा।" फिर शान्त भाव से वे कहते गए: "मुझे खुशी है कि संन्यास ग्रहण करने की इच्छा पर तुम अटल रहे। लाहिड़ी महाशय प्रायः कहा करते थे: 'अपने जीवन के वसन्त में यदि तुम ईश्वर को आमंत्रित नहीं करोगे, तो तुम्हारे जीवन के शिशिर में वे तुम्हारे पास नहीं आएंगे।"

"प्रिय गुरुदेव! मैं आप ही की भाँति स्वामी परंपरा में शामिल होने की अपनी इच्छा को कभी नहीं छोड़ सकता था।" असीम स्नेह के साथ उनकी ओर देखते हुए मैं मुस्कराया।

"अविवाहित पुरुष प्रभु से सम्बन्धित बातों की चिंता में रहता है, कि कैसे वह प्रभु को प्रसन्न करे; परन्तु विवाहित पुरुष संसार की बातों की चिंता में रहता

है, कि कैसे वह अपनी पत्नी को प्रसन्न करे।" मैंने अपने अनेक मित्रों के जीवन का विश्लेषण किया था जिन्होंने कुछ आध्यात्मिक साधना करने के बाद विवाह कर लिया था। सांसारिक ज़िम्मेदारियों के सागर में कूद पड़ने के बाद गहरा ध्यान करने के अपने संकल्पों को वे भूल गए थे।

प्रभु को अपने जीवन में द्वितीय श्रेणी का स्थान देने की मैं कल्पना भी नहीं कर सकता था। वे ही तो समस्त ब्रह्माण्ड के स्वामी हैं जो जन्म-जन्मांतर में मनुष्य पर वरदानों की वर्षा करते आ रहे हैं। और इस कृपावर्षा के बदले में मनुष्य उन्हें केवल एक ही चीज़ दे सकता है—अपना प्रेम, जो देने या न देने की उसे पूर्ण छूट है।

सृष्टि के अणु-परमाणुओं में अपनी उपस्थिति को रहस्य के आवरण में छिपाये रखने के लिए अनंत उपायों की योजना के जो कष्ट सृष्टिकर्ता ने उठाये हैं, उसमें उसका केवल एक ही उद्देश्य हो सकता है, उसकी एक ही भावुक इच्छा हो सकती है कि मनुष्य स्वेच्छा से उसकी तलाश करे। प्रत्येक प्रकार की विनम्रता के कौन से मखमली दस्ताने द्वारा उसने सर्वशक्तिमत्ता के अपने वज्रहस्त को छिपाया नहीं है!

अगला दिन मेरे जीवन का सबसे अविस्मरणीय दिन था। मुझे याद है कि कॉलेज से ग्रेज्यूएट होने के कुछ सप्ताह बाद ही यह सन् 1914 के जुलाई महीने का एक गुरुवार था। अपने श्रीरामपुर आश्रम के भीतर के एक बरामदे में श्रीयुक्तेश्वरजी ने एक श्वेत रेशमी वस्त्र को संन्यास धर्म के परम्परागत गेरुएँ रंग में डुबाया। जब वस्त्र सूख गया, तो मेरे गुरु ने उसे एक संन्यासी के वस्त्र के तौर पर मेरे बदन पर लपेट दिया।

"किसी दिन तुम पश्चिम में जाओगे, जहाँ रेशमी वस्त्रों को पसन्द किया जाता है," उन्होंने कहा। "उसी के प्रतीकस्वरूप मैंने तुम्हारे लिए परम्परागत सूती वस्त्र के स्थान पर यह रेशमी वस्त्र चुना है।"

भारत में, जहाँ संन्यासी अपरिग्रह-वृत्ति का व्रत लेते हैं, रेशमी वस्त्र परिधान किया हुआ स्वामी शायद ही कभी दिखाई देगा। परन्तु अनेक योगी रेशमी वस्त्र पहनते हैं, क्योंकि रेशमी वस्त्र शरीर के कुछ सूक्ष्म प्रवाहों को सूती वस्त्रों की अपेक्षा अधिक अच्छी तरह से रोककर रखते हैं।

"मुझे अनुष्ठान, संस्कार आदि के कर्मकाण्ड में कोई रुचि नहीं," श्रीयुक्तेश्वरजी ने कहा। "में तुम्हें विद्वत् (कर्मकाण्ड रहित) पद्धति से संन्यास दीक्षा दूँगा।"

विविदिशा या संन्यास की आद्योपांत अनुष्ठान-संस्कार युक्त दीक्षा में एक हवन-विधि भी होती है जिसमें प्रतीकात्मक अंत्येष्टि क्रिया-कर्म, श्राद्ध आदि किया जाता है। दीक्षा लेने वाले शिष्य के स्थूल देह को मृत एवं ज्ञानाग्नि में भस्मीभूत माना जाता है। तत्पश्चात् नवदीक्षित संन्यासी को एक महावाक्य दिया जाता है, जैसेः ''अयमात्माब्रह्म''' अथवा ''तत्त्वमसि'' अथवा ''अहं ब्रह्मास्मि''। परन्तु सादगी प्रेमी श्रीयुक्तेश्वरजी ने सभी औपचारिक विधियों को छोड़ दिया और केवल मुझे एक नया नाम चुनने को कहा।

''नाम चुनने का अधिकार मैं तुम्हें ही देता हूँ,'' उन्होंने मुस्कराते हुए कहा।

''योगानन्द,'' मैंने एक पल सोचने के बाद कहा। इस नाम का अर्थ है ''ईश्वर के साथ मिलन (योग) द्वारा आनन्द।''

''तथास्तु! तुम्हारे पारिवारिक नाम मुकुन्दलाल घोष को छोड़कर अब से तुम स्वामी परंपरा की गिरि शाखा के योगानन्द कहलाओगे।''

श्रीयुक्तेश्वरजी के चरणों में सिर नवाते हुए जब प्रथम बार उनके मुँह से मैंने अपना नया नाम सुना, तो मेरा हृदय कृतज्ञता से भर उठा। कितने प्रेमपूर्वक उन्होंने अथक परिश्रम किया था ताकि बालक मुकुन्द एक दिन स्वामी योगानन्द में परिणत हो सके! मैं आह्लाादित होकर श्री शंकर (शंकराचार्य) के एक लम्बे स्तोत्र के कुछ श्लोक गाने लगाः

मनोबुद्ध्यहंकारचित्तानि नाहं
न च श्रोत्रजिह्वे न च घ्राणनेत्रे।
न च व्योम भूमिर्न तेजो न वायुः
चिदानंदरूपः शिवोऽहम् शिवोऽहम्।।
न मृत्युर्न शंका न मे जातिभेदः
पिता नैव मे नैव माता न जन्मः।
न बंधुर्न मित्रम् गुरुनैव शिष्यः
चिदानन्दरूपः शिवोऽहम् शिवोऽहम्।।
अहं निर्विकल्पो निराकाररूपो
विभुत्वाच्च सर्वत्र सर्वेंद्रियाणां।
च चासंगतं नैव मुक्तिर्न बन्धः
चिदानंदरूपः शिवोऽहम् शिवोऽहम्।।

प्रत्येक स्वामी भारत में अनन्त काल से सम्मानित संन्यास परंपरा से सम्बन्ध रखता है। इसका वर्तमान रूप में पुनर्गठन शताब्दियों पूर्व शंकराचार्य ने किया था और तभी से निरन्तर अखण्ड रूप से आदरणीय आचार्यों की एक परम्परा इसके शीर्ष पद पर आसीन रही है। (इनमें प्रत्येक आचार्य परम्पराक्रम से जगद्‌गुरु शंकराचार्य कहलाते हैं।) शायद दस लाख तक संन्यासी स्वामी संप्रदाय में हैं। इस संप्रदाय में प्रविष्ट होने के लिए एक शर्त यह होती है कि उन्हें किसी ऐसे पुरुष से ही दीक्षा लेनी पड़ती है, जो स्वयं स्वामी है। इस प्रकार स्वामी संप्रदाय के सभी संन्यासी एक ही गुरु, आदि (“प्रथम”) शंकराचार्य से जुड़े होते हैं। वे अपरिग्रह (सांसारिक संपत्ति में अनाशक्ति), ब्रह्मचर्य तथा संघ प्रमुख या आध्यात्मिक प्रमुख की आज्ञा के पालन का व्रत लेते हैं। कैथोलिक ईसाई संन्यास संप्रदाय अनेक बातों में उनसे कहीं अधिक प्राचीन स्वामी संप्रदाय से मिलते-जुलते हैं।

स्वामी अपने नए नाम के आगे एक ऐसी उपाधि लगाता है, जिससे स्वामी संप्रदाय की दस शाखाओं में से किसी एक के साथ उसके जुड़े होने का परिचय मिलता है। इन दस शाखाओं में या दशनामियों में एक शाखा है गिरि, जिससे स्वामी श्रीयुक्तेश्वर गिरि और उनका शिष्य होने के नाते मैं स्वयं संलग्न हूँ। अन्य शाखाएँ हैं सागर, भारती, पुरी, सरस्वती, तीर्थ, अरण्य, आश्रम, वन और पर्वत।

स्वामी का संन्यासाश्रम का नाम, जिसके आगे साधारणतया आनन्द लगा होता है, किसी विशिष्ट मार्ग अवस्था या आध्यात्मिक गुण—जैसे प्रेम, ज्ञान, विवेक, भक्ति, सेवा, योग—के द्वारा मुक्ति प्राप्त करने की उसकी आकांक्षा का द्योतक होता है। उसके नाम के बाद लगने वाली दशनामी में से एक उपाधि प्रकृति के साथ उसकी समरसता का प्रतीक होती है।

समस्त मानवजाति की निःस्वार्थ सेवा तथा व्यक्तिगत संबंधों एवं महत्त्वाकांक्षाओं के त्याग के आदर्श के कारण अधिकांश स्वामी गण भारत में और कभी-कभी विदेशों में भी सक्रिय रूप से मानवतावादी एवं शैक्षणिक कार्यों में लग जाते हैं। जाति, पंथ, वर्ग, वर्ण, वंश या स्त्री-पुरुष का भेदभाव छोड़कर स्वामी विश्वबंधुत्व के आदर्श पर चलता है। परमब्रह्म के साथ संपूर्ण एकरूप हो जाना ही उसका लक्ष्य होता है। सोते-जागते अपनी चेतना को ‘अहं ब्रह्मास्मि’ के विचार से सराबोर करता हुआ वह संपूर्ण तृप्ति के साथ संसार में विचरण करता है परन्तु संसार की किसी बात में लिप्त नहीं होता। केवल इसी ढंग से वह अपनी स्वामी

पदवी को सार्थक कर सकता है, जिसका अर्थ होता है 'स्व' या अपनी आत्मा के साथ एकरूप होने का प्रयास करने वाला।

श्रीयुक्तेश्वरजी स्वामी भी थे और योगी भी। पूज्य स्वामी संप्रदाय से जुड़ा होने के कारण स्वामी बना हर संन्यासी योगी नहीं होता। जो ईश्वर-साक्षात्कार के लिए किसी वैज्ञानिक प्रविधि का अभ्यास करता हो वही योगी होता है। वह विवाहित भी हो सकता है और अविवाहित भी, सांसारिक ज़िम्मेदारियों को निभाने वाला भी हो सकता है या विशिष्ट धर्म-संप्रदाय से संबद्ध भी।

स्वामी केवल शुष्क कारण-मीमांसा एवं कठोर त्याग के मार्ग पर चलने वाला भी हो सकता है; परन्तु योगी एक सुनिश्चित क्रमानुगत प्रणाली का अभ्यास करता है जिससे शरीर और मन सुनियंत्रित हो जाते हैं और आत्मा धीरे-धीरे मुक्त हो जाती है। किसी भावनात्मक आधार पर या विश्वास के वश होकर कुछ भी न मानते हुए योगी ऐसी पूर्ण-परीक्षित प्रविधियों का क्रमानुसार अभ्यास करता है, जिन्हें सर्वप्रथम प्राचीन ऋषियों ने निर्धारित किया था। भारत की प्रत्येक पीढ़ी में योगसाधना ने ऐसे लोग पैदा किये हैं, जो सच्चे अर्थ में मुक्त और ईसा-सृदश योगी हुए।

किसी भी अन्य विज्ञान की तरह ही योग विज्ञान का भी किसी भी देश और काल के लोगों द्वारा प्रयोग किया जा सकता है। कुछ अज्ञानी लेखकों का यह प्रतिपादन पूर्णतः गलत है कि योगसाधना 'खतरनाक' है या पाश्चात्यों के लिए ठीक नहीं है। यह खेद की बात है इस गलत प्रतिपादन ने योगसाधना के अनेक सच्चे और उत्सुक आकांक्षियों को उसके बहुमुखी लाभ को प्राप्त करने के प्रयास से विमुख कर दिया।

योगसाधना विचारों के स्वाभाविक कोलाहल को शान्त करने की एक पद्धति है। विचारों का यह कोलाहल सभी देशों के सभी मनुष्य को समान रूप से अपने मूल आत्मस्वरूप की झलक देखने से वंचित कर देता है। स्वास्थ्यप्रद सूर्यप्रकाश की भाँति ही योगसाधना भी पौर्वात्य और पाश्चात्य लोगों के लिए समान रूप से लाभदायी है। बहुतांश लोगों के विचार अशान्त और चंचल होते हैं; अतः मन-नियंत्रण के विज्ञान-योगसाधना की आवश्यकता स्पष्ट है।

प्राचीन ऋषि पतंजलि योग की व्याख्या इस प्रकार करते हैं:

"चित्त में एक के बाद एक उठती ही रहने वाली लहरों को शान्त करना।" उनका संक्षिप्त परन्तु अत्यन्त ज्ञानयुक्त ग्रन्थ 'योगसूत्र' हिन्दू-षड्दर्शन में से एक

दर्शन है। पाश्चात्य दर्शनों के विपरीत, हिन्दू षड्दर्शन में न केवल सैद्धान्तिक तत्त्वावलोचन, बल्कि व्यावहारिक प्रणालियों का भी समावेश है। तत्त्व-मीमांसा के सामने आ सकने वाले प्रत्येक प्रश्न का गहनविचार करने के पश्चात् हिन्दू शास्त्र छह निश्चित मार्ग बताते हैं जिनका उद्देश्य हमेशा के लिए दुःख मुक्त होकर अक्षय आनन्द की प्राप्ति करना है।

उत्तरकालीन उपनिषद् कहते हैं कि छह दर्शनों में से योगसूत्र में ही सत्य की प्रत्यक्ष अनुभूति करने की सबसे प्रभावी पद्धतियाँ हैं। योग की व्यवहारयोग्य प्रविधियों के अभ्यास से मनुष्य कल्पना के बंजर प्रदेश को हमेशा के लिए पीछे छोड़कर परमतत्त्व की प्रत्यक्ष अनुभूति करता है।

पतंजलि की योग-पद्धति अष्टांग योग के नाम से जानी जाती है। इसके पहले दो अंग हैं। (1) यमः नैतिक सदाचार—अहिंसा, सत्य, अस्तेय, ब्रह्मचर्य और अपरिग्रह का पालन; और (2) नियमः धर्माचरण—शौच, संतोष, तप, स्वाध्याय और ईश्वर-प्रणिधान।

इसकी अगली सीढ़ियाँ हैं (3) आसन (शरीर की उचित स्थिति); 'स्थिर-सुखमासनम्'—मेरुदण्ड सीधा और ध्यान के लिए आरामप्रद अवस्था में निश्चल शरीर; (4) प्राणायाम (सूक्ष्म जीवन-प्रवाह या प्राण पर नियंत्रण); और (5) प्रत्याहार (इंद्रियों को बाह्य विषयों से निवृत्त कर अन्दर वापस मोड़ लेना)।

आख़िरी सीढ़ियाँ योग के प्रत्यक्ष अंग हैं: (6) धारणा (एकाग्रता), मन को एक ही विचार पर एकाग्र रखना; (7) ध्यान; और (8) समाधि (परा चैतन्य का अनुभव)। योग का यह अष्टांग मार्ग साधक को कैवल्य के अंतिम लक्ष्य पर पहुँचा देता है, जिसमें योगी किसी भी बोध शक्ति की पहुँच से परे के सत्य को जान लेता है।

यह प्रश्न मन में आ सकता है कि, "कौन बड़ा है—स्वामी या योगी?" जब ईश्वर के साथ एकता स्थापित हो जाती है, तब विभिन्न मार्गों के भेद अपने आप ही समाप्त हो जाते हैं। परन्तु भगवद्‌गीता में कहा गया है कि योग शास्त्र की पद्धतियाँ सर्वसमावेशक हैं। ये पद्धतियाँ केवल विशिष्ट प्रकार के या विशिष्ट स्वभावगुणों वाले व्यक्तियों, जैसे संन्यस्त जीवन की ओर झुकाव रखने वाले अत्यंत कम लोगों के लिए ही निर्धारित नहीं हैं; योग साधना के लिए किसी विशिष्ट संप्रदाय के साथ औपचारिक तौर पर जुड़े रहना भी आवश्यक नहीं है। योग-विज्ञान उस मूलभूत आवश्यकता की पूर्ति करता है जो सबके लिए एक समान होती है, अतः यह सबके लिए समान रूप से लागू होता है।

सच्चा योगी अपने कर्तव्यों का निर्वाह करते हुए संसार में रह सकता है; वहाँ वह पानी पर तैरते मक्खन की तरह होता है, आसानी से पतला बनाये जा सकने वाले अनुशासनविहीन मानवजाति रूपी दूध की तरह नहीं। यदि मनुष्य अपने अहंकार की इच्छा-वासनाओं में मानसिक रूप से लिप्त न हो और जीवन में अपनी भूमिका को केवल ईश्वर का एक स्वैच्छिक माध्यम बनकर अदा करे, तो सांसारिक कर्त्तव्यों को निभाने के लिए उसे ईश्वर से अलग होने की आवश्यकता नहीं रहती।

अमेरिका या यूरोपीय देशों में या अन्य अहिन्दू देशों में रहने वाले ऐसे कई महान् लोग आज इस संसार में हैं, जिन्होंने योगी या स्वामी जैसे शब्द भी कभी सुने नहीं होंगे परन्तु फिर भी इन शब्दों के वे जीते-जागते उदाहरण हैं। मानवजाति की निःस्वार्थ सेवा करने के कारण, या मनोवेगों और विचारों पर पूर्ण नियन्त्रण होने के कारण, या ईश्वर पर एकनिष्ठ प्रेम होने के कारण, या एकाग्रता की तीव्र शक्ति के कारण, वे एक अर्थ में योगी ही हैं; क्योंकि उन्होंने अपने समक्ष योग का लक्ष्य निर्धारित कर लिया है—आत्मसंयम। यदि इन लोगों को योग का निश्चित विज्ञान सिखाया जाए जिसके अभ्यास से मनुष्य के मन और जीवन की दिशा पर अधिक सचेत नियंत्रण प्राप्त हो जाता है, तो ये लोग और अधिक ऊँचे उठ सकते हैं।

कुछ पाश्चात्य लेखकों ने योग शास्त्र के बारे में ऊपरी तौर पर गलत धारणा बना ली, परन्तु इन लोगों ने कभी भी योग का अभ्यास करके नहीं देखा है। योग के सम्मान में प्रकट किये गए अनेक विचारशील वक्तव्यों में से यहाँ स्विट्ज़रलैण्ड के प्रख्यात मानसशास्त्री डा. सी.जी. युंग के विचार उल्लेख करने योग्य हैं।

डॉ. युंग लिखते हैंः "जब कोई साधना-प्रणाली अपने को 'वैज्ञानिक पद्धति' कहकर प्रस्तुत करती है, तो पश्चिम में अनुयायी मिलने के प्रति वह निश्चिन्त हो सकती है। योग साधना इस पर खरी उतरती है। नवीनता के आकर्षण और आधी समझी गई बात के प्रति अनुभूत होने वाली जिज्ञासा के अतिरिक्त भी योग को अनेकानेक अनुयायी मिल सकने के अच्छे खासे कारण हैं। योग नियंत्रित अनुभूति की संभावना प्रस्तुत करता है और इस प्रकार 'तथ्यों' की विज्ञाननिष्ठ आवश्यकता की पूर्ति करता है; और इसके अलावा उसकी व्यापकता और गहराई, उसकी श्रद्धास्पद आयु, उसका सिद्धान्त और पद्धति जिसमें जीवन की हर अवस्था का समावेश है, इन सब के कारण योग स्वप्नातीत संभावनाओं का अवसर प्रदान करता है।

"प्रत्येक धार्मिक या दार्शनिक साधना में मनोवैज्ञानिक अनुशासन या मानसिक आरोग्य प्रणाली होती है। योग की विशुद्ध शारीरिक, बहुविध पद्धतियों में शारीरिक आरोग्य भी शामिल है जो साधारण व्यायामों और श्वास-व्यायामों से कहीं अधिक श्रेष्ठ हैं, क्योंकि ये न केवल शारीरिक और वैज्ञानिक हैं, बल्कि आध्यात्मिक भी हैं। शरीर के अंगों का व्यायाम करने के साथ-साथ इसमें साधक उन्हें पूर्ण रूप से आत्मा के साथ एकाकार करता है, जैसा कि उदाहरण के लिए, प्राणायाम में होता है। प्राण श्वास भी है और ब्रह्माण्ड की सक्रिय शक्ति भी।

"जिन धारणाओं पर योग आधारित है, उन धारणाओं के ज्ञान के बिना योग साधना विशेष प्रभावकारी नहीं होगी। यह साधना शारीरिक और आध्यात्मिक पहलुओं में असामान्य रीति से सामंजस्य स्थापित कर देती है।

"पूर्व में, जहाँ ये संकल्पनाएँ और पद्धतियाँ विकसित हुईं और जहाँ हज़ारों वर्षों की अखण्ड परंपरा ने आध्यात्मिक नींव तैयार कर दी है, मुझे पूर्ण विश्वास है, कि योग शरीर और मन, दोनों को इस प्रकार एकीभूत कर देने की सर्वांगपूर्ण समुचित पद्धति है कि उसके बारे में कोई शंका ही नहीं रहती। शरीर-मन की यह युती एक ऐसी मनोवैज्ञानिक अवस्था उत्पन्न करती है कि उस अवस्था में अतींद्रिय अनुभूति सम्भव हो जाती है।"

पश्चिम में भी वह दिन अब निकट आ रहा है जब आत्म-संयम के आंतरिक विज्ञान की उतनी ही आवश्यकता महसूस होगी, जितनी कि बाह्य प्रकृति पर विजय की। अब वैज्ञानिक दृष्टया निर्विवाद रूप से सिद्ध हुए इस सत्य के साथ कि घन पदार्थ वास्तव में कुछ न होकर केवल ऊर्जा–शक्ति का घनीभूत रूप है, इस आण्विक युग में मनुष्य का मान अधिक संयमी और विस्तृत होगा। पत्थरों और धातुओं में निहित शक्तियों से कहीं अधिक महान् शक्तियों को मानवी मन अपने अन्दर उन्मुक्त कर सकता है और उसे करना चाहिए, ताकि कहीं अभी-अभी बंधनमुक्त हुआ पदार्थ-आण्विक राक्षस पलटकर जगत् का विवेकहीन विनाश न कर दे। अणुबम के विषय में मानवजाति की चिन्ता का एक अप्रत्यक्ष लाभ यह हो सकता है कि योग-विज्ञान में लोगों की व्यावहारिक रुचि बढ़ जाएगी, जो सच्चे अर्थ में "बम से रक्षा का आश्रयस्थान" है।

प्रकरण-25

भाई अनन्त एवं बहन नलिनी

"अनन्त तब अधिक दिन जीवित नहीं रह सकता; इस जन्म के लिए उसके कर्मों का भोग पूरा हो चुका है।"

एक दिन प्रातःकाल जब मैं गहन ध्यान में बैठा हुआ था, तो मेरी अन्तर्चेतना में ये निष्ठुर शब्द उभर आये। संन्यास लेने के थोड़े ही दिन बाद मैं अपने जन्मस्थान गोरखपुर में अपने बड़े भाई अनन्त के घर गया हुआ था। अचानक अस्वस्थ होकर अनन्तदा ने बिस्तर पकड़ लिया था। मैं आत्मीयता के साथ उनकी सेवा में जुट गया।

अन्तर में उठी इस सत्यनिष्ठ घोषणा से मैं दुःखी हो उठा। मुझे लगा कि अपनी असहाय दृष्टि के सामने अपने भाई को मुझसे छीना जाता देखने के लिए मैं अब गोरखपुर में रहना सहन नहीं कर सकता। अपने सगे-सम्बन्धियों की नासमझ टीका-टिप्पणी की कोई परवाह न करते हुए मैं सबसे पहले जो जहाज़ मिला, उसी पर सवार होकर भारत से बाहर चला गया। जहाज़ म्यांमार (बर्मा) होता हुआ चीनी समुद्र से जापान पहुँचा। जापान में मैं कोबे शहर में जहाज से उतर गया और कुछ ही दिन वहाँ रहा। मेरा मन अत्यन्त दुःखी था, इसी कारण सैर-सपाटा वगैरह करने की कोई इच्छा नहीं थी।

भारत वापिस आते समय जहाज शंघाई में रुका। वहाँ जहाज के चिकित्सक डॉक्टर मिश्र मुझे कलात्मक वस्तुओं की दुकानों में ले गए। मैंने श्रीयुक्तेश्वरजी और अपने परिवारजनों एवं मित्रों के लिए वहाँ से उपहार खरीदे। अनन्त के लिए मैंने

अति सुन्दर कारीगरीयुक्त बाँस की एक वस्तु ली। चीनी सेल्समेन ने जैसे ही वह वस्तु मेरे हाथ में थमाई, वैसे ही वह मेरे हाथ से छूटकर नीचे गिर गई और साथ ही साथ मेरे मुँह से निकल पड़ाः ''इसे मैंने अपने प्रिय मृत भाई के लिए खरीदा है!''

मुझे स्पष्ट अनुभूति हो गई थी कि अनन्तदा की आत्मा उसी क्षण शरीर से मुक्त होकर अनन्त की ओर जा रही थी। इसी के प्रतीकस्वरूप वह वस्तु गिरने के कारण टूट गई थी। सिसकियाँ भरते हुए मैंने बांस की सतह पर लिखाः ''मेरे प्रिय अनन्तदा के लिए, जो अब चले गए हैं!''

मेरे साथ खड़े डॉक्टर मिश्र व्यंग्यपूर्ण मुस्कान के साथ मुझे देख रहे थे।

''अपने आँसू बचाकर रखिये,'' उन्होंने कहा। ''जब तक यह निश्चित न हो जाए कि उनकी मृत्यु हो गई है, इन्हें क्यों बहा दिया जाए?''

जब हमारा जहाज़ कोलकाता पहुँचा, तब डॉक्टर मिश्र पुनः मेरे साथ ही बाहर निकले। बन्दरगाह पर मेरा सबसे छोटा भाई विष्णु मुझे लेने के लिए आया हुआ था।

''मुझे पता है कि अनन्तदा अब नहीं रहे,'' विष्णु को कुछ कहने का समय मिल पाने के पहले ही मैं बोल पड़ा। ''मुझे और इन डॉक्टर साहब को केवल इतना बता दो कि अनन्तदा की मृत्यु कब हुई।''

विष्णु ने दिन बता दिया। यह वही दिन था जब मैंने शंघाई में उपहार खरीदे थे।

''अच्छा देखिये!'' डॉक्टर मिश्र हठात् बोल पड़े। ''इसके बारे में किसी को कानों कान खबर मत होने दीजिये! अन्यथा प्रोफ़ेसर लोग मानसिक दूर-संपर्क (टेलिपैथी) का एक और साल का कोर्स चिकित्सा विज्ञान के पाठ्यक्रम में जोड़ देंगे, जो पहले ही बहुत लम्बा है!''

मैंने जैसे ही अपने घर में प्रवेश किया, पिताजी कसकर मेरे गले मिले। ''तुम आ गए,'' उन्होंने कातर स्वर में कहा। दो बड़े-बड़े अश्रु उनकी आँखों से टपक पड़े। साधारणतया मनोभावों को प्रकट न करने का उनका स्वभाव था और उनमें प्रेम के ऐसे बाह्य लक्षण मैंने कभी देखे नहीं थे। ऊपर-ऊपर से तो वे एक गम्भीर पिता थे, पर उनके भीतर एक माता का पिघल जाने वाला हृदय था। परिवार के सभी मामलों में वे माता-पिता की यह द्विमुखी भूमिका निभाते थे।

अनन्त के निधन के थोड़े ही दिन बाद मेरी छोटी बहन नलिनी दैवी शक्ति के हस्तक्षेप से मृत्यु के मुख से लौट आयी। इस कहानी को बताने से पहले मैं उस घटना के पहले के हमारे जीवन के स्वरूप का कुछ उल्लेख करना चाहूँगा।

बचपन में नलिनी और मेरे बीच के सम्बन्ध बहुत मधुर नहीं थे। मैं बहुत दुबला-पतला था, वह मुझसे भी अधिक दुबली-पतली थी। किसी अज्ञात कारण से, जिसका पता लगाने में मानस शास्त्रियों को कोई कठिनाई नहीं होगी, मैं अपनी बहन की दुबली-पतली काया को लक्ष्य कर उसे प्रायः चिढ़ाया करता था। वह भी बाल्यावस्था के अनुरूप कठोर स्पष्टवादिता के साथ मुँहतोड़ जवाब देती थी। कभी-कभी तो माँ को हस्तक्षेप करना पड़ता था और बड़ा होने के नाते मुझे ही हलका-सा चांटा लगाकर वे उतने समय के लिए हमारे बचकाने झगड़े का अंत कर देतीं।

स्कूल की पढ़ाई खत्म हो जाने के बाद नलिनी की सगाई कोलकाता के ही एक अच्छे स्वभाव के युवा चिकित्सक पंचानन बोस के साथ हो गई। यथासमय पूर्ण रीति-रिवाज के साथ विवाह सम्पन्न हो गया। विवाह के दिन रात को हमारे कोलकाता के घर की बैठक में बैठकर हँसी-मज़ाक करते अपने अनेकानेक रिश्तेदारों के बीच मैं भी जाकर बैठ गया। दूल्हे राजा सुनहरी ज़री के काम किये एक विशालकाय तकिये की टेक लगाये बैठे थे, उनके एक ओर नलिनी बैठी थी। अफ़सोस! जामुनी रंग की भारी रेशमी साड़ी भी उसकी मृदुलताहीन कृशता को छिपा नहीं पा रही थी। मैं अपने नए बहनोई के तकिये के पीछे जाकर बैठा और उनकी ओर देखकर मैत्रीपूर्ण भाव के साथ मुस्कराने लगा। उन्होंने विवाह के पूर्व नलिनी को कभी देखा नहीं था। विवाह के दिन ही उन्हें पता चल सका कि विवाह की लॉटरी में उन्हें क्या मिल रहा था।

मेरी सहानुभूति को भाँपकर डॉ. बोस ने संकोचपूर्वक नलिनी की ओर इशारा करके मेरे कान में कहा, "यह क्या है?"

मैंने कहाः "क्यों डॉक्टर! यह आपकी जाँच-परीक्षण के लिए कंकाल है!"

जैसे-जैसे समय बीतता गया, डॉक्टर बोस हमारे परिवार के प्रिय पात्र बनते गए; जब भी हमारे घर में कोई बीमार होता तो उन्हें ही बुलाया जाता। वे और मैं घनिष्ठ मित्र बन गए। प्रायः हम लोग आपस में खूब हँसी-मज़ाक करते और इस हँसी-मज़ाक का विषय अधिकतर नलिनी ही हुआ करती।

एक दिन मेरे बहनोई ने मुझसे कहाः "यह चिकित्सा विज्ञान के लिए एक आश्चर्य हैं मैंने आपकी इस अस्थिपंजर बहन पर सब कुछ आज़माकर देख लिया—कॉडलिवर ऑईल, मक्खन, माल्ट, शहद, मछली, माँस, अंडे, पौष्टिक दवाइयाँ। फिर भी एक शतांश इंच जितना भी माँस इसके शरीर पर नहीं आया।"

कुछ दिन बाद मैं उनके घर गया। वहाँ मेरा काम कुछ मिनटों में ही खत्म हो गया और मैं यह सोचकर जाने लगा कि नलिनी को मेरे वहाँ आने का पता नहीं चला होगा। जैसे ही सामने के दरवाज़े पर पहुँचा, नलिनी का आत्मीयतापूर्ण परन्तु आदेशात्मक स्वर सुनाई दिया।

''दादा! इधर आइये। इस बार आप मुझे चकमा देकर नहीं जा सकते। मुझे आपसे कुछ बातें करनी हैं।''

मैं सीढ़ी चढ़कर उसके कमरे में पहुँचा। देखकर मुझे आश्चर्य हुआ कि वह रो रही थी।

उसने कहाः ''दादा! पुरानी बातों को भूल जाओ। मैं देख रही हूँ कि आध्यात्मिक पथ पर अब आपके पाँव दृढ़ता के साथ जमे हुए हैं। मैं हर बात में आपकी तरह बनना चाहती हूँ।'' फिर उसने आशाभरे स्वर में कहाः ''अब आप अच्छे हट्टे-कट्टे हो गए हैं; क्या आप मेरी मदद नहीं करेंगे? मेरे पति मेरे पास फटकते भी नहीं; और मैं उनसे इतना प्यार करती हूँ! परन्तु मेरी मुख्य इच्छा ईश्वर-साक्षात्कार में उन्नति करने की है, भले ही मैं दुबली-पतली और अनाकर्षक ही बनी रहूँ।''

उसके अनुरोध से मेरा हृदय पिघल गया। हमारी यह नई आत्मीयता धीरे-धीरे बढ़ने लगी; एक दिन उसने मेरी शिष्या बनने की इच्छा प्रकट की।

''आपको जैसा ठीक लगे, उसी प्रकार से मुझे शिक्षा दीजिये। पौष्टिक औषधियों के बदले मैं ईश्वर में अधिक विश्वास करती हूँ।'' उसने दवाइयों की ढेर सारी बोतलें उठायीं और अपनी खिड़की के बाहर नाली में उड़ेल दी।

उसकी श्रद्धा की परीक्षा लेने के लिए मैंने उसे मछली, माँस और अंडे खाना छोड़ देने के लिए कहा।

कई महीनों तक जब नलिनी मेरे बताये विभिन्न नियमों का कठोर पालन करती रही और अनेक मुश्किलों के आने पर भी शाकाहारी बनी रही, तब एक दिन मैं उसके घर पहुँच गया।

''बहना! तुमने पूर्ण अन्तःकरण के साथ आध्यात्मिक नियमों का पालन किया है; अब उसका फल मिलने का समय आ गया है।'' शरारत भरी मुस्कान के साथ मैंने आगे कहाः ''तुम कितनी मोटी बनना चाहती हो? हमारी चाची जितनी, जो वर्षों से अपने पाँव नहीं देख पायी है?''

''नहीं! पर मैं तुम्हारे जितनी ही हट्टी-कट्टी बनना चाहती हूँ।''

मैंने गम्भीर होकर कहा: "ईश्वर की कृपा से मैं जैसे हमेशा सत्य ही बोलता आया हूँ, वैसे ही मैं अब भी सत्य ही बोल रहा हूँ।' ईश्वरीय कृपा से आज से ही तुम्हारे शरीर में परिवर्तन शुरू हो जाएगा; एक महीने में तुम्हारा वज़न मेरे वज़न जितना ही हो जाएगा।"

मेरे हृदय से निकले इन शब्दों की पूर्ति हो गई। तीस दिन में नलिनी का वज़न मेरे वज़न जितना ही हो गया। इस नई गोलमटोलता ने उसे सुन्दरता प्रदान की; उसके पति को उससे गहरा प्रेम हो गया। दुर्दैवजनक रूप से शुरू हुआ उनका वैवाहिक जीवन आदर्शजनक रूप से सुखी हुआ।

जब मैं जापान से लौटकर आया तो मुझे पता चला कि मेरी अनुपस्थिति में नलिनी टायफ़ाइड ज्वर से बीमार हो गई थी। मैं तुरन्त उसके घर गया और देखकर हैरान रह गया कि वह अत्यंत दुबली हो चुकी है। वह बेहोशी की अवस्था में थी।

मेरे बहनोई ने मुझे बताया: "रोग की जीर्णता से सन्निपात होने के पहले वह बार-बार कहा करती थी: 'यदि मुकुन्द दादा यहाँ होते, तो मेरी यह दशा नहीं होती।'" उनकी आँखें भर आयी थीं। उन्होंने आगे कहा: "दूसरे डॉक्टर लोगों को और मुझे भी आशा की कोई किरण नज़र नहीं आती। इतने लम्बे समय तक टायफाइड से जूझने के बाद अब उसे आँव-रक्त की पेचिश शुरू हो गई है।"

मैंने अपनी प्रार्थनाओं से आकाश और पाताल तक को हिला दिया। मुझे पूर्ण सहयोग देने वाली एक एंग्लो-इंडियन नर्स को नियुक्त कर मैं अपनी बहन पर रोगमुक्ति की यौगिक पद्धतियों का प्रयोग करने लगा। आँव-रक्त की पेचिश बन्द हो गई।

परन्तु डॉक्टर बोस विषण्णता में सिर हिलाते हुए शोकार्त स्वर में बोले: "अब बाहर निकलने के लिए उसके शरीर में खून ही नहीं बचा है।"

"वह ठीक हो जाएगी," मैंने दृढ़ता के साथ कहा। "सात दिन में उसका बुखार चला जाएगा।"

एक सप्ताह बाद नलिनी को आँखें खोलकर मुझ पर प्रेमभरी दृष्टि डालती देखकर मैं रोमांचित हो उठा। उस दिन से उसके स्वास्थ्य में तेज़ी से सुधार हुआ। उसका शरीर पहले की तरह गोलमटोल तो हो गया, पर उसकी लगभग प्राणांतक बीमारी का एक दुःखद चिह्न उसके शरीर पर रह गया, उसके दोनों पैरों में पक्षाघात हो गया। भारतीय और विलायती डॉक्टरों ने उसे असाध्य विकलांग घोषित कर दिया।

उसके जीवन की रक्षा के लिए मैंने प्रार्थना के द्वारा जो अविरत युद्ध छेड़ रखा था, उससे मैं थक गया था। मैं श्रीयुक्तेश्वरजी की सहायता लेने के लिए श्रीरामपुर गया। जब मैंने उन्हें नलिनी की दशा से अवगत कराया तो उनकी आँखों में गहरी सहानुभूति उभर आयी।

"एक महीने में तुम्हारी बहन के पाँव ठीक हो जाएंगे।" फिर उन्होंने आगे कहाः "उसे अपनी त्वचा का स्पर्श करते हुए दो कैरट का एक छिद्रविहीन मोती पहनने को कहो जो एक बंध में दोनों ओर से आँकड़ों में जड़ा हो।"

मैंने आनन्द के साथ राहत की साँस लेते हुए उनके चरणों में साष्टांग प्रणाम किया।

"गुरुदेव! आप सिद्ध पुरुष हैं; आपके मुँह से निकला हुआ वचन कि वह ठीक हो जाएगी, ही काफ़ी है। परन्तु यदि आप कहते ही हैं, तो मैं तुरन्त उसके लिए एक मोती ले आता हूँ।"

मेरे गुरु ने हाँ में सिर हिलाया। "हाँ, ऐसा अवश्य करो।" फिर उन्होंने नलिनी की, जिसे उन्होंने कभी देखा भी नहीं था, शारीरिक और मानसिक विशिष्टताओं का सविस्तार वर्णन कर दिया।

मैंने पूछाः "गुरुदेव! क्या यह ज्योतिषीय विश्लेषण है? आपको तो उसका जन्मकाल या जन्मदिन भी मालूम नहीं है।"

श्रीयुक्तेश्वरजी मुस्कराये। "एक गहनतर ज्योतिष भी है, जो पंचांगों और घड़ियों के प्रमाणों पर निर्भर नहीं करता। प्रत्येक मनुष्य विधाता या विराट पुरुष का एक हिस्सा है; उसका जैसे स्थूल शरीर होता है, वैसे ही एक सूक्ष्म शरीर भी होता है। मानवी नेत्र केवल स्थूल शरीर को देखते हैं, परन्तु अन्तर्चक्षु अधिक गहराई में जाकर उस विश्वरूप तक को भी देख सकता है जिसका प्रत्येक मनुष्य एक अविभाज्य और स्वतंत्र अंग है।"

मैंने कोलकाता लौटकर नलिनी के लिए एक मोती खरीदा एक महीने के बाद उसक पंगु हुए पाँव पूर्णतः ठीक हो गए।

नलिनी ने गुरुदेव से अपनी हार्दिक कृतज्ञता व्यक्त करने के लिए मुझसे कहा। श्रीयुक्तेश्वरजी ने उसके संदेश को चुपचाप सुन लिया। परन्तु जब मैं उनसे विदा ले रहा था, तब उन्होंने एक अर्थगर्भित बात कहीः

"तुम्हारी बहन को अनेक डॉक्टरों ने बताया हुआ है कि वह कभी माँ नहीं बन सकती। उसे विश्वास दिला दो कि कुछ ही वर्षों में वह दो पुत्रियों को जन्म देगी।"

कुछ वर्षों बाद नलिनी की खुशी का ठिकाना न रहा जब उसने एक पुत्री को जन्म दिया और उसके कुछ वर्ष बाद दूसरी को।

"आपके गुरु की हमारे घर, हमारे पूरे परिवार पर बहुत कृपा है," मेरी बहन ने कहाः "एक ऐसे व्यक्ति की उपस्थिति पूरे भारत के लिए मंगलमयी है। प्रिय भाई कृपया अपने ज़रिये श्री युक्तेश्वरजी को कहना कि मैं सिर झुकाकर अपने आप को उनके क्रियायोग की एक शिष्या मानती हूँ।"

प्रकरण–26

क्रियायोग विज्ञान

इस पुस्तक में बार-बार जिस क्रियायोग विज्ञान का उल्लेख हुआ है, उसका आधुनिक भारत में दूर-दूर तक प्रसार मेरे गुरु के गुरु लाहिड़ी महाशय के माध्यम से हुआ। क्रिया शब्द संस्कृत के कृ धातु से बना है, जिसका अर्थ है करना, कर्म और प्रतिकर्म करना; इसी धातु से कर्म शब्द भी बना है, जिसका अर्थ है कार्य-कारण का नैसर्गिक नियम। अतः क्रियायोग का अर्थ होता है ‘‘एक विशिष्ट कर्म या विधि (क्रिया) द्वारा अनंत परमतत्त्व के साथ मिलन (योग)।’’ इस विधि का निष्ठापूर्वक अभ्यास करने वाला योगी धीरे-धीरे कर्म-बंधन से या कार्य-कारण संतुलन की नियमबद्ध शृंखला से मुक्त हो जाता है।

कुछ प्राचीन यौगिक विधि-निषेधों के कारण सर्वसामान्य के लिए लिखी जाने वाली इस पुस्तक में मैं क्रिया योग का पूर्ण विवरण नहीं दे सकता। इसकी वास्तविक प्रविधि योगदा सत्संग सोसाइटी/सेल्फ़-रियलाइज़ेशन फ़ेलोशिप के किसी अधिकृत क्रियावान (क्रियायोगी) से सीखनी चाहिए। यहाँ केवल स्थूल वर्णन पर ही संतुष्टि करनी होगी।

क्रिया योग एक सरल मनःकायिक प्रणाली है जिसके द्वारा मानव-रक्त कार्बन रहित होकर आक्सीजन से प्रपूरित हो जाता है। इस अतिरिक्त आक्सीजन के अणु प्राण-धारा में रूपान्तरित हो जाते हैं, जो मस्तिष्क और मेरुदण्ड के चक्रों में नवशक्ति का संचार कर देती है। शिराओं में बहने वाले अशुद्ध रक्त (Venous Blood) का संचय रूक जाने से योगी ऊतकों (Tissues) में होने वाले ह्रास को

रोक सकता है या कम कर सकता है। उन्नत योगी अपनी कोशिकाओं (Cells) को प्राणशक्ति में रूपान्तरित कर देता है। एलाइज़ा, ईसामसीह, कबीर और अन्य महानुभाव क्रिया योग या उसी के समान किसी प्रविधि के प्रयोग में अवश्य निष्णात थे, जिसके द्वारा वे अपने शरीर को अपनी इच्छानुसार प्रकट या अन्तर्धान कर सकते थे।

क्रिया योग एक प्राचीन विज्ञान है। लाहिड़ी महाशय को यह उनके महान गुरु बाबाजी से प्राप्त हुआ था, जिन्होंने अंधकार युगों में इसके लुप्त हो जाने के बाद फिर से उसे प्रकट कर परिष्कृत किया। बाबाजी ने इसे क्रिया योग का सीधा सादा नाम दिया।

बाबाजी ने लाहिड़ी महाशय से कहा थाः "इस उन्नीसवीं शताब्दी में जो क्रिया योग मैं विश्व को तुम्हारे माध्यम से दे रहा हूँ, यह उसी विज्ञान का पुनरुत्थान है जो श्रीकृष्ण ने सहस्राब्दियों पहले अर्जुन को दिया था और जो बाद में पतंजलि, ईसामसीह, सेंट जॉन, सेंट पॉल और ईसामसीह के अन्य शिष्यों को प्राप्त हुआ।"

भगवद्गीता में भगवान् श्रीकृष्ण ने क्रिया योग की चर्चा दो बार की है। एक श्लोक में वह कहते हैंः "अपान वायु में प्राणवायु के हवन द्वारा और प्राणवायु में अपान वायु के हवन द्वारा योगी प्राण और अपान, दोनों की गति को रुद्ध कर देता है और इस प्रकार वह प्राण को हृदय से मुक्त कर लेता है और प्राणशक्ति पर नियंत्रण प्राप्त कर लेता है।" तात्पर्य यह है कि "योगी फेफड़ों और हृदय की कार्यशीलता को शान्त कर प्राणशक्ति की उस अतिरिक्त आपूर्ति की सहायता से शरीर में होने वाले ह्रास को रोक देता है; और अपान को नियंत्रण में कर वह शरीर में वृद्धत्व लाने वाले परिवर्तनों को भी रोक देता है। इस प्रकार ह्रास और वृद्धि, दोनों को रोककर योगी प्राण-नियंत्रण सीख लेता है।"

गीता के अन्य कुछ श्लोको में कहा गया हैः "वह ध्यान-पारंगत (मोक्षपरायण) मुनि सदा के लिए मुक्त हो जाता है, जो 'चरम लक्ष्य' की प्राप्ति के लिए अपनी दृष्टि को भ्रूमध्य में स्थित करके नासिका तथा फेफड़ों में विचरने वाले प्राण और अपान का निराकरण (सम) करते हुए बाहरी विषय-भोगों से अपने ध्यान को हटाने में और इच्छा, भय तथा क्रोध को निकाल बाहर करने में समर्थ है और जिसने अपने इन्द्रियग्राही मन एवं बुद्धि को जीत लिया है।"

भगवान् कृष्ण यह भी कहते हैं, "मैंने ही (अपने एकपूर्व अवतार में) यह अविनाशी योग एक प्राचीन ज्ञानी विवस्वत (सूर्य) को दिया था, विवस्वत ने इसे

अपने पुत्र महान् स्मृतिकार मनु को और मनु ने सूर्यवंश के संस्थापक इक्ष्वाकु को दिया। इस प्रकार परम्परा से प्राप्त इस राजयोग को राजर्षियों ने जाना; किन्तु, हे परंतप अर्जुन! उसके बाद यह योग बहुत काल से इस पृथ्वीलोक में लुप्तप्राय हो गया।" एक से दूसरे के पास इस प्रकार पहुँचते हुए राजयोग की ऋषियों ने भौतिकवादी युगों के शुरू होने तक रक्षा की। फिर पुरोहितों की गोपन-प्रवृत्ति और मनुष्यों की उदासीनता के कारण यह पवित्र विद्या धीरे-धीरे अप्राप्य हो गई।

योग के श्रेष्ठतम शास्त्रकार प्राचीन ऋषि पतंजलि ने क्रिया योग का दो बार उल्लेख किया है। उन्होंने लिखा हैः "शारीरिक तप, मनोनिग्रह तथा ओम् का ध्यान मिलकर क्रिया योग बनता है।" ध्यान में सुस्पष्ट सुनाई देने वाले ओम् के ब्रह्मनाद को पतंजलि ईश्वर कहते हैं। ओम् सृष्टिकर्ता शब्द ब्रह्म है, वह स्पन्दनशील सृष्टियंत्र का गुंजन है, और ईश्वर के अस्तित्व का साक्षी है। योग का नया साधक भी शीघ्र ही ओम् की अद्भुत ध्वनि को सुन सकता है। इस परमानन्दमय आध्यात्मिक प्रोत्साहन से उसे पूर्ण विश्वास हो जाता है कि सूक्ष्म लोकों से उसका सम्पर्क हो रहा है।

पतंजलि दूसरी बार फिर से क्रिया-प्रविधि की या प्राणायाम की चर्चा इस प्रकार करते हैंः "उस प्राणायाम द्वारा मुक्ति प्राप्त की जा सकती है, जो श्वास और प्रश्वास के गतिविच्छेद से निष्पन्न होता है।"

सेंट पॉल को क्रियायोग या वैसी ही किसी प्रविधि का ज्ञान था, जिसके द्वारा वे प्राणशक्ति को इंद्रियों में प्रवाहित कर सकते थे और उसे इंद्रियों से वापस भी खींच सकते थे। इसीलिए वे कह सकेः "मुझे ईसा में जो परम आनन्द प्राप्त होता है, उस आनन्द की शपथ खाकर मैं कहता हूँ कि मैं रोज़ मरता हूँ।" शरीर की सम्पूर्ण प्राणशक्ति (जो साधारणतया इन्द्रिय जगत् की ओर बहिर्मुखी होती है, और इस कारण इसे सत्य का भास प्रदान करती है) को अन्तर में केन्द्रित करने की एक विधि द्वारा सेंट पॉल का रोज़ कूटस्थ चैतन्य के परमानन्द के साथ वास्तविक योग (तादात्म्य) का अनुभव करते थे। उस परमानन्दमय अवस्था में वे इन्द्रिय-भ्रम या माया-जगत् के प्रति "मर" जाने या उससे मुक्त होने के प्रति सचेत रहते थे।

ईश-तादात्म्य की आरम्भिक अवस्थाओं (सविकल्प समाधि) में साधक की चेतना परमतत्त्व में विलीन हो जाती है; उसकी प्राणशक्ति शरीर से खिंच जाती है, और शरीर निश्चल और कड़ा या "मृत" प्रतीत होता है। योगी को यह पूर्ण भान रहता हे कि उसके शरीर में चलने वाली सारी जीवनक्रियाएँ उस अवस्था में

रुकी हुई होती हैं। परन्तु जैसे-जैसे वह उन्नति कर उच्चतर आध्यात्मिक अवस्थाओं (निर्विकल्प समाधि) में पहुँचता है, वैसे-वैसे वह शरीर की निश्चेष्टता के बिना ही परमतत्त्व के साथ तादातम्य कर लेता है; यहाँ तक कि साधारण चेतना में भी जब वह ईश्वर के साथ एकात्म रहता है।

श्रीयुक्तेश्वरजी अपने शिष्यों को बताते थेः ''क्रियायोग एक ऐसा साधन है जिसके द्वारा मानवी क्रमविकास की गति बढ़ायी जा सकती है। प्राचीन योगियों ने यह पता लगा लिया था कि ब्रह्मचैतन्य का रहस्य श्वास-नियंत्रण के साथ घनिष्ठता से जुड़ा हुआ है। विश्व के ज्ञानकोष में यह भारत का अद्वितीय एवं अमर योगदान है। उच्चतर कार्यों के लिए, हृदय-क्रिया को चलाते रहने में सामान्यतः खर्च हो जाने वाली प्राणशक्ति को किसी ऐसी प्रविधि की सहायता से श्वास की अनवरत आवश्यकता से मुक्त करना आवश्यक है, जो श्वास को शान्त और निःस्तब्ध कर सके।''

क्रियायोगी मन से अपनी प्राणशक्ति को मेरुदण्ड के छह चक्रों (आज्ञा, विशुद्ध, अनाहत, मणिपुर, स्वाधिष्ठान तथा मूलाधार) में ऊपर-नीचे घुमाता है। ये छह चक्र विराट पुरुष के प्रतीक स्वरूप राशिचक्र की बारह राशियों के समान हैं। मनुष्य के सूक्ष्मग्राही मेरुदण्ड में आधे मिनट के प्राणशक्ति के ऊपर-नीचे प्रवहन के उसके क्रमविकास में सूक्ष्म प्रगति होती है। आधे मिनट की यह क्रिया एक वर्ष की स्वाभाविक तौर पर होने वाली आध्यात्मिक उन्नति के बराबर होती है।

मानव के सूक्ष्म देह में सर्वदर्शी आध्यात्मिक नेत्र रूपी सूर्य की परिक्रमा करने वाली छह (ध्रुवता की गणना से बारह) चक्ररूपी राशियों के और स्थूल जगत् के सूर्य एवं बारह राशियों के बीच परस्पर संबंध है। इस प्रकार सभी मनुष्य एक आंतरिक और एक बाह्य विश्व से प्रभावित होते हैं। प्राचीन ऋषियों ने यह ढूँढ निकाला कि मानव की सांसारिक और आकाशीय परिस्थितियाँ उसे बारह वर्ष कालचक्र के क्रम में स्वाभाविक उन्नति के उसके मार्ग पर आगे सरकाती हैं। शास्त्र दृढ़तापूर्वक कहते हैं कि मनुष्य को अपने मानवीय मस्तिष्क को पूर्ण विकसित कर ब्रह्मचैतन्य प्राप्त करने के लिए दस लाख वर्षों की स्वाभाविक, आधि-व्याधिरहित विकास की आवश्यकता होती है।

साढ़े आठ घंटे में की गई एक हज़ार क्रियाएँ योगी में एक दिन में एक हज़ार वर्ष का नैसर्गिक विकास लाती हैं: एक वर्ष में 3 लाख 65 हजार वर्षों का विकास। इस प्रकार क्रियायोगी तीन वर्षों में ही अपने जागरुक आत्म-प्रयास के द्वारा

वह परिणाम प्राप्त कर लेता है। जिसे करने में प्रकृति दस लाख वर्ष लगाती। कहने की आवश्यकता नहीं कि क्रिया का जल्दी पहुँचा देने वाला यह छोटा मार्ग अत्यंत उन्नत योगियों द्वारा ही अपनाया जा सकता है। गुरु के मार्गदर्शन में ऐसे योगियों ने उग्र अभ्यास से उत्पन्न शक्ति को सहन करने के लिए अपने शरीर एवं मस्तिष्क को सावधानीपूर्वक तैयार किया होता है।

क्रिया योग का नया साधक दिन में दो बार केवल चौदह या चौबीस क्रिया करने के साथ अपनी साधना शुरू करता है। अनेक योगी छह या बारह या चौबीस या अड़तालीस वर्षों में मुक्ति के अपने लक्ष्य को पा लेते हैं। जो योगी कैवल्य ज्ञान की प्राप्ति से पहले ही दिवंगत हो जाता है, उसके साथ क्रिया प्रयास के अच्छे कर्म संलग्न रहते हैं; अपने नए जन्म में वह अपने चरम लक्ष्य की ओर स्वाभाविक रूप से प्रेरित होता है।

सामान्य मनुष्य का शरीर 50 वाट के विद्युत बल्ब के समान होता है, जो क्रिया के अत्यधिक अभ्यास से उत्पन्न करोड़ों वाट की विद्युत शक्ति को सहन नहीं कर सकता। क्रिया की पद्धतियाँ ऐसी हैं कि ये अभ्यास करने में आसान हैं और निश्चित रूप से फल देने वाली हैं और इनसे किसी प्रकार की हानि की कोई गुंजाइश नहीं है। इनके अभ्यास को धीरे-धीरे बढ़ाते जाने से मनुष्य के शरीर में दिन-प्रतिदिन सूक्ष्म परिवर्तन होते जाते हैं और शरीर अन्ततः उस महाप्राणशक्ति की अनंत संभावनाओं को व्यक्त करने के योग्य हो जाता है, जो सृष्टि में परमतत्त्व की प्रथम सक्रिय अभिव्यक्ति है।

अनेक मार्गभ्रष्ट उत्साहोन्मत्त व्यक्तियों द्वारा सिखाये जा रहे विज्ञानविरुद्ध श्वास-व्यायामों में और क्रिया योग में कहीं भी कोई साम्य नहीं है। फेफड़ों में बलपूर्वक श्वास को रोककर रखने का प्रयास करना अनैसर्गिक है और निश्चित रूप से कष्टकर भी। इसके विपरीत, क्रिया अभ्यास में शुरू से ही शान्ति और मेरुदण्ड में हो रहे पुनरुज्जीवनी प्रभाव के प्रशमनकारी संवेदन अनुभव होते हैं।

यह प्राचीन यौगिक प्रविधि श्वास को मनःसत्त्व में परिवर्तित कर देती है। जैसे-जैसे आध्यात्मिक उन्नति होती है, वैसे-वैसे साधक श्वास को केवल एक मनोधारणा के रूप में जानने लगता है, मन का एक कार्य मात्रः स्वप्न श्वास।

मनुष्य की श्वास-गति और उसकी चेतना की भिन्न-भिन्न अवस्थाओं के बीच गणितीय निश्चितता के साथ स्थित संबंधों के अनेकानेक उदाहरण दिये जा सकते हैं। किसी व्यक्ति का चित्त पूरी तरह मग्न हो, जैसे किसी गहन बौद्धिक

वादविवाद में या किसी असाधारण नाज़ुक या कठिन शारीरिक करतब करने में होता है, तो उसका श्वास अपने आप बहुत धीरे चलता है। चित्त की मग्नता श्वास की धीमी गति पर निर्भर करती है; भय, काम, क्रोध आदि हानिकारक भावावेगों की अवस्थाओं में श्वास अनिवार्य रूप से तेज़ या असमान गति से चलता है। एक मिनट में 19 बार श्वास लेने की मनुष्य की गति की तुलना में चंचल बंदर 32 बार श्वास लेता है। अपनी दीर्घायुता के लिए प्रसिद्ध हाथी, कछुआ, साँप तथा अन्य जीवों की श्वासगति मनुष्य से कम होती है। उदाहरण के लिए, विशालकाय समुद्री कछुआ, जो तीन सौ साल जीवित रहता है, एक मिनट में केवल चार बार श्वास लेता है।

निद्रा से जो नवस्फूर्ति प्राप्त होती है, उसका कारण है निद्रा के दौरान मनुष्य का शरीर एवं श्वास के प्रति अचेत होना। निद्राधीन मनुष्य योगी बन जाता है; हर रात वह अचेतन रूप से देहात्म बोध से मुक्त होने एवं प्राणशक्ति की मस्तिष्क के मुख्य भाग तथा मेरुदण्ड के छह चक्रों के शक्तिकेन्द्रों में बहती स्वास्थ्यकारी धाराओं में विलीन करने की यौगिक क्रिया को सम्पन्न करता है। इस प्रकार, मनुष्य निद्राधीन होकर उस महाप्राणशक्ति से पुनरावेशित हो जाता है, जो समस्त जीव-जगत् का प्राणाधार है।

योगाभ्यास करने वाला योगी एक सरल प्राकृतिक प्रक्रिया को सोने वाले व्यक्ति की तरह अचेत रूप से और मंद गति से नहीं, बल्कि सचेत रूप से करता है। क्रिया योगी अपनी प्रविधि को अपने शरीर की समस्त कोशिकाओं को अक्षय प्रकाश से सराबोर करने के लिए और इस प्रकार उन्हें आध्यात्मिक चुंबकत्व की अवस्था में बनाये रखने के लिए प्रयुक्त करता है। वह वैज्ञानिक रूप से श्वास को अनावश्यक बना देता है और (अपने अभ्यास के दौरान) कभी निद्रा, अचेतनता अथवा मृत्यु की अधोमुखी अवस्थाओं में नहीं जाता।

माया के अधीन या प्रकृति के नियम के अधीन जीने वाले मनुष्यों में प्राणशक्ति का प्रवाह बाह्य जगत् की ओर होता है और इन्द्रियों में व्यय हो जाता है तथा उसका दुरुपयोग होता है। क्रियायोग का अभ्यास इस प्रवाह को वापस मोड़ देता है; प्राणशक्ति को मन के द्वारा अंतर्जगत् में ले जाता है, जहाँ प्राणशक्ति मेरुदण्ड की सूक्ष्म शक्तियों के साथ पुनः एक हो जाती है। प्राणशक्ति को इस प्रकार पुनः बल मिलने से योगी के शरीर एवं मस्तिष्क की कोशिकाओं को एक आध्यात्मिक अमृत से नवशक्ति प्राप्त होती है।

जो लोग केवल प्रकृति और उसकी दैवी योजना के अनुसार अपना जीवन व्यतीत करते हैं, वे उचित आहार, सूर्यप्रकाश तथा सामंजस्यपूर्ण विचारों के द्वारा दस लाख वर्षों में आत्मज्ञान प्राप्त कर लेंगे। मस्तिष्क रचना में किंचित्-सा परिष्कार ला पाने में भी सामान्य स्वस्थ जीवन के बारह वर्षों की अवधि लग जाती है। इस हिसाब से यह अपेक्षा की जाती है कि दस लाख वर्षों की अवधि में मस्तिष्क रूपी भवन की इतनी शुद्धि हो जाएगी कि उसमें ब्रह्मचैतन्य प्रकट हो सके। परन्तु क्रियायोगी एक आध्यात्मिक विज्ञान को प्रयुक्त कर प्रकृति के नियमों के इतने लम्बे समय तक सावधानीपूर्वक पालन की आवश्यकता से अपने आपको मुक्त कर लेता है।

आत्मा को शरीर से बाँधकर रखने वाली श्वास रूपी डोरी को खोलकर क्रिया दीर्घायु प्रदान करती है तथा चेतना का अनंतता में विस्तार करती है। यह यौगिक प्रविधि मन और भोगलिप्त इन्द्रियों के बीच चल रही खींचातानी को समाप्त कर देती है और साधक को अपने अनंत साम्राज्य पर पुनः अधिकार करने के लिए मुक्त कर देती है। तब साधक जान जाता है कि उसका सत्स्वरूप न तो शरीर से बँधा है और न ही श्वास से, जो मर्त्य मानव के हवा का दास होने का, तथा प्रकृति के पंचमहाभूतों के आगे विवश होने का प्रतीक है।

अपने शरीर एवं मन का स्वामी बनकर क्रियायोगी अन्ततः ''अन्तिम शत्रु'' मृत्यु पर विजय पा लेता है।

ऐसे करोगे तुम मृत्यु का भक्षण, जो मनुष्यों का करती है
भक्षण यहाँ:
जब मृत्यु ही एक बार मर जाए, तो फिर मरना कहाँ!

आत्मचिंतन या ''एकांतवास'' प्राणशक्ति से बंधे मन और इन्द्रियों को विलग करने का अवैज्ञानिक प्रयास है। अपने ईश्वरत्व की ओर लौटने की चेष्टा करते चिंतनशील मन को प्राणधाराएँ बार-बार इंद्रियों की ओर वापस खींच लाती हैं। सीधे प्राणशक्ति के ही द्वारा मन को नियंत्रित करने वाला क्रिया योग अनंत परमतत्त्व की ओर जाने का सबसे सरल, सबसे प्रभावी और सबसे वैज्ञानिक मार्ग है। ''बैलगाड़ी'' के समान धीमे, अनिश्चित चिंतनमार्ग की तुलना में क्रिया योग ईश्वर की ओर ले जाने वाला ''विमान-मार्ग'' है।

सभी प्रकार की एकाग्रता एवं ध्यान की प्रविधियों को विचार में लेने के बाद अनुभवसिद्ध प्रविधियों को ही योग-विज्ञान में शामिल किया गया है। योग से साधक अपनी इच्छानुसार शब्द, स्पर्श, रस, रूप, गंध के पाँच इंद्रिय-टेलिफ़ोनों में

जीवन प्रवाह को चालू या बंद करने में समर्थ हो जाता है। इस प्रकार की इंद्रियों से संबंध तोड़ने की शक्ति प्राप्त हो जाने के बाद योगी के लिए अपनी इच्छानुसार दिव्य लोकों से या भूलोक से अपने मन को जोड़ना आसान हो जाता है। अब प्राणशक्ति उसकी इच्छा के विरुद्ध उसे उपद्रवी संवेदनों और अशान्त विचारों के पार्थिव जगत् में खींचकर नहीं ला सकती।

उन्नत क्रिया योगी का जीवन अतीत के कर्मों से नहीं, बल्कि केवल उसकी आत्मा के निर्देशों से प्रभावित होता है। साधक इस प्रकार साधारण जीवन के अच्छे-बुरे अहंकारजनित कर्मों की देखरेख में मंथरगति से होने वाले क्रमविकास के बन्धन से बच निकलता है–वैसे भी यह घोंघे के समान मंथरगति गरुड़-हृदय योगियों को बोझिल लगती है।

आत्मा में स्थित जीवन की यह श्रेष्ठतर पद्धति योगी को मुक्त कर देती है; अपने अहंकार के कारागार से बाहर निकल कर वह सर्वव्यापकता की गहन हवा का स्वाद लेता है। इसके विपरीत, सामान्य जीवन जीने में जो परवशता है, वह अत्यंत अपमानजनक गति में निबद्ध है। केवल विकास को सामान्य गति के अनुसार अपना जीवन जीने से कोई प्रकृति से किसी प्रकार की रियायत नहीं पा सकता। उसके शरीर एवं मन का संचालन करने वाले नियमों का किसी प्रकार कोई उल्लंघन किये बिना भी वह जीवन यापन करे, तब भी उसे अंतिम मुक्ति प्राप्त करने के लिए दस लाख वर्षों तक बहुरूपियों की तरह अलग-अलग रूप धारणा कर इस जगत् में आते रहना पड़ेगा।

इसलिए जो लोग दस लाख वर्षों की अवधि को विद्रोहपूर्ण दृष्टि से देखते हैं, उनके लिए शरीर और मन से अपने आप को अलग कर आत्मा के साथ जुड़ जाने की और इस प्रकार उस बृहद् अवधि को नगण्य लगने वाली अल्पावधि में बदल देने की योगियों की पद्धतियाँ ही श्रेयस्कर हैं। उन साधारण लोगों के लिए तो अवधि की यह संख्यात्मक परिधि और भी बृहद् हो जाती है, जो अपनी आत्मा के साथ तो क्या, प्रकृति के साथ भी सामंजस्य में नहीं जीते; और इसके विपरीत निसर्गविरुद्ध जटिलताओं में उलझते हुए शरीर और मन में प्रकृति द्वारा प्रदत्त मधुर स्वस्थताओं को आघात पहुँचाते जाते हैं। ऐसे लोगों के लिए दस लाख वर्षों की दुगुनी अवधि भी मुक्ति के लिए अपर्याप्त है।

देहासक्त मनुष्य कदाचित् ही या कभी नहीं समझ पाता कि उसकी देह एक साम्राज्य है, जिस पर मस्तिष्क के सिंहासन पर विराजमान सम्राट आत्मा का शासन

चलता है और इस शासन-कार्य में मेरुदण्ड के छह के छह चक्रों या चैतन्य-केन्द्रों में स्थित सहायक राज-प्रतिनिधि उसकी सहायता करते हैं। इस ईशतंत्र के राज्य में आज्ञाकारी प्रजा का विशाल जनसमुदाय है: सत्ताईस पद्म कोशिकाएँ (जो स्वयंचालित प्रतीत होती हैं, परन्तु उनमें निश्चित प्रतिभा या ज्ञान है जिसके द्वारा वे शरीर के विकास-कार्यों, रूपान्तरों एवं विलय के अपने समस्त कर्तव्यों का निर्वाह करती हैं), पाँच कोटि आधारभूत विचार, भावनाएँ, तथा साठ वर्ष के औसत जीवन में मनुष्य की चेतना में निरन्तर उतार-चढ़ाव की अवस्थाएँ।

मानव शरीर या मन में रोग या अविवेक के रूप में प्रकट होने वाला स्पष्टतः ही सम्राट आत्मा के विरुद्ध किया गया राजद्रोह विनम्र प्रजा की राजभक्तिहीनता का परिणाम नहीं, बल्कि मनुष्य द्वारा अतीत या वर्तमान में अपने व्यक्तित्व या स्वतंत्र इच्छा—जो उसे आत्मा के साथ ही प्रदान की गई है और कभी वापस नहीं ली जा सकती—के दुरुपयोग का परिणाम है।

ओछे अहंकार के साथ तादात्म्य होकर मनुष्य यह मान लेता है कि स्वयं वही सोचता है, इच्छा करता है, अनुभव करता है, अन्न का पाचन करता है और अपने आप को जीवित रखता है। कभी मनन कर (केवल थोड़ा-सा भी काफ़ी होगा) यह नहीं देखता, न ही स्वीकार करता है कि अपने साधारण जीवन में वह अपने कर्मों और प्रकृति या परिवेश के हाथों एक कठपुतली से अधिक कुछ भी नहीं है। प्रत्येक मनुष्य की बौद्धिक प्रतिक्रियाएँ, भावनाएँ, मनोभाव एवं आदतें केवल गत कर्मों के विपाक हैं, चाहे वे कर्म इस जन्म के हों या पिछले किसी जन्म के। पर बाकी चाहे जो भी हो, उसकी सम्राट आत्मा इन सब प्रभावों से ऊपर होती है। नश्वर सच्चाइयों और स्वतन्त्रताओं को ठुकराकर क्रिया योगी मायाजाल के सभी भ्रम-विभ्रमों से परे अपने निरंकुश, मुक्त आत्मस्वरूप में चला जाता है। संसार के सभी शास्त्र घोषणा करते हैं कि मनुष्य नश्वर शरीर नहीं बल्कि जीवंत आत्मा है। क्रियायोग के रूप में मनुष्य को वह पद्धति मिलती है जिससे वह शास्त्रों की घोषणा को सिद्ध कर सके।

"बाह्य कर्मकाण्ड अज्ञान का विनाश नहीं कर सकता क्योंकि ये दोनों परस्पर-विरोधी नहीं हैं," शंकराचार्य ने अपने सुप्रसिद्ध आत्मबोध में लिखा है। अपरोक्षानुभूति में वे लिखते हैं: "केवल अनुभूत ज्ञान ही अज्ञान को नष्ट करता है ... प्रश्न-विचार के अतिरिक्त किसी और उपाय से ज्ञान नहीं मिलता। 'मैं कौन हूँ? यह सृष्टि कैसे उत्पन्न हुई? इसका स्रष्टा कौन है? इसका भौतिक कारण क्या है?' इस प्रकार के प्रश्नों के विचार से यहाँ तात्पर्य है।" बुद्धि के पास इन प्रश्नों

का कोई उत्तर नहीं है, इसीलिए ऋषियों ने ऐसे आध्यात्मिक प्रश्न-विचार के लिए योग को विकसित किया।

सच्चा योगी अपने विचारों, संकल्पों और भावनाओं को शरीर की इच्छा-आकांक्षा-वासनाओं के साथ जुड़ने से दूर रखता है और अपने मन का मेरुदण्ड के तीर्थों में स्थित पराचेतन शक्तियों के साथ तादात्म्य करते हुए इस जगत् में ईश्वर की योजना के अनुसार अपना जीवन व्यतीत करता है। वह न तो गत कर्मों की प्रेरणाओं से प्रवृत्त होता है और न ही मानवीय मूर्खता के नए बहकावों से। अपनी सर्वोच्च आकांक्षा की पूर्ति को पाकर वह अक्षय आनन्दमय ब्रह्म के परम आश्रय में सुरक्षित रहता है।

योग की अमोघ और क्रमबद्ध फलोत्पादकता की ओर संकेत करते हुए भगवान श्रीकृष्ण विधिवत् योगाभ्यास करने वाले योगी की प्रशंसा इन शब्दों में करते हैं:

तपस्विभ्योऽधिको योगी ज्ञानिभ्योऽपि मतोऽधिकः।
कर्मिभ्यश्चाधिको योगी तस्माद्योगी भवार्जुन।।
—भगवद्गीता 6:46

"योगी शारीरिक तप करने वाले तपस्वियों से श्रेष्ठ है, ज्ञानयोगियों से भी श्रेष्ठ है, अथवा कर्मयोगियों से भी श्रेष्ठ है! इसलिए मेरे शिष्य अर्जुन! तू योगी बन।"

भगवद्गीता में बार-बार जिस यज्ञ की महिमा का वर्णन किया गया है, वह यज्ञ क्रिया योग ही है। एकमेव अद्वितीय ईश्वर को समर्पित अद्वैत के हवन में योगी अपनी समस्त मानवीय इच्छा-वासनाओं की आहुति डाल देता है। यही वस्तुतः सच्चा यज्ञ है, जिसमें ईश-प्रेम की ज्वाला में सारी गत-वर्तमान इच्छा-वासनाएँ जल कर राख हो जाती हैं। "परम ज्वाला" सभी मानवीय पागलपनों की आहुति स्वीकार कर लेती है और मनुष्य मलरहित होकर शुद्ध हो जाता है। लाक्षणिक तौर पर कहा जाए तो उसकी अस्थियों से वासनाओं का सारा मांस अलग हो जाता है, उसके कर्मों का अस्थिपंजर ज्ञानसूर्य की निर्जीवाणुकारी किरणों में सूखकर साफ हो जाता है और अंततः पूर्ण शुद्ध-स्वच्छ बनकर वह मानव एवं भगवान की दृष्टि में निरापद बन जाता है।

प्रकरण—27

राँची में योग-विद्यालय की स्थापना

"तुम संगठनात्मक कार्य के इतने विरुद्ध क्यों हो?"

गुरुदेव के इस प्रश्न से मैं कुछ अचम्भित हुआ। यह सच है कि उस समय मेरा व्यक्तिगत मत यही था कि संगठन "बर्रों के छत्ते" मात्र होते हैं।

"यह ऐसा कार्य है, गुरुदेव, कि व्यक्ति चाहे जो करे, या न करे, उसके सिर केवल दोष ही मढ़ा जाता है।"

"तो क्या सारी दिव्य मलाई तुम अकेले ही खा जाना चाहते हो?" यह प्रश्न करते समय मेरे गुरु कठोर दृष्टि से मेरी ओर देख रहे थे। "यदि उदार-हृदय गुरुओं की लम्बी परम्परा अपना ज्ञान दूसरों को देने की इच्छुक नहीं होती, तो क्या तुम या कोई दूसरा योग के द्वारा कभी ईश्वर के साथ तादात्म्य कर पाता?" वे कहते गए: "ईश्वर शहद है, संगठन मधुमक्खियों के छत्ते हैं; दोनों की ही आवश्यकता है। निस्संदेह आत्मा के बिना शरीर व्यर्थ है, परन्तु आध्यात्मिक शहद से भरे हुए कार्यव्यस्त मधु-छत्तों का निर्माण तुम क्यों नहीं कर सकते?"

उनके उपदेश का मुझ पर गहरा प्रभाव पड़ा। मैंने प्रकट रूप से तो कोई उत्तर नहीं दिया, पर मेरे हृदय में एक दृढ़ संकल्प उभर आया: समस्त मानवजाति में मैं यथाशक्ति इन मुक्तिदायक सत्यों को वितरित करूँगा, जिन्हें मैंने अपने गुरु के चरणों में बैठकर प्राप्त किया है। मैने प्रार्थना की: "हे प्रभु! मुझे आशीर्वाद दो कि तुम्हारा प्रेम मेरी भक्ति की वेदी पर सदा आलोकित रहे और मैं तुम्हारे प्रेम को सभी हृदयों में जगा सकूँ।"

मेरे संन्यास ग्रहण के पहले एक बार श्रीयुक्तेश्वरजी ने एक अत्यंत अनपेक्षित बात कही थी।

उन्होंने कहा थाः "वृद्धावस्था में तुम्हें पत्नी के साथ का अभाव कितना खलेगा! तुम्हें नहीं लगता कि पत्नी और बच्चों के पालन-पोषण के सार्थक काम में व्यस्त गृहस्थ मनुष्य ईश्वर की दृष्टि में प्रशंसनीय भूमिका निभाते हैं?"

मैंने भयचकित होकर कहा थाः "गुरुदेव! आप जानते हैं कि इस जीवन में मेरी एकमात्र इच्छा उस विराट प्रेमी को प्राप्त करने की है।"

गुरुदेव इतने मुक्त हृदय से हँसे थे कि मैं समझ गया उन्होंने केवल मेरी परीक्षा लेने के लिए ही ऐसा कहा था।

फिर उन्होंने धीरे-धीरे कहा थाः "इसे याद रखो कि जो मनुष्य अपने सांसारिक कर्तव्यों को त्याग देता है वह अपने उस त्याग को तभी उचित सिद्ध कर सकता है जब वह उससे कहीं अधिक बृहद् परिवार का कोई उत्तरदायित्व स्वीकार करता है।"

बच्चों की सही शिक्षा का आदर्श मुझे सदा ही प्रिय रहा था। केवल शरीर और बुद्धि के विकास पर ही सारा ध्यान लगाने वाली साधारण शिक्षा के रूखे परिणाम मुझे साफ दिखाई दे रहे थे। नैतिक और आध्यात्मिक मूल्यों, जिन्हें समझे बिना कोई मनुष्य सुख के पास फटक भी नहीं सकता, का प्रचलित पाठ्यक्रम में अभी भी अभाव था। मैंने एक ऐसे विद्यालय की स्थापना करने का दृढ़ संकल्प किया, जिसमें बच्चे पूर्ण मानव में विकसित हो सकें। बंगाल के एक छोटे-से गाँव दीहिका में सात बच्चों के साथ मैंने उस दिशा में अपना पहला कदम उठाया।

एक वर्ष पश्चात् 1918 में कासिम बाज़ार के महाराजा सर मणीन्द्र चन्द्र नन्दी की उदारता के कारण मैं अपने तेज़ी से बढ़ते शिष्यवृन्द को राँची स्थानान्तरित कर सका। कोलकाता से करीब दो सौ मील दूर, बिहार में स्थित इस शहर की जलवायु भारत की सबसे स्वास्थ्यप्रद जलवायुओं में से एक है। राँची का कासिम बाज़ार पैलेस मेरे नए विद्यालय, जिसे मैंने 'योगदा सत्संग ब्रह्मचर्य विद्यालय" नाम दिया था, का मुख्य भवन बना।

मैंने प्राथमिक एवं उच्च विद्यालय की शिक्षाओं की व्यवस्था की। इसमें कृषि, औद्योगिक, व्यावसायिक तथा अन्य शिक्षण विषयों के पाठ्यक्रम का समावेश था। ऋषियों की शिक्षा पद्धति का (जिनके अरण्याश्रम भारत के बच्चों के लिए सांसारिक

एवं आध्यात्मिक शिक्षा के प्राचीन धाम थे) अनुसरण करते हुए मैंने कक्षाओं की अधिकांश पढ़ाई खुले आकाश के नीचे कराने की व्यवस्था की।

राँची के विद्यालय के छात्रों को यौगिक ध्यान तथा स्वास्थ्य एवं शारीरिक विकास की अपूर्व "योगदा" पद्धति की, जिसके सिद्धान्तों का मैंने 1916 में आविष्कार किया था, शिक्षा दी जाती है।

जब मैंने यह देखा कि मनुष्य का शरीर भी एक विद्युत बैटरी की तरह ही है, तब मैंने विचार किया कि सीधे मानवीय इच्छाशक्ति से शक्ति-संचार द्वारा इसे भी रिचार्ज किया जा सकता है। इच्छा के बिना कोई भी कार्य संभव नहीं है, अतः गति प्रदान करने वाली इस मुख्य शक्ति, इच्छा-शक्ति को ही मनुष्य अन्य किसी भारभूत यंत्रसामग्री या यांत्रिक व्यायामों की सहायता के बिना अपने शरीर में नवशक्ति का संचार करने के लिए प्रयुक्त कर सकता है। सरल योगदा प्रविधियों के द्वारा कोई भी सचेत रूप से तत्क्षण अपनी (मेरुशीर्ष में केन्द्रित) प्राणशक्ति को महाप्राण की असीम आपूर्ति से पुनः रिचार्ज कर सकता है।

योगदा प्रशिक्षण से राँची के छात्र अच्छी उपलब्धियाँ अर्जित करने लगे। शरीर के एक हिस्से से दूसरे हिस्से में प्राणशक्ति को स्थानान्तरित करने की तथा कठिन आसनों में पूर्ण स्थिर रहते हुए बैठे रहने की असाधारण क्षमता उन्होंने विकसित कर ली। शारीरिक बल तथा सहनशक्ति के ऐसे-ऐसे करतब वे करते थे कि बलवान युवक भी उन्हें नहीं कर पाते थे।

मेरा सबसे छोटा भाई विष्णु चरण घोष भी इसी विद्यालय में पढ़ा और बाद में शरीर सौष्ठव एवं बल संवर्द्धन के क्षेत्र में विख्यात प्रशिक्षक बना। उसने और उसके एक चेले ने 1938-39 में पाश्चात्य देशों की यात्रा की और शारीरिक बल एवं स्नायु-नियंत्रण के प्रयोगों के प्रदर्शन किये। शरीर पर मन के नियंत्रण की शक्ति का वह प्रभाव देखकर न्यूयॉर्क की कोलंबिया युनिवर्सिटी तथा अमेरिका एवं यूरोप के अनेक विश्वविद्यालयों के प्राध्यापक आचर्श्यचकित हो गए।

राँची में एक वर्ष के अंत में ही प्रवेश पाने के लिए आवेदनों की संख्या दो हज़ार तक पहुँच गई। परन्तु उस समय विद्यालय मे केवल आवासीय छात्रों की ही व्यवस्था थी और मात्र एक सौ छात्रों की ही व्यवस्था हम कर सकते थे। इसके बाद शीघ्र ही प्रतिदिन अपने घर से आकर शिक्षा ग्रहण करने वाले विद्यार्थियों की भी व्यवस्था की गई।

विद्यालय में मुझे छोटे-छोटे बच्चों के माता-पिता की भूमिका भी निभानी पड़ती थी और उनके संगठनात्मक समस्याओं से भी निबटना पड़ता था। ईसामसीह के वे शब्द मुझे प्रायः याद आतेः "ऐसा कोई मनुष्य नहीं है जिसने मेरी और धर्मवचनों की ख़ातिर अपने भाइयों या बहनों या पिता या माता या पत्नी या बच्चों या ज़मीन-जायदाद को छोड़ दिया हो और उसे सौ गुने घर, भाई, बहन, माता, बच्चे, ज़मीन-जायदादें और उन्हीं के साथ लोगों का उत्पीड़न और परलोक में चिरंतन जीवन न मिला हो।"

श्रीयुक्तेश्वरजी ने इन शब्दों का अर्थ इस प्रकार बताया थाः "जो साधक लोकसमाज (सौ गुने घर, भाई, बहन) की महत्तर जिम्मेदारियों को उठाने की ख़ातिर विवाह तथा कुटुम्ब-पालन आदि साधारण भोगों में नहीं पड़ता, वह ऐसा कार्य करता है, जिसे न समझ पाने के कारण समाज उसे उत्पीड़ित करता है। परन्तु ऐसी महत्तर एकात्मता साधक की स्वार्थपरता से ऊपर उठने में सहायता करती है और ईश्वर की कृपा को उसकी ओर आकर्षित करती है।"

एक दिन पिताजी अपना आशीर्वाद प्रदान करने राँची पधारे, जो उन्होंने इतने लम्बे समय से इसलिए नहीं दिया था कि मैंने बंगाल-नागपुर रेलवे में पदग्रहण करने के उनके आग्रह को अस्वीकार कर उन्हें दुःख पहुँचाया था।

उन्होंने कहाः "बेटा, तुमने जीवन का जो रास्ता चुना है, उसके लिए तुम्हारे प्रति मेरी नाराज़गी अब दूर हो गई। इन आनन्दी, उत्साही बच्चों के बीच तुम्हें देखकर मुझे हार्दिक आनन्द हो रहा है। तुम्हारा स्थान रेलवे टाइम-टेबलों के प्राणविहीन आँकड़ों में नहीं, बल्कि यहीं है।" मेरे पीछे-पीछे फिर रहे दर्जन भर छोटे-छोटे बच्चों की ओर उन्होंने इशारा किया। "मेरे तो केवल आठ ही बच्चे थे," कहते हुए उनकी आँखों में चमक आ गई, "पर मैं तुम्हारी स्थिति समझ सकता हूँ।"

हमें दी गई बीस एकड़ उपजाऊ ज़मीन में छात्रगण, शिक्षकगण और मैं प्रतिदिन बाग़-बगीचे के काम का और अन्य बाह्य कार्यों का आनन्द लिया करते थे। हमने अनेक पालतू पशु पाल रखे थे, जिनमें एक हिरन का बच्चा भी था। सभी बच्चे हिरन के इस बच्चे से बहुत प्यार करते थे। मुझे भी उस मृग शावक से इतना प्यार हो गया था कि मैं उसे अपने कमरे में ही सोने देता था। भोर का उजाला फूट पड़ते ही वह शावक दुलार पाने के लिए डगमगाता हुआ मेरे बिस्तर के पास आ जाता था।

एक दिन मुझे किसी काम से राँची शहर में जाना था, इसलिए मैंने उस शावक को रोज़ के समय से पहले ही दूध पिला दिया। बच्चों से मैंने कह दिया कि मेरे

लौटकर आने तक उस हिरन को कोई कुछ न पिलाए। एक बच्चे ने मेरी आज्ञा का उल्लंघन कर दिया और हिरन को काफ़ी बड़ी मात्रा में दूध पिला दिया। जब शाम को मैं लौट कर आया, तो दुःखद समाचार मेरी प्रतीक्षा ही कर रहा थाः "हिरण का बच्चा ज़्यादा दूध पिला देने के कारण मरणासन्न है।"

आँसू बहाते हुए मैंने अपने उस प्रिय शावक के मृतप्राय शरीर को अपनी गोद में ले लिया। अत्यंत दयनीय होकर मैं ईश्वर से उस बछड़े के जीवन का दान माँगने लगा। कई घंटे बीत जाने के बाद वह नन्हा-सा बच्चा आँखों खोलकर उठ खड़ा हुआ और अत्यंत अशक्त कदमों से चलने लगा। पूरा विद्यालय आनन्द से भर गया।

परन्तु उसी रात मुझे एक गहरी शिक्षा मिली, जिसे मैं कभी भूल नहीं सकता। मैं रात दो बजे तक हिरन के बच्चे के साथ जागा, फिर मुझे नींद आ गई। स्वप्न में वह हिरन आया और उसने मुझसे कहाः

"आपने मुझे रोक रखा है। कृपा कर मुझे जाने दीजिये; जाने दीजिये!"

"ठीक है," स्वप्न में मैंने कहा।

तुरन्त ही जाग कर मैं चीख उठाः "बच्चों, हिरन मर रहा है!" बच्चे तुरन्त दौड़कर मेरे पास आ गए।

मैं कमरे के उस कोने की ओर भागा जहाँ मैंने हिरन को रखा था। उसने उठने का एक आख़िरी प्रयास किया, मेरी ओर लड़खड़ाया और मर कर मेरे कदमों में गिर पड़ा।

पशुओं की नियति का संचालन और नियमन करने वाले सामूहिक कर्मों के अनुसार उस हिरन का जीवन काल समाप्त हो गया था और वह उच्चतर योनि में जाने के लिए तैयार हो गया था। परन्तु अपनी गहरी आसक्ति (बाद में मेरे ध्यान में आया कि यह मेरी स्वार्थपरता थी) और अपनी तीव्र प्रार्थनाओं के द्वारा मैं उसे उस पशु रूप के बंधन में जकड़े रखने में सफल हो रहा था, जिससे मुक्त होने के लिए उसकी आत्मा तड़प रही थी। उस आत्मा ने मेरे स्वप्न में आकर मुझसे अनुरोध किया क्योंकि मेरी सप्रेम अनुमति के बिना या तो वह जाना नहीं चाहती थी या जा नहीं सकती थी। जैसे ही मैं मान गया, वह चली गई।

मेरा सारा शोक दूर हो गया। फिर एक बार यह बात मेरी समझ में आ गई कि ईश्वर की इच्छा यह है कि उसकी संतानें सबको उसका अंश समझकर प्रेम करें और भ्रम में यह न मानें कि मृत्यु के साथ ही सब कुछ समाप्त हो जाता हैं अज्ञानी मनुष्य मृत्यु की केवल दुर्लंघ्य दीवार को ही देख पाता है जो उसके

प्रियजनों को सदा के लिए छिपा देती प्रतीत होती है। परन्तु दूसरों को ईश्वर की अभिव्यक्तियाँ मानकर उनसे प्रेम करने वाला अनासक्त मनुष्य जानता है कि उसके प्रियजन केवल थोड़े-से समय के लिए ही ईश्वर के आनन्द का उपभोग करने के लिए मृत्यु के अधीन हुए हैं।

राँची का विद्यालय एक छोटी-सी, सादी-सी शुरुआत से विकसित होकर अब बिहार एवं बंगाल में सुपरिचित संस्था बन गया है। विद्यालय के अनेक विभाग ऋषियों के शिक्षा-आदर्शों को चलाते रहने की इच्छा रखने वाले लोगों के स्वैच्छिक दान से चलते हैं। मिदनापुर एवं लखनपुर में विद्यालय की विकासोन्मुख शाखाएँ स्थापित हो गई हैं।

राँची के मुख्यालय में एक चिकित्सा विभाग भी चलाया जाता है, जहाँ उस क्षेत्र के गरीबों को निःशुल्क चिकित्सा एवं दवाइयाँ उपलब्ध कराई जाती हैं। विद्यालय ने खेलकूद-प्रतिस्पर्द्धाओं के साथ-साथ शिक्षा के क्षेत्र में भी अपनी छाप बनाई है, जहाँ विद्यालय से निकलने वाले अनेक छात्रों ने बाद में विश्वविद्यालय जीवन में अच्छी ख्याति प्राप्त की है।

गत तीन दशकों में अनेक सुविख्यात पौर्वात्य और पाश्चात्य स्त्री-पुरुषों ने राँची के विद्यालय को भेंट देकर उसका मान बढ़ाया है। वाराणसी के "द्विशरीरी संत" स्वामी प्रणवानन्दजी 1918 में कुछ दिन के लिए राँची आये थे। बाहर खुले मैदान में वृक्षों के नीचे चल रही कक्षाओं के सुन्दर दृश्य को और संध्या समय छोटे-छोटे बच्चों को घंटों यौगिक ध्यान में निस्तब्ध बैठे देखकर वे अत्यन्त प्रभावित हुए।

उन्होंने कहाः "बच्चों की सही शिक्षा के लाहिड़ी महाशय के आदर्शों का इस संस्था में पालन होता देखकर मुझे अत्यन्त आनन्द हो रहा है। इस संस्था को मेरे गुरुदेव के आशीर्वाद प्राप्त हों।"

मेरे पास बैठे एक बच्चे ने योगीराज से एक प्रश्न पूछने का साहस कर लिया।

"स्वामीजी!" उसने कहा, "क्या मैं संन्यासी बनूँगा? क्या मेरा जीवन केवल ईश्वर के लिए है?"

यूँ तो स्वामी प्रणवानन्दजी मन्द-मन्द मुस्करा रहे थे, परन्तु उनकी दृष्टि भविष्य को भेद रही थी।

उन्होंने कहाः "बेटा, जब तुम बड़े हो जाओगे तब एक सुन्दर वधू तुम्हारी प्रतीक्षा कर रही होगी।" (वर्षों संन्यास लेने की इच्छा रखने बाद उस लड़के ने विवाह कर ही लिया।)

स्वामी प्रणवानन्दजी के राँची से प्रस्थान करने के थोड़े दिन बाद मैं उनसे मिलने अपने पिताजी के साथ कोलकाता में उस घर में गया जहाँ वे कुछ दिन के लिए ठहरे हुए थे। कई वर्षों पहले की हुई प्रणवानन्दजी की भविष्यवाणी अचानक मेरे मन में उभर आयीः ''मैं बाद में तुमसे मिलूँगा जब तुम अपने पिताजी के साथ आओगे।''

जैसे ही पिताजी ने स्वामीजी के कमरे में प्रवेश किया, उस महान योगी ने अपने आसन से उठकर मेरे पिताजी का प्रेमादर के साथ आलिंगन किया।

उन्होंने पिताजी से कहाः ''भगवती! तुम स्वयं अपने लिए क्या कर रहे हो? क्या तुम देखते नहीं तुम्हारा बेटा किस तेजी के साथ अनंत ईश्वर की ओर बढ़ रहा है?'' अपने पिता के समक्ष अपनी प्रशंसा सुनकर मैं शरमा गया। स्वामीजी आगे कहते गएः ''तुम्हें याद है हमारे गुरु बार-बार कहा करते थेः 'बनत बनत बन जाय?' इसलिए क्रिया योग का अनवरत अभ्यास करते चलो और जल्दी से जल्दी भगवान के द्वार पर पहुँच जाओ।''

वाराणसी में उनके साथ मेरी पहली विस्मयकारी भेंट के समय इतने स्वस्थ और बलवान दिखते उनके शरीर पर अब वृद्धावस्था के स्पष्ट लक्षण प्रकट हो गए थे, तथापि शरीर अभी भी एकदम सीधा था।

मैंने सीधे उनकी आँखों में आँखें डालते हुए पूछाः ''स्वामीजी, कृपया मुझे एक बात बताइये। क्या वृद्धावस्था का आप पर प्रभाव नहीं पड़ रहा है? शरीर के दुर्बल होते जाने से क्या आपकी ईश्वरानुभूतियों में कोई कमी आ रही है?''

अत्यन्त मधुर मुस्कान के साथ उन्होंने कहाः ''प्रियतम प्रभु अब मेरे और निकट आ गए हैं।'' उनके पूर्ण आत्मविश्वास ने मुझे विभोर कर दिया। वे कहते गएः ''मुझे अभी भी दोनों पेन्शनें मिल रही हैं—एक इन भगवती से और दूसरी ऊपर से।'' ऊपर की ओर उँगली उठाते हुए थोड़ी देर के लिए वे समाधि अवस्था में चले गए, उनके मुखमण्डल पर दिव्य तेज झलकने लगा। मेरे प्रश्न का कितना सार्थक उत्तर!

प्रणवानन्दजी के कमरे में अनेक पौधे और बीजों के पैकेट देखकर मैंने उनके प्रयोजन के विषय में जिज्ञासा प्रकट की।

उन्होंने बतायाः ''मैंने काशी हमेशा के लिए छोड़ दी है और अब हिमालय की ओर जा रहा हूँ। वहाँ मैं अपने शिष्यों के लिए एक आश्रम खोलूँगा। इन बीजों से पालक और कुछ अन्य साग-सब्जियाँ पैदा होंगी। मेरे प्रिय शिष्य पूर्ण सादगी के

साथ रहेंगे और अपने समय को ईश्वर के साथ तादात्म्य बनाये रखने में बिताएंगे। और किसी चीज़ की आवश्यकता ही नहीं है।"

पिताजी ने अपने गुरुभाई से पूछा कि वे फिर कब कोलकाता आएंगे।

"अब कभी नहीं," प्रणवानन्दजी ने उत्तर दिया। "इसी वर्ष के बारे में लाहिड़ी महाशय ने मुझे बताया था कि मैं सदा के लिए अपनी प्राणप्रिय काशी को छोड़कर हिमालय में जाकर देहत्याग करूँगा।"

उनके शब्दों को सुनकर मेरी आँखें छलछला उठीं परन्तु स्वामीजी के चेहरे पर शान्त मुस्कराहट थी। उन्हें देखते हुए मुझे ऐसा लग रहा था मानो जगज्जनी की गोद में सुरक्षित बैठा स्वर्गलोक का कोई नन्हा शिशु हो। परम उच्च आध्यात्मिक शक्तियों पर अपना अधिकार बनाये रखने की महान योगियों की क्षमता पर वृद्धावस्था कोई विपरीत प्रभाव नहीं पड़ता। वे जब चाहे अपने शरीर का कायाकल्प कर सकते हैं; परन्तु फिर भी कभी-कभी वे वार्धक्य की प्रक्रिया को रोकने की कोई चेष्टा नहीं करते, बल्कि फिर नए जन्म में कर्मों के बचे-खुचे अवशेषों को भोगने की आवश्यकता को मिटा देने के लिए अपने वर्तमान शरीर को समय बचाने के एक साधन के रूप में प्रयुक्त करते हुए कर्मों को मिट जाने देते हैं।

इस घटना के कुछ महीनों बाद मेरी मुलाकात एक पुराने मित्र सनन्दन से हो गई, जो प्रणवानन्दजी का एक अंतरंग शिष्य था।

"मेरे पूज्य गुरुदेव चले गए," सिसकते हुए उसने मुझे बताया "ऋषिकेश के पास उन्होंने एक आश्रम बनाया और अत्यंत प्रेम के साथ हमें शिक्षा देते रहे। जब हम लोग जरा ठीक से स्थिर-स्थावर हो गए और उनके सान्निध्य में तीव्र गति से आध्यात्मिक उन्नति कर रहे थे, तो एक दिन उन्होंने ऋषिकेश में बहुत बड़े जनसमूह को भोज देने का मन्तव्य प्रकट किया। मैंने उनसे पूछा कि लोगों की इतनी बड़ी संख्या उन्हें किस लिए चाहिए।

"'यह मेरा अंतिम उत्सव है,' उन्होंने कहा। उनके शब्दों का पूरा अर्थ मेरी समझ में नहीं आया।

"प्रणवानन्दजी ने बहुत बड़ी मात्रा में खाना बनाने में हम लोगों का हाथ बटाया। करीब दो हज़ार लोगों को हमने खाना खिलाया। भोज के उपरान्त एक ऊँचे मंच पर विराजमान हो कर उन्होंने अनन्त परमात्मा पर अत्यन्त प्रेरणास्पद प्रवचन किया। मैं मंच पर उनके पास ही बैठा हुआ था। प्रवचन के अन्त में हज़ारों लोगों की आँखों के सामने उन्होंने मेरी ओर मुड़कर असाधारण प्रबलता के साथ कहाः

"'सनन्दन, तैयार हो जाओ! मैं अब इस शरीर को छोड़ने वाला हूँ।'

"थोड़ी देर अवाक् रहने के बाद मैं ज़ोर से चीख उठाः "गुरुदेव! ऐसा मत कीजिये! कृपा करके ऐसा मत कीजिये, मत कीजिये!' जनसमूह मेरे शब्दों पर आश्चर्य करता हुआ चुपचाप बैठा रहा। प्रणवानन्दजी मेरी ओर देखकर, मुस्कराये, पर उनकी दृष्टि पहले ही अनन्त में लग चुकी थी।

"उन्होंने कहाः 'स्वार्थी मत बनो और न ही मेरे लिए शोक करो। मैंने लम्बे समय तक खुशी के साथ तुम सब की सेवा की है; अब तुम लोग खुशी के साथ मुझे विदा करो। मैं अपने विराट प्रेमी से मिलने जा रहा हूँ।' फिर धीरे से उन्होंने कहाः 'मैं जल्दी ही फिर जन्म लूँगा। अनन्त परमानन्द में थोड़ा समय बिताने के बाद मैं इस लोक में वापस आऊँगा और बाबाजी के साथ मिल जाऊँगा। तुम्हें जल्दी ही पता चल जाएगा कि मेरी आत्मा ने कब और कहाँ नया जन्म लिया है।'

"वे पुनः ज़ोर से बोलेः 'सनन्दन! अब मैं दूसरी क्रिया के द्वारा शरीर छोड़ता हूँ।"

"उन्होंने हमारे सामने बैठे जनसागर की ओर देखकर आशीर्वाद दिया। अपनी दृष्टि को दिव्य चक्षु की ओर मोड़कर वे निश्चल हो गए। विस्मित जनसमूह सोच ही रहा था कि वे समाधि में निमग्न हो गए हैं, परन्तु वे हाड़-मांस के शरीर को छोड़कर अपनी आत्मा को अनंतता में विलीन कर भी चुके थे। शिष्यों ने पद्मासन में स्थित उनके शरीर का स्पर्श किया, पर अब वह उष्ण नहीं था। अब वहाँ केवल सख्त हुआ ढाँचा रह गया था; उसमें वास करने वाला तो अमर्त्य लोक में चला गया था।"

जब सनन्दन ने अपना वृत्तान्त पूरा किया, तो मेरे मन में विचार आयाः "द्विशरीरी संत जितने जीवन में, उतने ही मृत्यु में भी नाटकीय थे!"

मैंने पूछा कि प्रणवानन्दजी पुनर्जन्म कहाँ लेने वाले थे।

"मैं उस सूचना को अत्यन्त पवित्र धरोहर मानता हूँ," सनन्दन ने कहा। "मुझे किसी से वह कहना नहीं चाहिए। शायद तुम्हें किसी और तरीके से पता चल ही जाएगा।"

अनेक वर्षों बाद मुझे स्वामी केशवानन्दजी से पता चला कि प्रणवानन्दजी नया जन्म लेने के कुछ वर्ष बाद हिमालय में बदरीनारायण चले गए और वहाँ महान् गुरु बाबाजी के साथ रहने वाले सन्तों में शामिल हो गए।

प्रकरण—28

काशी का पुनर्जन्म और उसका पता लगना

"कोई भी पानी में मत उतरना। सब लोग बाल्टी से पानी लेकर ही नहाएंगे।"

आठ मील की दूरी पर स्थित एक पहाड़ी पर मेरे साथ चल रहे राँची के विद्यालय के बच्चों को मैं निर्देश दे रहा था। हमारे सामने फैले हुए तालाब में उतरने की इच्छा तो हो रही थी, परन्तु मेरे मन में उस तालाब के प्रति एक प्रकार की अरुचि पैदा हो गई थी। अधिकांश बच्चे तो पानी में अपनी बाल्टियाँ डुबाने लगे, पर कुछ लड़के ठंडे पानी के आकर्षण का विरोध नहीं कर सके। जैसे ही उन्होंने पानी में छलांग लगाई, बड़े-बड़े जलसर्प उनके इर्दगिर्द तैरने लगे। वो कैसा चीखना-चिल्लाना और पानी का चारों ओर उड़ना! पानी से बाहर निकलने में वह कैसी हास्यप्रद तत्परता!

पहाड़ी पर पहुँच जाने के बाद हम लोगों ने वनभोज का आनन्द लिया। मैं एक वृक्ष के नीचे बैठ गया और बच्चे मुझे घेरकर बैठ गये। मुझे अन्तःप्रेरणा के भाव मे देखकर बच्चों ने मुझपर प्रश्नों की झड़ी लगा दी।

एक ने कहाः "गुरुजी, मुझे कृपा करके बताइये कि क्या मैं संन्यास के मार्ग पर सदा आपके साथ रहूँगा?"

"नहीं," मैंने कहा, "तुम्हें बलपूर्वक तुम्हारे घर ले जाया जाएगा और बाद में तुम्हारी शादी कर दी जाएगी।"

उसे इस बात पर विश्वास ही नहीं हो रहा था। बड़ी उग्रता के साथ उसने कहाः "केवल मेरी लाश को ही घर ले जाया जा सकेगा।" (परन्तु कुछ ही महीनों

में उसके माता-पिता उसे ले जाने के लिए आये और उसके अश्रुपूर्ण विरोध के बावजूद उसे ले गए। कुछ वर्ष बाद उसकी शादी भी हो गई।)

अनेक प्रश्नों के उत्तर दे चुकने के बाद मुझसे काशी नाम के एक बच्चे ने प्रश्न पूछा। वह लगभग बारह वर्ष का अत्यंत कुशाग्र बुद्धि विद्यार्थी था और सबका प्रिय था।

"गुरुजी!" उसने पूछा, "मेरे भाग्य में क्या लिखा है?"

"तुम्हारी शीघ्र ही मृत्यु हो जाएगी।" मानो किसी अदमनीय प्रबल शक्ति ने मेरे मुँह से ये शब्द निकाल दिये।

इस रहस्य के खुल जाने से मुझे और अन्य सभी को धक्का लगा और दुःख हुआ। अपने को ऐसा एक बच्चा मानकर कि जिसके मुँह से निकले हुए शब्द दूसरों को आपत्ति में डाल देते हैं, मैं मन-ही-मन अपनी भर्त्सना करने लगा तथा किसी और प्रश्न का उत्तर देने से मैंने इनकार कर दिया।

विद्यालय में लौट आने के बाद काशी मेरे कमरे में आया।

"यदि मेरी मृत्यु हो गई, तो मेरा नया जन्म होने के बाद क्या आप मुझे ढूँढकर फिर से आध्यात्मिक मार्ग पर ले आएंगे?" उसने सिसकते हुए पूछा।

इस कठिन गूढ़ ज्ञान से संबंधित उत्तरदायित्व को नकारने के लिए मुझे विवश होना पड़ा। परन्तु उसके बाद कई सप्ताहों तक काशी मेरे पीछे लगा रहा। अन्ततः उसे हताशा में टूटने की कगार पर देखकर मैंने उसे आश्वासन दे दिया।

"हाँ," मैंने वचन दिया। "यदि भगवान मेरी मदद करेंगे तो मैं तुम्हें ढूँढने का प्रयत्न करूँगा।"

गर्मियों की छुट्टियों में मैं थोड़े दिनों के लिए बाहर जा रहा था। इस बात का मुझे खेद था कि मैं काशी को अपने साथ नहीं ले जा सकता था। अतः यात्रा पर निकलने से पहले मैंने उसे अपने कमरे में बुला लिया और उसे अच्छी तरह समझा दिया कि चाहे कुछ भी हो जाए, कोई उसे कहीं और चलने का कितना ही आग्रह करे, वह हर दशा में विद्यालय के आध्यात्मिक स्पन्दनों से युक्त वातावरण में ही रहे। किसी कारण से मुझे लग रहा था कि यदि वह अपने घर न जाए तो आने वाले संकट से बच सकता है।

जैसे ही मैं वहाँ से निकला, काशी के पिता राँची पहुँच गए। पन्द्रह दिन तक वे अपने पुत्र का निश्चय यह कहकर बदलने की कोशिश करते रहे कि वह केवल चार दिन कोलकाता अपनी माँ के पास आ जाए, तो उसके बाद फिर राँची आकर

रह सकता है। काशी निरन्तर इनकार करता रहा। आख़िर पिता ने कहा कि वे उसे पुलिस की सहायता से घर ले जाएंगे। इस धमकी से काशी विचलित हो गया, क्योंकि वह नहीं चाहता था कि उसके कारण विद्यालय की कोई बदनामी हो। उसे जाने के सिवा और कोई रास्ता नज़र नहीं आया।

इसके कुछ ही दिन बाद मैं लौटकर राँची आया। जैसे ही मैंने सुना कि काशी को कैसे ले जाया गया, तो मैं तुरन्त कोलकाता जाने के लिए रेलगाड़ी में बैठ गया। वहाँ पहुँच कर मैंने एक घोड़ागाड़ी किराये पर ले ली। यह आश्चर्यजनक ही था कि जैसे ही मेरी घोड़ा गाड़ी गंगा पर बने हावड़ा पुल को पार कर आगे बढ़ी, सबसे पहले मुझे जो दिखाई दिये, वे थे काशी के पिता और अन्य संबंधी जन—सब सूतक के वस्त्र धारण किये। चिल्लाकर मैंने कोचवान से गाड़ी रोकने के लिए कहा और नीचे कूद कर उस अभागे पिता की ओर गुस्से से घूर-घूर कर देखने लगा।

"हत्यारे," मैं कुछ ज़्यादा ही जोश में चिल्ला पड़ा, "तुमने मेरे बच्चे को मार डाला!"

काशी को ज़बरदस्ती कोलकाता लाने में अपनी भूल का उन्हें पहले ही एहसास हो चुका था। जो थोड़े-बहुत दिन बच्चे ने वहाँ बिताये थे, उस दौरान उसने दूषित अन्न खाया था, जिससे उसे कॉलरा हो गया और वह चल बसा।

काशी के लिए मेरा प्रेम और उसे खोज निकालने का दिया हुआ वचन अब दिन-रात मेरे मन को सताने लगा। जहाँ कहीं भी जाता वहीं उसका चेहरा सामने दिखने लगता। वर्षों पहले मैंने अपनी खोयी हुई माँ के लिए जिस प्रकार खोज की थी, उसी प्रकार की खोज अब काशी के लिए शुरू कर दी।

मुझे लगा कि भगवान ने मुझे जो बुद्धि दी है, उसका उपयोग करके मुझे उन सूक्ष्म नियमों का पता लगाने के लिए अपनी सारी शक्तियों को दाँव पर लगा देना चाहिए जिनके द्वारा मैं काशी को सूक्ष्म लोकों में ढूँढ़ सकूँ। यह तो मेरी समझ में आ गया कि वह अतृप्त इच्छाओं के स्पन्दनों से धड़कती एक आत्मा था—सूक्ष्म लोकों में करोड़ों प्रकाशमान आत्माओं के बीच कहीं तैरता प्रकाश का एक गोला। इतनी आत्माओं के स्पन्दनयुक्त प्रकाश-गोलों में मैं उसके साथ कैसे सम्पर्क करता?

एक गूढ़ यौगिक पद्धति का उपयोग कर मैंने भ्रूमध्य में स्थित अपने आध्यात्मिक नेत्र के "माइक्रोफ़ोन" के द्वारा काशी की आत्मा को अपना प्रेम प्रेषित किया। मेरे अंतर में ऐसी प्रेरणा मुझे मिल रही थी कि काशी जल्दी ही पृथ्वीलोक में वापस जा आएगा और यदि मैं अनवरत रूप से उसे अपनी पुकार भेजता रहूँ, तो उसकी आत्मा

अवश्य उत्तर देगी। मैं जानता था कि काशी द्वारा मुझे भेजा गया हल्के से हल्का आवेश भी मुझे अपनी उँगलियों, हाथों एवं मेरुदण्ड में अनुभव होगा।

अपने हाथों को आकाश की ओर ऊपर उठाकर उनका ऐंटेना की तरह उपयोग करता हुआ मैं उस स्थान की दिशा का पता लगाने के लिए प्रायः गोल-गोल घूमा करता, जिसमें मुझे विश्वास था, कि काशी का गर्भ के रूप में पुनर्जन्म हो चुका है। मैं एकाग्रता के द्वारा सुर मिलाये हुए अपने हृदय के ''रेडियो'' में उसके प्रत्युत्तर को प्राप्त करने की आशा कर रहा था।

काशी की मृत्यु के बाद लगभग छह महीनों तक, अपने उत्साह में कोई कमी आने दिये बिना मैं इस यौगिक प्रविधि का स्थिरचित्त से अभ्यास करता रहा। कोलकाता के भीड़ भरे बहू बाज़ार क्षेत्र में एक दिन मैं अपने कुछ मित्रों के साथ पैदल जा रहा था, तो सदा की भाँति मैंने अपने हाथ ऊपर उठा दिये। उस दिन पहली बार मुझे ऐसा लगा कि कुछ प्रत्युत्तर मिल रहा था। अपनी उँगलियों और हथेलियों से नीचे उतरते विद्युत संवेदनों को अनुभव कर मैं पुलकित हो उठा। ये तरंगे मेरी चेतना की गहराइयों में उतरकर एक अत्यंत प्रबल विचार में परिणत होने लगीं: ''मैं काशी हूँ, मैं काशी हूँ; मेरे पास आइये!''

जब मैंने अपने हृदय के रेडियो पर मन को एकाग्र किया तो यह विचार मुझे करीब-करीब सुनायी देने लगा। काशी की विशिष्ट, किंचित फटी हुई-सी आवाज़ की फुसफुसाहट में यह बुलावा बार-बार मुझे सुनाई दे रहा था। मैंने तुरन्त अपने साथ चल रहे एक मित्र, प्रकाश दास का हाथ पकड़ लिया और आनन्द से उसकी ओर देखकर मुस्कराने लगा।

''लगता है मैंने काशी को ढूँढ़ लिया है!''

मैं गोल-गोल घूमने लगा। मेरे मित्र और वहाँ से गुज़रते लोगों के हावभाव से स्पष्ट था कि उनका अच्छा मनोरंजन हो रहा था। विद्युत-तरंगें मेरी उँगलियों में तभी झनझनाती थीं जब मैं पास के एक रास्ते की ओर मुड़ता था, जिसका नाम भी संयोगवश ''सर्पन्टाइन लेन'' था। जब मैं दूसरी दिशाओं में मुड़ता था, तब वह सूक्ष्म तरंगें लुप्त हो जाती थीं।

''आह,'' मैं चिल्ला पड़ा, ''काशी की आत्मा अवश्य इसी गली में रहने वाली किसी माता के गर्भ में है।''

मेरी मित्र और मैं सर्पन्टाइन लेन की ओर बढ़ने लगे। अब मेरे ऊपर उठे हाथों में विद्युत तरंगें और प्रबल तथा स्पष्ट रूप से अनुभव होने लगीं। मानो किसी चुम्बक के द्वारा, मैं रास्ते के दाहिनी ओर खींच लिया गया।

एक घर के दरवाज़े के सामने पहुँचते ही मेरे आश्चर्य का ठिकाना नहीं रहा, जब मैंने देखा कि मेरा सारा शरीर जड़वत् हो गया। हर्षोन्माद में अपनी साँस को भी रोके रखकर मैंने दरवाज़ा खटखटाया। मुझे लग रहा था कि मेरी लम्बी असाधारण खोज सफल हो गई थी।

दरवाज़ा एक नौकरानी ने खोला। उससे पता चला कि गृहस्वामी भी घर में ही हैं। वे दूसरे तल्ले से सीढ़ियों से उतरकर नीचे आये और मुस्कराते हुए प्रश्नार्थक मुद्रा में मेरी ओर देखने लगे। मेरी समझ में नहीं आ रहा था कि अपना प्रश्न करूँ तो कैसे करूँ, जो उचित भी था और अनुचित भी।

"कृपया यह बताइये महाशय, कि क्या आप और आपकी धर्मपत्नी पिछले छह महीनों से बच्चे की प्रत्याशा में हैं?

"हाँ, वह तो है।" यह देखते हुए कि मैं परम्परागत गेरुआँ वस्त्र परिधान किया एक स्वामी हूँ, उन्होंने विन्रमतापूर्वक कहा: "दया कर के इतना बता दीजिये कि आपको मेरी इन बातों का ज्ञान कैसे?"

जब उन्होंने काशी और उसे दिये गए मेरे वचन के बारे में सुना, तो उस आश्चर्यचकित सज्जन को मेरी बात पर विश्वास हो गया।

"आपको गौर वर्ण के एक पुत्र की प्राप्ति होगी," मैंने उनसे कहा। "उसकी मुखाकृति चौड़ी होगी और उसके माथे के ऊपर सामने की ओर झुका हुआ घुंघराले बालों का एक गुच्छा होगा। उसकी वृत्ति आध्यात्मिक रहेगी।" मुझे यह पूरा विश्वास था कि जन्म लेने वाले इस शिशु में काशी के ये सभी लक्षण होंगे।

बाद में जाकर मैंने उस बच्चे को देखा भी उसके माता-पिता ने उसे उसके पूर्वजन्म का ही काशी नाम दिया था। शैशवावस्था में भी वह देखने में बिल्कुल राँची के मेरे प्रिय छात्र काशी के जैसा ही था। बालक ने तत्काल मुझसे लगाव जताया; गत जन्म का प्रेम दुगुनी तीव्रता के साथ जाग उठा।

कुछ वर्षों बाद किशोरावस्था में पहुँचे उस बालक ने मुझे पत्र लिखा, जब मैं अमेरिका में रह रहा था। उसने संन्यास मार्ग का अवलम्ब करने की अपनी तीव्र आकांक्षा उसमें व्यक्त की थी। मैंने उसे हिमालय के एक सद्गुरु के पास जाने का सुझाव दिया। उस गुरु ने पुनर्जन्म हुए काशी को शिष्य रूप में स्वीकार कर लिया।

प्रकरण—29

रवीन्द्रनाथ टैगोर और मेरे विद्यालयों की तुलना

"रवीन्द्रनाथ टैगोर ने हम लोगों को आत्माभिव्यक्ति के एक स्वाभाविक रूप में, पक्षियों की भाँति सहज ढंग से गीत गाना सिखाया।"

एक दिन प्रातः काल जब मैंने राँची के अपने विद्यालय के एक चौदह वर्षीय छात्र भोलानाथ के सुरीले गायन की प्रशंसा की, तो उसने यह बात बतायी। बीच-बीच में वह गाता ही रहता था। चाहे उसे कोई गाने के लिए कहे या न कहे, वह सुरीली तानों की झड़ी लगा देता था। मेरे विद्यालय में आने से पहले वह रवीन्द्रनाथ टैगोर के बोलपुर स्थित सुप्रसिद्ध शान्तिनिकेतन विद्यालय का छात्र रहा था।

मैंने उससे कहाः "रवीन्द्रनाथ के गीत बचपन से मेरे होठों पर रहे हैं। सारे बंगालियों को, यहाँ तक कि अनपढ़ किसानों को भी उनकी मनोहारी कविताओं में आनन्द आता है।"

भोला ने और मैंने साथ-साथ टैगोर के कई ध्रुवपद गाये। उन्होंने हज़ारों भारतीय गीतों को संगीत में ढाला है, जिनमें से कुछ तो उनकी अपनी रचनाएँ हैं, और कुछ प्राचीन गीत हैं।

हमारा गायन समाप्त होने के बाद मैंने कहाः "साहित्य के लिये रवीन्द्रनाथ को नोबेल पुरस्कार मिलने के शीघ्र बाद ही मैं उनसे मिला था। मुझे उनसे

मिलने की इच्छा इसलिये हो रही थी कि अपने साहित्य के आलोचकों से निपटने में स्पष्टवादिता का उनका साहस मुझे बहुत अच्छा लगता था।" यह कहकर मैं हँस पड़ा!

भोला का कुतूहल जाग उठा। उसने पूरी कहानी सुनने की उत्सुकता प्रकट की।

मैंने बताना शुरू किया: "बंगाली काव्य में नयी शैली लाने के लिए विद्वानों ने टैगोर की कटु आलोचना की। उन्होंने पंडितों को अत्यन्त प्रिय लगने वाले निर्धारित नियमों को ठुकराकर लोकभाषा की पदावली को शास्त्रीय पदावली के साथ मिला दिया। उनके गीतों में मन को छू लेने वाले शब्दों में गहन दार्शनिक सत्य होता है; प्रचलित साहित्यक ढंग की उन्होंने कोई परवाह नहीं की।"

"एक प्रतिष्ठत समालोचक ने अत्यंत द्वेष के साथ 'अपनी गुटर गूँ को छापकर एक रुपये में बेचने वाला कपोत-कवि' कह कर रवीन्द्रनाथ का उल्लेख किया। किन्तु टैगोर को भी अपना बदला लेने का अवसर जल्दी ही मिल गया। अपनी गीतांजलि का उन्होंने स्वयं ही जब अंग्रेज़ी में अनुवाद किया, तो सम्पूर्ण पाश्चात्य साहित्यिक जगत् ने उनके चरणों में अपने श्रद्धासुमन अर्पित कर दिये। रेलवे की एक पूरी गाड़ी भर कर पंडित, जिनमें एक समय के उनके आलोचक भी शामिल थे, उनका अभिनन्दन करने के लिए शान्तिनिकेतन पहुँचे।

"जान-बूझकर उन्हें काफ़ी देर तक बिठाकर रखने के बाद ही रवीन्द्रनाथ उनसे मिले और फिर निर्विकार भाव से, मौन रहकर उनकी प्रशंसा सुनते रहे। अंततः आलोचना के उनके ही प्रचलित अस्त्र को उन्होंने उन्हीं की ओर मोड़ दिया।

"उन्होंने कहा: 'सज्जनों, आप जिन गौरव-सुरभियों की वर्षा यहाँ मुझ पर कर रहे हैं, उसमें आपकी गतकालीन घृणा की दुर्गन्ध भी विसंगत रूप से मिली हुई है। मेरे नोबेल पुरस्कार मिलने और आप लोगों की प्रखर प्रशंसात्मक बुद्धि के अचानक जागृत होने के बीच कहीं कोई सम्बन्ध तो नहीं? मैं तो अभी भी वही कवि हूँ, जिसने आप लोगों को तब बड़ा नाराज़ कर दिया था, जब मैंने प्रथम बार बंगाल-मन्दिर में अपने विनम्र काव्य सुमन अर्पित किये थे।'

"समाचार पत्रों ने टैगोर द्वारा सुनायी गयी निर्भीक फटकार का वृत्तान्त प्रकाशित किया। चापलूसी से सम्मोहित न हुए उस पुरुष के स्पष्टवादी शब्द मुझे बहुत पसन्द आये। कोलकाता में रवीन्द्रनाथ के सेक्रेटरी श्री सी. एफ़ एण्ड्रयूज़ ने मेरा उनसे परिचय करा दिया। मैं जब वहाँ गया तो श्री एण्ड्रयूज़ केवल एक बंगाली धोती पहने हुए थे। वे टैगोर का उल्लेख प्रेम से 'गुरुदेव' कह कर करते थे।

"रवीन्द्रनाथ ने शिष्टतापूर्वक मेरा स्वागत किया। उनके व्यक्तित्व से मनमोहकता, सुसंस्कृतता तथा शालीनता टपक रही थी। उनकी साहित्यिक पृष्ठभूमि के बारे में मेरे प्रश्न का उत्तर देते हुए उन्होंने बताया कि वे मुख्यतः हमारे धार्मिक ग्रन्थों तथा चौदहवीं शताब्दी के एक लोकप्रिय कवि विद्यापति से प्रभावित रहे हैं।"

इन स्मृतियों से आह्लादित होकर मैं एक पुराने बंगाली गीत की टैगोर द्वारा की गयी पुनः प्रस्तुति, "आमार ए घरे, आपनार करे गृह-दीपखानि ज्वालो" (मेरी कुटिया में अपने कर-कमल से प्रेम का अपना दीप जला दो) को गाने लगा। भोला और मैं आनन्द में यह गीत गाते हुए विद्यालय के प्रांगण में टहलने लगे।

राँची में विद्यालय की स्थापना करने के लगभग दो वर्ष बाद शान्तिनिकेतन में आने के लिये मुझे रवीन्द्रनाथ का निमंत्रण मिला, ताकि हम दोनों अपने शैक्षणिक आदर्शों पर चर्चा कर सकें। मैं खुशी से वहाँ गया। जब मैं उनसे मिलने पहुँचा, तब वे अपने अध्ययन-कक्ष में बैठे हुए थे। पहली भेंट के समान ही, इस बार भी मुझे लगा कि उत्कृष्ट पुरुषत्व का चित्र बनाने के लिए यदि किसी चित्रकार को किसी मॉडल की आवश्यकता पड़े, तो उन से अधिक अच्छा मॉडल उसे नहीं मिल सकेगा। प्राचीन रोम के कुलीन पुरुष की तरह तीखे नाक-नक्श का, सुन्दरता के साथ तराशा हुआ-सा उनका चेहरा, लहराते केश और लम्बी दाढ़ी के बीच सुशोभित था। विशाल दयार्द्र नेत्र, देवता सदृश सौम्य मुस्कराहट तथा बाँसुरी की ध्वनि की याद दिलाती आवाज़ जो सचमुच मंत्रमुग्ध कर देती थी। मज़बूत, सुदृढ़, लम्बे कद के, गम्भीर मुद्रा के उनके व्यक्तित्व में करीब-करीब नारी-सुलभ कोमलता भी थी और शिशु-सुलभ हर्षोत्फुल्ल स्वयंस्फूर्ति भी। कवि दिखने में कैसा हो, इसकी आदर्श कल्पना इस सौम्य गायक की मूर्ति से अधिक अच्छी तरह साकार नहीं हो सकती।

टैगोर और मैं शीघ्र ही प्रचलित पद्धति से हटकर बनाये गये हमारे विद्यालयों के तुलनात्मक अध्ययन में मग्न हो गये। हमने दोनों विद्यालयों में कई बातों में समानता पायी – खुले आकाश के नीचे शिक्षा, सादगी, बच्चों की रचनात्मक प्रवृत्ति के विकास के लिये पर्याप्त अवसर। रवीन्द्रनाथ ने साहित्य और काव्य के अध्ययन पर तथा संगीत और गायन के द्वारा आत्माभिव्यक्ति पर काफ़ी जोर दिया था, जैसा कि भोला के मामले में मैं पहले ही देख चुका था। शान्तिनिकेतन के बच्चों के लिये मौन के विशिष्ट समय भी निर्धारित थे परन्तु उन्हें योग का कोई विशेष प्रशिक्षण नहीं दिया जाता था।

कविवर ने राँची में सभी छात्रों को सिखाये जाने वाले शक्तिसंचार के योगदा व्यायामों और एकाग्रता की यौगिक प्रविधियों के मेरे विवरण को अत्यंत ध्यान से सुना।

टैगोर ने मुझे अपने आरम्भ के शैक्षणिक संघर्ष के बारे में बताया। "पाँचवीं कक्षा के बाद मैं स्कूल से भाग निकला," उन्होंने हँसते हुए कहा। स्कूली कक्षा के नीरस, अनुशासनात्मक वातावरण में उनके जन्मजात कविहृदय की कोमलता को कैसे झटके लगते होंगे, इसे मैं आसानी से समझ सकता था।

"इसीलिये मैंने छायादार वृक्षों और आकाश के सौन्दर्य के तले शान्तिनिकेतन की स्थापना की।" सुन्दर बगीचे में अध्ययन करते बच्चों के एक छोटे-से गुट की ओर भावपूर्ण ढंग से इशारा करते हुए उन्होंने कहाः "बच्चा फूलों और गाते पक्षियों के बीच अपने स्वाभाविक वातावरण में रहता है। वहाँ वह अपनी व्यक्तिगत प्रतिभा की गुप्त निधि को अधिक सरलता से व्यक्त कर सकता है। सच्ची शिक्षा को बाह्य साधनों द्वारा भरा या ठूँसा नहीं जा सकता, बल्कि सच्ची शिक्षा तो वह है जो भीतर में निहित अनंत ज्ञान भंडार को ऊपर ला सके।"

मैंने उनके साथ सहमति प्रकट की और कहाः "साधारण स्कूलों में बच्चों को आँकड़ों और ऐतिहासिक कालक्रम के अनन्य आहार पर रखकर उनकी आदर्शवादी और वीरपूजात्मक नैसर्गिक प्रवृत्तियों को भूखों मार दिया जाता है।"

कविवर अपने पिता देवेन्द्रनाथ के बारे में, जिन्होंने शान्तिनिकेतन शुरू करने की उन्हें प्रेरणा दी थी, अत्यंत प्रेम के साथ बोलने लगे। उन्होंने कहाः

"पिताजी ने यह उपजाऊ ज़मीन मुझे दे दी, जहाँ उन्होंने पहले ही एक अतिथिशाला और मन्दिर का निर्माण कर लिया था। मैंने 1901 में यहाँ केवल 10 बच्चों के साथ अपना शैक्षणिक प्रयोग आरम्भ किया। नोबेल पुरस्कार के साथ जो आठ हज़ार पौण्ड मिले, वह सब विद्यालय पर ही खर्च हो गये।

दूर-दूर तक महर्षि के नाम से विख्यात देवेन्द्रनाथ टैगोर अत्यंत अद्भुत व्यक्ति थे, जैसा कि उनकी आटोबायोग्राफ़ी से पता चलता है। अपनी युवावस्था के दो वर्ष उन्होंने हिमालय में ध्यान-धारण में व्यतीत किये थे। उनके पिताजी द्वारकानाथ टैगोर भी पूरे बंगाल में जनहितार्थ दानधर्म के लिये विख्यात थे। इस गौरवशाली वंशवृक्ष से अनेक प्रतिभाशाली व्यक्तियों का पूरा परिवार ही पैदा हुआ है। केवल अकेले रवीन्द्रनाथ ही नहीं, बल्कि उनके सभी सगे-सम्बन्धियों ने रचनात्मक अभिव्यक्ति में विशिष्टता दिखायी है। उनके भतीजे गगनेन्द्र और अबनीन्द्र भारत के शीर्षस्थ चित्रकारों में थे। रवीन्द्रनाथ के भाई द्विजेन्द्र एक दार्शनिक थे, जिनसे पक्षी और जंगली पशु भी प्रेम करते थे।

रवीन्द्रनाथ ने मुझसे एक रात अतिथिशाला में रहने का आग्रह किया। शाम को आंगन में बैठे कविवर और बच्चों के दृश्य ने मेरा मन मोह लिया। मैं अतीत काल में पहुँच गयाः मेरे सामने प्रस्तुत दृश्य प्राचीन काल के किसी आश्रम की तरह लग रहा था – आनन्द में विभोर गायक और उसके चारों ओर बैठे उसके भक्तजन, सभी दिव्य प्रेम के प्रभामण्डल से घिरे हुए। टैगोर मित्रता की प्रत्येक गाँठ मनोमाधुर्य के धागे से बांधते थे। वे कभी भी अपनी बात पर जोर नहीं देते थे, एक दुर्निवार्य आकर्षण शक्ति से खींच कर हृदय जीत लेते थे। ईश्वर के उद्यान में खिला हुआ काव्य का यह दुर्लभ पुष्प दूसरों को एक नैसर्गिक सुगन्ध से आकर्षित कर लेता था।

अपनी मधुर आवाज़ में रवीन्द्रनाथ ने हमें अपनी कुछ अति उत्कृष्ट नवरचित कविताएँ पढ़ कर सुनायीं। अपने विद्यार्थियों को आनन्द देने के लिए रचे गये उनके अधिकांश गीतों एवं नाटकों की रचना उन्होंने शान्तिनिकेतन में ही की। मेरी दृष्टि में उनके पद्यों की सुन्दरता इसमें है कि लगभग प्रत्येक छंद में ईश्वर के नाम का उल्लेख किये बिना ईश्वर का ज़िक्र करने की उनकी अद्भुत कला उनमें प्रकट होती है। उन्होंने लिखा हैः "सुरेर घोरे आपनाके जाई भुले, बन्धु बोले डाकि मोर प्रभुके।" "गाने के आनन्द में मैं अपने को इतना भूल जाता हूँ कि आपको भी मित्र कहने लगता हूँ, जो मेरे प्रभु हैं।"

दूसरे दिन दोपहर के भोजन के पश्चात् मैंने अनिच्छापूर्वक ही कविवर से विदा ली। मुझे इस बात का आनन्द है कि उनका छोटा-सा विद्यालय अब एक अंतराष्ट्रीय विश्वविद्यालय, "विश्व-भारती" बन गया है, जहाँ अनेक देशों के छात्रों को आदर्श वातावरण प्राप्त होता है।

"जहाँ चित्त भयमुक्त और सिर ऊँचा हो;
जहाँ ज्ञान मुक्त हो;
जहाँ विश्व संकीर्ण आपसी दीवारों से छोटे-छोटे टुकड़ों में न बटा हो;
जहाँ शब्द सत्य की गहराइयों से आते हों;
जहाँ अथक कर्मधारा अपने हाथ पूर्णता की ओर फैलाती हो;
जहाँ विचारों का निर्मल स्रोत तुच्छ आचारों की रुक्ष मरुभूमि की बालू में खो न गया हो;
जहाँ मनको आप निरन्तर विस्तारित होते विचार एवं कर्म में ले जाते हों;
उस मुक्ति के स्वर्ग में, हे मेरे परमपिता, मेरे देश को जागृत करो!"

- रवीन्द्रनाथ टैगोर

प्रकरण–30

चमत्कारों का नियम

महान उपन्यासकार लियो टालस्टाय ने एक अत्यंत रोचक कथा लिखी थी – "तीन वैरागी" उनके मित्र निकोलस रोरिच ने उसे संक्षेप में इस प्रकार प्रस्तुत किया:

"एक द्वीप पर तीन वृद्ध वैरागी रहते थे। वे इतने भोले-भाले थे कि उन्हें केवल एक ही प्रार्थना आती थी: 'हम तीन हैं, तू (ईश्वर) तीन है – हम पर दया कर!' इस अत्यन्त सीधी-सादी, भोली प्रार्थना के समय महान चमत्कार प्रकट होते थे।

"वहाँ के बिशप ने इन वैरागियों और उनकी अस्वीकार्य प्रार्थना के बारे में सुना और उसने उन्हें धर्मनियमों के अनुसार अधिकृत प्रार्थना सिखाने के लिये उनके पास जाने का निश्चय किया। उसने उस द्वीप पर पहुँचकर वैरागियों को बताया कि उनकी प्रार्थना अत्यंत अशोभनीय है, और फिर उसने उन्हें कुछ प्रचलित प्रार्थनाएँ सिखायीं। उसके बाद बिशप एक नाव पर सवार होकर चल पड़े। उसने नाव के पीछे आते एक दीप्तिमान प्रकाश को देखा। जब वह प्रकाश निकट आया तो उसने उस प्रकाश में उन तीन वैरागियों को देखा, जो एक-दूसरे का हाथ पकड़े हुए नाव की बराबरी में आने के लिये पानी की लहरों पर दौड़ रहे थे।"

"जब वे बिशप के पास पहुँचे, तो उन्होंने चिल्लाकर उससे कहा: 'आपने हमें जो प्रार्थनाएँ सिखायी थीं, वे सब हम भूल गये हैं और इसीलिये आपसे अनुरोध करने के लिये दौड़े-दौड़े आये हैं कि आप फिर से हमें वह प्रार्थनाएँ सिखा दें।' विस्मयविभोर बिशप ने सिर हिलाया।"

विनम्रतापूर्वक उसने उनसे कहाः "प्रियजनों! अपनी पुरानी प्रार्थना ही जारी रखें!"

ये तीन वैरागी पानी पर कैसे चल सके?

ईसा मसीह सूली पर लटके मृत शरीर को पुनरुज्जीवित कैसे कर सके?

लाहिड़ी महाशय और श्रीयुक्तेश्वरजी अपने चमत्कार कैसे कर सके?

आधुनिक विज्ञान के पास अभी तक इसका कोई उत्तर नहीं है; जब कि अणु युग के आने से विश्व-मानस के कार्यक्षेत्र और उसके ज्ञान में अत्यधिक वृद्धि भी हो गयी है। मनुष्य की शब्दावली में अब "असंभव" शब्द धीरे-धीरे महत्त्वहीन होने लगा है।

वेदशास्त्र कहते हैं कि भौतिक जगत माया के एक ही मूल सिद्धान्त के अन्तर्गत कार्य करता है – सापेक्षता और द्वैत का सिद्धान्त। समस्त जीव सृष्टि एकमात्र ईश्वर ही है और वह अखंड, निरपेक्ष एकत्व है। सृष्टि की पृथक और भिन्न-भिन्न अभिव्यक्तियों में प्रकट होने के लिये वह झूठा या अवास्तविक चोला पहन लेता है। यह झूठा, द्वित्व प्रदान करने वाला चोला ही माया है। आधुनिक काल के अनेक बड़े-बड़े वैज्ञानिक आविष्कारों से प्राचीन ऋषियों की इस सरल घोषणा की पुष्टि होती है।

न्यूटन का गति का सिद्धान्त माया का ही एक नियम हैः "प्रत्येक क्रिया के लिये उसके समतुल्य विपरीत प्रतिक्रिया होती है; किन्हीं भी दो पिंडों की एक-दूसरे पर क्रियाएँ सदैव समतुल्य और परस्पर-विरोधी दिशाओं में लक्षित होती हैं।" इस प्रकार क्रिया और प्रतिक्रिया सर्वस्वी समतुल्य होती है। "केवल एक ही शक्ति का होना असंभव है। समतुल्य और परस्पर-विरोधी शक्तियों की जोड़ी होनी ही चाहिये और सदा रहती ही है।"

प्रकृति की मूलभूत क्रियाएँ अपनी माया-मूलकता का ही परिचय देती हैं। उदाहरण के लिये, विद्युतशक्ति आकर्षण के कारण निर्मित होती है; उसके इलेक्ट्रॉन और प्रोटॉन परस्पर-विरोधी विद्युतआवेग हैं। दूसरा उदाहरणः अणु, अर्थात पदार्थ की सूक्ष्मतम कणिका स्वयं पृथ्वी की तरह ही धनात्मक और ऋणात्मक (Positive and Negative) ध्रुवों से युक्त एक चुम्बक है। यह समस्त गोचर जगत् ध्रुवता के प्रभाव में हैं; भौतिक शास्त्र, रसायन शास्त्र या किसी भी अन्य विज्ञान का कोई भी नियम कभी अंतनिर्हित परस्पर-विरोधी तत्त्वों से मुक्त नहीं मिलता।

अतः भौतिक विज्ञान माया के बाहर के किसी नियम का सूत्र नहीं बना सकता। सृष्टि का मूल ताना-बाना ही माया है, उसकी मूल रचना ही माया है। स्वयं प्रकृति माया है; प्राकृतिक विज्ञान के पास केवल प्रकृति के अपरिहार्य सारभूत तत्त्वों का ही अध्ययन और उन्हीं का प्रयोग करने के सिवा और कोई चारा ही नहीं है। अपने क्षेत्र में प्रकृति शाश्वत और अपार है; भावी वैज्ञानिक उसकी विविधरूपी अनन्तता के एक के बाद एक पहलू की खोज करते जाने से अधिक कुछ नहीं कर पायेंगे। विज्ञान इस प्रकार सदा के लिये परिवर्तनों के क्रम से ही गुज़रता रहेगा और अंतिम कारण तक कभी नहीं पहुँच पायेगा; पहले से ही अस्तित्व में आये हुए और कार्य करते हुए ब्रह्माण्ड के नियमों का पता लगाने की तो उसमें क्षमता है परन्तु नियम बनाने वाले विधाता और कार्य चलाने वाले जगन्नियंता को ढूँढ़ पाने में वह असमर्थ है! गुरुत्वाकर्षण और विद्युत शक्ति के तेजस्वी प्रदार्शनों का तो पता चल गया, परन्तु गुरुत्वाकर्षण और विद्युत शक्ति क्या है, कोई मानव नहीं जानता।

सहस्त्राब्दियों से अवतारों और सद्गुरुओं ने मानवजाति को माया से ऊपर उठने का कार्य दे रखा है। सृष्टि के द्वैत से ऊपर उठकर उसके पीछे विद्यमान स्रष्टा की अखंड एकता को पहचानना ही मनुष्य का सर्वोच्च लक्ष्य माना गया। जो माया में लिप्त रहते हैं, उन्हें उसके ध्रुवता नियम को स्वीकार करना ही होगाः ज्वार-भाटा, उत्थान-पतन, दिन-रात, सुख-दुःख, अच्छा-बुरा, जन्म-मृत्यु। कुछ हज़ार मानवजन्मों से गुज़रने के बाद मनुष्य को इन आवृत्तियों की यह नियमबद्ध क्रमशीलता पीड़ादायक और नीरस प्रतीत होने लगती है; तब वह मायाजनित विवशताओं से परे आशापूर्ण दृष्टि डालने लगता है।

माया के परदे को हटाने का ही अर्थ है सृष्टि के रहस्य को अनावृत्त करना। जो इस प्रकार सृष्टि का अनावरण कर देता है, केवल वही सच्चा अद्वैतवादी है। अन्य सब केवल मूर्तिपूजक हैं। जब तक मनुष्य प्रकृति की द्वयात्मक भ्रान्तियों में उलझा रहता है, तब तक छल-कपटी माया ही उसकी आराध्य देवी होती है और वह एकमात्र सच्चे ईश्वर को नहीं जान सकता।

विश्व-माया मनुष्यों में अविद्या (अज्ञान, भ्रम) के रूप में प्रकट होती है। माया या अविद्या को बौद्धिक विश्वास या विश्लेषण के द्वारा कभी नष्ट नहीं किया जा सकता; केवल निर्विकल्प समाधि की आंतरिक स्थिति की प्राप्ति से ही उसे नष्ट किया जा सकता है। 'ओल्ड टेस्टामेन्ट' (बाइबिल का पूर्व भाग) के सब सन्तों तथा सभी देशों और युगों के द्रष्टाओं ने चेतना की उसी अवस्था से उपदेश दिया था।

एज़ेकिएल ने कहा था: "बाद में वह मुझे दरवाज़े के पास ले आया, यह दरवाज़ा पूर्वाभिमुख था और मैंने देखा, इज़रायल के भगवान का दिव्य तेज पूर्व दिशा से आया, उसकी ध्वनि पानी की तेज बहती अनेक धाराओं के समान थी और पृथ्वी उसके तेज के आलोक में नहा उठी। योगी अपनी चेतना को ललाट (पूर्व दिशा) में स्थित दिव्य चक्षु में से ले जाकर सर्वव्यापकता में पहुँचाता है। जब वह यह कर रहा होता है, तब उसे ओम् की "पानी की तेज़ बहती अनेक धाराओं के समान" ध्वनि सुनायी देती है, जो सृष्टि की एकमात्र वास्तविकता के प्रकाश के स्पन्दनों के कारण होती है।

सृष्टि के अरबों-खरबों रहस्यों में सबसे विलक्षण रहस्य है प्रकाश। ध्वनि-तरंगों के संचरण के लिये तो हवा या अन्य किसी भौतिक माध्यम की आवश्यकता होती है, परन्तु प्रकाश तरंगें नाभिकीय पिंडों के बीच के निर्वात से भी सरलतापूर्वक संचार करती हैं। तरंग सिद्धान्त में जिस काल्पनिक ईथर को नाभिकीय पिंडों के बीच के शून्य में प्रकाश का माध्यम माना जाता है, उसे भी आइन्स्टाइन के इस मत के कारण हटा दिया जा सकता है कि अंतरिक्ष के ज्यामितीय गुणधर्म ईथर की कल्पना को अनावश्यक बना देते हैं। इन दोनों में से किसी भी प्रमेय को मानें, तब भी प्रकृति की समस्त अभिव्यक्तियों में प्रकाश ही सबसे सूक्ष्म और भौतिक अबलम्बन से सर्वाधिक मुक्त है।

आइन्स्टाइन की असाधारण अबधारणाओं के अनुसार सापेक्षता सिद्धान्त में प्रकाश की गति (1,86,300 मील प्रति सेकण्ड) सबसे महत्त्वपूर्ण है। वे गणित द्वारा सिद्ध करते हैं कि जहाँ तक मानव के सीमित मन का संबंध है, इस नित्य परिवर्तनशील ब्रह्माण्ड में केवल प्रकाश की गति ही अपरिवर्तनशील है, कि केवल वही निरपेक्ष स्थिरांक है। केवल प्रकाश के इस निरपेक्ष स्थिरांक पर ही मनुष्य के समय एवं दूरी के सारे मापदण्ड निर्भर हैं। अब तक दुर्बोध रूप से शाश्वत समझे जाने वाले समय और दूरी (काल और देश) भी सापेक्ष और सीमित घटक हैं। उनके माप का औचित्य केवल प्रकाश-गति के संदर्भ में है।

परिमाणात्मक सापेक्षता (dimensional relativity) में अंतरिक्ष के साथ समय के आ जाने से समय का सच्चा स्वरूप भी सामने आ गया है कि वह केवल संदिग्धता के अलावा कुछ नहीं। कुछ ही समीकरणों को प्रस्तुत कर आइन्स्टाइन ने एक प्रकाश को छोड़कर विश्व के सारे तथाकथित निश्चित तथ्यों का उन्मूलन कर दिया।

बाद में जब आइन्स्टाइन ने अपना एकीकृत क्षेत्र सिद्धान्त (Unified Field Theory) प्रस्तुत किया तो उसमें उन्होंने एक ही गणितीय सूत्र में गुरुत्वाकर्षण नियम तथा विद्युत-चुंबकत्व नियम को अन्तर्भूत करने का प्रयास किया। इस प्रकार ब्रह्माण्ड की रचना को एक ही नियम के प्रकारान्तर के सिद्धान्त में ला कर आइन्स्टाइन युग-युगों को पार कर उन ऋषियों की श्रेणी में जा पहुँचे हैं जिन्होंने सृष्टि का एक ही आधार होने की घोषणा की थीः नित्य परिवर्तनशील माया।

इस युगान्तरकारी सापेक्षता सिद्धान्त से सूक्ष्मतम परमाणु के अनुसंधान की गणितीय सम्भावनाएँ जाग उठी हैं। अब बड़े-बड़े वैज्ञानिक दृढ़ता के साथ न केवल यह कहने की हिम्मत कर रहे हैं कि अणु पदार्थ नहीं बल्कि शक्ति है, वरन् वे यह भी कह रहे हैं कि आण्विक ऊर्जा का स्वरूप मूलतः मनोमय है।

सर आर्थर स्टैनले एडिंगटन द नेचर ऑफ़ द फ़िज़िकल वर्ल्ड (भौतिक विश्व का स्वरूप) नामक पुस्तक में लिखते हैंः "यह बात अब पूरी तरह समझ में आ चुकी है कि भौतिक विज्ञान केवल परछाइयों के जगत् से संबंधित है और यही अपने आप में एक महत्त्वपूर्ण प्रगति है। भौतिक विज्ञान के क्षेत्र में हम परिचित जीवन-नाट्य की परछाइयों के खेल मात्र का अवलोकन करते हैं। मेरे हाथ की छाया टेबल की छाया पर टिकी हुई है और स्याही की छाया काग़ज़ की छाया पर अंकित हो रही है। यह सब प्रतीकात्मक है और भौतिक विज्ञानी इसे प्रतीक के रूप में ही रहने देता है। परन्तु रसायनशास्त्री मन प्रतीकों को उनके मूल स्वरूप में परिवर्तित कर देता है... मोटे तौर पर इस सब का निष्कर्ष यह निकलता है कि इस जगत् का सारा प्रपंच केवल मनोमय (मन जिस तत्त्व से बना है, उसी तत्त्व से बना) है।"

हाल में बनाये गये इलेक्ट्रॉन माइक्रोस्कोप से यह निश्चित प्रमाण मिल चुका है कि परमाणुओं का मूल स्वरूप प्रकाश है और प्रकृति में द्वैत अनिवार्य है। द न्यू यॉर्क टाइम्स ने "अमेरिकन एसोसिएशन फ़ॉर द एडवान्समेंट ऑफ़ साइन्स" की एक सभा के समक्ष 1937 में दिखाये गये इलेक्ट्रॉन माइक्रोस्कोप के एक प्रयोग का विवरण इस प्रकार प्रकाशित किया थाः

अब तक एक्स-किरणों द्वारा परोक्ष रूप से ही जाने जा सकने वाले टंगस्टन की रचना का रवेदार (Crystalline) स्वरूप एक प्रतिदीप्त पर्दे पर स्पष्ट रूप से प्रकट हुआ जिसमें नौ अणु अपने-अपने अचूक स्थानों में स्थित दिखायी दे रहे थे। अणुओं की यह रचना त्रिघाती आकार में थी जिसमें त्रिघात के हर कोने में एक-एक अणु था और केन्द्र में एक। पर्दे पर दिखायी दे रही टंगस्टन की केलास

(Crystal lattice) में स्थित अणु प्रकाश बिन्दुओं के रूप में दिखायी दे रहे थे जो एक विशिष्ट ज्यामितीय रचना में स्थित थे। केलास के इस प्रकाश के त्रिघात (Cube) के चारों ओर हवा के अणु पानी पर झिलमिलाती सूर्य किरणों के समान नाचते प्रकाश बिन्दुओं के रूप में दिखायी दे रहे थे...

न्यूयॉर्क की बेल टेलिफ़ोन लैबोरेटरीज़ के डॉ. क्लिन्टन जे. डेविसन तथा डॉ. लेस्टर एच. जर्मर ने 1927 में सर्वप्रथम इलेक्ट्रॉन माक्रोस्कोप के सिद्धान्त का आविष्कार किया जिन्होंने यह देखा कि इलेक्ट्रॉन के अस्तित्व के दो पहलू हैं: उसमें स्वतन्त्र कण के भी गुण हैं और तरंग के भी गुण हैं। तरंग-गुणों के कारण ही इसमें प्रकाश का स्वभाव है। और इस खोज के साथ ही किसी ऐसी युक्ति की खोज शुरू हुई। जिससे इलेक्ट्रॉनों को एक बिन्दु पर "फ़ोकस" किया जा सके जैसे लेन्स के माध्यम से प्रकाश को फ़ोकस किया जाता है।

इलेक्ट्रॉन की द्विमुखी गुणात्मकता के आविष्कार के लिये, जिससे यह स्पष्ट हो गया कि समस्त भौतिक जगत् द्विगुणात्मक है, डॉ. डेविसन को भौतिक विज्ञान में नोबेल पुरस्कार से सम्मानित किया गया।

"द मिस्टिरियस युनिवर्स" 'रहस्यपूर्ण ब्रह्माण्ड' में सर जेम्स जीन्स लिखते हैं: "ज्ञान का प्रवाह अब यंत्रविहीन वास्तविकता की ओर बहने लगा है; अब ब्रह्माण्ड एक विराट यंत्र नहीं, बल्कि एक विराट विचार प्रतीत होने लगा है।"

इस प्रकार बीसवीं सदी का विज्ञान प्राचीन वेदों की भाषा बोलने लगा है।

अतः यदि आध्यात्मिक शिक्षा द्वारा नहीं, तो विज्ञान द्वारा ही सही, मनुष्य को यह दार्शनिक सत्य समझ लेना चाहिये कि भौतिक जगत् नाम की कोई चीज़ ही नहीं है। उसका ताना-बाना भी केवल भ्रम है, माया है। विश्लेषण करने पर उसकी सत्यता की मृगमरीचिकाएँ विलुप्त हो जाती हैं। भौतिक जगत् की सत्यता के प्रति आश्वस्त करने वाले आधार जैसे-जैसे मनुष्य के सामने ढहने लगते हैं, वैसे-वैसे मिथ्या जगत् में आस्था रखने की अपनी भूल का उसे कुछ-कुछ एहसास होने लगता है और यह बात भी उसकी समझ में कुछ-कुछ आने लगत्ती है कि उसने प्रभु की उस आज्ञा का उल्लंघन किया है कि "तुम मेरे सिवा और किसी को ईश्वर नहीं मानोगे।"

पदार्थ के वस्तुमान (Mass) और ऊर्जा (Energy) की समतुल्यता दर्शाने वाले अपने सुविख्यात समीकरण में आइन्स्टाइन ने यह सिद्ध किया है कि पदार्थ के किसी भी कण में निहित ऊर्जा उसके वस्तुमान या वज़न के साथ प्रकाशगति के वर्ग

के गुणनफल के बराबर होती है। पदार्थ-कणों के विनाश द्वारा आण्विक ऊर्जाओं को मुक्त किया जाता है। पदार्थ की "मृत्यु" ने एक आण्विक युग को जन्म दिया है।

गणित में प्रकाशगति इसलिये प्रतिमान या स्थिरांक नहीं है कि 1,86,300 मील प्रति सेकण्ड की संख्या स्वयंपूर्ण है, बल्कि इसलिये है कि कोई भी पदार्थ पिण्ड कभी उस गति को प्राप्त नहीं कर सकता, क्योंकि उसकी गति के साथ उसका वस्तुमान (Mass) बढ़ता जाता है। दूसरे शब्दों में कहें तो केवल ऐसा पदार्थ पिण्ड प्रकाश की गति के साथ जा सकता है जिसका वस्तुमान अनन्त हो।

यह संकल्पना हमें चमत्कारों के नियम के द्वार पर ला कर खड़ा कर देती है।

जो सिद्धजन अपने शरीर को तथा अन्य वस्तुओं को प्रकट या अदृश्य कर देने की, प्रकाश की गति से संचार करने की और सृजनक्षम प्रकाश किरणों का उपयोग कर किसी भी वस्तु को तत्क्षण मूर्त रूप देने की शक्ति रखते हैं, उन्होंने इस विहित शर्त को पूरा कर दिया होता हैः उनका वस्तुमान अनन्त होता है।

सिद्ध योगी की चेतना उसके छोटे से शरीर से बंधी न रह कर अनायास ही ब्रह्माण्ड की रचना के साथ तद्रूप हो जाती है। गुरुत्वाकर्षण के कारण सभी भौतिक पदार्थ भारयुक्त होते हैं, परन्तु यह गुरुत्वाकर्षण, फिर चाहे न्यूटन उसे "शक्ति" कहें या आइन्स्टाइन उसे "जड़ता की अभिव्यक्ति" कहें, किसी सिद्ध को भार का गुणधर्म व्यक्त करने के लिये विवश करने में असमर्थ है। जो अपने को सर्वव्यापी परमतत्त्व के रूप में जान जाता है, वह फिर काल और देश की सीमा में आबद्ध नहीं रहता। आबद्ध कर रखने वाली सीमाओं के सारे घेरे अहं ब्रह्मास्मि के तेज में विलुप्त हो जाते हैं।

"प्रकाश हो! और प्रकाश हो गया।" सृष्टि की रचना में ईश्वर के प्रथम आदेश से सृष्टि का आधार तत्त्व प्रकाश अस्तित्व में आ गया। इस अलौकिक माध्यम (प्रकाश) की किरणों पर ही ईश्वर की सारी अभिव्यक्तियाँ मूर्त होती हैं। प्रत्येक युग के संतों ने अग्निशिखा और प्रकाश के रूप में ईश्वर के प्रकट होने की बात कही है। सेन्ट जॉन कहते हैंः "उसकी आँखें अग्निज्वालाओं के समान थीं और उसका रूप ऐसा था मानों सूर्य अपने पूरे तेज के साथ चमक रहा हो।"

जो योगी अखण्ड ध्यान द्वारा अपनी चेतना को परम चैतन्य में विलीन कर देता है, वह प्रकाश (प्राणशक्ति स्पन्दन) को सृष्टि के आधार तत्त्व के रूप में देखता है। उसके लिये फिर पानी बन कर सामने आने वाली प्रकाश किरणों में और ज़मीन बन कर सामने आने वाली किरणों में कोई अन्तर नहीं होता। पदार्थ-चेतना से और

भौतिक जगत् के तीन आयामों से तथा काल के चौथे आयाम से मुक्त होकर सिद्ध पुरुष अपने प्रकाश-शरीर को पृथ्वी, जल, अग्नि, वायु की प्रकाश किरणों के बीच से या उनके ऊपर से आसानी के साथ कहीं भी ले जा सकता है।

"इसलिये यदि तुम्हारी आँख एक हो जाये, तो तुम्हारा सारा शरीर प्रकाश से भर जायेगा।" मुक्ति प्रदायक ज्ञान चक्षु पर लम्बे समय तक मन को एकाग्र करने से योगी भौतिक जगत् और उसके गुरुत्वाकर्षणजन्य भार के समस्त भ्रमों को नष्ट करने में समर्थ हो जाता है। तब वह सृष्टि को उसी रूप में देखता है, जिस रूप में विधाता ने उसकी रचना की थीः तत्त्वतः विभेदहीन प्रकाश।

हार्वर्ड के डॉ. एल. टी. ट्रोलैण्ड कहते हैंः "आँखों में उभरने वाले चित्रों की रचना भी छपाई में इस्तेमान की जाने वाली साधारण बिन्दु-चित्र (half tone) तकनीक के सिद्धान्त पर ही आधारित होती है; अर्थात् ये चित्र ऐसे छोटे-छोटे बिन्दुओं से बने होते हैं जिन्हें आंखों से देखा नहीं जा सकता ... नेत्र पटल (Retina) इतना संवेदनक्षम है कि उचित प्रकार के प्रकाश की अपेक्षाकृत थोड़ी सी मात्रा से भी दृष्टि संवेदन जागृत हो सकता है।"

चमत्कारों के नियम को ऐसा कोई भी मनुष्य कार्यान्वित कर सकता है जिसने यह अनुभव कर लिया हो कि सृष्टि प्रकाश से ही बनी है, अर्थात् सृष्टि का मूल तत्त्व प्रकाश है। सिद्ध पुरुष प्रकाश तत्त्व के अपने दिव्य ज्ञान का उपयोग सर्वव्यापी प्रकाश-अणुओं को किसी भी इन्द्रिय-गोचर अभिव्यक्ति में तत्काल प्रकट करने के लिये कर सकता है। इस प्रकटीकरण के प्रत्यक्ष रूप (वह जो भी होः कोई वृक्ष या कोई औषधी या कोई मानव शरीर) का निर्धारण योगी की इच्छा तथा उसकी संकल्प शक्ति और मानस चित्रण पर निर्भर होता है।

रात में मनुष्य स्वप्न-चैतन्य में प्रवेश करता है और प्रतिदिन उसे हर तरफ से आबद्ध कर रखने वाली अहंकार की सीमाओं से मुक्त हो जाता है। नींद में उसे अपने मन की सर्वशक्तिमत्ता का बार-बार प्रदर्शन देखने को मिलता है। देखते ही देखते स्वप्न में अनेक वर्षों पूर्व मृत हो गये उसके मित्र प्रकट हो जाते हैं, दूर से दूर स्थित महाद्वीप भी दिखायी देने लगते हैं, उसके बचपन के दृश्य पुनः उभर कर उसकी दृष्टि के सामने आ जाते हैं।

सभी मनुष्यों को अपने कुछ स्वप्नों में थोड़े समय के लिये अनुभव होने वाली यह मुक्त और अप्रतिबन्धित चेतना ईश्वरमग्न संत के मन की नित्य अवस्था होती है। सभी प्रकार के स्वार्थी उद्देश्यों से मुक्त हुआ योगी ईश्वर द्वारा उसे दी गयी

सृजनात्मक इच्छाशक्ति का उपयोग कर भक्त की सच्ची प्रार्थना को पूर्ण करने के लिये सृष्टि के प्रकाश-अणुओं को पुनः व्यवस्थित करता है।

और परमेश्वर ने कहा, हम अपने लक्षणों से युक्त मनुष्यों को बनाएँ, उसे अपनी प्रतिमूर्ति बनाएँ और वह समुद्र की मछलियों पर, हवा के पक्षियों पर, घरेलू पशुओं पर और सारी पृथ्वी पर तथा पृथ्वी पर रेंगने वाले सब जीव-जन्तुओं पर अपना प्रभुत्व स्थापित करे।

इसी उद्‌देश्य से मनुष्य और सृष्टि को बनाया गया था कि वह सृष्टि पर अपने प्रभुत्व को जाने और माया का स्वामी बनकर उससे ऊपर उठे।

1914 में संन्यास लेने के कुछ ही दिन बाद मैंने ध्यान में एक बड़ा ही विचित्र दृश्य देखा। उस अनुभव से मानव चेतना की सापेक्षता मेरी समझ में आ गयी और माया के दुःखद द्वैतों के पीछे मैंने अनन्त प्रकाश की अखंडता स्पष्ट देखी। यह अनुभव मुझे तब हुआ जब एक दिन सुबह मैं पिताजी के गड़पार रोड स्थित मकान में अपनी छोटी सी अटारी में ध्यानस्थ बैठा था। उस समय कई महीनों से यूरोप में प्रथम विश्व युद्ध चल रहा था जिसमें हो रहे विशाल नरसंहार पर मैं मन ही मन दुःखी हो रहा था।

जब मैं आंखें बन्द कर ध्यान में बैठा था, तब अचानक मेरी चेतना एक युद्ध पोत के कप्तान के शरीर में संक्रमित हो गयी। जहाज़ की तोपें और समुद्र तट पर स्थित तोपखाना एक दूसरे पर गोले दाग रहे थे और उनकी गगनभेदी आवाज़ से वातावरण जैसे फटा जा रहा था। एक बहुत बड़ा गोला आकर हमारे बारूद भण्डार से टकराया और हमारा जहाज़ तहस-नहस हो गया। जो थोड़े बहुत नाविक इस विस्फोट में बच गये थे, उनके साथ मैं समुद्र में कूद पड़ा।

धड़कते हृदय के साथ मैं किनारे पर सुरक्षित पहुँच गया। परन्तु हाय! कहीं से तीव्र गति के साथ आती हुई एक गोली सीधी मेरी छाती में घुस गयी। कराहते हुए मैं ज़मीन पर गिर पड़ा। मेरा पूरा शरारी सुन्न हो गया परन्तु मुझे उसके अस्तित्व का भान, ठीक वैसे ही जैसे एक पैर के सुन्न हो जाने पर मनुष्य को उसका भान रहता है।

"मृत्यु के गुप्त कदम आख़िर मुझ तक पहुँच ही गये," मैंने सोचा। एक आख़िरी निःश्वास छोड़कर मैं मूर्छा में डूबने ही वाला था कि अचानक मैंने देखा मैं तो गड़पार रोड पर अपने कमरे में पद्‌मासन में बैठा हूँ!

मैं अपने पुनः प्राप्त शरीर को टटोल-टटोल कर और चिकोटी काट-काट कर देखने लगा और मेरे नेत्रों से आनंदातिरेक के अश्रु बहने लगे। इस शरीर में छाती

में गोली का कोई घाव नहीं था। अपने आप को आश्वस्त करने के लिये कि मैं सचमुच ज़िन्दा हूँ, मैंने शरीर को आगे पीछे हिलाया-डुलाया, लम्बी-लम्बी साँसें लीं। इस हर्षोत्फुल्लता और आत्मबधाई के बीच ही अचानक मेरी चेतना फिर से उस रक्तरंजित समुद्रतट पर पड़े कप्तान के शव में संक्रमित हो गयी। मेरा मन पूरी तरह उलझन में पड़ गया।

मैं प्रार्थना करने लगाः “प्रभु! मैं मृत हूँ या जीवित?”

समस्त क्षितिज प्रकाश से दीप्तिमान हो उठा। मृदु गर्जन करता एक कम्पन शब्द बनकर सुनायी देने लगाः

“जीवन या मृत्यु का प्रकाश के साथ क्या संबंध? अपने प्रकाश की मूर्ति के रूप में मैंने तुम्हें बनाया है। जीवन और मृत्यु के द्वन्द्वों का सम्बन्ध केवल माया से है। अपने मायातीत स्वरूप को देखो! जागो, मेरे बच्चे, जागो।

मानव की जागृति के क्रम में ईश्वर यथा समय और यथा स्थान वैज्ञानिकों को अपनी सृष्टि के रहस्यों को जानने के लिये प्रेरित करता है। अनेक आधुनिक आविष्कार इस बात को समझने में मानव की सहायता करते हैं कि सृष्टि एक ही शक्ति कि विविध अभिव्यक्तियाँ मात्र हैं, कि ये सारी अभिव्यक्तियाँ ईश्वरीय प्रज्ञा से युक्त प्रकाश की हैं। चलचित्र, रेडियो, टेलिविजन, राडार, फ़ोटो-इलेक्ट्रिक सेल (आश्चर्यकारी विद्युत नेत्र), अणुशक्तियों के सारे चमत्कार प्रकाश के विद्युत-चुम्बकीय गुणों पर आधारित हैं।

चलचित्र कला किसी भी चमत्कार का दृश्यांकन कर सकती है। प्रभावकारी दृश्य प्रस्तुत करने के दृष्टिकोण से कौशलपूर्ण फ़ोटोग्राफ़ी के लिये कुछ भी असंभव नहीं है। चलचित्र में मनुष्य पारदर्शी सूक्ष्म शरीर धारण कर अपनी स्थूल देह से निकलता हुआ देखा जा सकता है, वह पानी पर चल सकता है, मृत व्यक्ति को दोबारा ज़िन्दा कर सकता है, घटनाक्रम को पलट कर पीछे ले जा सकता है और देश और काल की धज्जियाँ उड़ा सकता है। कुशल फ़ोटोग्राफ़र अपनी इच्छा के अनुसार छायाचित्रों को मिलाकर दृष्टि के लिये चमत्कार कर सकता है, ठीक उसी प्रकार जैसे सिद्ध पुरुष वास्तविक प्रकाश किरणों के साथ करता है।

जीवन्त प्रतीत होने वाले चित्रों को प्रस्तुत करते चलचित्र सृष्टि के अनेक तथ्यों पर प्रकाश डालते हैं। “सृष्टि निर्देशक” ने अपनी पटकथाएँ स्वयं लिखी हैं और सदियों के इस विराट चित्रपट में असंख्य अभिनेता-अभिनेत्रियों का समावेश किया है। अनंतता के अन्धकारपूर्ण बूथ से वह प्रकाश की अपनी किरणों को

प्रक्षेपित करता है जो एक के बाद एक आनेवाले युगों की फ़िल्मों में से होकर महाकाश के पर्दे पर गिरते हैं और उन फ़िल्मों के चित्रों को प्रतिबिम्बित करते हैं।

जिस प्रकार सिनेमा के चित्र वास्तविक प्रतीत होते हैं परन्तु होते हैं मात्र प्रकाश और छाया के मिलेजुले चित्र, उसी प्रकार सृष्टि की विविधता भी एक भ्रम मात्र है। विभिन्न ग्रह मण्डल और उन पर जीने वाले असंख्य जीव एक विराट चलचित्र के चित्रों के अतिरिक्त कुछ नहीं। मनुष्य की पंचेन्द्रियों को तात्कालिक समय के लिये वास्तविक लगने वाले परिवर्ती दृश्य मानव चेतना के पर्दे पर अनन्त सृजनात्मक किरण द्वारा प्रक्षेपित किये जाते हैं।

सिनेमा दर्शक दृष्टि ऊपर उठा कर देख सकते हैं कि पर्दे पर दिखायी देने वाले सारे चित्र चित्रविहीन प्रकाश किरणों की एक बीम से उत्पन्न होते हैं। सृष्टि का यह रंग-बिरंगी नाटक भी उसी प्रकार एक विश्वस्त्रोत से आने वाले एक मात्र श्वेत प्रकाश से उत्पन्न हो रहा है। अकल्पनीय कौशल के साथ ईश्वर अपनी संतानों के मनोरंजन के लिये विराट नाटक प्रस्तुत कर रहे हैं जिसमें उन्हें वे अपने ग्रह मण्डलीय नाट्य गृह में नाटक के पात्र भी बना रहे हैं और दर्शक भी।

एक दिन यूरोप के युद्ध क्षेत्रों की न्यूज़-रील देखने के लिये मैं एक सिनेमा थियेटर में गया। प्रथम विश्व युद्ध पाश्चात्य जगत् में तब भी चल रहा था। न्यूज़-रील में नर संहार इतना वास्तविक लग रहा था कि मैं अत्यन्त व्यथित हृदय से थियेटर से बाहर निकला।

मैं प्रार्थना करने लगाः “प्रभु आप इतना दुःख-दर्द क्यों होने देते हैं?”

मेरे आश्चर्य का ठिकाना न रहा जब प्रत्यक्ष यूरोप के युद्धक्षेत्रों के दिव्य दर्शन के रूप में मेरी प्रार्थना का तत्काल उत्तर आया! मृतकों और मरणासन्न लोगों से भरे ये दृश्य न्यूज़-रील के चित्रांकन से कहीं अधिक भयंकर थे।

“ध्यान से देखो!” मेरी अन्तर्चेतना से एक मृदु एवं सौम्य वाणी कह रही थी। “तुम देखोगे कि फ्रांस में अभी अभिनीत किये जा रहे ये दृश्य प्रकाश-छाया के खेल के अतिरिक्त कुछ नहीं हैं। ये सृष्टि के चलचित्र हैं, उतने ही वास्तविक और उतने ही अवास्तविक जितनी तुमने अभी-अभी देखी न्यूज़-रील थी – नाटक के भीतर और एक नाटक।”

मेरे हृदय को अभी भी सांत्वना नहीं मिली। दिव्य वाणी आगे कहती गयीः “सृष्टि प्रकाश और छाया दोनों ही है, अन्यथा कोई चित्र संभव नहीं हो सकता। माया के भले एवं बुरे गुण बारी-बारी से एक दूसरे पर हावी होते रहते हैं। इसी

संसार में यदि अखंड आनन्द प्राप्त हो जाये तो क्या मनुष्य किसी दूसरे लोक की कामना करेगा? दुःख-दर्द मिले बिना तो वह इस बात को याद करने की भी कोशिश नहीं करता कि उसने अपना नित्य धाम त्याग दिया है। दुःख उसे यह याद दिलाने के लिये चुभोया जाना वाला एक शूल है। दुःख से बचने का उपाय ज्ञान है। मृत्यु की विभीषिका मिथ्या है, अवास्तविक है। जो लोग उसके नाम से काँप उठते हैं वे नाटक के उस नासमझ नट के समान हैं जो उस पर पिस्तौल से नकली गोली दागी जाने पर भी भय के मारे मंच पर ही मर जाता है। मेरी संतानें प्रकाश की हैं। वे सदा के लिये माया के अन्धकार में सोयी नहीं रहेंगी।"

मैंने शास्त्रों में माया के विषय में बहुत कुछ पढ़ा था परन्तु उससे मुझे माया का वैसा गहरा ज्ञान प्राप्त नहीं हुआ था जैसा ध्यान में दिखने वाले दृश्यों और उनके साथ आने वाले सांत्वनादायक शब्दों से प्राप्त हुआ। मनुष्य के मूल्यों में, मान्यताओं में, सोच-विचार में गहन परिवर्तन आ जाता है जब उसे इस सत्य का विश्वास हो जाता है कि यह सृष्टि केवल एक विराट चलचित्र है और इसके भीतर नहीं बल्कि इसके परे उसका सच्चा स्वरूप निहित है।

इस प्रकरण को पूरा लिखने के पश्चात् मैं अपने पलंग पर पद्मासन में बैठ गया। मेरे कमरे में दो मन्द लैम्पों का धुँधला प्रकाश फैला हुआ था। मैंने दृष्टि ऊपर उठायी तो देखा कि छत में सरसों के रंग के छोटे-छोटे प्रकाश बिन्दु रेडियम के समान चमकते हुए झिलमिला रहे थे। असंख्य प्रकाश किरणें वर्षा के जलरेखीय बाणों के समान एक पारदर्शी किरणावली बनकर शान्ति से मुझ पर बरसती रहीं।

तत्काल मेरी स्थूल देह की जड़ता समाप्त हो गयी और वह सूक्ष्म देह के समान झीनी बन गयी। मुझे हवा में तैरने का आभास हो रहा था। मेरा भारहीन शरीर पलंग का नाममात्र स्पर्श करते हुए बारी-बारी से दाहिने-बायें सरकने लगा। मैंने कमरे में दृष्टि दौड़ायी। दीवारें और सारा फर्नीचर अपनी अपनी जगह यथास्थित था, परन्तु प्रकाश की अल्प किरणावली इतनी विस्तृत और व्यापक हो गयी थी कि अब छत नज़र ही नहीं आ रही थी। मैं विस्मित हो गया।

मानों उस प्रकाश से ही एक आवाज़ आयीः "सृष्टि के चलचित्र की बनावट ऐसी ही है। पलंग पर बिछी तुम्हारी चादर के सफेद पर्दे पर अपना प्रकाश स्तम्भ प्रक्षेपित कर वह तुम्हारे शरीर के चित्र को उत्पन्न कर रही है। देखो! तुम्हारा यह शरीर प्रकाश के अतिरिक्त कुछ भी नहीं है!"

मैंने अपने हाथों की ओर देखा और उन्हें आगे-पीछे हिलाया, परन्तु उनमें मुझे किसी वज़न का अनुभव नहीं हुआ। मैं परमानन्द में विभोर हो उठा। मेरे शरीर के रूप में खिल उठने वाला महाव्योम के प्रकाश का स्तम्भ प्रकाश के उस स्तम्भ का दिव्य प्रतिरूप प्रतीत हो रहा था। जो सिनेमा थियेटर के प्रोजेक्शन बूथ से निकलकर पर्दे पर चित्रों को प्रकट कर देता है।

लम्बे समय तक मैं अपने कमरे के मन्द प्रकाशयुक्त थियेटर में अपने शरीर का यह चलचित्र अनुभव करता रहा। ध्यान में और ध्यान के अतिरिक्त भी मुझे अनेकानेक दर्शन हुए हैं, परन्तु यह उन सबसे पूर्णतः निराला था। जब मेरे ठोस शरीर का भ्रम पूर्णतः विलुप्त हो गया और जब इस बात का ज्ञान गहरायी तक मेरी चेतना में उतर गया कि सभी वस्तुओं का सार केवल प्रकाश ही है, तो मैंने दृष्टि उठाकर ऊपर प्राणकणों की उस धड़कती धारा की ओर देखा और उससे याचना करने लगाः

"हे दिव्य प्रकाश! कृपा करके मेरे इस तुच्छ शरीर के चित्र को अपने में वापस समा लो, जैसे एलाइज़ा को प्रकाश के रथ पर स्वर्ग में वापस ले लिया गया था।''

निश्चय ही यह प्रार्थना कुछ हड़बड़ा देने वाली थी; वह प्रकाश स्तम्भ अदृश्य हो गया। मेरे शरीर ने अपना सामान्य वज़न धारण कर लिया जिससे वह बिस्तर को नीचे दबाते हुए बैठ गया। छत में झिलमिला रहे प्रकाश बिन्दु टिमटिमाये और अदृश्य हो गये। स्पष्ट था कि अभी मेरा इस संसार से जाने का समय नहीं आया था।

"और फिर," दार्शनिक दृष्टिकोण अपनाते हुए मैंने सोचा, "मेरी इस धृष्टता से एलाइज़ा भी तो नाराज़ हो जाते।"

प्रकरण—31

पुण्यशीला माता से भेंट

"पूज्य माताजी, मैं जब नन्हा-सा था, तभी आपके अवतारी पति का आशीर्वाद मुझे प्राप्त हो गया था। वे मेरे माता-पिता और मेरे गुरु श्रीयुक्तेश्वरजी के भी गुरु थे। अतः क्या आप अपने पावन जीवन के कुछ प्रसंग सुनाकर मुझे धन्य करेंगी?"

मैं लाहिड़ी महाशय की धर्मपत्नी श्रीमती काशीमणि से बात कर रहा था। मैं थोड़े समय के लिये बनारस में था, अतः इस पूज्य महिला से मिलने की अपनी चिरकालीन आकांक्षा पूर्ण कर रहा था।

बनारस के गरुड़ेश्वर मुहल्ले में लाहिड़ी परिवार के घर में उन्होंने अत्यंत प्रेम के साथ मेरा स्वागत किया। वृद्ध होने पर भी वे कमल की तरह खिली हुई थीं, आध्यात्मिक सुगंध उनसे निःसृत होती थी। उनका शरीर मध्यम आकार का, गौरववर्ण था, गर्दन पतली और नेत्र विशाल, तेजस्वी थे।

"तुम्हारा यहाँ स्वागत है बेटा। ऊपर चलें।"

माताजी मुझे अपने साथ एक अत्यंत छोटे कमरे में ले गयीं, जहाँ कभी वे अपने पति के साथ रहती थीं। उस पवित्र स्थल के दर्शन कर मैं धन्य हुआ, जहाँ अद्वितीय गुरु ने वैवाहिक जीवन की मानवी लीला करना स्वीकार किया था। दयामयी माता ने उनके पास ही एक छोटी-सी गद्दी पर बैठने का मुझे संकेत किया।

"कई वर्षों बाद ही मुझे अपने पति की दैवी महानता की पहचान हो पायी," उन्होंने बताया। "एक रात इसी कमरे में मुझे एक स्पष्ट स्वप्न दिखा। तेजस्वी

देवता अकल्पनीय मोहकता के साथ मेरे सिर के ऊपर हवा में तैर रहे थे। वह दृश्य इतना वास्तविक लग रहा था कि मैं तत्काल जाग उठी; बड़ी विलक्षण बात थी, कि यह कमरा दीप्तिमान प्रकाश से भर गया था।"

"पद्मासन में स्थित मेरे पतिदेव कमरे के बीचोबीच देवताओं से घिरे हवा में थे। अत्यंत विनम्रता के साथ देवता दोनों हाथ जोड़कर मेरे पति का पूजन कर रहे थे।

"मैं इतनी विस्मित हुई कि मुझे लगा मैं अभी भी स्वप्न में ही हूँ।

"तभी लाहिड़ी महाशय ने कहाः 'नारी! तुम सपना नहीं देख रही हो। अपनी निद्रा हमेशा हमेशा के लिये त्याग दो।' जब वे धीरे-धीरे ज़मीन पर उतर आये, तो मैंने उनके चरणों में साष्टांग प्रणाम किया।

"मैंने कहाः 'मेरे गुरुदेव! आपके चरणों में मैं बारंबार प्रणाम करती हूँ। अब तक मैंने आपको अपना पति माना, इसके लिये क्या आप मुझे क्षमा करेंगे? यह जानकर मैं लज्जा से मरी जा रही हूँ कि मैं एक दिव्य रूप से जागृत पुरुष के साथ रहते हुए भी अज्ञान की नींद में सोती रही। इस रात से आप मेरे पति नहीं, गुरु हैं। क्या आप इस तुच्छ अबला को अपनी शिष्या के रूप में स्वीकार करेंगे?'"

"गुरुदेव ने मुझे सप्रेम स्पर्श किया। 'पवित्र आत्मा, उठो। तुम्हें स्वीकार किया जाता है।' उन्होंने देवताओं की ओर इंगित किया। 'इन पूज्य सन्तों में से प्रत्येक को बारी-बारी से प्रणाम करो।'

"जब मैंने विनम्रता से सबको प्रणाम कर लिया तो एक साथ सभी देवताओं की वाणी गूँजी, जो प्राचीन वेदघोष के समान थी।

"'इस दिव्य पुरुष की अर्धांगिनी! आप धन्य हैं। हम आपको प्रणाम करते हैं।' उन्होंने मेरे चरणों में प्रणाम किया और आश्चर्य! उनके दिव्य शरीर अदृश्य हो गये। कमरे में अन्धेरा छा गया।

"मेरे गुरुदेव ने मुझसे क्रिया योग दीक्षा लेने के लिये कहा।

"'बेशक!' मैंने कहा। 'मुझे खेद है कि इससे पहले ही मैंने इस सौभाग्य को क्यों नहीं प्राप्त किया।'

"'तुम्हारा समय नहीं आया था।' लाहिड़ी महाशय ने मुस्कराते हुए मुझे सांत्वना दी। 'तुम्हारे बहुत से कर्मों को नष्ट करने में मैं चुपचाप तुम्हारी सहायता कर रहा था। अब तुम इच्छुक भी हो और तैयार भी।'

"उन्होंने मेरे ललाट का स्पर्श किया। घूमते हुए प्रकाश-पुंज मुझे दिखायी देने लगे; धीरे-धीरे वह सारा प्रकाश जगमगाते नीले रंग के आध्यात्मिक नेत्र में परिवर्तित हो गया जिसके चारों ओर सुनहरा गोल था और बीच में एक सफेद पंचकोणीय तारा।

"'अपनी चेतना को उस तारे में से अनंत के साम्राज्य में ले जाओ।' मेरे गुरु के स्वर में एक नवीनता थी, जो दूर से सुनायी दे रहे संगीत के समान कोमल लग रही थी।

"एक के बाद एक दृश्य समुद्र की फेनिल लहरों के समान मेरी आत्मा के तट से आकर टकराने लगे। अन्ततः चारों ओर दिखते उन दृश्यों के मंडल परमानन्द के सागर में विलीन हो गये। नित्य हिलोरें मारतीं उन आनन्द-लहरों में मैं खो गयी। कई घंटों बाद जब मैं इस जगत् की चेतना में लौट आयी, तो गुरुदेव ने मुझे क्रियायोग की प्रविधि बतायी।

"उस रात के बाद लाहिड़ी महाशय फिर कभी मेरे कमरे में नहीं सोये। वे उसके बाद कभी सोये ही नहीं। दिन-रात नीचे सामने के कमरे में अपने शिष्यों के साथ ही रहते थे।"

इतना बताने के बाद माता काशीमणि चुप हो गयीं। उस महान योगी के साथ उनके संबंध की अद्वितीयता को समझते हुए मैंने झिझकते हुए उनसे कुछ और घटनाएँ बताने का अनुरोध किया।

"तुम बहुत लोभी हो, बेटा! फिर भी तुम्हें एक और कहानी अवश्य बताऊँगी।" वे संकोच से मुस्करायीं। "यहाँ मैं अपने एक पाप को स्वीकार करूँगी, जो मैंने अपने गुरु-पति के विरुद्ध किया था। मेरी दीक्षा के कुछ महीने बाद मैं असहाय और उपेक्षित अनुभव कर रही थी। एक सुबह लाहिड़ी महाशय इस छोटे-से कमरे में कोई वस्तु लेने के लिये आये! मैं तुरन्त उनके पीछे ही यहाँ पहुँच गयी। माया के वशीभूत होकर मैंने उन्हें अत्यंत कठोर शब्दों में सम्बोधित किया।

"'आप अपना सारा समय अपने शिष्यों के साथ बिताते हैं। अपनी पत्नी और बच्चों के प्रति आपके दायित्वों का क्या? मुझे खेद है कि परिवार के लिये अधिक धन इकट्ठा करने में आपको कोई रुचि नहीं है।'

"गुरुदेव ने एक पल के लिये मुझे निहारा, फिर लो, वे अदृश्य हो गये। विस्मयचकित और भयग्रस्त, मुझे एक आवाज़ कमरे के प्रत्येक भाग से गूँजती सुनायी दीः

"'क्या तुम देखती नहीं कि यह सब केवल शून्य है? मुझ जैसा शून्य तुम्हारे लिये धन कैसे उत्पन्न कर सकता है?'

"मैं बिलख उठीः 'गुरुजी! मैं लक्ष-लक्ष बार आपसे क्षमा माँगती हूँ! मेरी पापी आँखें आपको अब देख नहीं पा रही हैं। कृपा कर अपने पवित्र रूप में प्रकट होइये।'

"'मैं यहाँ हूँ।' यह उत्तर मेरे ऊपर से आया। मैंने ऊपर दृष्टि घुमायी तो गुरुदेव को हवा में प्रकट होते देखा, उनका सिर छत को छू रहा था। उनकी आँखें चौंधिया देने वाली अग्निज्वालाओं के समान थीं। जब वे चुपचाप ज़मीन पर उतर आये, तो मैं भयाक्रान्त होकर सिसकते हुए उनके चरणों में लोट गयी।

"उन्होंने कहाः 'नारी! तुच्छ सांसारिक चमक-दमक की नहीं, दिव्य परम धन की कामना करो। जब अंतर की निधि को पा लोगी तो बाह्य पूर्ति सदैव अपने आप होते देखोगी।' फिर उन्होंने कहा, 'मेरा एक आध्यात्मिक पुत्र तुम्हारी व्यवस्था कर देगा।'

"मेरे गुरु के शब्द सत्य तो सिद्ध होने ही थे; एक शिष्य हमारे परिवार के लिये काफ़ी धन दे गया।"

मुझे अपने अद्भुत अनुभव बताने के लिये मैंने माता काशीमणि का धन्यवाद किया। दूसरे दिन मैं फिर उनके घर गया और कई घण्टों तक तीनकौड़ी तथा दुकौड़ी लाहिड़ी के साथ ज्ञान-चर्चा का आनन्द लेता रहा। भारत के महान योगी के ये दो सन्तवत् बेटे अपने पिता के आदर्श पदचिह्नों पर चल रहे थे। दोनों ही गौरवपूर्ण, लम्बे कद के, मज़बूत कद-काठी के थे और घनी दाढ़ी रखते थे। दोनों की आवाज़ें सौम्य थीं, आचार-व्यवहार की दोनों की शैली पुराने ज़माने की थी।

लाहिड़ी महाशय की पत्नी ही उनकी एकमात्र शिष्या नहीं थीं, सैंकड़ों अन्य महिलाएँ भी उनकी शिष्याएँ थीं, जिनमें से एक मेरी माँ भी थी। एक बार एक शिष्या ने लाहिड़ी महाशय से उनकी एक फ़ोटो माँगी। उन्होंने उसे फ़ोटो देते हुए कहाः "तुम इसे यदि अपना रक्षा-कवच मानोगी तो यह रक्षा-कवच ही सिद्ध होगा, नहीं तो यह एक चित्र मात्र ही रहेगा।"

कुछ दिन बाद वही शिष्या लाहिड़ी महाशय की बहू के साथ एक टेबल के पास बैठकर भगवद्गीता का अध्ययन कर रही थी। टेबल के पीछे लाहिड़ी महाशय की वह फोटो टँगी हुई थी। अचानक भयंकर आँधी शुरू हुई और बिजलियाँ कड़कड़ाने लगीं।

"लाहिड़ी महाशय, हमारी रक्षा कीजिए!" दोनों महिलाएँ फ़ोटो के सामने नतमस्तक हो गयीं। तभी टेबल पर पड़ी पुस्तक पर बिजली गिरी, उन दोनों को कोई चोट नहीं पहुँची।

"मुझे ऐसा लगा मानों उस तीव्र उष्णता से बचाने के लिये मेरी चारों ओर बर्फ की परतें खड़ी कर दी गयी थीं," उस शिष्या ने बाद में बताया।

लाहिड़ी महाशय ने अपनी एक शिष्या अभया से संबंधित दो चमत्कार किये थे। एक दिन अभया अपने पति के साथ, जो कोलकाता में वकील थे, गुरु-दर्शन के लिये काशी जाने के लिए घर से चल पड़ी। अत्यंत व्यस्त यातायात के कारण उनकी घोड़ागाड़ी को स्टेशन पहुँचने में विलम्ब हुआ। वे लोग जिस समय हावड़ा स्टेशन पर पहुँचे, उस समय काशी जाने वाली ट्रेन छूटने के लिये सीटी दे रही थी।

अभया टिकट-घर के पास चुपचाप खड़ी हो गयी।

"लाहिड़ी महाशय! मैं आपसे प्रार्थना करती हूँ कि इस गाड़ी को कृपा करके रोकिये।" वह मन ही मन प्रार्थना कर रही थी। "आपके दर्शन के लिये और एक दिन रुकने की कसक मैं सहन नहीं कर सकती।"

छुक-छुक करती गाड़ी के चक्के गोल-गोल घूमते रहे, पर गाड़ी आगे नहीं बढ़ी। गाड़ी का ड्राइवर और यात्रीगण यह अद्‌भुत घटना देखने के लिये प्लेटफ़ार्म पर उतर पड़े। रेलवे का एक अंग्रेज़ गार्ड अभया और उसके पति के पास आया। सारी मान्यताओं के विपरीत उसने अपनी सेवाएँ दी। उसने कहाः "बाबू! पैसा मुझे दीजिये। मैं आपके टिकट लेता हूँ, तब तक आप लोग गाड़ी में चढ़िये।"

जैसे ही वह दम्पति गाड़ी में बैठ गये और उनके टिकट उनके हाथ में आ गये, ट्रेन धीरे-धीरे आगे बढ़ने लगी। जल्दी-जल्दी में ड्राइवर और यात्रीगण अपनी-अपनी जगह की ओर दौड़ पड़े। उनमें से कोई यह समझ नहीं सका कि गाड़ी अचानक कैसे चल पड़ी और पहली बात तो, वह रुकी ही क्यों थी।

काशी में लाहिड़ी महाशय के घर पहुँचने पर अभया ने चुपचाप लाहिड़ी महाशय के आगे साष्टांग प्रणिपात किया और उनके चरण छूने का प्रयास करने लगी।

तभी लाहिड़ी महाशय बोल पड़ेः "अपने आप को सम्भालो, अभया, मुझे कष्ट देने में तुम्हें कितना आनन्द आता है! जैसे कि तुम यहाँ अगली गाड़ी से आ ही नहीं सकती थी!"

अभया एक अन्य स्मरणीय अवसर पर लाहिड़ी महाशय के पास आयी थी। इस बार उसे उनकी मध्यस्थता ट्रेन के लिये नहीं, बल्कि संतान के लिये चाहिये थी।

"मैं आपसे प्रार्थना करती हूँ कि मेरी नौवीं संतान बच जाये," उसने कहा। "मुझे आठ बच्चे हुए और सभी जन्म के शीघ्र ही बाद मर गये।"

लाहिड़ी महाशय सहानुभूतिपूर्वक मुस्कराये। "तुम्हारी होने वाली संतान बच जायेगी। मेरे निर्देशों का अत्यंत सावधानी से पालन करना। यह संतान एक बच्ची होगी और इसका जन्म रात को होगा। इस बात का ध्यान रखना कि तेल का दीया सूर्योदय तक जलता रहे। बीच में सो मत जाना जिससे दिये को बुझने का अवसर मिल जाए।"

ठीक जैसा कि सर्वज्ञ गुरु ने पहले ही देख लिया था, अभया को बच्ची ही हुई और उसका जन्म रात को ही हुआ। अभया ने अपनी दाई को दिये में तेल डालते रहने के लिये कह रखा था। दोनों महिलाओं ने करीब भोर तक जाग कर अनिवार्य पहरा रखा, परन्तु आख़िर सो गयीं। दीये का तेल लगभग समाप्त हो ही गया था, उसकी ज्योत मंद होकर फड़फड़ा रही थी। कमरे के द्वार की कुण्डी खुल गयी और जोर की आवाज़ के साथ दरवाज़ा खुल गया। चकित महिलाएँ जाग गयीं। उनकी आश्चर्यचकित आँखों ने लाहिड़ी महाशय के स्वरूप को देखा।

"अभया! देखो, दीया लगभग बुझ ही गया है!" उन्होंने दीये की ओर इशारा किया जिसमें दाई तुरन्त तेल डालने लगी। जैसे ही दीये की लौ तेज़ हो गयी, लाहिड़ी महाशय अन्तर्धान हो गये। दरवाज़ा अपने आप बन्द हो गया, कुण्डी बिना किसी दृश्यमान साधन के, अपने आप लग गयी।

अभया की नौवीं सन्तान बच गयी; 1935 में जब मैंने उसके बारे में पूछताछ की, तब भी वह जीवित थी।

लाहिड़ी महाशय के एक शिष्य आदरणीय श्री कालीकुमार राय ने मुझे गुरु के साथ बिताये अपने जीवन के अनेक रोचक किस्से सुनाये थे।

राय ने मुझे बताया: "मैं प्रायः वाराणसी में लाहिड़ी महाशय के घर एक साथ कई सप्ताहों तक अतिथि बनकर रहता था। मैं देखा करता था कि अनेक साधु संत, दण्डीस्वामी आदि रात्रि की नीरवता में गुरुदेव के चरणों में बैठने के लिये आते थे। कभी-कभी वे ध्यान की या दार्शनिक तत्त्वों की चर्चा भी छेड़ देते थे। अरुणोदय के आसपास वे सब महात्मागण वहाँ से प्रस्थान करते थे। मैं जब-जब भी वहाँ रहा, तब-तब मैंने देखा कि लाहिड़ी महाशय एक बार भी कभी सोने के लिये नहीं लेटे।

"गुरुदेव के साथ सम्बन्ध के प्रारम्भिक काल में मुझे अपने मालिक का विरोध सहना पड़ा। मेरे मालिक घोर भौतिकवादी थे।

"'अपने कर्मचारियों में मुझे कट्टर धर्मान्ध लोग नहीं चाहिये,' वे तिरस्कार के साथ कहा करते थे। 'तुम्हारे पाखंडी गुरु से कभी मेरी मुलाकात हो गयी, तो मैं उसे कुछ ऐसा सुनाऊँगा कि उसे याद रहेगा।'

"इस धमकी का मेरे नियमित कार्यक्रम पर कोई असर नहीं पड़ा; मैं प्रायः प्रतिदिन की शाम अपने गुरु की सेवा में व्यतीत करता। एक शाम मेरे मालिक मेरे पीछे-पीछे आये और धृष्टता से लाहिड़ी महाशय की बैठक में घुस गये। बेशक वे अपने कथन के अनुसार लाहिड़ी महाशय को कुछ उल्टा-सीधा कहने के लिये ही आये थे। जैसे ही वे वहाँ बैठ गये, लाहिड़ी महाशय ने वहाँ उपस्थित लगभग बारह शिष्यों के दल को सम्बोधित करना शुरू किया।

"'तुम सबको सिनेमा देखना है?'

"जब हम लोगों ने हाँ में सिर हिलाया, तो उन्होंने बैठक में अंधेरा करने के लिये कहा। 'मण्डलाकार में एक के पीछे एक बैठ कर अपने हाथ अपने आगे बैठे आदमी की आँखों पर रखो,' उन्होंने कहा।

"मुझे यह देखकर कोई आश्चर्य नहीं हुआ कि मेरे मालिक भी, अनिच्छापूर्वक ही क्यों न हो, लाहिड़ी महाशय के निर्देशों का पालन कर रहे थे। कुछ क्षण बीतने के बाद लाहिड़ी महाशय ने हमसे पूछा कि हमें क्या दिखायी दे रहा था?

"मैंने उत्तर दिया: 'गुरुदेव! एक सुन्दर स्त्री दिख रही है। उसने लाल किनारे की साड़ी पहन रखी है। वह समुद्रसोख की बेल के पास खड़ी है।' अन्य सब शिष्यों ने भी यही वर्णन किया। गुरुदेव मेरे मालिक की ओर मुड़े। 'क्या आप उस स्त्री को पहचानते हैं?'

"'जी।' स्पष्ट प्रतीत हो रहा था कि वे उन भावनाओं से जूझ रहे थे, जो उनके स्वभाव के लिये नयी थीं। 'घर में साध्वी पत्नी के होते हुए भी मैं मूर्खों की तरह उस पर अपना धन लुटा रहा हूँ। मैं जिस उद्देश्य से यहाँ आया था, उसके लिये बहुत शर्मिन्दा हूँ। क्या आप मुझे क्षमा कर शिष्य रूप में मुझे स्वीकार करेंगे?'

"'तुम यदि छह महीनों तक सदाचारपूर्ण जीवन व्यतीत करोगे तो मैं तुम्हें स्वीकार कर लूँगा।' और फिर गुरुदेव ने कहा: 'अन्यथा मुझे तुमको दीक्षा देनी ही नहीं पड़ेगी।'

"तीन महीनों तक तो मेरे मालिक ने किसी प्रकार अपने आपको संयत रखा; फिर स्त्री के साथ दोबारा अपना सम्बन्ध बना लिया। दो महीने बाद उनका

देहान्त हो गया। तब उनको दीक्षा देने की अनिश्चितता के बारे में गुरुदेव की गुप्त भविष्यवाणी का अर्थ मेरे समझ में आया।"

सुप्रसिद्ध त्रैलंग स्वामी लाहिड़ी महाशय के मित्र थे जिनकी आयु तीन सौ वर्ष से अधिक होने की मान्यता थी। दोनों योगी कई बार साथ-साथ ध्यान में बैठते थे। त्रैलंग स्वामी की ख्याति इतनी दूर तक फैली हुई थी कि शायद ही कोई हिन्दू कभी उनके विस्मयकारी चमत्कारों की किसी कहानी पर सन्देह करता। यदि ईसा मसीह वापस धरती पर लौटें, और न्यूयॉर्क की सड़कों पर अपनी अलौकिक शक्तियों का प्रदर्शन करते घूमें तो लोगों में वही श्रद्धा और विस्मयाकुलता उत्पन्न होगी जो कुछ ही दशकों पहले वाराणसी की भीड़ भरी गलियों से गुज़रते हुए त्रैलंग स्वामी ने उत्पन्न की थी। वे उन सिद्ध पुरुषों में से थे, जिन्होंने समय के क्षयकारी प्रभाव के विरुद्ध भारत को मजबूत बना रखा है।

कई बार देखा गया कि घातक विषों को पीने पर भी त्रैलंग स्वामी पर उनका कोई असर नहीं हुआ। हज़ारों लोगों ने, जिनमें से कुछ आज भी जीवित हैं, त्रैलंग स्वामी को गंगा के पानी के ऊपर तिरते देखा है। कई-कई दिनों तक वे पानी के ऊपर बैठे रहते या बहुत दिनों तक लहरों के नीचे छिपे रहते। भारतीय सूर्य की निर्दयी धूप में मणिकर्णिका घाट के दहकते प्रस्तर-खंडों पर निश्चल अवस्था में त्रैलंग स्वामी की निर्वस्त्र मूर्ति दिखायी देना एक सामान्य सी बात थी।

इन असाधारण कृतियों से त्रैलंग स्वामी लोगों को यह सिखाना चाहते थे कि मानव-जीवन का आक्सीजन या किन्हीं विशेष परिस्थितियों और सावधानियों पर निर्भर रहना आवश्यक नहीं है। चाहे योगीराज पानी के ऊपर रहते हों या पानी के नीचे, चाहे उनका शरीर उग्र सूर्य-किरणों को ललकारता हो या नहीं, उन्होंने यह सिद्ध कर दिया कि वे ईश-चैतन्य के द्वारा जीते थेः मृत्यु उनका स्पर्श नहीं कर सकती थी।

ये योगीराज केवल आध्यात्मिक रूप से ही नहीं बल्कि शारीरिक रूप से भी विशाल थे। उनका वज़न तीन सौ पौंड से अधिक थाः उनके जीवन के प्रत्येक वर्ष का एक पौंड! रहस्य और भी बढ़ जाता है, क्योंकि वे शायद ही कभी कुछ खाते थे। किन्तु सिद्ध पुरुष तो सहज ही स्वास्थ्य के साधारण नियमों का जब चाहे किसी विशेष कारण के लिये उल्लंघन कर देता है। प्रायः यह कारण सूक्ष्म होता है जो केवल उसी को ज्ञात होता है।

जो महान संत विश्व-माया के स्वप्न से जाग जाते हैं और इस सत्य को पहचान लेते हैं कि यह विश्व तो ईश्वर के मन की केवल एक कल्पना है, वे शरीर के साथ जो चाहे कर सकते हैं, क्योंकि उन्हें यह ज्ञान हो जाता है कि शरीर ऊर्जा का केवल एक ऐसा घनीभूत या संघनित रूप है जिसमें जैसा चाहे परिवर्तन किया जा सकता है। यूँ तो वैज्ञानिकों की समझ में भी यह बात अब आ गयी है कि घन पदार्थ और कुछ न होकर केवल घनरूप ऊर्जा है, परन्तु सिद्ध पुरुष पदार्थजगत् के नियंत्रण के मामले में केवल सैद्धान्तिक ज्ञान को पार कर व्यावहारिक प्रयोग के क्षेत्र में उतर चुके हैं।

त्रैलंग स्वामी हमेशा पूर्ण निर्वस्त्र रहते थे। वाराणसी की त्रस्त पुलिस उन्हें बौखलाने वाले शरारती बच्चे के समान मानने लगी थी। प्राकृतिक अवस्था में रहना उनके लिये सहजात था, ईडेन के गार्डन में रहने वाले प्रथम मानव की भाँति ही उन्हें भी अपनी नग्नावस्था का भान नहीं था। परन्तु पुलिस को पूरा भान था और उन्होंने उन्हें पकड़कर जेल में डाल दिया। इससे पुलिस ही मुश्किल में पड़ गयी, त्रैलंग स्वामी की महाकाय देह शीघ्र ही अपनी सम्पूर्ण नित-सामान्य अवस्था में जेल की छत पर दिखायी देने लगी। उनकी कोठरी पर लगा ताला ज्यों का त्यों था, वे बाहर कैसे निकले, किसी को समझ नहीं आ रहा था।

हतोत्साहित पुलिस अधिकारियों ने एक बार फिर अपना कर्तव्य पूरा किया। इस बार उनकी कोठरी के सामने एक सिपाही को भी खड़ा कर दिया गया। सत्य के सामने शक्ति को फिर एक बार मात खानी पड़ी – महान योगीराज शीघ्र ही अपने निश्चिन्त भाव से छत पर टहलते दिखायी दिये।

न्यायदेवी आँखों पर पट्टी बांधे रहती हैं, त्रैलंग स्वामी के मामले में निरुत्तर हुई पुलिस ने न्यायदेवी का ही अनुसरण करने का फैसला कर लिया।

त्रैलंग स्वामी हमेशा मौन रहते थे। गोल-गोल चेहरा और बड़े पीपे की तरह विशाल पेट होते हुए भी वे कभी-कभी ही खाते थे। कई सप्ताहों तक निराहार रहने के बाद वे हाँडियाँ भर-भरकर भक्तों द्वारा अर्पित किया गया दही खाकर अपना उपवास तोड़ते। एक बार बार नास्तिक ने त्रैलंग स्वामी को पाखण्डी सिद्ध करने का निश्चय किया। उसने दीवारों की सफेदी के लिये इस्तेमाल किया जाने वाला चूना घोलकर एक बाल्टी भर उनके सामने रख दिया।

फिर उसने बड़ी श्रद्धा का ढोंग करते हुए कहाः “महात्मन्! मैं आपके लिये कुछ दही लाया हूँ। कृपया इसे स्वीकार करें।”

त्रैलंग स्वामी ने बिना किसी हिचक के उस जलते हुए चूने के कई लीटर की आख़िरी बूँद तक पी ली। कुछ ही मिनटों में वह कुकर्मी पीड़ा से छटपटाते हुए भूमि पर लोटने लगा।

"बचाइये, स्वामीजी, बचाइये!" वह चीखने लगा। "मेरा शरीर जल रहा है! मेरी कुटिल परीक्षा के लिये क्षमा कर दीजिये!"

महान योगीराज ने अपना मौन भंग किया और कहाः "शैतान" उन्होंने कहा "तुमने जब यह विष मुझे पीने के लिये दिया तब तुम्हारी समझ में यह नहीं आया कि मेरा जीवन तुम्हारे जीवन के साथ एक है। यदि मुझे यह ज्ञान नहीं होता कि मेरे पेट में ईश्वर उसी तरह विद्यमान है, जिस तरह वह ब्रह्माण्ड के हर अणु-परमाणु में है, तब तो चूने के घोल ने मुझे मार ही डाला होता। अब तो कर्म का दैवी अर्थ तुम्हारी समझ में आ गया है, इसलिये फिर कभी किसी के साथ चाल चलने की कोशिश मत करना।"

त्रैलंग स्वामी के इन शब्दों के साथ ही वह पापी कष्टमुक्त हो गया और चुपचाप वहाँ से चला गया।

त्रैलंग स्वामी के बजाय उस आदमी पर पीड़ा का उलटना योगीराज की अपनी इच्छा के कारण नहीं हुआ था, बल्कि सृष्टि के दूर से दूर स्थित पिंडों के भी आधारभूत विधि के नियम के कार्यान्वित होने से हुआ था। त्रैलंग स्वामी जैसे आत्मदर्शी पुरुषों के मामले में यह नियम तत्क्षण कार्यान्वित हो जाता है, क्योंकि उन्होंने उसके कार्यान्वयन में बाधक अहंकार के एक-दूसरे को काटने वाले प्रवाहों को पहले ही हमेशा के लिये नष्ट कर दिया होता है।

ईश्वरीय न्याय की स्वयंचालित व्यवस्था (जो प्रायः अनपेक्षित प्रकार से प्रकट होती है, जैसा त्रैलंग स्वामी और उनका हत्यारा बनने जा रहे आदमी के मामले में हुआ) में विश्वास मानवी अन्याय के प्रति हमारे उतावले क्रोध को शान्त करता है। "प्रतिशोध लेना मेरा काम है; प्रभु कहते हैं, मैं ही प्रतिशोध लूँगा।" मानव के क्षुद्र साधनों की आवश्यकता ही क्या है? प्रतिशोध के लिये ब्रह्माण्ड स्वयं ही अपने आप व्यवस्था करता है।

नासमझ लोग ईश्वरीय न्याय, प्रेम, सर्वज्ञता, अमरत्व आदि के होने की सम्भावनाओं पर विश्वास नहीं करते। "शास्त्रों के ख़याली पुलाव!" इस प्रकार के नासमझ दृष्टिकोण वाले लोगों को ब्रह्माण्ड के विराट प्रपंच के प्रति कोई आदर-श्रद्धा नहीं रहती, और अपने जीवन में वे ऐसी असंगत घटनाओं का चक्र

शुरू कर देते हैं कि वही चक्र आख़िर उन्हें विवेक और ज्ञान को ढूँढ़ने पर विवश कर देता है।

ईसा मसीह ने येरुसेलम में अपने विजय-प्रवेश के अवसर पर ईश्वरीय विधान की सर्वशक्तिमत्ता के बारे में कहा था। जब उनके शिष्य और जनसमुदाय हर्षध्वनि कर रहे थे और नारे लगा रहे थेः "स्वर्ग में शान्ति और ईश्वर की महिमा हो," तो कुछ रूढ़िवादी फरीसियों ने इसे अशोभनीय दृश्य कहकर ईसा के पास जाकर इसका विरोध किया। उन्होंने कहाः "हे गुरु! अपने शिष्यों को डाँटिये।"

परन्तु ईसा ने कहा कि यदि उनके शिष्यों को चुप कर भी दिया गया, "तो पत्थर तुरन्त नारे लगाने लगेंगे।"

फरीसियों को लगाई हुई इस फटकार में ईसा मसीह यह स्पष्ट कर रहे थे कि ईश्वरीय न्याय केवल प्रतीकात्मक अमूर्तता नहीं है जो कभी प्रकट नहीं हो सकती, और शान्त रहने वाले मनुष्य की जीभ जड़ से उखाड़ दी जाये, तब भी उसे स्वयं विधि के विधान से, जो सृष्टि का आधार है, वाणी एवं सुरक्षा प्राप्त हो जायेगी।

ईसा मसीह कह रहे थेः "तुम शान्ति प्रिय लोगों को चुप करना चाहते हो? यह तो स्वयं उस ईश्वर की आवाज़ को दबा देने की आशा करने के समान है, जिसके पत्थर भी उसकी महिमा और उसकी सर्वव्यापिता का गुणगान करते हैं। क्या तुम लोग यह माँग करोगे कि मनुष्य मिलकर स्वर्ग की शान्ति के आदर में उत्सव न मनायें? क्या तुम लोग उन्हें केवल पृथ्वी पर युद्ध के समय ही एकत्रित होकर अपनी एकता व्यक्त करने का उपदेश दोगे? यदि ऐसा है, तो हे उपदेशकों, विश्व के आधार को उखाड़ फेंकने की अपनी तैयारी कर लो; क्योंकि सदाचारी मनुष्य ही नहीं, बल्कि पत्थर या पृथ्वी, और जल, और अग्नि, और वायु भी सृष्टि में दिव्य सामंजस्य का प्रमाण देने के लिये तुम्हारे विरुद्ध उठ खड़े होंगे।"

अवतारी पुरुष त्रैलंग स्वामी की एक बार मेरे एक मामा पर भी कृपा हुई थी। एक दिन प्रातः काल मामा ने त्रैलंग स्वामी को बनारस के एक घाट पर भक्तों की भीड़ के बीच बैठे देखा। मामा किसी प्रकार भीड़ में से रास्ता बनाकर त्रैलंग स्वामी के पास पहुँच गये और उन्होंने भक्तिभाव से उनका चरणस्पर्श कर लिया। यह देखकर मामा आश्चर्यचकित रह गये कि वे उसी क्षण अपने एक व्यथाजनक जीर्ण रोग से मुक्त हो गये।

त्रैलंग स्वामी के ज्ञात शिष्यों में से केवल एक महिला, शंकरी माई जिऊ, जीवित है। त्रैलंग स्वामी के एक शिष्य की पुत्री होने के कारण शंकरी माई को

बचपन से ही स्वामी की शिक्षा-दीक्षा प्राप्त हुई। वे चालीस वर्षों तक बदरीनाथ, केदारनाथ, अमरनाथ तथा पशुपतिनाथ के पास हिमालय की अनेक गुफाओं में रहीं। इस ब्रह्मचारिणी का जन्म 1826 में हुआ था, अब उनकी उम्र सौ साल से अधिक है। परन्तु दिखने में वृद्धा नहीं लगतीं, उनके केश पूर्ण काले हैं, दाँत चमकदार सफेद हैं और उनमें ग़ज़ब की फुर्ती है। वे निर्धारित वर्षों में होने वाले कुंभ मेले जैसे धार्मिक मेलों में सम्मिलित होने के लिये कुछ-कुछ वर्षों के बाद अपने एकान्तवास से बाहर आती हैं।

यह महिला संत प्रायः लाहिड़ी महाशय के पास आया करती थीं। उन्होंने बताया कि एक दिन वे कोलकाता के निकट बैरेकपुर क्षेत्र में लाहिड़ी महाशय के साथ बैठी थीं, तब लाहिड़ी महाशय के महान गुरु बाबाजी चुपचाप उस कमरे में आये और उन्होंने उन दोनों के साथ वार्तालाप किया। वे स्मरण करती हैंः "अमर गुरुदेव (बाबाजी) एक गीला वस्त्र पहने हुए थे, जैसे वे नदी में स्नान करके अभी-अभी बाहर आये हों। उन्होंने मुझपर कुछ आध्यात्मिक उपदेशों की कृपा भी की।"

एक विशिष्ट अवसर पर त्रैलंग स्वामी ने लाहिड़ी महाशय का सबके सामने सम्मान करने के लिये अपना मौन तोड़ दिया। उनके एक शिष्य ने इस पर आपत्ति जताई।

उसने कहाः "गुरुदेव! एक स्वामी और संन्यासी होते हुए भी आप एक गृहस्थ के प्रति इतना आदर क्यों दिखाते हैं?"

त्रैलंग स्वामी ने कहाः "वत्स! लाहिड़ी महाशय एक दिव्य बिल्ली के बच्चे के समान हैं, बिल्ली का बच्चा जैसे उसकी माँ जहाँ उसे रख देती है वहीं रहता है, उसी प्रकार लाहिड़ी महाशय भी जहाँ जगज्जननी उन्हें उख देती हैं, वहीं रहते हैं। कर्तव्यपालन की ख़ातिर सांसारिक मनुष्य की भूमिका निभाते हुए भी उन्होंने वह पूर्ण आत्मज्ञान प्राप्त कर लिया है, जिसे प्राप्त करने के लिये मुझे सब कुछ त्याग देना पड़ा—यहाँ तक कि अपनी लंगोटी भी!"

प्रकरण—32

मृतक राम को पुनः जीवन-दान

"'अब लाज़ारस नाम का एक व्यक्ति बीमार था ... जब ईसा मसीह ने यह सुना, तो उन्होंने कहा, यह बीमारी मृत्यु की नहीं है, परन्तु परमेश्वर की महिमा के लिये है, जिससे परमेश्वर के पुत्र की महिमा हो सके।'"

एक सुहानी सुबह श्रीयुक्तेश्वरजी श्रीरामपुर के अपने आश्रम की बाल्कनी में बैठकर ईसाई धर्मग्रन्थ पर भाष्य कर रहे थे। गुरुदेव के कुछ अन्य शिष्यों के अतिरिक्त मैं भी राँची के अपने छात्रों के एक दल के साथ वहाँ उपस्थित था।

"यहाँ पर ईसामसीह अपने आप को परमेश्वर का पुत्र कह रहे हैं। यद्यपि वे वास्तव में ईश्वर के साथ एकात्म थे, तथापि यहाँ इस बात के उल्लेख का वैयक्तिकता से परे एक गहन अर्थ निहित है," मेरे गुरुदेव समझा रहे थे। "परमेश्वर के पुत्र का अर्थ है मनुष्य में निहित क्राईस्ट या ईश्वरीय चैतन्य। कोई भी मर्त्य मानव ईश्वर की महिमा को गौरवान्वित नहीं कर सकता। मनुष्य अपने सृष्टा का गौरव एक ही तरीके से बढ़ा सकता है, और वह है उसे पाने का प्रयास करके। मनुष्य किसी ऐसे अमूर्त अस्तित्व का गौरव नहीं बढ़ा सकता, जिसे वह जानता ही न हो। सन्तों के मस्तक के चारों ओर जो तेजोमंडल है उनकी ईश्वर के चरणों में श्रद्धांजलि अर्पित करने की क्षमता का प्रतीक है।"

श्रीयुक्तेश्वरजी लाज़ारस के पुनः जी उठने की अद्‌भुत कथा को आगे पढ़ते गये। जब कहानी समाप्त हुई, तो गुरुदेव लम्बे समय तक मौन रहे, पवित्र पुस्तक उनकी गोद में खुली रखी हुई थी।

"मुझे भी ऐसा ही एक चमत्कार देखने का सौभाग्य प्राप्त हुआ था।" मेरे गुरु ने आख़िर गहरे भक्तिभाव के साथ कहा। "लाहिड़ी महाशय ने मेरे एक मित्र को मर जाने के बाद पुनः जीवित किया था।"

मेरे पास बैठे बच्चे तीव्र जिज्ञासा से मुस्कुरा उठे। मुझमें भी अभी काफ़ी बचपना था केवल तत्त्वज्ञान का आनन्द लेने का ही नहीं, बल्कि विशेषतर कोई भी ऐसी कहानी, जो लाहिड़ी महाशय से संबंधित अद्‌भुत अनुभवों पर मुझे श्रीयुक्तेश्वरजी से सुनने को मिल सकती थी।

गुरुदेव ने बताना आरम्भ किया: "मेरा मित्र राम और मैं कभी एक-दूसरे के बिना नहीं रहते थे। वह स्वभाव से बड़ा शर्मीला और एकान्तप्रिय था, इसलिये हमारे गुरु लाहिड़ी महाशय के पास केवल मध्यरात्रि और प्रभात के बीच के समय ही जाना पसन्द करता था, जब दिन में आने वाले भक्तों के समान भीड़ नहीं होती थी। उसका घनिष्टतम मित्र होने के कारण मुझे वह अपने अनेक गहरे आध्यात्मिक अनुभव बताया करता था। उसकी आदर्श संगत में मुझे प्रेरणा मिलती थी।" मेरे गुरु के चेहरे पर पुरानी स्मृतियों के कोमल भाव छा गये।

गुरुदेव आगे कहते गये: "अचानक राम की एक कड़ी परीक्षा ली गयी। उसे हैज़ा हो गया। गम्भीर बीमारियों में डॉक्टरों को बुलाने में हमारे गुरु कभी आपत्ति नहीं करते थे, इसलिये दो विशेषज्ञों को बुला लिया गया। रोगी की सेवा करने की हड़बड़ी के बीच मैं मन ही मन गहराई से लाहिड़ी महाशय की प्रार्थना किये जा रहा था। आख़िर जल्दी-जल्दी मैं उनके घर गया और रोते-रोते उन्हें सारी कहानी सुना दी।

"'डॉक्टर राम को देख ही रहे हैं। वह ठीक हो जायेगा।' मेरे गुरुदेव ने प्रसन्न चित्त से मुस्कराते हुए कहा।

"मैं खुशी-खुशी अपने मित्र की रुग्णशय्या के पास लौट आया। देखा तो वह मरणासन्न था।

"'यह एक-दो घंटे से अधिक नहीं जी सकता,' एक डॉक्टर ने निराशाजनक हाव-भाव के साथ मुझे बताया। फिर से मैं तुरन्त लाहिड़ी महाशय के पास जा पहुँचा।

"'डॉक्टर लोग अपना काम जानते हैं और उन्हें अपनी ज़िम्मेदारी का पूरा एहसास है। मुझे पक्का विश्वास है कि राम ठीक हो जायेगा।' गुरुदेव ने आनन्दपूर्वक मेरी बात काट दी।

"जब मैं राम के घर पहुँचा, तो देखा कि दोनों डॉक्टर वहाँ से चले गये थे। उनमें से एक ने मेरे लिये एक चिट्ठी छोड़ी थीः 'हम जो कुछ कर सकते थे, हमने कर लिया, परन्तु इसके बचने की कोई आशा नहीं है।'

"मेरा मित्र सचमुच आख़िरी साँसें लेता प्रतीत हो रहा था। मेरी समझ में नहीं आ रहा था कि लाहिड़ी महाशय के शब्द असत्य कैसे सिद्ध हो सकते थे, परन्तु राम का बुझता जा रहा जीवनदीप बार-बार मेरे मन में यही विचार ला रहा थाः 'अब सब कुछ खत्म हो गया।' इस प्रकार विश्वास और सन्देह के बीच डाँवाडोल मन से मैं यथाशक्ति अपने मित्र की सेवा करता रहा। अचानक चौकस होकर उसने जोर से कहाः

"'युक्तेश्वर! दौड़कर गुरुदेव के पास जाओ और उन्हें बता दो कि मैं चला गया। मेरी अन्त्येष्टि होने से पहले मेरे शरीर को आशीर्वाद देने के लिये उनसे प्रार्थना करना।' इन शब्दों के साथ ही राग ने गहरा निःश्वास छोड़ा और प्राण त्याग दिये।

"मैं उसकी शय्या के पास बैठा एक घंटे तक रोता रहा। उसे हमेशा ही शान्ति प्रिय रही थी, अब उसे मृत्यु की सम्पूर्ण शान्ति प्राप्त हो गयी थी। इतने में एक अन्य शिष्य वहाँ आ पहुँचा । मैंने उसे अपने लौट आने तक वहीं रुकने के लिये कहा। बेसुध-सा मैं बोझिल कदमों से फिर गुरुदेव के घर की ओर चल पड़ा।

"'अब राम कैसा है?' लाहिड़ी महाशय ने मुस्कराते हुए पूछा।

"'आपको जल्दी ही पता चल जायेगा वह कैसा है, गुरुदेव!' मैंने भावुकता के आवेग में कह दिया। 'कुछ ही घंटों में उसके शव को श्मशान घाट ले जाया जायेगा, तब आप देख ही लेंगे।' मैं फफककर रो पड़ा और वहाँ सबके सामने ही विलाप करने लगा।"

"'युक्तेश्वर! अपने आप को संभालो। शान्त हो कर बैठ जाओ और ध्यान करो।' मेरे गुरुदेव समाधि में चले गये। वह दोपहर और पूरी रात अखंड निःस्तब्धता में बीत गयी। मैं आंतरिक शान्ति बनाए रखने का असफल प्रयास करता रहा।

"भोर के समय लाहिड़ी महाशय ने मुझ पर सांत्वनापूर्ण दृष्टि डाली। 'मैं देख रहा हूँ कि तुम अभी भी अशान्त हो। कल ही तुमने मुझे स्पष्ट क्यों नहीं बता दिया कि तुम मुझसे राम के लिये ठोस सहायता चाहते हो किसी दवा के रूप में?' गुरुदेव ने एक दीये की ओर संकेत किया जिसमें अरंडी का तेल था। 'किसी छोटी-सी शीशी में उस दीये का तेल भर लो और राम के मुँह में उसकी सात बूँदें डालो।'

"मैंने प्रतिवादसूचक स्वर में कहा: 'गुरुदेव! वह कल दोपहर से मृत पड़ा है। अब इस तेल से क्या लाभ?'

"'उसकी चिन्ता मत करो, केवल मैं जो कह रहा हूँ, वह करो।' मेरे गुरुदेव का प्रसन्न भाव मेरी समझ में नहीं आ रहा था; मैं अभी तक शोक की भीषण वेदना से व्यथित था। थोड़ा-सा तेल निकालकर मैं राम के घर की ओर चल पड़ा।

"मेरे मित्र का मृत शरीर सख्त हो गया था। उसकी भयंकर अवस्था की ओर ध्यान न देते हुए मैंने अपने दाहिने हाथ की तर्जनी से उसके होंठ खोले और बायें हाथ से शीशी के ढक्कन की सहायता से किसी प्रकार बूँद-बूँद तेल उसके पक्के बैठे दाँतों पर डालने लगा। जैसे ही सातवीं बूँद ने उसके ठंडे होठों का स्पर्श किया, राम का शरीर जोर से काँपने लगा। सिर से पाँव तक उसकी सारी माँसपेशियाँ काँपती रहीं और वह आश्चर्य करता हुआ उठ बैठा।

"'मैंने प्रखर प्रकाश में लाहिड़ी महाशय को देखा।' वह चीख पड़ा। वे सूर्य की भाँति चमक रहे थे। 'उठो, निद्रा त्याग दो,' उन्होंने मुझे आदेश दिया।'युक्तेश्वर के साथ मुझसे मिलने आओ।'

"जब मैंने राम को उठकर अपने हाथों से कपड़े पहनते देखा और उस मरणान्तक बीमारी के बाद भी हमारे गुरु के घर की ओर चलने की शक्ति उसमें आ गयी थी, तो मैं अपनी आँखों पर विश्वास नहीं कर सका। वहाँ पहुँचकर राम ने लाहिड़ी महाशय को साष्टांग प्रणाम किया। उसकी आँखों से कृतज्ञता के आँसू बह रहे थे।

"गुरुदेव को भी अत्यन्त आनन्द हो रहा था। मेरी ओर शरारती आँखों से देखते हुए उन्होंने कहा:

"'युक्तेश्वर! अब तो निश्चय ही तुम हमेशा अपने पास अरंडी के तेल की बोतल रखोगे। जब भी किसी लाश को देखो, तो उसके मुँह में वह तेल डाल देना। क्यों अरंडी के तेल की सात बूँदें अवश्य ही यमराज की शक्ति को निष्क्रिय करने के लिये पर्याप्त हैं।'

"'गुरुजी! आप मेरा मज़ाक उड़ा रहे हैं। मैं समझा नहीं; कृपा कर मेरी भूल का स्वरूप समझा दीजिये।'

"'मैंने दो बार तुमसे कहा कि राम ठीक हो जायेगा; फिर भी तुमने मुझ पर पूरा विश्वास नहीं किया," लाहिड़ी महाशय समझाने लगे। 'मेरे कहने का यह अर्थ नहीं था कि डॉक्टर उसे ठीक कर पायेंगे; मैंने केवल इतना ही कहा था कि वे उसे देख रहे हैं। मैं डॉक्टरों के कार्य में हस्तक्षेप नहीं करना चाहता था; आख़िर

उन्हें भी तो जीविका कमानी है।' इसके बाद आनन्द से भरे स्वर में मेरे गुरु ने कहाः 'सदा याद रखो कि सर्वशक्तिमान परमात्मा किसी को भी ठीक कर सकते हैं; डॉक्टर हो या न हो।'

"'मुझे अपनी भूल समझ आ गई है,' मैंने पश्चाताप के साथ स्वीकार किया। 'अब मेरी समझ में आ गया कि आपका एक साधारण-सा शब्द भी पूरे ब्रह्माण्ड के लिये बाध्यकारी है।'

श्री युक्तेश्वरजी की यह रोमांचक कहानी जैसे ही पूरी हुई, राँची के एक बच्चे ने उनसे प्रश्न पूछा, जो बच्चे के मुख से स्वाभाविक ही था।

उसने पूछाः "महाराज! आपके गुरुदेव ने अरंडी का तेल ही क्यों भेजा?"

"तेल देने का कोई विशेष अर्थ नहीं था, बेटा! मैंने कोई प्रत्यक्ष वस्तु चाही थी, इसलिये लाहिड़ी महाशय ने पास में पड़ा तेल ही दे दिया, जो मुझमें अधिक विश्वास जगाने के लिये एक वस्तुगत प्रतीक मात्र था। गुरुदेव ने राम को इसलिये मर जाने दिया, क्योंकि मैंने आंशिक संदेह किया था। परन्तु वे जानते थे कि जब उन्होंने कह दिया था, तो राम ठीक होकर ही रहेगा, चाहे उन्हें उसे मृत्यु के बाद ही क्यों न ठीक करना पड़े जो साधारणतया अंतिम बीमारी होती है।

श्रीयुक्तेश्वरजी ने बच्चों को बाहर भेज दिया और मुझे अपने चरणों के पास कंबल के एक आसन पर बैठने का संकेत किया।

असाधारण गम्भीरता के साथ उन्होंने कहाः "योगानन्द! तुम जन्म से ही लाहिड़ी महाशय के शिष्यों से घिरे रहे हो। महान् गुरु ने अपना महिमामय जीवन कुछ हद तक एकान्त में ही जिया और अपनी शिक्षाओं पर आधारित कोई संस्था या संगठन बनाने की अनुमति अपने अनुयायियों को देने से वे निरन्तर इनकार करते रहे। फिर भी उन्होंने एक महत्त्वपूर्ण भविष्यवाणी की थी।

"उन्होंने कहा थाः 'पश्चिम में योग के प्रति गहरी रुचि पैदा होने के कारण मेरे देहत्याग के पचास वर्ष बाद मेरा एक जीवनचरित्र लिखा जायेगा। योग का संदेश सारे विश्व में फैल जायेगा। इससे सभी के एकमात्र परमपिता की प्रत्यक्ष अनुभूति पर आधारित एकता के कारण मानवजाति में विश्व बंधुत्व स्थापित होने में सहायता होगी।'

श्रीयुक्तेश्वरजी ने आगे कहाः "मेरे पुत्र योगानन्द! उस संदेश को फैलाने में और उस पवित्र जीवन चरित्र को लिखने में तुम्हें अवश्य अपने हिस्से का कार्य करना होगा।"

1895 में लाहिड़ी महाशय ने देहत्याग किया। 1945 में उनके देहत्याग के पचास वर्ष पूरे हुए। उसी वर्ष यह पुस्तक पूरी हुई। यह संयोग देखकर मैं आश्चर्यचकित हुए बिना नहीं रह सकता कि 1945 के वर्ष के साथ ही क्रांतिकारी आण्विक शक्तियों का नया युग भी आरम्भ हुआ। सभी विचारी मनुष्यों का ध्यान शान्ति और विश्वबंधुत्व की अत्यंत महत्त्वपूर्ण समस्याओं की ओर अभूतपूर्व व्यग्रता के साथ लग गया है, कि कहीं ऐसा न हो कि भौतिक बल के निरन्तर प्रयोग से समस्याओं के साथ-साथ मानवजाति का ही अन्त हो जाए।

मनुष्य की सारी उपलब्धियों का काल या बम के कारण नामोनिशान मिट जाए, तब भी सूर्य अपनी दिशा नहीं बदलेगा और तारे भी अपने-अपने स्थान पर रहकर पृथ्वी को देखते रहेंगे। सृष्टि नियम को स्थगित नहीं किया जा सकता, न ही उसे बदला जा सकता है। मनुष्य के लिये बेहतर यही होगा कि वह उसके अनुसार जीना सीखे। पूरा ब्रह्माण्ड जहाँ बल प्रदर्शन के विरुद्ध है, सूर्य भी जहाँ तारागणों के साथ कोई युद्ध छेड़े बिना उन्हें अपने स्वल्प प्रकाश को प्रकट करने का अवसर देने के लिये यथासमय आकाश से हट जाता है, वहाँ हमारे बल प्रदर्शन से लाभ ही क्या होने वाला है? क्या उससे कोई शान्ति उत्पन्न हो जायेगी? सृष्टि का आधार क्रूरता नहीं, सद्भावना है। शान्ति-सद्भावना में जीने वाली मानवजाति ही विजयश्री के अनंत फलों का रसास्वादन कर सकेगी, जो स्वाद में रक्तसिंचित भूमि में उत्पन्न किसी भी फल से कहीं अधिक मधुर होंगे।

मानव-हृदयों का बेनाम, स्वाभाविक संघ ही प्रभावी राष्ट्रसंघ बन सकेगा। इस जगत् के दुःखों को दूर करने के लिये जिन व्यापक सहानुभूतियों की और गहराई में देख पाने वाली दृष्टि की आवश्यकता है वह केवल मानवजाति की विविधता के बौद्धिक आकलन से नहीं, बल्कि मानवजाति के सबसे गहरी एकता – ईश्वर के साथ संबंध – के ज्ञान से आयेगी। विश्वबंधुत्व द्वारा शान्ति की स्थापना संसार का सर्वोच्च आदर्श है। इस आदर्श को मूर्त रूप देने के लिये योग, जो ईश्वर के साथ व्यक्तिगत सम्पर्क करने का विज्ञान है, का यथोचित समय सारे विश्व के समस्त लोगों तक प्रसार हो।

भारत की संस्कृति अन्य किसी भी देश की संस्कृति से कहीं अधिक प्राचीन है, फिर भी बहुत कम इतिहासकारों ने इस बात की ओर ध्यान दिया है कि उसका अभी तक सुरक्षित रहना कोई संयोग मात्र नहीं है, बल्कि पीढ़ी-दर-पीढ़ी भारत ने अपने महापुरुषों के माध्यम से जो सनातन सत्य प्रस्तुत किये हैं, उनके प्रति भक्ति

का तर्कशुद्ध परिणाम है। युग-युगांतरों से (वह भी कितने?) क्या कोई गवेषक कभी सच-सच बता भी पायेगा!) निरन्तर विकारहीन अस्तित्व बनाये रखकर, काल की चुनौती का किसी भी देश की अपेक्षा केवल भारत ने ही सर्वोत्तम उत्तर दिया है।

विस्मृति की गर्त में विलुप्त होने से भारत जो बच गया है, इस प्रकाश में देखें तो बाइबिल में दी गयी अब्राहम की कहानी को भी नया अर्थ मिल जाता है। बाइबिल में कहा गया है कि अब्राहम ने प्रभु से प्रार्थना की, कि सोडोम शहर में यदि दस पुण्यात्मा भी मिल जायें, तो वे उस शहर को बख्श दें। इस पर प्रभु ने उत्तर दियाः "ऐसे दस लोग भी मिल जायें तो मैं उस शहर को नष्ट नहीं करूँगा।" मिट गये कभी भारत के समकालीन रहे शक्तिशाली राष्ट्रों के साम्राज्य, जो युद्ध कलाओं में निपुण थेः प्राचीन मिस्र, बेबीलोनिया, यूनान, रोम।

प्रभु के उत्तर से यह स्पष्ट हो जाता है कि कोई भी देश अपनी भौतिक उपलब्धियों के कारण नहीं, बल्कि अपने महापुरुषों के कारण जीवित रहता है।

इस बीसवीं शताब्दी में, जिसके अर्द्धशतक के पूर्ण होने से पहले ही धरती दो बार खून से नहा चुकी है, ईश्वर की वह दिव्य वाणी फिर से सुनायी देः जिसे कभी खरीदा नहीं जा सकता, उस "निष्पक्ष न्यायाधीश" की दृष्टि में महान् हों, ऐसे दस लोग भी जिस देश में होंगे, वह देश कभी मिट नहीं सकता।

ऐसी धारणाओं को मानने के कारण ही भारत काल के हज़ारों छल-कपटों के आगे बुद्धिहीन सिद्ध नहीं हुआ। हर शताब्दी में आत्मज्ञानी गुरुओं ने अवतार लेकर उसकी भूमि को पवित्र किया हे। लाहिड़ी महाशय और श्रीयुक्तेश्वरजी जैसे क्राईस्ट सदृश अर्वाचीन योगी आज भी यह उद्घोष कर रहे हैं कि मनुष्य के सुख-स्वास्थ्य और राष्ट्र के दीर्घ जीवन के लिये योग का ज्ञान, जो ईश-प्राप्ति का विज्ञान है, अत्यावश्यक है।

अभी तक लाहिड़ी महाशय के जीवन एवं उनकी सर्वलोकोपयोगी शिक्षाओं के बारे में बहुत कम जानकारी छपकर प्रकाशित हुई है। तीन दशकों से मैं भारत, अमेरिका और यूरोप में मोक्षदायक योग के संदेश में गहरी और सच्ची रुचि देख रहा हूँ । अतः लाहिड़ी महाशय के लिखित जीवन-वृत्तान्त की, जैसे कि उन्होंने भविष्यवाणी भी की थी, पाश्चात्य जगत् में तीव्र आवश्यकता है, जहाँ महान् योगियों के जीवन के बारे में लोगों को अत्यंत कम जानकारी है।

लाहिड़ी महाशय का जन्म 30 सितम्बर 1828 ई. को एक धर्मनिष्ठ प्राचीन ब्राह्मण कुल में बंगाल के नदिया जिले में स्थित घुरणी ग्राम में हुआ था। वे आदरणीय

श्री गौरमोहन लाहिड़ी की दूसरी पत्नी श्रीमती मुक्तकाशी की संतानों में एकमात्र पुत्र थे (पहली पत्नी का तीन पुत्रों को जन्म देने के पश्चात् एक तीर्थयात्रा के दौरान देहान्त हो गया था)। उनके बचपन में ही उनकी माता का भी देहान्त हो गया। उनकी माता के बारे में बहुत कम जानकारी उपलब्ध है, सिवाय इस महत्त्वपूर्ण तथ्य के कि वे शास्त्रों में जिन्हें महायोगीश्वर कहा गया है, उन भगवान शिव की अनन्य भक्त थीं।

लाहिड़ी महाशय का पूरा नाम श्यामाचरण लाहिड़ी था। उनका बचपन घुरणी में उनके पैतृक निवास में ही बीता। तीन-चार वर्ष की आयु में ही वे प्रायः बालू में केवल सिर बाहर और अन्य सारा शरीर बालू के अन्दर रखते हुए एक विशिष्ट योगासन में बैठे दिखायी देते थे।

1833 ईस्वी में गाँव के निकट से बहती जलंगी नदी ने अपना मार्ग बदल दिया और वह गंगा में विलीन हो गयी। उसके मार्ग-परिवर्तन के कारण लाहिड़ी परिवार की सारी ज़मीन-जायदाद नष्ट हो गयी। घर के साथ लाहिड़ी परिवार द्वारा प्रतिष्ठित शिव मन्दिर भी नदी के गर्भ में समा गया। एक भक्त ने उफनते जल में से शिव की प्रस्तर-प्रतिमा को बचाया और उसे एक नये मन्दिर में रख दिया, जो अब घुरणी शिव मन्दिर के नाम से विख्यात है।

श्री गौरमोहन लाहिड़ी घुरणी को छोड़कर सपरिवार काशी में जा बसे। वहाँ उन्होंने शीघ्र ही एक शिव मन्दिर की स्थापना की। वैदिक धर्म के अनुसार रोज़ पूजा-पाठ, दानधर्म, शास्त्राध्ययन आदि उनके घर में होता था। वे न्याय परायण तथा उदार दृष्टिकोण वाले व्यक्ति थे, आधुनिक विचारधारा की उपयोगिता की वे अवहेलना नहीं करते थे।

बालक लाहिड़ी ने काशी की पाठशालाओं में हिन्दी और उर्दू की पढ़ाई की। उन्होंने जयनारायण घोषाल के विद्यालय में संस्कृत, बंगाली, फ्रेंच तथा अंग्रेज़ी की शिक्षा प्राप्त की। वेदों का वे गहरा अध्ययन करते थे और विद्वान् ब्राह्मणों की शास्त्र-चर्चाओं को मन लगाकर सुनते थे। इन विद्वानों में एक महाराष्ट्रीय पंडित श्री नागभट्ट भी थे।

श्यामाचरण दयालु विनम्र और साहसी बच्चा था, जो अपने सभी साथियों में अत्यंत लोकप्रिय था। उसका शरीर सुडौल, स्वस्थ तथा बलिष्ठ था। तैराकी तथा शारीरिक पटुता के अनेक कार्यों में वह निष्णात था।

सन 1846 में श्री देवनारायण सन्याल की सुपुत्री काशीमणि के साथ श्यामाचरण लाहिड़ी का विवाह हुआ। काशीमणि देवी एक आदर्श भारतीय गृहिणी

थीं, जो अपने गृह-कर्तव्यों का और अतिथि सेवा तथा दरिद्रनारायण सेवा के अपने गृहस्थ धर्म का प्रसननतापूर्वक पालन करती थीं। इस विवाह युति से तीन कौड़ी और दुकौड़ी नाम के दो सन्तवत् पुत्रों का तथा दो पुत्रियों का जन्म हुआ। 1851 में तेईस वर्ष की आयु में लाहिड़ी महाशय ब्रिटिश सरकार के मिलिटरी इंजिनियरिंग विभाग में लेखापाल के पद पर नियुक्त हुए। अपने सेवा काल में अनेक बार उनकी पदोन्नती हुई। इस प्रकार न केवल ईश्वर की आँखों में ही वे सिद्ध पुरुष थे, बल्कि इस छोटे-से मानवीय नाटक में भी, जिसमें वे एक साधारण ऑफ़िस-कर्मचारी की भूमिका अदा कर रहे थे। उन्होंने सफलता प्राप्त की थी।

मिलिटरी इंजिनियरिंग विभाग ने भिन्न-भिन्न समय पर गाज़ीपुर, मिर्ज़ापुर, नैनीताल, दानापुर तथा वाराणसी में उनका स्थानान्तरण किया। पिता की मृत्यु के बाद युवा लाहिड़ी महाशय ने पूरे परिवार का सारा दायित्व अपने ऊपर ले लिया। परिवार के लिये उन्होंने काशी में भीड़-भाड़ से दूर गरूड़ेश्वर मुहल्ले में एक घर खरीद लिया।

लाहिड़ी महाशय के जीवन के तैंतीसवें वर्ष में उस उद्द्देश्य की पूर्ति हुई, जिसके लिये उन्होंने इस धरा पर पुनः जन्म लिया था। हिमालय में रानीखेत के पास उनकी मुलाकात अपने महान् गुरु बाबाजी से हुई और उन्हें क्रियायोग की दीक्षा मिली।

वह पवित्र घटना केवल लाहिड़ी महाशय के साथ ही नहीं घटी, बल्कि पूरी मानवजाति के लिये वह अत्यंत पवित्र क्षण था। योग की लुप्त हुई या दीर्घ काल तक अज्ञात रही सर्वोच्च्य विद्या पुनः प्रकाश में लायी गयी।

पौराणिक कथा में जिस प्रकार गंगा ने स्वर्ग से पृथ्वी पर उतर कर अपने तृषातुर भक्त भगीरथ को अपने दिव्य जल से संतुष्ट किया, उसी प्रकार 1861 में क्रियायोग रूपी दिव्य सरिता हिमालय की गुह्य गुफ़ाओं से मनुष्यों की कोलाहलभरी बस्तियों की ओर बह चली।

प्रकरण—33

आधुनिक भारत के महावतार बाबाजी

बद्रीनाथ के आसपास के उत्तरी हिमालय के पहाड़ आज भी लाहिड़ी महाशय के गुरु बाबाजी की जीवंत उपस्थिति से पावन हो रहे हैं। जन संसर्ग से दूर निर्जन प्रदेश में रहने वाले ये महागुरु शताब्दियों से, शायद सहस्त्राब्दियों से अपने स्थूल शरीर में वास कर रहे हैं। मृत्युंजय बाबाजी एक "अवतार" हैं। इस संस्कृत शब्द का अर्थ है "नीचे उतरना।" यह "अव," अर्थात् "नीचे" और "तृ," अर्थात् "तरण" शब्दों से बना है। हिंदू शास्त्रों में "अवतार" शब्द का प्रयोग "ईश्वरत्व का स्थूल शरीर में अवतरण" के अर्थ में होता है।

"बाबाजी की आध्यात्मिक अवस्था मानवी आकलनशक्ति से परे है," श्रीयुक्तेश्वरजी ने एक दिन मुझे बताया। "मनुष्यों की अल्प बुद्धि को उनकी परात्पर अवस्था का ज्ञान कभी नहीं हो सकता। इस अवतार के योगैश्वर्य की केवल कल्पना करने का प्रयास भी व्यर्थ है। वह पूर्णतः कल्पनातीत है।"

उपनिषदों में आध्यात्मिक उन्नति की प्रत्येक अवस्था का सूक्ष्मातिसूक्ष्म वर्गीकरण किया गया है। सिद्ध पुरुष जीवन मुक्त अवस्था (जीवित अवस्था में मुक्ति लाभ) से आगे बढ़ने पर परामुक्त अवस्था (सम्पूर्ण मुक्त—मृत्यु पर विजय) में प्रवेश करता है। परामुक्त पुरुष माया के नागपाश और जन्म-मरण के चक्र से पूर्णतः मुक्त हो चुका होता है। इसलिये परामुक्त कदाचित् ही पुनः स्थूल शरीर धारण करता है; और यदि वह पुनः जन्म ले ही लेता है, तो संसार पर ईश्वर की आशीर्वाद-वर्षा का माध्यम बन कर आता है। उसे ही अवतार कहते हैं। अवतार

पर सृष्टि के कोई नियम लागू नहीं होते; उसका शुद्ध शरीर प्रकाश की मूर्ति मात्र होता है, उस पर प्रकृति का कोई ऋण नहीं होता।

सामान्य दृष्टि को अवतार के शरीर में कोई असाधारण बात नज़र नहीं आती; परन्तु कभी-कभी प्रसंगानुरूप उस शरीर की न तो छाया पड़ती है, न ही ज़मीन पर पदचिह्न बनता है। ये माया के अंधकार और भौतिक बन्धनों से आंतरिक मुक्ति के बाह्य प्रतीकात्मक प्रमाण हैं। केवल ऐसा भागवत् पुरुष ही जीवन और मृत्यु की परस्पर सम्बद्धता के पीछे विद्यमान सत् को जानता है। उमरखय्याम, जिन्हें लोगों ने पूर्णतः गलत समझा है, ने ऐसे मुक्त मानव के विषय में अपने अमर ज्ञानकाव्य "रूबाइयाँ" में लिखा हैः

"ओ सुहासिनी, ओ विधुवदनी,
तेरी आभा है अक्षय।
प्रिये देख, हो रहा चन्द्रमा
स्वच्छ गगन पर पुनः उदय।।
होगा कितनी बार आज के
बाद यह उदय इसी प्रकार।
और इसी झुरमुट में मुझको
खोज-खोज जायेगा हार।।"

अक्षय आभा युक्त सुहासिनी, विधुवदनी, प्रिया पराशक्ति अर्थात् ईश्वर है जो एकमात्र कालदोषरहित, स्वयं तेज से भी तेजस्वी शाश्वत तारा है। स्वच्छ गगन का चन्द्रमा तो बाह्य सृष्टि है जो उदय-अस्त के नियतकालिक आवर्तनों के नियम से बँधी हुई है। आत्म-साक्षात्कार के द्वारा इस फारसी सन्त ने अपने आपको इस जगत् में या माया, अर्थात् प्रकृति के "झुरमुट" में बार-बार लौट आने की विवशता से सदा के लिये मुक्त कर लिया था।

"और इसी झुरमुट में मुझको खोज-खोज जायेगा हार।" किसी चिरमुक्त की खोज करते ब्रह्माण्ड के लिये कैसी घोर निराशा।

ईसा मसीह ने अपने मुक्तात्मा होने का संकेत दूसरे प्रकार से दियाः "और एक शास्त्री ने पास आकर उनसे कहा, हे गुरु, आप जहाँ भी जायेंगे, मैं आप के पीछे-पीछे आऊँगा। और यीशु ने उससे कहा, लोमड़ियों के रहने के लिये माँदें हैं,

आकाश के पक्षियों के लिये भी घोंसले हैं, परन्तु मानव-पुत्र के लिये सिर टेकने के लिये भी कहीं ठौर नहीं है।"

सर्वव्यापकता के कारण दिग्-दिगान्तर में व्याप्त ईसा मसीह के पीछे-पीछे जाना क्या सर्वव्यापी परमतत्त्व में विलीन हुए बिना संभव था?

प्राचीन भारत में कृष्ण, राम, बुद्ध तथा पतंजलि जैसे अवतार हुए। दक्षिण भारत के एक अवतार अगस्त्य पर विपुल काव्य-साहित्य की रचना हुई है। उन्होंने ईसा के पूर्व और ईसा के बाद की अनेक शताब्दियों में अनेक चमत्कार किये हैं और उनके विषय में यह मान्यता है कि वे आज भी सशरीर इस संसार में विद्यमान हैं।

भारत में बाबाजी का कार्य रहा है जिन विशेष कार्यों के लिये अवतार इस जगत में आते हैं, उन कार्यों की पूर्ति में उनकी सहायता करना। इस प्रकार शास्त्रीय वर्गीकरण के अनुसार वे एक महावतार हैं। उन्होंने स्वयं बताया है कि संन्यास आश्रम के पुर्नसंगठक एवं अद्वितीय तत्त्वज्ञानी जगत्गुरु आदि शंकराचार्य तथा सुप्रसिद्ध मध्ययुगीन संत कबीर को उन्होंने योग दीक्षा दी थी। 19वीं शताब्दी के उनके मुख्य शिष्य, जैसा कि हम जानते हैं, लाहिड़ी महाशय थे, जिन्होंने लुप्त क्रिया योग विद्या का पुनरुद्धार किया।

बाबाजी सदा ईसा मसीह के सम्पर्क में रहते हैं। वे दोनों मिलकर जगत् के उद्धार के स्पन्दन भेजते रहते हैं और इस युग के लिये मोक्ष प्रदायिनी आध्यात्मिक विधि भी उन्होंने तैयार की है। एक शरीर में रहने वाले और दूसरे शरीर के बिना रहने वाले, इन दो पूर्ण ज्ञानी महागुरुओं का कार्य है राष्ट्रों को युद्ध, वंशविद्वेष, धार्मिक भेदभाव तथा भौतिकवाद की पलटकर आघात करने वाली बुराइयों को त्यागने के लिये प्रेरित करना। बाबाजी आधुनिक युग की प्रवृत्तियों से, विशेषतः पाश्चात्य संस्कृति के प्रभाव और उसकी जटिलताओं से पूर्णतः अवगत हैं, और पूर्व तथा पश्चिम, दोनों में समान रूप से योग के आत्मोद्धारक ज्ञान का प्रसार करने की आवश्यकता का उन्हें भान है।

इसमें कोई आश्चर्य नहीं कि इतिहास में बाबाजी का कहीं कोई उल्लेख नहीं है। किसी भी शताब्दी में बाबाजी कभी जनसाधारण के सामने प्रकट नहीं हुए। उनकी युग-युगान्तर की योजनाओं में गलत अर्थ लगाने वाली प्रसिद्धि की चकाचौंध के लिये कोई स्थान नहीं है। सृष्टि में एकमात्र शक्ति होते हुए भी चुपचाप अपना काम करते रहने वाले सृष्टा की तरह ही बाबाजी भी विनम्र गुमनामी में अपना कार्य करते रहते हैं।

कृष्ण और क्राईस्ट के समान महान् अवतार इस धरातल पर किसी विशिष्ट और असाधारण परिणामदर्शी उद्देश्य के लिये अवतरित होते हैं और वह उद्देश्य पूरा होते ही वापस चले जाते हैं। बाबाजी जैसे अन्य अवतार इतिहास की किसी प्रमुख घटना से संबंधित कार्य को नहीं, बल्कि युग-युगों में धीरे-धीरे होने वाले मानवजाति के क्रमविकास से संबंधित कार्य को अपने हाथ में लेते हैं। ऐसे अवतार सदा ही जनसाधारण की स्थूल दृष्टि से ओझल रहते हैं और वे जब चाहे, अपनी इच्छानुसार अदृश्य होने की सामर्थ्य रखते हैं। इन कारणों से तथा साधारणतया वे अपने शिष्यों को अपने विषय में गुप्तता रखने का आदेश देते हैं, इसलिये अनेकानेक विराट आध्यात्मिक महापुरुष संसार के लिये अज्ञात ही बने रहते हैं। मैं इस पुस्तक में बाबाजी के जीवन की एक हल्की-सी झलक मात्र दिखा रहा हूँ – केवल कुछ ऐसे तथ्यों का ही उल्लेख कर रहा हूँ, जिन्हें वे सार्वजनिक करने योग्य तथा सहायक मानते हैं।

बाबाजी के परिवार या जन्मस्थान के विषय में कभी किसी को कुछ पता नहीं चल पाया। इस मामले में इतिहास लेखकों को निराश ही होना पड़ेगा। साधारणतया वे हिन्दी में बोलते हैं, परन्तु किसी भी भाषा में आसानी से बोल लेते हैं। उन्होंने बाबाजी का सीधा-सादा नाम ले लिया है। लाहिड़ी महाशय के शिष्यों ने उन्हें श्रद्धा से जो अन्य नाम दिये हैं, वे हैं महामुनि बाबाजी महाराज, महायोगी तथा त्र्यंबक बाबा या शिव बाबा। एक पूर्ण मुक्त सिद्ध पुरुष का कुल-गोत्र क्या कोई महत्त्व रखता है?

लाहिड़ी महाशय कहा करते थेः “जब भी कोई श्रद्धा के साथ बाबाजी का नाम लेता है, उसे तत्क्षण आध्यात्मिक आशीर्वाद प्राप्त होता है।”

अमर बाबाजी के शरीर पर आयु का कोई लक्षण दृष्टिगोचर नहीं होता। वे अधिक से अधिक पच्चीस वर्ष के युवक दिखते हैं। गौरवपूर्ण, मध्यम कद-काठी के बाबाजी के सुन्दर, बलिष्ठ शरीर पर सहज ही दिख पड़ने योग्य तेज है। नेत्र काले, शान्त और दयार्द्र हैं। उनके लम्बे चमकीले केश ताम्रवर्ण के हैं। कभी-कभी बाबाजी का चेहरा लाहिड़ी महाशय के चेहरे से मिलता-जुलता दिखायी देता है। कभी-कभी तो दोनों में इतनी स्पष्ट समरूपता दिखायी देती थी कि उत्तरवर्ती आयु में लाहिड़ी महाशय को कोई भी युवा दिखते बाबाजी के पिता समझ लेता।

मेरे सन्तवत् संस्कृत शिक्षक स्वामी केवलानन्दजी ने हिमालय में बाबाजी के साथ कुछ समय बिताया था।

उन्होंने मुझे एक दिन बताया: "अद्वितीय महागुरु अपने शिष्यों के साथ पर्वतों में एक स्थान से दूसरे स्थान भ्रमण करते रहते हैं। उनकी छोटी-सी शिष्य मंडली में दो अत्यंत उन्नत अमेरिकी शिष्य भी हैं। किसी स्थान पर कुछ समय बिताने के बाद बाबाजी कहते हैं: 'डेरा डण्डा उठाओ।' वे अपने पास एक डण्डा रखते हैं। उनका यह आदेश अपनी मंडली के साथ तत्क्षण किसी दूसरे स्थान पर पहुँचने का संकेत होता है। वे हमेशा ही एक स्थान से अदृश्य होकर दूसरे स्थान पर प्रकट होने की इस पद्धति का उपयोग नहीं करते। कभी-कभी वे एक शिखर से दूसरे शिखर पर पैदल भी जाते हैं।

"जब बाबाजी की इच्छा होती है, तभी उन्हें कोई देख या पहचान पाता है। उन्होंने विभिन्न भक्तों को किंचित्-से परिवर्तन के साथ भिन्न-भिन्न रूपों में दर्शन दिया है – कभी दाढ़ी-मूँछ के साथ, तो कभी दाढ़ी-मूँछ के बिना। उनकी अक्षय देह के लिये किसी आहार की आवश्यकता नहीं पड़ती, इसलिये कदाचित् ही कभी वे कुछ खाते हैं। हाँ, शिष्यों को जब वे दर्शन देते हैं, तब लौकिक शिष्टाचार के रूप में कभी-कभी फल या चावल की खीर स्वीकार कर लेते हैं।"

केवलानन्दजी बताते गये: "बाबाजी के जीवन की दो विस्मयकारी घटनाएँ मुझे ज्ञात हैं। एक रात उनके शिष्य वैदिक होम के लिये जल रही विशाल अग्नि ज्वालाओं को घेर कर बैठै थे। अचानक महागुरु ने एक जलती लकड़ी उठा ली और अग्नि के पास ही बैठे एक शिष्य के नंगे कंधे पर उससे हल्का-सा प्रहार किया।

"यह तो क्रूरता है, गुरुदेव!" वहाँ उपस्थित लाहिड़ी महाशय ने अपना विरोध प्रकट किया।

"'अपने गतकर्मों के फलस्वरूप तुम्हारी आँखों के सामने वह पूरा जलकर राख हो जाता, तो क्या वह तुम्हें अच्छा लगता?'

"इन शब्दों के साथ ही बाबाजी ने शिष्य के आहत कंधे पर अपना आरोग्यप्रद वरद्हस्त रखा और कहा: 'आज रात मैंने तुम्हें पीड़ादायक मृत्यु के हाथों से मुक्त कर दिया है। अग्निदाहकी किंचित्-सी पीड़ा अनुभव करने से तुम्हारा कर्मभोग मिट गया है।'

"एक अन्य अवसर पर एक अपरिचित व्यक्ति के आगमन से बाबाजी की पवित्र टोली की शान्ति थोड़ी-सी भंग हो गयी। वह व्यक्ति गुरु के डेरे के निकट ही स्थित एक दुर्लंघ्य पर्वत शिखर पर विस्मयकारी निपुणता के साथ चढ़ आया था।

"'महाराज! अवश्य आप ही महान् बाबाजी हैं।' उस आदमी का चेहरा अवर्णनीय श्रद्धा और आदर से दमक रहा था। 'इन दुर्गम पर्वतों में मैं महीनों से आपकी तलाश में भटक रहा हूँ। आपसे इतनी ही प्रार्थना है कि आप मुझे शिष्य रूप में स्वीकार करें।'

"जब महागुरु ने उसकी ओर कोई ध्यान नहीं दिया, तो उस आदमी ने पर्वत शिखर के नीचे पत्थरों से भरी गहरी खाई की ओर हाथ दिखाकर कहाः 'आप यदि मुझे स्वीकार नहीं करेंगे, तो मैं इस पर्वत से कूद पड़ूंगा। ईश्वर तक पहुँचने के लिये यदि मैं आपका मार्गदर्शन नहीं पा सकता, तो मेरे जीवित रहने का कोई अर्थ नहीं है।'

"'तो कूद पड़ो, बाबाजी ने निर्विकार रहते हुए कहा। 'उन्नति की तुम्हारी वर्तमान अवस्था में मैं तुम्हें स्वीकार नहीं कर सकता।'

"उस मनुष्य ने तुरन्त अपने आप को नीचे झोंक दिया। स्तब्ध हुए शिष्यों को बाबाजी ने उसके शरीर को उठा लाने का आदेश दिया। जब शिष्यों ने वह क्षत-विक्षत शव लाकर उनके सामने रख दिया, तो बाबाजी ने उस पर अपना हाथ रखा। परम आश्चर्य! उस आदमी ने आँखें खोली और सर्वशक्तिमान गुरु के चरणों में साष्टांग लोट गया।

"'अब तुम शिष्य बनने की अधिकारी हो गये हो।' पुनरुज्जीवित चेले की ओर देखकर अत्यंत स्नेह से मुस्कराते हुए बाबाजी ने कहा। 'तुमने साहस के साथ इस कठिन परीक्षा में सफलता प्राप्त की है। अब मृत्यु कभी तुम्हारा स्पर्श नहीं करेगी। अब तुम हमारी अमर मंडली में शामिल हो गये हो।' फिर उन्होंने सदा की तरह प्रस्थान का आदेश दियाः 'डेरा डंडा उठाओ।' पूरा दल तत्क्षण उस पर्वत से अदृश्य हो गया।"

अवतारी पुरुष सर्वव्यापी ब्रह्मचैतन्य में निवास करता है; उसके लिये देश और काल का कोई अस्तित्व नहीं होता। इसलिये बाबाजी ने अपने स्थूल शरीर को जो शताब्दी-दर शताब्दी बनाये रखा है, उसका केवल एक ही कारण हैः मानवजाति को उसकी अपनी सम्भावनाओं का ठोस उदाहरण प्रस्तुत करने की इच्छा। मनुष्य पर यदि रक्त-मांस के शरीर में ईश्वरत्व की झलक दिखाने की कृपा कभी न की जाए, तो वह हमेशा माया के इसी भारी भ्रम में रहेगा कि वह अपनी मरणाधीनता पर कभी विजय नहीं पा सकता।

ईसा मसीह को शुरू से ही अपने जीवन में होने वाली घटनाओं का पूर्ण ज्ञान था। उन अनुभवों से वे गुज़रे – अपनी ख़ातिर नहीं, कर्मों की किसी विवशता के कारण नहीं, बल्कि केवल उन घटनाओं का मनन करके सीखने वाली मानवजाति के उत्थान की ख़ातिर। उनके चार शिष्यों – मत्ती, मरकुस, लूका तथा यूहन्ना – ने उनकी अवर्णनीय लीला को भावी पीढ़ियों के लाभ के लिये लिखकर रखा।

बाबाजी के लिये भी भूत, वर्तमान, भविष्य आदि समय की परस्पर संबंधित अवस्थाओं का अस्तित्व नहीं है; प्रारम्भ से ही उन्हें अपने जीवन की सभी अवस्थाओं का पूर्ण ज्ञान है। मनुष्यों की सीमित बुद्धि को ध्यान में रखकर ही उन्होंने अपने दिव्य जीवन की अनेक लीलाएँ एक या अधिक लोगों की उपस्थिति में ही करने का ध्यान रखा। इसी कारण जब बाबाजी ने शरीर की अमरता की सम्भावना को प्रकट करने का समय उपयुक्त समझा, तब लाहिड़ी महाशय के एक शिष्य उस प्रसंग पर उपस्थित थे। उन्होंने स्पष्ट शब्दों में रामगोपाल मजूमदार के सामने यह वचन दिया, ताकि अन्य जिज्ञासुओं को प्रेरणा देने के लिये यह बात बाद में सर्वविदित हो जाए। सिद्धजन केवल मानवजाति की भलाई के लिये ही अपने वचन बोलते हैं और सहज-स्वाभाविक प्रतीत होने वाले घटनाक्रम में सम्मिलित होते हैं, जैसा कि ईसा मसीह ने कहा था: “हे परमपिता, मैं जानता था कि आप सदा ही मेरी बात को सुनते हैं, परन्तु मेरे आस-पास जो लोग खड़े हैं उनकी ख़ातिर मैंने वैसा कहा, ताकि उन्हें विश्वास हो कि आपने ही मुझे भेजा है।”

जब मैं रणबाज़पुर में “निद्राजयी संत” रामगोपाल के पास गया था, तब उन्होंने बाबाजी के साथ अपनी पहली भेंट की विस्मयजनक कहानी मुझे बतायी थी।

उन्होंने कहा था: “मैं कभी-कभी अपनी एकांत गुफा से बाहर निकल कर काशी में लाहिड़ी महाशय के चरणकमलों में जा बैठता था। एक दिन मध्यरात्रि को जब मैं उनके घर में उनके शिष्यों के बीच बैठकर चुपचाप ध्यान कर रहा था, गुरुदेव ने अचानक मुझे एक चकित कर देने वाला आदेश दिया।

“उन्होंने कहा: ‘रामगोपाल! तुरन्त, इसी क्षण दशाश्वमेध घाट पर चले जाओ।’

“मैं तुरन्त उस निर्जन घाट पर पहुँच गया। चंद्रमा के प्रकाश और तारों की जगमगाहट से रात उजली थी। थोड़ी देर ही मैं वहाँ चुपचाप धीरज के साथ बैठा था, कि मेरा ध्यान अपने पाँवों के पास स्थित एक विशाल शिला की ओर आकृष्ट

हुआ। वह शिला धीरे-धीरे ऊपर उठ रही थी और उसके नीचे एक भूमिगत गुफा दिखायी देने लगी। जब वह शिला हवा में स्थिर हो गयी, मानो किसी अज्ञात शक्ति ने उसे वहाँ पकड़ रखा हो, तब उस गुफा से एक अत्यंत लावण्यवती स्त्री बाहर आयी और हवा में ऊँची उठ गयी। एक शान्तिप्रद तेज में वह नारी मूर्ति वेष्टित थी। धीरे-धीरे नीचे आकर वे मेरे सामने परमानन्द में मग्न, निश्चल खड़ी रहीं। आख़िर उनमें हलचल हुई और वे अत्यंत सौम्य वाणी में बोलने लगीं:

"'मैं बाबाजी की बहन माताजी हूँ। मैंने बाबाजी को और लाहिड़ी महाशय को भी, आज रात एक अत्यंत महत्त्वपूर्ण विषय पर चर्चा करने के लिये अपनी गुफा में बुलाया है।'

"एक प्रकाशपुंज गंगा के ऊपर तेज़ी से उड़ता हुआ आता दिखायी दिया। अपारदर्शी पानी में उसका प्रतिबिंब दिखायी दे रहा था। वह प्रकाश हम लोगों की ओर बढ़ता गया और कौंध कर चकाचौंध करता हुआ माताजी के पास आकर रुक गया और तुरन्त लाहिड़ी महाशय के मानव रूप में परिवर्तित हो गया। लाहिड़ी महाशय ने अत्यंत विनम्रता के साथ माताजी के चरणों में प्रणाम किया।

"मैं इस आश्चर्य से उभरा भी नहीं था, कि आश्चर्य का दूसरा धक्का मुझे लगा। गोल-गोल घूमता एक गूढ़ प्रकाशपुंज आकाश में मार्गक्रमण करता दिखायी देने लगा। तीव्र गति से नीचे आता हुआ अग्निगोले के समान वह तेजोपुंज हम लोगों के समीप आया और उसने एक अत्यंत सुन्दर युवक का रूप धारण कर लिया। मैं तुरन्त ही समझ गया कि वे बाबाजी थे। उनका चेहरा लाहिड़ी महाशय जैसा ही था; परन्तु बाबाजी अपने शिष्य से कहीं अधिक युवा दिखा रहे थे और उनके लम्बे, तेजस्वी केश थे।

"लाहिड़ी महाशय, माताजी और मैंने महागुरु के चरणों में प्रणाम किया। उनके दिव्य शरीर का स्पर्श करते ही मेरे शरीर का रोम-रोम स्वर्गीय अनुभूति एवं अवर्णनीय आनन्द से झंकृत हो उठा।

"बाबाजी ने कहा: 'हे कल्याणी! मैं अपने स्थूल शरीर को त्याग कर 'अनन्त प्रवाह' में विलीन हो जाने का विचार कर रहा हूँ।'

"'पूज्य गुरुदेव! मैं आपके मन्तव्य का आभास पा चुकी हूँ और इसीलिये आज रात मैं इस पर आपके साथ विचार-विमर्श करना चाहती थी। आपको शरीर त्यागने की क्या आवश्यकता है?' यह कहते हुए वह स्वर्गीय तेजस्वितापूर्ण स्त्री उनकी ओर अनुरोध भरी दृष्टि से देखती रही।

"'अपने ब्रह्मसागर में मैं दृश्य या अदृश्य तरंग को धारण करूँ, इससे क्या फर्क पड़ता है?'

"माताजी ने विलक्षण वाक्पटुता का परिचय देते हुए कहाः 'मृत्युंजय गुरुदेव! यदि कोई फर्क नहीं पड़ता, तो कृपा करके अपने शरीर का त्याग मत कीजिये।'

"'तथास्तु!' बाबाजी ने शान्त स्वर में कहा! "मैं अपने स्थूल शरीर का त्याग कभी नहीं करूँगा। इस पृथ्वी पर कम-से-कम कुछ लोगों के लिये तो यह शरीर सदैव दृश्यमान रहेगा। तुम्हारे मुख से प्रभु ने अपनी इच्छा व्यक्त की है।'

"मैं विस्मयविभोर होकर इन दिव्य विभूतियों का संवाद सुन रहा था। मुझपर अपनी कृपादृष्टि डालते हुए अमर महागुरु ने कहाः

"'डरो मत, रामगोपाल! इस अमर वचन के साक्षी बन कर तुम धन्य हो गये हो।'

"मधुर संगीत-सा लगता बाबाजी का स्वर जब वातावरण में लीन हो गया, तो उनका और लाहिड़ी महाशय का शरीर धीरे-धीरे हवा में ऊपर उठ गया और गंगा के ऊपर से दोनों शरीर पीछे जाने लगे। दीप्तिमान प्रकाश के गोलों ने उनके शरीरों को घेर लिया और वे रात के आकाश में अदृश्य हो गये। माता जी का शरीर हवा में उठकर गुफा के पास गया और अन्दर उतर गया; शिला नीचे आ गयी और गुफा के मुँह पर बैठ गयी, जैसे किन्हीं अदृश्य हाथों ने उसे वहाँ रख दिया हो।

"असीम प्रेरणा से ओतप्रोत होकर मैं लाहिड़ी महाशय के घर वापस गया। उस समय भोर हो रही थी। जब मैंने लाहिड़ी महाशय के चरणों में प्रणाम किया, तो वे मेरे मन के भाव जानते हुए मेरी ओर देखकर मुस्कराये।

"उन्होंने कहाः 'तुम्हारे लिये मैं बहुत खुश हूँ, रामगोपाल! तुमने प्रायः बाबाजी और माताजी के दर्शन की इच्छा मेरे पास व्यक्त की थी। आज अत्यंत सुन्दर तरीके से तुम्हारी वह इच्छा पूरी हो गयी।'

"वहाँ बैठे अपने गुरुभाइयों से मुझे पता चला कि मेरे जाने के बाद लाहिड़ी महाशय अपने आसन से हिले भी नहीं थे।

"'तुम्हारे दशाश्वमेध घाट को चले जाने के बाद उन्होंने अमरत्व पर एक अत्यंत सुन्दर प्रवचन दिया,' एक शिष्य ने मुझे बताया। उस दिन पहली बार मुझे शास्त्रों के उन वचनों की सत्यता की प्रतीत हुई, जिनमें कहा गया है कि आत्मदर्शी पुरुष एक ही समय विभिन्न स्थानों में दो या उससे अधिक शरीरों में भी प्रकट हो सकता है।

रामगोपाल ने अपनी बात का समापन करते हुए कहा: "बाद में लाहिड़ी महाशय ने इस पृथ्वी के लिये ईश्वर की गुप्त योजना से संबंधित अनेक आधिभौतिक तत्त्वों को मुझे स्पष्ट कर बताया। ईश्वर ने बाबाजी को इस वर्तमान कल्प के अंत तक इस संसार में सशरीर रहने के लिये चुना है। युग पर युग आयेंगे और जायेंगे, परन्तु मृत्युंजय महागुरु युगों के नाटक का अवलोकन करते हुए इस विश्व-रंगमंच पर उपस्थित रहेंगे।

प्रकरण—34

हिमालय में महल का सृजन

"बाबाजी के साथ लाहिड़ी महाशय की प्रथम भेंट एक रोमांचक कहानी है और यह उन कई कहानियों में से केवल एक है जिनसे उस मृत्युंजय महागुरु की विस्तृत झाँकी मिलती है।"

ये उस अद्‌भुत कहानी को शुरू करने से पहले स्वामी केवलानन्दजी के प्रस्तावना शब्द थे। पहली बार उन्होंने जब यह कहानी मुझे बतायी थी, तो मैं अक्षरशः मंत्रमुग्ध हो गया था। अन्य कई अवसरों पर भी मैं अपने शान्त प्रकृति संस्कृत शिक्षक को यह कहानी फिर से मुझे सुनाने के लिये मना लिया करता था। बाद में श्रीयुक्तेश्वरजी से भी मुझे लगभग उन्हीं शब्दों में वह फिर से सुनने को मिली। लाहिड़ी महाशय के इन दोनों शिष्यों ने यह रोमांचक कहानी सीधे अपने गुरु के मुँह से सुनी थी।

लाहिड़ी महाशय ने बताया था: "बाबाजी के साथ मेरी पहली भेंट मेरे तैंतीसवें वर्ष में हुई थी। 1861 के शरद ऋतु में मैं दानापुर में सरकार के मिलिटरी इंजिनियरिंग विभाग में एकाउण्टेण्ट के पद पर कार्यरत था। एक दिन सुबह ऑफ़िस मैनेजर ने मुझे अपने ऑफ़िस में बुलाया।

"'लाहिड़ी', उन्होंने कहा, 'अभी-अभी हमारे मुख्यालय से एक तार आया है। आपका स्थानांतरण रानीखेत कर दिया गया है, जहाँ सेना का एक कैम्प स्थापित किया जा रहा है।'

"एक नौकर को साथ लेकर मैं उस 500 मील की यात्रा पर निकल पड़ा। घोड़े और बग्घी से यात्रा करते हुए हम लोग तीस दिन में हिमालय में स्थित रानीखेत पहुँच गये।

"ऑफ़िस में मेरा काम बहुत भारी नहीं था, अतः उन भव्य पर्वतों में कई घंटों तक घूमते रहने का समय मेरे पास था। एक अफवाह मैंने सुनी की बड़े-बड़े सन्त उस क्षेत्र में निवास करते थे। उनके दर्शन करने की तीव्र इच्छा मेरे मन में जागी। एक दिन दोपहर में मैं पहाड़ों में यूँ ही भ्रमण कर रहा था, कि अचानक ऐसा लगा कि दूर कहीं से कोई मेरा नाम लेकर मुझे पुकार रहा है। मैं चौंक गया। द्रोणगिरि पर्वत पर जल्दी-जल्दी चढ़ते जाना मैंने जारी रखा। यह सोचकर मन में थोड़ी-सी बेचैनी अवश्य हो रही थी कि जंगल में अन्धेरा छा जाने से पहले मैं वापस नहीं लौट पाऊँगा।

"आख़िरकार एक छोटी-सी खुली जगह में पहुँच गया, जिसकी दोनों ओर गुफाएँ थीं। वहीं पर बाहर को निकली एक चट्टान पर एक युवक मुस्कराते हुए स्वागतार्थ हाथ फैलाये खड़ा था। देखकर मुझे आश्चर्य हुआ कि ताम्रवर्ण केशों को छोड़कर वह दिखने में बिल्कुल मेरे जैसा ही था।

"'लाहिड़ी, तुम आ गये!' उस सन्त ने हिन्दी में मुझसे कहा। 'यहाँ इस गुफा में आराम करो। वह मैं ही था जिसने तुम्हें पुकारा था।'

"मैंने एक छोटी-सी, साफ-सुथरी गुफा में प्रवेश किया, जिसमें कई ऊनी कम्बल और कुछ कमंडल रखे हुए थे।

"'लाहिड़ी, तुम्हें वह आसन याद है?' उस योगी ने एक कोने में रखे कंबल की ओर हाथ दिखाया।

"'नहीं, महाराज!' अपनी इस साहसिक यात्रा की विचित्रता पर मैं कुछ हक्काबक्का-सा हो रहा था। मैंने आगे कहाः 'अब मुझे अन्धेरा होने के पहले निकलना होगा। सुबह ऑफ़िस में काम है।'

"उस रहस्यमय सन्त ने अंग्रेज़ी में उत्तर दियाः 'The office was brought for you, and not you for the office,' (ऑफ़िस को तुम्हारे लिये लाया गया है, तुम्हें ऑफ़िस के लिये नहीं)।

"मैं अवाक् रह गया कि यह वनवासी तपस्वी न केवल अंग्रेज़ी बोलता है, बल्कि ईसा मसीह के शब्दों का अर्थ भी इसके शब्दों में ध्वनित हो रहा है।

"'मैं देख रहा हूँ कि मेरे तार ने अपना काम किया है।' योगी की इस टिप्पणी का अर्थ मेरी समझ में नहीं आया। मैंने उनसे इसका अर्थ पूछा।

"'मैं उस तार की बात कर रहा हूँ, जिसके कारण तुम इस निर्जन प्रदेश में पहुँच गये हो। मैंने ही तुम्हारे वरिष्ठ अधिकारी के मन को गुप्त रूप से यह सुझाव दिया था कि तुम्हारा स्थानान्तरण रानीखेत कर दिया जाए। जब कोई मनुष्य मानव मात्र के साथ एकता अनुभव करता है, तब उसके लिये सभी मानव-मन संचार केन्द्र बन जाते हैं, और वह उनके माध्यम से अपनी इच्छा के अनुसार कार्य कर सकता है।' फिर उन्होंने कहा: 'लाहिड़ी, निश्चय ही यह गुफा तो तुम्हें सुपरिचित प्रतीत होती होगी?'

"जब मैं हतप्रभ होकर चुपचाप खड़ा रहा, तो उस सन्त ने मेरे पास आकर मेरे माथे पर धीरे-से आघात किया। उनके चुंबकीय स्पर्श से मेरे दिमाग में एक अद्भुत प्रवाह बह पड़ा, जिसने मेरे पूर्वजन्म की मधुर स्मृतियाँ जगा दीं।

"'मुझे याद आ गया!' आनन्द के आवेग से मेरा कंठ अवरुद्ध-सा हो गया। 'आप मेरे गुरु बाबाजी हैं, जो सदा ही मेरे रहे हैं! अतीत के दृश्य मेरे मन में स्पष्टता के साथ उभर रहे हैं; यहाँ इसी गुफा में मैंने अपने पिछले जन्म के कई वर्ष बिताये थे!' वर्णनातीत स्मृतियों से भावविभोर होकर मैंने अश्रुपात करते हुए अपने गुरुदेव के चरणों का आलिंगन किया।

"'तीन दशकों से भी अधिक समय से मैं तुम्हारे लौट आने की प्रतीक्षा कर रहा हूँ।' स्वर्गीय प्रेम से बाबाजी की आवाज़ झंकृत हो रही थी।

"'तुम निकल गये और मृत्योपरान्त जीवन की प्रचण्ड लहरों में खो गये। तुम्हारे कर्मों की जादुई छड़ी ने तुम्हारा स्पर्श किया और तुम चले गये। तुम्हारी दृष्टि मुझसे हट गयी, पर मेरी दृष्टि से तुम कभी ओझल नहीं हुए! उस सूक्ष्म ज्योति-सागर में भी मैं तुम्हारे पीछे था, जहाँ तेजस्वी देवता विचरते हैं। अपने बच्चे की रक्षा करने वाले पक्षी की तरह मैं अन्धकार, तूफान, उथल-पुथल और प्रकाश में सतत् तुम्हारे पीछे-पीछे चलता रहा।

जब तुम मानव गर्भावस्था में थे और जब शिशुरूप में तुमने जन्म लिया, तब भी मेरी दृष्टि लगातार तुम पर लगी हुई थी। जब तुम घुरनी की नदी में अपने नन्हें शरीर को पद्मासन में स्थिर कर बालू से ढक लेते थे, तब भी अदृश्य रूप से मैं वहाँ उपस्थित रहता था। महीनों पर महीने वर्षों पर वर्ष इसी शुभ दिन की प्रतीक्षा करता हुआ मैं तुम पर दृष्टि रखता आया हूँ। अब तुम मेरे पास आ गये हो! यह रही तुम्हारी गुफा, जो तुम्हें कभी इतनी प्रिय थी। मैंने तुम्हारे लिये सदा इसे साफ-सुथरी, तैयार रखा है। यह रहा तुम्हारा पवित्र कंबल-आसन, जिस पर

बैठकर तुम प्रतिदिन अपने विस्तारित होते हृदय में भगवान को भर लेते थे। यह रहा तुम्हारा कटोरा, जिससे तुम मेरे बनाये हुए अमृत का पान करते थे। देखो इस पीतल के कटोरे को मैंने कैसा चमका कर रखा है, ताकि किसी दिन फिर से तुम उसका उपयोग कर सको। मेरे अपने पुत्र, क्या अब तुम्हारी समझ में आ गया?'

"'मेरे गुरुदेव! मेरे पास कहने के लिये और क्या हो सकता है?' गद्‌गद् स्वर में मैं धीरे-से बोला। 'कहीं किसी ने कभी ऐसे अमर प्रेम के बारे में सुना भी है?' मैं अपने शाश्वत धन, जीवन एवं मरण में अपने साथ रहने वाले अपने गुरु की ओर आनन्दविभोर होकर लम्बे समय तक देखता रहा।

"'लाहिड़ी, तुम्हारी शुद्धि आवश्यक है। इस कटोरे में रखा तेल पी लो और जाकर नदी किनारे लेटे रहो।' इस बात की स्मृति मन में जागते ही मेरे होठों पर एक क्षण के लिये मुस्कराहट आ गयी कि बाबाजी की व्यावहारिकता सदैव सर्वोपरि रहती थी।

"मैंने उनके निर्देशों का पालन किया। हिमालय की अति ठंडी रात गहरी होनी शुरू हो गई थी, फिर भी मेरे भीतर एक सुखद उष्णता फैल रही थी। मुझे आश्चर्य हुआ। क्या उस अज्ञात तेल में दिव्य उष्णता का कोई गुण था?

"अन्धकार में चारों ओर से बर्फ़ीली हवाएँ मुझे थपेड़े मार-मार कर चीखती हुई भयंकर रूप से ललकार रही थीं। पथरीले किनारे पर सीधे लेटे मेरे शरीर से गगास नदी की लहरें बार-बार टकराने लगीं। आस-पास बाघों की गर्जना सुनायी दे रही थी, पर मेरा हृदय भय से पूर्ण मुक्त था। मुझमें उत्पन्न होती जा रही नवजात शक्ति मुझे अभेद्य सुरक्षा के प्रति आश्वस्त कर रही थी। कई घंटे बड़ी तेज़ी से बीत गये। गत जन्म की अस्पष्ट स्मृतियाँ अपने गुरु के साथ पुनर्मिलन के मेरे वर्तमान उज्ज्वल विचारों में घुलमिलने लगीं।

"किसी के निकट आने की आहट से एकान्त में पड़े-पड़े चल रही मेरी विचारधारा भंग हो गयी। अंधेरे में एक आदमी के हाथ ने मुझे खड़ा होने में सहायता दी और कुछ सूखे वस्त्र दिये।

"'आओ, बन्धु' उस आदमी ने कहा। 'गुरुदेव तुम्हारी प्रतीक्षा कर रहे हैं।' जंगल में मुझे रास्ता दिखाता हुआ वह मेरे आगे-आगे चलने लगा। जब हम अपने रास्ते के एक मोड़ पर पहुँचे, तब अचानक दूर दिखायी देने वाले एक स्थिर प्रकाश से रात में उजाला हो गया।

"'क्या सूर्योदय हो रहा है?' मैंने पूछा। 'पूरी रात तो अवश्य ही नहीं बीती है?'

"'मध्यरात्रि का समय है।' मेरा मार्गदर्शक मृदुल हँसी हँसते हुए बोला। 'वहाँ दूर जो प्रकाश दीख रहा है, वह एक स्वर्ण महल की आभा है, जिसका सृजन अद्वितीय महागुरु बाबाजी ने आज रात किया है। सुदूर अतीत में कभी तुमने महल के सौन्दर्य का आनन्द लेने की इच्छा व्यक्त की थी। हमारे गुरुदेव आज तुम्हारी वह इच्छा पूरी कर तुम्हें अपने कर्मों के आख़िरी बंधन से मुक्त कर रहे हैं।' फिर उसने कहाः 'वह भव्य महल आज रात तुम्हारी क्रिया योग दीक्षा का साक्षी बनेगा। यहाँ के तुम्हारे सब भाई तुम्हारे वनवास की समाप्ति पर आनन्द मनाते हुए तुम्हारा स्वागत कर रहे हैं। देखो!'

"हमारे सामने देदीप्यमान स्वर्ण का एक विशाल महल खड़ा था। अगणित रत्न उसमें जड़े थे। कलाकौशलपूर्ण सुन्दर उद्यानों के बीच खड़े उस महल का शान्त जलाशयों में पड़ता प्रतिबिम्ब अभूतपूर्व दृश्य प्रस्तुत कर रहा था। रास्ते में ऊँची-ऊँची कमानों में अत्यन्त सुन्दर बारीक नक्काशी में अमूल्य हीरे, माणिक, पन्ने और तरह-तरह के रत्न जड़े हुए थे। उज्ज्वल माणिकों की लाल-लाल आभा से देदीप्यमान लगते द्वारों पर देवताओं जैसे दिखने वाले दिव्य कांतिमान पुरुष खड़े किये गये थे।

"अपने साथी के पीछे-पीछे मैं एक प्रशस्त दीवानखाने में पहुँचा। धूप और गुलाबों की सुगन्ध से वहाँ का वातावरण महक रहा था; मन्द दीपों का रंग बिरंगा प्रकाश फैला हुआ था। वहाँ भक्तों की छोटी-छोटी मंडलियाँ बैठी हुई थीं, जिनमें कुछ भक्त गौर वर्ण थे, तो कुछ श्यामल वर्ण। उनमें से कुछ धीमे स्वर में मंत्रोच्चारण कर रहे थे, तो कुछ आंतरिक शान्ति में मग्न होकर चुपचाप ध्यानस्थ बैठे हुए थे। समस्त वातावरण आनन्द से भरा हुआ था।

"यह सब देखकर मेरे मुँह से कुछ आश्चर्योद्गार फूट पड़े; जिन्हें सुनकर मेरे साथी ने सहानुभूतिपूर्ण मुस्कराहट के साथ कहाः 'देख लो, अपनी आँखों को तृप्त कर लो; इस महल की कलाकृति की भव्यता का पूरा-पूरा आनन्द लो, क्योंकि केवल तुम्हारे सम्मान में ही इसका सृजन किया गया है।'

"मैंने कहाः 'बंधु! इस महल का सौन्दर्य मानव-कल्पना से परे है। कृपा करके इसकी उत्पत्ति का रहस्य मुझे समझाओ।'

"उसकी काली आँखें ज्ञान के तेज से चमक उठी। उसने कहाः 'मैं सहर्ष तुम्हें सब कुछ समझा दूँगा। इस महल के प्रकटीकरण में समझ में न आनेवाली कोई बात ही नहीं है। सारा ब्रह्माण्ड विधाता के विचार का मूर्त रूप है। अंतरिक्ष में भ्रमण

करता पृथ्वी का यह भारी गोला ईश्वर का एक स्वप्नमात्र है। भगवान ने सभी कुछ मात्र अपने मन से निर्मित किया, ठीक उसी प्रकार, जैसे मनुष्य अपने स्वप्न में स्वप्न सृष्टि की रचना करता है और उस सृष्टि में सृष्टजीवों को भी भर देता है।

"'परमात्मा ने पहले केवल पृथ्वी की कल्पना की। फिर उसने उस कल्पना को गति प्रदान की, जिसके फलस्वरूप अणुशक्ति और फिर पदार्थजगत् अस्तित्व में आया। तत्पश्चात् उसने पृथ्वी के अणुओं को एकत्रित किया और ठोस गोला बनाया। इस गोले के सारे अणु ईश्वर की इच्छाशक्ति से ही एकत्रित हुए हैं। जब भगवान अपनी इच्छाशक्ति को वापस निकाल लेंगे, तब पृथ्वी के सारे अणु ऊर्जा में रूपान्तरित हो जायेंगे। वह आण्विक ऊर्जा अपने मूल स्रोत चैतन्य में वापस चली जायेगी। पृथ्वी की कल्पना अपना मूर्त रूप छोड़कर अमूर्त हो जायेगी।

"'स्वप्नकर्ता के अवचेतन विचार से ही स्वप्नसृष्टि मूर्त रूप धारण करके रहती है। जागृतावस्था में जब वह एकत्रित पकड़ रखने वाला विचार वापस खींच लिया जाता है, तो स्वप्न और उस स्वप्न के तत्त्व विलीन हो जाते हैं। मनुष्य आँखें बन्द कर स्वप्न सृष्टि खड़ी कर लेता है, जो जागने पर वह बिना किसी प्रयास के विसर्जित कर देता है। वह मूल ईश्वरीय प्रारूप का ही अनुकरण करता है। इसी प्रकार, जब वह ब्रह्मचैतन्य में जागता है, तो इस ब्रह्म-स्वप्नसृष्टि के भ्रम को अनायास ही विसर्जित कर देता है।

"'परमात्मा की अनंत सर्वार्थसाधक इच्छाशक्ति के साथ एक होने के कारण बाबाजी मूलभूत अणु-परमाणुओं को एकत्रित कर कोई भी आकार धारण करने की आज्ञा दे सकते हैं। क्षण भर में मूर्त रूप दिया गया यह स्वर्णमहल उतना ही वास्तविक है, जितनी वास्तविक यह पृथ्वी है। बाबाजी ने उसी प्रकार इस महल का सृजन अपने मन से किया है और अपनी इच्छाशक्ति से उसके अणुओं को एकत्रित पकड़कर रखा है, जिस प्रकार ईश्वर के विचार ने पृथ्वी का सृजन किया और उसकी इच्छाशक्ति इसके अस्तित्व को बनाये हुए है।' फिर उसने कहाः 'जब इस महल की निर्मिती का उद्‌देश्य पूरा हो जायेगा, तब बाबाजी उसे विसर्जित कर देंगे।'

"जब मैं विस्मय और आदर से अवाक् रहा, तो मेरे उस साथी ने महल की ओर हाथ दिखाते हुए कहाः 'नाना प्रकार के रत्नों से सजाया हुआ यह जगमगाता महल मानव प्रयासों से निर्मित नहीं हुआ है; इसका सोना और जवाहरात परिश्रमपूर्वक खानों से नहीं निकाला गया है। यह विशाल महल मानव के समक्ष विशाल चुनौती के रूप में खड़ा है। जो कोई भी अपने को ईश्वर के पुत्र के रूप में

पहचान लेगा, जैसे बाबाजी ने अपने को पहचान लिया है, वह अपने अन्दर छिपी अनन्त शक्तियों के द्वारा कोई भी लक्ष्य प्राप्त कर सकता है। सामान्य पत्थर में भी विराट परमाण्विक शक्तियाँ छिपी हुई हैं, उसी प्रकार क्षुद्रतम मर्त्य मानव भी ईश्वरीय शक्तियों का भण्डार है।'

"उस महात्मा ने पास ही खड़ी एक मेज़ से एक अत्यंत सुन्दर फूलदान उठा लिया, जिसकी मूठ उसमें जड़ें हीरों से जगमगा रही थी। 'हमारे महान गुरु ने मुक्त विचरण करती कोटि-कोटि ब्रह्माण्ड-रश्मियों को घनीभूत कर इस महल का सृजन किया है,' वह कहता गया। 'इस फूलदान को और इन हीरों को स्पर्श करके देखो, वे इंद्रियानुभूति की हर कसौटी पर खरे उतरेंगे।'

"मैंने फूलदान का परीक्षण किया; उसके हीरे किसी महाराजा के विशेष संग्रह में रहने लायक थे। चमकते हुए स्वर्ण से निर्मित मोटी-मोटी दीवारों पर भी मैंने हाथ फेरा। मेरे मन में गहरी तृप्ति छा गयी। साथ ही ऐसा लगा कि मेरे पूर्वजन्मों से मेरे अवचेतन मन में छिप कर बैठी एक इच्छा तृप्त होकर खत्म हो गयी।

"वह तेजस्वी पुरुष मुझे अलंकृत कमानों और दालानों में से ले जाता हुआ ऐसे अनेक कमरों में ले गया, जो किसी सम्राट के महल के कमरों के समान साज़-सामान से सजाये हुए थे। फिर हमने एक अत्यंत विशाल हॉल में प्रवेश किया। उस हॉल के बीचोंबीच एक स्वर्ण-सिंहासन रखा हुआ था, जिसमें जड़े हुए रत्न रंग-बिरंगी छटाएँ फेंक रहे थे। उस सिंहासन पर पद्मासन में बैठे थे महानतम बाबाजी। मैंने उनके सामने चमकती फर्श पर सिर लगाकर उन्हें प्रणाम किया।

"'लाहिड़ी! क्या स्वर्ण-महल की अपनी स्वप्न-आकांक्षाओं की पूर्ति में अभी भी तुम्हें आनन्द आ रहा है?' मेरे गुरु की आँखें उनके ही द्वारा सृष्ट रत्नों की भाँति चमक रही थीं। 'जागो!' तुम्हारी सारी ऐहिक तृष्णाएँ अब सदा-सदा के लिये तृप्त होने वाली हैं।' उन्होंने आशीर्वादस्वरूप कुछ गूढ़ मंत्रों का धीमे स्वर में उच्चारण किया। 'मेरे पुत्र! उठो। क्रिया योग की दीक्षा ग्रहण कर ईश्वर के राज्य में प्रवेश करो।'

"बाबाजी ने अपना हाथ उठाया। धधकती अग्नि ज्वालाओं से युक्त एक हवन कुंड तत्क्षण वहाँ प्रकट हुआ। हवन कुंड के चारों ओर फल-फूल सजे हुए थे। इस अग्नि-वेदी के समक्ष मुझे मुक्तिदायक क्रियायोग की दीक्षा मिली।

"भोर होते-होते सारे विधि-संस्कार संपन्न हो गये। परमानन्द की उस अवस्था में मुझे निद्रा की कोई आवश्यकता प्रतीत नहीं हुई। दीक्षा के बाद मैं महल के

अमूल्य वस्तुओं और उत्कृष्टतम कलाकृतियों से सुसज्जित कमरों में भटकता हुआ उद्यानों में गया। वहाँ आसपास वही गुफाएँ और पर्वत-शिलाएँ मुझे दिखायी दीं जो मैंने कल देखी थीं; परन्तु कल वे किसी महल या पुष्पोद्यान के समीप तो नहीं लगी थीं!

"हिमालय के शीतल सूर्य प्रकाश में वह महल अब कल्पनातीत आभा के साथ चमक रहा था। मैं महल में वापस जाकर अपने गुरु के सामने खड़ा हो गया। वे अभी भी सिंहासन पर विराजमान थे और उनके इर्दगिर्द अनेक शिष्य चुपचाप बैठे हुए थे।

"'लाहिड़ी, तुम्हें भूख लगी है।' बाबाजी ने फिर कहा, 'अपनी आँखें बन्द करो।'

"जब मैंने पुनः आँखें खोलीं, तो अपने उद्यानों सहित वह मंत्रमुग्ध कर देने वाला महल अदृश्य हो गया था। मैं, बाबाजी और उनके सभी शिष्य अब केवल भूमि पर, ठीक उसी स्थान पर बैठ हुए थे, जहाँ थोड़ी देर पहले तक वह अद्भुत महल खड़ा था। यह स्थान सूर्यप्रकाश में स्पष्ट दिखते गुफाओं के प्रवेश-द्वारों से दूर नहीं था। मुझे याद आया कि मेरे उस पथ प्रदर्शक ने मुझे बताया था कि महल विसर्जित कर दिया जायेगा, उसमें पकड़कर रखे हुए सब अणु-परमाणुओं को मुक्त कर उनके मूल विचार स्वरूपों में विलीन कर दिया जायेगा, जहाँ से वे आये थे। मैं स्तम्भित हो गया था, फिर भी मैंने पूर्ण विश्वास के साथ अपने गुरु की ओर देखा। चमत्कारों से भरे इस दिन आगे क्या होने वाला है, मालूम नहीं था।

"'जिस उद्देश्य के लिये महल का सृजन किया गया था, वह उद्देश्य पूरा हो चुका है,' बाबाजी ने स्पष्ट किया उन्होंने भूमि से एक हाँडी उठायी।

"'इस पर अपना हाथ रखो और जो भी खाने की तुम्हारी इच्छा होगी, वह इसमें से निकाल लो।'

"मैंने उस चौड़ी, खाली हाँडी का स्पर्श किया। घी में तली गरम-गरम पूरियाँ, रस्सेदार भाजी और मिठाइयाँ उसमें प्रकट हो गयीं। जैसे-जैसे मैं खाता जा रहा था, मैंने देखा कि हाँडी सदा वैसी की वैसी भरी ही रहती थी। जब भोजन पूरा हो गया, तो मैं पानी के लिये इधर-उधर देखने लगा। मेरे गुरु ने मेरे सामने रखी हाँडी की ओर इशारा किया। सारे खाद्य पदार्थ उसमें से गायब हो गये थे और उनके स्थान पर अब शुद्ध, निर्मल जल उसमें दिखायी दे रहा था।

"'बहुत ही थोड़े मर्त्य मानवों को यह ज्ञात है कि ईश्वर के राज्य में ऐहिक परिपूर्तियाँ भी सम्मिलित हैं,' बाबाजी ने कहा। 'दैवी जगत् की सत्ता इहलोक में

भी चलती है, परन्तु इहलोक का स्वरूप ही भ्रमात्मक होने के कारण उसमें सत्य के दैवी तत्त्व का अभाव है।'

"'परमप्रिय गुरुदेव! गत रात्रि को आपने मेरे लिये पृथ्वी पर स्वर्ग के सौन्दर्य को प्रकट किया!' अदृश्य हुए महल की स्मृति में मैं मुस्कराने लगाः निश्चय ही किसी साधारण योगी ने ब्रह्म के श्रद्धास्पद गूढ़ तत्त्वों की खोज का आरम्भ इतनी विलास-ऐश्वर्यपूर्ण परिस्थितियों में नहीं किया होगा! अब उसके पूर्णतः विपरीत दिखने वाले दृश्य को मैं शान्त दृष्टि से निहारने लगा। नीचे सूखी, सख्त भूमि, ऊपर आकाश की छत, सामने आदिकालीन स्तर का आसरा प्रदान करती गुफाएँ – सब कुछ मेरे चारों ओर बैठे दिव्य संतों के योग्य रमणीय नैसर्गिक परिस्थितिगत लग रहा था।

"उस दिन दोपहर को मैं पिछले जन्म की दैवी उपलब्धियों से पुनीत हुए अपने कंबल पर बैठा। मेरे ईश्वरतुल्य गुरु मेरे पास आये और उन्होंने मेरे सिर पर हाथ फेरा। मैं निर्विकल्प समाधि में पहुँच गया और सात दिन तक उसी परमानन्द की अखंड अवस्था में रहा। आत्मज्ञान के एक के बाद एक आने वाले स्तरों को पार करते हुए मैंने अंतिम, अक्षय सत्य की अनुभूति कर ली। माया के सभी बन्धन टूट कर गिर गये और मेरी आत्मा परमात्मा की वेदी पर पूर्ण रूप से प्रतिस्थापित हो गयी।

"आठवें दिन मैं अपने गुरु के चरणों में लोट गया और मुझे इस पवित्र वन में सदा अपने पास ही रखने का उनसे अनुरोध करने लगा।

"बाबाजी ने मुझे अपने आलिंगन पाश में बांधते हुए कहाः 'मेरे पुत्र! इस जन्म में तुम्हें जनसाधारण की आँखों के सामने ही अपनी भूमिका निभानी है। इस जन्म से पूर्व अनेक जन्मों में निर्जन प्रदेशों में तपस्या कर तुम धन्य हो चुके हो, अब तुम्हें मनुष्यों के संसार में जाकर उनमें मिल जाना होगा।'

"'इस बात के पीछे एक गहरा उद्देश्य था कि इस जन्म में तुम विवाह कर गृहस्थ बनने और परिवार एवं पारिवारिक उत्तरदायित्वों से घिरे जाने से पहले मुझसे नहीं मिले। हिमालय में हमारी इस गुप्त मंडली में शामिल होने का विचार तुम्हें त्यागना ही पड़ेगा। तुम्हारा जीवन आदर्श गृहस्थ-योगी का उदाहरण बनकर शहरों की भीड़भाड़ के बीच रहने के लिये है।

"वे आगे कहते गयेः 'व्याकुल संसारी नर-नारियों का आर्तनाद महापुरुषों के कानों से टकराकर अनसुना नहीं हो गया। तुम्हें सच्चे जिज्ञासुओं को क्रियायोग के

माध्यम से आध्यात्मिक दिलासा देने के लिये चुना गया है। पारिवारिक बन्धनों और भारी सांसारिक कर्त्तव्यों से दबे लक्ष-लक्ष लोगों को उनके समान ही गृहस्थ-जीवन व्यतीत करने वाले तुमसे नयी हिम्मत मिलेगी। यह समझने में तुम्हें उनकी सहायता करनी होगी कि उच्चतम यौगिक उपलब्धियाँ गृहस्थों के लिये दुष्प्राप्य नहीं हैं। संसार में रहकर भी जो योगी व्यक्तिगत स्वार्थ और आसक्तियों को त्याग कर पूर्ण निष्ठा के साथ अपने कर्तव्यों का निर्वाह करता है, वह ब्रह्मज्ञान प्राप्ति के सुनिश्चित मार्ग पर ही चल रहा होता है।

"'तुम्हारे लिये संसार को त्यागने की कोई आवश्यकता नहीं है। क्योंकि आन्तरिक स्तर पर तुमने पहले ही इसके प्रत्येक कर्म-बन्धन को तोड़ दिया है। इस संसार के न होते हुए भी तुम्हें उसी में रहना है। अभी कई वर्षों तक तुम्हें पूर्ण अन्तःकरणपूर्वक अपने पारिवारिक, व्यावसायिक, नागरिक और आध्यात्मिक कर्त्तव्यों को पूरा करना है। संसारी मनुष्यों के रुक्ष हृदयों में एक नयी मधुर दिव्य आशा का संचार करना है। तुम्हारे संतुलित जीवन से यह बात उनकी समझ में आ जायेगी कि मुक्ति बाह्य त्याग पर नहीं, बल्कि आंतरिक वैराग्य पर निर्भर करती है।'

"जब मैं हिमालय के उच्च निर्जन प्रदेश में अपने गुरु की बातें सुन रहा था, तब मेरा परिवार, ऑफ़िस, संसार कितना सुदूर लग रहा था! फिर भी उनके शब्दों में वज्रसत्य तो था ही; अतः विवश हो कर मुझे शान्ति के उस स्वर्ग को छोड़कर जाने की बात माननी ही पड़ी। गुरु से शिष्य को योगविद्या के दिये जाने के संबंध में बाबाजी ने मुझे प्राचीन कठोर नियमों का ज्ञान कराया।

"उन्होंने कहाः 'केवल योग्य शिष्यों को ही क्रिया की यह कुंजी देना। ध्यान के विज्ञान द्वारा जीवन के अंतिम रहस्यों का पता लगाने के लिये केवल वही योग्य है, जो ईश्वर की खोज में अन्य सब कुछ त्याग देने का संकल्प करता है।'

"'दयामय गुरुदेव! विलुप्त हुई क्रियायोग विद्या का पुनरुद्धार कर आपने पहले ही मानवजाति पर इतनी बड़ी कृपा की है। अब शिष्यत्व की कठोर आवश्यकताओं को शिथिल करके क्या और थोड़ी कृपा नहीं करेंगे?' मैं अनुनयपूर्वक बाबाजी की ओर देखता रहा। 'मेरी आपसे प्रार्थना है कि आप मुझे सभी सच्चे जिज्ञासुओं को क्रियायोग सिखाने की अनुमति प्रदान करें, भले ही वे प्रारम्भ में पूर्ण आन्तरिक वैराग्य की प्रतिज्ञा न कर पाएँ। संसार के त्रिविध तापों से त्रस्त नर-नारियों को विशेष प्रोत्साहन देने की आवश्यकता है। यदि क्रिया

दीक्षा से उन्हें वंचित रखा जाए, तो शायद वे कभी मुक्ति के मार्ग पर चलने का प्रयास ही न करें।'

"'तथास्तु! तुम्हारे माध्यम से ईश्वरीय इच्छा प्रकट हुई है। जो भी विनम्रता के साथ तुमसे सहायता की याचना करें, उन सब को क्रिया दे दो,' करुणामय गुरुदेव ने कहा।

"थोड़ी देर मौन रहकर बाबाजी ने कहाः 'अपने प्रत्येक शिष्य को भगवद्गीता का वह अमर वचन अवश्य बतानाः स्वल्पमप्यस्य धर्मस्य त्रायते महतो भयात्।'" (इस धर्म का थोड़ा-सा भी साधन जन्म-मृत्यु के चक्र में निहित महान् भय से तुम्हारी रक्षा करेगा।)

"दूसरे दिन प्रातः काल जब मैं विदा लेने के लिये गुरुदेव के चरणों में प्रणाम कर रहा था, तब उन्हें छोड़कर जाने में मेरी गहरी अनिच्छा को उन्होंने भाँप लिया।

"'हम लोगों के लिये कोई वियोग नहीं है, प्रिय वत्स!' उन्होंने प्रेम से मेरे कन्धे का स्पर्श किया। 'तुम जहाँ कहीं भी रहोगे, जब भी मुझे बुलाओगे, तब मैं तत्क्षण तुम्हारे सामने प्रकट हो जाऊँगा।'

"उनके इस अमूल्य वरदान से आश्वस्त होकर और ब्रह्मज्ञान के नवप्राप्त स्वर्ण से समृद्ध होकर मैं पर्वत से नीचे उतरने लगा। ऑफ़िस में मेरे सहयोगियों ने मेरा स्वागत किया; दस दिन तक वे सोच रहे थे कि मैं हिमालय के जंगलों में खो गया था। इसके शीघ्र बाद ही मुख्यालय से एक पत्र आया।

"उस पत्र में लिखा थाः 'लाहिड़ी को दानापुर कार्यालय में वापस लौट जाना चाहिये। उनका रानीखेत स्थानांतरण गलती से हुआ है। रानीखेत में किसी दूसरे आदमी को भेजा जाना चाहिये था।'

"भारत के इस दूरतम स्थान में मुझे पहुँचा देने वाली घटनाओं के पीछे छिपे गुप्त प्रवाहों का विचार कर मैं मुस्कराया।

"दानापुर वापस लौटने के पहले मैं मुरादाबाद के एक बंगाली परिवार के घर में कुछ दिन रहा। वहाँ छह मित्र मुझसे मिलने आये। जब मैंने चर्चा का रूख आध्यात्मिक विषयों की ओर मोड़ दिया, तो जिसके घर में मैं ठहरा था, उस व्यक्ति ने उदास स्वर में कहाः

"'ओह ! आजकल भारत संतों से विहीन हो गया है!'

"मैंने ज़ोर से उसका विरोध कियाः 'बाबू! अभी भी इस भूमि में महान् संत विद्यमान हैं!'

"आध्यात्मिक उत्साह के कारण हिमालय के अपने चमत्कारपूर्ण अनुभवों का वर्णन करने की उत्कट प्रेरणा मेरे मन में जाग गयी। मित्रमंडली ने विनम्रतापूर्वक अविश्वास व्यक्त किया।

"'उनमें से एक ने सांत्वना के स्वर में कहाः 'लाहिड़ी! पर्वतों की विरल हवा में तुम्हारे मस्तिष्क पर दबाव पड़ा है। तुमने अभी जो बताया है, वह कोई दिवास्वप्न है।'

"सच्चाई के जोश में मैंने बिना सोचे समझे बोल दियाः 'यदि मैं अपने गुरु को पुकारूँ, तो वे अभी इसी घर में प्रकट हो जायेंगे।'

"सबकी आँखें कौतूहल से चमक उठीं। इसमें कोई आश्चर्य नहीं था कि वे सब ऐसी किसी घटना को देखने के लिये उत्सुक थे। कुछ अनिच्छापूर्वक ही मैंने एक शांत कमरे और दो नये ऊनी कम्बलों की व्यवस्था करने के लिये कहा।

"'गुरुदेव हवा में से यहाँ प्रकट होंगे,' मैंने कहा। 'दरवाज़े के बाहर शांत बैठे रहो; मैं जल्दी ही आप लोगों को बुला लूँगा।'

"ध्यान की अवस्था में डूबकर मैं विनम्रतापूर्वक गुरुदेव का आवाहन करने लगा। अंधेरे कमरे में मंद शांतिदायक प्रकाश भर गया; बाबाजी की तेजस्वी ज्योतिर्मय मूर्ति प्रकट हो गयी।

"'लाहिड़ी! क्या तुम मुझे ऐसी फालतू बातों के लिये बुलाते हो?' गुरुदेव की दृष्टि कठोर थी। 'सत्य सच्चे साधकों के लिये है, व्यर्थ कुतूहल वालों के लिये नहीं। देखने के बाद विश्वास करना तो आसान है, उसमें फिर किसी आत्मशोध की आवश्यकता ही नहीं रहती। इंद्रियातीत सत्य की खोज केवल वही लोग कर पाते हैं, जो अपनी स्वाभाविक संसारजन्य शंका-कुशंकाओं से ऊपर उठते हैं, और केवल वही इसके अधिकारी भी है।' फिर उन्होंने गम्भीर होकर कहाः 'मुझे जाने दो!'

"मैं अनुनय-विनय करता हुआ उनके चरणों में गिर पड़ा। 'पूज्य गुरुदेव! अपनी गहरी भूल मेरी समझ में आ गयी है; मैं उसके लिये आपसे क्षमा माँगता हूँ। इन आध्यात्मिक दृष्टि से अंधे लोगों के हृदय में विश्वास जगाने के लिये ही मैंने आपको बुलाने का साहस किया। अब जब आप मेरी प्रार्थना पर कृपा कर यहाँ पधारे ही हैं, तो कृपया मेरे मित्रों को आशीर्वाद दिये बिना चले मत जाइये। वे अविश्वासी भले ही हों, परन्तु कम-से-कम मेरे अद्‌भुत कथन की जाँच करने के लिये तो तैयार थे।'

"'ठीक है, मैं थोड़ी देर रुक जाता हूँ। मैं नहीं चाहता कि तुम्हारे मित्रों के सामने तुम्हारी बात मिथ्या सिद्ध हो।' बाबाजी का चेहरा अब नरम पड़ गया था, परन्तु उन्होंने सौम्य स्वर में आगे कहा: 'इसके बाद, मेरे पुत्र, मैं तभी आऊँगा, जब तुम्हें मेरी आवश्यकता होगी; जब-जब तुम बुलाओगे तब-तब सदैव ही नहीं आऊँगा।'

"जब मैंने दरवाज़ा खोला, तब बाहर बैठी छोटी-सी मंडली में तनावपूर्ण सन्नाटा छाया हुआ था। मेरे मित्र कंबल के आसन पर विराजमान ज्योतिर्मय मूर्ति की ओर ऐसे देख रहे थे, मानो उन्हें अपनी आँखों पर विश्वास नहीं हो रहा हो।

"'यह सामूहिक सम्मोहन है!' एक आदमी उद्धत भाव से हँसा। 'हमें पता चले बिना कोई भी इस कमरे में नहीं जा सकता था!'

"बाबाजी मुस्कराते हुए आगे बढ़े और उनमें से प्रत्येक को आकर अपने उष्ण, ठोस शरीर का स्पर्श करके देखने के लिये उन्होंने इशारा किया। सारे सन्देह मिट गये; मेरे मित्रों ने पश्चाताप विदग्ध श्रद्धा और आदर के साथ उनके चरणों में साष्टांग प्रणाम किया।

"'हलवा बनाया जाये,' बाबाजी ने कहा। मैं समझ गया कि उन लोगों को अपने स्थूल शरीर की वास्तविकता का और अधिक विश्वास दिलाने के लिये ही बाबाजी ने वह आदेश दिया था। जब तक हलवा तैयार हो रहा था, महागुरु विनम्रता के साथ बातें करते रहे। उन संशयात्माओं का दृढ़ भक्तों में रूपान्तरण देखते ही बनता था। हलवा खाने के बाद बाबाजी ने हम सब को एक-एक कर आशीर्वाद दिया। अचानक प्रकाश कौंधा; हम सबने बाबाजी के शरीर के विद्युत तत्त्वों को पल भर में रसायन-विकर्षित होकर फैलते जाते वाष्पमय प्रकाश में परिवर्तित होते देखा। महागुरु की ईश्वर के साथ एकरूप हुई इच्छाशक्ति ने उनके शरीर के रूप में एकत्रित पकड़ रखे आकाशतत्त्व के अणुओं पर अपनी पकड़ ढीली कर दी और उसी के साथ कोटयवधि प्राणकणिकाओं के स्फुल्लिंग अनन्त ब्रह्म सागर में विलीन हो गये।

"'स्वयं अपनी आँखों से आज मैंने मृत्यु पर विजय पाने वाले को देख दिया।' उस मंडली में से मैत्र नामक एक व्यक्ति ने अत्यंत श्रद्धा के साथ कहा। नवजागृति के आनन्द से उनका चेहरा ही बदल गया था। 'परम गुरु देश और काल के साथ ऐसा खिलवाड़ कर गये, जैसे कोई बच्चा पानी के बुलबुलों के साथ खेलता है। मैंने ऐसे पुरुष का दर्शन कर लिया, जिनके हाथ में स्वर्ग और पृथ्वी की कुंजियाँ हैं।'

"लाहिड़ी महाशय ने अन्त में कहा था: 'इसके बाद शीघ्र ही मैं दानापुर चला गया। परमतत्त्व में दृढ़ता के साथ स्थिर होकर मैंने पुनः गृहस्थ के बहुविध पारिवारिक एवं व्यावसायिक दायित्वों को अंगीकार कर लिया।'

लाहिड़ी महाशय ने स्वामी केवलानन्दजी और स्वामी श्रीयुक्तेश्वरजी को बाबाजी के साथ अपनी एक और भेंट की कहानी भी बतायी थी। वह अवसर उन अनेक अवसरों में से एक था, जब परम गुरु ने अपना वचन निभाया था कि "मैं तभी आऊँगा, तब तुम्हें मेरी आवश्यकता होगी।"

"घटना-स्थल था इलाहाबाद का एक कुंभ मेला," लाहिड़ी महाशय ने अपने शिष्यों को बताया था। ऑफ़िस की थोड़े दिनों की छुट्टियों में मैं वहाँ गया था। कुम्भ मेले में सम्मिलित होने के लिये दूर-दूर से आये साधु-संन्यासियों के बीच मैं घूम रहा था, तभी मेरी दृष्टि भस्म रमाये, हाथ में भिक्षापात्र लिये एक साधु पर पड़ी। तुरन्त ही मेरे मन में विचार उठा कि वह साधु पाखण्डी है, जिसने वैराग्य के बाह्य चिह्न तो धारण कर रखे हैं, पर अन्तर में उन चिन्हों से संबंधित चारूता नहीं है।

"इस साधु से आगे बढ़ा ही था कि मेरी विस्मित दृष्टि बाबाजी पर पड़ी। वे एक जटाधारी संन्यासी के आगे नतमस्तक थे।

"'गुरुजी!' मैं क्षणभर में उनके पास पहुँच गया। 'प्रभु! आप यहाँ क्या कर रहे हैं?'

"'मैं इस संन्यासी का पद-प्रक्षालन कर रहा हूँ और इसके बाद मैं इन के खाना पकाने के बर्तन माँजूँगा।' बाबाजी मेरी ओर देखकर किसी नन्हें शिशु की तरह मुस्कराये; मैं समझ गया कि वे मुझे सूचित कर रहे थे कि मैं कभी किसी की आलोचना न करूँ, बल्कि सभी देह-मन्दिरों में समान रूप से वास करने वाले ईश्वर को देखूँ, वह देह मन्दिर चाहे उच्च व्यक्ति का हो या नीच व्यक्ति का।

"और फिर परम गुरु ने कहा: 'ज्ञानी-अज्ञानी साधुओं की सेवा करके मैं उस सबसे बड़े सद्गुण को सीख रहा हूँ, जो ईश्वर को अन्य सभी सद्गुणों से अधिक प्रिय है – विनम्रता।'"

प्रकरण–35

लाहिड़ी महाशय का अवतार सदृश जीवन

"हमें इसी प्रकार सारी धार्मिक परंपराओं का पालन करना होगा।" बैप्टिस्ट यूहन्ना को यह कहकर उनसे दीक्षा देने का अनुरोध करने में ईसा मसीह अपने गुरु के दिव्य अधिकारों को स्वीकार कर रहे थे।

पौर्वात्य दृष्टिकोण से बाइबिल के श्रद्धापूर्ण अध्ययन और अन्तः प्रेरणा से मुझे यह पूर्ण विश्वास हो गया है कि गतजन्मों में बैप्टिस्ट यूहन्ना ईसा मसीह के गुरु थे। बाइबिल के अनेक परिच्छेदों से यह ध्वनित होता है कि यूहन्ना और यीशु अपने पिछले जन्म में क्रमशः एलाइज़ा और उनके शिष्य एलीशा थे। (पुराने नियम [Old Testament] में यही नाम दिये गये हैं। यूनानी अनुबादकों ने इन नामों को इलयास और इलीसियस लिखा है; इसलिये नये नियम [New Testament] में ये नाम इन यूनानी रूपों में ही दिये गये हैं।)

पुराने नियम का अंत ही एलाइज़ा और एलीशा के पुनर्जन्म की भविष्यवाणी के साथ होता है: "देखो, प्रभु के उस महान और भयंकर दिन के आने के पहले ही मैं एलाइज़ा पैग़म्बर को तुम्हारे पास भेज दूँगा।"

इस प्रकार "प्रभु के ... आने के पहले" भेजे गये यूहन्ना (एलाइज़ा) का जन्म ईसा से थोड़ा पहले, उनके अग्रदूत का काम करने के लिये हुआ। पिता ज़कारिया के सामने एक देवदूत ने प्रकट होकर उन्हें बता दिया था कि उनका होने वाला पुत्र यूहन्ना और कोई नहीं, बल्कि स्वयं एलाइज़ा होगा।

"परन्तु देवदूत ने उससे कहा, डरो मत ज़केरियास, क्योंकि तुम्हारी प्रार्थना सुन ली गयी है; और तुम्हारी पत्नी एलिज़ाबेथ एक पुत्र को जन्म देगी और तुम उसका नाम यूहन्ना रखोगे ... और इज़रायल की असंख्य संतानों को वह उनके प्रभु, ईश्वर की ओर मोड़ेगा। और वह इलयास की तरह ही और इलयास की पूरी शक्ति के साथ, उसके पहले जाकर पिताओं के हृदय संतानों की ओर मोड़ देगा, आज्ञा न मानने वालों के हृदय धर्मनिष्ठ लोगों के ज्ञान की ओर मोड़ देगा, और इस प्रकार प्रजा को प्रभु के आगमन के लिये तैयार करेगा।"

ईसा मसीह ने दो बार निस्संदिग्ध शब्दों में एलाइज़ा की पहचान यूहन्ना के रूप में बतायी थी: "एलिज़ा पहले ही आ चुके हैं, और लोग उन्हें पहचान नहीं पाये ... तब शिष्यों की समझ में आया कि ईसा उन्हें द बैप्टिस्ट के बारे में बता रहे थे।" दूसरे एक स्थान पर ईसा मसीह कहते हैं: क्योंकि यूहन्ना तक के सभी पैगम्बरों और शास्त्रों ने भविष्यवाणी की है। और यदि तुम उसे स्वीकार करो, तो यह वही इलयास है, जिसके आने के बारे में वह भविष्यवाणी थी।"

जब यूहन्ना ने इससे इनकार किया कि वह इलयास (एलिज़ा) है, तो उनका अभिप्राय था कि यूहन्ना की दीन भूमिका में वे महान् गुरु एलाइज़ा के बाह्य गौरव एवं प्रताप का प्रयोग नहीं करने वाले थे। अपने पिछले जन्म में उन्होंने अपनी महिमा और आध्यात्मिक संपदा अपने शिष्य एलीशा को दे दी थी। "और एलीशा ने कहा: 'मैं आपसे प्रार्थना करता हूँ कि आपकी शक्ति दुगुनी होकर मुझमें आ जाये।' तब एलाइज़ा ने कहा: 'तुमने बड़ी मुश्किल चीज़ माँगी हैं, फिर भी, जब मुझे तुमसे दूर किया जाये, तब तुम अगर मुझे देख सके, तो तुम्हारी इच्छा पूर्ण हो जायेगी ... और एलाइज़ा की पूर्ण आध्यात्मिक संपदा एलीशा में आ गयी।' "

भूमिकाओं में अदलाबदली हो गयी, क्योंकि एलाइज़ा-यूहन्ना के लिये अब आध्यात्मिक दृष्टि से पूर्ण हुए एलीशा-ईसा का प्रकट गुरु बनने की कोई आवश्यकता नहीं रही थी।

जब पहाड़ पर ईसा का शरीर दिव्य शरीर में रूपान्तरित हो गया, तब उन्होंने अपने गुरु इलयास को ही मूसा के साथ देखा था। क्रॉस पर यातना की पराकाष्ठा में ईसा पुकार उठे: "एली, एली, लामा साबाक्तानी? अर्थात् मेरे प्रभु, मेरे प्रभु, तुमने मुझे क्यों त्याग दिया? वहाँ जो लोग खड़े थे, उनमें कुछ ने जब यह सुना, तो उन्होंने कहा, यह आदमी इलयास को पुकार रहा है ... देखते हैं कि इलयास इसे बचाने के लिये आता है या नहीं।"

यूहन्ना और ईसा के बीच जो कालातीत गुरु-शिष्य संबंध था, वही बाबाजी और लाहिड़ी महाशय के बीच भी था। मृत्युंजय गुरु अत्यंत वात्सल्य के साथ अपने शिष्य के दो जन्मों के बीच के अथाह सागर को पार कर बालक लाहिड़ी और फिर युवा लाहिड़ी द्वारा उठाये गये कदमों का मार्गदर्शन करते रहे। शिष्य के जीवन के तैंतीसवें वर्ष में पदार्पण करने से पहले बाबाजी ने प्रकट रूप से पुनः उस सम्बन्ध को स्थापित करना उपयुक्त नहीं समझा, जो कभी टूटा ही नहीं था।

रानीखेत के पास अल्प समय के मिलन के बाद निःस्वार्थी गुरु ने अपने प्रिय शिष्य को अपने पास नहीं रखा, बल्कि लाहिड़ी महाशय को जगत् में अपना जीवन कार्य पूरा करने के लिये छोड़ दिया। "मेरे पुत्र! जब भी तुम्हें मेरी आवश्यकता होगी, मैं आ जाऊँगा।" कौन-सा मर्त्य प्रेमी इस प्रकार के वचन में निहित अनंत तथ्यों की पूर्ति कर सकता है?

सन 1861 में काशी के एक एकाकी कोने में एक महान आध्यात्मिक पुनरुत्थान का श्रीगणेश हुआ। साधारण लोक समाज इससे पूर्णतः अनभिज्ञ था। जिस प्रकार फूलों की सुगन्ध को छिपा कर नहीं रखा जा सकता, उसी प्रकार आदर्श गृहस्थ का जीवन चुपचाप व्यतीत करते लाहिड़ी महाशय अपने स्वाभाविक तेज को छिपाकर नहीं रख सके। भारत के कोने कोने से भक्त-भ्रमर इस जीवन मुक्त सद्गुरु से सुधापान करने के लिये मँडराने लगे।

लाहिड़ी महाशय को प्यार से "आनन्दमग्न बाबू" कहने वाले अंग्रेज़ ऑफ़िस सुपरिटेन्डेन्ट के ध्यान में सबसे पहले यह बात आयी कि उनके कर्मचारी में कोई अज्ञात श्रेष्ठ परिवर्तन आ रहा है।

"सर, आप दुःखी लगते हैं। क्या बात है?" एक दिन सुबह लाहिड़ी महाशय ने अपने सुपरिटेन्डेन्ट से पूछा।

"इंग्लैण्ड में मेरी पत्नी गम्भीर रूप से बीमार है। मुझे बहुत चिंता हो रही है।"

"मैं आपको उनका कुछ समाचार ला देता हूँ।" लाहिड़ी महाशय वहाँ से चले गये और एक एकान्त स्थान में जाकर कुछ देर बैठे रहे। जब वापस आये तो धीरज देने के अंदाज़ में मुस्करा रहे थे।

"आपकी पत्नी की हालत सुधर रही है; अभी वे आपको पत्र लिख रही हैं।" सर्वज्ञ योगीवर ने पत्र के कुछ अंश भी सुना दिये।

"आनन्दमग्न बाबू! इतना तो मैं पहले ही जान गया हूँ कि आप साधारण मनुष्य नहीं है। फिर भी मुझे विश्वास नहीं हो पा रहा है कि आप अपनी इच्छा मात्र से ही देश और काल की सीमाओं को मिटा सकते हैं।"

अन्ततः वह पत्र आ पहुँचा। देखकर सुपरिटेन्डेन्ट चकित रह गया कि पत्र में न केवल उसकी पत्नी के अच्छी होने का शुभ समाचार था, बल्कि उन्हीं शब्दों में वह वाक्य भी थे जो महान् गुरु ने कई सप्ताह पूर्व कह सुनाये थे।

कुछ महीनों बाद पत्नी भी भारत आ गयी। जब लाहिड़ी महाशय से मुलाकात हुई तो वह श्रद्धा और आदर के साथ उन्हें देखती ही रही। फिर बोलीः

"सर, महीनों पहले लंदन में अपनी रुग्णशय्या के पास तेजस्वी प्रकाश में मैंने आपको ही देखा था। उसी क्षण मैं पूर्ण स्वस्थ हो गयी! और थोड़े ही दिन बाद भारत की लम्बी समुद्र-यात्रा करने में समर्थ हो गयी।"

दिन प्रतिदिन महान् गुरु एक-दो साधकों को क्रिया योग की दीक्षा देते थे। अपने इन आध्यात्मिक कर्तव्यों एवं व्यावसायिक तथा पारिवारिक जीवन के उत्तरदायित्वों के अलावा वे शिक्षा के क्षेत्र में भी सोत्साह हिस्सा लेते थे। उन्होंने कई घरों में छोटी-छोटी पाठशालाएँ शुरू करवा दी थीं और काशी के बंगाली टोला मुहल्ले में एक बड़े हाईस्कूल के विकास में सक्रिय योगदान दिया था। साप्ताहिक सभाओं में, जो बाद में "गीता-सभा" के नाम से प्रतिष्ठित हुईं, महान गुरु अनेक जिज्ञासुओं को शास्त्रों का अर्थ समझाते थे।

इन बहुमुखी गतिविधियों द्वारा लाहिड़ी महाशय उस सामान्य प्रतिवाद का उत्तर देने की चेष्टा कर रहे थेः "व्यावसायिक और सामाजिक कर्तव्यों को निभाते-निभाते ध्यान-धारणा का समय ही कहाँ बचता है?" इस महान गृहस्थ-योगी गुरु का पूर्ण संतुलित जीवन हजारों नर-नारियों के लिये प्रेरणा का स्रोत बना। केवल साधारण-सा वेतन पाते हुए भी, किफायती खर्च करते हुए ये आडम्बरहीन गुरु, जिनके पास कोई भी पहुँच सकता था, अत्यंत स्वाभाविक तरीके से सुखपूर्वक संयमित सांसारिक जीवन व्यतीत कर रहे थे।

साक्षात् परमात्मा के आसन पर विराजमान होते हुए भी लाहिड़ी महाशय बिना किसी भेदभाव के सभी लोगों का आदर करते थे। जब उनके भक्त उन्हें प्रणाम करते, तो वे भी उत्तर में उन्हें नमस्कार करते। गुरु के पाँव छूने की प्राचीन पौर्वात्य प्रथा होते हुए भी वे स्वयं ही शिशु सुलभ विनम्रता के साथ दूसरों के पाँव छू लेते थे, पर दूसरों को कभी अपने पाँव नहीं छूने देते थे।

हर धर्म के लोगों को क्रिया योग दीक्षा का दान लाहिड़ी महाशय के जीवन की एक उल्लेखनीय विशिष्टता थी। केवल हिंदू ही नहीं, बल्कि उनके प्रमुख शिष्यों में मुसलमान और ईसाई भी थे। द्वैतवादी हो या अद्वैतवादी, चाहे वह किसी भी धर्म का अनुयायी हो या किसी भी प्रचलित धर्म को न मानता हो, विश्वगुरु सबका निष्पक्ष रूप से स्वागत करते और उन्हें शिक्षा देते थे। उनके एक मुसलमान शिष्य अब्दुल गफूर खान अत्यंत ऊँची अवस्था में पहुँचे हुए थे। स्वयं सर्वोच्च ब्राह्मण जाति के होते हुए भी लाहिड़ी महाशय ने अपने समय की कट्टर जाति व्यवस्था को तोड़ने की दिशा में साहसिक कदम उठाये थे। जीवन के सभी क्षेत्रों के लोगों को इस गुरु की सर्वव्यापी छत्रछाया में आसरा मिलता था। सभी ईश-प्रेरित संतों के समान ही लाहिड़ी महाशय ने भी समाज के पतित-दलितों के हृदयों में आशा की नयी किरण जगायी।

"यह याद रखो कि तुम किसी के नहीं हो और कोई तुम्हारा नहीं है। इस पर विचार करो कि किसी दिन तुम्हें इस संसार का सब कुछ छोड़कर चल देना होगा, इसलिये अभी से ही भगवान को जान लो," महान गुरु अपने शिष्यों से कहते। "ईश्वरानुभूति के गुब्बारे में प्रतिदिन उड़कर मृत्यु की भावी सूक्ष्म यात्रा के लिये अपने को तैयार करो। माया के प्रभाव में तुम अपने को हाड़-मांस की गठरी मान रहे हो, जो दुःखों का घर मात्र है। अनवरत ध्यान करो ताकि तुम जल्दी से जल्दी अपने को सर्व-दुःख-क्लेशमुक्त अनन्त परमतत्त्व के रूप में पहचान सको। क्रियायोग की गुप्त कुंजी के उपयोग द्वारा देह-कारागार से मुक्त होकर परमतत्त्व में भाग निकलना सीखो।"

गुरुवर अपने विभिन्न शिष्यों को अपने-अपने धर्म के अच्छे परम्परागत नियमों का निष्ठा के साथ पालन करने के लिये प्रोत्साहित करते थे। मुक्ति की व्यावहारिक प्रविधि के रूप में क्रियायोग के सर्वसमावेशक स्वरूप के महत्त्व को स्पष्ट करने के बाद फिर लाहिड़ी महाशय अपने शिष्यों को अपने-अपने वातावरण एवं पालन-पोषण के अनुसार अपना जीवन जीने की स्वतन्त्रता देते थे।

वे कहते थेः "मुसलमान को रोज पाँच बार नमाज़ पढ़ना चाहिये। हिन्दू को दिन में कई बार ध्यान में बैठना चाहिये। ईसाई को रोज कई बार घुटनों के बल बैठकर प्रार्थना करके फिर बाइबिल का पाठ करना चाहिये।"

लाहिड़ी महाशय अत्यंत विचारपूर्वक अपने अनुयायियों को उनकी स्वाभाविक प्रवृत्तियों के अनुसार भक्तियोग, कर्मयोग, ज्ञानयोग या राजयोग के मार्ग पर चलाते थे। संन्यास लेने की इच्छा रखने वाले शिष्यों को वे आसानी से उसकी अनुमति

नहीं देते थे; हमेशा उन्हें संन्यास-जीवन की उग्र तपश्चर्या पर पहले भलीभाँति विचार कर लेने का परामर्श देते थे।

अपने शिष्यों को वे शास्त्रों की अनुमानमूलक चर्चा में न उलझने का परामर्श देते थे। वे कहतेः "केवल वही बुद्धिमान है, जो प्राचीन दर्शनों का केवल पठन-पाठन करने के बजाय उनकी अनुभूति करने का प्रयास करता है। ध्यान में ही अपनी सब समस्याओं का समाधान ढूँढो। व्यर्थ अनुमान लगाते रहने के बदले ईश्वर से प्रत्यक्ष सम्पर्क करो।

"शास्त्रों के किताबी ज्ञान से उत्पन्न मतांध धारणाओं के कचरे को अपने मन से निकाल फेंकों और उसके स्थान पर प्रत्यक्ष अनुभूति के आरोग्यप्रद मीठे जल को अन्दर आने दो। अन्तरात्मा के सक्रिय मार्गदर्शन से मन की तार को जोड़ लो; उसके माध्यम से बोलने वाली ईश्वर-वाणी के पास जीवन की प्रत्येक समस्या का उत्तर है। अपने आप को संकट में डालने के मामले में मनुष्य की प्रतिभा का कोई अंत प्रतीत नहीं होता, परन्तु उस परम दयालु ईश्वर के पास सहायता की युक्तियों की भी कोई कमी नहीं है।"

एक दिन भगवद्गीता पर लाहिड़ी महाशय का प्रवचन सुन रहे शिष्यों को उनकी सर्वव्यापिता की झलक देखने को मिली। लाहिड़ी महाशय सकल स्पन्दनशील सृष्टि में व्याप्त कूटस्थ चैतन्य का अर्थ समझा रहे थे। तभी हठात् वे हाँफने लगे मानो उनका दम घुट रहा था, और साथ ही चिल्ला उठेः

"जापान के समुद्र तट के पास मैं अनेक लोगों के शरीरों के माध्यम से डूब रहा हूँ!"

कुछ दिनों बाद शिष्यों ने समाचार पत्रों में उस दिन जापान के पास डूबे एक जहाज़ में यात्रा कर रहे अनेक लोगों की डूबने से मृत्यु का समाचार पढ़ा।

अनेक दूर-दूर तक रहने वाले शिष्यों को अपने इर्दगिर्द लाहिड़ी महाशय की संरक्षक एवं मार्गदर्शक उपस्थिति का अनुभव होता था। जो शिष्यगण परिस्थितिवश उनके पास नहीं रह सकते थे, उन्हें लाहिड़ी महाशय सांत्वना देते हुए कहते थेः "जो क्रिया का अभ्यास करते हैं, उनके पास में सदैव रहता हूँ। तुम्हारी अधिकाधिक व्यापक बनती जाती आध्यात्मिक अनुभूतियों के माध्यम से मैं परमपद प्राप्त करने में तुम्हारा मार्गदर्शन करूँगा।"

लाहिड़ी महाशय के एक मुख्य शिष्य श्री भूपेन्द्रनाथ सन्याल ने बताया कि 1892 ईस्वी में, जब वे किशोरावस्था में थे, तो काशी जाने में असमर्थ होने के कारण उन्होंने आध्यात्मिक उपदेश के लिये लाहिड़ी महाशय से प्रार्थना की। लाहिड़ी

महाशय ने उनके स्वप्न में आकर उन्हें दीक्षा दी। बाद में किशोर भूपेन्द्रनाथ काशी गये और वहाँ उन्होंने लाहिड़ी महाशय से दीक्षा के लिये अनुरोध किया। लाहिड़ी महाशय ने उत्तर दियाः "मैंने स्वप्न में तुम्हें पहले ही दीक्षा दे दी है।"

यदि कोई शिष्य किसी सांसारिक दायित्व की उपेक्षा करता, तो लाहिड़ी महाशय उसे प्यार से समझाकर रास्ते पर ले आते।

"जब किसी शिष्य के दोषों के बारे में खुले आम बोलने के लिये उन्हें विवश होना पड़ता, तब भी लाहिड़ी महाशय अत्यंत सौम्य और शान्तिदायक शब्दों में बोलते थे," श्रीयुक्तेश्वरजी ने एक बार मुझे बताया। फिर विचारमग्न होते हुए आगे कहाः "कोई भी शिष्य कभी हमारे गुरुदेव की फटकार से बचने के लिये भागा नहीं।" मैं अपनी हँसी को रोक नहीं सका, परन्तु मैंने सच्चे हृदय से अपने गुरु को विश्वास दिलाया कि तीखा हो या कोमल, उनका हर शब्द मेरे कानों के लिये मधुर संगीत के समान है।

लाहिड़ी महाशय ने अत्यंत विचारपूर्वक क्रियायोग को साधक की प्रगति के अनुसार चार क्रमों में दी जाने वाली दीक्षाओं में विभाजित किया। साधक की एक निश्चित हद तक उन्नति होने के बाद ही वे उसे तीन उच्चतर क्रियाओं की दीक्षा देते थे। एक शिष्य को ऐसा लग रहा था कि उसका उचित मूल्यांकन नहीं हो रहा है। एक दिन उसने अपना असंतोष शब्दों में प्रकट किया।

उसने कहाः "गुरुदेव! अब तो मैं निश्चय ही द्वितीय दीक्षा पाने के योग्य हो गया हूँ।" उसी समय दरवाज़ा खुला और एक विनम्र साधक, वृन्दा भगत ने कमरे में प्रवेश किया। वे काशी में पोस्टमैन थे।

"वृन्दा! यहाँ मेरे पास आकर बैठो।" महान् गुरु उनकी ओर देखकर स्नहेपूर्वक मुस्कराये। "यह बताओ कि क्या तुम द्वितीय क्रिया के योग्य हो गये हो?"

पोस्टमैन ने दीनभाव से हाथ जोड़ दिये और चौकन्ने होकर कहाः "गुरुदेव! अब मुझे और कोई दीक्षा नहीं चाहिये! किसी उच्चतर शिक्षा को अब मैं कैसे आत्मसात् कर सकता हूँ? आज तो मैं आपका आशीर्वाद माँगने ही आया था, क्योंकि प्रथम क्रिया से ही मुझे ऐसा दिव्य नशा चढ़ जाता है कि ठीक से अपना पत्र बाँटने का काम भी नहीं कर पा रहा हूँ।"

"वृन्दा ब्रह्मानन्द सागर में पहले ही तैर रहा है।" लाहिड़ी महाशय के मुख से ये शब्द सुनकर उस द्वितीय दीक्षा माँगने वाले शिष्य ने शर्म से अपना सिर झुका लिया और कहाः

“गुरुदेव! मेरी समझ में आ गया है कि मैं एक ऐसा घटिया कारीगर हूँ, जो अपने औज़ारों को ही दोष दिया करता है।”

बाद में उस दीन, अशिक्षित पोस्टमैन ने क्रिया के द्वारा अपनी अंतर्दृष्टि को इतना विकसित कर लिया कि कभी-कभी विद्वान और पंडित भी शास्त्रों के जटिल मुद्दों पर उसका मत जानने के लिये उसके पास पहुँच जाते थे। वाक्यों और शब्दों की रचना से तथा अहंकार और पाप से अनभिज्ञ वृन्दा विद्वानों पंडितों में प्रख्यात हो गया।

काशी के असंख्य शिष्यों के अतिरिक्त भारत के सुदूर भागों से भी सैंकड़ों लोग लाहिड़ी महाशय के पास आते थे। लाहिड़ी महाशय स्वयं भी अपने दो पुत्रों के ससुराल वालों से मिलने के लिये अनेक बार बंगाल में जाते थे। इस प्रकार बार-बार उनकी उपस्थिति से पावन हुए बंगाल में क्रिया योगियों की छोटी-छोटी मंडलियों का जाल-सा बन गया। विशेषतः कृष्णनगर एवं विष्णुपुर जिलों में चुपचाप अपनी साधना करने वाले अनेकानेक साधकों ने आज तक आध्यात्मिक ध्यान की अदृश्य धारा को बहती रखा है।

लाहिड़ी महाशय से क्रिया दीक्षा प्राप्त करने वाले अनेकानेक संतों में काशी के प्रख्यात स्वामी भास्करानन्द सरस्वती तथा देवघर के अत्यंत उच्च कोटि के तपस्वी बालानन्द ब्रह्मचारी भी थे। कुछ समय के लिये लाहिड़ी महाशय काशी के महाराजा ईश्वरी नारायण सिंह बहादुर के पुत्र के निजी शिक्षक भी रहे थे। उनकी आध्यात्मिक उपलब्धियों को पहचान कर महाराजा एवं उनके पुत्र, दोनों ने लाहिड़ी महाशय से क्रिया दीक्षा ली। महाराजा ज्योतीन्द्र मोहन ठाकुर ने भी उनसे दीक्षा ली।

लाहिड़ी महाशय के अनेक शिष्य समाज में ऊँचे-ऊँचे स्थानों पर थे और वे प्रचार द्वारा क्रियायोग का प्रसार करना चाहते थे। परन्तु लाहिड़ी महाशय ने इसकी अनुमति नहीं दी। एक शिष्य काशी नरेश के राजवैद्य थे। उन्होंने लाहिड़ी महाशय को “काशी बाबा” नाम देकर उस नाम का प्रसार करने का संगठित प्रयास किया। लाहिड़ी महाशय ने इस बात के लिये भी मना कर दिया।

वे कहते थेः “क्रियायोग रूपी पुष्प की सुगंध को स्वाभाविक रूप से अपने आप फैलने दो। क्रिया योग का बीज आध्यात्मिक दृष्टि से उर्वरा हृदय-भूमियों में निश्चित रूप से जड़ पकड़ेगा।

लाहिड़ी महाशय ने संगठन या मुद्रणालय के आधुनिक माध्यम से प्रचार करने की पद्धति का अवलम्ब नहीं किया, तथापि वे जानते थे कि उनके सन्देश की

शक्ति रोकी न जा सकने वाली बाढ़ की भाँति उमड़ पड़ेगी और अपने शक्तिवेग से मानव-मनों में घुस जायेगी। उनके शिष्यों का परिवर्तित और शुद्ध हुआ जीवन क्रिया की अमर-अपार शक्ति का प्रत्यक्ष प्रमाण था।

रानीखेत में दीक्षा ग्रहण करने के 25 वर्ष बाद सन 1886 ईस्वी में लाहिड़ी महाशय पेन्शन पर रिटायर हो गये। अब दिन में भी उनके उपलब्ध होने के कारण उनके पास आने वाले भक्तों की संख्या में अधिकाधिक वृद्धि होती गयी। अब महान गुरु अधिकांश समय निश्चल पद्मासन में मौन बैठे रहते थे। वे सदा अपने छोटे-से बैठकखाने में ही बैठे रहते थे; यहाँ तक कि कभी टहलने जाने या घर के दूसरे हिस्सों में जाने के लिये भी वे शायद ही कभी वहाँ से उठते थे। गुरु के दर्शन के लिये शिष्यों के आगमन का क्रम लगभग अखंड रूप से चलता रहता था।

लाहिड़ी महाशय के शरीर में अधिकांश समय अतिमानवी लक्षणों का दिखायी देना प्रायः दर्शनार्थियों को चिंता और विस्मय में डाल देता था; जैसे श्वासरहितता, निद्रारहितता, नाड़ी और हृदय की धड़कन का रुका हुआ होना, घंटों तक पलकें झपकाये बिना शान्त आँखों का खुला होना, और उनके चारों ओर शान्ति का प्रगाढ़ वलय होना। वहाँ से लौटने वालों में कोई ऐसा नहीं होता था जो दिव्य प्रेरणा से भारित न हुआ हो। सभी को यह ज्ञान हो जाता था कि उन्हें एक सच्चे भगवत-स्वरूप संत का मौन आशीर्वाद प्राप्त हो गया है।

बाद में लाहिड़ी महाशय ने अपने एक शिष्य पंचानन भट्टाचार्य को कोलकाता में "आर्य मिशन इंस्टिट्यूट" नाम से एक योग केन्द्र स्थापित करने की अनुमति दी। यह केन्द्र कुछ जड़ी-बूटियों की यौगिक औषधियाँ वितरित करता था और उसने बंगाल में भगवद्गीता का प्रथम सस्ता-सुलभ संस्करण प्रकाशित किया था। हिंदी और बंगाली में प्रकाशित यह "आर्य मिशन गीता" हज़ारों घरों में पहुँची।

साधारणतया लोगों को विभिन्न रोगों के निवारण के लिये लाहिड़ी महाशय प्राचीन परम्परा के अनुसार नीम का तेल देते थे। जब वे किसी शिष्य को तेल निकालने के लिये कहते, तो वह शिष्य आसानी से तेल निकाल लेता। अन्य कोई यदि वह तेल निकालने का प्रयास करता, तो उसके सामने विचित्र बाधाएँ खड़ी हो जाती थीं; जैसे जब वह आसवन के लिये आवश्यक प्रक्रिया पूरी करता, तो उसे दिखायी देता कि पूरा तेल ही भाप बनकर उड़ चुका है। स्पष्ट है कि गुरु का आशीर्वाद उस प्रक्रिया में एक आवश्यक तत्त्व था।

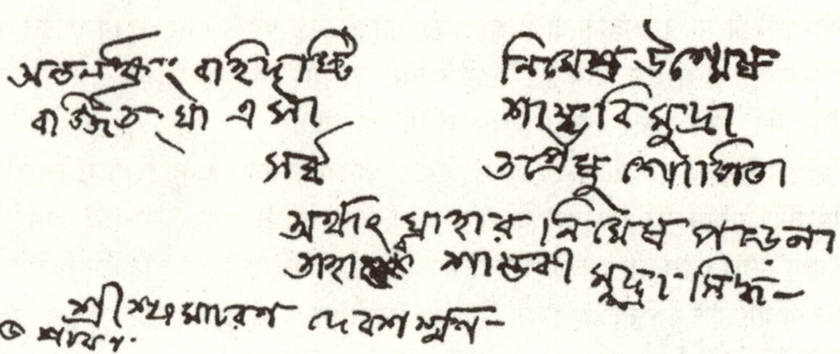

लाहिड़ी महाशय की बंगाली में लिखावट तथा हस्ताक्षर का नमूना ऊपर दिखाया गया है। ये पंक्तियाँ उनके द्वारा एक शिष्य को लिखे गये एक पत्र से ली गयी हैं, जिसमें गुरुदेव एक संस्कृत श्लोक का अर्थ इस प्रकार बता रहे हैं: "शान्ति की ऐसी अवस्था जिसने प्राप्त कर ली हो कि उसकी पलकें नहीं झपकतीं, उसने शाम्भवी मुद्रा सिद्ध कर ली है।"

5 श्रावण, (हस्ताक्षर) श्री श्यामाचरण देवशर्मन

अन्य अनेक महान संतों की भाँति ही लाहिड़ी महाशय ने स्वयं कोई पुस्तक नहीं लिखी, परन्तु शास्त्रों पर अपनी व्याख्याओं का अनेक शिष्यों को उपदेश दिया। लाहिड़ी महाशय के पौत्र और मेरे प्रिय मित्र श्री आनन्दमोहन लाहिड़ी ने लिखा है:

"भगवद्गीता तथा महाभारत के अन्य हिस्सों में भी अनेक ग्रन्थियाँ (व्यासकूट) हैं। उन व्यासकूटों का विचार न किया जाये, तो उनमें केवल ऐसी कथाएँ मिलती हैं जो विचित्र भी लगती हैं और जिनहें कोई भी गलत समझ सकता है। इन ग्रन्थियों को स्पष्ट न किया जाये, तो एक ऐसा विज्ञान हमारी दृष्टि से ओझल ही रहेगा जिसे हज़ारों-हज़ारों वर्षों के प्रयोगों के अनुसन्धान के बाद भारतवर्ष ने अतिमानवी धैर्य के साथ संभाल कर रखा है।

"लाहिड़ी महाशय शास्त्रों की कल्पनासृष्टि के गूढ़ वाक्यों में कुशलतापूर्वक छिपाये गये धर्म विज्ञान को रूपकों से अलग कर प्रकाश में लाये। शास्त्र कूटवाक्यों का शब्दजाल मात्र नहीं रहे। लाहिड़ी महाशय ने सिद्ध कर दिया कि वैदिक पूजा-विधियों के पीछे वैज्ञानिक अर्थ है।

"हम जानते हैं कि मनुष्य कुप्रवृत्तियों के आवेगों के आगे साधारणतया असहाय हो जाता है, परन्तु जब क्रियायोग के अभ्यास से उसकी चेतना में इंद्रियसुख से

कहीं अधिक श्रेष्ठ और चिरस्थायी आनन्द जागृत हो जाता है, तब वे कुप्रवृत्तियाँ बलहीन हो जाती हैं और उनकी ओर प्रवृत्त होने की मनुष्य के मन में कोई इच्छा नहीं रह जाती। इसमें तुच्छ इच्छाओं का परित्याग और श्रेष्ठ विचारों की प्राप्ति की प्रक्रिया साथ-साथ घटित होती है। ऐसी प्रणाली के बिना, केवल निषेधात्मक निर्देश देने वाले नैतिक विधि-नियम हमारे लिये किसी काम के नहीं होते।

"समस्त गोचर अभिव्यक्तियों के पीछे शक्ति का महासागर, अनंत ईश्वर ही है। सांसारिक कार्यों के प्रति हमारी आतुरता हमारे श्रद्धायुक्त विस्मय भाव को नष्ट कर देती है। आधुनिक विज्ञान हमें प्रकृति की शक्तियों का उपयोग कैसे किया जाता है यह सिखाता है, इसलिये समस्त नाम-रूपों में निहित महाप्राण शक्ति को हम समझ नहीं पाते। प्रकृति के साथ घनिष्ठता के कारण उसके चरम रहस्यों के प्रति हमारे मन में आदर समाप्त हो गया और उसके साथ हमारे सम्बन्ध ने व्यावहारिक व्यवसाय का रूप ले लिया। एक प्रकार से कहा जाये तो हम उसके साथ छेड़खानी करते रहते हैं ताकि हमें पता चले कि किस-किस प्रकार से उसे हमारे उद्देश्यों की पूर्ति के लिये विवश किया जा सकता है। हम उसकी शक्तियों का उपभोग तो करते हैं, पर अभी तक हमें उन शक्तियों के स्रोत के बारे में कुछ भी मालूम नहीं है। विज्ञान के मार्ग में प्रकृति के साथ हमारा सम्बन्ध ऐसा है जैसा एक दास के साथ उसके अहंकारी, हेकड़ मालिक का होता है, या दार्शनिक दृष्टिकोण से कहें तो प्रकृति को मानों बन्दी बनाकर साक्षी के कटघरे में खड़ा कर दिया गया है। हम उससे प्रतिप्रश्न करते हैं, उसे चुनौती देते हैं और उसकी साक्ष्य को बारीकी से मानवीय तराजुओं में तोलते हैं, जो उसके छिपे मूल्यों को कभी नाप नहीं सकते।

"दूसरी ओर, आत्मा जब उच्चतर शक्ति के साथ एकाकार हो जाती है, तब प्रकृति बिना किसी जोर-जबरदस्ती के मनुष्य की इच्छा का पालन करती है। प्रकृति पर इस अनायास प्रभुत्व को अबोध भौतिकवादी 'चमत्कार' कहते हैं।

"लाहिड़ी महाशय के जीवन ने एक उदाहरण स्थापित कर दिया, जिससे यह गलत धारणा दूर हो गयी कि योग एक गूढ़ साधना है। भौतिक विज्ञान की यथार्थता के बावजूद प्रत्येक मनुष्य को क्रियायोग के माध्यम से प्रकृति के साथ अपने सच्चे सम्बन्ध को समझने का और प्रकृति की समस्त घटनाओं के प्रति आध्यात्मिक आदर एवं श्रद्धा अनुभव करने का कोई न कोई तरीका मिल ही सकता है, चाहे वे घटनाएँ गूढ़ प्रतीत हाने वाली हों या दैनन्दिन जीवन की साधारण घटनाएँ हों। हमें यह याद रखना चाहिये कि आज से हज़ार वर्ष पूर्व जो गूढ़ लगता

था, वह अब गूढ़ नहीं रहा, और आज जो कुछ गूढ़ लग रहा हो वह कुछ ही वर्षों में आसानी से समझने वाला तथ्य बन सकता है।

"क्रिया योग का विज्ञान शाश्वत है। यह गणित के समान सत्य है; संख्याओं को जोड़ने और घटाने के सीधे-सादे नियमों की तरह ही क्रियायोग का नियम भी कभी नष्ट नहीं हो सकता। भले ही गणित की सारी पुस्तकों को जलाकर राख कर दिया जाए; तर्कबुद्धि से युक्त लोग तब भी गणित के सारे सत्यों को फिर से खोज निकालेंगे। इसी तरह योग की भी सारी पुस्तकों को दबा दिया जाए, तब भी जब शुद्ध भक्ति और उस भक्ति से उत्पन्न होने वाले शुद्ध ज्ञान से युक्त कोई महात्मा आयेगा, तब योग के सारे मूलभूत तत्त्व उसके सामने अपने आप प्रकट हो जायेंगे।"

जिस प्रकार बाबाजी "महावतार" या सबसे महान अवतारों में हैं और श्रीयुक्तेश्वरजी को "ज्ञानावतार" कहना सार्थक होगा, उसी प्रकार लाहिड़ी महाशय "योगावतार" थे।

गुणवत्ता और परिणाम, दोनों ही मापदण्डों से इस महान गुरु ने समाज के आध्यात्मिक स्तर को उन्नत किया। अपने अन्तरंग शिष्यों को ईसा मसीह के समान उच्च अवस्था में पहुँचा देने की शक्ति और जनसाधारण में व्यापक स्तर पर उनके द्वारा दिये गये सत्य के ज्ञान से लाहिड़ी महाशय की गणना मानवजाति के उद्धारकों में होती है।

गुरु के रूप में उनकी अपूर्व विशिष्टता यह है कि उन्होंने एक निश्चित प्रणाली – क्रियायोग – पर व्यावहारिक ज़ोर देते हुए प्रथम बार सभी मनुष्यों के लिये योग साधना का द्वार खोल दिया। उनके अपने जीवन के असंख्य चमत्कारों के अतिरिक्त, योग मार्ग की प्राचीन जटिलताओं को सर्वसामान्य लोगों की समझ में आसानी से आने लायक प्रभावशाली सरल रूप देकर योगावतार ने सब प्रकार के चमत्कारों की परकाष्ठा कर दी।

चमत्कारों के विषय में लाहिड़ी महाशय प्रायः कहा करते थेः "सामान्य जन के लिये अज्ञात (चमत्कारों के) सूक्ष्म नियमों के परिचालन की पात्र-अपात्र का सारासार विचार किये बिना सार्वजनिक चर्चा नहीं करना चाहिये, न ही उन्हें छाप कर प्रकाशित करना चाहिये।" यदि इन पन्नों में कहीं मैं उनकी इस चेतावनी का उल्लंघन करता प्रतीत हो रहा हूँ, तो उसका कारण यह है कि उन्होंने मुझे इसके बारे में आंतरिक आश्वासन दिया है। परन्तु फिर भी बाबाजी, लाहिड़ी महाशय और श्रीयुक्तेश्वरजी के जीवन के विषय में लिखते हुए मैंने कुछ चमत्कारों की कहानियों

को न लिखना ही उचित समझकर उन्हें छोड़ दिया है। गूढ़ और समझने में अत्यंत कठिन तत्त्वों पर स्पष्टीकरणों का एक पूरा ग्रंथ ही लिखे बिना उन कहानियों को मैं इस पुस्तक में डाल भी नहीं सकता था।

लाहिड़ी महाशय स्वयं एक गृहस्थ-योगी थे और उन्होंने जो संदेश इस संसार को दिया है, वह आज के संसार की आवश्यकताओं के अनुरूप ही है। प्राचीन भारत की उच्च कोटि की आर्थिक और धार्मिक परिस्थितियाँ अब नहीं रहीं। इसलिये भिक्षापात्र लिये भ्रमण करते रहने योगी के प्राचीन आदर्श को उन्होंने प्रोत्साहन नहीं दिया, बल्कि उन्होंने इस बात को अधिक लाभदायक बताते हुए उसी पर ज़ोर दिया कि योगी को अपनी आजीविका का स्वयं उपार्जन करना चाहिये, उसे पहले ही भार के नीचे दबे समाज पर अपने पोषण का और बोझ नहीं डालना चाहिये तथा अपने घर के एकांत में ही उसे योग साधना करनी चाहिये। इस उपदेश में उन्होंने स्वयं अपना ही ज्वलंत उदाहरण जोड़कर उसे और भी अधिक बल प्रदान किया। वे एक ऐसे आदर्श आधुनिक योगी थे जिन्होंने आधुनिक समय की आवश्यकताओं का ध्यान रखते हुए अनन्त की साधना के महत्त्वहीन अंगों को स्वयं ही तिलांजलि दे दी थी। बाबाजी ने ही उनके जीवन के तरीके की योजना बनायी थी जो कि विश्व के सब भागों में रहने वाले योगसाधनाकांक्षियों को मार्ग दिखाने के लिये ही बनी थी।

नये मनुष्यों के लिये नयी आशा! योगावतार ने घोषणा कर दी थीः "ईश्वर-साक्षात्कार आत्मप्रयास से संभव है, वह किसी धार्मिक विश्वास या किसी ब्रह्माण्ड नायक की मनमानी इच्छा-अनिच्छा पर निर्भर नहीं है।"

जो लोग किसी भी मनुष्य के देवत्व पर विश्वास नहीं कर सकते, वे क्रिया की कुंजी को प्रयुक्त कर अंततः स्वयं अपने में पूर्ण देवत्व का दर्शन करेंगे।

प्रकरण–36

पश्चिम के प्रति बाबाजी की अभिरुचि

“गुरुदेव! क्या आपको कभी बाबाजी का दर्शन हुआ है?”

गर्मियों के मौसम की शान्त रात्रि का समय था। सिर पर आकाश में बड़े-बड़े तारे चमक रहे थे। मैं श्रीरामपुर के आश्रम में दूसरे तल्ले के बरामदे में श्रीयुक्तेश्वरजी के पास बैठा हुआ था।

मेरे इस सीधे प्रश्न पर मुस्कराते हुए उन्होंने कहाः “हाँ, हुआ है।” और उनकी आँखें श्रद्धा एवं आदर से चमक उठीं। “अमर गुरु का तीन बार दर्शन करने का सौभाग्य मुझे प्राप्त हुआ है। प्रथम दर्शन प्रयाग के कुम्भ मेले में हुआ था।”

अति प्राचीन काल से ही भारत में कुम्भ मेले लगते आ रहे हैं। इन मेलों ने आध्यात्मिक लक्ष्यों को सामान्य जनता की दृष्टि के सामने अनवरत रूप से बरकरार रखा है। हर बारह वर्षों के बाद लाखों श्रद्धालु हिंदू हज़ारों साधुओं, योगियों, स्वामियों तथा सब प्रकार के तपस्वियों से मिलने के लिये एकत्रित होते हैं। इनमें अनेक तपस्वी ऐसे होते हैं जो केवल कुम्भ मेलों में ही आकर सांसारिक नर-नारियों पर अपने आशीर्वादों की वर्षा करते हैं, अन्यथा कभी अपने एकान्त स्थानों से बाहर ही नहीं निकलते।

“जब बाबाजी से मेरी मुलाकात हुई, तब मैं स्वामी नहीं बना था,” श्रीयुक्तेश्वरजी बता रहे थे। “परन्तु मुझे लाहिड़ी महाशय से क्रिया दीक्षा मिल गयी थी। लाहिड़ी महाशय ने ही मुझे 1894 के जनवरी महीने में प्रयाग में होने वाले कुम्भ मेले में जाने के लिये कहा था। कुंभ मेले में जाने का यह मेरा पहला अवसर

था। विशाल जनसागर और उसके कोलाहल को देखकर मैं किंचित् हक्काबक्का-सा हो गया था। मैं ध्यानपूर्वक चारों ओर शोध करती दृष्टि से देखता चल रहा था, पर किसी सिद्ध का तेजस्वी चेहरा नज़र नहीं आ रहा था। गंगा किनारे पर एक पुल के पास से मैं जैसे ही आगे बढ़ा, मेरी दृष्टि एक परिचित मनुष्य पर पड़ी जो अपना भिक्षा पात्र आगे बढ़ा रहा था।

"'ओह, यह मेला कोलाहल और भिखारियों के जमघट के सिवा कुछ नहीं है,' मेरे मन में विचार आया। मेरा मोहभंग हो गया था। "धर्म का नाम लेकर केवल भिक्षा पर ही सारा ध्यान रखने वाले इन निकम्मों से तो मानवजाति की प्रत्यक्ष भलाई के लिये धैर्यपूर्वक ज्ञान की सीमाओं का विस्तार करने वाले पाश्चात्य वैज्ञानिक ही भगवान को अधिक प्रसन्न करते होंगे," मैं सोच रहा था।

"समाज-सुधार के बारे में मेरे मन में सुलगते विचारों में अचानक बाधा पड़ गयी, जब मेरे सामने आकर खड़े हुए एक लम्बे कद के संन्यासी की आवाज़ मेरे कानों में पड़ी।

"'महाराज!' उसने कहा, 'एक संत आपको बुला रहे हैं।'

"'कौन हैं वे?'

"'आकर खुद ही देख लीजिये।'

"इस संक्षिप्त उत्तर पर कुछ झिझकते हुए मैं उसके साथ गया और शीघ्र ही एक वृक्ष के पास पहुँच गया जिसकी छाया में मन को आकर्षित करने वाले शिष्यों की मंडली से घिरे एक गुरु बैठे हुए थे। अलौकिक तेजोमूर्ति थे वे। उनकी आँखें तेजस्वी थीं। मेरे पहुँचते ही वे उठ खड़े हुए और उन्होंने मुझे आलिंगन में बांध लिया।

"अत्यंत प्रेम से उन्होंने कहाः 'आइये, स्वामीजी!'

"'मैं स्वामी नहीं हूँ, महाराज!' मैंने जोर देते हुए कहा।

"'ईश्वर की आज्ञा से मैं जिसे स्वामी की उपाधि प्रदान करता हूँ, वही कभी उस उपाधि का त्याग नहीं करता।' उस सन्त ने अत्यंत सरल भाव से मुझसे यह कहा परन्तु उनके शब्दों में गहरा सत्य ध्वनित हो रहा था; मैं तत्क्षण आध्यात्मिक आशीर्वाद की लहरों में हिलोरे लेने लगा। अचानक स्वामी पद पर अपनी उन्नति हुई देखकर मैं मुस्कराया और इस तरह मुझे महान सम्मान प्रदान करने वाले उस नरदेहधारी महान और देवता सदृश आत्मा के चरणों में मैंने प्रणाम किया।

"बाबाजी ने – क्यों कि वे बाबाजी ही थे – मुझे उस वृक्ष के नीचे अपने पास बैठने का संकेत किया। वे मजबूत कदकाठी के और युवा थे और दिखने में लाहिड़ी महाशय जैसे थे; लेकिन फिर भी इस समानता ने मेरे दिमाग के किसी तार को नहीं छेड़ा, जब कि मैं इन दो महागुरुओं के चेहरों में असाधारण साम्य के बारे में प्रायः सुना करता था। बाबाजी के पास एक ऐसी शक्ति हैं जिससे वे किसी भी व्यक्ति के मन में किसी विशिष्ट विचार को आने से रोक सकते हैं। स्पष्ट है कि वे चाहते थे कि मैं उनकी उपस्थिति में पूर्णतः स्वाभाविक अवस्था में रहूँ और उन्हें पहचान कर स्तम्भित न हो जाऊँ।

"'कुम्भ मेले के बारे में आपका क्या विचार है?'

"'मुझे बहुत निराशा हुई, महाराज,' मैंने कहाः किन्तु तुरन्त आगे कह दिया, 'आपका दर्शन होने तक। किसी कारण से सन्तों में और इस कोलाहल में कोई मेल नज़र नहीं आता।'

"'बेटा!' गुरु ने कहा, जब कि मैं स्पष्टतः उनसे दुगुनी आयु का लग रहा था, 'अनेकों के दोष के कारण सभी को दोषी मत मानो। इस जगत् में हर चीज़ मिश्रित रूप में है, शक्कर और रेत के मिश्रण की तरह। चींटी की भाँति बुद्धिमान बनो, जो केवल शक्कर के कणों को चुन लेती है और रेत-कणों को स्पर्श किये बिना छोड़ देती है। इस मेले में अनेक साधु अभी भी माया में भटक रहे हैं, फिर भी कुछ ईश्वर-साक्षात्कारी संतों ने इसे पावन किया हुआ है।'

"इस परम गुरु के स्वयं दर्शन के कारण में उनकी इस बात से तुरन्त सहमत हो गया।

"मैंने अपना विचार प्रकट कियाः 'महाराज, मैं सुदूर अमेरिका और यूरोप में रहने वाले प्रमुख पाश्चात्य वैज्ञानिक के बारे में सोच रहा था, जो यहाँ जमा हुए अधिकांश लोगों से कहीं अधिक बुद्धिमान हैं। वे अलग-अलग धर्मों के अनुयायी हैं और इस प्रकार के मेलों के वास्तविक महत्त्व से अनभिज्ञ हैं। ये ही वे लोग हैं जिन्हें भारत के सिद्ध पुरुषों से मिलने से बहुत लाभ हो सकता है। परन्तु बौद्धिक उपलब्धियों की दृष्टि से अत्यंत उन्नत होते हुए भी अनेक पाश्चात्य लोग अत्यन्त भौतिकवाद में आकंठ डूबे हुए हैं। अन्य कुछ ऐसे हैं जो विज्ञान और दर्शनशास्त्र में विख्यात हैं, परन्तु धर्म की मूलभूत एकता को नहीं मानते। उनके धर्म ऐसी दुर्लंघ्य बाधाएँ बन चुके हैं, जो उन्हें हम लोगों से सदा के लिये अलग कर सकते हैं।'

"बाबाजी का मुखमंडल प्रसन्नता से चमक उठा। उन्होंने कहाः 'मैंने जान लिया था कि तुम्हें पूर्व और पश्चिम में समान रूप से रुचि है। समस्त मानवजाति के लिये व्याकुल होने वाले तुम्हारे अन्तःकरण की व्यथा को मैंने पहचान लिया। इसीलिये मैंने तुम्हें यहाँ बुलाया है।'

"वे आगे कहते गयेः 'पूर्व और पश्चिम को कर्म और आध्यात्मिकता से मिलकर बना सुवर्णमध्य मार्ग स्थापित करना होगा। भौतिक विकास में भारत को पाश्चात्य जगत् से बहुत कुछ सीखना है और बदले में भारत सभी द्वारा अपनायी जा सकने वाली ऐसी विधियों का ज्ञान दे सकता है, जिनसे पाश्चात्य जगत् अपने धार्मिक विश्वासों को योग विज्ञान की अटल नींव पर स्थापित कर सकता है।

"'स्वामीजी, आपको पूर्व और पश्चिम की बीच भविष्य में होने वाले सौहार्द्रपूर्ण आदान-प्रदान में एक भूमिका निभानी है। कुछ वर्षों बाद मैं आप के पास एक शिष्य भेजूँगा, जिसे आप पश्चिम में योग का ज्ञान प्रसारित करने के लिये प्रशिक्षित कर सकते हैं। वहाँ के अनेक मुमुक्षुओं के ज्ञानपिपासु स्पन्दन बाढ़ की भाँति मेरी ओर आते रहते हैं। मैं अमेरिका और यूरोप में सन्त बनने योग्य अनेक लोगों को देख रहा हूँ, जिन्हें जगाये जाने भर की देर है।'"

अपनी कथा के इस बिंदु पर पहुँचते ही श्रीयुक्तेश्वरजी ने अपनी पूर्ण दृष्टि मेरी ओर घुमायी।

"मेरे पुत्र!" चाँद के उज्ज्वल प्रकाश में मुस्कराते हुए उन्होंने कहा, "तुम ही वह शिष्य हो जिसे मेरे पास भेजने का वचन बाबाजी ने कई वर्ष पहले दिया था।"

यह जानकर मुझे अत्यंत हर्ष हुआ कि स्वयं बाबाजी ने मेरे कदम श्रीयुक्तेश्वरजी की ओर मोड़ दिये थे, फिर भी अपने प्रिय गुरु से और आश्रम की सादगीयुक्त शान्ति से दूर पाश्चात्य जगत् में अपने होने की कल्पना करना मेरे लिये कठिन था।

श्रीयुक्तेश्वरजी ने अपनी बात जारी रखीः "फिर बाबाजी भगवद्गीता के बारे में बोलने लगे। मेरे आश्चर्य का ठिकाना नहीं रहा जब प्रशंसा के कुछ शब्दों से उन्होंने स्पष्ट संकेत दे दिया कि उन्हें इस बात का ज्ञान था कि मैंने गीता के कुछ अध्यायों पर टीका लिखी थी।

"'मेरी आपसे विनती है स्वामीजी, कि आप और एक काम को हाथ में ले लें,' परमगुरु ने कहा। 'क्या आप हिंदू और ईसाई धर्मग्रन्थों में निहित एकता पर एक छोटी-सी पुस्तक नहीं लिखेंगे? मनुष्यों के धार्मिक मतभेदों के कारण उनकी मूल एकता पर किसी का ध्यान नहीं जा रहा है। समानार्थी उद्धरणों को प्रस्तुत कर यह

दिखा दीजिये कि ईश्वर के सभी ज्ञानी पुत्रों ने एक ही सत्य का उपदेश दिया है।'

"मैंने झिझकते हुए कहाः 'महाराज! आपने यह कैसा आदेश दे दिया! क्या मैं इसे पूर्ण कर सकूँगा?'

"बाबाजी ने मधुर हँसी हँसकर दिलासा देते हुए कहाः 'बेटा! यह सन्देह क्यों? सचमुच, यह सब किसका कार्य है और कौन सब कार्यों का कर्ता है? प्रभु ने जो भी मेरे मुँह से कहलवाया है उसका सत्य बनकर साकार होना अवश्यंभावी है।'

"मुझे ऐसा प्रतीत हुआ कि उन संत महाराज के आशीर्वाद से मुझमें वह काम करने की समर्थता आ गयी थी, अतः मैं पुस्तक लिखने के लिये सहमत हो गया। विदा होने का समय आ गया यह जानकर मैं अनिच्छापूर्वक अपने पर्णासन से उठा।

"'तुम लाहिड़ी को जानते हो?' सन्त ने पूछा। 'वह महान् आत्मा है, है न? उसे हमारी इस भेंट के बारे में बता देना।' फिर उन्होंने मुझे लाहिड़ी महाशय के लिये एक सन्देश दिया।

"विदा लेने के लिये जब मैंने उनके चरणों में भक्तिभाव से प्रणाम किया तो वे कृपापूर्वक मुस्कराये। 'जब तुम्हारी पुस्तक पूरी हो जायेगी, तब मैं तुमसे पुनः मिलने आऊँगा,' उन्होंने वचन दिया। 'अब हम चलते हैं।'

"दूसरे दिन मैं प्रयाग छोड़कर काशी जाने के लिये रेलगाड़ी पर सवार हो गया। अपने गुरु के घर पहुँचकर मैंने कुम्भ मेले में अद्भुत संत से हुई अपनी भेंट की सारी कहानी सुना दी।

"'ओह! तुमने उन्हें पहचाना नहीं?' लाहिड़ी महाशय की आँखों में हँसी नाच रही थी। 'मैं देख रहा हूँ कि तुम उन्हें नहीं पहचान सके, क्योंकि उन्होंने तुम्हें उन्हें पहचानने से रोक दिया था। वे ही मेरे अद्वितीय, अलौकिक गुरु हैं – बाबाजी!'

"'बाबाजी!' मैंने श्रद्धा और विस्मय से विभोर होकर कहा। योगी-अवतार बाबाजी! दृश्य-अदृश्य तारणहार बाबाजी! काश, यदि मैं अतीत को फिर सामने ला सकता और केवल उनके चरण-कमलों में अपनी भक्ति अर्पित करने के लिये फिर एक बार उनकी उपस्थिति में हाज़िर हो सकता।'

"'कोई बात नहीं,' लाहिड़ी महाशय ने सांत्वना भरे स्वर में कहा। 'उन्होंने तुम्हें फिर से दर्शन देने का वचन दिया है।'

"गुरुदेव! परमगुरु ने मुझे आपको एक सन्देश देने के लिये कहा है। उन्होंने

कहा थाः 'लाहिड़ी को बताना कि इस जीवन के लिये रखी गयी शक्ति बहुत कम बच गयी है, लगभग समाप्त हो चुकी है।'

"मेरे मुँह से इन गूढ़ शब्दों के निकलते ही लाहिड़ी महाशय की देह अचानक ऐसे काँप गयी जैसे उन्हें बिजली छू गयी हो। पलभर में वे निःस्तब्ध हो गये; उनका सदा मुस्कुराता चेहरा अत्यंत कठोर हो गया। काठ की मूर्ति की भाँति गम्भीर और निश्चल बनकर वे अपने आसन पर बैठे रहे। उनके शरीर का रंग बिल्कुल उड़ गया। मैं भयभीत और चकित हो गया। अपने सारे जीवन में मैंने कभी भी उस आनन्दमूर्ति को इस प्रकार गम्भीर होते नहीं गया था। वहाँ उपस्थित अन्य शिष्य भी व्याकुल होकर उनकी ओर देखने लगे।

"उसी निःस्तब्धता में तीन घंटे बीत गये। फिर लाहिड़ी महाशय की स्वाभाविक प्रफुल्लता लौट आयी और उन्होंने वहाँ उपस्थित प्रत्येक शिष्य के साथ अत्यंत स्नेह के साथ बातचीत की। सभी ने चैन की साँस ली।

"अपने गुरुदेव की उस प्रतिक्रिया से मैं जान गया कि बाबाजी का सन्देश एक ऐसा निश्चित संकेत था, जिससे लाहिड़ी महाशय यह समझ गये कि उन्हें जल्दी ही देहत्याग करना होगा। उनकी भयंकर और गंभीर निःस्तब्धता से यह प्रमाणित हो गया कि मेरे गुरुदेव ने तत्क्षण ही स्वयं को संयमित कर भौतिक विश्व के साथ उन्हें जोड़कर रखने वाली अंतिम डोर को भी काट दिया था और वे परमतत्त्व के अपने नित्य स्वरूप में विलीन हो गये थे। बाबाजी का सन्देश उनका यह कहने का तरीका थाः 'मैं सदा तुम्हारे साथ रहूँगा।'

"बाबाजी और लाहिड़ी महाशय, दोनों ही सर्वज्ञ थे और उन्हें एक दूसरे को सन्देश भेजने के लिये मेरी या अन्य किसी मध्यस्थ की कोई आवश्यकता नहीं थी, फिर भी महान् आत्माएँ प्रायः मानवी नाटक में भाग लेने की कृपा करती हैं। यदा-कदा वे साधारण तरीके से किसी सन्देशवाहक के माध्यम से अपनी भविष्यवाणियाँ सम्प्रेषित कर देते हैं, ताकि उन भविष्यवाणियों के साकार होने पर उनके बारे में बाद में जानकारी पाने वालों में ईश्वर के प्रति अधिक श्रद्धा जागृत हो सकें।

"जल्दी ही मैं काशी से चल पड़ा और श्रीरामपुर में बाबाजी द्वारा बताये गये शास्त्रों के लेखनकार्य में जुट गया," श्रीयुक्तेश्वरजी आगे कहते गये। "मैंने काम शुरू ही किया था कि मुझे मृत्युंजय परमगुरु बाबाजी पर एक स्तोत्र रचने की प्रेरणा हुई। यद्यपि मैंने उससे पहले कभी संस्कृत में काव्य लिखने का कोई

प्रयत्न नहीं किया था, पर मेरी लेखनी से अनायास ही ललित पंक्तियों का प्रवाह बहने लगा।

"रात के शान्त समय मैं सनातन धर्म के शास्त्रों और बाइबिल का तुलनात्मक अध्ययन कर अपना काम करता रहता। प्रभु यीशु के शब्दों को उद्धृत कर मैं यह दिखाता जाता कि उनके उपदेशों में और वेदवाक्यों में वस्तुतः कोई अन्तर नहीं था। मेरे परमगुरु की कृपा से मेरी पुस्तक 'द होली साइन्स' अल्पसमय में ही पूरी हो गयी।

गुरुदेव बोलते जा रहे थेः "अपने साहित्यिक प्रयासों को परिणाम पर पहुँचाने के बाद दूसरे दिन मैं प्रातः गंगास्नान के लिये यहाँ राय घाट पर गया। उस समय घाट बिल्कुल सुनसान था। थोड़ी देर वहाँ खड़ा रहकर मैं धूप में उस शान्ति का आनन्द लेता रहा। फिर निर्मल जल में डुबकी लगाने के बाद मैं घर वापस जाने के लिये चल पड़ा उस नीरवता में जो एक मात्र ध्वनि सुनायी दे रही थी, वह थी मेरे हर पग के साथ मेरे भीगे वस्त्रों की छपछप करती आवाज़। जैसे ही मैं नदी किनारे खड़े विशाल वटवृक्ष के पास से आगे बढ़ा, मेरे मन में पीछे मुड़कर देखने की प्रबल प्रेरणा हुई। वहाँ वटवृक्ष की छाया में कुछ शिष्यों से घिरे बैठे थे महान् बाबाजी!

"'नमस्कार, स्वामीजी!' परमगुरु की मधुर आवाज़ गूँज उठी और मुझे विश्वास हो गया कि मैं स्वप्न नहीं देख रहा हूँ। 'मैं देख रहा हूँ कि आपने सफलतापूर्वक अपनी पुस्तक पूरी कर ली है। अपने वचन के अनुसार मैं आपका धन्यवाद करने आया हूँ।'

"अत्यंत तेज़ी से धड़कते हृदय के साथ मैंने उनके चरणों में साष्टांग प्रणाम किया। अत्यंत विनय के साथ उनकी याचना करते हुए मैंने कहाः 'परमगुरुजी! मेरा घर पास में ही है क्या आप अपने शिष्यों के साथ आकर मेरे घर को पावन नहीं करेंगे?'

"परमगुरु ने मुस्कराते हुए अस्वीकार कर दिया। उन्होंने कहाः 'नहीं, बेटा! हम वे लोग हैं जिन्हें वृक्षों की छाया ही रास आती है; यहाँ हमें पूरा आराम है।'

"'तब यहाँ पर ही थोड़ी देर ठहर जाइये, परमगुरु महाराज!' अभ्यर्थना करती दृष्टि से मैंने उनकी ओर देखा। 'मैं तुरन्त कुछ मिठाइयाँ लेकर आपकी सेवा में उपस्थित होता हूँ।'

"जब कुछ की मिनटों में मिठाइयों का थाल लेकर मैं वहाँ लौटा, तो उस विशाल

वटवृक्ष के नीचे उस दिव्य मंडली का कहीं कोई पता नहीं था। मैंने घाट के चारों ओर खोजा, पर अपने मन में मैं जान चुका था कि वे लोग हवा के पंखों पर उड़ चुके थे।

"मेरे मन को गहरा आघात लगा। मैंने मन ही मन निश्चय किया: 'फिर कभी बाबाजी के साथ मेरी भेंट हो भी गयी, तो मैं उनसे बात नहीं करूँगा। उन्होंने अचानक इस तरह प्रस्थान कर भारी निष्ठुरता दिखायी है।' पर यह गुस्सा केवल प्रेम का था, और कुछ नहीं। कुछ महीनों बाद मैं काशी में लाहिड़ी महाशय के दर्शनों के लिये गया। जब मैंने उनके बैठकखाने में प्रवेश किया, तो लाहिड़ी महाशय मुस्कराये।

"'आओ, युक्तेश्वर,' उन्होंने कहा। 'अभी-अभी मेरे कमरे के द्वार के पास बाबाजी से तुम्हारी भेंट हुई?'

"'नहीं, क्यों?' मैंने आश्चर्य के साथ कहा।

"'इधर आओ!' लाहिड़ी महाशय ने अपना हाथ मेरे माथे पर रखा और उसी क्षण दरवाज़े के पास पूर्ण कमल की तरह खिले बाबाजी मुझे दिखायी दिये।

"मुझे अपना पुराना दुःख याद आया, अतः मैंने उन्हें प्रणाम नहीं किया। लाहिड़ी महाशय चकित होकर मेरी ओर देखने लगे।

"ईश्वरतुल्य बाबाजी अपने अथाह नेत्रों से मुझे निहार रहे थे। 'तुम मुझसे नाराज़ हो।'

"'क्यों न होऊँ, महाराज?' मैंने कहा। 'हवा में से आप अपनी जादुई मंडली के साथ अवतीर्ण हुए और हवा में ही आप अन्तर्धान हो गये।'

"'मैंने तुमसे कहा था कि मैं तुमसे मिलने आऊँगा, कितने समय तक वहाँ रहूँगा, यही नहीं कहा था,' बाबाजी ने सौम्य हँसी के साथ कहा। 'तुम बहुत उत्तेजित हो उठे थे। मैं तुम्हें विश्वास दिलाता हूँ कि तुम्हारी चंचलता की आंधी ने ही मुझे विलुप्त कर दिया।'

"इस सत्यनिष्ठ स्पष्टीकरण से मैं तुरन्त संतुष्ट हो गया। मैंने उनके चरणों पर मस्तक रखा। परमगुरु ने स्नेह के साथ मेरा कन्धा थपथपाया।

"'ज़्यादा ध्यान करो, बेटा!' उन्होंने कहा। 'तुम्हारी दृष्टि अभी निर्मल नहीं हुई है। मैं सूर्यप्रकाश के पीछे छिपा था और तुम मुझे देख नहीं पाये।' स्वर्गीय बाँसुरी के समान मधुर आवाज़ में ये शब्द कहते ही बाबाजी गुप्त दीप्ति में अन्तर्धान हो गये।

अपना कथन समाप्त करते हुए श्रीयुक्तेश्वरजी ने कहा: "गुरु-दर्शन के लिये वह मेरी अंतिम काशी यात्रा थी। कुम्भ मेले में बाबाजी द्वारा की गयी भविष्यवाणी के अनुरूप लाहिड़ी महाशय के गृहस्थ योगी अवतार का अन्त निकट आ रहा था।

1895 के ग्रीष्मकाल में उनके मज़बूत शरीर की पीठ पर एक छोटा-सा फोड़ा निकल आया। उन्होंने उसे चीरा नहीं देने दिया, क्योंकि वे अपने कुछ शिष्यों के दुष्कर्मों को अपने शरीर पर लेकर उनका भोग पूरा कर रहे थे। अन्ततः जब कुछ शिष्य बहुत ही आग्रह करने लगे, तब गुरुदेव ने रहस्यमय शब्दों में कहाः

'शरीर को जाने के लिये निमित्त चाहिये। तुम लोग जो कुछ करना चाहते हो, उसके लिये मैं तैयार हूँ।'

"इसके थोड़े ही दिन बाद अद्वितीय गुरु ने बनारस में देहत्याग कर दिया। अब उनके दर्शनों के लिये उनके बैठकखाने में जाने की कोई आवश्यकता नहीं रहीः मेरे जीवन का प्रत्येक दिन उनके सर्वव्यापी मार्गदर्शन से धन्य हो रहा है।"

कई वर्षों बाद मुझे लाहिड़ी महाशय के एक उन्नत शिष्य स्वामी केशवानन्दजी से उनके देहत्याग के विषय में अनेक आश्चर्यजनक विवरण सुनने को मिले।

केशवानन्दजी ने बतायाः "शरीर छोड़ने के कुछ ही दिन पहले मेरे गुरुदेव मेरे सामने एक दिन अचानक प्रकट हो गये जब मैं हरिद्वार के अपने आश्रम में ध्यान कर रहा था।

"'तुरन्त बनारस आ जाओ।' इतना कहकर लाहिड़ी महाशय अंतर्धान हो गये।

"मैंने तुरन्त बनारस जाने के लिये गाड़ी पकड़ी। अपने गुरु के घर में अनेक शिष्यों को मैंने एकत्रित हुए देखा। उस दिन कई घंटों तक गुरुदेव ने गीता पर प्रवचन किया और फिर अत्यंत सरल शब्दों में कह दियाः

"'मैं अपने घर लौट रहा हूँ।'

"इतना सुनते ही प्रचण्ड आवेग के साथ हम सबकी सिसकियाँ फूट पड़ीं।

"'शान्त हो जाओ; मैं पुनः जी उठूँगा।' यह कहकर लाहिड़ी महाशय अपने आसन से उठे, तीन बार अपने स्थान पर ही गोल घूमे, उत्तर दिशा की ओर मुँह करके पद्मासन में बैठ गये और परमानन्द में लीन होकर उन्होंने महासमाधि में प्रवेश किया।

"भक्तों को इतने प्रिय लगने वाले लाहिड़ी महाशय के सुन्दर शरीर का पवित्र गंगा तट के मणिकर्णिका घाट पर गृहस्थोचित विधि से दाह संस्कार किया गया।" केशवानन्दजी बता रहे थे। "दूसरे दिन सुबह दस बजे, जब मैं अभी बनारस में ही था, तो मेरा कमरा अचानक एक उज्ज्वल प्रकाश से भर उठा। आश्चर्य! मेरे सामने भौतिक शरीर में लाहिड़ी महाशय खड़े थे। यह शरीर बिल्कुल उनके पुराने शरीर जैसा ही था, अन्तर इतना ही था कि यह शरीर

अधिक युवावस्था में और अधिक तेजस्वी लग रहा था। मेरे दिव्य गुरु ने मुझसे बातचीत भी की।

"उन्होंने कहाः 'केशवानन्द, यह मैं हूँ। अपने भस्म हुए शरीर के विघटित अणुओं से मैंने अपने इस नये शरीर की सृष्टि की है। संसार में मेरा गृहस्थ का कार्य तो पूरा हो चुका है, पर मैं पृथ्वी को पूर्णतः छोड़कर नहीं जा रहा हूँ। इसके बाद मैं कुछ समय तक हिमालय में बाबाजी के साथ रहूँगा। और फिर सारे ब्रह्माण्ड में बाबाजी के साथ वास करूँगा।'

"मुझे आशीर्वाद देकर अलौकिक गुरु अंतर्धान हो गये। मेरा हृदय एक अद्‌भुत प्रेरणा से भर गया; मुझे उसी प्रकार का अत्यंत उच्च आध्यात्मिक अनुभव हुआ, जैसे ईसा मसीह और कबीर के शिष्यों को अपने-अपने गुरु को शारीरिक मृत्यु के बाद जीवन्त रूप में देखकर हुआ था।

"हरिद्वार के एकान्त स्थान में बने अपने आश्रम को लौटते समय मैं अपने साथ लाहिड़ी महाशय की पवित्र अस्थियों का एक छोटा-सा हिस्सा ले आया। मुझे इसका भान था कि वे देश-काल से आबद्ध देह-पिंजर से निकल गये थे; सर्वव्यापकता रूपी पक्षी मुक्त हो चुका था। फिर भी उनकी अस्थियों की यहाँ प्रतिष्ठापना कर समाधि मन्दिर बनाने से मुझे अपूर्व सांत्वना मिली।"

एक और शिष्य को भी पुनरुत्थित हुए गुरु के दर्शन करने का सौभाग्य प्राप्त हुआ था। वे थे संतवत् महात्मा पंचानन भट्टाचार्य। मैं कोलकाता में उनसे मिलने उनके घर गया था। उन्होंने महान् गुरु के साथ बिताये अपने अनेक वर्षों की कई सोमांचक कहानियाँ बतायीं। मैं अत्यंत आनन्द के साथ सुनता रहा। अंत में उन्होंने अपने जीवन की सबसे अद्‌भुत घटना बतायी।

उन्होंने कहाः "लाहिड़ी महाशय की अंत्येष्टि के बाद दूसरे दिन प्रातः दस बजे वे यहाँ कोलकाता में मेरे सामने प्रकट हुए।"

"द्विशरीरी संत" स्वामी प्रणवानन्दजी ने भी अपना दिव्य अनुभव संपूर्ण विस्तार सहित मुझे बतायाः "लाहिड़ी महाशय के देहत्याग के थोड़े ही दिनों पूर्व मुझे उनका एक पत्र आया, जिसमें उन्होंने मुझे तुरन्त बनारस आने के लिये लिखा था। तथापि अपरिहार्य कारणों से मैं तत्क्षण प्रस्थान नहीं कर सका और मुझे थोड़ा विलम्ब हो गया। एक दिन प्रातः दस बजे मैं बनारस के लिये प्रस्थान करने की तैयारी कर ही रहा था कि अपने कमरे में अपने गुरु को अत्यंत तेजस्वी रूप में

प्रकट हुए देख कर मैं आनन्द विभोर हो गया।

"'अब बनारस जाने की क्या जल्दी है?' लाहिड़ी महाशय ने मुस्कराते हुए कहा। 'अब तुम मुझे वहाँ कभी नहीं देख पाओगे।'

"जब उनके शब्दों का अर्थ मुझे समझ आया? तो ये सोचकर कि मैं उनके दर्शन की केवल अनुभूति कर रहा था, मैं भग्न हृदय से रोने लगा।

"गुरुदेव सांत्वना देते हुए मेरे पास आये। 'लो, मेरे शरीर को छू कर देखो,' उन्होंने कहा। 'मैं सदा की भाँति अब भी जीवित हूँ। शोक मत करो; क्या मैं हमेशा तुम्हारे पास नहीं हूँ?'"

इन तीन महान् शिष्यों के मुख से एक अद्भुत सत्य की कहानी उभरकर सामने आयी हैः लाहिड़ी महाशय के दाह-संस्कार के बाद दूसरे दिन प्रातः दस बजे तीन अलग-अलग शहरों में तीन शिष्यों के सामने वे पुनरुज्जीवित परन्तु रूपान्तरित शरीर में फिर से प्रकट हुए।

"अतः जब यह नश्वर देह अनश्वरता प्राप्त करेगी और यह मर्त्य जीव अमरता का चोला पहन लेगा, तभी बाइबिल में लिखा गया यह वचन चरितार्थ होगा कि 'मृत्यु पर विजय पायी जा चुकी है। हे मृत्यु! कहाँ है तेरा दंश? ओ श्मशान! कहाँ है तेरी विजय?'"

प्रकरण—37

मेरा अमेरिका-गमन

"अमेरिका! निश्चय ही ये लोग अमेरिकी हैं!" मेरे मन में यही विचार उठा जब मेरी अंतर्दृष्टि के सामने से पाश्चात्य चेहरों की लम्बी कतार गुज़रने लगी।

राँची में अपने विद्यालय के भंडार गृह में कुछ धूलि-धूसरित पेटियों के पीछे मैं ध्यानमग्न बैठा था। बच्चों के बीच व्यस्तता के उन वर्षों में एकान्त स्थान मिलना बहुत कठिन था।

ध्यान में वह दृश्य चलता रहा। एक विशाल जनसमूह मेरी ओर आतुर दृष्टि से देखते हुए मेरी चेतना के मंच पर अभिनेताओं की तरह मेरे सामने से गुज़र रहा था।

इतने में भंडार गृह का द्वार खुल गया। सदा की तरह एक बच्चे ने मेरे छिपने के स्थान को खोज लिया था।

"यहाँ आओ, विमल," प्रफुल्ल मन से मैंने उसे बुलाया। "तुम्हें एक समाचार सुनाता हूँः 'भगवान मुझे अमेरिका में बुला रहे हैं।' "

"अमेरिका में?" उसने ऐसे स्वर में मेरे शब्दों को दोहराया जैसे मैंने कहा हो "चाँद पर जा रहा हूँ।"

"हाँ! कोलम्बस की भाँति मैं भी अमेरिका की खोज करने जा रहा हूँ। कोलम्बस ने सोचा था कि वह भारत पहुँच गया परन्तु वह अमेरिका पहुँच गया था; निश्चय ही इन दो देशों के बीच कोई कर्म-सम्बन्ध है।"

विमल वहाँ से भाग गया और शीघ्र ही दो पाँव के उस समाचार पत्र ने सारे विद्यालय में यह बात फैला दी।

मैंने स्तम्भित शिक्षकवर्ग को बुलाया और विद्यालय को उनके हाथों में सौंप दिया। उस अवसर पर उन्हें सम्बोधित करते हुए मैंने कहाः "मुझे पूरा विश्वास है कि लाहिड़ी महाशय के शिक्षा-आदर्शों का आप लोग सर्वोपरि पालन करेंगे। मैं हमेशा आप लोगों को पत्र लिखता रहूँगा। ईश्वर ने चाहा, तो किसी दिन मैं यहाँ वापस आ जाऊँगा।"

उन छोटे-छोटे बच्चों पर और राँची की उस सुन्दर विस्तृत भूमि पर अंतिम दृष्टिपात करते हुए मेरी आँखें छलछला आयीं। मैं जानता था कि मेरे जीवन का एक विशिष्ट अध्याय पूरा हो चुका था और अब इसके आगे मुझे सुदूर देशों में ही रहना होगा। ध्यान में उस दृश्य-दर्शन के कुछ ही घंटों बाद मैं ट्रेन से कोलकाता रवाना हो गया। दूसरे ही दिन मुझे अमेरिका में आयोजित 'धार्मिक उदारतावादियों के अन्तर्राष्ट्रीय सम्मेलन' (International Congress of Religious Liberals) में भारत के प्रतिनिधि के रूप में भाग लेने के लिये एक निमन्त्रण मिला। उस वर्ष यह सम्मेलन 'अमेरिकन युनिटैरियन एसोसिएशन' के तत्त्वाधान में बॉस्टन में होने वाला था।

मेरा दिमाग घूमने लगा। मैं श्रीरामपुर मे श्रीयुक्तेश्वरजी के पास जा पहुँचा।

"गुरुजी! मुझे अभी-अभी अमेरिका में एक धार्मिक सम्मेलन में भाषण देने का निमन्त्रण मिला है। क्या मुझे जाना चाहिये?"

गुरुदेव ने सहज भाव से उत्तर दियाः "सभी दरवाज़े तुम्हारे लिये खुले हैं। अभी नहीं गये तो कभी नहीं जा सकोगे।"

मैंने व्याकुल होकर कहाः "परन्तु, गुरुदेव! मुझे सार्वजनिक व्याख्यान देने का अनुभव ही क्या है? मैंने शायद ही कभी कोई भाषण दिया हो, और अंग्रेज़ी में तो कभी नहीं।"

"तुम अंग्रेज़ी में बोलो या किसी भी भाषा में बोलो, योग पर तुम्हारा भाषण मन लगाकर सुना जायेगा।

मैं हँस पड़ा। "गुरुजी! अमेरिकी लोग बंगाली भाषा तो सीखने से रहे! आप ही अब कृपा करके मुझे अंग्रेज़ी भाषा की बाधाओं से पार करवाइये।"

जब मैंने पिताजी के सामने अमेरिका जाने का अपना विचार रखा, तो वे हतप्रभ रह गये। उनके लिये अमेरिका एक अति दूर देश था; उन्हें भय था कि वे मुझे फिर कभी देख नहीं पायेंगे।

उन्होंने रुक्षता के साथ पूछाः "तुम जाओगे कैसे? कौन तुम्हें इसके लिये पैसा देगा?" मेरी शिक्षा एवं पूरे जीवन के लिये वे ही प्रेम से पैसा देते आ रहे थे, इसलिये निश्चय ही उन्हें आशा थी कि यह प्रश्न उठाते ही मेरी सारी योजना धरी की धरी रह जायेगी।

"भगवान मुझे पैसा देंगे।" जब मैंने यह उत्तर दिया, तो अनेक वर्ष पहले आगरा में अनन्तदा को दिये हुए इसी प्रकार के उत्तर का मुझे स्मरण हो आया। अधिक चालाकी न दिखाते हुए मैंने आगे कहाः "पिताजी! शायद भगवान आपके मन में मेरी सहायता करने की प्रेरणा जगा दें।"

"नहीं, कभी नहीं!" उन्होंने मेरी ओर दयनीय भाव से देखा।

इसलिये दूसरे दिन जब पिताजी ने एक बड़ी रकम का चेक मेरे हाथ में दिया तो मेरे आश्चर्य का ठिकाना न रहा।

उन्होंने कहाः "एक पिता होने के नाते नहीं, परन्तु लाहिड़ी महाशय का निष्ठावान शिष्य होने के नाते मैं तुम्हें यह पैसा दे रहा हूँ। तो जाओ उस दूर पाश्चात्य देश में और वहाँ धर्म-पंथों से मुक्त क्रिया योग की शिक्षाओं का प्रसार करो।"

जिस निःस्वार्थ भाव से पिताजी ने तुरन्त अपनी वैयक्तिक इच्छाओं को तिलांजति दे दी थी, उसे देखकर मेरा हृदय द्रवित हो उठा। उन्हें रात में एहसास हो गया था कि विदेश-यात्रा की किसी साधारण इच्छा से मैं अपनी योजना नहीं बना रहा था।

"कदाचित इस जन्म में अब हमारी फिर से भेंट नहीं हो सकेगी।" पिताजी ने खिन्न होकर कहा। उनकी आयु उस समय 67 वर्ष की हो चुकी थी।

एक प्रबल अन्तःप्रेरणा मेरे मन में उठी और पूर्ण विश्वास के साथ मैंने कहाः

"भगवान एक बार फिर से हम लोगों को अवश्य मिला देंगे।"

जब मैं अपने गुरुदेव और अपनी प्रिय मातृभूमि को छोड़कर अमेरिका की अनजान भूमि में जाने की तैयारियाँ कर रहा था, तो मेरा हृदय कम आशंकाओं से नहीं भरा था। मैंने भौतिकवादी पाश्चात्य जगत् के बारे में अनेक कहानियाँ सुन रखी थीं। वह जगत् युग-युगों से संतों के वास्तव्य से पुनीत हुई भारतभूमि से इतना भिन्न लग रहा था।

मैं सोच रहा थाः "पाश्चात्य वातावरण में प्रवेश करने की जोखिम उठाने वाले पौर्वात्य गुरु को हिमालय की ठंड सह पाने से भी अधिक कठोर परिस्थितियों का सामना करने के लिये तैयार रहना चाहिये!"

एक दिन प्रातःकाल मैं इस दृढ़ संकल्प के साथ प्रार्थना करने बैठ गया कि भले ही प्रार्थना करते-करते मैं मर क्यों न जाऊँ, पर जब तक ईश्वर की आवाज़ नहीं सुनूँगा तब तक प्रार्थना बन्द नहीं करूँगा। मैं ईश्वर से आशीर्वाद एवं आश्वासन चाहता था ताकि मैं पश्चिम के आधुनिक भौतिकवाद और व्यावहारिक उपयोगितावाद के कोहरे में कहीं खो न जाऊँ। अमेरिका जाने का तो संकल्प मेरे मन ने कर ही लिया था, पर साथ ही ईश्वर की अनुमति और आश्वासन-वाणी सुनने के लिये वह और भी अधिक कृतसंकल्प था।

बार-बार उठने वाली सिसकियों को दबाकर रखते हुए मैं प्रार्थना करता ही रहा, करता ही रहा। कोई उत्तर नहीं। मध्याह्न होते-होते प्रार्थना की उत्कटता पराकाष्ठा पर पहुँच गयी। तीव्रता की वेदना के दबाव से मेरा सिर चकराने लगा। ऐसा लग रहा था कि अब अपनी आंतरिक उत्कटता को और अधिक बढ़ाकर एक बार भी यदि रोया, तो मेरा सिर फट जायेगा।

ठीक उसी क्षण गड़पार रोड पर स्थित मेरे घर के दरवाजे पर दस्तक सुनायी दी। जब मैंने दरवाजा खोला तो देखा कि संन्यासियों की तरह केवल एक कटिवस्त्र किया हुआ एक युवक वहाँ खड़ा है। उसने घर में प्रवेश किया।

"ये अवश्य ही बाबाजी होंगे!" स्तब्ध होकर मैं सोच रहा था क्योंकि मेरे सामने खड़े उस व्यक्ति का चेहरा लाहिड़ी महाशय जैसा ही दिख रहा था। मेरे मन में उठे उस विचार का उन्होंने उत्तर दे दिया। "हाँ, मैं बाबाजी हूँ।" वे अत्यंत मधुर आवाज़ में हिंदी में बोल रहे थे। "हम सबके परमपिता ने तुम्हारी प्रार्थना सुन ली है। उन्होंने मुझे तुम्हें यह बताने का आदेश दिया हैः 'अपने गुरु की आज्ञा का पालन करो और अमेरिका चले जाओ। डरो मत; तुम्हारा पूर्ण संरक्षण किया जायेगा।' "

थोड़ी देर रुककर बाबाजी ने फिर मुझसे कहाः "तुम ही वह हो जिसे मैंने पाश्चात्य जगत् में क्रियायोग का प्रसार करने के लिये चुना है। बहुत वर्ष पहले मैं तुम्हारे गुरु युक्तेश्वर से एक कुम्भ मेले में मिला था और तभी मैंने उनसे कह दिया था कि मैं तुम्हें उनके पास शिक्षा ग्रहण के लिये भेज दूँगा।"

साक्षात् बाबाजी के सामने खड़ा होने के कारण भक्ति भाव में विभोर होकर मैं अवाक् हो गया और उन्होंने ही मुझे श्रीयुक्तेश्वरजी के पास पहुँचाया था यह स्वयं उनके श्रीमुख से सुनकर तो मेरा हृदय कृतज्ञता एवं प्रेमादर की बाढ़ में पूरी तरह डूब गया। मृत्युंजय परमगुरु के चरणों में मैंने साष्टांग प्रणाम किया। उन्होंने अत्यंत प्रेम के साथ मुझे उठाया। मेरे जीवन के बारे में अनेक

बातें बताने के बाद उन्होंने मुझे कुछ व्यक्तिगत उपदेश दिये और कई गोपनीय भविष्यवाणियाँ की।

अन्त में उन्होंने गम्भीरता के साथ कहाः "ईश्वर-साक्षात्कार की वैज्ञानिक प्रणाली क्रियायोग का अन्ततः सब देशों में प्रसार हो जायेगा और मनुष्य को अनन्त परमपिता का व्यक्तिगत इंद्रियातीत अनुभव कराने के द्वारा यह राष्ट्रों के बीच सौमनस्य-सौहार्द्र स्थापित कराने में सहायक होगा।"

अपनी अनंत शक्ति से युक्त दृष्टि मुझ पर डाल कर अपने ब्रह्मचैतन्य की एक झाँकी मुझे दिखाते हुए परमगुरु ने मुझमें नयी शक्ति का संचार कर दिया।

दिवि सूर्यसहस्त्रस्य भवेद्युगपदुत्थिता।
यदि भाः सदृशी सा स्याद् भासस्तस्य महात्मनः।।

(यदि आकाश में कभी सहस्त्र सूर्य एक साथ उदित हो सकें, तो उससे उत्पन्न प्रकाश भी इस महान् विश्वरूप के प्रकाश के सदृश कदाचित् ही हो।)

थोड़ी ही देर में बाबाजी यह कहते हुए दरवाज़े की ओर बढ़ेः "मेरे पीछे आने का प्रयत्न मत करना। तुम्हारे लिये वह संभव भी नहीं होगा।"

"बाबाजी, दया कीजिए। चले मत जाइये। मुझे अपने साथ लेते जाइये।" मैं बार-बार पुकार रहा था। उन्होंने कहाः "अभी नहीं। फिर कभी।"

भावावेग में मैंने उनकी चेतावनी की परवाह नहीं की। जैसे ही मैंने उनके पीछे जाने का प्रयत्न किया, मुझे ज्ञात हुआ कि मेरे पाँव ज़मीन से पक्के चिपक गये हैं। दरवाज़े पर पहुँच कर बाबाजी ने मुझ पर एक प्रेमभरी दृष्टि डाली। मेरी आँखें तीव्र लालसा से उन पर ही जमी हुई थीं। उन्होंने आशीर्वाद देने की मुद्रा में हाथ उठाया और चले गये।

कुछ मिनटों बाद मेरे पाँव ज़मीन से छूटे। मैं वहीं बैठकर गहरे ध्यान में लीन हो गया। न केवल मेरी प्रार्थना का उत्तर देने के लिये ही, बल्कि बाबाजी का दर्शन करा देने के लिये भी, मैं ईश्वर को बारम्बार धन्यवाद देने लगा। मुझे ऐसा लग रहा था मानो चिरयुवा, आयुविहीन प्राचीन परमगुरु के स्पर्श से मेरा शरीर पावन हो गया था। उनके दर्शन की तीव्र लालासा मुझे लम्बे समय से थी।

अभी तक बाबाजी के साथ मेरी इस भेंट की बात मैंने किसी को नहीं बतायी है। इस घटना को अपने मानवी अनुभवों में सबसे पवित्र अनुभव मानकर मैंने इसे

अपने हृदय में छिपा लिया था। परन्तु मुझे लगा कि इस आत्मकथा के पाठकों को विश्व में रुचि लेने वाले एकान्तवासी बाबाजी की वास्तविकता पर अधिक विश्वास होगा यदि मैं ऐसी घटना का वर्णन कर दूँ जिसमें मैंने उन्हें स्वयं अपनी आँखों से देखा है। इस पुस्तक के लिये मैंने आधुनिक भारत के योगी-अवतार परमगुरु का एक चित्र भी एक चित्रकार की सहायता से बनवाया है।

अमेरिका के लिये प्रस्थान करने के एक दिन पहले मैं श्रीयुक्तेश्वरजी की पावन उपस्थिति में बैठा था। उन्होंने अपने ज्ञानयुक्त शान्त स्वर में मुझसे कहाः "भूल जाओ कि तुम्हारा जन्म हिंदू समाज में हुआ था, परन्तु अमेरिकी लोगों के भी सारे ही तौर-तरीके मत अपना लेना। दोनों समाजों के केवल उत्तम गुणों को ही ग्रहण करना। तुम ईश्वर की संतान हो; अपने इस सच्चे स्वरूप को सदा याद रखना। पृथ्वी पर चारों ओर विभिन्न जाति-वंशों में बिखरे हुए अपने बन्धुओं के सर्वश्रेष्ठ गुणों को खोजो और उन्हें आत्मसात् करो।"

फिर उन्होंने मुझे आशीर्वाद दियाः "ईश्वर की खोज करने के लिये जो भी श्रद्धा के साथ तुम्हारे पास आयेंगे, तुम्हारे द्वारा उनकी सहायता होकर रहेगी। जब तुम उन पर दृष्टिपात करोगे, तब तुम्हारी आँखों से निःसृत होता आध्यात्मिक प्रवाह उनके मस्तिष्कों में प्रवेश करेगा और उनकी भौतिक प्रवृत्तियों और आदतों को परिवर्तित करके उन्हें और अधिक ईश्वराभिमुख कर देगा।" फिर मुस्कराते हुए वे बोलेः "सच्चे जिज्ञासुओं को आकर्षित करने के मामले में तुम्हारी नियति बहुत अच्छी है। तुम जहाँ भी जाओगे, चाहे वह जंगल ही क्यों न हो, तुम्हें सच्चे मित्र मिलते रहेंगे।"

श्री युक्तेश्वरजी के इन दोनों ही आशीर्वादों की पूर्ति भली भाँति हुई है। मैं अमेरिका अकेला ही आया जहाँ मेरा एक भी मित्र नहीं था, परन्तु यहाँ हज़ारों लोग मुझे मिले जो आत्मा की कालातीत शिक्षाओं को ग्रहण करने के लिये तैयार बैठे थे।

विश्वयुद्ध के बाद अमेरिका जाने वाले पहले ही यात्री जहाज 'द सिटी ऑफ़ स्पार्टा' पर सवार होकर मैंने अगस्त 1920 में भारत से प्रस्थान किया। पासपोर्ट प्राप्त करने में "लालफीताशाही" की अनेकानेक कठिनाइयाँ आयीं, जो लगभग चमत्कारी रूप से ही दूर हुईं और तब कहीं जाकर मैं जहाज पर यात्रा के लिये टिकट पा सका।

दो महीनों की समुद्र-यात्रा के दौरान जहाज पर एक सहयात्री को पता चल गया कि मैं बॉस्टन सम्मेलन के लिये भारत का प्रतिनिधि बन कर जा रहा था।

मेरे नाम का विचित्र उच्चारण करते हुए (आगे मुझे अमेरिकी लोगों द्वारा जिन अजीब-अजीब तरीकों से अपने नाम का उच्चारण सुनता था, उनमें से यह केवल पहला था) उसने मुझसे कहाः "स्वामी योगानन्द, अगले गुरुवार की रात को हम यात्रियों के लिये एक व्याख्यान देकर कृपया हमें अनुग्रहीत करें। 'जीवन का युद्ध और उसे कैसे लड़ें' विषय पर व्याख्यान से हम सब को बड़ा लाभ होगा।"

अफसोस! बुधवार के आते ही मुझे पता चला कि पहले मुझे ही अपने जीवन का युद्ध लड़ना था। अंग्रेज़ी में व्याख्यान देने के लिये अपने विचारों को एक सूत्र में गूँथने का मैंने हर तरह से प्रयास कर लिया, परन्तु सब व्यर्थ! आख़िर मैंने तैयारी करने का यह प्रयास ही छोड़ दिया। जीन-काठी देखते ही भड़क उठने वाले नये घोड़े की तरह मेरे विचार भी अंग्रेज़ी व्याकरण के साथ कोई सहयोग करने के लिये तैयार नहीं थे। पर गुरुदेव के पिछले आश्वासनों पर पूर्ण विश्वास रखते हुए मैं गुरुवार को जहाज के सैलून में अपने श्रोताओं के सामने जाकर खड़ा हो गया। मेरे मुँह से एक शब्द नहीं निकला; वहाँ उपस्थित लोगों के सामने मैं अवाक् बनकर खड़ा रहा। मेरी सहनशीलता का यह युद्ध लगभग 10 मिनट तक चलता रहा। उसके बाद श्रोताओं को मेरी परिस्थिति का आकलन हो गया और वे हँसने लगे।

उस क्षण की परिस्थिति मेरे लिये तो हँसने लायक नहीं थी; क्षुब्ध होकर मन ही मन मैं गुरुदेव से प्रार्थना करने लगा।

"तुम बोल सकते हो! बोलो!" उनकी आवाज़ तत्क्षण मेरी चेतना में गूँजी।

उसी के साथ मेरे विचारों ने तुरन्त ही अंग्रज़ी भाषा के साथ दोस्ती कर ली। पैंतालिस मिनट तक व्याख्यान चलता रहा और अन्त तक श्रोतागण तन्मय होकर सुनते रहे। इस व्याख्यान के कारण अमेरिका में विभिन्न संस्थाओं के समक्ष बाद में व्याख्यान देने के लिये कई निमन्त्रण मुझे उसी समय मिल गये।

बाद में प्रयास करने पर भी, उस व्याख्यान में मैंने जो कुछ कहा था, उसमें से एक शब्द भी मुझे कभी याद नहीं आ सका। सावधानी-पूर्वक जब मैंने यात्रियों से पूछताछ की, तो अनेक लोगों से मुझे इतना ही पता चलाः "आपने शुद्ध और सही अंग्रेज़ी में अत्यंत प्रेरणास्पद व्याख्यान दिया।" यह आनन्ददायक उत्तर सुनकर मैंने समय पर सहायता करने के लिये विनम्रतापूर्वक अपने गुरुदेव का धन्यवाद किया और इसके साथ ही मुझे नये सिरे से फिर एक बार यह एहसास हो गया कि देश-काल की सीमाओं को ध्वस्त कर वे सदा ही मेरे साथ हैं।

शेष समुद्र-यात्रा के दौरान कभी-कभी बॉस्टन सम्मेलन में अंग्रेज़ी व्याख्यान की अग्निपरीक्षा के विचार मात्र से ही मेरे मन में शूल उठता था।

मैं व्याकुल होकर प्रार्थना करताः "करुणासागर प्रभु! आप ही मेरी एकमात्र प्रेरणा बनने की कृपा कीजिए।"

'द सिटी ऑफ़ स्पार्टा' सितम्बर के उत्तरार्ध में बॉस्टन के बन्दरगाह में खड़ा हो गया। 6 अक्तूबर 1920 को मैंने धर्म सम्मेलन में जाकर अमेरिका में अपना पहला व्याख्यान दिया। व्याख्यान का अच्छा स्वागत हुआ; मैंने राहत की साँस ली। अमेरिकन युनिटैरियन एसोसिएशन के विशाल हृदय सचिव ने सम्मेलन पर प्रकाशित एक विवरण में अपना मत इस प्रकार व्यक्त कियाः

"राँची के ब्रह्मचर्याश्रम से आये प्रतिनिधि स्वामी योगानन्द ने अपनी संस्था की ओर से सम्मेलन का अभिनन्दन किया। धाराप्रवाह अंग्रेज़ी में ओजस्वी वक्तृत्व के साथ उन्होंने 'धर्म-विज्ञान' पर दार्शनिक स्वरूप का व्याख्यान दिया, जिसे बड़े स्तर पर वितरण करने के लिये एक पत्रक के रूप में छाप दिया गया है। अपने व्याख्यान में उन्होंने कहा कि धर्म सार्वभौमिक है और एक ही है। रीति-रिवाज़ और रुढ़ि-प्रथाओं को सार्वभौमिक नहीं बनाया जा सकता; परन्तु धर्म में निहित सामान्य तत्त्व को सार्वभौमिक बनाया जा सकता है और सबको उसका अनुसरण करने एवं उसका पालन करने के लिये कहा जा सकता है।"

पिताजी ने जो बड़ी रकम का चेक दिया था, उसके कारण सम्मेलन के समाप्त हो जाने के बाद भी अमेरिका में रहना मेरे लिये सम्भव हो गया। अत्यंत साधारण परिस्थितियों में रहते हुए बॉस्टन में तीन वर्ष सुखपूर्वक बीत गये। इस दौरान मैंने सार्वजनिक व्याख्यान दिये, शिक्षा वर्ग चलाये और "सांग्स ऑफ द सोल" ('आत्मा के गीत') नामक एक काव्य-पुस्तक भी लिखी, जिसकी प्रस्तावना "सिटी ऑफ़ न्यूयॉर्क" कॉलेज के प्रेसिडेन्ट डॉ. फ्रेडरिक बी. रॉबिन्सन ने लिखी है।

1924 में मैंने पूरे अमेरिका महाद्वीप की यात्रा शुरू की और प्रमुख शहरों में हजारों लोगों के समक्ष व्याख्यान दिये। मैं जब सीएटल में था तो कुछ समय विश्रांति में बिताने के लिये वहाँ से रमणीय अलास्का में चला गया।

मेरी शिक्षाओं का अनुसरण करने वाले उदारमना लोगों की सहायता से 1925 के अंत तक मैंने कैलिफोर्निया के लॉस एंजिलिस शहर में माऊण्ट वाशिंगटन एस्टेट्स पर अपने अमेरिकी मुख्यालय की स्थापना कर दी। यह वही भवन है, जो मैंने अनेक वर्ष पहले कश्मीर में अपने अन्तर्दर्शन में देखा था। यहाँ दूर अमेरिका

में चल रही अपनी गतिविधियों के फ़ोटो मैंने जल्दी ही श्रीयुक्तेश्वरजी को भेज दिये। उन्होंने एक पोस्टकार्ड पर बंगाली में उत्तर भेजा, जिसका अनुवाद मैं यहाँ दे रहा हूँ:

11 अगस्त, 1926

मेरे हृदय के दुलारे, हे योगानन्द!

तुम्हारे विद्यालय और छात्रों के फ़ोटो देखकर मेरे जीवन में कितना आनन्द आया है इसका मैं शब्दों में वर्णन नहीं कर सकता। विभिन्न शहरों के तुम्हारे योग-विद्यार्थियों को देखकर मैं आनन्द में पिघल रहा हूँ।

प्रतिज्ञापन, रोग-निवारक स्पन्दन सम्प्रेषण तथा दैवी रोगमुक्ति की प्रार्थनाएँ आदि तुम्हारी पद्धतियों के बारे में सुनकर मैं तुम्हें हृदय से धन्यवाद दिये बिना नहीं रह सकता।

माऊण्ड वाशिंगटन इस्टेट्स का मुख्य द्वार, पहाड़ी पर उपर जाता सर्पिल रास्ता, और पहाड़ी के नीचे फैले हुए सुन्दर दृश्य को देखकर यह सभी कुछ आँखों से देखने की इच्छा मन में पैदा होती है।

यहाँ सब ठीक चल रहा है। ईश्वर की कृपा से तुम सदा परमानन्द में रहो।

श्री युक्तेश्वर गिरि

वर्ष पर वर्ष बीतते गये। अपने नये देश के प्रत्येक हिस्से में और सैंकड़ों क्लबों, कॉलेजों, गिरजाघरों और प्रत्येक प्रकार के श्रोतृवृंदों के सामने मैंने व्याख्यान दिये। 1920-30 के दशक में सहस्त्र-सहस्त्र अमेरिकी लोगों ने मेरे योग की कक्षाओं में शिक्षा ली। उन सभी को मैंने प्रार्थनाओं और आत्मा के विचारों की एक नयी पुस्तक "व्हिस्पर्स फ्राम इटर्निटी" समर्पित की थी, जिसकी प्रस्तावना प्रसिद्ध गायिका मैडम एमेलिटा गैली-कुर्ची ने लिखी थी।

कभी-कभी (साधारणतया महीने के पहली तारीख को, जब सेल्फ़-रियलाइज़ेशन फ़ेलोशिप के मुख्यालय माऊण्ट वाशिंगटन सेन्टर को चलाने के लिये किये गये खर्चों के बिलों की भरमार लग जाती थी) भारत की सादगी भरी शान्ति की याद सताती थी। परन्तु दिन-प्रतिदिन पूर्व और पश्चिम के बीच सद्भावना वृद्धिगत होती दिखायी देती; उससे मेरी आत्मा को हर्ष होता।

अपने देश के "राष्ट्रपिता" जॉर्ज वाशिंगटन ने, जिन्हें अनेक अवसरों पर ऐसा अनुभव हुआ कि उन्हें ईश्वरीय मार्गदर्शन मिल रहा था, ने (अपने "फ़ेयरवेल ऐड्रेस" में) अमेरिका को आध्यात्मिक प्रेरणा देने वाले ये शब्द कहे थे:

"स्वतन्त्र, सुशिक्षित एवं निकट भविष्य में ही एक महान् राष्ट्र के रूप में परिणत होने वाले इस देश की जनता के यह अनुरूप होगा कि वह समस्त मानवजाति के लिये सदा उच्च न्याय एवं लोकहितैषी वृत्ति से परिचालित मानवों के रूप में एक अभिनव उदाहरण प्रस्तुत करे। इस प्रकार की योजना का दृढ़ता से अनुसरण करने से कुछ तात्कालिक क्षति हो सकती है, परन्तु इसमें किसे सन्देह हो सकता है कि इस योजना के फलस्वरूप कालान्तर में उस क्षति की तुलना में बहुत अधिक लाभ प्राप्त होगा? क्या कभी ऐसा हो सकता है कि ईश्वर किसी राष्ट्र के उत्तम गुणों को चिरस्थायी सुख-सौभाग्य से न जोड़े?

वाल्ट व्हिटमन-कृत "हिम टू अमेरिका" (अमेरिका का कीर्तिगान)
("दाऊ मदर विद् दाई इक्वल ब्रूड" से)

अपने भविष्य में तुम,
नर-नारियों की अपनी अधिक सयानी, अधिक संख्य संतानों में तुम,
नैतिक, आध्यात्मिक बल से युक्त अपने महापुरुषों में तुम,
उत्तर, दक्षिण, पूर्व, पश्चिम में,
अपनी नैतिक संपदा और सभ्यता में तुम (जिसके बिना बड़ा से बड़ा
गौरव प्राप्त करने वाली तुम्हारी भौतिक सभ्यता अर्थहीन ही रहेगी),
अपनी सर्वार्थपूरक, सर्व-समावेशक अर्चना में तुम –
किसी एक बाइबिल या किसी एक तारणहार मात्र में नहीं,
बल्कि तुम्हारे तारणहार असंख्य होंगे जो तुममें ही अभी सुप्त हैं,
जो किसी भी अन्य तारणहार के समतुल्य होंगे, उतने ही भव्यदिव्य होंगे, ये!
ये सब तुममें (अवश्य होंगे) यह मैं आज भविष्यवाणी करता हूँ।

प्रकरण—38

लूथर बरबैंक – गुलाबों के बीच एक सन्त

"एक उन्नत किस्म के पौधे तैयार करने का रहस्य वैज्ञानिक ज्ञान के अलावा एक और भी है; वह है प्रेम।" लूथर बरबैंक ने ज्ञान के ये शब्द तब कहे जब मैं कैलिफ़ोर्निया में सैंटा रोज़ा स्थित उनके बगीचे में उनके साथ टहल रहा था। मनुष्य के खाने योग्य नागफनी की एक क्यारी के पास हम रुक गये।

उन्होंने आगे कहाः "जब मैं कंटकहीन नागफनी की नस्ल तैयार करने का प्रयोग कर रहा था, तब मैं प्रायः इन पौधों के साथ बातें किया करता था, ताकि प्रेमपूर्ण स्पन्दन पैदा हो सकें। मैं उनसे कहताः 'तुम्हें किसी प्रकार का भय रखने की आवश्यकता नहीं है। आत्म-रक्षा के लिये तुम्हें इन काँटों की आवश्यकता नहीं है। मैं तुम्हारी रक्षा करूँगा।' और धीरे-धीरे रेगिस्तान का यह उपयुक्त पौधा इस कंटकविहीन नस्ल के रूप में उभर आया।"

मैं इस चमत्कार पर मुग्ध रह गया। "प्रिय लूथर, माऊण्ट वाशिंगटन के अपने बगीचे में लगाने के लिये इस नागफनी के कुछ पत्ते कृपया मुझे प्रदान करें।"

निकट ही खड़ा एक माली कुछ पत्ते काटने के लिये आगे बढ़ा ही था, कि लूथर ने उसे रोक दिया।

"स्वामीजी के लिये मैं स्वयं ही पत्ते काट देता हूँ।" उन्होंने मुझे तीन पत्ते दिये, जिन्हें बाद में मैंने बगीचे में लगाया। उन्हें पौधे बनकर बढ़ते और फिर विशाल झाड़ी के रूप में परिवर्तित होते देखकर मैं खूब आनन्दित होता था।

इस महान् उद्यान-विज्ञानी ने मुझे बताया कि उनकी प्रथम उल्लेखनीय सफलता थी बड़े आकार का वह आलू जिसे उनके ही नाम पर अब बरबैंक आलू कहा जाता है। अपनी असीम प्रतिभा और अथक परिश्रम से उन्होंने प्रकृति के पौधों को वर्ण-संकर के द्वारा अधिक उन्नत कर सैंकड़ों नयी प्रजातियाँ संसार को दी हैं – नयी बरबैंक किस्म के टमाटर, मक्का, स्क्वैश, चेरी, प्लम्स, नेक्आरिन, बेरी, पॉपी, लिली, गुलाब।

मैंने अपना कैमरा साध लिया जब लूथर मुझे अखरोट के उस प्रसिद्ध पेड़ के पास ले गये जिसे तैयार करके उन्होंने सिद्ध कर दिया कि नैसर्गिक क्रमविकास की गति को बहुत अधिक भी बढ़ाया जा सकता है।

उन्होंने कहाः "केवल सोलह वर्षों में यह पेड़ भरपूर फल देने लग गया। किसी प्रकार की सहायता के बिना, नैसर्गिक क्रम के अनुसार फल देने में इसे इससे दुगुना समय लगता।

इतने में बरबैंक की छोटी-सी दत्तक पुत्री अपने कुत्ते के साथ उछलती-कूदती बगीचे में आयी।

उसकी ओर हाथ दिखाते हुए प्रेम से लूथर ने कहाः "यह मेरा मानव-पौधा है। सारी मानवजाति को अब मैं एक विशाल वृक्ष के रूप में ही देखता हूँ। जिसे अपने उच्चतम विकास के लिये केवल प्रेम, खुली हवा और खुली जगह का प्राकृतिक वरदान तथा बुद्धि का उपयोग कर चुन चुन कर संकरित किये जाने की आवश्यकता है। मैंने स्वयं अपने जीवनकाल में ही पौधों के विकास की ऐसी आश्चर्यजनक प्रगति देखी है कि मुझे यह दृढ़ आशा हो गयी है कि यदि बच्चों को सादगी और विवेक के साथ जीना सिखाया जाए, तो यह संसार शीघ्र ही स्वस्थ और सुखी बन जायेगा। हमें प्रकृति और प्रकृति के सृष्टा ईश्वर की ओर लौटना ही होगा।"

"लूथर, राँची के मेरे विद्यालय में खुले आकाश के नीचे चलते कक्षा-वर्गों को और आनन्द एवं सादगी से भरे वातावरण को देखकर आप अत्यंत आनन्दित होंगे।"

मेरे शब्दों ने उनके हृदय की सबसे नाज़ुक तार को छेड़ दिया। बच्चों की शिक्षा उनका सबसे प्रिय विषय था। उन्होंने मुझ पर प्रश्नों की झड़ी लगा दी। उनकी गहरी, शान्त आँखों में उत्सुकता चमक रही थी।

अंत में उन्होंने कहाः "आपके विद्यालय जैसे विद्यालयों से ही भावी युग के लिये कोई आशा की जा सकती है। प्रकृति से दूर और स्वतन्त्र व्यक्तित्व के विकास

का बचपन में ही गला घोट देने वाली हमारी वर्तमान शिक्षा पद्धतियों के विरुद्ध मेरे हृदय में बगावत है। शिक्षा-विषयक आपके व्यावहारिक आदर्शों के साथ मैं पूर्ण अन्तःकरण से सहमत हूँ।"

जब मैं उस विनम्र संत से विदा लेने लगा, तो उन्होंने एक छोटी-सी पुस्तक पर अपने हस्ताक्षर कर दिये और वह पुस्तक मुझे भेंट कर दी।

"The Training of the Human Plant (मानव-तरु का प्रशिक्षण) पर यह मेरी पुस्तक है। नये प्रकार के प्रशिक्षण के निर्भय प्रयोगों की आवश्यकता है। कभी-कभी दुस्साहसी प्रयोगों से ही फलों और फूलों के सर्वोत्तम गुण प्रकट करने में मुझे सफलता मिली है। इसी प्रकार बच्चों की शिक्षा के भी अधिक प्रयोग होने चाहिये और वे प्रयोग अधिकाधिक साहसी होने चाहिये," उन्होंने कहा।

मैंने उनकी छोटी-सी पुस्तक को उसी रात अत्यंत उत्सुकता के साथ पढ़ा। उनकी दृष्टि मानवजाति के उज्ज्वल भविष्य की कल्पना कर रही थी। उन्होंने लिखा थाः "इस पृथ्वी पर सजीव वस्तुओं में सबसे ज़िद्दी और बदलने में सबसे कठिन वह वस्तु पौधा है जिसकी प्रवृत्तियाँ स्थिर हो गयी हों... याद रखिये कि इस पौधे ने अपने स्वतंत्र व्यक्तित्व की युग-युगान्तर से रक्षा की है; यह पौधा वह चीज़ है जिसकी उत्पत्ति की खोज करते-करते यदि हम समय में अनादिकाल तक पीछे चले जायें तो पता चलेगा कि इसकी उत्पत्ति शायद चट्टानों से हुई थी; और कल्पनातीत रूप से इतने दीर्घकाल में शायद इस में कोई बड़ा परिवर्तन नहीं हुआ। क्या आप ऐसा समझते हैं कि इतने युग-युगान्तरों में विशिष्ट गुणधर्मों की या प्रवृत्तियों की बार-बार पुनरावृत्ति होने के बाद भी पौधे में अपनी दृढ़ इच्छाशक्ति नहीं आ जाती – यदि आप उसे इच्छाशक्ति कहना चाहें? और यह इच्छाशक्ति भी इतनी दृढ़ कि जिसकी तुलना नहीं हो सकती। बल्कि ताड़ के पेड़ की कुछ जातियों जैसे कई प्रकार के वृक्ष ऐसे हैं, जिनमें कोई मानवी शक्ति आज तक कोई परिवर्तन नहीं ला सकी। पेड़-पौधों की इच्छाशक्ति के सामने मनुष्य की इच्छाशक्ति कुछ भी नहीं है। फिर भी देखो इस पौधे की आजीवन ज़िद केवल उसके साथ एक नये जीवन को जोड़ देने से कैसे टूट जाती है। केवल उस पर कलम बांध देने से, उसमें संकर करने से उसके जीवन में कैसा पूर्ण और शक्तिशाली परिवर्तन आता है। और जब उसकी ज़िद टूटकर उसमें यह परिवर्तन आ जाता है, तब वहाँ से आगे उसकी हर पीढ़ी में धैर्य के साथ देखरेख और अच्छे पौधों को चुनते जाकर उसमें आये परिवर्तन को स्थिर और दृढ़ कर दो। और

इस प्रकार यह नयी प्रजाति अपना मार्गक्रमण शुरू करती है और फिर कभी पीछे मुड़कर नहीं देखती, अपने पुराने स्वरूप पर नहीं जाती। उसकी दृढ़ इच्छाशक्ति आख़िर टूट जाती है और वह परिवर्तित हो जाता है।

"जब यही बात मानव-शिशु की संवेदनशील और लचीली प्रकृति पर लागू करनी हो, तब तो समस्या कहीं अधिक आसान हो जाती है।"

मेरा मन इस महान् अमेरिकी की तरफ खिंच गया और मैं बार-बार उनके पास जाने लगा। एक दिन प्रातः काल तब मैं वहाँ पहुँचा, तो उसी समय पोस्टमैन भी वहाँ आ पहुँचा और उसने करीब हज़ार पत्र वहाँ डाल दिये। विश्व के सभी भागों से अनेकानेक उद्यान-विशेषज्ञ उन्हें पत्र लिखते थे।

"स्वामीजी! आपके यहाँ होने से मुझे बाहर बगीचे में जाने का वह बहाना मिल गया जिसकी मुझे तलाश थी," लूथर ने विनोद से कहा। उन्होंने एक बड़ा दराज़ खोला जिसमें यात्रा-सम्बन्धी सैंकड़ों पत्रक थे।

"देखिये," उन्होंने कहा, "यह है मेरा यात्रा करने का तरीका अपने पेड़-पौधे और पत्रव्यवहार से यहाँ बँधा मैं विदेश-यात्रा की अपनी इच्छा को इन चित्रों को बीच-बीच में देखकर ही पूरी कर लिया करता हूँ।"

मेरी कार उनके फाटक के सामने ही खड़ी थी। लूथर और मैं कार में बैठकर उस छोटे-से नगर की सैर पर निकले, जहाँ के बाग-बगीचे लूथर की अपनी विकसित की हुई गुलाब की प्रजातियों – सैंटा रोज़ा, पीचब्लो, बरबैंक गुलाब – से खिले हुए थे।

इस महान् वैज्ञानिक ने पहले ही, एक बार जब मैं उनके यहाँ गया हुआ था, मुझसे क्रिया दीक्षा ले ली थी। "स्वामीजी, मैं पूर्ण भक्ति और निष्ठा के साथ क्रिया का नियमित अभ्यास करता हूँ," उन्होंने कहा। योग के विभिन्न पहलुओं पर मुझसे अनेक अच्छे-अच्छे प्रश्न पूछने के बाद लूथर ने धीरे-धीरे कहा:

"पूर्व के पास सचमुच ज्ञान के विशाल भंडार हैं जिसे पश्चिम ने अभी-अभी जानना शुरू किया है।"

प्रकृति ने यत्नपूर्वक संभालकर रखे हुए अपने अनेक रहस्य बरबैंक के सामने प्रकट कर दिये। प्रकृति के साथ घनिष्ठ एकरूपता ने बरबैंक में असीम आध्यात्मिक श्रद्धा उत्पन्न कर दी।

एक दिन कुछ संकोच के साथ ही उन्होंने मुझसे कहा: "कभी-कभी मुझे अनुभव होता है कि मैं अनंत शक्ति के बिल्कुल निकट हूँ।" अपने अनुभवों की

स्मृतियों से उनका कोमल, सुन्दर मुखमंडल दीप्त हो उठा। "तब मैं अपने आस-पास के बीमार लोगों को और पौधों को भी, स्वस्थ कर सकने में समर्थ होता हूँ।"

फिर उन्होंने मुझे अपनी माँ के बारे में बताया जो धार्मिक प्रवृत्ति की निष्ठावान ईसाई महिला थीं। लूथर ने कहाः "माँ की मृत्यु के बाद अनेक बार वे मेरी अन्तर्दृष्टि के सामने प्रकट हुई हैं और मेरे साथ उन्होंने बातचीत भी की है।"

हम लोग अनिच्छापूर्वक ही उनके घर की ओर वापस मुड़े, जहाँ हज़ारों पत्र उनकी प्रतीक्षा कर रहे थे।

रास्ते में मैंने कहाः "लूथर, अगले महीने से मैं पूर्व और पश्चिम के ज्ञान को लोगों तक पहुँचाने के लिये एक पत्रिका शुरू कर रहा हूँ। पत्रिका के लिये कोई अच्छा नाम चुनने में मेरी मदद कीजिए।"

हमने कुछ नामों की थोड़ी देर चर्चा की और अन्त में "ईस्ट-वेस्ट" (पूर्व-पश्चिम) नाम पर दोनों सहमत हो गये। जब हमने उनके अध्ययन-कक्ष में प्रवेश किया तो उन्होंने "विज्ञान और सभ्यता" पर लिखा अपना एक लेख मुझे दिया।

मैंने कृतज्ञतापूर्वक कहाः "ईस्ट-वेस्ट के प्रथम अंक में छपकर आयेगा।"

जैसे-जैसे हमारी मित्रता गहरी होती गयी, मैं बरबैंक को अपना "अमेरिकन सन्त" कहने लगा। ईसा के शब्दों को उद्धृत कर मैं कहताः "इस मनुष्य को देखो; इस में कोई छल-कपट नहीं है।" उनका हृदय अथाह गहरा था; विनम्रता, धैर्य और त्याग का उस हृदय को दीर्घ अभ्यास था। गुलाबों के बीच में स्थित उनका घर अत्यंत सादा था; विलासिता की निरर्थकता एवं अपरिग्रह के आनन्द का उन्हें ज्ञान था। एक वैज्ञानिक के रूप में हुई अपनी ख्याति को वे जिस विनयशीलता के साथ वहन करते थे, उसे देखकर मुझे बारम्बार उन वृक्षों की याद आती थी जो पके फलों के भार से झुक जाते हैं। केवल फलहीन वृक्ष ही वृथा अभिमान के साथ सिर ताने खड़े रहते हैं।

1926 में जब मेरे इस प्रिय मित्र का निधन हुआ, तब मैं न्यूयॉर्क में था। अश्रुपात करते हुए मैं सोच कर रहा थाः "उन्हें केवल एक बार देखने के लिये मैं यहाँ से सैंटा रोज़ा तक खुशी-खुशी पैदल चला जाऊँगा।" अपने आप को कमरे में बन्द कर 24 घंटे मैं एकान्त में रहा; न अपने सचिवों से मिला और न मुझसे मिलने के लिये आने वालों से।

दूसरे दिन मैंने लूथर के एक बड़े फ़ोटो के सामने उनके लिये वैदिक रीति से तर्पण किया। शरीर-तत्त्वों के उनके अनंत स्त्रोत में विलय के प्रतीक स्वरूप फूल,

जल एवं अग्नि का तर्पण किया गया, तब मेरे अमेरिकी शिष्य हिंदू सूतक वस्त्र धारण किये वैदिक मंत्रों का घोष कर रहे थे। यूँ तो बरबैंक का पार्थिव शरीर सैंटा रोज़ा में उनके ही द्वारा अनेक वर्ष पूर्व लगाये गये एक लेबनानी देवदार वृक्ष के नीचे चिर विश्रांति ले रहा है, पर जहाँ तक मेरा सम्बन्ध है, उनकी आत्मा रास्ते किनारे उगने वाले प्रत्येक फूल में प्रतिष्ठित हो गयी है। कुछ समय के लिये प्रकृति की विराट आत्मा में समा गये लूथर क्या सूर्योदय के साथ आते नहीं हैं और क्या हवाओं में उनका स्वर नहीं गूँज रहा है?

उनका नाम अब साधारण बोलचाल का एक शब्द बन गया है। "वेबस्टर्स न्यू इंटरनेशनल डिक्शनरी में "बरबैंक" शब्द को सकर्मक क्रियापद कहते हुए इसका अर्थ दिया गया हैः "वर्ण संकर करना या कलम बाँधना (पौधे पर)। अर्थात् अच्छे तत्त्वों को लेकर और बुरे तत्त्वों को त्यागकर या अच्छे तत्त्वों के संयोग से सुधार करना (किसी भी प्रक्रिया में या संस्था में)।"

यह परिभाषा पढ़कर मैं बोल पड़ाः "प्रिय बरबैंक! आप का नाम ही अब अच्छाई का पर्यायवाची बन गया है।"

लूथर बरबैंक
सैंटा रोज़ा, कैलिफ़ोर्निया
संयुक्त राज्य अमेरिका

22 दिसम्बर 1924

मैंने स्वामी योगानन्द की योगदा प्रणाली की परीक्षा करके देखा है और मेरा यह मत है कि मनुष्य की शारीरिक, मानसिक और आध्यात्मिक प्रकृतियों के समन्वित विकास और प्रशिक्षण के लिये यह एक आदर्श पद्धति है। स्वामीजी का उद्‌देश्य विश्वभर में 'आदर्श-जीवन प्रणाली' की शिक्षा देने वाले विद्यालयों की स्थापना करना है, जिनमें शिक्षा केवल बौद्धिक विकास तक ही सीमित नहीं रहेगी, बल्कि उसमें शरीर, इच्छाशक्ति ओर अनुभूतियों के प्रशिक्षण का भी समावेश रहेगा।

एकाग्रता और ध्यान की सादी-सरल तथा वैज्ञानिक पद्धति-युक्त योगदा प्रणाली के माध्यम से शारीरिक, मानसिक और आध्यात्मिक उत्कर्ष द्वारा जीवन की लगभग सभी जटिल समस्याओं का समाधान किया जा सकता है और संसार में शान्ति एवं सद्‌भावना स्थापित हो सकती है। स्वामीजी का मत है कि गूढ़ता और अव्यावहारिकता से मुक्त सहज साधारण व्यावहारिक ज्ञान के विकास द्वारा ही सही शिक्षा दी जा सकती है। यदि ऐसा न होता तो मैं इस प्रणाली का कभी समर्थन नहीं करता।

आदर्श जीवन-यापन की शिक्षा देने के लिये अंतराष्ट्रीय विद्यालयों की स्थापना करने के स्वामीजी के विचार से सहमत होते हुए मुझे अत्यंत हर्ष हो रहा है, जिसकी यदि स्थापना हो जाए तो मेरी जानकारी के अन्य किसी भी साधन की अपेक्षा अधिक आसानी से और अधिक शीघ्रता से इस पृथ्वी पर स्वर्गराज्य आ सकेगा।

Luther Burbank

प्रकरण—39

ईसा-क्षतचिह्न-धारिणी कैथोलिक संत टेरेसा नॉयमन

"भारत लौट आओ। पन्द्रह वर्षों तक मैंने धीरज के साथ तुम्हारी प्रतीक्षा की है। शीघ्र ही मैं शरीर त्याग कर अनंत धाम चला जाऊँगा। योगानन्द, चले आओ!"

एक दिन जब मैं माऊण्ट वाशिंगटन स्थित अपने आश्रम में ध्यान कर रहा था, तब अचानक आश्चर्यजनक रूप से श्रीयुक्तेश्वरजी की आवाज़ मुझे अपने अन्तर में सुनायी दी। दस हज़ार मील की दूरी को पलक झपकते ही पार कर उनके सन्देश ने बिजली की भाँति मेरे अन्तर में प्रवेश कर लिया।

पन्द्रह वर्ष! हाँ, मुझे एहसास हुआ यह सन् 1935 है। मैंने अमेरिका में अपने गुरुदेव की शिक्षाओं का प्रसार करते हुए पन्द्रह वर्ष बिता दिये हैं। अब वे मुझे वापस बुला रहे हैं।

थोड़ी देर बाद मैंने अपना यह अनुभव अपने एक प्रिय मित्र जेम्स जे. लिन को बताया। प्रतिदिन क्रियायोग के अभ्यास से उनकी आध्यात्मिक उन्नति इतनी हो गयी थी कि मैं प्रायः उन्हें "संत लिन" कहता हूँ। उनमें तथा दूसरे अनेक पाश्चात्यों में बाबाजी की उस भविष्यवाणी की पूर्ति देखकर मैं अत्यंत आनन्दित होता हूँ कि प्राचीन योग मार्ग के माध्यम से पाश्चात्य जगत् में भी ईश्वर-साक्षात्कारी संत पैदा होंगे।

श्री लिन ने उदारतापूर्वक मेरी यात्रा के व्यय का सारा भार उठाने का प्रस्ताव रखा। इस प्रकार पैसे की समस्या हल होते ही मैंने जहाज से यूरोप

होते हुए भारत जाने की तैयारी की। मार्च 1935 में मैंने सेल्फ़-रियलाइज़ेशन फ़ेलोशिप को चिरस्थायी बनाने के लिये उसे कैलिफोर्निया राज्य के कानून के अंतर्गत एक धर्मनिरपेक्ष, अलाभार्जक संस्था के रूप में पंजीकृत करा लिया। मेरे पास अपना जो कुछ था, वह सब अपनी पुस्तकों के सर्वाधिकारों सहित मैंने सेल्फ़-रियलाइज़ेशन फ़ेलोशिप को दान कर दिया। दूसरी अधिकाँश धार्मिक एवं शैक्षणिक संस्थाओं की तरह ही सेल्फ़-रियलाइज़ेशन फ़ेलोशिप भी अपने सदस्यों एवं अन्य लोगों के दान पर चलती है।

मैंने अपने शिष्यों से कहाः "मैं वापस आऊँगा। अमेरिका को मैं कभी नहीं भूलूँगा।"

लॉस एंजिलिस में मेरे मित्रों द्वारा मुझे दिये गये विदाई-भोज के दौरान मैं लम्बे समय तक उनके चेहरे निहारता रहा। मेरे मन में कृतज्ञता से ओतप्रोत विचार आयाः "हे प्रभु! जो आपको ही एकमात्र दाता मानकर स्मरण करता है, उसके लिये मानवों के बीच कभी मित्रता की मधुरता का अभाव नहीं हो सकता।"

न्यूयॉर्क से मैं 9 जून 1935 को यूरोपा नाम के जहाज पर सवार होकर चल पड़ा। मेरे साथ दो शिष्य थे – एक मेरे निजी सचिव श्री सी. रिचर्ड राइट और दूसरी सिनसिनाटी की एक वृद्ध-सी महिला, मिस एटी ब्लेच। विगत सप्ताहों की अतिव्यस्तता और भागदौड़ के बाद समुद्र-यात्रा के शान्तिपूर्ण दिन बड़े सुहावने लग रहे थे। पर यह शान्ति अल्पकालिक की रही; आधुनिक जहाजों की तेज़ गति के कुछ खेदजनक पहलू भी हैं।

अन्य उत्सुक पर्यटकों की भाँति ही हम लोग भी विशाल और प्राचीन महानगरी लंदन में घूमे। लन्दन पहुँचने के दूसरे दिन मुझे कैक्स्टन हॉल में एक विशाल सभा को संबोधित करने का निमन्त्रण मिला। इस सभा में व्याख्यान शुरू करने से पहले सर फ्रांसिस यंगहसबैण्ड ने लंदन के श्रोताओं को मेरा परिचय दिया।

हमने सर हैरी लॉडर के अतिथि बनकर उनके स्काटलैंड की एस्टेट में एक दिन आनन्द में बिताया। कुछ दिन बाद हम लोग इंग्लिश चैनल को पार कर यूरोप महाद्वीप पहुँचे क्योंकि मैं बवेरिया की एक विशेष तीर्थयात्रा करना चाहता था। मैंने विचार किया कि कोनरस्त्रूथ की महान् कैथोलिक संत टेरेसा नॉयमन से मिलने का यही एकमात्र अवसर मुझे मिल सकता है।

कई वर्षों पहले मैंने टेरेसा नॉयमन के बारे में एक आश्चर्यकारक लेख पढ़ा था। उस लेख में उनके बारे में जो जानकारी दी गयी थी, वह इस प्रकार थीः

(1) टेरेसा नॉयमन का जन्म 1898 में गुड फ्राइडे के दिन हुआ था। जब वे 20 वर्ष की थीं, तब एक दुर्घटना में वे अंधी हो गयीं और साथ ही उन्हें पक्षाघात भी हो गया।

(2) "द लिटिल फ़्लावर" के नाम से सुविख्यात लिसो की संत टेरेसा की कृपा से 1923 में उनकी दृष्टि चमत्कारिक ढंग से वापस आ गयी। बाद में टेरेसा नॉयमन का पक्षाघात भी ठीक हो गया।

(3) 1923 से ईश्वर के प्रसाद रूप में चर्च से दिये जाने वाले छोटे से वेफ़र के अतिरिक्त टेरेसा नॉयमन ने अन्न-जल का पूर्ण परित्याग कर दिया है।

(4) 1926 में टेरेसा नॉयमन के माथे पर, छाती तथा हाथ-पाँवों पर ईसामसीह के पवित्र घाव प्रकट हो गये। सूली पर चढ़ाये जाने से पूर्व और सूली पर चढ़ाये जाने के दौरान ईसा मसीह को जो-जो यातनाएँ दी गयीं, उन सब यातनाओं को वे प्रति शुक्रवार को अपने शरीर में अनुभव करती हैं।

(5) टेरेसा नॉयमन को केवल अपने गाँव की सरल जर्मन भाषा ही आती है, परन्तु शुक्रवार के इन अनुभवों के दौरान भावावेश में वे कुछ ऐसे वाक्यों का उच्चारण करती हैं, जिन्हें विद्वानों ने प्राचीन फिलिस्तीनी भाषा के रूप में पहचाना है। अपने इस दिव्य दर्शन के दौरान उचित अवसरों पर वे हिब्रू या यूनानी भाषा भी बोलती हैं।

(6) चर्च के अधिकारियों की अनुमति से कई बार टेरेसा नॉयमन को वैज्ञानिक निरीक्षण में भी रखा गया। 'प्रोटेस्टेन्ट जर्मन' समाचार पत्र के संपादक डॉ. फ्रिट्ज़ गर्लिक इस "कैथोलिक पाखण्डी" का भंडाफोड़ करने के लिये कोनरस्त्रूथ गये थे, पर मन में श्रद्धा लिये लौट आये और उन्होंने उन का पूर्ण श्रद्धाभाव के साथ जीवन चरित्र लिख डाला।

हमेशा की तरह मैं किसी सन्त से मिलने के लिये लालायित रहता था, चाहे मैं पूर्व में रहूँ या पश्चिम में। जब हम लोग 16 जुलाई को कोनरस्त्रूथ पहुँचे, तो मैं आनन्द से पुलकित हो उठा। बवेरियाई किसानों को हमारी फ़ोर्ड कार (इसे हम लोग अमेरिका से अपने साथ लाये थे) और उसमें बैठे अलग-अलग प्रकार के लोगों– एक युवा अमेरिकन पुरुष, एक प्रौढ़ महिला और कोट के कॉलर के नीचे अपने लम्बे केशों को दबाये एक श्यामवर्णी भारतीय – को देखकर काफ़ी कुतूहल हो रहा था।

टेरेसा नॉयमन का घर साफ-सुथरा था। घर के पास ही स्थित पुराने कुएँ के पास सुन्दर-सुन्दर फूल खिले हुए थे। परन्तु अफ़सोस! घर बन्द और सुनसान था। पड़ोसियों और उस समय पास से गुज़र रहे पोस्टमैन को भी कोई जानकारी नहीं थी। इतने में वर्षा भी होने लगी। मेरे साथियों ने लौट चलने की राय दी।

"नहीं," मैंने दृढ़ता के साथ कहा, "जब तब टेरेसा नॉयमन के पास पहुँचने का कोई न कोई सूत्र मेरे हाथ नहीं लगता, मैं यहाँ से हिलने वाला नहीं।"

दो घंटे बाद भी हम उस बेज़ार करती वर्षा में अपनी कार में ही बैठे रहे। मैंने शिकायत भरा निःश्वास छोड़ते हुए कहाः "भगवन्! यदि उन्हें यहाँ नहीं होना था, तो आप मुझे यहाँ तक लाये ही क्यों?"

इतने में एक अंग्रेज़ी-भाषी व्यक्ति हमारे पास आकर खड़ा हो गया। उसने नम्रतापूर्वक अपनी सहायता प्रदान की।

उसने कहाः "मैं निश्चित तो नहीं जानता कि टेरेसा नॉयमन कहाँ है, परन्तु वे प्रायः ही यहाँ से 80 मील दूर आइक्स्टाट विश्वविद्यालय में वहाँ के विदेशी भाषाओं के प्रोफेसन फ्रान्ज़ वुट्ज़ से मिलने जाती हैं।"

दूसरे दिन सुबह हम लोग कार से छोटे-से शान्त नगर आइक्स्टाट में जा पहुँचे। डॉ. वुट्ज़ ने प्रेमपूर्वक अपने घर में हमारा स्वागत किया। "हाँ, टेरेसा नॉयमन यहीं है।" उन्होंने टेरेसा नॉयमन के पास सन्देश भेजा कि कोई उनसे मिलने आये हैं। सन्देश ले जाने वाला शीघ्र ही उनके उत्तर के साथ वापस आया।

"यूँ तो बिशप ने मुझे उनकी अनुमति के बिना किसी से मिलने के लिये मना किया है परन्तु भारत के इस सन्त से मैं अवश्य मिलूँगी।"

उनके इन शब्दों ने मेरे हृदय को छू लिया। डॉ. वुट्ज़ के पीछे-पीछे मैं सीढ़ियाँ चढ़कर ऊपर के बैठकखाने में गया। टेरेसा नॉयमन तुरन्त ही वहाँ आ गयीं। उनसे शान्ति और आनन्द निःसृत हो रहा था। उन्होंने काला गाऊन और सफेद मस्तकावरण धारण कर रखा था। उनकी आयु इस समय 37 वर्ष की थी, परन्तु वे उससे काफ़ी कम उम्र की दिख रही थीं। उनके चेहरे पर एक शिशु-सुलभ मोहकता और उत्फुल्लता झलक रही थी। स्वस्थ, सुगठित शरीर, गुलाबी गाल और आनन्दी स्वभाव! और यह वो सन्त है जो सदा निराहार रहती हैं।

टेरेसा नॉयमन ने अत्यंत सौम्यता के साथ मुझसे हाथ मिलाया। एक-दूसरे को ईश्वर-प्रेमी के रूप में पहचानते हुए, हम दोनों के मुखों पर मौन मिलन की मृदु मुस्कान खेल रही थी।

डॉ. वुट्ज़ ने कृपापूर्वक दुभाषिये का काम किया। जब हम लोग बैठ गये, तो मेरे ध्यान में आया कि टेरेसा नॉयमन कुतूहल के साथ अपनी भोली-भाली नज़र से मुझे देख रही थीं। स्पष्ट था कि बवेरिया में हिन्दू कभी-कभी ही दिखायी देते थे।

"क्या आप कभी कुछ नहीं खातीं," मैं स्वयं उनके मुख से सुनना चाहता था।

"नहीं, प्रतिदिन सुबह 6 बजे केवल एक 'होस्ट' के अलावा मैं कुछ नहीं खाती।"

"यह होस्ट कितना बड़ा होता है?"

"वह कागज़ के समान पतला और छोटे सिक्के के आकार का होता है।" फिर उन्होंने कहा: "मैं उसे केवल ईश्वर के प्रसाद के रूप में लेती हूँ; यदि वह ईश्वर को अर्पण किया हुआ न हो, तो मैं उसे निगल नहीं पाती।"

"आप केवल उसी पर बारह वर्षों तक तो जीवित नहीं रह सकतीं?"

"मैं ईश्वर के प्रकाश से जीवित रहती हूँ।"

"कितना सरल उनका उत्तर था, बिल्कुल आइन्स्टाइन की तरह!

"मैं समझता हूँ आपको यह ज्ञान है कि आपके शरीर में प्राणशक्ति आकाश, सूर्य और हवा से आती है।"

तुरन्त उनके चेहरे पर मुसकराहट खिल उठी। "बड़ी खुशी हुई यह देखकर कि आप जानते हैं मैं कैसे जीवित रहती हूँ।"

"आपका पवित्र जीवन ईसा मसीह द्वारा कहे गये उस सत्य वचन की अभिव्यक्ति है कि 'मनुष्य केवल अन्न से ही जीवित नहीं रहेगा, बल्कि ईश्वर के मुख से निकलने वाले प्रत्येक शब्द से जीवित रहेगा।' "

मेरे इस स्पष्टीकरण से वे पुनः खुश हो गयीं। "सचमुच ऐसा ही है। आज इस पृथ्वी पर मेरे जीवित रहने का एक कारण यह सिद्ध करना भी है कि मनुष्य केवल अन्न से नहीं, बल्कि ईश्वर के प्रकाश से जीवित रहता है।"

"क्या आप दूसरों को भी अन्न के बिना जीवित रहना सिखा सकती है?"

ऐसा प्रतीत हुआ कि इस प्रश्न से उन्हें कुछ आघात-सा लगा। "मैं ऐसा नहीं कर सकती। ईश्वर की ऐसी इच्छा नहीं है।"

जब मेरी दृष्टि टेरेसा नॉयमन के मज़बूत, सुन्दर हाथों पर पड़ी, तो उन्होंने प्रत्येक हाथ के पिछले हिस्से में बना हाल ही में भरा एक-एक वर्गाकार घाव दिखाया। प्रत्येक हथेली पर भी हाल ही में भरा अर्धचंद्राकार घाव दिखाया। इनमें से प्रत्येक घाव हाथ के आर-पार था। यह दृश्य देख कर मुझे लोहे की चौकोर

लम्बी-लम्बी कीलों का स्मरण हो आया, जिनका सिरा अर्धचंद्राकार होता है। इन कीलों का पौर्वात्य देशों में अभी भी उपयोग होता है, पर पश्चिम में कहीं मैंने ऐसी कीलें नहीं देखीं।

तत्पश्चात् टेरेसा नॉयमन ने हर सप्ताह में आने वाले अपने उन अनुभवों के बारे में कुछ बताया। "एक असहाय दर्शक की भाँति मैं ईसा मसीह की सारी वेदनाओं को देखती रहती हूँ।" प्रत्येक सप्ताह गुरुवार की मध्यरात्रि से लेकर शुक्रवार के दोपहर एक बजे तक के लिये उनके घावों के मुँह खुल जाते हैं और उनसे रक्त बहता रहता है। इस प्रक्रिया में उनके 121 पौण्ड के वज़न से 10 पौण्ड वज़न कम हो जाता है। अपने इस सहानुभूतिपूर्ण प्रेम में अत्यंत तीव्र यातना सहते हुए भी टेरेसा नॉयमन अपने प्रभु के इन साप्ताहिक दर्शनों की आतुरता से प्रतीक्षा करती रहती हैं।

उसी क्षण मेरी समझ में आ गया कि नये नियम (New Testament) में वर्णित ईसा मसीह के जीवन और क्रॉस पर उनकी मृत्यु की ऐतिहासिक सत्यता के बारे में सभी ईसाइयों में विश्वास की पुनः प्रतिष्ठा करा देने और गैलिली के उस महान् सन्त (ईसा मसीह) तथा उनके भक्तों के बीच अमर सम्बन्ध का रोमांचक प्रदर्शन करने के लिये ही ईश्वर ने टेरेसा नॉयमन के विलक्षण जीवन का सृजन किया है।

फिर प्रोफ़ेसर वुट्ज़ ने सन्त टेरेसा नॉयमन के विषय में अपने कुछ अनुभव बताये।

उन्होंने कहाः "टेरेसा सहित हम कुछ लोग प्रायः कई दिनों तक जर्मनी में दृश्यावलोकन के लिये यात्रा करते रहते हैं। और मज़ा देखिये – टेरेसा नॉयमन कुछ भी नहीं खातीं, हम सब दिन में तीन बार भरपूर भोजन करते हैं। वे सदा गुलाब के फूल की तरह तरो-ताज़ा रहती हैं, थकान उन्हें छूती भी नहीं। हम बाकी लोगों को जब भूख लगती है, तो हम रास्ते किनारे होटलों को ढूँढने लगते हैं और टेरेसा नॉयमन दिल खोलकर हँसती रहती हैं।"

और इसके साथ प्रोफ़ेसर ने उनकी शारीरिक अवस्था के बारे में एक दिलचस्प बात बतायी। "टेरेसा नॉयमन कुछ भी नहीं खातीं, इसलिये उनका पेट सिकुड़ गया है। मल-मूत्र उनके शरीर में तैयार ही नहीं होता, परन्तु उनकी पसीने की ग्रंथियाँ काम करती हैं, इसलिये उनकी त्वचा हमेशा नरम और दृढ़ रहती है।"

विदा लेते समय मैंने टेरेसा नॉयमन से उनके उस अनुभव के समय उपस्थित रहने की इच्छा व्यक्त की।

उन्होंने शालीनतापूर्वक कहाः "हाँ, हाँ! अगले शुक्रवार को कृपया आप कोनरस्त्रूथ आइये। बिशप आपको अनुमति दे देंगे। मुझे बहुत खुशी है कि आप मुझसे मिलने यहाँ आइकूस्टाट तक आये।"

टेरेसा नॉयमन ने हाथ मिलाकर कई बार हिलाया और हम लोगों को बाहर छोड़ने गेट तक आयीं। श्री राइट ने कार का रेडियो चालू कर दिया। टेरेसा नॉयमन उत्साह के साथ हँसते हुए उसे चारों ओर से देखने लगीं। वहाँ बच्चों की इतनी भीड़ जमा हो गयी कि टेरेसा नॉयमन फिर घर के अन्दर चली गयी। हमने उन्हें एक खिड़की में खड़े देखा। वहाँ से वे हमारी ओर देखकर बच्चों की तरह हाथ हिला रही थीं।

दूसरे दिन टेरेसा नॉयमन के दो भाइयों से भेंट हुई। दोनों ही अत्यन्त भद्र और मिलनसार हैं। उनके साथ बातचीत से पता चला कि टेरेसा नॉयमन रात में केवल एक-दो घंटे ही सोती हैं। शरीर में इतने सारे घाव होने के बावजूद वे सतत् सक्रिय और उत्साह से भरपूर रहती हैं। उन्हें पक्षियों से अत्यंत प्रेम है, एक जलाशय की मछलियों की भी वे देखभाल करती हैं और प्रायः अपने बगीचे में काम करती रहती हैं। उनका पत्र-व्यवहार भी काफ़ी बड़े पैमाने पर चलता रहता है। कैथोलिक लोग उन्हें प्रार्थना और रोग-निवारण की ख़ातिर आशीर्वादों के लिये लिखते रहते हैं। अनेक साधक उनके आशीर्वाद से गम्भीर बीमारियों से ठीक हो गये हैं।

उनके तेईस वर्षीय भाई फर्डिनान्ड ने बताया कि उनमें प्रार्थना के माध्यम से दूसरों के रोग अपने शरीर में लेकर भोगने की शक्ति है। एक बार टेरेसा नॉयमन के चर्च कें एक आदमी को गले का कोई रोग हो गया था। वह पादरी बनने की तैयारी कर रहा था। उस समय टेरेसा नॉयमन ने प्रार्थना की कि उस युवक के गले का रोग उनके अपने गले में आ जाये। बस, उसी समय से उन्होंने अन्न-पानी छोड़ दिया है।

शुक्रवार की दोपहर को हम लोग कार से बिशप के घर गये। बिशप महाशय ने मेरे लम्बे बालों को कुछ विस्मय से देखा। उन्होंने तुरन्त हमें आवश्यक अनुमति-पत्र लिखकर दे दिया। इसके लिये कोई शुल्क नहीं था। चर्च ने यह जो नियम बना दिया था, वह केवल टेरेसा नॉयमन को साधारण यात्रियों की भीड़ से बचाने के लिये था, क्योंकि आरम्भ के वर्षों में दर्शक हज़ारों की संख्या में शुक्रवार को कोनरस्त्रूथ में जमा हो जाते थे।

हम कोनरस्त्रूथ में शुक्रवार को सुबह करीब साढ़े नौ बजे पहुँचे। मैंने देखा कि टेरेसा नॉयमन के घर की छत के कुछ हिस्से में शीशा लगा हुआ था ताकि उन्हें भरपूर प्रकाश उपलब्ध हो। ये देखकर हमें खुशी हुई कि अब की बार घर का दरवाज़ा बन्द नहीं था, बल्कि सहर्ष स्वागत करने के अंदाज़ में पूर्ण खुला था। हम लगभग बीस अन्य लोगों की कतार में खड़े हो गये। उन सबके पास भी अनुमति-पत्र थे। कई तो उस भावास्था को देखने के लिये बहुत दूर-दूर से आये थे।

प्रोफ़ेसर के घर में मेरी पहली परीक्षा में टेरेसा नॉयमन उत्तीर्ण हो गयी थीं, क्योंकि उन्होंने अंतर्ज्ञान से जान लिया था कि मैं केवल कौतूहल की शान्ति के लिये नहीं, बल्कि आध्यात्मिक कारणों से उन्हें देखना चाहता था।

मेरी दूसरी परीक्षा इस बात से संबंधित थी कि सीढ़ियों से ऊपर उनके कमरे में जाने से पहले उनके मन में चल रहे विचार जानने के लिये और उनकी अंतर्दृष्टि को दिखने वाले दृश्य देख पाने के लिये मैंने एक यौगिक भावावस्था में प्रवेश कर लिया, जिससे उनके अन्तर्जगत् के साथ मेरा संबंध जुड़ जाए। फिर मैंने उनके कमरे में प्रवेश किया, जो दर्शकों से भरा हुआ था। टेरेसा नॉयमन एक पलंग पर सफेद परिधान में लेटी हुई थीं। श्री राइट मेरे ठीक पीछे ही थे। कमरे का विलक्षण और भयंकर दृश्य देखकर मैं दरवाज़े की चौखट के पास ही विस्मय-चकित होकर खड़ा रह गया।

टेरेसा नॉयमन की निचली पलकों से रक्त की लगभग एक इंच चौड़ी धार बह रही थी। उनकी आंखें ऊपर की ओर उठकर ललाट के मध्य में स्थित आध्यात्मिक चक्षु पर लगी हुई थीं। उनके मस्तक पर लपेटा हुआ वस्त्र "काँटों के ताज" से हुए घावों से निकलने वाले रक्त से लथपथ हो गया था। उनके श्वेत परिधान पर हृदय के ऊपर लाल धब्बा बन गया था। यह रक्त उनके शरीर के बायें तरफ हुए एक घाव से निकल रहा था, जिस स्थान पर युगों पूर्व ईसा मसीह के शरीर में सैनिक ने भाला चुभोया था।

टेरेसा नॉयमन के दोनों हाथ मातृ-करुणा के आग्रही भाव में ऊपर उठे हुए थे; उनके चेहरे पर यातना की छाया और दिव्य आभा, दोनों दिखायी पड़ रही थीं। उनका शरीर पहले से काफ़ी दुबला दिखायी दे रहा था और वह आन्तरिक तथा बाह्य, कई प्रकार के सूक्ष्म परिवर्तनों से युक्त प्रतीत हो रहा था। वे धीरे-धीरे किसी विदेशी भाषा में अस्पष्ट-सा कुछ बोल रही थीं। उनकी अतींद्रिय दृष्टि को दिखने वाले लोगों से वे किंचित काँपते होठों से बोल रही थीं।

चूँकि मैंने पहले ही उनकी चेतना के साथ अपना अन्तर्संबंध जोड़ लिया था, अतः मुझे सब दिखायी देने लगा जो उन्हें दिख रहा था। वे ईसा मसीह का उपहास करती भीड़ के बीच से लकड़ी का क्रॉस उठाये जाते देख रही थी। अचानक व्याकुल होकर टेरेसा नॉयमन ने अपना सिर ऊपर उठाया क्योंकि ईसा मसीह नीचे गिरकर क्रॉस के भारी वज़न के नीचे दब गये थे। इसी के साथ वह दृश्य लुप्त हो गया। प्रचण्ड करुणा और खेद के वेग से क्लान्त होकर टेरेसा नॉयमन तकिये पर निढाल हो गयीं।

उसी समय मुझे अपने पीछे धड़ाम से कुछ गिरने की आवाज़ सुनायी दी। एक पल के लिये पलटकर देखा तो चित अवस्था में एक शरीर को उठाये दो आदमी बाहर ले जा रहे थे। परन्तु उस समय मैं अपनी अधिचेतन भावावस्था से बाहर आ ही रहा था, इसलिये धराशायी हुए उस व्यक्ति को पहचान नहीं सका। मैंने फिर से अपनी दृष्टि टेरेसा नायॅमन के चेहरे पर स्थिर की। रक्त-धाराओं में डूबा वह चेहरा मुर्दे के समान पीला पड़ गया था, परन्तु अब उस पर शान्ति छायी थी और पवित्रता उससे निःसृत हो रही थीं बाद में मैंने अपने पीछे की ओर दृष्टि दौड़ायी तो देखा कि श्री राइट अपने गाल पर हाथ दबाये खड़े थे और उनके गाल से रक्त निकल रहा था।

मैंने चिंतित होकर पूछाः "डिक! क्या तुम ही गिर पड़े थे?"

"हाँ, वह भयावह दृश्य देखकर मुझे चक्कर आ गया था।"

मैंने सांत्वना देते हुए कहाः "खैर, फिर से आकर वही दृश्य देखने का साहस तो तुममें है।"

और भी दर्शनार्थी हमारे पीछे कतार में खड़े थे, अतः श्री राइट और मैं मन ही मन टेरेसा नॉयमन से विदा लेकर उनकी उपस्थिति से पवित्र हुए उस स्थान से बाहर आ गये।

दूसरे दिन हम लोग दक्षिण की ओर मार्गक्रमण करने लगे। हमें इस बात की खुशी थी कि हमें ट्रेनों पर निर्भर नहीं रहना पड़ रहा था और हम देहात में जहाँ चाहे अपनी फोर्ड कार रोक सकते थे। जर्मनी, हॉलैंड, फ्रांस तथा स्विट्ज़रलैण्ड के आल्पस् पर्वतों में से यात्रा करते हुए हमने यात्रा के एक-एक पल का पूरा-पूरा आनन्द लिया। इटली में हम लोग विनम्रता की साक्षात् मूर्ति असिसी के सेंट फ्रांसिस का दर्शन करने के लिये विशेष रूप से गये। हमारी यूरोप-यात्रा यूनान में आकर समाप्त हुई। यूनान में हम लोगों ने एथेनियन मन्दिरों के दर्शन किये और

वह कारागार भी देखा जहाँ सुकरात ने विषपान किया था। जहाँ-वहाँ सफेद, लगभग अर्धपारदर्शी से प्रतीत होने वाले पत्थर में कलाकृति करते हुए यूनानियों ने जिस प्रकार अपनी अद्‌भुत कल्पनाओं को साकार रूप दिया है, उसे देखकर मन उनकी प्रशंसा किये बिना नहीं रह सकता।

यूनान से हम लोग जहाज़ पर सवार हुए और भूमध्य सागर को पार कर फिलिस्तीन में उतर गये। उस पवित्र भूमि में कई दिनों तक रोज़ भ्रमण करके तीर्थयात्रा के महत्त्व का मुझे और भी अधिक एहसास हो गया। सूक्ष्मग्राही हृदय के लिये फिलिस्तीन में ईसा की महिमा सर्वत्र व्याप्त है। मैंने श्रद्धाभाव से ईसा मसीह के साथ बेथेलहैम, गतसमनी, कैल्वरी, पवित्र माऊण्ट ऑफ़ ओलिव्ज़ की पदयात्रा की तथा जॉर्डन नदी एवं गैलीली के समुद्र के तटों पर चला।

जहाँ ईसा का जन्म हुआ था वह नाँद, जोसफ की बढ़ई की दूकान, लाज़ारस की कब्र, मार्था और मरी का घर, ईसा के अंतिम भोज का कमरा – इन स्थानों के भी हम लोगों ने दर्शन किये। वह प्राचीन काल सजीव हो उठा; युग-युगान्तर के लिए ईसा मसीह द्वारा वहाँ अभिनीत किये गये दिव्य नाटक के दृश्य पर दृश्य मेरी दृष्टि के सामने प्रकट होने लगे।

अब मिस्र, उसका आधुनिक शहर कैरो और प्राचीन पिरामिडों को हमने देखा। फिर जहाज़ से लाल सागर को पार करते हुए विशाल अरब सागर में और सीधे भारत।

प्रकरण–40

मेरा भारत लौटना

अत्यंत आनन्द के साथ मैं भारत की पवित्र हवा में फिर एक बार श्वास ले रहा था। हमारा "राजपूताना" 22 अगस्त 1935 को मुंबई के विशाल बन्दरगाह में आकर खड़ा हो गया। जहाज से उतरते ही, पहले ही दिन, आगे आने वाला वर्ष किस प्रकार मुझे अनवरत रूप से व्यस्त रखने वाला है, इसका स्वाद मुझे मिल गया। बन्दरगाह पर मित्र गण फूलमाला लिये स्वागत के लिये खड़े थे। शीघ्र ही ताजमहल होटल के मेरे कक्ष में प्रेस-संवाददाताओं और फ़ोटोग्राफ़रों का ताँता लग गया।

मुम्बई शहर मेरे लिये नया था। मुझे यह शहर आधुनिक उत्साहपूर्ण वातावरण से भरपूर लगा, इसमें अनेक प्रकारों से पाश्चात्य जगत् का अनुकरण किया गया था। प्रशस्त मार्गों के दोनों ओर पंक्तिबद्ध ताड़वृक्ष खड़े थे; भव्य सरकारी इमारतें पुराने मन्दिरों के साथ प्रतिस्पर्धा कर रही थीं। परन्तु यहाँ दृश्यावलोकन के लिये हम लोग बहुत कम समय दे पाये क्योंकि अपने गुरु तथा अन्य आत्मीय जनों से मिलने के लिये मैं अधीर हो रहा था। अपनी फोर्ड कार को सामान के डिब्बे में चढ़ाकर हम रेलगाड़ी से कोलकाता की ओर चल पड़े।

जब हम हावड़ा स्टेशन पहुँचे, तब वहाँ हमारा स्वागत करने के लिये इतनी विशाल भीड़ खड़ी थी कि कुछ समय के लिए तो हम गाड़ी से नीचे ही नहीं उतर सके। कासिम बाज़ार के युवा नरेश और मेरा भाई विष्णु स्वागत समिति का नेतृत्व कर रहे थे। जिस प्रेमभाव के साथ और जिस विशाल स्तर पर हम लोगों का स्वागत किया गया, उसकी मैंने कभी सपने में भी कल्पना नहीं की थी।

आगे-आगे कारों और मोटरसाइकिलों की एक कतार चल रही थी। ढोलकों और शंखों की आनन्दपूर्ण ध्वनि हो रही थी और इस सब के बीच फूलमालाओं से सिर से पाँव तक लदे श्री राइट, कुमारी ब्लेच और मैं एक कार में बैठे धीरे-धीरे अपने पिताजी के घर की ओर बढ़ रहे थे।

मेरे वृद्ध पिताजी ने मुझे इस प्रकार प्रगाढ़ आलिंगन में बाँध लिया मानो मैं मर कर फिर जीवित हो गया हूँ। काफ़ी समय तक हम दोनों एक-दूसरे को देखते रहे, आनन्द के अतिरेक के कारण दोनों के ही मुँह से कोई शब्द नहीं निकल पा रहा था। भाई और बहनें, चाचा और चाचियाँ, चचेरे भाई-बहन, कई वर्ष पहले मेरे छात्र रह चुके लोग, पुराने मित्रगण, सब मुझे घेरे खड़े थे और कोई भी ऐसा नहीं था जिसकी आँखें नम न हों। उस प्रेमपूर्ण पुनर्मिलन का दृश्य पुरानी स्मृतियों में जमा हो गया है, परन्तु मेरे मानस पटल पर अभी भी वह स्पष्ट रूप से अंकित है, मेरे लिये वह अविस्मरणीय है। श्रीयुक्तेश्वरजी के साथ पुनर्मिलन का वर्णन करने के लिये तो मेरे पास शब्द ही नहीं हैं। उस बारे में मेरे सचिव के वर्णन पर ही संतुष्ट होना पड़ेगा।

अपनी यात्रा-दैनन्दिनी में श्री राइट ने लिखा है: "आज सर्वोच्च आशा एवं उत्कंठा अपने मन में लिये मैं योगानन्दजी को कार से लेकर कोलकाता से श्रीरामपुर गया।"

"रास्ते में विभिन्न प्रकार की दुकानें थीं – उनमें एक वह भी थी जहाँ योगानन्दजी अपने कॉलेज के दिनों में प्रायः नाश्ता-पानी करने जाया करते थे। अतंतः हम लोग एक संकरी गली में घुसे जिसके दोनों ओर दीवारें थीं। फिर बायीं ओर मुड़ते ही सामने श्रीयुक्तेश्वरजी का दुमंज़िला आश्रम, जिसकी जाली लगी हुई ऊपर की बालकनी कुछ आगे को निकली हुई थी। वहाँ शान्तिपूर्ण एकान्त था।

"गम्भीर भक्तिभाव के साथ मैं योगानन्दजी के पीछे-पीछे दीवारों से घिरे आँगन में गया। हमारे हृदय तेज़ी से धड़क रहे थे। सीमेंट की पुरानी सीढ़ियों पर से, जिन पर से निस्संशय असंख्य साधक चले थे, हम लोग ऊपर जाने लगे। जैसे-जैसे हम आगे बढ़ते जा रहे थे, वैसे-वैसे हमारी उत्कंठा बढ़ती जा रही थी। हमारे सामने सीढ़ियों के सिरे पर चुपचाप आकर खड़े हुए वे महापुरुष, स्वामी श्रीयुक्तेश्वरजी, वहाँ खड़े किसी महान् ऋषि के समान लग रहे थे।

"उनके परम पावन सान्निध्य में खड़े होने के सौभाग्य के बोध से मेरा हृदय अत्यानन्द से भर उठा। मेरी आतुर आँखों की दृष्टि अश्रुओं से धुँधली हो गयी, जब मैंने देखा कि योगानन्दजी ने अपनी आत्मा की कृतज्ञता व्यक्त करते हुए अपने

गुरु के सामने ज़मीन पर घुटने टेक कर सर झुकाते हुए पहले अपने हाथों से उनके चरणों का स्पर्श किया और फिर उन्हीं हाथों से अपने मस्तक का स्पर्श करते हुए गुरु की चरणरज अपने मस्तक पर धारण कर ली। इसके बाद योगानन्दजी के उठ खड़े होते ही श्रीयुक्तेश्वरजी ने उन्हें अपनी छाती से लगा लिया।

"शुरू में किसी के मुँह से कोई शब्द नहीं निकले, किन्तु हृदयों के तीव्र भाव अन्तर की मौन वाणी में प्रकट हो रहे थे। पुनर्मिलन के आनन्द से उन दोनों की आँखें कैसी चमक रही थीं! उस शान्त बरामदे में एक अत्यंत कोमल भाव उमड़ रहा था और मानो उस क्षण की गरिमा को बढ़ाने के लिये ही सूर्य भी अचानक बादलों से बाहर आ गया।

"परमगुरु के सामने घुटने टेक कर उनके चरणों में प्रणाम करते हुए मैंने भी अपने हृदय की भक्ति एवं कृतज्ञता अर्पित की। लम्बी तपस्या के कारण कठोर हुए उनके चरणों का स्पर्श कर मैंने उनका आशीर्वाद लिया।

फिर खड़ा होकर उनके सुन्दर नेत्रों में मैंने झाँका। उनकी आँखों में आत्मचिंतन की गहराई और आनन्द की चमक थी।

"हम सभी ने उनके बैठकखाने में प्रवेश किया जो एक ओर से पूरी तरह उस बालकनी की ओर खुली थी, जिसे सर्वप्रथम हमने सड़क से देखा था। श्रीयुक्तेश्वरजी सीमेंट के फर्श पर बिछे एक गद्दे पर एक पुराने दीवान का सहारा लेकर बैठ गये। योगानन्दजी और मैं उनके चरणों के पास ही चटाइयों पर बैठ गये, जहाँ आराम से सहारा लेकर बैठने के लिये भगवे रंग के तकिये रखे थे।

"दो स्वामियों के बीच बंगाली में चल रहे वार्तालाप का सार समझने की मैं निष्फल चेष्टा कर रहा था (क्योंकि मुझे जल्दी ही समझ में आ गया कि जब वे एकसाथ होते हैं, तो कभी अंग्रेज़ी में बात नहीं करते, जब कि स्वामीजी महाराज – लोग श्रीयुक्तेश्वरजी को इसी नाम से पुकारते हैं – अच्छी तरह अंग्रेज़ी बोल सकते हैं और प्रायः बोलते भी हैं)। परन्तु उस दिव्य महापुरुष की मन को उल्लसित कर देने वाली मुस्कराहट और तेजस्वी आँखों से ही उनकी सन्त-प्रकृति को मैंने आसानी से पहचान लिया। चाहे वे हँस-हँस कर बातें कर रहे हों या गम्भीर वार्तालाप कर रहे हों, उनके वाक्यों में वह अधिकार की दृढ़ता तुरन्त दृष्टिगोचर हो रही थी, जो ज्ञानी सन्तों का लक्षण है – जो जानते हैं कि वे जानते हैं, क्योंकि वे ईश्वर को जानते हैं। श्रीयुक्तेश्वरजी का गहन ज्ञान, उनकी ध्येयनिष्ठा और उनका दृढ़ निश्चय हर प्रकार से व्यक्त हो रहा था।

“उन्होंने अत्यंत सादा लिबास पहन रखा था – केवल धोती और कुर्ता, जो कभी गेरुएँ रंग में रंगे गये थे, परन्तु अब फीके भगवे लग रहे थे। बीच-बीच में मैं अत्यंत श्रद्धा और भक्तिभाव के साथ उन्हें निहारता रहता था और मैंने देखा कि उनका शरीर काफ़ी बड़े आकार का और सुगठित है, जो संन्यस्त जीवन की तपश्चर्या और त्याग से कठोर बन गया है। उनकी देह-भंगिमा भव्य है। चलते समय उनका शरीर सीधा रहता है और उनकी चाल में शालीनता है। उनकी दिलखुश, ठहाकेदार हँसी सीधे छाती की गहराइयों से आती है, जिसके कारण उनका पूरा शरीर हिलता और थरथराता है।

“उनके गम्भीर चेहरे पर कुछ ऐसा तेज है कि उन्हें देखते ही उनके दैवी सामर्थ्य की स्पष्ट कल्पना हो जाती है। बीचोबीच विभक्त किये हुए केश माथे के आस-पास सफेद हैं और अन्य स्थानों पर कहीं रजतीय सुनहरे हैं, तो कहीं रजतीय काले; और यह केश-सम्भार कंधों पर आकर घुँघराली लटों का रूप लेते हैं। उनकी दाढ़ी-मूँछें पतली-सी हैं और इनसे उनके मुखमंडल की शोभा और भी बढ़ती प्रतीत होती है। उनका ललाट पीछे की ओर चढ़ता गया है जैसे आसमान की ओर चढ़ रहा हो। उनकी आँखें काली हैं और उनमें आकाशी नीली आभा है। नाक काफ़ी बड़ी और कुछ मोटी-सी है, जिसे वे जब खाली बैठे हों, तो बच्चों की भाँति अपनी उँगलियों से हिलाते-डुलाते रहते हैं। जब वे शान्त बैठे हों, तब उनका मुख दृढ़ और कठोर लगता है, परन्तु उसमें कोमलता की सूक्ष्म झलक भी दिखायी देती है।

“कमरे में चारों ओर दृष्टि दौड़ाकर मैं समझ गया कि भौतिक सुख-सुविधाओं के प्रति उनकी अनासक्ति ही उसकी जर्जर-सी अवस्था का कारण है। लम्बे कमरे की सफेद दीवारों पर हवा-पानी के प्रभाव से धब्बे पड़े हैं और कहीं-कहीं नीचे के पलस्तर की फीके नीले रंग की धारियाँ दिखायी दे रही हैं। कमरे में एक तरह भक्तिभाव से अर्पित सादी-सी पुष्पमाला से सजी हुई लाहिड़ी महाशय की फ़ोटो टँगी हुई है। योगानन्दजी की भी एक पुरानी फ़ोटो टँगी हुई है। यह फ़ोटो उस समय की है जब योगानन्दजी पहली बार बॉस्टन पहुँचे थे। फ़ोटो में योगानन्दजी धर्म सम्मेलन में भाग लेने वाले अन्य प्रतिनिधियों के साथ खड़े हैं।

“वहाँ प्राचीनता और आधुनिकता का एक अद्‌भुत संगम दिखायी पड़ता है। शीशे का एक विशाल फ़ानूस लटक रहा है; पर बहुत दिनों से उसका प्रयोग न होने के कारण मकड़ी के जालों से ढक-सा गया है; और दीवार पर वर्तमान वर्ष का कैलेण्डर टँगा हुआ है। सम्पूर्ण कमरे में शान्ति और सुख की महक है।

"बालकनी से बाहर ताड़ के ऊँचे-ऊँचे वृक्ष मौन प्रहरी की भाँति खड़े दिखायी देते हैं।

"श्रीयुक्तेश्वरजी के ताली बजाने भर की देर है, ताली बजाना खत्म होने से पहले ही उनके पास कोई न कोई बाल शिष्य उनकी आज्ञा शिरोधार्य करने के लिये पहुँच जाता है। बाल शिष्यों में एक है प्रफुल्ल। इस दुबले-पतले बालक के लम्बे-लम्बे काले बाल हैं, चमकदार काली आँखें हैं और अत्यन्त मधुर मुस्कान उसके होठों पर खेलती रहती है। जब वह मुस्कुराता है तो उसके मुख के कोने ऊपर की ओर उठ जाते हैं और आँखें चमकने लगती हैं, जैसे सान्ध्यप्रकाश के समय आसमान में तारे और दूज का चाँद अचानक साथ-साथ निकल आये हों।

"अपनी 'उपज' के लौट आने पर श्रीयुक्तेश्वरजी का अपार हर्ष छिप नहीं रहा है (और उनकी 'उपज की उपज', अर्थात् मेरे बारे में भी उन्हें काफ़ी जिज्ञासा प्रतीत होती है)। परन्तु उस महापुरुष के स्वभाव में ज्ञान की प्रधानता उन्हें अपनी भावनाओं को व्यक्त करने से रोकती है।

"गुरु-दर्शन के लिये जाने पर गुरु-चरणों में कोई भेंट अर्पण करने की प्रथा के अनुसार योगानन्दजी ने भी अपने गुरु को कुछ उपहार अर्पण किये। बाद में हम लोगों ने चावल और सब्जियों का सादा परन्तु अच्छी तरह पकाया गया भोजन किया। मुझे अनेक भारतीय रीतियों का पालन करते देख (उदाहरणार्थ हाथ से भोजन करना) श्रीयुक्तेश्वरजी प्रसन्न हुए।

"कई घंटों तक बंगाली भाषा में वार्तालाप और प्रेमपूर्ण मुस्कराहटों एवं आनन्दपूर्ण दृष्टिपातों के आदान-प्रदान के बाद हमने श्रीयुक्तेश्वरजी के चरणों में प्रणाम कर उनसे विदा ली और उस पुण्यदर्शन की चिरस्थायी स्मृति अपने हृदय में धारण किये कोलकाता लौटने के लिये निकल पड़े। वर्णन तो मैं मुख्यतः परमगुरु के बाह्य स्वरूप का ही कर रहा हूँ, परन्तु उनके आध्यात्मिक ऐश्वर्य का मुझे सदैव भान रहा। मैंने उनके अपूर्व सामर्थ्य को अनुभव किया और उस अनुभव को मैं एक दिव्य आशीर्वाद के रूप में सदा के लिये सँजो कर रखूँगा।"

अमेरिका, यूरोप और फिलिस्तीन से मैं श्रीयुक्तेश्वरजी के लिये अनेक उपहार लाया था। उन्होंने वे उपहार मुस्कराते हुए स्वीकार कर लिये, पर कहा कुछ नहीं। जर्मनी में मैंने स्वयं अपने उपयोग के लिये एक छातायुक्त छड़ी खरीदी थी। भारत आने के बाद मैंने वह छड़ी गुरुदेव हो अर्पित करने का निर्णय किया।

"यह उपहार मुझे सचमुच बहुत पसन्द आया!" यह कहते हुए मेरे गुरुदेव ने अत्यंत प्रेमभरी दृष्टि मुझ पर डाली। आमतौर पर अपनी भावनाओं को वे इस तरह शब्दों में व्यक्त नहीं करते थे। सब उपहारों में से यह छड़ी ही ऐसी थी जिसे वे उनसे मिलने के लिये आने वाले लोगों को दिखाते थे।

"गुरुदेव! आपकी आज्ञा हो तो मैं बैठकखाने के लिये नया कालीन लाना चाहता हूँ।" मैंने देखा था कि युक्तेश्वरजी का व्याघ्रचर्म पुराने फटे हुए कालीन पर बिछा हुआ है।

"यदि तुम्हारी इच्छा है तो ले आओ।" मेरे गुरुदेव के स्वर में कोई उत्साह नहीं था। "पर देखो मेरा व्याघ्रचर्म कितना अच्छा और स्वच्छ है। अपने इस छोटे-से राज्य का मैं राजा हूँ। इसके बाहर विशाल जगत है जिसमें लोग केवल बाह्य वस्तुओं में ही रुचि रखते है।"

उनके मुख से इन शब्दों को सुनते ही मुझे लगा जैसे समय मुझे पीछे ले गया है; फिर एक बार मैं युवा शिष्य बन गया हूँ, जो प्रतिदिन उनके अनुशासन की अग्नि में शुद्ध होता जा रहा था।

श्रीरामपुर और कोलकाता से अवकाश मिलते ही मैं श्री राइट के साथ राँची के लिये रवाना हो गया। कितना भव्य स्वागत हुआ वहाँ। एकदम हृदयस्पर्शी! मेरी पन्द्रह वर्षों की अनुपस्थिति में विद्यालय की ध्वजा को फहराती रखने वाले निःस्वार्थी शिक्षकों को गले लगाते समय मेरी आँखें छलछला उठीं। आश्रमवासी छात्रों के और प्रतिदिन अपने घर से आने वाले छात्रों के दमकते चेहरे और प्रफुल्ल मुस्कराहटें उन्हें मिलने वाली शिक्षा और योग प्रशिक्षण की उपयुक्तता के पर्याप्त प्रमाण थे।

परन्तु अफ़सोस! यह सब होते हुए भी राँची विद्यालय को भीषण अर्थसंकट का सामना करना पड़ रहा था। कासिम बाज़ार के पुराने महाराज सर मणीन्द्रचंद्र नन्दी, जिनका राजमहल विद्यालय भवन बन गया था और जिन्होंने कई बार विपुल दान भी दिया था, अब स्वर्ग सिधार चुके थे। पर्याप्त जन-सहयोग न मिलने के कारण विद्यालय के अनेक लोकोपकारी अंग दारुण संकट में थे।

इतने वर्ष अमेरिका में मैंने उसके व्यावहारिक ज्ञान और बाधाओं का डटकर सामना करने के गुणों में से कुछ न कुछ आत्मसात् किये बिना ही नहीं बिता दिये थे। एक सप्ताह तक मैं नाना जटिल समस्याओं से जूझते हुए राँची में रहा। उसके बाद कोलकाता के प्रमुख नेताओं और शिक्षाविदों से मेरी भेंट का क्रम शुरू हो

गया। कासिमबाज़ार के नये युवा महाराजा से मैंने लम्बी बातचीत की, पिताजी से आर्थिक सहायता के लिये अनुरोध किया और इस सबका परिणाम यह हुआ कि राँची विद्यालय की लड़खड़ाती नींव स्थिर होने लगी। ठीक समय पर मेरे अनेक अमेरिकी शिष्यों से भी काफ़ी दान प्राप्त हो गया।

भारत लौटने के बाद कुछ ही महीनों में राँची के विद्यालय की कानूनी तौर पर रजिस्ट्री कर पाने की खुशी भी मुझे मिल गयी। इस प्रकार चिरस्थायी निधियुक्त योग शिक्षा केन्द्र का मेरा जीवन-स्वप्न साकार हो गया। मेरे इसी स्वप्न ने 1917 में केवल सात विद्यार्थियों के साथ इस विद्यालय की शुरुआत करने में मुझे प्रेरित किया था।

योगदा सत्संग ब्रह्मचर्य विद्यालय के नाम से चल रहे इस विद्यालय में माध्यमिक एवं उच्च विद्यालय के कक्षा-वर्ग खुले प्रांगण में चलते हैं। आवासीय और दिवाकालिक, दोनों ही प्रकार के छात्रों को कोई न कोई व्यावसायिक प्रशिक्षण दिया जाता है।

स्वायत्त समितियों के माध्यम से अपने अनेक कार्यकलापों का छात्र स्वयं ही परिचालन करते हैं। अपने शिक्षक-जीवन के आरम्भ में ही यह बात मेरे ध्यान में आ गयी थी कि बच्चों को जहाँ शिक्षकों को मात देने में नटखट आनन्द मिलता था, वहीं अपने साथी छात्रों द्वारा बनाये गये नियमों का वे खुशी-खुशी पालन करते थे। मैं स्वयं भी कभी आदर्श छात्र नहीं रहा था, अतः बच्चों की सब शरारतों और समस्याओं के प्रति मेरे हृदय में सदा पूर्ण सहानुभूति रहती थी।

बच्चों को खेल-क्रीड़ा में प्रोत्साहन दिया जाता है। हॉकी और फुटबॉल के खेलों से मैदान गूँजते हैं। प्रतियोगिताओं में राँची विद्यालय के विद्यार्थी प्रायः कप जीतते हैं। छात्रों को अपनी इच्छाशक्ति के बल से मांस-पेशियों में शक्ति संचार करने की योगदा प्रणाली सिखायी जाती है, जिसमें मानसिक बल से शरीर के किसी भी हिस्से में प्राणशक्ति का संचार किया जाता है। उन्हें योगासन तथा तलवार और लाठी चलाना भी सिखाया जाता है। इस विद्यालय के प्राथमिक चिकित्सा में प्रशिक्षित छात्रों ने बाढ़, अकाल आदि संकटकाल में अपने प्रान्त की प्रशंसनीय सेवा की है। बच्चे बागवानी करके अपने लिये सब्जियाँ भी पैदा कर लेते हैं।

कोल, संथाल और मुंडा आदि प्रान्त की आदिवासी जनजातियों के लिये प्राथमिक विद्यालय की शिक्षा हिंदी माध्यम में दी जाती है। केवल लड़कियों के लिये कक्षाएँ आस-पास के गाँवों में चलायी जाती हैं।

राँची के विद्यालय की अपूर्व विशिष्टता यह है कि यहाँ क्रियायोग की दीक्षा दी जाती है। बालक नियमित आध्यात्मिक साधना और गीता पाठ करते हैं। उन्हें उपदेश एवं प्रत्यक्ष उदारहण द्वारा सादगी, त्याग, आत्मसम्मान एवं सत्यानुशीलन की शिक्षा दी जाती है। उन्हें यह सिखाया जाता है कि बुराइयों से दुःख ही मिलता है और अच्छाइयों से सच्चा सुख प्राप्त होता है। बुराइयों की तुलना विष मिश्रित शहद के साथ की जा सकती है, जो खाने का लालच तो मन मैं पैदा करती है पर मृत्यु से लदी हुई होती है।

एकाग्रता की प्रविधियों के अभ्यास द्वारा शरीर एवं मन की चंचलता को अपने वश में कर लेने की प्रक्रिया के आश्चर्यजनक परिणाम सामने आये हैं, जिसके कारण राँची में नौ-दस वर्ष के छोटे-से बालक का घंटे भर या उससे भी अधिक समय तक स्थिर आसन में भृकुटि-मध्य में स्थित आध्यात्मिक नेत्र पर दृष्टि लगाये अपलक बैठे दिखायी देना कोई नयी बात नहीं है।

बगीचे में एक शिव मन्दिर है जिसमें परम पूज्य लाहिड़ी महाशय का चित्र भी प्रतिष्ठापित है। आम्रवृक्षों की घनी छाया में दैनिक प्रार्थनाएँ एवं शास्त्राध्ययन होता है। विद्यालय के अहाते में एक ओर स्थित योगदा सत्संग सेवाश्रम हज़ारों गरीबों की निःशुल्क चिकित्सा एवं शल्यचिकित्सा करता है तथा उन्हें मुफ़्त दवाइयाँ भी देता है।

राँची समुद्रतल से दो हजार फीट की ऊँचाई पर बसा है। वहाँ की जलवायु समशीतोष्ण है। विद्यालय बीस एकड़ भूमि में बसा है। यह भूमि स्नान-योग्य एक बड़े तालाब के साथ है जिस पर बना हुआ बगीचा भारत के सर्वोत्कृष्ट निजी बगीचों में से एक हैः यहाँ पाँच सौ फलवृक्ष हैं – आम, खजूर, अमरूद, लीची, कटहल।

राँची के पुस्तकालय में असंख्य पत्रिकाएँ और अंग्रेज़ी तथा बंगाली भाषा की हज़ारों पुस्तकें हैं, जो पूर्व तथा पश्चिम के लोगों से उपहार स्वरूप मिली हैं। विश्व के सभी शास्त्रों के ग्रन्थों का संग्रह भी यहाँ है। एक सुवर्गीकृत संग्रहालय में पुरात्तव, भूविज्ञान तथा मानव विज्ञान संबंधी अनेक वस्तु एवं तरह-तरह के रत्नों का प्रदर्शन कर रख गया है। इनमें से अधिकतर वस्तुएँ ईश्वर की विशाल धरती के विभिन्न देश-प्रदेशों में मेरे भ्रमण के स्मृतिचिन्ह हैं।

राँची के विद्यालय के समान ही योग प्रशिक्षण की व्यवस्था के साथ-साथ आवासीय व्यवस्था से युक्त शाखा हाई स्कूल खोले गये हैं और ये सभी विद्यालय उत्तरोत्तर प्रगतिपथ पर हैं। ये शाखाएँ हैं पश्चिम बंगाल के पुरुलिया जिले

में लखनपुर स्थित योगदा सत्संग विद्यापीठ (विद्यालय) तथा मिदनापुर जिले में इस्मालीचक स्थित योगदा स्कूल एवं आश्रम।

1939 में दक्षिणेश्वर में गंगा किनारे एक भव्य योगदा मठ की स्थापना हुई। कोलकाता से कुछ ही मील की दूरी पर उत्तर में स्थित यह आश्रम शहरवासियों के लिये एक रमणीय शान्ति स्थल है।

दक्षिणेश्वर स्थित यह मठ योगदा सत्संग सोसायटी, उसके सारे विद्यालयों तथा भारत के विभिन्न स्थानों में स्थित उसके केन्द्रों एवं आश्रमों का मुख्यालय है। योगदा सत्संग सोसायटी कानूनी तौर पर अमेरिका में कैलिफ़ोर्निया के लॉस ऐंजेलिस शहर में स्थित अंतर्राष्ट्रीय मुख्यालय सेल्फ़-रियलाइज़ेशन फ़ेलोशिप से सम्बद्ध है। योगदा सत्संग की गतिविधियों में भारत भर में निवास करते अपने साधकों को प्रतिमाह डाक द्वारा योगदा पाठ भेजना सम्मिलित है। इन पाठों में शक्ति संचार, एकाग्रता एवं ध्यान की योगदा प्रविधियों का सविस्तार वर्णन है। क्रिया योग की उच्चतर दीक्षा लेने के लिये, जो बाद में पाठों द्वारा केवल योग्य साधकों को ही दी जाती है, इन प्रविधियों के निष्ठापूर्ण अभ्यास द्वारा अपने को तैयार करना आवश्यक होता है।

योगदा सत्संग की शैक्षणिक, आध्यात्मिक तथा जन-हितैषी गतिविधियों के लिये भारी संख्या में शिक्षकों और कर्मचारियों की निष्ठापूर्ण सेवाओं की आवश्यकता पड़ती है। यहाँ मैं उन शिक्षकों एवं कर्मचारियों के नाम नहीं दे रहा हूँ, क्योंकि उनकी सूची बहुत बड़ी बन जायेगी; परन्तु उनमें से प्रत्येक व्यक्ति का मेरे हृदय में एक निश्चित उज्ज्वल स्थान है।

श्री राइट ने राँची के अनेक बालकों के साथ मित्रता स्थापित कर ली थी। सादी धोती पहन कर काफ़ी समय तक वे उन सब के साथ रहे। मुम्बई, राँची, कोलकाता, श्रीरामपुर – जहाँ-जहाँ भी वे मेरे साथ गये, सविस्तार, सुन्दर वर्णन लिखने की नैसर्गिक योग्यता से युक्त मेरे इस सचिव ने अपनी यात्रा-दैनन्दिनी में उन सब स्थानों का सर्वांगसुन्दर वर्णन लिखा है। एक दिन शाम को मैंने उनसे पूछाः

"डिक, भारत के बारे में तुम्हारा क्या विचार है?"

विचार मग्न होते हुए उन्होंने कहाः "शान्ति। यहाँ के लोगों के स्वभाव में ही शान्ति है।"

प्रकरण–41

दक्षिण भारत में एक काव्यात्मक दृश्य

"डिक, इस मन्दिर में प्रवेश कर पाने वाले तुम पहले पाश्चात्य व्यक्ति हो। अन्य अनेक लोगों के प्रयास विफल रहे हैं।"

मेरे इन शब्दों को सुनकर श्री राइट पहले तो चौंक गये, फिर खुश हो उठे। दक्षिण भारत में पहाड़ियों में बसे सुन्दर चामुण्डी मन्दिर में मैसूर के राज परिवार की कुल देवता चामुण्डी देवी के सोने-चाँदी के सिंहासन के सामने भक्तिभाव से प्रणाम कर हम लोग निकले थे। यहाँ से मैसूर दृश्यमान होता है।

श्री राइट ने गुलाब की कुछ पंखुड़ियों को सहेजकर रखते हुए कहाः "इस अपूर्व सम्मान की स्मृति में पुजारी महाराज द्वारा गुलाब जल छिड़क कर पवित्र की गयी इन पंखुडियों को मैं हमेशा सम्हाल कर रखूँगा।"

श्री राइट और मैं 1935 का नवम्बर महीना मैसूर राज्य के अतिथि के रूप में बिता रहे थे। वहाँ के महाराजा के उत्तराधिकारी युवराज श्री कंथीरवा नरसिंहराज वाडियार ने अपने सुशिक्षित और प्रगतिशील राज्य के परिदर्शन के लिये मुझे और मेरे सचिव को निमंत्रित किया था।

गत पन्द्रह दिनों में मैंने टाउन हॉल, महाराजा के कॉलेज और युनिवर्सिटी मेडिकल कॉलेज में मैसूर शहर के हज़ारों नागरिकों और छात्रों के सम्मुख व्याख्यान दिये थे। इसके अतिरिक्त मैंने बंगलोर में तीन विशाल जनसभाओं को संबोधित किया था – नेशनल हाईस्कूल, इंटरमीडिएट कॉलेज और चेट्टी टाउन-हॉल जिसमें तीन हज़ार लोग उपस्थित थे।

अपने भाषणों में मैंने अमेरिका का जो उज्ज्वल चित्र खींचा, उस पर उत्सुक लग रहे श्रोताओं को विश्वास हुआ या नहीं, मैं नहीं जानता; परन्तु जब-जब मैंने पूर्व और पश्चिम के सर्वोत्तम वैशिष्ट्यों के आदान-प्रदान से हो सकने वाले पारस्परिक लाभों का ज़िक्र किया, तब-तब तालियों की गड़गड़ाहट सबसे ऊँची गूँज उठती थी।

श्री राइट और मैं अब उष्णप्रदेशीय शान्ति में विश्राम का समय बिता रहे थे। अपनी यात्रा-दैनन्दिनी में श्री राइट ने मैसूर का अपना अनुभव इस प्रकार लिखा है:

"विस्तृत आकाश में क्षण-क्षण बदलने वाली भगवान की चित्रकारिता को मग्न होकर निहारने में अनेकानेक क्षण बीत गये। यह मग्नता इतनी गहरी थी कि अन्य किसी बात की खबर ही नहीं रही; आख़िर केवल प्रभु की तूलिका से ही तो ऐसे रंग प्रकट हो सकते हैं, जिनमें प्रत्यक्ष जीवन की ताज़गी निखर आती है। जब मनुष्य केवल रंगद्रव्यों से इन रंगों की नकल करने का प्रयत्न करता है, तो उनमें वह ताज़गी नहीं आती, क्योंकि भगवान किसी तैल या रंगद्रव्य का प्रयोग नहीं करते, बल्कि इससे कहीं अधिक सादे-सरल और प्रभावी माध्यम का प्रयोग करते हैं – प्रकाश किरणों का। वे प्रकाश का एक छपका यहाँ उड़ा देते हैं और वह लाल प्रतिभासित होने लगा, उस पर तूलिका फेर दी और वह धीरे-धीरे नारंगी और सुनहरे रंग में बदल जाता है। फिर अपनी तूलिका पर बैंगनी रंग लेकर वे उसे बादलों में चुभा देते हैं तो वहाँ उस घाव से बहती रक्तिमा युक्त चक्री बन जाती है। इस प्रकार रात-दिन वे अपना यह खेल चलाते ही रहते हैं चिरपरिवर्तनशील, चिर-नवीन, सदा नयी ताज़गी; कभी पुनरावृत्ति नहीं, कभी वही आकृति नहीं, कभी वही रंग नहीं। दिन के रात में और रात के दिन में बदलते समय भारत में जो सौन्दर्य प्रकट होता है उसकी कहीं कोई तुलना नहीं। प्रायः आकाश ऐसा दिखता है मानो ईश्वर ने अपनी रंगपेटी में से सारे रंग निकालकर एक साथ जोर से आकाश में उछाल दिये हों।

"मैसूर शहर से बारह मील दूर स्थित विशाल कृष्णराज सागर बाँध के सूर्यास्त-दृश्य के अद्भुत सौन्दर्य का वर्णन तो मुझे करना ही पड़ेगा। योगानन्दजी और मैं वहाँ जाने के लिये एक छोटी-सी बस में सवार हो गये। उस बस के इंजन को हैन्डल मार कर चालू करने के लिये एक छोटा-सा लड़का भी हमारे साथ हो लिया। सड़क कच्ची परन्तु अच्छी, समतल थी। जब हम लोग निकले, तो सूर्य अस्त हो ही रहा था; क्षितिज पर पिचक दिये गये अति पक्व टमाटर की भाँति वह दिखायी दे रहा था।

“हर जगह की तरह ही यहाँ भी रास्ता धान के चौकोर खेतों के बीच में से जा रहा था। रास्ते के दोनों ओर शीतल छायादार वटवृक्ष थे, जिनके बीच-बीच में नारियल के ऊँचे-ऊँचे पेड़ भी थे। लगभग हर तरफ एक जंगल-सा ही लग रहा था। अन्ततः हम लोग एक पहाड़ी के ऊपर पहुँच गये। सामने एक विशाल कृत्रिम झील दिखायी दे रही थी, जिसमें आकाश के तारों और किनारे के ताड़ एवं अन्य वृक्षों का प्रतिबिम्ब पड़ रहा था। झील के चारों ओर पहाड़ियों में सीढ़ियाँ काट-काट कर सुन्दर-सुन्दर बगीचे बनाये गये थे और किनारों पर इलेक्ट्रिक लाइटों की पंक्तियाँ थी।

“बाँध की दीवार के नीचे का दृश्य तो देखते ही बनता था। विशाल, ऊँचे-ऊँचे उठने वाले फव्वारों पर पड़ती रंग-बिरंगी प्रकाश किरणें ऐसा दृश्य प्रस्तुत कर रही थीं, मानो अत्यंत सुन्दर रंग-बिरंगी उज्ज्वल प्रभायुक्त स्याहियों के उत्स्राव हों; मानों नीले, लाल, हरे, पीले जलप्रपात वहाँ नृत्य कर रहे हों। कहीं-कहीं हाथी की भव्य प्रस्तर-प्रतिमाओं की ऊपर उठीं सूँड़ों से पानी के फव्वारे उड़ रहे थे। यह बाँध (जिसके आलोकित फव्वारे मुझे शिकागो में 1933 में हुए विश्वमेले की याद दिला रहे थे) धान के खेतों और सीधे-सादे लोगों की इस प्राचीन भूमि में अपनी आधुनिकता में अद्वितीय है। भारत में लोगों ने इतने प्रेम के साथ हम लोगों का स्वागत किया है कि मुझे डर लगने लगा है कि योगानन्दजी को वापस अमेरिका ले जाना मेरे बस के बाहर की बात होगी।

“एक और दुर्लभ अवसर मुझे मिला – हाथी की सवारी का, जो मैं पहली बार कर रहा था। कल युवराज ने हमें हाथी की सवारी का आनन्द लेने के लिये अपने ग्रीष्मकालीन महल में बुलाया। वह हाथी अत्यंत विशालकाय था। हौदे पर चढ़ने के लिये एक सीढ़ी लगायी गयी थी। मैं उस सीढ़ी से रेशम के गद्दे लगाकर नरम बनाये गये बक्सनुमा हौदे में पहुँच गया। हाथी ने ढलान से उतरते हुए एक संकरे मार्ग पर चलना शुरू किया और उसी के साथ शुरू हुआ हौदे में हमारा इधर से उधर लुढ़कना, उछाले जाना, ऊपर उठना और नीचे गिरना, कभी इधर झूमना तो कभी उधर झूमना – यह सब इतना रोमांचक था कि चिंता करने का या कुछ कहने का समय ही नहीं था, बस अपनी जान बचाने के लिये कसकर पकड़े रहने के सिवा कोई विचार ही उस समय मन में नहीं आ सकता था।”

ऐतिहासिक और पुरातात्त्विक अवशेषों से भरपूर दक्षिण भारत एक निश्चित और फिर भी अवर्णनीय सुन्दरता से युक्त प्रदेश है। मैसूर के उत्तर में विशाल

गोदावरी नदी द्वारा अलग किया गया हैदराबाद राज्य का सुन्दर पठारी भाग है। विस्तृत उपजाऊ ज़मीन, मनोरम नीलगिरि पर्वत, कुछ हिस्सों में चूने के पत्थर या ग्रेनाइट पत्थर की बंजर पहाड़ियों से युक्त यह प्रदेश अत्यन्त मनोहारी है। हैदराबाद का इतिहास एक लम्बी, विविध रंगी कहानी है जो आंध्र के तीन हज़ार वर्ष पूर्व के राजाओं से शुरू होती है और 1294 ईस्वी तक के हिंदू राजाओं तक आती है। इसके बाद यह प्रदेश मुस्लिम शासकों के अधीन चला गया।

सम्पूर्ण भारतवर्ष में वास्तुकला, शिल्पकला और चित्रकला का सबसे सुन्दर प्रदर्शन हैदराबाद राज्य में ही चट्टानों से तराशकर निकाली गयी अजंता और एलोरा की गुफाओं में देखने को मिलता है। एलोरा का कैलाश मन्दिर एक विशाल अखंड पत्थर के पहाड़ को काट कर बनाया गया है। इस मन्दिर में देवताओं, मनुष्यों और पशुओं की मूर्तियाँ इतने विशाल आकारों में तराशी गयी हैं कि पाश्चात्य जगत् में माइकलेंजेलो की कलाकृतियों की ही इनके साथ तुलना हो सकती है। अजंता में पाँच गुफा-मन्दिर और पचीस गुफाएँ हैं जिनमें कभी संन्यासी वास करते थे। ये सभी गुफाएँ चट्टानों को तराश कर बनायी गयी हैं। इनमें विशाल आधार-स्तम्भ हैं जिनपर अति सुन्दर रंगीन चित्र और मूर्तियाँ बनाकर उनके चित्रकारों और मूर्तिकारों ने अपनी कला को अमर बना दिया है।

हैदराबाद शहर में उस्मानिया यूनिवर्सिटी और विशाल मक्का मस्जिद है। इस मस्जिद में एक साथ दस हज़ार मुसलमान नमाज़ पढ़ सकते हैं।

समुद्रतल से तीन हज़ार फुट की ऊँचाई पर स्थित मैसूर राज्य घने उष्णप्रदेशीय जंगलों से भरपूर है, जिनमें जंगली हाथी, जंगली भैंसे, रीछ, चीते और बाघ रहते हैं। इस राज्य के दो प्रमुख शहर बंगलोर और मैसूर स्वच्छ, आकर्षक तथा अनेक सुन्दर उद्यानों एवं सार्वजनिक बगीचों से युक्त हैं।

ग्यारहवीं शताब्दी से लेकर पन्द्रहवीं शताब्दी तक हिन्दू राजाओं की छत्र-छाया में मैसूर में हिन्दू स्थापत्यकला और शिल्पकला अपने चरम उत्कर्ष पर पहुँच गयी थी। ग्यारहवीं शताब्दी के राजा विष्णुवर्धन के शासनकाल में निर्मित बेलूर का मन्दिर नाज़ुक काम की बारीकी और मूर्तिकला की विपुलता की दृष्टि से सारे विश्व में बेजोड़ है।

उत्तरी मैसूर में पाये गये शिलालेख ईसापूर्व तीसरी शताब्दी के हैं। ये शिलालेख सम्राट अशोक के शासनकाल पर प्रकाश डालते हैं। सम्राट अशोक के विशाल साम्राज्य में भारत, बलूचिस्तान और अफ़गानिस्तान शामिल थे। विभिन्न

बोलियों में उत्कीर्ण अशोक की ये "उपदेश-शिलाएँ" उनके काल में व्यापक सुशिक्षितता के प्रमाण हैं। तेरहवें शिलालेख में युद्ध की भर्त्सना की गयी है। उसमें कहा गया है: "धर्म की विजय के अतिरिक्त और कोई विजय सच्ची विजय नहीं है।" दसवें शिलालेख में कहा गया है कि अपनी प्रजा की नैतिक उन्नति करने की व्यवस्था में ही राजा का गौरव है। ग्यारहवें शिलालेख में कहा गया है कि "सच्चा दान" किसी वस्तु के दान में नहीं, बल्कि, "कल्याण" के दान में, अर्थात् सत्य के प्रसार में निहित है। छठे शिलालेख में जनता के प्रिय सम्राट अपनी प्रजा को लोकहित से संबंधित किसी भी विषय पर चर्चा करने के लिये दिन या रात के किसी भी समय अपने पास आने के लिये आमन्त्रित करते हैं और आगे कहते हैं कि इस प्रकार अपने राजकर्तव्य का निर्वाह करके वे केवल समाज के ऋण से मुक्त होने का प्रयास कर रहे हैं।

अशोक प्रतापी सम्राट चंद्रगुप्त मौर्य के पौत्र थे, जिन्होंने सिकंदर द्वारा भारत में रखी गयी सेना को तहस-नहस कर दिया और ई.पू. 305 में सेल्यूकस की आक्रमणकारी युनानी सेना को परास्त कर दिया। उसके बाद मेगस्थनीज़ युनानी राजदूत बनकर पाटलिपुत्र में रहे। मेगस्थनीज़ ने तत्कालीन सुखी और उद्यमी भारत का विशद वर्णन किया है।

ई.पू. 298 में दिग्विजयी चन्द्रगुप्त ने अपना साम्राज्य अपने पुत्र को सौंप दिया और वे दक्षिण भारत में चले गये। अपने जीवन के अंतिम बारह वर्ष उन्होंने आत्मज्ञान के लिये साधना करते हुए अकिंचन वैरागी के रूप में श्रवणबेलगोला की एक गुफा में व्यतीत किये। वहाँ अब मैसूर राज्य के अधिशासन के अंतर्गत एक मन्दिर है। इसी क्षेत्र में विश्व की सबसे बड़ी अखंड पत्थर से बनी मूर्ति है। गोमतेश्वर की इस मूर्ति को जैनों ने 983 ईस्वी में एक विशाल चट्टान को तराश कर बनाया था।

भारत पर आक्रमण के समय सिकन्दर के साथ या उसके बाद भारत में आये यूनानी इतिहासकारों ने छोटी-छोटी घटनाओं का भी बड़ा दिलचस्प वर्णन कर रखा है। प्राचीन भारत के इतिहास पर प्रकाश डालने के लिये डॉ. जे. डब्लू. मैकक्रिंडल ने एरियन, डायोडोरस, प्लुटार्क और भूगोलशास्त्री स्ट्राबो के वर्णनों का अंग्रेज़ी में अनुवाद किया। सिकंदर के असफल भारत आक्रमण में सबसे अच्छी बात यदि कोई थी, तो वह थी हिंदू दर्शन में और योगियों एवं संतों में उसकी गहरी रुचि। योगियों और सन्तों से उसकी मुलाकात होती ही रहती थी और वह भी उनका संग

पाने के लिये बड़ा उत्सुक रहता था। पश्चिम से आ रहे इस योद्धा ने उत्तरी भारत में तक्षशिला पहुँचने के शीघ्र बाद ही ओनेसिक्रिटोस (डायोजेनिस के हेलेनिक मत का एक अनुयायी) को तक्षशिला के एक महान् संन्यासी दंडामिस को बुला लाने के लिये भेजा।

"प्रणाम, हे ब्राह्मण गुरु!" ओनेसिक्रिटोस ने अरण्य में दण्डामिस के आश्रम में उसके सामने जाकर कहा। "शक्तिमान देवता झीयस के पुत्र सिकंदर, जो मानवमात्र के अधिपति हैं, आपको बुलाते हैं। यदि आप इस बुलावे के अनुसार उनके पास आ गये तो वे आपको अमूल्य उपहार देंगे; यदि आपने इनकार किया तो वे आपका सिर उड़ा देंगे।"

योगी ने इस बाध्यकारी निमन्त्रण को शान्ति से सुन लिया और जिस पर्णशय्या पर वे लेटे थे, वहाँ से उन्होंने सिर उठाकर देखा तक नहीं।

फिर शान्त स्वर में उन्होंने कहना शुरू किया: "यदि सिकंदर झीयस का पुत्र है, तो मैं भी झीयस का ही पुत्र हूँ। सिकंदर के पास जो कुछ है उसमें से मुझे कुछ नहीं चाहिये, क्योंकि मेरे पास जो कुछ है, उसमें मैं संतुष्ट हूँ और मैं यह भी देख रहा हूँ कि वह अपनी सेना लेकर सागर और भूमि पर निरर्थक भटक रहा है और उसके इस भटकने का कोई अंत नहीं दिख रहा है।

"जाकर सिकन्दर से कह दो कि राजराजेश्वर परमेश्वर कभी धृष्ट अन्याय का जनक नहीं बनता, बल्कि वह तो प्रकाश, शान्ति, जीवन, जल, मानव-देह और आत्माओं का स्रष्टा है। जब मृत्यु मनुष्य को शरीर से मुक्त कर देती है और मनुष्य किसी रोग-व्याधि से ग्रस्त नहीं रह जाता, तब परमात्मा हर मनुष्य को फिर अपने पास ले लेता है। केवल उसी परमात्मा के चरणों में मैं सिर झुकाता हूँ, जो हत्या से घृणा करता है और कभी युद्धों के लिये प्रोत्साहन नहीं देता।"

उसी शान्त स्वर में धिक्कार करते हुए दंडामिस कहते गये: "सिकन्दर कोई देवता नहीं है, क्योंकि उसे मृत्यु का ग्रास बनना ही पड़ेगा। उसके जैसा कोई, जो अपने आंतरिक ब्रह्माण्ड-साम्राज्य के सिंहासन पर अभी बैठा ही नहीं है, इस जगत् का अधिपति कैसे बन सकता है? न ही उसने अभी सशरीर यमलोक में प्रवेश किया है और न उसे इस पृथ्वी के विशाल प्रदेशों के ऊपर से जाने वाले सूर्य-पथ का ही ज्ञान है। अधिकांश देशों में उसका नाम भी लोगों ने नहीं सुना है।"

इस भर्त्सना के बाद, जो निश्चय ही "पृथ्वीपति" के कानों में कभी पड़ी सबसे कड़ी फटकार रही होगी, दंडामिस ने व्यंग्यबाण चलाया: "यदि सिकंदर की

इच्छा-वासनाओं की पूर्ति के लिये उसका वर्तमान साम्राज्य पूरा नहीं पड़ रहा हो, तो उसे गंगापार जाने के लिये कहो। वहाँ उसे ऐसा प्रदेश मिलेगा जो उसकी सारी सेना का भरण-पोषण कर सकता है।

"सिकंदर के उपहार मेरे किसी काम के नहीं," दंडामिस बोलते जा रहे थे। "जिन्हें मैं बहुमूल्य मानता हूँ और जो मेरे काम के हैं, वे हैं वृक्ष, जो मुझे आश्रय देते हैं; लहलहाते पेड़-पौधे, जो मुझे प्रतिदिन मेरा आहार देते हैं और पानी जो मेरी प्यास बुझाता है। चिंता कर-करके जमा की हुई सम्पत्ति उस जमा करने वाले के विनाश का कारण बनती है जिससे उसे केवल दुःख और शोक प्राप्त होता है। सभी अप्रबुद्ध मनुष्य इसी दुःख और शोक से ग्रस्त होते हैं।

"मुझे देखो। जंगल के पत्तों पर लेटता हूँ और सुरक्षित रखने योग्य कोई वस्तु पास न होने के कारण निश्चिंत होकर गहरी नींद सोता हूँ, जब कि अगर कोई ऐसी वस्तु मेरे पास होती जो संसार की दृष्टि में मूल्यवान हो, तो उसका बोझ मेरी नींद उड़ा देता। जिस प्रकार माता अपने बच्चे को दूध पिलाती है, उसी प्रकार यह धरती माता मेरी हर आवश्यकता की पूर्ति करती है। किसी चीज़ की कोई चिंता करने की आवश्यकता ही न होने के कारण मैं जब जहाँ चाहे, चला जाता हूँ।

"सिकंदर मेरा सिर यदि काट भी दे, तो भी वह मेरी आत्मा को नष्ट नहीं कर सकता। तब मेरा मूक मस्तक और फटे वस्त्र के समान मेरा यह शरीर इस धरती पर पड़ा रहेगा, जिसके तत्त्वों से यह बना था और मैं आत्मा बनकर परमात्मा के पास चला जाऊँगा। उस परमात्मा ने ही हम सबको रक्त-मांस के शरीर में बंद कर यह देखने के लिये इस धरती पर भेजा था कि हम यहाँ नीचे आकर उसकी आज्ञाओं का पालन करते हैं या नहीं। और जब हम यहाँ से प्रस्थान कर उसके पास जायेंगे, तब वह हमारे जीवन का हिसाब हमसे लेगा। सारे अन्यायों का हिसाब वही करता है; पीड़ितों की आहें ही अत्याचारियों का दण्ड-विधान बना देती है।

"सिकंदर अपनी धमकियों से उन्हें डराए जिन्हें धन की इच्छा हो और जो मृत्यु से डरते हों। ब्राह्मणों के आगे उसके अस्त्र-शस्त्र निरर्थक हैं क्योंकि हमें न ही स्वर्ण का मोह है और न मृत्यु का भय। इसलिये जाओ और सिकंदर से कह दो कि दण्डामिस को तुम्हारी किसी चीज़ की ज़रूरत नहीं है, इसलिये वह तुम्हारे पास नहीं आयेगा। और तुम्हें यदि दण्डामिस से कुछ चाहिये तो तुम स्वयं दण्डामिस के पास जाओ।"

ओनेसिक्रिटोस ने दण्डामिस के शब्दों में ही उसका संदेश सिकंदर को सुनाया। सिकंदर अत्यंत ध्यानपूर्वक सुनता रहा। उसके मन में "दण्डामिस का दर्शन करने की इच्छा पहले से भी अधिक प्रबल हो गयी, क्योंकि वे भले ही वृद्ध थे और नग्न रहते थे, परन्तु वे एकमात्र ऐसे विरोधी थे जो कई राष्ट्रों के उस विजेता पर भी भारी पड़ रहे थे।"

सिकंदर ने अनेक ऐसे तपस्वी ब्राह्मणों को तक्षशिला में आमंत्रित किया जो दार्शनिक प्रश्नों के सारगर्भित उत्तर देने के लिये विख्यात थे। प्लुटार्क ने उस वाक्युद्ध का विवरण दिया है। सभी प्रश्न सिकंदर ने स्वयं ही किये थे।

"किनकी संख्या अधिक है, जीवित लोगों की या मृत लोगों की?"

"जीवित लोगों की, क्योंकि मृत लोगों का अस्तित्व ही नहीं है।"

"अधिक बड़े प्राणी कहाँ होते हैं, समुद्र में या भूमि पर?"

"भूमि पर, क्योंकि समुद्र भूमि का ही केवल एक हिस्सा है।"

"पशुओं में सबसे चालाक कौन है?"

"वह जिसे मनुष्य ठीक से जानता नहीं है।" (मनुष्य अज्ञात से डरता है।)

"पहले क्या था, दिन या रात?"

"दिन एक दिन पहले बना था।" इस उत्तर को सुनकर सिकंदर के चेहरे पर आश्चर्य प्रकट हुआ। तब ब्राह्मण के कहाः "असंभव प्रश्नों के उत्तर भी असंभव ही होते हैं।"

"मनुष्य सभी का प्रिय कैसे बन सकता है?"

"मनुष्य लोगों को प्रिय तभी लगेगा जब अत्यंत शक्तिसंपन्न होते हुए भी वह दूसरों के मन में अपने लिये भय पैदा न करे।"

"किस उपाय से मनुष्य देवता बन सकता है?"

"मनुष्य के लिये जो काम असंभव है, उसे कर दिखा कर।"

"जीवन और मृत्यु में अधिक बलवान कौन है?"

"जीवन, क्योंकि वह इतने अधिक पापों को भी सहन कर सकता है।"

सिकंदर भारत से एक सच्चे योगी को अपना गुरु बनाकर ले जाने में सफल हो गया। उस योगी का नाम कल्याण (स्वामी स्फ़ाइन्स) था जिन्हें यूनानी लोग "कालानोस" कहने लगे। वे सिकंदर के साथ फ़ारस तक गये। वहाँ सुसा नामक गाँव के पास एक निर्दिष्ट दिन सम्पूर्ण यूनानी सेना की आँखों के सामने जलती चिता में प्रवेश कर उन्होंने अपना जराजर्जर शरीर त्याग दिया। इतिहासकारों ने

लिखा है कि यूनानी सैनिकों के आश्चर्य का ठिकाना न रहा जब उन्होंने देखा कि उस योगी को न शारीरिक यातना का कोई भय था, न मृत्यु का। अग्निज्वालाओं के बीच जलते हुए वे एक क्षण के लिये भी कभी अपने स्थान से हिले नहीं। चिता में प्रवेश करने से पहले कालानोस ने अपने संगी-साथियों को गले लगाया परन्तु सिकंदर से विदा नहीं ली। उसे केवल इतना ही कहाः

"मैं तुमसे बाद में बेबीलोन में मिलूँगा।"

सिकंदर फ़ारस से आगे बढ़ा और एक वर्ष बाद बेबीलोन में मर गया। हिंदू गुरु ने सिकंदर से जो कहा था, वह उनका यह कहने का तरीका था कि वे जीवन और मृत्यु में सिकंदर के साथ रहेंगे।

यूनानी इतिहासकारों ने भारतीय समाज के अनेक स्पष्ट और प्रेरणाप्रद शब्दचित्रों की छाप छोड़ी हैं। एरियन लिखते हैं कि हिंदू न्याय लोगों की रक्षा करता है और "उसने यह विधान बना रखा है कि कोई भी मनुष्य किसी भी परिस्थिति में दास नहीं बनेगा, बल्कि स्वयं स्वतन्त्रता का उपभोग करते हुए यह ध्यान रखेगा कि सभी मनुष्यों को समान रूप से स्वतन्त्रता का अधिकार है।"

एक दूसरी पुस्तक में लिखा हैः "भारतीय लोग ब्याज पर पैसा नहीं देते, उनमें ऋण का लेन-देन नहीं होता। अन्याय करना या अन्याय सहना भारत की प्रथा के विरुद्ध है, इसलिये वे लेन-देन की किसी प्रकार की कोई लिखा-पढ़ी नहीं करते, न ही कुछ गिरवी रखवाते हैं।" यह भी लिखा है कि रोग-निवारण के लिये सरल प्राकृतिक उपायों का अवलम्बन किया जाता है। "किसी रोग से मुक्ति के लिये औषधियों का प्रयोग करने की अपेक्षा पथ्य-परहेज का सहारा लिया जाता है। मलहमों और प्रलेपों का प्रयोग सर्वाधिक प्रचलित है। अन्य सभी औषधोपचारों को घातक माना जाता है।" युद्ध करना केवल क्षत्रियों का काम था। "शत्रु सेना भी खेतों में काम करते किसी कृषक को कोई हानि नहीं पहुँचाती, क्योंकि इस वर्ग के लोगों को लोकोपकारी माना जाता है, इसलिये उन पर आक्रमण करना वर्जित है। भूमि इस प्रकार विध्वंस से सुरक्षित रहने के कारण विपुल अनाज पैदा करती है और वहाँ निवास करने वाले लोगों का जीवन सुखी बनाने के लिये आवश्यक तत्त्वों की पूर्ति करती है।"

मैसूर राज्य में सर्वत्र पाये जाने वाले धार्मिक स्थल दक्षिण भारत के अनेकानेक महान् संतों की याद दिलाते रहते हैं। इनमें से ही एक महान। संत थायुमानवर ने एक चुनौतीपूर्ण कविता लिखी हैः

तुम मदमस्त गज को नियंत्रण में ला सकते हो;
तुम रीछ और व्याघ्र का मुँह बन्द कर सकते हो;
सिंह की सवारी कर सकते हो और नाग के साथ खेल सकते हो;
तुम किसी भी धातु को स्वर्ण में बदल कर जीविका कमा सकते हो;
तुम अदृश्य होकर पूरी सृष्टि का भ्रमण कर सकते हो;
देवताओं को अपने दास बना सकते हो; सदा के लिये युवा रह सकते हो;
तुम पानी पर चल सकते हो और अग्नि में वास कर सकते हो;
परन्तु मन का नियन्त्रण इस सबसे श्रेष्ठ और अधिक कठिन है।

भारत के दक्षिणी छोर पर अत्यंत उपजाऊ भूमि का सुन्दर राज्य है तिरुवांकुर (Travancore)। यहाँ नदियों और नहरों से ही मुख्य रूप से यातायात होता है। अतीत में युद्धों और छोटे-छोटे राज्यों का तिरुवांकुर राज्य में विलय कर लेने के पापों का प्रतिवर्ष प्रायश्चित करने की वंश परम्परा यहाँ के राजपरिवार में है। प्रत्येक वर्ष 56 दिन तक महाराजा दिन में तीन बार मन्दिर जाकर वेद मंत्रों और स्तोत्रों का श्रवण करते हैं। इस प्रायश्चित-अनुष्ठान की समाप्ति 'लक्षदीपम्' उत्सव या मन्दिर में एक लाख दीप जला कर होती है।

भारत के दक्षिण-पूर्व तट पर मद्रास प्रेसिडेन्सी में समुद्र से घिरा सपाट, विस्तीर्ण भूप्रदेश पर बना शहर है मद्रास। इसी राज्य में दूसरा एक शहर है स्वर्णनगरी कांजीवरम् जो पल्लव राजाओं की राजधानी थी। ये राजा ईस्वी सन् की प्रारम्भिक शताब्दियों में यहाँ राज्य करते थे। वर्तमान मद्रास प्रेसिडेंसी में महात्मा गाँधी के अहिंसा सिद्धान्त का काफ़ी प्रचार हुआ है; जहाँ-तहाँ सफेद "गाँधी टोपी" दिखायी देती है। दक्षिण भारत में महात्मा गाँधी के प्रयत्नों से अनेक महत्त्वपूर्ण मन्दिरों के द्वार "अस्पृश्यों" के लिये खुल गये हैं तथा जातिप्रथा में भी अनेक सुधार हुए हैं।

महान् स्मृतिकार मनु द्वारा शुरू की गयी वर्णाश्रम व्यवस्था का मूल उद्देश्य प्रशंसनीय था। उन्हें यह स्पष्ट रूप से समझ में आ गया था कि प्राकृतिक क्रमविकास की अवस्थाओं के अनुरूप मानवजाति चार मुख्य वर्णों में विभाजित हैः वे जो शारीरिक श्रम द्वारा समाज की सेवा कर सकते हैं (शूद्र); दूसरे वे जो अपनी मानसिकता, कौशल, कृषिकर्म, व्यापार-वाणिज्य और साधारण तौर पर उद्योग-व्यवसाय, अर्थात् वाणिक्-वृत्ति द्वारा समाज की सेवा कर सकते हैं (वैश्य); तीसरे वे जिनमें प्रशासन, कार्य संचालन तथा संरक्षण की मनोवृत्ति एवं क्षमता होती है, अर्थात् शासक तथा

योद्धा (क्षत्रिय); और चौथे वे जिनकी प्रवृत्ति चिंतन-मनन की होती है, जिनमें आध्यात्मिक प्रेरणा जाग गयी होती है और जो दूसरों में यह प्रेरणा जगा सकते हैं (ब्राह्मण)। महाभारत में कहा गया है: "कोई द्विज (ब्राह्मण) है या नहीं इसका निर्णय जन्म, संस्कार, विद्याध्ययन या वंश-परम्परा से नहीं हो सकता, केवल चरित्र और आचरण से हो सकता है। मनु ने समाज को ज्ञान, सद्गुण, आयु, रिश्तेदारी और अंत में संपत्ति के आधार पर लोगों को सम्मान देने का निर्देश दिया है। वैदिक काल के भारत में धन के संचय को और ऐसे धन को जो लोकोपकार के लिये उपलब्ध न होता हो, घृणा की दृष्टि से देखा जाता था। अत्यंत धनवान लोगों को भी, यदि वे कृपण हों तो समाज में हीन स्थान मिलता था।

काल के प्रवाह में जब वर्णाश्रम व्यवस्था जातिप्रथा के चौकठे में जकड़ गयी, तो समाज के लिये गम्भीर रूप से हानिकारक बन गयी। 1947 में स्वाधीनता प्राप्त करने के बाद भारत धीरे-धीरे परन्तु निश्चित रूप से जन्म पर नहीं बल्कि केवल नैसर्गिक गुण-कर्म पर आधारित जातिप्रथा के प्राचीन मूल्यों की पुनर्स्थापना की दिशा में आगे बढ़ रहा है। पृथ्वी पर प्रत्येक राष्ट्र को दुःख उत्पन्न करने वाले अपने ही विशिष्ट कर्मसंचय को भोगना पड़ता है और इस प्रकार कर्मों को समाप्त करना पड़ता है। अपनी बहुमुखी प्रतिभा और अदम्य आत्मशक्ति से भारत जाति व्यवस्था में सुधार लाने में सफल हो रहा है।

दक्षिण भारत इतना लुभावना है कि श्री राइट और मैं वहाँ अपने प्रवास को और बढ़ाना चाहते थे, परन्तु निष्ठुर समय हमें इसकी अनुमति नहीं दे रहा था। कोलकाता विश्वविद्यालय में इंडियन फ़िलॉसॉफ़िकल कांग्रेस के समापन सत्र में व्याख्यान देने का मेरा दिन निकट आ रहा था। मैसूर में अपने प्रवास के अन्त में इंडियन अकेडमी ऑफ़ साइन्सेस के अध्यक्ष सर सी. वी. रमण से मैंने भेंट की और उनके साथ वार्तालाप में मुझे बड़ा आनन्द आया। इस प्रतिभाशाली भौतिक विज्ञानी को 1930 में प्रकाश-प्रसरण में उनके द्वारा किये गये आविष्कार के लिये नोबेल पुरस्कार से सम्मानित किया गया था। उनका आविष्कार "रमण इफ़ेक्ट" के नाम से प्रसिद्ध है।

मद्रास के शिष्यों और मित्रों से अनिच्छापूर्वक विदा लेकर श्री राइट और मैं अपनी यात्रा पर निकल पड़े। रास्ते में हम लोग सदाशिव ब्राह्मण की पुण्यस्मृति में बने एक छोटे-से मन्दिर के दर्शनार्थ रुके। अठारहवीं शताब्दी के इस सन्त की जीवन-गाथा अनेक चमत्कारों से परिपूर्ण है। इन्हीं सदाशिव का एक बड़ा मन्दिर

नेरूर में है जिसे पुड्डुकोट्टई के राजा ने बनवाया था। यह एक तीर्थक्षेत्र बन गया है, जहाँ दैवी चमत्कार से अनेक लोग रोगमुक्त हुए हैं। 1750 में पुड्डुकोट्टई के राजा के लिये सदाशिव ने धार्मिक आचरण के कुछ नियम लिखे थे, जिसे उस राजा के बाद राजगद्दी पर बैठने वाले वहाँ के सभी राजाओं ने एक पवित्र धरोहर के रूप में सम्भालकर रखा है और सदैव उनका पालन करने का प्रयास किया है।

सदाशिव पूर्णज्ञानी संत थे तथा सभी को प्रिय थे। उनके बारे में दक्षिण भारतीय ग्रामों में अभी भी विलक्षण कहानियाँ प्रचलित हैं। एक दिन वे कावेरी तट पर समाधि में लीन बैठे थे कि अचानक बाढ़ आयी और लोगों ने उन्हें बाढ़ में बह जाते हुए देखा। इस के कई सप्ताह बाद वे कोयम्बटूर जिले में कोडुमुडी गाँव के निकट मिट्टी के नीचे दबे हुए पाये गये। मिट्टी हटाने वाले ग्रामीणों के फावड़े जब उन्हें लगे, तो वे उठ खड़े हुए और तेज़ी से वहाँ से चल दिये।

एक वयोवृद्ध वेदान्ती पंडित को आध्यात्मिक तर्कयुद्ध में परास्त करने पर गुरु से फटकार मिलने के कारण सदाशिव मुनि (मौनी) बन गये गुरु ने कहा थाः "तुम्हारे जैसा युवक जीभ पर संयम रखना कब सीखेगा?"

"आप के आशीर्वाद से अभी इसी क्षण से।"

सदाशिव के गुरु स्वामी श्री परमशिवेन्द्र सरस्वती थे, जिन्होंने "दहरविद्या प्रकाशिका" लिखी है तथा "उत्तर गीता" पर भी एक अत्यंत गहन टीका लिखी है। कुछ संसारी लोग भगवद्प्रेम में मस्त होकर प्रायः सड़कों पर "लाज-शर्म छोड़कर" नाचते सदाशिव को देखकर आहत हुए। उन्होंने विद्वान गुरु के पास जाकर शिकायत कीः "महाराज! सदाशिव पागल से अधिक कुछ नहीं है।"

परन्तु परमशिवेन्द्र महाराज ने आनन्द के साथ मुस्कराकर कहाः "अहा! काश यदि सभी इस प्रकार के पागल बन सकते!"

सदाशिव के जीवन में भगवान के हस्तक्षेप की अनेक विलक्षण और सुन्दर घटनाएँ घटित हुईं। इस संसार में बहुत-सा अन्याय प्रतीत होता है, परन्तु भगवद्भक्त ईश्वर के तत्क्षण न्याय के असंख्य प्रसंगों के साक्ष्य दे सकते हैं। समाधि अवस्था में मग्न सदाशिव एक रात एक धनी गृहस्थ के अनाज गोदाम के पास आकर रुक गये। पहले से चोरों की तलाश कर रहे तीन नौकरों ने उन्हें देख लिया और उन पर वार करने के लिये अपनी लाठियाँ उठायीं और आश्चर्य! उनके हाथ ऊपर ही उठे रह गये। भोर में सदाशिव के वहाँ से जाने तक वे तीनों मूर्तियों के समान वैसे ही हाथ ऊपर उठाये खड़े रहे।

एक बार मजदूरों के एक सरदार ने मजदूरों के साथ इस सन्त को भी ज़बरदस्ती लकड़ी ढोने के काम में लगा दिया। मौनी संत ने विनम्रतापूर्वक वह बोझ ढोया और नियत स्थान पर पहुँचने पर जैसे ही उन्होंने वहाँ लगाये हुए विशाल ढेर पर अपनी लकड़ियाँ रख दीं, पूरे ढेर में से अग्नि ज्वालाएँ फूट पड़ीं।

त्रैलंग स्वामी की तरह ही सदाशिव भी कोई वस्त्र धारण नहीं करते थे। एक दिन सुबह अनवधान से वे एक मुसलमान सरदार के तंबू में पहुँच गये। दो महिलाएँ चीख पड़ी। सरदार ने अपनी तलवार से सदाशिव पर वार कर दिया। सदाशिव का हाथ कट कर ज़मीन पर गिर गया। यह सब उनके ध्यान में भी नहीं आया और निर्विकार भाव से वे वहाँ से चल दिये। आश्चर्यमिश्रित भय और पश्चात्ताप से दग्ध हुए मुसलमान सरदार ने ज़मीन पर पड़ा हाथ उठाया और सदाशिव के पीछे चल पड़ा सदाशिव ने वह हाथ लेकर उसे रक्तस्राव होते ठूँठ में घुसा दिया। मुसलमान सरदार ने विनम्र होकर जब आध्यात्मिक उपदेश की याचना की, तो सदाशिव ने अपनी उँगली से रेत पर लिखाः

"जो करने की इच्छा हो वह मत करो, तब तुम जो चाहोगे वह कर सकोगे।"

इस संत के प्रभाव से मुसलमान मन की शुद्ध अवस्था में पहुँच गया था, इस लिये इस परस्पर विरोधी प्रतीत होते उपदेश के सही अर्थ को उसने समझ लिया कि अंहकार पर विजय के द्वारा ही आत्मा की मुक्ति होगी। इस छोटे-से उपदेश का आध्यात्मिक आघात इतना शक्तिशाली था कि वह योद्धा सदाशिव का उन्नत शिष्य बन गया; अपने पुराने रास्तों पर वह फिर कभी नहीं लौटा।

श्री सदाशिव के समक्ष गाँव के बच्चों ने एक बार 150 मील दूर मदुरै का मेला देखने की इच्छा व्यक्त की। योगी ने बच्चों को इशारा किया कि वे उनके शरीर का स्पर्श करें। बच्चों के स्पर्श करते ही तत्क्षण सब के सब मदुरै पहुँच गये। वहाँ हज़ारों तीर्थयात्रियों के बीच बच्चे खुशी से घूमते रहे। कुछ घंटों बाद योगीवर परिवहन के अपने उसी सरल ढंग से बच्चों को वापस गाँव में ले आये। बच्चों के माता-पिता चकित होकर उनके मुँह से मदुरै की शोभायात्रा का असंदिग्ध वर्णन सुन रहे थे और बच्चों के हाथों में मदुरै की मिठाइयों के पैकेट भी देख रहे थे।

एक लड़के को इस कहानी पर विश्वास नहीं हुआ। उसने बच्चों की बातों का और सदाशिव का उपहास किया। अगली बार जब श्रीरंगम् में मेला लगा, तो वह लड़का सदाशिव के पास गया।

परिहास करने के स्वर में वह बोलाः “महाराज! उन बच्चों को आप जैसे मदुरै ले गये थे, वैसे मुझे भी श्रीरंगम् क्यों नहीं ले जाते?”

सदाशिव ने उसकी यह इच्छा पूरी कर दी और लड़का दूसरे ही क्षण उस सुदूर शहर की भीड़ में पहुँच गया। पर जब वह वापस लौटना चाहता था तो, अफसोस! संत महाराज कहाँ थे? आख़िर पदयात्रा के साधारण माध्यम का अवलम्ब कर उस लड़के को थक हार कर अपने घर पहुँचना पड़ा।

दक्षिण भारत से निकलने से पहले श्री राइट और मैं श्रीरमण महर्षि से मिलने के लिये तिरूवन्नामलय के पास पावन अरुणाचल पर्वत की तीर्थयात्रा करने गये। श्री रमण महर्षि ने अत्यंत प्रेमपूर्वक अपने आश्रम में हमारा स्वागत किया और पास ही रखे ईस्ट-वेस्ट पत्रिका के ढेर की ओर हाथ दिखाया। हम जितने समय तक उनके पारा उनके शिष्यों के साथ रहे, उसमें अधिकांश समय महर्षि मौन ही रहे। उनके मुखमंडल पर ईश्वरीय प्रेम और ज्ञान का तेज था।

दुःखी मानव को अपनी पूर्णता की विस्तृत अवस्था को पुनः प्राप्त करने के लिये श्री रमण का यह उपदेश है कि उसे निरन्तर अपने आपसे यह प्रश्न करना चाहियेः “मैं कौन हूँ?” – सचमुच बहुत बड़ा प्रश्न। अन्य सब विचारों को दृढ़तापूर्वक दूर ढकेल देने से साधक शीघ्र ही अपने सच्चे स्वरूप की गहराइयों में उतरता चला जाता है और दूसरे विचारों से मन भ्रमित होना बंद हो जाता है। भारत के इस ज्ञानी महर्षि ने लिखा हैः

द्वैत को और त्रित्व को कोई सहारा चाहिये,
बिना सहारे के वे उत्पन्न नहीं हो सकते;
उस सहारे का ज्ञान प्रापत करने से वे ढीले पड़ कर नष्ट हो जाते हैं।
यही सत्य है। जो इसे जान जाता है, वह फिर कभी नहीं लड़खड़ाता।

प्रकरण—42

अपने गुरु के साथ कुछ अंतिम दिन

"गुरुजी, आज आपको अकेले देखकर मुझे बहुत खुशी हो रही है।" कुछ फल और गुलाब पुष्पों की सुगन्ध से महक रही टोकरी हाथ में लिये मैं अभी-अभी श्रीरामपुर आश्रम पहुँचा ही था। श्रीयुक्तेश्वरजी ने दीन भाव से मेरी ओर देखा।

"तुम्हारा प्रश्न क्या है" गुरुदेव कमरे में नज़र दौड़ा रहे थे, मानो बच निकलने का कोई रास्ता ढूँढ़ रहे हों।

"गुरुजी, मैं हाईस्कूल का एक युवा विद्यार्थी था जब आपके पास आया था। अब मैं प्रौढ़ हो गया हूँ, यहाँ तक कि एक-दो बाल भी अब सफेद हो गये हैं। आपने हमारे मिलन के प्रथम क्षण से लेकर अब तक सदा ही अपने मूक प्रेम की वर्षा मुझ पर की है, पर क्या आपके ध्यान में यह बात आयी कि केवल उस पहले दिन ही आपके मुख से निकला था: 'मैं तुमसे प्रेम करता हूँ?' मैं याचना भरी दृष्टि से उनकी ओर देख रहा था।

गुरुदेव ने अपनी दृष्टि झुका ली। "योगानन्द, मूक हृदय की गहराइयों में सुरक्षित बैठी प्रगाढ़ प्रेम की सुकुमार भावनाओं को क्या भावशून्य शब्दों में प्रकट करना आवश्यक है?"

"गुरुजी, मैं जानता हूँ कि आपको मुझसे बेहद प्यार है, फिर भी मेरे नश्वर कान आपके मुख से उन शब्दों को सुनने के लिये तरसते हैं।"

"जैसी तुम्हारी इच्छा। अपने वैवाहिक जीवन में मुझे एक पुत्र की चाह थी, ताकि मैं उसे योग मार्ग की शिक्षा दे सकूँ। परन्तु जब तुम मेरे जीवन में आये, तब

मैं सन्तुष्ट हो गया। तुममें मुझे मेरा बेटा मिल गया।" श्रीयुक्तेश्वरजी की आँखों में दो स्पष्ट अश्रुबिंदु छलक आये। "योगानन्द मुझे सदा ही तुमसे प्यार रहा है और सदा ही रहेगा।"

"आपके इन शब्दों ने मेरे लिये स्वर्ग के सारे द्वार खोल दिये हैं।" मुझे ऐसा लगा मानो मेरे हृदय पर से एक भारी बोझ हट गया हो, जैसे उनके शब्दों से वह बोझ सदा के लिये पिघल कर बह गया हो। मैं जानता था कि वे आत्मस्थ हैं और भावुकता के लिये उनके स्वभाव में कोई स्थान नहीं था, फिर भी उनकी खामोशी का अर्थ मैं समझ नहीं पाता था। कभी-कभी मुझे लगता था कि उन्हें संतुष्ट करने में मैं विफल हुआ था। उनके विलक्षण स्वभाव को पूरी तरह पहचानना कठिन था। उनका स्वभाव गम्भीर, स्थिर और बाह्य जगत के लिए अनधिगम्य था, जिसके सारे मूल्यों को कब के पीछे छोड़कर वे आगे बढ़ गये थे।

कुछ दिन बाद मैंने कोलकाता के अल्बर्ट हॉल में विशाल श्रोता समुदाय के सामने व्याख्यान दिया। उस अवसर पर श्रीयुक्तेश्वरजी संतोष के महाराजा और कोलकाता के मेयर के साथ मंच पर बैठने के लिये सहमत हो गये। गुरुदेव ने मुझसे कुछ कहा तो नहीं, पर मैं व्याख्यान के दौरान बीच-बीच में उनकी ओर देख रहा था और मुझे लगा कि वे प्रसन्न हैं।

फिर श्रीरामपुर कॉलेज से स्नातक हुए लोगों के सामने व्याख्यान देने का प्रसंग आया। जब अपने पुराने सहपाठियों पर मेरी दृष्टि पड़ी और उनकी दृष्टि अपने पुराने "पागल संन्यासी" पर पड़ी, तो आनन्दाश्रु सारा संकोच छोड़कर प्रकट हो गये। दर्शनशास्त्र के मेरे मधुरभाषी प्रोफ़ेसर डॉ. घोषाल मेरा अभिनन्दन करने के लिये सामने आये। हमारी पुरानी सारी गलतफ़हमियाँ काल के ऐन्द्रजालिक स्पर्श से विलय हो चुकी थीं।

दिसम्बर के अंत में श्रीरामपुर आश्रम में दक्षिणायन प्रारंभ का महोत्सव मनाया गया। हमेशा की तरह आस-पास के स्थानों से और दूर-दराज़ से श्रीयुक्तेश्वरजी के शिष्य एकत्रित हुए। भक्तिपूर्ण संकीर्तन, कृष्ण दा का मधुर गायन, आश्रमवासी बालक-युवा शिष्यों द्वारा तैयार किया गया और परोसा गया महाप्रसाद आश्रम के आँगन में तारों के छत्र के नीचे खचाखच भरे शिष्य समुदाय के सामने गुरुदेव का अत्यंत प्रेरणाप्रद प्रवचन – सारी पुरानी स्मृतियाँ फिर जाग उठीं। बीते वर्षों के वे आनन्दपूर्ण उत्सव! परन्तु आज रात कुछ नया भी होने वाला था।

"योगानन्द, आज की सभा में तुम प्रवचन करो – अंग्रेज़ी में।" यह दुहरा अनोखा आदेश देते समय श्रीयुक्तेश्वरजी की आँखों में चमक आ गयी थी; कहीं वे मेरे प्रथम व्याख्यान के पहले जहाज पर हुई मेरी दुर्दशा का तो विचार नहीं कर रहे थे? वहाँ उपस्थित अपने गुरुभाइयों को मैंने वह किस्सा सुनाया और अंत में अपने गुरु के प्रति कृतज्ञता व्यक्त करते हुए भक्ति-निवेदन के साथ अपना प्रवचन समाप्त किया।

"ऐसी बात नहीं कि केवल उस जहाज पर ही गुरुदेव का अमोघ मार्गदर्शन मुझे प्राप्त हुआ था," मैंने कहा, "बल्कि विशाल, आतिथ्यशील अमेरिका में बिताये हुए पन्द्रह वर्षों में दिन-प्रतिदिन, सदा ही मुझे वह मिलता रहा।"

जब सब लोग चले गये, तो श्रीयुक्तेश्वरजी ने मुझे उसी शयन कक्ष में बुलाया, जहाँ इसी प्रकार के उत्सव के बाद, केवल एक बार उनके साथ सोने की अनुमति मुझे मिली थी। आज मेरे गुरुदेव वहाँ चुपचाप बैठे थे और उनके चरणों में कुछ शिष्यगण अर्धवृत्ताकार बैठे थे।

"योगानन्द, क्या तुम अभी कोलकाता लौट रहे हो? पर कल यहाँ अवश्य आ जाना। मुझे तुम्हें कुछ बताना है।"

दूसरे दिन दोपहर को कुछ आशीर्वचनों के साथ श्रीयुक्तेश्वरजी ने मुझे संन्यास की उच्चतर पदवी – परमहंस – प्रदान की।

मैं उनके चरणों में प्रणाम कर रहा था। तब उन्होंने कहा:

"अब यह नयी उपाधि तुम्हारी पुरानी "स्वामी" उपाधि का स्थान लेगी," मेरे अमेरिकी शिष्यों को "परमहंसजी" शब्द का उच्चारण करने के लिये कैसी-कैसी कठिनाइयाँ आएंगी, यह सोचकर मैं मन ही मन हँसने लगा।

"इस संसार में अब मेरा कार्य पूरा हो गया है; अब तुम्हें ही इसे आगे चलाना है," गुरुदेव शान्त स्वर में कह रहे थे। उनकी आँखें शान्त और सौम्य थीं। मेरा हृदय भयाकुलता से धड़कने लगा।

वे आगे कहते गये: "पुरी के हमारे आश्रम का कार्यभार संभालने के लिये किसी को भेज दो। मैं सब कुछ तुम्हारे हाथों में सौंप रहा हूँ। तुम अपने जीवन की नौका को तथा संगठन की नौका को ईश्वर के किनारे पर सफलतापूर्वक पहुँचा सकोगे।"

अश्रुपात करते हुए मैंने उनके चरणों का आलिंगन किया। वे उठ खड़े हुए और अत्यंत प्रेम के साथ उन्होंने मुझे आशीर्वाद दिया।

दूसरे दिन मैंने राँची से एक साधक स्वामी सेवानन्द को बुला लिया और उन्हें पुरी के आश्रम का कार्यभार ग्रहण करने के लिये वहाँ भेज दिया। बाद में गुरुदेव ने अपनी भू-सम्पत्ति की व्यवस्था करने के संबंध में कानूनी पहलुओं पर मेरे साथ चर्चा की। उन्हें चिंता थी कि उनके देहत्याग के बाद उनके रिश्तेदार उनकी सम्पत्ति पर अपना हक बतायेंगे और वे यह नहीं चाहते थे। उनकी इच्छा थी कि उनके दो आश्रम और अन्य सम्पत्ति केवल लोकोपकारी कार्यों के ही काम में लगायी जाये।

मेरे गुरुभाई अमूल्य बाबू ने मुझे बतायाः "अभी कुछ दिन पहले ही गुरुदेव के खिदिरपुर जाने का पूरा प्रबन्ध किया गया था, पर वे नहीं जा सके।" यह सुनकर अनिष्ट की आशंका से मेरा पूरा शरीर सिहर उठा। जब मैं बार-बार इसके बारे में पूछने लगा, तो श्रीयुक्तेश्वरजी ने केवल इतना ही कहाः "मैं अब कभी खिदिरपुर नहीं जा पाऊँगा।" एक क्षण के लिये गुरुदेव भयभीत बालक की भाँति काँप उठे।

"पतंजलि ने लिखा हैः "बड़े-बड़े संतों में भी अपने देह के प्रति उसके अपने स्वरूप के कारण किंचित्-सी आसक्ति रहती है।" मृत्यु पर मेरे गुरुदेव जब कभी प्रवचन करते थे, तो प्रायः साथ में यह कहते थेः "ठीक उसी प्रकार, जैसे दीर्घकाल तक पिंजरे में रहने वाला पक्षी पिंजरे का दरवाज़ा खोल देने पर भी उड़ जाने में हिचकिचाता है।"

मैंने अश्रुरुद्ध कंठ से उनसे याचना कीः "गुरुजी! कृपा कर के ऐसा मत कहिये! कभी भी ऐसे शब्द मुझसे मत बोलिये।"

शान्त मुस्कान श्रीयुक्तेश्वरजी के चेहरे पर फैल गयी। उनका इक्यासिवाँ जन्मदिन पास आ रहा था, फिर भी वे स्वस्थ और मज़बूत दिखायी दे रहे थे।

दिन-प्रतिदिन अपने गुरुदेव के प्रेम की वर्षा में नहाते हुए – जो शब्दों में तो प्रकट नहीं होती थी, परन्तु मन को जिसका तीव्र बोध होता था – मैंने अपने मन से उनके द्वारा अपने देहत्याग के बारे में दिये गये विविध संकेतों को निकाल दिया।

"गुरुदेव, इस महीने में प्रयाग में कुंभ मेला लग रहा है।" मैंने एक बंगाली पंचांग में दी हुई कुम्भ मेले की तिथियाँ उन्हें दिखायी।

"तुम क्या सचमुच जाना चाहते हो?"

मेरे ध्यान में यह बात नहीं आ सकी कि उनकी इच्छा नहीं थी कि मैं उन्हें छोड़कर कहीं जाऊँ। मैंने कहाः "एक बार आपको प्रयाग के कुम्भ मेले में ही बाबाजी का दर्शन प्राप्त हुआ था। शायद इस बार मुझे भी वह दुर्लभ सौभाग्य प्राप्त हो जाए।"

"मुझे नहीं लगता कि वहाँ तुम्हें उनका दर्शन होगा।" मेरे गुरु चुप हो गये। मेरी योजनाओं में वे बाधा नहीं डालना चाहते थे।

जब दूसरे दिन मैं कुछ लोगों को साथ लेकर प्रयाग जाने के लिये निकल रहा था, तब गुरुदेव ने अपने स्वाभाविक ढंग से मुझे आशीर्वाद दिया।। स्पष्ट है कि श्रीयुक्तेश्वरजी के व्यवहार में निहित संकेतों का अर्थ ही मेरे ध्यान में नहीं आ रहा था, क्योंकि भगवान मुझे अपने गुरु के महाप्रयाण की घटना को असहाय होकर देखते रहने के लिये विवश होने से बचाना चाहते थे। मेरे जीवन में यह हमेशा ही हुआ है कि जब कभी मेरे किसी प्रियजन की मृत्यु हुई, तब भगवान ने सहानुभूतिपूर्वक मुझे उस स्थान से दूर ही रखा।

23 जनवरी 1936 को हम लोग कुम्भ मेले में पहुँचे। लगभग बीस लाख लोगों का उमड़ता जन सागर मन पर अपनी एक विशिष्ट छाप डाल रहा था, बल्कि मन को विभोर कर रहा था। साधारण से साधारण देहातियों में भी ईश्वर के महत्त्व के प्रति और उसकी प्राप्ति के लिये संसार का त्याग करने वाले साधु-संन्यासियों के प्रति अनन्य श्रद्धा भारतीय लोगों की एक विशेषता है। झूठे और पाखण्डी साधु-संन्यासी भी होते ही हैं, परन्तु उन गिने-चुने सच्चे महात्माओं की ख़ातिर, जिन्होंने अपने आत्म-प्रकाश से इस भूमि को धन्य किया है, भारत सभी साधु-संन्यासियों के प्रति श्रद्धाभाव रखता है। उस दृश्य को देखने वाले पाश्चात्यों के लिये इस राष्ट्र की धड़कन को पहचानने का, उस आध्यात्मिक उमंग को पहचानने का यह अपूर्व अवसर था, जिसके बल पर भारत ने काल के कठोर आघातों को सहते हुए भी अपने प्राणों की रक्षा की है।

वहाँ हम लोगों का पहला दिन तो केवल आश्चर्यपूर्वक निहारते रहने में ही बीत गया। पाप-प्रक्षालन के लिये लोग हज़ारों की संख्या में पवित्र गंगा में स्नान कर रहे थे। ब्राह्मण पुरोहित शास्त्रोक्त विधि से पूजा-पाठ कर रहे थे। मौन साधु-संन्यासियों के चरणों में भक्तिभाव के साथ विविध सामग्री अर्पित की जा रही थी। हाथी, अलंकारों से सजे हुए घोड़े, राजपूताना के धीरे-धीरे चलने वाले ऊँट – सब कतारों में चल रहे थे और इन के पीछे हाथों में सोने और चाँदी के दण्ड या रेशमी मखमल की पताकाएँ लिये नागा साधुओं का जुलूस चल रहा था।

केवल कौपीन धारण किये साधु छोटे-छोटे दलों में शान्त बैठे थे। उन्होंने सारे शरीर में भस्म रमायी हुई थी, जो सर्दी और गर्मी से उनकी रक्षा करती है। उनके ललाट पर तृतीय नेत्र का प्रतीक चंदन तिलक लगाया हुआ था। गेरुए वस्त्र धारण

किये, दण्ड-कमंडलु और भिक्षापात्र लिये मुंडित-मस्तक स्वामी वहाँ हज़ारों की संख्या में दिखायी दे रहे थे। वे या तो इधर-उधर चलते दिखायी देते या अपने शिष्यों के साथ धर्मचर्चा करते दिखायी देते। त्याग की शान्ति उनके चेहरों पर चमक रही थी।

यहाँ-वहाँ वृक्षों के नीचे जलते लठ्ठों के बड़े-बड़े ढेरों के चारों ओर चित्र-विचित्र साधु बैठे दिखायी दे रहे थे। उनकी जटाओं के बड़े-बड़े जूड़े सिर के ऊपर बँधे हुए थे। कुछ साधुओं की दाढ़ी कई फुट तक लम्बी थी, जिसे उन्होंने गाँठ बाँध कर रखा था। वे चुपचाप ध्यान करते रहते या फिर अपने सामने से गुज़रती भीड़ को हाथ उठाकर आशीर्वाद देते रहते। उस भीड़ में भिक्षुक भी होते, हाथियों पर सवार महाराजा भी होते, रंग-बिरंगी साड़ियाँ पहने चूड़ियों और पायल की रुनझुन करती महिलाएँ भी होतीं, फ़कीर भी होते जिन्होंने अपने अत्यंत कृश हाथ विचित्र ढंग से ऊपर उठाये रखे होते, ध्यान के लिये योगदण्ड हाथ में लिये चलते ब्रह्मचारी होते, आंतरिक परमानन्द को गम्भीर मुद्रा के पीछे छिपाये विनम्र साधु भी होते। इस कोलाहल से ऊपर, मन्दिरों में आने का आदेश देने वाला मन्दिरों का घंटानाद अनवरत रूप से सुनायी देता रहता।

मेले में दूसरे दिन मैं अपने साथ के लोगों के साथ अनेक आश्रमों और अस्थायी कुटियों में गया और वहाँ हमने साधु-सन्तों का दर्शन कर उन्हें प्रणाम किया। स्वामी सम्प्रदाय की गिरि शाखा के प्रमुख का भी आशीर्वाद हमें प्राप्त हुआ। तपस्वी वृत्ति के इस क्षीणकाय संन्यासी की आँखों में मुस्कराहट के साथ-साथ प्रखर तेज था। इसके बाद हम लोग एक अन्य आश्रम में गये। इस आश्रम के गुरु नौ वर्षों से मौनव्रत का पालन कर रहे थे और केवल फलाहार करते थे, आश्रम के मुख्य मंडप में मंच पर एक प्रज्ञाचक्षु (अंध) साधु बैठे थे, जिन्हें शास्त्रों का अत्यंत गहरा ज्ञान था और सभी सम्प्रदायों के लिये वे श्रद्धास्पद थे।

उस शान्त आश्रम में मैंने हिंदी में वेदान्त पर एक छोटा-सा प्रवचन किया और फिर हम लोग पास ही रह रहे स्वामी कृष्णानन्द से मिलने गये। स्वामी कृष्णानन्द आकर्षक व्यक्तित्व के संन्यासी थे – गुलाबी गाल, बलशाली स्कन्ध। उनके पास ही एक पालतू सिंहनी लेटी हुई थी। स्वामीजी के आध्यात्मिक प्रभाव से, न कि उनके बलिष्ठ देह के प्रभाव से, जंगल के उस पशु ने मांसाहार वर्जित कर दिया था और केवल दूध-भात खाकर वह रहती थी। स्वामीजी ने उस पिंगलवर्णी पशु को एक आकर्षक गुरगुराहट के साथ ओम् का उच्चारण करना सिखा दिया था। – भक्त शेरनी।

इसके बाद हम लोग एक तरुण विद्वान साधु से मिले। श्री राइट की यात्रा-दैनन्दिनी में उस भेंट का सुन्दर वर्णन है।

"फोर्ड कार से हमने चरमराते पीपा-पुल से गंगा पार की। फिर अति संकीर्ण, टेढ़ी-मेढ़ी गलियों में से लोगों की भीड़ के बीच से होकर हमारी गाड़ी साँप की तरह धीरे-धीरे आगे बढ़ने लगी। रास्ते में नदी तट पर योगानन्दजी ने वह स्थान भी दिखाया जहाँ श्रीयुक्तेश्वरजी बाबाजी से मिले थे। थोड़ी देर बाद हम लोग कार से उतरकर कुछ दूर तक पैदल चले। रास्ते में साधुओं की धूनियों का घना धुआँ भरा हुआ था और रेत पर पाँव फिसल जाते थे। अन्ततः हम लोग घास-फूस और मिट्टी की बनी कुछ अत्यंत साधारण झोंपड़ियों के सामने पहुँचे। इन में से एक झोंपड़ी के सामने हम रुक गये। इस झोंपड़ी का प्रवेश द्वार बिल्कुल छोटा-सा और किवाड़हीन था। इसमें रहते थे अपनी असाधारण विद्वत्ता के लिये प्रसिद्ध तरुण परिव्राजक साधु महाराज। वहाँ वे पुआल पर पालथी मारकर बैठे थे। उनके शरीर पर एकमात्र आवरण – और संसार में उनकी एकमात्र संपत्ति – था एक गेरुआ वस्त्र जो उन्होंने पहन रखा था और उसी का एक छोर अपने कंधों पर ओढ़ रखा था।

"हम लोगों ने हाथ-पाँवों पर रेंग कर किसी प्रकार झोंपड़ी में प्रवेश कर उस ज्ञानी महात्मा के चरणों में प्रणाम किया। उनका चेहरा सचमुच दिव्य लग रहा था। हमारी ओर देखकर वे मुस्कराये। प्रवेशद्वार पर एक लालटेन टिमटिमा रही थी, जिसके हिलते प्रकाश में झोंपड़ी की दीवारों पर भिन्न-भिन्न आकारों की छायाएँ नाच रही थीं। उनके चेहरे पर और आँखों में तेज था और श्वेत दंतपंक्ति अत्यंत आकारबद्ध एवं सुन्दर थी। उनकी हिंदी मेरी समझ में नहीं आ रही थी, परन्तु उनके हाव-भावों से उनके कहने का अर्थ पूर्णतः समझ में आ जाता था। उनमें उत्साह, प्रेम और आध्यात्मिक वैभव ठूस-ठूस कर भरा हुआ था। उनकी महानता के बारे में किसी को सन्देह हो ही नहीं सकता था।

"संसार से जो किसी भी प्रकार से जुड़ा ही न हो, उसके जीवन के सुख की कल्पना कीजिये – न कपड़ों का झंझट, न कुछ खाने की कोई लालसा, कभी भिक्षा नहीं माँगते थे, पकाया गया खाना एक दिन छोड़कर खाते थे, कोई भिक्षापात्र पास नहीं रखते थे, रुपये-पैसे को हाथ नहीं लगाते थे, कभी किसी चीज़ का संग्रह नहीं करते थे, ईश्वर में सदा पूर्ण विश्वास, कहीं आने-जाने के लिये वाहनों की कोई चिंता नहीं क्योंकि किसी वाहन पर कभी बैठते ही नहीं थे, केवल पवित्र नदियों के

किनारे-किनारे चलते जाते थे, किसी भी स्थान पर एक सप्ताह से अधिक रुकते नहीं थे ताकि किसी स्थान के प्रति आसक्ति न उत्पन्न हो जाये।

"और विनम्रता कितनी! वेदों के असाधरण ज्ञाता! काशी हिन्दू विश्वविद्यालय से एम.ए. और शास्त्री उपाधि प्राप्त! उनके चरणों में बैठकर मेरे मन में एक उदात्त भावना उभर आयी; यह सब प्राचीन और सच्चे भारत को देखने की मेरी इच्छा का उत्तर प्रतीत हो रहा था, क्योंकि आध्यात्मिक महापुरुषों की इस भूमि के वे सच्चे प्रतिनिधि हैं।"

करपात्रीजी से मैंने उनके परिव्राजक जीवन के बारे में कुछ प्रश्न किये।

"क्या सर्दियों के लिये भी आप कोई अतिरिक्त कपड़े नहीं रखते?"

"नहीं, यह पर्याप्त है।"

"क्या कुछ पुस्तकें अपने साथ रखते हैं?"

"नहीं, जो लोग मुझसे कुछ सुनना चाहते हैं, उन्हें मैं अपनी स्मरणशक्ति से सुनाता हूँ।"

"आप और क्या-क्या करते हैं?"

"गंगा किनारे घूमता हूँ।"

उनके इन शान्त शब्दों को सुनकर मैं उनके जीवन की सादगी को अपनाने के लिये लालायित हो उठा। मुझे अमेरिका और वहाँ अपने कंधों पर बैठे सारे उत्तरदायित्वों की याद आयी।

एक क्षण के लिये खिन्न होकर मैंने सोचाः "नहीं योगानन्द! इस जन्म में गंगा किनारे घूमना तुम्हारे लिये नहीं है।"

करपात्रीजी ने अपनी कुछ आध्यात्मिक अनुभूतियों के बारे में बताया, तो अचानक मैंने उनसे पूछाः

"आप यह सब शास्त्रों से पढ़कर बता रहे हैं या अपनी आंतरिक अनुभव से बता रहे हैं?"

उन्होंने सरल हँसी के साथ उत्तर दियाः "आधा पुस्तकीय ज्ञान से और आधा अनुभव से।

हम लोग थोड़ी देर ध्यान में मौन बैठे रहे। उनके पवित्र सान्निध्य से उठकर जब हम लोग बाहर आये, तो मैंने श्री राइट से कहाः "वे सुनहरे तृण के सिंहासन पर विराजमान एक राजा हैं।"

उस रात हमने खुले आकाश के नीचे मेले की ज़मीन पर बैठकर पत्तलों में भोजन किया। थालियाँ आदि धोने की झंझट को भारत में जहाँ तक हो सके, कम कर दिया जाता है।

मन हो मोह लेने वाले उस कुंभ मेले में हम लोग और दो दिन रहे; फिर यमुना के किनारे-किनारे उत्तर-पश्चिम में स्थित आगरा पहुँचे। एक बार फिर मैं ताजमहल को निहार रहा था। मेरे स्मृति पटल पर जितेन्द्र मेरे साथ खड़ा था; हम दोनों ही स्तब्ध होकर संगमरमर में ढले उस स्वप्न को देख रहे थे। वहाँ से हम लोग वृन्दावन में स्वामी केशवानन्दजी के आश्रम गये।

केशवानन्दजी से मिलने में मेरा उद्‌देश्य इसी पुस्तक से संबंधित था। श्रीयुक्तेश्वरजी द्वारा किया गया वह अनुरोध कभी भी मेरे दिमाग से निकला नहीं था कि मैं लाहिड़ी महाशय के जीवन पर कुछ लिखूँ। भारत में अपने प्रवास के दौरान मैं योगावतार के सगे-सम्बन्धियों और शिष्यों से संबंध स्थापित करने के प्रत्येक अवसर का उपयोग कर रहा था। उनके साथ हुए वार्तालाप को मैं विस्तृत रूप से लिख रहा था, घटनाओं और तिथियों को ठीक से मिला रहा था, पुराने फ़ोटो, पुराने पत्रों और कागज़ों को जमा कर रहा था। लाहिड़ी महाशय सम्बन्धी मेरी सामग्री निरन्तर बढ़ती जा रही थी। मेरे सामने पुस्तक लिखने का जो श्रमसाध्य कार्य खड़ा था, उसके बारे में सोचते ही दिल कुछ बैठा-सा जाता था। मैं प्रार्थना कर रहा था कि उस महान् गुरु का जीवन चरित्र लिखने में मैं समर्थ हो सकूँ। उनके अनेक शिष्यों को यह भय लग रहा था कि लिखित विवरण में उनके गुरु का कहीं अनादर न हो जाए या उनकी किसी बात का कहीं गलत अर्थ निरूपित न किया जाए।

पंचानन भट्टाचार्य ने एक बार मुझसे कहा भी था: "निर्जीव शब्दों में किसी अवतार का जीवन चरित्र कोई क्या लिख पायेगा?"

लाहिड़ी महाशय के अन्य निकट शिष्य भी योगावतार को अपने हृदयों में ही अमर गुरु के रूप में छिपाये रखना चाहते थे। तथापि लाहिड़ी महाशय ने स्वयं ही अपने चरित्र के बारे में जो भविष्यवाणी की थी, उसे ध्यान में रखते हुए मैंने उनके बाह्य जीवन के बारे में जानकारी प्राप्त करने और तथ्यों की सत्यता की जाँच करने में अपनी ओर से कोई कसर नहीं रख छोड़ी।

स्वामी केशवानन्दजी ने वृन्दावन के अपने कात्यायनी पीठ आश्रम में हम लोगों का मनः पूर्वक स्वागत किया। यह आश्रम ईंटों का बना विशाल भवन है जिसमें भारी भरकम काले स्तम्भ हैं। यह भवन सुन्दर उद्यान के बीच में स्थित है।

वे तुरन्त हमें अपने बैठकखाने में ले गये जहाँ लाहिड़ी महाशय की बड़ी की गयी विशाल फ़ोटो टँगी हुई थी। केशवानन्दजी की आयु नब्बे वर्ष की हो चली थी, परन्तु फिर भी उनका शरीर मज़बूत और स्वस्थ दिख रहा था। लम्बे केश और हिमधवल दाढ़ी के साथ वे मूर्तिमंत प्राचीन ऋषि लग रहे थे। मैंने उन्हें बताया कि भारतीय सिद्धों पर अपनी पुस्तक में उनके नाम का उल्लेख करने की मेरी इच्छा है।

महान् योगी मितभाषी होते हैं, इसलिये मैंने अनुनय करते हुए मुस्कराकर कहाः "कृपा करके मुझे अपने पूर्व जीवन के बारे में कुछ बताइये।"

केशवानन्दजी ने विनम्रता दर्शाने वाले हाव-भाव किये। "बाह्य दृष्टि से विशेष कुछ मेरे जीवन में नहीं है। मेरा सारा जीवन हिमालय में ही बीता, जहाँ एक गुफा से दूसरी गुफा तक मैं पैदल ही जाता था। कुछ समय के लिये मैं हरिद्वार के बाहर एक छोटा-सा आश्रम बनाकर रहता था। इस आश्रम के चारों ओर बड़े-बड़े वृक्षों का उपवन था। वह बड़ी शान्त जगह थी। साँपों की बहुलता के कारण वहाँ ज़्यादा लोग नहीं आते थे।" केशवानन्दजी हँस पड़े। "बाद में एक वर्ष गंगा की बाढ़ उस आश्रम को और उस के साथ-साथ साँपों को बहा ले गयी। तब अपने शिष्यों की सहायता से मैंने यहाँ वृन्दावन में यह आश्रम बनाया।"

हममें से किसी ने केशवानन्दजी से पूछा कि वे हिमालय में बाघों से अपनी रक्षा कैसे करते थे।

केशवानन्दजी ने सिर हिलाते हुए कहाः "उस उच्च आध्यात्मिक वातावरण में जंगली पशु शायद ही कभी योगियों पर हमला करते हैं। एक बार जंगल में बाघ के साथ मेरा अचानक सामना हो गया। हठात् मेरे मुँह से आवाज़ निकल गयी। बाघ स्तब्ध होकर एकदम मूर्तिवत् खड़ा हो गया मानो पत्थर बन गया हो।" अपनी इन स्मृतियों पर स्वामीजी पुनः हँस पड़े।

"कभी-कभी मैं अपने एकान्तवास से निकलकर अपने गुरु के दर्शन करने बनारस जाता था। हिमालय के वीरानों में मेरे अनवरत भटकने के कारण वे मेरे साथ मज़ाक भी करते थे।

"'तुम्हारे पाँव में चक्र है,' एक बार उन्होंने मुझसे कहा। 'मुझे खुशी है कि हिमालय इतना विस्तृत है कि वह तुम्हें घूमते रहने में मग्न रख सकता है।'"

केशवानन्दजी कहते गयेः "लाहिड़ी महाशय अपने महाप्रयाण के पहले भी और बाद भी, अनेक बार मेरे सामने प्रकट हुए हैं। उनके लिये हिमालय की कोई ऊँचाई कभी दुर्गम नहीं थी।"

दो घंटे बाद वे हमें भोजन के लिये एक बरामदे में ले गये। मन ही मन मैंने हताशा का निःश्वास छोड़ा। यहाँ भी पन्द्रह प्रकार के पदार्थों से युक्त भोजन। भारतीय आतिथ्य को स्वीकार करते एक वर्ष से भी कम ही समय हुआ था और मेरे वज़न पचास पौण्ड बढ़ चुका था। परन्तु मेरे सम्मान में आयोजित अनगिनत भोजों में इतने प्यार से बनाये गये किसी भी पदार्थ को लेने से यदि मैं इनकार करता, तो उसे अशिष्टता की पराकाष्ठा माना जाता। भारत में (अफ़सोस कि अन्यत्र नहीं।) गोल-मटोल स्वामी दिखने से लोग खुश होते हैं।

भोजन के उपरान्त केशवानन्दजी मुझे अन्य सभी लोगों से दूर एक एकान्त स्थान में ले गये। वहाँ उन्होंने कहाः

"यहाँ तुम्हारा आना अनापेक्षित नहीं था। मेरे पास तुम्हारे लिये एक संदेश है।"

मुझे आश्चर्य हुआ, क्योंकि केशवानन्दजी से मिलने की मेरी योजना के बारे में किसी को कुछ पता नहीं था।

उन्होंने आगे कहाः "पिछले वर्ष उत्तरी हिमालय में बद्रीनारायण के पास घूमते हुए मैं रास्ता भटक गया। एक बड़ी-सी गुफा सामने दिखायी दी जो खाली थी, तथापि उसकी पथरीली ज़मीन में एक गड्ढे में अंगारे दहक रहे थे। इस एकान्त गुफा में निवास करने वाले के बारे में सोचता हुआ मैं आग के पास बैठ गया। मेरी दृष्टि गुफा के प्रवेश द्वार पर लगी हुई थी, जहाँ सूर्यप्रकाश दिखायी दे रहा था।

"'केशवानन्द! मैं प्रसन्न हूँ कि तुम यहाँ आये।' मेरे पीछे से ये शब्द सुनायी दिये। चकित होकर मैंने मुड़कर देखा तो स्तब्ध रह गया। वहाँ बाबाजी खड़े थे। गुफा में अन्दर गहरे भाग में बाबाजी प्रकट हो गये थे। अनेक वर्षों के उपरान्त फिर से इस तरह उनके दर्शन पाकर मेरे आनन्द की सीमा नहीं रही। मैं उनके चरणों में साष्टांग लोट गया।

"बाबाजी ने कहाः 'मैंने ही तुम्हें यहाँ बुलाया है, इसीलिये तुम रास्ता भूल गये और इस गुफा में आ गये, जहाँ अभी मैं रह रहा हूँ। लम्बे समय के बाद हम फिर मिले हैं, तुमसे पुनः मिलकर मुझे खुशी हुई।'

"अमर गुरुदेव ने मेरे आध्यात्मिक कल्याण के आशीर्वादस्वरूप कुछ कहकर आगे कहाः 'योगानन्द के लिये मैं तुम्हें एक संदेश दे रहा हूँ। वे जब भारत वापस आएँगे तब तुमसे मिलने आएँगे। अपने गुरु और लाहिड़ी के जीवित शिष्यों से संबंधित अनेक बातों में वे पूर्ण व्यस्त रहेंगे। तुम्हारे पास जब वे आएँगे, तब उन्हें

बता देना कि उनके मुझसे मिलने के लिये आतुर होते हुए भी मैं इस बार उनसे नहीं मिलूँगा; परन्तु किसी अन्य अवसर पर मिलूँगा।'"

स्वामी केशवानन्दजी के मुख से बाबाजी का यह सान्त्वनाप्रद सन्देश सुनकर मैं गद्‌गद् हो गया। मेरे हृदय के किसी कोने में हो रही चुभन समाप्त हो गयी। अब मुझे इस बात का दुःख नहीं रहा कि कुम्भ मेले में मुझे बाबाजी ने दर्शन नहीं दिया, जैसा कि श्रीयुक्तेश्वरजी ने इंगित भी किया था।

आश्रम में एक रात रहकर दूसरे दिन दोपहर को हम लोग कोलकाता के लिये चल पड़े। यमुना के पुल पर से गुज़रते समय वृन्दावन के आकाश का भव्य दृश्य देखकर हम लोग आनन्द से भर उठे। सूर्य ने आकाश में मानो आग लगा दी थी जो अग्निदेवता की किसी भट्‌टी के समान लग रहा था – उसके सुन्दर रंग नीचे नदी के शान्त जल में प्रतिबिम्बित हो रहे थे।

यमुना तट श्रीकृष्ण की बाल लीलाओं की स्मृतियों से पुनीत हुआ है। यहीं पर एक अवतार और उसके भक्तों के बीच सदा बने रहने वाले महान् दिव्य प्रेम को प्रकट करते हुए उन्होंने बालपन की भोली-भाली मधुरता के साथ गोपियों के संग लीला रची। अनेक पाश्चात्य टीकाकारों ने भगवान श्रीकृष्ण के जीवन को समझने में भारी भूल की है। शास्त्रीय रूपक शब्दशः अर्थ करने वाले लोगों की समझ में नहीं आ सकते। एक अनुवादक की एक मनोरंजक भूल का उदाहरण इस बात को स्पष्ट करता है। यह कहानी मध्ययुगीय संत रविदास से संबंधित है। रविदास मानव में निहित आध्यात्मिक महिमा को अपने चर्मकार पेशे की भाषा में इस प्रकार गाते हैं:

"विशाल नील गगन के हेठे।
रहे देवता चाम लपेटे।।"

एक पाश्चात्य लेखक ने इसका जो छिछला अर्थ निकाला है, उसे देखकर कोई भी हँसे बिना नहीं रह सकता। वह कहता है:

"उन्होंने बाद में एक कुटिया बनायी और उसमें चमड़े से बनायी एक मूर्ति स्थापित कर दी और उसकी पूजा शुरू कर दी।"

रविदास महान् संत कबीर के गुरुभाई थे। रविदास के गौरवप्राप्त शिष्यों में चित्तौड़ की रानी भी थी। रानी ने एक बार अपन गुरु के सम्मान में एक विशाल

भोज का आयोजन किया और उसमें बहुत बड़ी संख्या में ब्राह्मणों को निमंत्रित किया। ब्राह्मणों ने एक नीच चमार के साथ बैठकर भोजन करने से मना कर दिया। ब्राह्मण जब अपना शुद्ध भोजन करने के लिये अलग बैठे, तो प्रत्येक ब्राह्मण ने अपने पास रविदास को बैठे पाया। इस सार्वजनिक चमत्कार से चित्तौड़ में विस्तृत आध्यात्मिक पुनर्जागरण हुआ।

कुछ ही दिनों में हम लोग कोलकाता पहुँचे। श्रीयुक्तेश्वरजी से मिलने के लिये मैं आतुर था। अतः जब मैंने सुना कि वे कोलकाता से दक्षिण में तीन सौ मील दूर पुरी में हैं, तो मुझे घोर निराशा हुई।

"तुरन्त पुरी चले आओ।" यह तार मेरे एक गुरुभाई ने 8 मार्च को कोलकाता के दूसरे एक गुरुभाई अतुलचन्द्र राय चौधरी को भेजा। इस संदेश का समाचार मेरे कानों तक भी आ पहुँचा। उसमें निहित अर्थ मुझे समझ आया। मैं धम्म से घुटनों पर बैठ गया और भगवान से अपने गुरु के प्राणों की भिक्षा माँगने लगा। मैं ट्रेन पकड़ने के लिये पिताजी के घर से निकल ही रहा था कि मेरे अंतर में एक दिव्य वाणी सुनायी दी।

"आज रात पुरी मत जाओ। तुम्हारी प्रार्थना स्वीकार नहीं हो सकती।"

शोकाकुल होकर मैंने कहाः "प्रभु! आप पुरी में मेरे साथ 'रस्साकशी' नहीं करना चाहते, जहाँ गुरुदेव के जीवन के लिये मेरी अनवरत प्रार्थनाएँ आपको ठुकरानी पड़ेंगी। तो क्या आपकी इच्छा पर उन्हें पर उन्हें उच्चतर कर्तव्यों के लिये जाना ही होगा?"

आंतरिक आदेश का पालन करने के लिये मैंने उस रात पुरी के लिये प्रस्थान नहीं किया। दूसरे दिन शाम को मैं ट्रेन पकड़ने के लिये चल पड़ा। रास्ते में सात बजे एक काला सूक्ष्म मेघ आकाश में छा गया। बाद में जब ट्रेन पुरी की ओर दौड़ी जा रही थी, तब श्रीयुक्तेश्वरजी मेरी अन्तर्दृष्टि के सामने प्रकट हो गये। वे अत्यंत गम्भीर मुद्रा में बैठे थे। उनके दोनों ओर प्रकाश का एक-एक पिण्ड था।

"क्या सब कुछ समाप्त हो गया?" अनुनय-विनय करते हुए मैंने अपने हाथ ऊपर उठा लिये।

उन्होंने सिर हिलाया और धीरे-धीरे अदृश्य हो गये।

दूसरे दिन सुबह पुरी स्टेशन के प्लेटफ़ार्म पर मन में झूठी आशा लिये मैं खड़ा था, तभी एक अनजान व्यक्ति मेरे पास आया।

"आपने सुना है, कि आपके गुरुदेव चले गये?" इसके बाद एक शब्द भी मुँह से निकाले बिना वह व्यक्ति चला गया। मुझे कभी भी इस बात का पता नहीं चल पाया कि वह कौन था या उसे कैसे मालूम हुआ कि मैं उस समय कहाँ मिलूँगा।

मैं सन्न रह गया। मुझे प्लेटफ़ार्म की दीवार का सहारा लेना पड़ा। यह बात मेरी समझ में आ गयी कि गुरुदेव नाना उपायों से वह हृदय-विदारक समाचार मेरे पास पहुँचाने की चेष्टा कर रहे थे। अन्तर में प्रचण्ड विद्रोह धधकने लगा, मेरी आत्मा मानों ज्वालामुखी बन गयी थी। आश्रम पहुँचते-पहुँचते मैं लगभग पूरी तरह टूटने की कगार पर पहुँच चुका था। आन्तरिक वाणी बार-बार प्यार से मुझे समझा रही थीः "धीरज रखो। शान्त हो जाओ।"

मैंने आश्रम के उस कमरे में प्रवेश किया जहाँ पद्मासन में बैठा गुरुदेव का निष्प्राण शरीर अकल्पनीय रूप से जीवन्त लग रहा था। वह शरीर अभी भी पूर्णतः स्वस्थ और सुन्दर लग रहा था। शरीर छोड़ने के कुछ दिन पहले मेरे गुरु को हल्का बुखार अवश्व हुआ था, पर अनंत परमतत्त्व में उनके आरोहण कर जाने के एक दिन पहले उनका शरीर पूर्ण रूप से स्वस्थ हो गया था। कितनी ही बार मैं उस प्रिय शरीर को क्यों न देखता, मुझे विश्वास ही नहीं हो पा रहा था कि उसमें से प्राण निकल गये थे। उनकी त्वचा अभी भी स्निग्ध और मुलायम थी; उनके चेहरे पर शान्ति का सुन्दर भाव था। अंतिम रहस्यमय बुलावे के समय उन्होंने सचेत रहते हुए अपना शरीर छोड़ दिया था।

शोकविह्वल होकर मैं चीख उठाः "बंगाल का सिंह चला गया।"

मैंने 10 मार्च को उनका अंतिम संस्कार किया। पुरी आश्रम के उद्यान में संन्यासियों की प्राचीन परम्परा के अनुसार श्रीयुक्तेश्वरजी के पार्थिव शरीर को समाधि दी गयी बाद में उनके शिष्य अपने गुरु को श्रद्धांजलि अर्पित करने निकट और दूर, सब जगहों से वासंतिक विषुव शोक सभा में एकत्रित हुए। कोलकाता के प्रमुख समाचारपत्र अमृत बाज़ार पत्रिका में श्रीयुक्तेश्वरजी के फ़ोटो के साथ निम्नलिखित विवरण छपकर आयाः

81 वर्षीय श्रीमत् स्वामी श्रीयुक्तेश्वर गिरि महाराज के महाप्रयाण के उपलक्ष्य में पुरी में 21 मार्च को भंडारा सम्पन्न हुआ। इस अवसर पर उनके शिष्य पुरी में एकत्रित हुए।

स्वामीजी महाराज की गणना भगवद्गीता के महानतम टीकाकारों में होती थी। वे काशी के योगीराज श्री श्यामाचरण लाहिड़ी महाशय के अग्रगण्य शिष्य थे। स्वामीजी महाराज भारत के अनेकानेक योगदा सत्संग (सेल्फ़-रियलाइज़ेशन फ़ेलोशिप) केन्द्रों के संस्थापक थे और पाश्चात्य जगत् में उनके प्रमुख शिष्य स्वामी योगानन्द जो योग कार्य चला रहे हैं, उसके पीछे भी उन्हीं की प्रेरणा थी। श्रीयुक्तेश्वरजी की अचूक भविष्यवाणी करने की क्षमता तथा उनकी गहन अनुभूति ने ही स्वामी योगानन्द को समुद्र पार जाकर अमेरिका में भारत के सद्गुरुओं के संदेश का प्रचार-प्रसार करने की प्रेरणा दी।

भगवद्गीता तथा अन्य शास्त्रों की उनकी व्याख्या प्राच्य और पाश्चात्य, दोनों दर्शनों पर श्रीयुक्तेश्वरजी के प्रभुत्व का प्रमाण देती है तथा पहली बार इन दोनों दर्शनों की एकता को स्पष्ट करती है। वे सभी धर्मों की एकता में विश्वास करते थे। अतः उन्होंने धर्म में वैज्ञानिकता लाने के लिये विविध पंथों और सम्प्रदायों के प्रमुखों के सहयोग से साधु सभा की स्थापना की। अपने देहान्त के समय उन्होंने स्वामी योगानन्द को अपने उत्तराधिकारी के रूप में साधुसभा का अध्यक्ष मनोनीत किया।

ऐसे महापुरुष के देहावसान से भारत की बहुत बड़ी हानि हुई है। जिन्हें उनके सान्निध्य लाभ का सौभाग्य प्राप्त हुआ था, वे भारत की सच्ची संस्कृति एवं साधना का उत्तरोत्तर विकास करें, जो श्रीयुक्तेश्वर गिरि महाराज में मूर्त हो उठी थी।

मैं कोलकाता लौट आया। पवित्र स्मृतियों से जुड़े श्रीरामपुर आश्रम में जा पाने का मुझे अभी साहस नहीं हो रहा था, इसलिये श्रीरामपुर में रह रहे श्रीयुक्तेश्वरजी के बाल शिष्य प्रफुल्ल को मैंने कोलकाता में ही बुला लिया और राँची विद्यालय में उसके प्रवेश की व्यवस्था कर दी।

प्रफुल्ल ने मुझे बतायाः "उस दिन सुबह जब आप कुम्भ मेले में जाने के लिये निकल गये, तो गुरुदेव धप्प से दीवान पर बैठ गये और कहने लगेः 'योगानन्द चला गया!' फिर कुछ गूढ़ ढंग से उन्होंने कहाः "मुझे उसे किसी और प्रकार से बताना पड़ेगा।' फिर वे घंटों मौन बैठे रहे।"

इसके बाद के मेरे दिन व्याख्यान, कक्षाओं, साक्षात्कार तथा पुराने मित्रों के साथ पुनर्मिलन से ही भरे रहे। खोखली हँसी और अनवरत कार्यव्यस्तता के जीवन प्रवाह के नीचे काले शोकाकुल विचार परमानन्द की उस आंतरिक सरिता को मैली किये जा रहे थे, जो इतने वर्षों तक मेरी अनुभूतियों के बालुका-तल के नीचे अपने प्रवाहमार्ग से बहती आ रही थी।

"वे दिव्य ऋषि कहाँ चले गये?" शोकसंतप्त आत्मा की गहराइयों से मैं मूक रुदन करते हुए अपने अंतर से पूछता जा रहा था।

कोई उत्तर नहीं आया।

मेरा मन मुझे सांत्वना देने लगाः "यह अच्छा ही हुआ कि गुरुदेव का परम प्रेमी परमात्मा के साथ सम्पूर्ण मिलन हो गया। अब वे अपने तेज से अक्षय धाम में सदा के लिये चमक रहे हैं।" मेरा हृदय विलाप कर रहा थाः "अब तुम फिर कभी उन्हें श्रीरामपुर आश्रम में नहीं देख सकोगे। अब फिर कभी तुम अपने दोस्तों को उनसे मिलाने के लिये लाकर नहीं कह सकोगेः 'देखो, वो रहे भारत के ज्ञानावतार!' "

श्री राइट ने जून के प्रारम्भ में हम लोगों के पश्चिम जाने के लिये मुंबई से जहाज पकड़ने की सारी व्यवस्था कर दी। एक पखवाड़े तक कोलकाता में विदाई भोज और व्याख्यानों का सिलसिला चलता रहा। उसके बाद मिस ब्लेच, श्री राइट और मैं अपनी फोर्ड कार से मुंबई के लिये निकल पड़े। वहाँ पहुँचने पर जहाज के अधिकारियों ने हमें अपनी यात्रा रद्द करने के लिये कहा, क्योंकि उस जहाज पर कार के लिये कोई जगह नहीं थी, और हमें तो यूरोप में फिर उसकी आवश्यकता पड़ने वाली थी।

"कोई बात नहीं," मैंने खिन्न मन से श्री राइट से कहा। "मैं एक बार फिर पुरी जाना चाहता हूँ।" और मन ही मन कहने लगाः "मेरे अश्रुओं को फिर एक बार अपने गुरुदेव की समाधि का अभिषेक करने दो।"

प्रकरण–43

श्रीयुक्तेश्वरजी का पुनरुत्थान

"भगवान श्रीकृष्ण!" मुंबई में रीजेन्ट होटल के अपने कमरे में मैं बैठा था, कि चमचमाते जाज्वल्यमान् प्रकाश में भगवान का दिव्य रूप मेरे सामने प्रकट हुआ। मैं तीसरी मंज़िल के उस कमरे की ऊँची, खुली खिड़की से बाहर देख रहा था, तब अचानक सामने वाली ऊँची इमारत की छत के ऊपर यह अवर्णनीय दृश्य मेरी दृष्टि के सामने प्रकट हो गया।

भगवान श्रीकृष्ण मेरी ओर देखकर मुस्करा रहे थे और सिर हिला रहे थे। हाथ भी हिला रहे थे। जब मैं उनके संदेश को समझ नहीं पाया, तो आशीर्वाद देने की मुद्रा में हाथ उठाकर वे अन्तर्धान हो गये। मन एक अद्‌भुत आनन्द से भर उठा और मुझे ऐसा लगा कि कोई आध्यात्मिक घटना घटने वाली है।

पश्चिम की ओर मेरी यात्रा कुछ समय के लिये रद्‌द हो गयी थी। कोलकाता और पुरी वापस जाने के पहले मुंबई में मेरे कई व्याख्यानों का आयोजन किया गया था।

भगवान श्रीकृष्ण के दर्शन के एक सप्ताह बाद 19 जून 1936 को दोपहर में तीन बजे मुंबई में होटल के अपने कमरे में मैं अपने पलंग पर बैठा ध्यान कर रहा था कि अचानक कमरे में एक दिव्य प्रकाश के फैलने से मेरा ध्यान टूट गया। मेरे खुले और विस्मय-विस्फारित नेत्रों के सामने सम्पूर्ण कमरा एक अद्‌भुत विश्व में वदल गया; सूर्य प्रकाश एक स्वर्गीय तेज में बदल गया।

रक्तमांस के शरीर में श्रीयुक्तेश्वरजी को अपने सामने खड़े देखकर आनन्दातिरेक की लहरों पर लहरें मुझ पर छाने लगीं।

"बेटा!" गुरुदेव ने अत्यंत स्नेहसिक्त, कोमल स्वर में कहा। उनके चेहरे पर देवताओं को भी मोहित करने वाली, ऐसी सुन्दर मुस्कान खेल रही थी।

उस समय जीवन में पहली बार मैंने उनका चरणस्पर्श नहीं किया, बल्कि उन्हें अपनी बाँहों में भर लेने के लिये आतुर होकर आगे बढ़ा। वह अपूर्व क्षण! परम आनन्द की उस बरसती वर्षा की तुलना में गत कुछ महीनों में जो व्यथा-वेदना मैंने सही थी, वह कुछ भी नहीं थी।

"मेरे प्रभु, मेरे गुरुदेव! मेरे प्रियतम! आप मुझे छोड़कर क्यों चले गये?" आनन्दातिरेक के कारण मैं असम्बद्ध बोलने लग गया था। "आपने मुझे कुम्भ मेले में जाने ही क्यों दिया? आपको छोड़कर जाने के लिये मैंने अपने आप को कितना कोसा है!"

"जहाँ मुझे बाबाजी का प्रथम दर्शन हुआ था, उस तीर्थस्थल का दर्शन करने की तुम्हारी आशाभरी खुशियों पर मैं पानी नहीं फेरना चाहता था। मैं तो थोड़ी देर के लिये ही तुम्हें छोड़कर गया था; क्या अब फिर से तुम्हारे पास नहीं आ गया हूँ?"

"पर क्या यह आप ही हैं गुरुदेव? ईश्वर के वही सिंह? अभी आपने जो शरीर धारण किया है, वह क्या बिल्कुल उसी शरीर के समान है, जिसे मैंने पुरी की निर्दय बालू में समाधिस्थ कर दिया था?"

"हाँ, बेटा, मैं बिल्कुल वही हूँ। यह रक्तमांस का शरीर है। मेरी दृष्टि में यह शरीर केवल आकाश तत्त्व का (ethereal) है, परन्तु तुम्हारी दृष्टि के लिये यह जड़ देह है। मैंने सृष्टि के परमाणुओं से एक पूर्णतः नये शरीर की सृष्टि की है, जो बिल्कुल उस स्वप्न-सृष्टि के शरीर जैसा ही है, जिसे तुमने अपनी स्वप्न-सृष्टि की स्वप्न-बालू में समाधि दे दी थी। वस्तुतः मेरा पुनरुत्थान हो चुका है—पृथ्वी पर नहीं, बल्कि एक सूक्ष्म लोक में। इस पृथ्वी के मानवों की तुलना में उस लोक में वास करने वाले लोग मेरे उच्च आदर्शों के अधिक अनुरूप हैं। तुम और तुम्हारे उन्नत प्रियजन भी किसी दिन उस लोक में मेरे पास आ जाओगे।"

"मृत्युंजय गुरुदेव! मुझे और अधिक बताइये!"

गुरुदेव आनन्द के साथ थोड़ा-सा हँसते हुए बोलेः "प्रिय वत्स! क्या तुम अपनी पकड़ थोड़ी ढीली नहीं कर सकते?"

“केवल थोड़ी ढीली!” मैंने उन्हें अपने बाहुपाश में ऐसे कस कर पकड़ रखा था मानों नागपाश में जकड़ लिया हो। मुझे वही नैसर्गिक हल्की-सी सुगंध आ रही थी, जो पहले उनके शरीर से निकला करती थी।

जब कभी उन महान् क्षणों की मुझे याद आती है, तो अब भी अपने हाथों के अन्दरूनी हिस्सों में और हथेलियों में उनके दिव्य शरीर के उस रोमांचकारी स्पर्श को मैं अनुभव करता हूँ।

श्रीयुक्तेश्वरजी ने बतायाः “जिस प्रकार कर्मों से मुक्ति पाने में मनुष्यों की सहायता करने के लिये संतों और सद्गुरुओं को इस संसार में भेजा जाता है, उसी प्रकार ईश्वर ने एक सूक्ष्म लोक में, वहाँ रहने वाले लोगों की मुक्त होने में सहायता करने का आदेश मुझे दिया है। उस लोक को हिरण्य लोक कहते हैं। वहाँ मैं उन्नत आत्माओं की सूक्ष्म जगत् के कर्मों से मुक्ति पाने में और इस प्रकार सूक्ष्म जगत् में बार-बार पुनर्जन्म से मुक्त होने में सहायता करता हूँ। हिरण्य लोक के अधिकतर निवासी आध्यात्मिक दृष्टि से अत्यंत उन्नत हैं। उन सब ने इस पृथ्वी पर अपने आख़िरी जन्म में मृत्यु के समय सचेत रहते हुए जड़ देह का त्याग करने की ध्यान प्रदत्त सामर्थ्य प्राप्त कर ली थी। पृथ्वी पर रहते जब तक कोई सविकल्प समाधि से आगे जाकर निर्विकल्प समाधि में स्थित नहीं होता, तब तक वह हिरण्य लोक में प्रवेश नहीं कर सकता।

“हिरण्य लोक के वासी उन साधारण सूक्ष्मलोकों से पहले ही पार हो चुके होते हैं, जहाँ पृथ्वी के प्रायः सभी वासियों को मृत्योपरान्त जाना पड़ता है। वहाँ उन्होंने सूक्ष्मलोकों के अपने गतकर्मों के बीज नष्ट कर डाले होते हैं। सूक्ष्म लोकों में इस प्रकार के आत्मोद्धार का कार्य उन्नत साधकों के अतिरिक्त कोई नहीं कर सकता। और तब अपनी आत्मा को सूक्ष्म जगत् के कर्मों के शेष रहे लवलेशों से मुक्त करने के लिये इन साधकों को विधि के विधान के अनुसार हिरण्य लोक में, जो सूक्ष्म लोकों का सूर्य या स्वर्ग है, सूक्ष्म शरीर धारण कर जन्म लेना पड़ता है, जहाँ उनकी सहायता करने के लिये मैं उपस्थित हूँ। हिरण्य लोक में कुछ ऐसे लगभग पूर्णावस्था को प्राप्त हुए जीव भी हैं, जो वहाँ उच्चतर कारण जगत् से आये हैं।”

मेरा मन अब गुरुदेव के मन के साथ इस प्रकार पूर्ण एकरूप हो चुका था कि वे अपने शब्द-चित्रों को कुछ हद तक शब्दों के द्वारा और शेष विचार-संक्रमण के द्वारा मेरे मन में पहुँचा रहे थे। इस प्रकार मैं उनके विचार-चित्रों को तुरन्त ग्रहण कर रहा था।

गुरुदेव कहते गये: “शास्त्रों में तुमने पढ़ा है कि ईश्वर ने मानव आत्मा को एक के बाद एक तीन शरीरों में आबद्ध किया है – भाव या कारण शरीर; सूक्ष्म शरीर जो मनुष्य की मानसिक और भावनात्मक प्रकृति का स्थान है; और स्थूल पंच भौतिक शरीर। पृथ्वी पर मनुष्य अपनी देह-इन्द्रियों से युक्त रहता है। सूक्ष्म जगत् के लोगों का काम अपनी चेतना, भावनाएँ और प्राणशक्ति से बने शरीर से चलता है। कारण शरीर-धारी जीव भावों के बने आनन्दमय कारण जगत् में रहता है। मेरा कार्य उन सूक्ष्म देहधारियों का मार्गदर्शन करना है, जो कारण जगत् में प्रवेश करने के लिय तैयार हो रहे हैं।”

“पूज्य गुरुदेव! सूक्ष्म जगत् के बारे में मुझे और अधिक बताइये।” श्रीयुक्तेश्वरजी के कहने पर मैंने अपना आलिंगन ढीला तो किया था, तथापि अभी भी उन्हें अपनी बाँहों में ही भर रखा था। मेरी अमूल्य निधि, मुझ तक पहुँचने के लिये मृत्यु का भी उपहास करने वाले मेरे गुरुदेव जो आये थे।

गुरुदेव बताने लगे: “अनेक सूक्ष्म लोक हैं, जिनमें सूक्ष्म देहधारी प्राणी वास करते हैं। ये सूक्ष्मलोकवासी एक ग्रह से दूसरे ग्रह जाने के लिये सूक्ष्म विमानों या प्रकाश के पिंडों का उपयोग करते हैं, जो विद्युतशक्ति या रेडियो धर्मी शक्तियों (Radioactive Energies) से भी अधिक गति से जाते हैं।

“प्रकाश और रंगों के सूक्ष्म स्पन्दनों से बना सूक्ष्म जगत् भौतिक सृष्टि से सैंकड़ों गुना बड़ा है। सम्पूर्ण भौतिक सृष्टि सूक्ष्म जगत् के विशाल तेजोमय गुब्बारे के नीचे एक छोटी-सी ठोस टोकरी के समान लटकी हुई है। जिस तरह अंतरिक्ष में अनेक सूर्य और तारे भ्रमण कर रहे हैं, उसी तरह सूक्ष्म जगत् में भी अनेक सूक्ष्म सौर मंडल और सूक्ष्म नक्षत्र मंडल हैं। वहाँ के ग्रहों के भी सूक्ष्म सूर्य और सूक्ष्म चंद्र हैं, जो भौतिक सृष्टि के सूर्य-चंद्रों से कहीं अधिक सुन्दर हैं। सूक्ष्म जगत् के ये सूर्य-चंद्र ध्रुवीय प्रकाश के समान दिखते हैं–सूर्य का तेज चंद्र के तेज से अधिक दीप्तिमान होता है। वहाँ के दिन और रात पृथ्वी के दिन और रात से अधिक लम्बे होते हैं।

“सूक्ष्म जगत् असीम सुन्दर, स्वच्छ, शुद्ध और सुव्यवस्थित है। वहाँ कोई निर्जीव ग्रह या बंजर भूमि नहीं है। खर-पतवार, बैक्टीरिया, कीड़े-मकोड़े, साँप आदि पृथ्वी के अभिशाप वहाँ नहीं है। सूक्ष्म जगत् में पृथ्वी की भाँति परिवर्तनशील और अनिश्चित जलवायु और ऋतु नहीं हैं। वहाँ सदैव चिर वसंत ऋतु की समशीतोष्ण जलवायु रहती है और यदा-कदा ज्योतिर्मय हिमपात होता है तथा बहुरंगे प्रकाश

की बारिश होती है। सूक्ष्म जगत् के ग्रहों पर स्फटिकजल की झीलें, उज्ज्वल समुद्र तथा इंद्रधनुषी नदियाँ बहुतायत में हैं।

"सूक्ष्म जगत् के सूक्ष्मतर स्वर्ग हिरण्यलोक में तो नहीं, परन्तु साधारण सूक्ष्म जगत् में करोड़ों जीव रहते हैं जो कम अधिक नये-नये ही पृथ्वी से वहाँ आये होते हैं। इनके अतिरिक्त वहाँ असंख्य परियाँ, मत्स्यकन्याएँ, मछलियाँ, पशु बौने, भूतप्रेत, और उपदेवता भी रहते हैं। ये सब अपने-अपने कर्मों के गुणवत्ता स्तर के अनुसार सूक्ष्म जगत् के विभिन्न ग्रहों पर रहते हैं। अच्छी और बुरी आत्माओं के लिये विभिन्न दैवी प्रासाद या स्पन्दनात्मक क्षेत्रों की व्यवस्था है। अच्छी आत्माएँ मुक्त रूप से संचार कर सकती हैं, परन्तु बुरी आत्माएँ सीमित क्षेत्र में ही संचार कर सकती हैं। जिस प्रकार इस पृथ्वी की भूमि पर मानव रहते हैं, मिट्टी के अन्दर कृमि रहते हैं, पानी में मछलियाँ रहती हैं और हवा में पक्षी रहते हैं, उसी प्रकार सूक्ष्म जगत् के विभिन्न श्रेणियों के जीव अपनी-अपनी योग्यता के अनुसार विभिन्न प्रकार के स्पन्दनात्मक क्षेत्रों में वास करते हैं।

"विभिन्न सूक्ष्मलोकों से निष्कासित होकर आये हुए पतित देवताओं के बीच संघर्ष और युद्ध होता है जिसमें वे प्राणाणुओं के बम या मानसिक मंत्रशक्ति की स्पन्दनात्मक किरणों का प्रयोग करते हैं। ये जीव हीन सूक्ष्म जगत् के अंधकाराच्छन्न लोकों में रहते हैं और वहाँ अपने बुरे कर्मों का फल भोगते हैं।

"सूक्ष्म जगत् के इस अंधकारमय कारागार के ऊपर के विस्तृत लोकों में सब कुछ तेजोमय और सुन्दर है। सूक्ष्म जगत् ईश्वर की इच्छा तथा पूर्णता-प्राप्ति की योजना के साथ पृथ्वी की अपेक्षा अधिक तालमेल रखता है। सूक्ष्म जगत् की प्रत्येक वस्तु मुख्यतः ईश्वर की इच्छा और अंशतः सूक्ष्म जगत्वासियों की इच्छा के आह्वान से प्रकट होती है। ईश्वर ने पहले ही जो कुछ भी बना रखा है, उसके आकार या रूप को निखारने की शक्ति उनमें है। ईश्वर ने अपनी सूक्ष्म जगत्वासी संतानों को अपनी इच्छानुसार सूक्ष्म जगत् में फेरबदल करने या सुधार करने की स्वतंत्रता और अधिकार दे रखा है। पृथ्वी पर किसी ठोस पदार्थ को द्रव पदार्थ में या किसी दूसरे रूप में केवल प्राकृतिक या रासायनिक प्रकियाओं के द्वारा ही परिवर्तित किया जा सकता है, परन्तु सूक्ष्म जगत् के घन पदार्थ वहाँ के वासियों की इच्छा मात्र से द्रव पदार्थों, वायुओं या ऊर्जा में तत्क्षण रूपांतरित हो जाते हैं।

गुरुदेव बता रहे थेः "यह पृथ्वी समुद्र, ज़मीन तथा हवा में युद्ध एवं हत्याओं से कलुषित है, परन्तु सूक्ष्म जगत् में सुख-सामंजस्य और समानता है। सूक्ष्म

जगत्‌वासी अपनी इच्छानुसार रूप धारण कर सकते हैं या उसे विसर्जित कर सकते है। फूल या मछली या पशु कुछ समय के लिये सूक्ष्म जगत् के पुरुषों का रूप ले सकते हैं। सूक्ष्म जगत् के सभी जीवों को कोई भी रूप धारण करने की स्वतन्त्रता है और वे आसानी से एक दूसरे से संपर्क कर सकते हैं। वे किसी भी अटल, निश्चित नियम से आबद्ध नहीं हैं। उदाहरणार्थ, सूक्ष्म जगत् के किसी भी वृक्ष को सूक्ष्म जगतीय आम या अन्य कोई भी फल, फूल या अन्य कोई भी वस्तु जिसकी इच्छा हो, उत्पन्न करने के लिये कहा जा सकता है और वह करेगा। सूक्ष्म जगत् में कर्मों के अनुसार कुछ बन्धन तो हैं, परन्तु विविध रूपों में किसी विशिष्ट रूप का कोई विशेष महत्त्व नहीं है। वहाँ सब कुछ ईश्वर के सृजनकारी प्रकाश से स्पन्दित है।

"वहाँ कोई भी नारी-गर्भ से जन्म नहीं लेता। सूक्ष्म जगत्‌वासी अपनी विराट इच्छाशक्ति की सहायता से विशिष्ट रचना के अनुसार लघु रूप दिये गये सूक्ष्म शरीर को अस्तित्व में लाकर संतान को प्रकट करते हैं। हाल ही में स्थूल शरीर से मुक्त हुआ जीव अपने समान ही मानसिक एवं आध्यात्मिक प्रवृत्तियाँ रखने वाले सूक्ष्म जगतीय परिवार में उनके निमंत्रण पर जन्म लेता है।

"सूक्ष्म शरीर पर ठण्ड या गर्मी या अन्य प्राकृतिक परिस्थितियों का कोई प्रभाव नहीं होता। सूक्ष्म शरीर में सूक्ष्म मस्तिष्क, अर्थात् प्रकाश का सहस्त्रदल कमल होता है तथा सुषुम्ना में स्थित छह जागृत चक्र होते हैं।

हृदय सूक्ष्म मस्तिष्क से महाप्राण शक्ति और प्रकाश प्राप्त करता है और उसे सूक्ष्म नाड़ियों तथा शरीर-कोशिकाओं या प्राणाणुओं में प्रवाहित करता है। सूक्ष्म जगत् के जीव प्राणाणुओं की शक्ति और पवित्र मंत्रों के स्पन्दनों से अपने रूप में परिवर्तन कर सकते हैं।

"अधिकांश जीवों का सूक्ष्म शरीर उनके अंतिम स्थूल शरीर की प्रतिमूर्ति होता है। उसका चेहरा और शरीर पृथ्वी पर उसकी युवावस्था में जैसा था, वैसा ही दिखता है। कभी-कभी मुझ जैसा कोई अपनी वृद्धावस्था का ही रूप बनाये रखना भी पसन्द करता है।" गुरुदेव से तरुणाई फूट-फूट पड़ रही थी, अतः यह कहते हुए वे उल्लास के साथ हँसने लगे।

गुरुदेव ने आगे कहाः "अवकाशयुक्त त्रि-आयामी भौतिक जगत् का ज्ञान केवल पंचेन्द्रियों द्वारा ही हो सकता है, परन्तु सूक्ष्म लोकों का ज्ञान सर्वसमावेशक छठी इंद्रिय, अर्थात् अंतर्ज्ञान से होता है। सारे सूक्ष्म जगत्‌वासी केवल अंतर्ज्ञान से ही शब्द, स्पर्श, रस, रूप, गंध की अनुभूति कर लेते हैं। उनकी तीन आँख होती

हैं, जिनमें से दो अर्धोन्मीलित होती हैं। तीसरा और मुख्य सूक्ष्म नेत्र, जो ललाट में खड़ा स्थित होता है, खुला रहता है। सूक्ष्म शरीरियों के भी कान, नाक, आँख, जीभ और त्वचा – ये सारी बाह्येन्द्रियाँ होती हैं, परन्तु वे शरीर के किसी भी हिस्से से कोई भी संवेदन प्रात कर सकते हैं और इसके लिये वे केवल अंतर्ज्ञान का उपयोग करते हैं; वे कान या नाक या त्वचा से देख सकते हैं, आँखों से या जीभ से सुन सकते हैं, कान या त्वचा से स्वाद चख सकते हैं आदि।

"मनुष्य के स्थूल शरीर को असंख्य खतरे रहते हैं और यह आसानी से घायल हो सकता है या इसके अंग भी आसानी से कट कर अलग हो सकते हैं; जब कि सूक्ष्म शरीर कभी-कभी कट सकता है या उसमें खरोंच आ सकती है, परन्तु इच्छामात्र से वह तुरन्त ठीक भी हो जाता है।"

"गुरुदेव! क्या सब सूक्ष्म जगत्वासी सुन्दर होते हैं?"

"सूक्ष्म जगत् में सौन्दर्य को एक आध्यात्मिक गुण माना जाता है, बाह्य रूप नहीं," श्रीयुक्तेश्वरजी ने कहा। "इसलिये सूक्ष्म जगत् के लोग चेहरे को अधिक महत्त्व नहीं देते। परन्तु जब चाहे, अपनी इच्छानुसार वे नया, सुन्दर शरीर धारण कर सकते हैं। जिस प्रकार धरती के लोग उत्सव-समारोह के अवसर पर नये वस्त्रालंकार धारण करते हैं, उसी प्रकार सूक्ष्म जगत् के लोग भी खास अवसरों पर विशेष प्रकार के शरीर धारण करते हैं।

"हिरण्य लोक जैसे सूक्ष्म जगत् के उच्च लोकों में तब आनन्दोत्सव मनाये जाते हैं, जब आध्यात्मिक उन्नति द्वारा कोई जीव सूक्ष्म जगत् से मुक्त होकर उसके स्वर्ग, अर्थात् कारण जगत् में प्रवेश करने योग्य हो जाता है। ऐसे अवसरों पर अदृश्य परमपिता तथा उनमें विलीन हो चुके संत जन अपनी-अपनी पसन्द का शरीर धारण कर उत्सव में सम्मिलित होते हैं। अपने प्रिय भक्त को खुश करने के लिये उसी की इच्छा के अनुसार परमपिता रूप धारण करते हैं। यदि उस भक्त ने भक्ति के द्वारा भगवान की आराधना की हो, तो वह भगवान को जगन्माता के रूप में देखता है। ईसा मसीह को अनंत परमतत्त्व का पितृ-रूप अन्य सब रूपों से अधिक अच्छा लगता था। सृष्टा ने प्रत्येक सृष्ट जीव को स्वतन्त्र व्यक्तित्व प्रदान किया है, इस कारण सर्वशक्तिमान ईश्वर से कल्पनीय एवं अकल्पनीय सभी प्रकार के रूपों की माँग होती रहती है!" मेरे गुरुदेव और मैं, दोनों ही इस पर साथ-साथ हँसने लगे।

श्रीयुक्तेश्वरजी अपनी बाँसुरी के समान मधुर आवाज़ में आगे कहते गयेः "पूर्वजन्मों के मित्र सूक्ष्म जगत् में एक दूसरे को आसानी से पहचान लेते हैं। मित्रता

के अमरत्व को देखकर वे आनन्दित होते हैं और उसी के साथ प्रेम की अनश्वरता उनकी समझ में आ जाती है, जिस पर पृथ्वी पर होने वाले दुःखद, मिथ्या वियोग के समय प्रायः सन्देह किया जाता है।

"सूक्ष्म जगत्वासियों का अंतर्ज्ञान सूक्ष्म और जड़ जगत् के बीच के परदे को भेदकर पृथ्वी पर चलने वाली गतिविधियों का निरीक्षण कर सकता है, परन्तु मानव सूक्ष्म जगत् को नहीं देख सकता, जब तक उसकी छठी इन्द्रिय कुछ हद तक विकसित न हो जाए। हज़ारों पृथ्वीवासियों ने सूक्ष्म जगत् की या किसी सूक्ष्म जगत्वासी की झलक देखी है।

"हिरण्य लोक में वास करने वाली उन्नत आत्माएँ सूक्ष्म जगत् के लम्बे-लम्बे दिन और रात में अधिकांश समय परमानन्द में जागृत रहती हैं और सृष्टि को चलाने से संबंधित जटिल समस्याओं का समाधान करने में तथा राह भटके लोगों के, अर्थात् पृथ्वी पर वास करने वाली आत्माओं के उद्धार में सहायता करती रहती हैं। जब कभी हिरण्य लोकवासी सोते हैं, तब कभी-कभी उन्हें स्वप्नों की तरह सूक्ष्म दर्शनों की अनुभूति होती है। सामान्यतः उनके मन उच्चतम निर्विकल्प समाधि के परमानन्द की सचेत अवस्था में मग्न रहते हैं।

"सूक्ष्म जगत् के सभी लोकों में वास करने वाले जीवों को भी मानसिक यातनाएँ हो सकती हैं। हिरण्य लोक जैसे उच्च लोकों में रहने वाले उन्नत जीवों के कोमल मन को यदि उनसे आचरण में या सत्यानुभूति में कोई भूल हो जाए तो अत्यंत दुःख होता है। ये उन्नत जीव अपनी प्रत्येक कृति और प्रत्येक विचार को आध्यात्मिक नियम की दोषहीन सर्वांगपूर्णता के साथ तालमेल में रखने का प्रयास करते हैं।

"सूक्ष्म जगत्वासियों के बीच परस्पर संपर्क या विचारों का आदान-प्रदान पूर्णतः सूक्ष्म विचार संचरण (Astral Telepathy) और सूक्ष्म दूरदर्शन द्वारा ही चलता है। लिखित और उच्चरित शब्दों से उत्पन्न होने वाली जिन गलतफ़हमियों और संभ्रमों का सामना पृथ्वीवासियों को करना पड़ता है, उस सब का सूक्ष्म जगत् में पूर्ण अभाव है। जिस प्रकार सिनेमा के पर्दे पर प्रकाश के चित्रों के माध्यम से लोग चलते-फिरते और काम करते दिखायी देते हैं, पर वे वहाँ श्वास नहीं ले रहे होते, उसी प्रकार सूक्ष्म जगत् के लोग प्रज्ञा से निर्देशित और समन्वित प्रकाश-मूर्तियों के रूप में चलते-फिरते हैं और काम करते हैं। उन्हें ऑक्सीजन से शक्ति ग्रहण करने की आवश्यकता नहीं होती। मानव जीवित रहने के लिये ठोस पदार्थों, द्रव पदार्थों,

वायुओं तथा प्राणशक्ति पर निर्भर रहता है, परन्तु सूक्ष्म जगत् के लोग मुख्यतः दिव्य प्रकाश से जीवित रहते हैं।"

"गुरुदेव! क्या सूक्ष्म जगत्वासी कुछ खाते-पीते हैं?" मैं अपने मन, हृदय और आत्मा, तीनों की सारी ग्रहणक्षमता एकत्रित कर गुरुदेव के अद्भुत वर्णन का रसपान कर रहा था। सत्य की अतीन्द्रिय अनुभूतियाँ सदा के लिये वैसी ही रहती हैं, उनमें कभी परिवर्तन नहीं होता, जब कि छिछली इंद्रियानुभूतियाँ और मन पर पड़ने वाली उनकी छाप कभी क्षणभंगुर या तुलनात्मक वास्तविकता से अधिक कुछ नहीं होती और उनकी स्मृति जल्दी ही धुँधली हो जाती है। मेरे गुरु के शब्दों की इतनी गहरी छाप मेरे सारे अस्तित्व के पटल पर अंकित हो गयी है कि कभी भी, किसी भी समय अपने मन को अतीन्द्रिय उच्च अवस्था में ले जाकर मैं उस दिव्य घटना को फिर से पूर्ण रूप से अनुभव कर सकता हूँ।

"तेजस्वी किरणों के समान दिखने वाली सब्जियाँ सूक्ष्म जगत् की भूमियों में बहुतायत में होती हैं," उन्होंने कहा। "सूक्ष्म जगत्वासी सब्जियाँ खाते हैं और प्रकाश के तेजस्वी झरनों, नदी-नालों में बहने वाला एक प्रकार का अमृत पीते हैं। जिस प्रकार पृथ्वी के लोगों के अदृश्य चित्रों को टेलिविज़न की मदद से वातावरण से खींच कर प्रकट किया जा सकता है और बाद में वे फिर से वातावरण में विसर्जित हो जाते हैं, उसी प्रकार वातावरण में सब्ज-वनस्पतियों और पौधों के विचरण करते ईश्वर-निर्मित सूक्ष्म परिकल्पना चित्र सूक्ष्म जगत्वासियों की इच्छा मात्र से वहाँ प्रकट होकर भूमि पर उतर आते हैं। इसी प्रकार उन लोगों की विलक्षण से विलक्षण कल्पनाओं से सुगंधित फूलों के पूरे बाग के बाग वहाँ प्रकट हो जाते हैं और बाद में सूक्ष्म वातावरण में विलीन होकर अदृश्य हो जाते हैं। हिरण्य लोक के समान स्वर्ग लोकों के वासी तो खाने-पीने की किसी आवश्यकता से लगभग पूर्णतः मुक्त ही होते हैं; परन्तु कारण जगत् में रहने वाली लगभग पूर्णतः मुक्त आत्माएँ किसी भी आवश्यकता से और भी अधिक मुक्त होती हैं। वे दिव्य परमानन्द के सिवा और किसी चीज़ का सेवन नहीं करते।

"पृथ्वीलोक से मुक्त होकर सूक्ष्म जगत् में आयी आत्मा की पृथ्वी पर लिये हुए अपने भिन्न-भिन्न जन्मों के अनेकानेक सम्बन्धियों, पिताओं, माताओं, पत्नियों, पतियों और मित्रों के साथ भेंट होती जाती है जब वे सूक्ष्म लोकों के विभिन्न हिस्सों में आमने-सामने आते हैं। इसलिये उसकी समझ में नहीं आता कि वह किससे अधिक प्रेम करें। इस प्रकार वह सभी को ईश्वर की संतान के रूप में तथा ईश्वर

की अभिव्यक्ति के रूप में प्रेम करना सीखता है। सूक्ष्म लोक में आने से पहले पृथ्वी लोक पर बिताये गये जन्म में विकसित हुए कुछ नये गुणों के अनुसार किसी आत्मा के बाह्य रूप में परिवर्तन आ भी गया हो, तब भी सूक्ष्म जगत्‌वासी अपने अचूक अंतर्ज्ञान की सहायता से उन सब प्रियजनों को पहचान लेते हैं जो दूसरे लोकों में बिताये गये उनके किसी जीवन में उन्हें कभी प्रिय थे और सूक्ष्म जगत् में उनके नये घर में उनका स्वागत करते हैं। सृष्टि के प्रत्येक परमाणु को अमिट स्वतंत्र अस्तित्व की देन सृष्टा से मिली है, इसलिये सूक्ष्म जगत् में कोई मित्र किसी भी रूप में क्यों न आये, वह पहचान लिया जायेगा, जैसे पृथ्वी पर कोई अभिनेता या नाट्‌य कलाकर किसी भी रूप में क्यों न आये, ध्यान से देखने पर पहचान ही लिया जाता है।

"सूक्ष्म जगत् में जीवन की अवधि पृथ्वी लोक की अपेक्षा बहुत लम्बी होती है। पृथ्वी की कालगणना के मानकों के अनुसार कहा जाए तो सामान्य उन्नति की हुई आत्मा सूक्ष्म जगत् में साधारणतः पाँच सौ से एक हज़ार वर्ष तक जीती है। जैसे कुछ रेडवुड वृक्ष अन्य वृक्षों से सहस्त्रों वर्ष अधिक जीते हैं, या कुछ योगी सैंकड़ों वर्षों तक जीवित रहते हैं जब कि अधिकांश मनुष्य साठ वर्ष की आयु से पहले ही मर जाते हैं, वैसे ही सूक्ष्म जगत् में भी कुछ लोग वहाँ के जीवन की साधारण अवधि से कहीं अधिक काल तक जीवित रहते हैं। सूक्ष्म जगत् में आने वाले लोग अपने भौतिक कर्मों के बोझ के अनुसार वहाँ कम या अधिक काल तक रहते हैं। उनके भौतिक कर्मों का भार उन्हें एक सुनिश्चित अवधि में पुनः पृथ्वी पर वापस खींच लाता है।

"सूक्ष्म जगत् में रहने वालों को अपना तेजयुक्त शरीर छोड़ते समय मृत्यु के साथ कष्टकर संघर्ष नहीं करना पड़ता। परन्तु इनमें से कुछ लोग अपना सूक्ष्म शरीर छोड़कर उससे भी सूक्ष्म कारण शरीर में जाने के विचार से किंचित् घबरा उठते हैं। सूक्ष्म जगत् अनचाही मृत्यु रोग-व्याधि और वृद्धावस्था से मुक्त है। ये तीनों ही त्रास पृथ्वीलोक के अभिशाप हैं, जहाँ मनुष्य ने अपनी चेतना को एक दुर्बल जड़ शरीर के साथ इतनी पूर्णता से एकरूप हो जाने दिया है कि केवल जीवित रहने के लिये भी उसे हवा, अन्न और निद्रा की नियमित आवश्यकता पड़ती है।

"जड़ देह की मृत्यु के साथ श्वास रुक जाता है और बाद में शरीरकोशों का विघटन शुरू हो जाता है। सूक्ष्म शरीर की मृत्यु होने पर जिन प्राणाणुओं से वह बना था, वह सब प्राणाणु (प्राणशक्ति की कणिकाएँ) बिखर जाते हैं। जड़ देह की

मृत्यु होने पर जीव का अपने रक्तमांस के शरीर का बोध नष्ट हो जाता है और सूक्ष्म जगत् में अपने सूक्ष्म शरीर का बोध उसे होता है। यथासमय सूक्ष्म जगत् में उसकी मृत्यु हो जाती है और इस प्रकार सूक्ष्म जगत् के जन्म-मृत्यु को अनुभव कर वह फिर स्थूल जगत् के जन्म-मृत्यु को अनुभव करता है। इस प्रकार सूक्ष्म और स्थूल जन्म-मृत्यु के चक्रों से बार-बार गुज़रना ही मायाबद्ध जीवों की अपरिहार्य नियति है। शास्त्रों में दिये गये स्वर्ग और नर्क के वर्णन सुनकर मनुष्य के अन्तर्मन के गहन तल में सुप्त पड़ी सुखमय सूक्ष्म जगत् के और दुःखमय पार्थिव जगत् के अनुभवों की स्मृतियाँ कभी-कभी जाग उठती हैं।”

मैंने पूछाः “पूज्य गुरुदेव! पृथ्वीलोक में और सूक्ष्म जगत् में तथा कारण जगत् में जो पुनर्जन्म होते हैं, उनमें क्या फर्क है यह ज़रा अधिक विस्तार से बतायेंगें?”

गुरुदेव ने बताना शुरू कियाः “पृथक आत्मा के रूप में मनुष्य मूलतः कारण-शरीरधारी आत्मा है। यह कारण-शरीर पैंतीस बीजरूप भावों का गर्भस्थान है। इन पैंतीस बीजों से ही वे पैंतीस मूल भाव शक्तियाँ या कारक विचार शक्तियाँ विकसित हुईं जिनसे विधाता ने बाद में उन्नीस तत्त्वों वाले सूक्ष्म शरीर तथा सोलह तत्त्वों वाले स्थूल शरीर का सृजन किया।

“सूक्ष्म शरीर के उन्नीस तत्त्व मनोमय, भावमय और प्राणमय हैं। ये उन्नीस तत्त्व हैंः बुद्धि; अहंकार; चित्त; मनस् (इंद्रिय चैतन्य); पंचज्ञानेन्द्रियाँ जो शब्द, स्पर्श, रस, रूप, गंध की इंद्रियों के सूक्ष्मरूप हैं; पंच कर्मेन्द्रियाँ जो प्रजनन, मल विसर्जन, वाणी, चलने-फिरने और कौशल प्रकट करने की क्षमताओं का कार्यवहन करने में मानसिक संदेशों के आदान-प्रदान का कार्य करती हैं; तथा पंचप्राण जो शरीर में चयापचय या रस-प्रकिया का, अन्न के विघटित तत्त्वों को शरीर में आत्मसात् करने का, रसों को शरीर की आवश्यकतानुसार घन रूप में परिवर्तित करने का, मल-निस्सारण का तथा रक्त-संचारण का कार्य करते हैं। इन उन्नीस तत्त्वों से बना यह सूक्ष्म शरीर सोलह रासायनिक तत्त्वों से बने स्थूल शरीर की मृत्यु के बाद भी जीवित रहता है।

“ईश्वर ने अपने भीतर ही विविध योजनाएँ बनायी और उन्हें स्वप्नों में प्रत्यक्ष रूप दिया। इस प्रकार माया सापेक्षता के अपने अनंत विराट आभूषणों से सज धज कर प्रकट हुई।

“कारण-शरीर की पैंतीस भाव-श्रेणियों में ईश्वर ने मनुष्य के सूक्ष्म शरीर से संबंधित उन्नीस तथा स्थूल शरीर से संबंधित सोलह भावों के सर्वांगीण पहलुओं को

विस्तृत रूप से अंतर्निहित रखा। कम्पित होती शक्तियों को पहले सूक्ष्म रूप से और फिर स्थूल रूप से स्थिर करते हुए सघन बनाकर ईश्वर ने मनुष्य का पहले सूक्ष्म शरीर बनाया और फिर स्थूल शरीर। जिस सापेक्षता के नियम के कारण एकमात्र परमशुद्ध ब्रह्म ने अनेक रूप धारण कर लिये, उसी नियम के कारण, कारण-जगत् और कारण-शरीर सूक्ष्म जगत् तथा सूक्ष्म शरीर से भिन्न है; इसी प्रकार स्थूल जगत् और स्थूल शरीर भी सृष्टि के अन्य रूपों से भिन्न है।

"रक्तमांस का शरीर सृष्टा के स्थिर, मूर्त स्वप्नों से बना है। पृथ्वी पर द्वैत युगल सदा ही विद्यमान रहते हैं, जैसे स्वास्थ्य-रोग, सुख-दुःख, हानि-लाभ। मनुष्य देखते हैं कि तीन-आयामी स्थूल जगत् में वे मर्यादा-सीमाओं और प्रतिरोधों से आबद्ध हैं। मनुष्य की जीवित रहने की इच्छा को जब रोग व्याधि या अन्य कारणों से गहरा धक्का लगता है, तब मृत्यु का आगमन होता है और स्थूल शरीर का बोझिल चोला कुछ देर के लिये उतर जाता है। परन्तु इस अवस्था में भी आत्मा सूक्ष्म तथा कारण शरीरों में आबद्ध रहती है। तीनों शरीरों को एक साथ पकड़कर रखने वाली शक्ति है मनुष्य की इच्छा। अतृप्त इच्छाओं की शक्ति ही मनुष्य की दासता की जड़ है।

"भौतिक वासनाओं की जड़ अहंकार और इंद्रिय-सुख में निहित है। इंद्रिय-सुख की लालसा या विवशता सूक्ष्म जगत् की अनुरक्तियों या कारण जगत् की अनुभूतियों से संबंधित आकर्षण शक्ति से अधिक बलवान होती है।

"सूक्ष्म जगत् में उपभोग स्पन्दनों के अर्थ में होता है। सूक्ष्म जगत्वासी ब्रह्माण्डों के सूक्ष्म आकाशीय संगीत का आनन्द लेते हैं और यह देखकर मंत्रमुग्ध हो जाते हैं कि समस्त सृष्टि परिवर्तनशील प्रकाश की ही अनंत अभिव्यक्तियाँ है। सूक्ष्म जगत् के लोग प्रकाश के गंध, रस और स्पर्श का अनुभव भी करते हैं। इस प्रकार सूक्ष्म जगत् में इच्छा-वासनाओं का उपभोग उस जीव की प्रकाश को सब उपभोग-वस्तुओं और अनुभवों के रूप में या अपने विचारों या सपनों के सघन रूप में प्रकट कर पाने की क्षमता से संबंधित है।

"कारण जगत् में इच्छाओं की पूर्ति अनुभूतियों से ही हो जाती है। कारण जगत् में वास करने वाली मुक्तप्राय आत्माएँ, जो केवल कारण शरीर में आबद्ध हैं, समस्त सृष्टि को ईश्वर की स्वप्न-कल्पनाओं के साकार रूप मात्र में देखते हैं; अतः वे भी अपने विचार मात्र से कुछ भी प्रकट कर सकते हैं। इसलिये कारण-जगत्वासी जड़ इन्द्रियानुभूतियों को या सूक्ष्म जगत् की सुखानुभुतियों को हीन और आत्मा

की शुद्ध अनुभूति-क्षमताओं के लिये घुटनकारी मानते हैं। कारण-जगत् के जीव अपनी इच्छाओं को तत्क्षण मूर्त रूप देकर निःशेष कर देते हैं। जो अपने को केवल कारण शरीर के अत्यंत सूक्ष्म आवरण से ढके पाते हैं, वे सृष्टा की तरह ही ब्रह्माण्डों की उत्पत्ति कर सकते हैं। चूंकि समस्त सृष्टि विराट स्वप्न तंतुओं से ही बनी हुई है, अतः कारण शरीर के अत्यंत पतले आवरण में आबद्ध आत्मा में विराट शक्तियाँ होती हैं।

"आत्मा अदृश्य है। जब वह शरीर में या शरीरों में होती है, तभी उसके अस्तित्व का पता चल सकता है। शरीर के होने का अर्थ ही यह है कि उसमें अभी अतृप्त इच्छाएँ हैं।

"जब तक मनुष्य की आत्मा एक, दो या तीन देह-घटों में बन्द है और उन घटो पर अज्ञान तथा इच्छा-वासनाओं के ढक्कन लगे हुए हैं, तब तक वह ब्रह्मसागर में विलीन नहीं हो सकती। जब स्थूल देह-घट को मृत्यु का घन तोड़ देता है, तब भी सूक्ष्म शरीर और कारण शरीर के दो घटों में आत्मा बन्द रहती हैं: इसलिये वह सर्वव्यापी जीवनसागर (परमतत्त्व) में विलीन नहीं हो सकती। जब ज्ञान के द्वारा इच्छारहितता आती है, तब उसकी शक्ति शेष दो घटों को तोड़ देती है। इस प्रकार आख़िर नन्हीं-सी मानव-आत्मा मुक्त हो जाती है; तब वह मायातीत परमतत्त्व के साथ एक हो जाती है।"

मैंने अपने दिव्य गुरुदेव से उच्च एवं गूढ़ कारण जगत् पर और अधिक प्रकाश डालने का अनुरोध किया। उन्होंने बताया "कारण जगत् में वर्णनातीत रूप से सूक्ष्म है। उस जगत् को समझ पाने के लिये मनुष्य को एकाग्रता की इतनी विराट शक्ति की आवश्यकता होगी कि वह अपनी आँखें बन्द करके समस्त सूक्ष्म जगत् और स्थूल जगत् को—उस अतिविशाल ज्योतिर्मय गुब्बारे को और उसके नीचे लटकती उस ठोस टोकरी को—मन की आँखों से देख सके और यह जान सके कि उन दोनों विश्वों का अस्तित्व केवल कल्पना में ही है। इस अतिमानवीय एकाग्रता के द्वारा यदि कोई इन दो विश्वों को उनकी सारी जटिलताओं समेत केवल कल्पना में परिणत कर सका, तो तब वह कारण-जगत् में पहुँच जायेगा और मनोजगत् तथा पदार्थ जगत् के मिलन की सीमारेखा पर खड़ा हो जायेगा। वहाँ खड़ा होकर मनुष्य ठोस पदार्थ, तरल पदार्थ, वायु, विद्युत ऊर्जा, सब जीव, देवी-देवता, मानवप्राणी, पशु-पक्षी, पेड़-पौधे, जीवाणु-सूक्ष्माणु आदि समस्त जीव-निर्जीव जगत् को चैतन्य के रूप में उसी प्रकार देखता है, जिस प्रकार किसी मनुष्य को आँखें बन्द करने के

बाद भी अपने अस्तित्व का बोध रहता है, भले ही उसका शरीर उसकी आँखों को न दिख रहा हो और केवल मन की कल्पना में ही उस समय उसका अस्तित्व हो।

"जो कुछ एक मनुष्य कल्पना में कर सकता है, वह सब एक कारण जगत्वासी वास्तव में कर सकता है। बड़ी से बड़ी कल्पक मानवबुद्धि भी केवल मन में ही विचार के एक छोर से दूसरे छोर तक की दौड़ लगा सकती है, एक ग्रह से दूसरे ग्रह पर छलांग लगा सकती है, या अनंतता के विवर में अंतहीन रूप से नीचे-नीचे जा सकती है, या रॉकेट की तरह आकाश में उड़ान भर सकती है, या आकाशगंगाओं और नक्षत्रपुंजों के बीच सर्चलाइट की भांति जगमगा सकती है। परन्तु कारण जगत्वासियों के पास इससे बहुत अधिक स्वतन्त्रता है। वे बिना किसी भौतिक या सूक्ष्म बाधा के या बिना किसी कर्म-बन्धन की मर्यादा के, अपनी इच्छाओं को सहज ही तत्क्षण साकार कर सकते हैं।

"कारण-जगत्वासियों को यह ज्ञान है कि न तो स्थूल जगत् मूलतः इलेक्ट्रोनों (विद्युत अणुओं) से बना है और न ही सूक्ष्म जगत् मूलतः प्राण-कणिकाओं (प्राण अणु) से बना है, बल्कि ये दोनों ही जगत् ईश्वरीय विचार-तत्त्व की सूक्ष्मतम कणिकाओं से बने हैं, जिन्हें माया ने, अर्थात् सापेक्षता के नियम ने खंडित और विघटित कर दिया है। माया की भूमिका स्पष्टतः सृष्टि को सृष्टा से विभक्त करना ही है।

"कारण-जगत् में वास करने वाली आत्माएँ परस्पर एक-दूसरे को आनन्दमय परमतत्त्व के पृथक-पृथक बिन्दुओं के रूप में पहचानती हैं। उनके इर्दगिर्द केवल उनके विचारों से उत्पन्न चीजें ही रहती हैं। कारण जगत्वासी अपने शरीरों और विचारों के बीच केवल कल्पनाओं का ही अन्तर देखते हैं। जिस प्रकार कोई मनुष्य अपनी आँखें बन्द कर अपने मन की आँख से दीप्तिमान उज्ज्वल प्रकाश या फीकी नीली आभा देख सकता है, उसी प्रकार कारण-जगत्वासी अपने विचार मात्र से शब्द, स्पर्श, रस, रूप, गंध का अनुभव कर सकते हैं। विराट मन के बल से वे किसी भी वस्तु का सृजन कर सकते हैं या उसका विलय भी कर सकते हैं।

"कारण-जगत् में मृत्यु और पुनर्जन्म केवल विचार में ही होता है। कारण-शरीरी जीवों का आहार केवल चिरनूतन ज्ञानामृत है। वे शान्ति के झरने से पान करते हैं, अनुभूतियों की पथरहित भूमि में विचरण करते हैं और परमानन्द के अनंत सागर में तैरते हैं। वह देखो! कैसे उनके उज्ज्वल विचार-देह परमतत्त्व के बने कोटि-कोटि ग्रहों को, नवजात ब्रह्माण्डों के बुलबुलों को, ज्ञान-तारों को, अनंत के हृदयरूपी

आकाश में फैले विविध रंगी स्वर्णिम रंगच्छटाओं को तेज़ी से पीछे छोड़ते हुए आगे निकल जाते हैं!

“कारण-जगत् में वास करने वाले अनेक जीव हज़ारों वर्षों तक वहीं रहते हैं। परमानन्द की गहराइयों में अधिकाधिक उतरकर जब आत्मा पूर्णतः मुक्त हो जाती है, तब वह अपने छोटे-से कारण-शरीर से बाहर निकल कर सम्पूर्ण कारण-जगत् की विशालता को व्याप्त कर लेती है। विचारों के भिन्न-भिन्न भँवर, शक्ति, प्रेम, इच्छा, आनन्द, शान्ति, अंतर्ज्ञान, स्थैर्य, आत्मसंयम और एकाग्रता की सारी वैशिष्ट्य-प्राप्त लहर सदा आनन्द से उमड़ते परमानन्द सागर में विलीन हो जाती हैं। तब आत्मा को अपने आनन्द की अनुभूति चैतन्य की एक विशिष्ट लहर के रूप में नहीं करनी पड़ती, बल्कि वह सनातन हास्य, रोमांच, धड़कनों की लहरों से युक्त पूरे ब्रह्म सागर में ही विलीन हो जाती है।

“जब आत्मा तीन शरीरों के कोष से बाहर निकल जाती है, तब वह सापेक्षता के नियम से या माया से हमेशा के लिये मुक्त होकर अवर्णनीय शाश्वत अस्तित्व को प्राप्त कर लेती है देखो यह सर्वव्यापकता की तितलीः इसके पंखों में सूर्य, चंद्र और तारे जड़े हैं! परमतत्त्व के साथ एकरूप होने वाली आत्मा ईश्वर के सृष्टि-स्वप्न के आनन्द में मत्त होकर प्रकाश विहीन प्रकाश, अंधकार विहीन अंधकार, विचार विहीन विचार के प्रान्त में अकेली रहती है।”

“आख़िर मुक्त हुई आत्मा!” विस्मयादर में मैं बोल पड़ा।

गुरुदेव कहते गयेः “जब कोई आत्मा उन तीन देह-घटों से बाहर निकलती है, तब वह अपने व्यक्तित्व को खोये बिना अनंत परमतत्त्व के साथ एक हो जाती है। ईसा मसीह ने ईसा के रूप में जन्म लेने से पहले ही यह अंतिम मुक्ति प्रात कर ली थी। अपने अतीत की तीन अवस्थाओं में, जिनका प्रतीक स्वरूप अपने इहलौकिक जीवन में मृत्यु और पुनरुत्थान के बीच उन्होंने तीन दिन का अनुभव किया, उन्होंने परमतत्त्व के साथ पूर्णतः एकरूप होने की शक्ति प्राप्त कर ली थी।

“अविकसित मनुष्य को तीनों शरीरों से बाहर निकलने के लिये पृथ्वी पर और सूक्ष्म जगत् में तथा कारण जगत् में असंख्य जन्म लेने पड़ते हैं। यह अंतिम मुक्ति प्राप्त करने वाला सिद्ध चाहे तो दूसरे लोगों को ईश्वर तक पहुँचाने के लिये पृथ्वी पर अवतार लेकर आ सकता है या मेरी तरह सूक्ष्म जगत् में ही वास कर सकता है। वहाँ वास करने वाला उद्धारक वहाँ के लोगों के कर्मों का कुछ बोझ अपने ऊपर लेकर सूक्ष्म जगत् में उनके पुनर्जन्म के चक्र को समाप्त करने में और

सदा के लिये कारण-जगत् में निकल जाने में उनकी सहायता करता है। या फिर मुक्त हुई आत्मा कारण-जगत् में प्रवेश कर वहाँ के जीवों की कारण-शरीर में वास की अवधि कम कर पूर्ण मुक्ति पाने में सहायता कर सकता है।

"हे पुनरुत्थित आत्मन! मैं उन कर्मों के विषय में अधिक जानना चाहता हूँ, जो जीवों को तीन जगतों में लौट आने के लिये विवश करते हैं।

"मेरे मन में विचार आ रहा था कि मैं सदा के लिये अपने सर्वज्ञ गुरु के वचनों को सुनता ही रहूँ। पृथ्वी पर उनके जीवन के दौरान मैं कभी उनसे इतना ज्ञान एक ही बार में आत्मसात् नहीं कर सका था। अब पहली बार जीवन और मृत्यु के शतरंज के गूढ़ अन्तरालों का सुस्पष्ट और निश्चित ज्ञान मुझे हो रहा था।

मेरे गुरुदेव ने अपनी आह्लादक आवाज़ में बताना शुरू कियाः "जब मनुष्य के सारे भौतिक कर्मों का, अर्थात् उसकी सारी इच्छा-वासनाओं का पूर्ण नाश हो जाए तभी वह सूक्ष्म जगत् में अखंड वास कर सकता है। सूक्ष्म जगत् में दो प्रकार के जीव रहते हैं। जिन जीवों के पृथ्वीलोक से संबंधित कर्म अभी शेष हैं और इसलिये जिन्हें अपने कर्मों का ऋण चुकाने के लिये स्थूल शरीर धारण करना ही पड़ेगा, उन्हें मृत्योपरान्त सूक्ष्म जगत् के अस्थायी निवासी कहा जा सकता है, वहाँ के अधिष्ठित वासी नहीं।

"जिन जीवों के पृथ्वी से संबंधित कर्म अभी खत्म नहीं हुए हों, वे सूक्ष्म जगत् में मृत्यु होने के बाद सृष्टि-परिकल्पनाओं के उच्च कारण-जगत् में प्रवेश नहीं पा सकते। उन्हें केवल स्थूल और सूक्ष्म जगत् के बीच ही बार-बार आवागमन करना पडता है और बारी-बारी से उन्हें सोलह स्थूल तत्त्वों से बने स्थूल शरीर का तथा उन्नीस सूक्ष्म तत्त्वों से बने सूक्ष्म शरीर का बोध रहता है। तथापि अपने प्रत्येक स्थूल शरीर के निधन के बाद पृथ्वीलोक से आने वाला अविकसित जीव अधिकांश समय मृत्यु-निद्रा की गहरी मूर्च्छा में ही रहता है। सुन्दर सूक्ष्म जगत् का उसे लगभग कोई बोध नहीं होता। सूक्ष्म जगत् में इस प्रकार की विश्रांति के बाद ऐसा जीव आगे की शिक्षा ग्रहण करने के लिये स्थूल जगत् में लौट आता है और बार-बार आवागमन के द्वारा धीरे-धीरे उसे सूक्ष्म लोकों का परिचय होता जाता है।

"दूसरी ओर सूक्ष्म जगत् के सामान्य वासी या लम्बे समय से वहाँ प्रस्थापित हो चुके वासी वे जीव हैं जो पृथ्वी से संबंधित इच्छा-वासनाओं से हमेशा के लिये मुक्त हो चुके हैं और उन्हें पृथ्वी के निकृष्ट स्पन्दनों में लौट आने की आवश्यकता नहीं है। ऐसे जीवों के लिये केवल सूक्ष्म और कारण जगत् के ही कर्मों का क्षय

करना शेष रहता है। सूक्ष्म जगत् में मृत्यु होने पर ये जीव सूक्ष्म जगत् से भी अनन्त गुना सूक्ष्म और सुन्दर कारण जगत् में जाते हैं। विधि के विधान द्वारा निर्धारित निश्चित अवधि पूरी होने पर सूक्ष्म-जगत् के अपने बचे हुए कर्म काटने के लिये इन उन्नत जीवों का हिरण्य लोक या सूक्ष्म जगत् के किसी तत्सम उच्च लोक में नये सूक्ष्म शरीर में पुनर्जन्म होता है।"

इसके पश्चात् श्रीयुक्तेश्वरजी ने कहा: "बेटा! अब यह बात तुम्हारी समझ में अधिक अच्छी तरह आ गयी होगी कि ईश्वर की आज्ञा से ही मेरा पुनरुत्थान हुआ है और यह पुनरुत्थान विशेषकर उन आत्माओं का उद्धार करने के लिये हुआ है जो कारण जगत् से लौटकर सूक्ष्म जगत् में पुनर्जन्म धारण करते हैं, उन आत्माओं के लिये नहीं जो पृथ्वीलोक से सूक्ष्म जगत् में आते हैं। पृथ्वीलोक से आने वाले जीवों के पृथ्वी से संबंधित कर्म यदि शेष हों, तो वे हिरण्य लोक के समान किसी अति उच्च लोक तक नहीं पहुँच सकते।

"जिस प्रकार पृथ्वी के अधिकांश लोगों ने ध्यान से प्राप्त होने वाली अंतर्दृष्टि के द्वारा सूक्ष्म जगत् में जीवन के उच्चतर सुखों और लाभों को पहचानना नहीं सीखा और इसलिये मृत्यु के बाद पृथ्वी के ही सीमित, निकृष्ट सुखों में लौट आने की उनकी इच्छा होती है, उसी प्रकार सूक्ष्म जगत् में भी वास करने वाले अनेक जीव अपने सूक्ष्म शरीर के विघटन के समय कारण जगत् के आध्यात्मिक आनन्द की उच्च अवस्था की कोई कल्पना नहीं कर पाते और उसकी तुलना में सूक्ष्म जगत् के अधिक स्थूल एवं निकृष्ट सुखों पर ही अपने विचार केन्द्रित रखने के कारण उस सूक्ष्म जगत् में ही लौट आने को लालायित रहते हैं। ऐसे जीवों के लिये, सूक्ष्म जगत् में मृत्यु होने के बाद उस कारण जगत् के भावलोकों में अखंड वास कर पाने के लिये, जो विधाता से केवल एक महीन परदे द्वारा ही अलग है, सूक्ष्म जगत् से संबंधित अत्यंत भारी कर्मों को काटना आवश्यक होता है।

"कारण जगत् में कोई जीव तभी हमेशा के लिये रह सकता है, जब आँखों को सुखद लगने वाले सूक्ष्म जगत् के किसी सुख की उसमें कोई इच्छा न रही हो जो उसे सूक्ष्म जगत् में वापस आने का लालच दे सके। वहाँ कारण जगत् से संबंधित कर्मों को काटने के कार्य को पूरा करते हुए, अर्थात् सभी गत इच्छा-वासनाओं के बीजों को पूर्ण नष्ट करते हुए घट में बंद हुई आत्मा अज्ञान के तीन ढक्कनों में से आख़िरी ढक्कन को भी उछाल कर फेंक देती है और कारण शरीर रूपी आख़िरी घट से बाहर निकलकर परमतत्त्व में विलीन हो जाती है।

"अब तुम्हारी समझ में आ गया?" गुरुदेव ने अत्यंत मधुर मुस्कान के साथ पूछा।

"जी हाँ, आपकी कृपा से। मैं आनन्द एवं कृतज्ञता से अवाक् हो गया हूँ।"

न किसी गीत से और न किसी कथा से मुझे पहले कभी ऐसा प्रेरणाप्रद ज्ञान प्रात हुआ था। हिंदूशास्त्रों में कारण जगत् और सूक्ष्मलोकों का तथा मनुष्य के तीन शरीरों का उल्लेख तो है, पर कितने पहुँच से बाहर और अर्थहीन लगते हैं शास्त्रों के वे पन्ने मेरे पुनरुत्थित गुरुदेव के जीवन्त वर्णन के सामने! उनके लिये सचमुच कोई ऐसा क्षेत्र नहीं बचा जहाँ जाकर कोई लौट नहीं सकता!

मेरे गुरु आगे कहते गये: "मनुष्य के तीन शरीरों की अन्तर्व्याप्ति उसकी त्रिविध प्रकृति के माध्यम से अनेक प्रकारों से अभिव्यक्त होती है। पृथ्वी पर जागृत अवस्था में मनुष्य को अपने इन तीन माध्यमों का थोड़ा बहुत बोध रहता है। जब वह शब्द, स्पर्श, रस, रूप, गंध के इंद्रिय सुखों की प्राप्ति का प्रयास करता रहता है, तब वह मुख्यतः अपने जड़ शरीर के माध्यम से कार्य कर रहा होता है। कल्पना करते समय या इच्छा करते समय वह मुख्यतः अपने सूक्ष्म शरीर के माध्यम से कार्य कर रहा होता है। जब वह आत्मचिंतन या ध्यान की गहराइयों में डुबकी लगाता है, तो वह अपने कारण शरीर के माध्यम से कार्य कर रहा होता है। जो मनुष्य बार-बार अपने कारण शरीर से संपर्क करने का अभ्यस्त होता है, उसी के मन में दिव्य प्रतिभा के विराट विचार आते हैं। इस अर्थ में मोटे तौर पर किसी व्यक्ति को 'भौतिकवादी मनुष्य', 'स्फूर्तिवान मनुष्य', या 'प्रतिभाशाली मनुष्य' के रूप में वर्गीकृत किया जा सकता है।

"मनुष्य प्रतिदिन लगभग सोलह घंटों तक अपने जड़ माध्यम के साथ एकरूप होकर रहता है। फिर वह सोता है और इसमें यदि वह स्वप्न देखता है, तो वह अपने सूक्ष्म शरीर के साथ एकरूप रहता है और सूक्ष्म जगत्वासियों की भाँति ही बिना किसी प्रयास के किसी भी वस्तु की सृष्टि करता है। यदि मनुष्य की नींद गहरी और स्वप्नरहित हो, तो वह कई घंटों तक के लिये अपनी चेतना को, अपने अहं भाव को अपने कारण शरीर में स्थानान्तरित कर सकता है। ऐसी नींद मनुष्य में नवशक्ति का संचार कर देती है। स्वप्नद्रष्टा अपने कारण शरीर से नहीं, बल्कि सूक्ष्म शरीर से ही संपर्क कर पाता है; उसकी नींद पूर्णतः नवशक्ति का संचार नहीं करा सकती।"

जब श्रीयुक्तेश्वरजी यह सारा प्रेमपूर्ण आख्यान कर रहे थे, तब मैं प्रेम के साथ उनका अवलोकन कर रहा था।

मैंने कहाः "दिव्य गुरुदेव! आपका यह शरीर ठीक वैसा ही दिखायी देता है, जैसा यह तब दिखायी दे रहा था जब पुरी आश्रम में आख़िरी बार मैं इसके सामने रोया था।"

"हाँ, हाँ, मेरा यह नया शरीर उस पुराने शरीर का बिल्कुल तत्सम प्रतिरूप है। मैं अपनी इच्छानुसार जब चाहे इस शरीर को साकार करता हूँ या विसर्जित कर देता हूँ और पृथ्वी पर अपने वास की तुलना में यह बहुत अधिक बार करता हूँ। इस शरीर को तुरन्त विसर्जित कर मैं अब प्रकाश के माध्यम से तत्क्षण एक लोक से दूसरे लोक में पहुँचता हूँ या सूक्ष्म जगत् से कारण जगत् में या स्थूल जगत् में भी पहुँच जाता हूँ।" गुरुदेव मुस्कराये। "आजकल तुम इतनी तेज़ी से यहाँ से वहाँ जा रहे हो, परन्तु तुम्हें मुंबई में ढूँढ़ निकालने में मुझे कोई दिक्कत नहीं हुई!"

"ओह गुरूदेव! आपकी मृत्यु पर मैं इतना गहरा शोक कर रहा था!"

"आह! मेरी मृत्यु हुई ही कहाँ है? इसमें कुछ परस्पर विरोधाभास नहीं है?" श्रीयुक्तेश्वरजी के नेत्रों में प्रेम और मनोरंजन की चमक आ गयी।

उन्होंने फिर कहना शुरू कियाः "पृथ्वी पर तुम केवल स्वप्न देख रहे थे और उस पृथ्वी पर तुमने मेरे स्वप्न-शरीर को देखा। बाद में उस स्वप्न शरीर को तुमने समाधि दे दी। अब उससे सूक्ष्म मेरा यह मांस का शरीर, जिसे तुम देख रहे हो और अभी भी जिसे तुमने इतना कसकर बाँहों में भर रखा है, ईश्वर के पृथ्वी से अधिक सूक्ष्म एक लोक में पुनरुत्थित हुआ है। किसी दिन इस सूक्ष्म शरीर का और उस सूक्ष्मलोक का भी अंत हो जायेगा; ये भी सदा के लिये नहीं हैं। स्वप्न के सभी बुलबुलों को जागृति के एक अंतिम स्पर्श से फूट जाना होगा। बेटा योगानन्द! स्वप्नों और सत्य के बीच के भेद को समझो!"

इस वेदान्ती पुनरुत्थान के विचार से मैं आश्चर्य से भर उठा। मुझे अपने आप पर लज्जा आयी कि मुझे पुरी में गुरुदेव के निष्प्राण शरीर को देखकर उन पर दया आयी थी। आख़िर अब मेरी समझ में आ गया कि मेरे गुरुदेव सदा ही ईश्वर में जागृत रहे थे और उनके लिये पृथ्वी पर उनका जीवन एवं मृत्यु तथा उसके बाद उनका यह पुनरुत्थान सृष्टि के विराट स्वप्न में ईश्वर की कल्पनाओं के खेल से अधिक कुछ था ही नहीं।

"अब मैंने तुम्हें अपने जीवन, मृत्यु और पुनरुत्थान की वास्तविकताएँ बता दी हैं, योगानन्द! मेरे लिये शोक मत करो; बल्कि ईश्वर के स्वप्न में रचित मनुष्यों की इस पृथ्वी से ईश्वर के स्वप्न में ही रचित सूक्ष्म शरीरधारी आत्माओं के एक अन्य

लोक में मेरे पुनरुत्थान की यह कहानी सब को बताओ! इससे संसार के दुःखग्रस्त, मृत्युभय से पीड़ित स्वप्नद्रष्टाओं के हृदय में नयी आशा का संचार होगा।"

"जी, गुरुदेव!" गुरुदेव के पुनरुत्थान पर मुझे हो रहा आनन्द कितनी स्वेच्छा से मैं स्वयं ही दूसरों में बाँटूंगा!

"पृथ्वी पर मेरे मानदंड इतने अधिक ऊँचे थे कि अधिकांश लोगों की प्रकृति के लिये वे अति कष्टदायक थे। प्रायः मैं तुम्हें आवश्यकता से अधिक डाँटा करता था। तुम मेरी कसौटी पर खरे उतरे। मेरी सारी डाँट-फटकार के बादलों के बीच से तुम्हारा प्रेम चमकता ही रहा। अब मैं कभी अपनी दृष्टि कठोर नहीं करूँगा, कभी तुम्हें डाँट-फटकार नहीं लगाऊँगा।"

अपने महान् गुरु की डाँट-फटकारों का अभाव मुझे कितना खल रहा था! उनकी हर फटकार मेरे लिये सुरक्षा कवच बन गयी थी।

"परमपूज्य गुरुदेव! लक्ष-लक्ष बार मुझे डाँटिये—अभी फटकार लगाइये!"

"अब मैं कभी तुम्हें नहीं फटकारूँगा।" उनकी दिव्य आवाज़ में गंभीरता थी, परन्तु उसमें कहीं हास्य की झलक भी थी। "ईश्वर के माया-स्वप्न में जब तक तुम और मैं अलग दिखते रहेगें, तब तक हम दोनों साथ-साथ मुस्कराते रहेगें। अंततः हम दोनों एक बनकर विराट परमात्मा में विलीन हो जाएंगे; तब हमारी मुस्कराहट उसकी मुस्कराहट होगी और हमारा संयुक्त आनन्द गीत ईश्वर के साथ तालमेल रखने वाले भक्तों के सुनने के लिये अनंतकाल तक प्रसारित होता रहेगा!"

तत्पश्चात् श्रीयुक्तेश्वरजी ने कुछ ऐसी बातों में मेरा मार्गदर्शन किया, जिन्हें मैं यहाँ प्रकट नहीं कर सकता। मुम्बई के उस होटल के कमरे में उन्होंने मेरे साथ जो दो घंटे बिताये, उन दो घण्टों में उन्होंने मेरे प्रत्येक प्रश्न का उत्तर दे दिया। 1936 के जून महीने के उस दिन इस विश्व संबंधी उनके द्वारा की गयी अनेक भविष्यवाणियाँ साकार हो भी चुकी हैं।

"अब मैं तुमसे विदा लेता हूँ, प्रिय योगानन्द!" ये शब्द मेरे कानों से टकराते ही मैंने अनुभव किया कि मेरे बाहुपाश में ही गुरुदेव के शरीर का विलय हो रहा था।

"बेटा!" मेरी आत्मा के कण-कण में उनके शब्द गूँज उठे, "जब भी तुम निर्विकल्प समाधि के द्वार से प्रवेश कर मुझे पुकारोगे, तब आज ही की तरह रक्तमांस के शरीर में मैं तुम्हारे पास आ जाऊँगा।"

यह दिव्य वचन देकर श्रीयुक्तेश्वरजी मेरी दृष्टि से ओझल हो गये। बादलों की ध्वनि-सी एक आवाज़ बार-बार संगीतमय गर्जन कर रही थीः "सबसे कह दो! जो

कोई भी निर्विकल्प समाधि में यह जान लेगा कि तुम्हारी यह पृथ्वी ईश्वर का एक स्वप्न मात्र है, वह ईश्वर के इससे भी सूक्ष्मस्वप्न में निर्मित हिरण्य लोक में आ सकता है और वहाँ पृथ्वीलोक के मेरे शरीर के बिल्कुल समान ही शरीर में मुझे पुनरुत्थित देख सकता हूँ। योगानन्द, सबसे कह दो!"

वियोग का मेरा दुःख दूर हो गया। उनकी मृत्यु पर करूणाभाव और शोक ने मेरी शान्ति छीन ली थी; अब वह शोक-करुणा मानो लज्जित होकर भाग गये। आत्मा के नव-उन्मुक्त अनंत रन्ध्रों से परमानन्द के फव्वारे छूट रहे थे। बहुत समय से अप्रयुक्त रहने के कारण रुद्ध हुए रंध्र परमानन्द की तेज़ बाढ़ से पवित्र और बड़े होते गये। मेरे अन्तर्चक्षु के सामने मेरे पूर्वजन्म चलचित्र की भांति प्रकट हो रहे थे। अतीत के सारे अच्छे और बुरे कर्म गुरुदेव के दिव्य दर्शन के कारण मेरे चारों ओर फैले दैवी प्रकाश में घुल गये। अपनी आत्मकथा के इस प्रकरण में मैंने अपने गुरु की आज्ञा का पालन कर इस सुखद वार्ता का प्रसार किया है, जब कि जिज्ञासारहित पीढ़ी फिर एक बार इससे संभ्रमित और व्याकुल हो उठेगी। दीन-हीन बनना मनुष्य अच्छी तरह जानता है, निराशा भी शायद ही किसी के लिये नयी हो; फिर भी ये दोनों ही विकृतियाँ हैं, मनुष्य की सच्ची नियति का हिस्सा नहीं। मनुष्य जब संकल्प करेगा, उसी दिन वह मुक्ति के पथ पर आरूढ़ हो जायेगा। बहुत अधिक समय तक उसने "तुम मिट्टी हो, मिट्टी में मिल जाओगे" का उपदेश करने वालों के निराशावाद से लथपथ उपदेशों को सुन लिया है और अजेय आत्मा की ओर कभी ध्यान ही नहीं दिया।

पुनरुत्थान द्वारा प्रकट होने वाले गुरुदेव के दर्शन कर पाने वाला मैं अकेला ही नहीं था।

श्रीयुक्तेश्वरजी के शिष्यों में एक वृद्ध महिला थीं, जिन्हें प्यार से लोग माँ कहते थे। उनका घर पुरी में आश्रम के निकट ही था। गुरुदेव जब सुबह घूमने जाते थे, तब प्रायः उनसे बातचीत करने के लिये थोड़ी देर रूकते थे। 16 मार्च 1936 के दिन शाम को माँ ने आश्रम में पहुँचकर अपने गुरु से मिलने की इच्छा व्यक्त की।

"आपको मालूम नहीं? गुरुदेव के स्वर्गवास को तो एक सप्ताह हो गया!" पुरी आश्रम के प्रभारी स्वामी सेवानन्द ने उनकी ओर खिन्न वदन से देखते हुए कहा।

"हो ही नहीं सकता!" उन्होंने मुस्कराते हुए कहा।

"नहीं!" सेवानन्द ने गुरुदेव के शरीर को समाधि दिये जाने का सविस्तार वर्णन किया। फिर उसने कहाः "आइये, मैं आपको सामने के बगीचे में उनकी समाधि के पास ले चलता हूँ।"

माँ ने सिर हिलाते हुए कहाः "उनकी कोई समाधि नहीं है! आज सुबह दस बजे वे हमेशा की तरह मेरे दरवाज़े के सामने से घूमने गये! बाहर सूर्य के उज्ज्वल प्रकाश में कई मिनटों तक मैंने उनसे बातें कीं।

"उन्होंने ही मुझसे कहाः 'आज शाम आश्रम में आ जाना।'

"मैं आ गयी हूँ। मेरे बूढ़े सफेद सिर को आशीर्वाद प्राप्त हो! अमर गुरु मुझे बता देना चाहते थे कि किस दिव्य शरीर में उन्होंने आज सुबह मुझे दर्शन दिया था!"

विस्मयचकित सेवानन्द ने उनके चरणों में प्रणाम करते हुए कहाः

"माँ! मेरे हृदय पर से शोक का कितना भारी वोझ आपने दूर कर दिया। उनका पुनरुत्थान हो गया है!"

प्रकरण—44

महात्मा गाँधी के साथ वर्धा में

“वर्धा में आपका स्वागत है!” महात्मा गाँधी के सचिव श्री महादेव देसाई ने इन शब्दों के साथ खद्दर की मालाएँ भेंट करते हुए मिस ब्लेच, श्री राइट और मेरा स्वागत किया। अगस्त महीने की एक सुबह हम लोग वर्धा स्टेशन पर पहुँचे ही थे। ट्रेन की धूल और गर्मी से मुक्ति पाने की हमें खुशी हो रही थी। अपना सारा सामान एक बैलगाड़ी के हवाले कर हम लोग श्री देसाई और उनके साथी बाबासाहेब देशमुख एवं डॉक्टर पिंगले के साथ एक खुली कार में बैठ गये। कीचड़ भरी कच्ची सड़क पर चलकर कार थोड़ी ही देर में भारत के राजनीतिक संत के आश्रम “मगनवाड़ी” में पहुँच गयी।

श्री देसाई हमें सीधे लेखन-कक्ष में ले गये, जहाँ पालथी लगाकर बैठे थे महात्मा गाँधी। एक हाथ में कलम, दूसरे में कागज़, चेहरे पर विस्तृत, दूसरों को जीत लेने वाली, अंतःकरणपूर्ण मुस्कान!

“स्वागत है!” हिंदी में उन्होंने लिखा, क्योंकि यह सोमवार था—सप्ताह का उनका मौन-दिवस।

हम दोनों की यह पहली ही मुलाकात थी, फिर भी दोनों एक-दूसरे की ओर देखकर अत्यंत प्रेम और खुशी के साथ मुस्कुरा रहे थे। 1925 में महात्मा गाँधी ने राँची के मेरे विद्यालय में पधार कर उसे सम्मानित किया था और वहाँ की अतिथि-पुस्तिका में प्रशंसा के शब्द लिखे थे।

मात्र एक सौ पौण्ड वज़न के इस क्षीणकाय सन्त के शरीर से शारीरिक, मानसिक तथा आध्यात्मिक स्वास्थ्य की आभा प्रकट हो रही थी। उनकी हल्की भूरी-सी आँखों में बुद्धि, ईमानदारी और विवेक का तेज था। इस राजनीतिज्ञ ने हज़ारों कानूनी, सामाजिक और राजनीतिक लड़ाइयों में विजय पायी थी। महात्मा गाँधी ने भारत की कोटि-कोटि अशिक्षित जनता के हृदय में अपना जो अटल स्थान वनाया है, वैसा स्थान अपनी जनता के हृदयों में विश्व के किसी अन्य नेता ने नहीं बनाया। उनकी विख्यात उपाधि "महात्मा" (महान् आत्मा) उनके प्रति जनता के सहज आदर एवं प्रेम की निशानी है। उनकी ख़ातिर ही गाँधीजी केवल धोती पहनकर रहते हैं, जब कि उनके इस पोशाक पर सब तरफ व्यंग्यचित्र बनाये जाते हैं। यह पोशाक पददलित जनता के साथ उनकी एकात्मता का प्रतीक है, जो इससे अधिक कुछ पहन नहीं सकती।

"यहाँ के सब आश्रमवासी आपकी सेवा में उपस्थित हैं। आपको कोई भी काम पड़े तो कृपया इन्हें बुला लीजिए।" श्री देसाई हमें लेखन-कक्ष से अतिथि भवन की ओर ले जा ही रहे थे कि गाँधीजी ने जल्दी-जल्दी में लिखा यह पर्चा अपने स्वभावगत विनय के साथ मेरे हाथ में दे दिया।

श्री देसाई हम लोगों को फलोद्यानों और पुष्पवाटिकाओं के बीच में से एक खपरैल-छत के मकान में ले गये, जिसकी खिड़कियों में जालियाँ लगी हुई थीं। सामने के आँगन में एक पच्चीस फुट चौड़ा कुआँ था। श्री देसाई ने बताया कि इसका पानी आश्रम के जानवरों के लिये प्रयुक्त होता है। पास में ही सीमेंट का एक घूमने वाला चक्का था जो धान की झड़ाई करने के काम में लाया जाता था। हमारे छोटे-छोटे कमरों में केवल अत्यावश्यक अल्पतम सामान ही था—केवल रस्सी की एक खटिया। रसोई घर की सफेदी की हुई थी। उसमें एक कोने में नल था और दूसरे कोने में मिट्टी का एक चूल्हा। देहात की विशिष्ट आवाज़ें हमारे कानों में आ रही थी कौओं की काव-काव, चिड़ियाओं की चूँ-चूँ मवेशियों का हंभारव, पत्थरों को तोड़ती छेनियों की ठन-ठन।

श्री राइट की यात्रा-दैनन्दिनी पर दृष्टि पड़ी, तो श्री देसाई ने उसे खोला और एक पन्ने पर महात्माजी के अनुयायियों (सत्याग्रहियों) द्वारा लिये जाने वाले सत्याग्रह व्रत में शामिल प्रतिज्ञाओं की सूची उन्होंने लिख दीः

"अहिंसा, सत्य, अस्तेय, ब्रह्मचर्य, अपरिग्रह, शारीरिक श्रम,
स्वाद-इंद्रिय पर नियंत्रण, निर्भयता, सर्वधर्म समभाव, स्वदेशी,

अस्पृश्यता से मुक्ति। इन ग्यारह प्रतिज्ञाओं का विनम्रता के साथ पालन किया जाना चाहिये।"

(दूसरे दिन गाँधीजी ने स्वयं इस पन्ने पर अपने हस्ताक्षर किये और तारीख भी डाल दी —27 अगस्त 1935।)

हमारे आगमन के दो घंटे बाद हम लोगों को भोजन के लिये बुलाया गया। महात्माजी पहले से ही बरामदे में अपनी थाली के सामने बैठे हुए थे। यह बरामदा उनके लेखन कक्ष के सामने ही आँगन के इस पार था। लगभग पच्चीस सत्याग्रही पीतल की थालियाँ और कटोरियाँ अपने-अपने सामने लिये बैठे हुए थे। सामूहिक प्रार्थना के बाद पीतल के विशाल पात्रों में से भोजन परोसा जाने लगा। भोजन में घी लगायी हुई रोटियाँ, सब्जी और नींबू का मीठा अचार था।

गाँधीजी ने रोटियाँ, उबाले हुए चुकन्दर, कुछ कच्ची सब्जियाँ तथा संतरे खाये। उनकी थाली में एक ओर काफ़ी बड़ी मात्रा में नीम के कड़वे पत्तों की चटनी थी। नीम उत्कृष्ट रक्तशोधक है। एक चम्मच से उन्होंने थोड़ी-सी चटनी मेरी थाली में डाल दी। बचपन के वे दिन मुझे याद आ गये जब माँ मुझे ज़बरदस्ती यह अप्रिय औषधि देती थी। मैंने पानी के साथ वह चटनी गले से नीचे उतार दी। परन्तु गाँधीजी उसे आराम से थोड़ा-थोड़ा कर बिना किसी अरुचि के खा रहे थे।

इस छोटी-सी घटना से गाँधीजी की अपने मन को इच्छानुसार इंद्रियों से अलग करने की क्षमता मेरे ध्यान में आ गयी। कुछ वर्ष पहले किये गये उनके ॲपेन्डिक्स के ऑपरेशन की मुझे याद आयी, जिसे उस समय बहुत प्रसिद्धि भी दी गयी थी। बेहोशी की दवा लेने से इनकार कर ऑपरेशन के दौरान सारा समय वे प्रफुल्लित मन से अपने अनुयायियों से बात कर रहे थे; उनके चेहरे पर शान्त मुस्कान यह साफ वता रही थी कि उन्हें दर्द का कोई एहसास नहीं हो रहा था।

दोपहर में मुझे गाँधीजी की विख्यात शिष्या मीरा बेन से बातचीत करने का अवसर मिला। मीरा बेन एक अंग्रेज़ नौसेना प्रमुख (एडमिरल) की पुत्री हैं, जिनका नाम आश्रम में आने से पहले मिस मैडेलिन स्लेड था। अपने दैनिक कार्यकम का विशुद्ध हिंदी में विवरण सुनाते हुए मजबूत-सा लगता उनका शान्त चेहरा उत्साह से खिल उठा।

"ग्रामोद्धार का कार्य वड़ा संतोषप्रद है। प्रतिदिन सुबह पाँच बजे हम लोगों का एक दल आस-पास के ग्रामीणों की सेवा करने तथा उन्हें स्वास्थ्य एवं साफ-सफाई

संबंधी साधारण बातों की जानकारी देने जाता है। हम लोग उनकी घासफूस की झोपड़ियों एवं शौचालयों की सफाई करने का विशेष ध्यान रखते हैं। ग्रामीण जन अशिक्षित हैं, उदाहरण के बिना उन्हें शिक्षित नहीं किया जा सकता!" वे प्रसन्नता के साथ हँस पड़ीं।

उच्च कुल की इस अंग्रेज़ महिला की मैं आदरभरी दृष्टि से देख रहा था, जो सच्ची ईसाई विनम्रता हृदय में धारण किये मल-सफाई तक का काम कर रही थी, जिसे साधारणतः केवल "अस्पृश्य लोग" ही करते हैं।

उन्होंने मुझे बतायाः "मैं 1925 में भारत आयी। इस देश में आकर मुझे ऐसा लगता है कि मैं अपने घर वापस आ गयी हूँ। अब मैं अपने पुराने जीवन और पुराने तौर-तरीकों में कभी लौटना नहीं चाहूँगी।"

फिर थोड़ी देर हमने अमेरिका के बारे में चर्चा की। उन्होंने कहाः "भारत आने वाले अनेक अमेरिकी लोगों की आध्यात्मिक विषयों में गहरी रूचि देखकर मुझे सदा ही आनन्द और आश्चर्य होता है।"

मीरा बेन के हाथ शीघ्र ही चरखा चलाने में व्यस्त हो गये। महात्माजी के प्रयत्नों के फलस्वरूप चरखा अब भारत के ग्रामीण इलाकों में सर्वव्यापी हो गया है।

कुटीर उद्योगों के पुनरुज्जीवन को प्रोत्साहित करने के लिये गाँधीजी के पास ठोस अर्थशास्त्रीय और सांस्कृतिक कारण हैं, तथापि वे सभी आधुनिक प्रगति से कट्टरता के साथ दूर रहने की सलाह भी नहीं देते।

उनके अपने राष्ट्रव्यापी व्यस्त जीवन में मशीनों, रेलगाड़ियों, मोटर-गाड़ियों तथा टेलिग्राफ़ ने महत्त्वपूर्ण भूमिका निभायी है! पचास वर्ष की जनसेवा, जेल के अन्दर-बाहर आना-जाना, राजनैतिक जगत् की छोटी से छोटी बातों एवं उसकी कठोर वास्तविकताओं के साथ दिन-प्रतिदिन संघर्ष—इन सभी बातों द्वारा उनके जीवन में और अधिक संतुलन आया है, उनकी उदारमनस्कता में, उनकी स्वस्थचित्तता में और भी अधिक वृद्धि हुई है तथा इस विलक्षण मानवीय तमाशे का विनोदपूर्ण कौतुक बुद्धि के साथ अवलोकन करना सिखाया है।

शाम छह बजे बाबासाहेब देशमुख के यहाँ उनके निमंत्रण पर हम तीनों ने भोजन का आनन्द लिया। सात बजे की प्रार्थना के समय हम लोग आश्रम लौट आये और छत पर पहुँचे, जहाँ तीस सत्याग्रही गाँधीजी के सामने अर्धवृत्ताकार वैठे थे। गाँधीजी एक चटाई पर बैठे थे, एक पुरानी जेब-घड़ी उनके सामने खड़ी करके रखी हुई थी। अस्त होते सूर्य की अंतिम किरणें ताड़ और बरगद के वृक्षों पर पड़

रही थीं। रात के अंधेरे की और झींगुरों की गुनगुनाहट शुरू हो गयी थी। वातावरण शान्त-गम्भीर था; मैं मंत्रमुग्ध हो गया।

श्री देसाई एक भजन गाने लगे और बाकी लोग उनका साथ देने लगे। इसके बाद गीतापाठ हुआ। गाँधीजी ने समापन प्रार्थना करने के लिये मुझे संकेत किया। वहाँ भाव और अभिलाषा का कैसा दिव्य संयोग था! यह एक अविस्मरणीय स्मृति बनकर रह गयीः वर्धा में छत पर तारों के नीचे ध्यान।

समय की पाबंदी का पालन करते हुए ठीक आठ बजे गाँधीजी ने अपना मौन भंग किया। उनके लिये अपने जीवन के विशाल कार्यों के कारण अपने समय को सूक्ष्मता से विभाजित कर विविध कार्यों में वाँटना आवश्यक है।

"स्वागत, स्वामीजी!" इस बार महात्माजी का अभिवादन कागज़ के माध्यम से नहीं था। हम छत से उतर कर उनके लेखन-कक्ष में पहुँचे ही थे। लेखन-कक्ष में कोई फर्नीचर नहीं था; वहाँ केवल बैठने की आसन जैसी छोटी-छोटी चौकोर चटाइयाँ थीं; ज़मीन पर बैठ कर लिखने के काम आ सके इतनी ऊँचाई की एक डेस्क, कागज़ और कुछ साधारण कलमें (फाऊण्टेन पेन नहीं) थीं; एक कोने में मामूली-सी एक घड़ी टिक-टिक किये जा रही थी। उस कमरे में शान्ति और भक्ति का वातावरण था। गाँधीजी अपनी मोहक, लगभग दंतविहीन मुस्कान बिखेर रहे थे।

उन्होंने वतायाः "अपने पत्र व्यवहार हेतु समय निकालने के लिये मैंने कई वर्षों पूर्व सप्ताह में एक दिन मौन रखना शुरू किया। परन्तु मौन के वे चौबीस घंटे अब एक महत्त्वपूर्ण आध्यात्मिक आवश्यकता बन गये हैं। नियतकालिक मौन रखने में कष्ट तो कुछ नहीं है, बल्कि यह एक वरदान है।"

मैं पूर्ण मन से उनके साथ सहमत हो गया। महात्माजी ने मुझसे अमेरिका और यूरोप के विषय में प्रश्न किये। हमने भारत और विश्व की परिस्थितियों पर चर्चा की।

कमरे में श्री देसाई के प्रवेश करते ही गाँधीजी ने उनसे कहाः

"महादेव! कल रात टाऊन हॉल में योग शास्त्र पर स्वामीजी के व्याख्यान की व्यवस्था करो।"

रात को जब अपने कमरे में जाने के लिये मैं उठा, तो गाँधीजी ने सिट्रनेला ऑयल की एक शीशी मेरे हाथ में दी।

"वर्धा के मच्छर अहिंसा के बारे में कुछ नहीं जानते, स्वामीजी!" हँसते हुए उन्होंने कहा।

दूसरे दिन सुबह जल्दी ही दूध में गुड़ के साथ बनाये हुए दलिये का नाश्ता हम लोगों ने किया। साढ़े दस बजे गाँधीजी और सत्याग्रहियों के साथ भोजन करने के लिये हमें बुलाया गया। आज भोजन में हाथ से कूटे हुए चावल का भात, सब्जी और इलायची के दाने थे।

मैं दोपहर को आश्रम की भूमि पर टहलने निकला और घूमते-घूमते चराई के एक मैदान में जा पहुँचा जहाँ कुछ गाय शान्त चित्त से चर रही थीं। गोरक्षण का गाँधीजी के हृदय में अत्यंत विशेष स्थान था।

उन्होंने कहा हैः "मेरे लिये गाय का अर्थ है सम्पूर्ण मानवेतर जगत्। मनुष्य का अपनी जाति की सीमाओं से बाहर निकल कर पशु जगत के प्रति सहानुभूति प्रकट करना। गाय के माध्यम से मनुष्य सारे जीव-जगत् के साथ अपनी एकात्मता स्थापित कर सकता है। प्राचीन ऋषियों ने गाय को ही पवित्र क्यों माना यह मेरी समझ में आसानी से आता है। उदाहरण देने के लिये भारत में गाय ही सर्वोत्तम प्राणी थी, क्योंकि गाय अनेक प्रकारों से मनुष्य की समृद्धि की जननी है। न केवल वह दूध देती है, बल्कि कृषि कर्म उसी के कारण संभव बना। गाय करुणा का काव्य है। इस निरीह प्राणी में मनुष्य कारुण्य भाव का दर्शन करता है। लक्ष-लक्ष मानवप्राणियों के लिये गाय दूसरी माता है। गोरक्षण का अर्थ है ईश्वर की समस्त मूक सृष्टि को रक्षा और यह रक्षा करना हमारा और भी अधिक महत्त्वपूर्ण कर्तव्य बन जाता है, क्योंकि वह बोल नहीं सकती।"

धर्मपरायण हिंदू के लिये कुछ दैनिक धार्मिक कृत्य बताये गये हैं। उनमें से एक है भूत यज्ञ, अर्थात् प्राणी जगत् को अन्न अर्पण करना। यह कर्म इस बात का प्रतीक है कि मनुष्य को सृष्टि के उन कम विकसित जीवों के प्रति अपने कर्तव्यों का बोध है, जो प्रवृत्ति के द्वारा शरीर के साथ एकरूप हो गये हैं (एक भ्रम जिससे मनुष्य भी ग्रसित है), परन्तु जिनमें आत्मा को मुक्त करा सकने वाली विवेक बुद्धि का अभाव है, जो केवल मनुष्यों की ही विशेषता है।

इस प्रकार भूत यज्ञ निर्बलों की सहायता के लिये मनुष्य की तत्परता को सुदृढ़ बनाता है, जैसे मनुष्य भी बदले में उच्चतर अदृश्यजीवों से असंख्य प्रकार से सहायता पाता है। भूमि, समुद्र और आकाश में प्रकृति ने जो नवशक्ति प्रदायक उपहार जगह-जगह बहुतायत में बिखेर रखे हैं, उनके लिये भी मानवजाति ऋण में बँधी हुई है। प्रकृति, प्राणी जगत् मानव तथा सूक्ष्म जगत् के देवताओं के बीच क्रमविकास की भिन्न-भिन्न अवस्थाओं के कारण

परस्पर सम्पर्क में जो बाधाएँ हैं, उन्हें मूक प्रेम के दैनिक यज्ञों (कर्मों) के द्वारा ही पार किया जा सकता है।

जो प्रतिदिन करने चाहिये, ऐसे दो अन्य यज्ञ हैं पितृ यज्ञ तथा नृ यज्ञ। पितृ यज्ञ में पितरों के लिये तर्पण किया जाता है। यह गत पीढ़ियों के ऋण की स्वीकृति का प्रतीक है, जिनकी ज्ञान संपदा आज मानवजाति को राह दिखा रही है। नृ यज्ञ का अर्थ है अभ्यागतों को या गरीबों को भोजन अर्पण करना। यह मनुष्य के समकालीन दायित्वों का, अर्थात् उसके साथ संसार में जी रहे जीवों के प्रति कर्तव्यों का प्रतीक है।

दोपहर में गाँधीजी द्वारा छोटी-छोटी बच्चियों के लिये चलाये जा रहे आश्रम को भेंट देकर मैंने अपना नृ यज्ञ पूरा किया। मोटर से दस मिनट का रास्ता था। श्री राइट भी मेरे साथ आये थे। रंगबिरंगी साड़ियाँ पहने वे बालिकाएँ ऐसी लग रही थीं मानो लम्बे-लम्बे डण्ठलों पर छोटे-छोटे फूल लगे हों। बाहर खुले मैदान में ही मैंने हिंदी में छोटा-सा भाषण दिया। भाषण खत्म होते-होते बादलों ने अचानक पानी बरसाना शुरू कर दिया। हँसते हुए श्री राइट और मैं कार में घुस गये और घनी बारिश में मगनवाड़ी की ओर तेज़ी से बढ़ चले। उष्ण प्रदेश में वर्षा भी कितनी घनी और तीव्रता के साथ होती है।

अतिथि भवन में पुनः प्रवेश करते हुए मैं यहाँ हर तरफ दिखायी देने वाली नितान्त सादगी और त्याग की निशानियों को देखकर फिर एक बार प्रभावित हो उठा। गाँधीजी ने अपने वैवाहिक जीवन के काफ़ी प्रारम्भ में ही अपरिग्रह व्रत ले लिया था। वार्षिक 60,000 रुपये से अधिक आय देने वाली वकालत छोड़कर उन्होंने अपनी सारी सम्पत्ति गरीबों में बाँट दी।

श्रीयुक्तेश्वरजी संसार-त्याग की सामान्यतः देखने में आने वाली अल्प धारणाओं पर कभी-कभी व्यंग्य किया करते थे।

वे कहतेः "भिखारी संपत्ति का त्याग नहीं कर सकता। यदि कोई मनुष्य विलाप करता है कि 'मेरा धंधा डूब गया, पत्नी मुझे छोड़कर चली गयी; अब मैं संसार त्याग कर आश्रम में चला जाता हूँ' तो किस संसार-त्याग की वह बात कर रहा है? उसने किसी संपत्ति और प्रेम का त्याग नहीं किया; संपत्ति और प्रेम ने उसका त्याग कर दिया।"

दूसरी ओर गाँधीजी जैसे संतों ने केवल भौतिक संपत्तियों का ही प्रत्यक्ष त्याग नहीं किया, बल्कि उससे भी कठिन निजी लक्ष्य प्राप्ति और स्वार्थी उद्देश्यों का

त्याग भी कर दिया और अपने अस्तित्व के गहनतम हिस्सों को भी सारी मानवजाति को एक ही धारा मानकर उसमें विलीन कर दिया।

महात्माजी की असाधारण धर्मपत्नी कस्तूरबा ने कोई आपत्ति प्रकट नहीं की कि उन्होंने उनके लिये या उनके बच्चों के लिये कुछ बचाकर नहीं रखा। गाँधीजी का विवाह किशोरावस्था में ही हो गया था। चार पुत्रों को जन्म देने के बाद उन्होंने और उनकी धर्मपत्नी ने ब्रह्मचर्य का व्रत ले लिया। उनके सहजीवन के प्रखर नाटक की शान्त नायिका के रूप में कस्तूरबा अपने पति के साथ कारावास में गयीं, तीन-तीन सप्ताहों के अनशनों में पति के साथ स्वयं भी उपवास करती रहीं और पति की अनंत ज़िम्मेदारियों में अपने हिस्से की ज़िम्मेदारियाँ संभालती रहीं। गाँधीजी के प्रति उन्होंने अपनी श्रद्धा इन शब्दों में व्यक्त की हैः

> मैं आपकी आभारी हूँ कि आपकी जीवनसंगिनी एवं सहधर्मिणी बनने का सौभाग्य मुझे प्राप्त हुआ। मैं आपकी आभारी हूँ संसार में सर्वश्रेष्ठ विवाहबंधन के लिये, जो विषयभोग पर नहीं, बल्कि ब्रह्मचर्य पर आधारित है। मैं आपकी आभारी हूँ कि आप उन पतियों में से एक नहीं बने, जो जुआ, घुड़दौड़, सुरा, सुन्दरी और गाने-बजाने में अपना समय नष्ट कर देते हैं और अपनी पत्नी एवं बच्चों से इस प्रकार ऊब जाते हैं, जैसे कोई बच्चा अपने खिलौनों से जल्दी ही ऊब जाता है। मैं अत्यंत कृतज्ञ हूँ कि आप वैसे पतियों में नहीं हैं जो दूसरों के परिश्रम के बल पर, उनका शोषण कर धनवान बनने में अपना समय लगा देते हैं।
>
> मैं नितान्त कृतज्ञ हूँ कि आपने रिश्वत से अधिक महत्त्व ईश्वर और देश को दिया, कि अपनी धारणाओं के अनुसार अपना जीवन जीने का साहस आपमें था, कि ईश्वर में आपका पूर्ण विश्वास था। असीम कृतज्ञ हूँ मैं ऐसे पति को पाकर जिसने ईश्वर और अपने देश को मुझसे अधिक महत्त्व दिया। मेरे और मेरी युवावस्था की त्रुटियों के प्रति, आपने जब समृद्धि का जीवन त्यागकर अपरिग्रह के जीवन को अपनाया तब मैंने आपका जो विरोध किया और विद्रोह पर उतर आयी, उस सब

के प्रति आपने जो सहनशीलता का रूख अपनाया, उसके लिये मैं आपकी आभारी हूँ।

बचपन में मैं आपके माता-पिता के घर में रही। आपकी माँ वहुत अच्छी और महान महिला थीं। उन्होंने मुझे वहादुर और साहसी पत्नी बनना सिखाया और यह भी सिखाया कि मैं उनके पुत्र, अर्थात् अपने भावी पति के प्रेम और आदर की पात्र कैसे वन सकती हूँ। जब वर्ष पर वर्ष बीतते गये और आप भारत के सबसे प्रिय नेता बन गये, तब सफलता की सीढ़ी चढ़ने वाले पुरुष की पत्नी के मन में उठने वाला वह भय मेरे मन में कभी नहीं उठा, कि मैं एक ओर फेंक दी जाऊँगी, जैसा कि अन्य देशों में प्रायः होता है। मैं जानती थी कि जब मृत्यु आयेगी, तब भी हम पति-पत्नी ही होंगे।

अनेक वर्षों तक कस्तूरबा उन जन-निधियों के कोषपाल का काम करती थीं, जिन्हें महात्माजी लाखों में जमा कर सकते हैं। भारत के घरों में बड़ी मज़ेदार कहानियाँ बतायी जाती हैं कि गाँधीजी की सभाओं में महिलाओं के आभूषण पहनकर जाने को लेकर पति लोग बहुत चिंतित रहते हैं, क्योंकि पददलितों की वकालत करने वाली गाँधीजी की जादुई वाणी सोने के कँगनों और हीरों के हारों पर अपना जादू चलाकर उन्हें अपने आप हाथों औंर कंठों से निकालकर दानपात्र में जमा करवा देती हैं।

एक दिन जन-निधि कोषपाल कस्तूरबा चार रुपये के खर्च का हिसाब नहीं दे सकीं। गाँधीजी ने आय-व्यय विवरण प्रकाशित कर दिया, जिसमें उन्होंने अपनी पत्नी की चार रुपये की विसंगति को निष्ठुरतापूर्वक स्पष्ट दर्शाया।

अमेरिका में अपने शिक्षावर्गों में यह कहानी मैं प्रायः सुनाया करता था। एक दिन हॉल में उपस्थित एक महिला क्रोध से भड़क उठी।

"महात्मा हो या कोई और, यदि वे मेरे पति होते तो इस तरह के अनावश्यक सार्वजनिक अपमान के लिये ऐसी खबर लेती कि उन्हें छठी का दूध याद आ जाता!"

थोड़ी देर तक हम दोनों के बीच अमेरिकी पत्नियों और भारतीय पत्नियों के विषय में हास्य-विनोद भरा वाग्युद्ध चलता रहा। तत्पश्चात् मैंने पूरी तरह से बात समझायी।

मैंने कहा कस्तूरबा महात्मा गाँधी को अपना पति नहीं, बल्कि अपना गुरु मानती हैं, जिसे छोटी-सी भूल के लिये भी कड़ी फटकार लगाने का अधिकार होता है। कस्तूरबा को इस तरह सार्वजनिक फटकार लगाने के कुछ समय बाद गाँधीजी को एक राजनैतिक आरोप में कारावास की सजा हो गयी। जब वे शान्त भाव से अपनी पत्नी से विदा ले रहे थे, तब वे उनके पैरों में गिर पड़ीं और विनम्रता के साथ हाथ जोड़ कर बोलीं: गुरुदेव, यदि मैंने आपका मन दुखाया है, तो मुझे क्षमा कीजिये।"

उस दिन दोपहर को तीन बजे मैं पूर्वनिर्धारित कार्यक्रम के अनुसार उस सन्त के लेखन-कक्ष में उनसे मिलने जा पहुँचा, जिसने अपनी पत्नी को भी अपनी एकनिष्ठ शिष्या बना दिया था – दुर्लभ चमत्कार! गाँधीजी ने सिर उठाकर अपनी अविस्मरणीय मुस्कान के साथ मेरी ओर देखा।

चटाई पर उनके पास वैठते हुए मैंने पूछा: "महात्माजी! क्या आप अहिंसा की अपनी व्याख्या बताने की कृपा करेंगे?"

"विचार या कृति से किसी जीव को किसी प्रकार की हानि न पहुँचाना।"

"सुन्दर आदर्श! परन्तु संसार तो सदा ही पूछेगा कि किसी बच्चे को या स्वयं अपने को बचाने के लिये क्या साँप को नहीं मारना चाहिये?"

"साँप को मारने के लिये मुझे अपनी दो प्रतिज्ञाएँ भंग करनी पड़ेंगी–निर्भयता और अहिंसा। इसकी अपेक्षा तो मैं भीतर ही भीतर प्रेम के स्पन्दनों से साँप को शान्त करना चाहूँगा। परिस्थितियों के साथ मेल बिठाने के लिये मैं अपने आदर्शों को नहीं छोड़ सकता।" और इसके बाद अपनी मोहक स्पष्टवादिता के साथ उन्होंने आगे कहा: "यह तो मुझे मानना ही पड़ेगा कि इस समय यदि कोई साँप मेरे सामने होता, तो मैं यह बातचीत भी इतने शान्त मन से नहीं कर पाता!"

उनकी डेस्क पर आहार के सम्बन्ध में पाश्चात्य लेखकों द्वारा लिखित कई आधुनिक पुस्तकें देख कर मैंने कुछ विचार प्रकट किये।

उन्होंने हँसते हुए कहा: "हाँ, अन्य सब क्षेत्रों की तरह ही सत्याग्रह में भी आहार का बड़ा महत्त्व है। मैं सत्याग्रहियों के लिये पूर्ण ब्रह्मचर्य पर ज़ोर देता हूँ अतः मैं सदा ही ब्रह्मचर्य-पालन के लिये अनुकूल आहार ढूँढने की चेष्टा करता रहता हूँ। कामवासना पर विजय प्राप्त करने के लिये पहले रसना पर विजय प्राप्त करना आवश्यक है। उपवास करते जाना या अर्द्ध निराहार रहना या असंतुलित आहार लेना इसका उत्तर नहीं है। भोजन की आंतरिक लालसा पर विजय प्राप्त

कर लेने के बाद सत्याग्रही को चाहिये कि वह विटामिन, खनिज तत्त्व, कैलरी आदि सब आवश्यक तत्त्वों से युक्त संतुलित शाकाहारी भोजन लें। आहार के सम्बन्ध में आंतरिक और बाह्य विवेक से सत्याग्रही का वीर्य सारे शरीर के लिये ओज में परिणत हो जाता है।"

महात्माजी ने और मैंने मांसाहार का विकल्प बन सकने वाले शाकाहारी पदार्थों के बारे में अपनी-अपनी जानकारी प्रस्तुत की। मैंने कहाः "एवोकैडो बहुत अच्छा होता है। कैलिफ़ोर्निया में मेरे सेंटर के पास एवोकैडो के अनेक वृक्षकुंज हैं।"

गाँधीजी का चेहरा उत्सुकता से खिल उठा। "वर्धा में एवोकैडो हो सकेंगे? खाने की नयी चीज़ से सत्याग्रहियों को भी खुशी होगी।"

"मैं लॉस एंजेलिस से एवोकैडो के कुछ पौधे वर्धा भेजने की याद रखूँगा। अंडे में भी प्रोटीन उच्च मात्रा में होता है; क्या सत्याग्रहियों के लिये अंडे वर्जित हैं?"

"बांझ अंडे वर्जित नहीं हैं।" कुछ याद करके महात्माजी हँस पड़े।

"फिर भी कई वर्षों तक मैं किसी को उनका उपयोग करने नहीं देता था; मैं स्वयं तो अभी भी नहीं खाता हूँ। एक बार मेरी एक पुत्रवधू पोषक तत्त्वों की कमी के कारण मरणासन्न हो गयी थी। उसके डॉक्टर उसे अंडा खिलाने पर ज़ोर दे रहे थे। मैं मान नहीं रहा था। मैंने अंडे के बदले दूसरा कुछ सुझाने का डॉक्टर से अनुरोध किया।

"डॉक्टर ने कहाः 'गाँधीजी, बांझ अंडे में जीव नहीं होता, इसलिये जीवहत्या का भी कोई प्रश्न नहीं उठता।'

"तब मैंने अपनी पुत्रवधू को अंडे खिलाने की अनुमति खुशी से दे दी; वह जल्दी ही ठीक हो गयी।"

पिछली रात को गाँधीजी ने लाहिड़ी महाशय के क्रियायोग की दीक्षा लेने की इच्छा प्रकट की थी। महात्माजी की खुली मनोवृत्ति और जिज्ञासा देखकर मैं अभिभूत हो गया। अपनी ईश्वर-आराधना में वे वच्चों के समान हैं और उस विशुद्ध ग्रहणशीलता को प्रकट करते हैं, जिसकी बच्चों में प्रशंसा करते हुए ईसा मसीह ने कहा थाः "...स्वर्ग का राज्य ऐसों का ही है।"

क्रिया का उपदेश देने के लिये मैंने जो समय निर्धारित किया था, वह आ गया; अब श्री देसाई, डॉ. पिंगले सहित क्रिया प्रविधि जानने की इच्छा रखने वाले कुछ अन्य सत्याग्रही भी कमरे में दाखिल हो गये।

मैंने पहले उन सब को योगदा के शारीरिक व्यायाम सिखाये। इस में शरीर को मन की आँख से बीस भागों में विभाजित देखा जाता है और फिर अपनी इच्छाशक्ति से एक-एक करके इस प्रत्येक भाग में शक्ति संचार कराया जाता है। शीघ्र ही वहाँ उपस्थित प्रत्येक व्यक्ति मेरे सामने मानव-मोटर की तरह थरथराने लगा। गाँधीजी के शरीर के लगभग सदा ही दृष्टि के सामने खुले रहने वाले बीस भागों में शक्ति की थरथराहट की लहरों को देखना आसान था! बे बहुत दुबले-पतले तो हैं, परन्तु इतने भी नहीं कि देखने में अच्छे न लगें। उनकी त्वचा चिकनी है और उस पर कोई झुर्रियाँ नहीं पड़ी हैं।

बाद में मैंने उन सब को क्रियायोग की मुक्तिदायिनी विधि की दीक्षा दी।

गाँधीजी ने विश्व के सारे धर्मों का श्रद्धाभाव के साथ अध्ययन किया है। जैन शास्त्र, बाइबिल के नये नियम और टालस्टाय का समाजशास्त्रीय साहित्य गाँधीजी के अहिंसा सिद्धान्त के मुख्य प्रेरणा स्रोत हैं। उन्होंने अपने विश्वास के बारे में इस प्रकार लिखा है:

> मैं बाइविल, कुरान और ज़ेन्ड-अवस्ता को वेदों के समान ही ईश्वर-प्रेरित मानता हूँ। मैं गुरु परम्परा में विश्वास करता हँ परन्तु इस युग में लक्ष-लक्ष लोगों को गुरु के बिना ही काम चलाना पड़ेगा, क्योंकि किसी एक व्यक्ति में परिपूर्ण पवित्रता और परिपूर्ण ज्ञान का संयोग मिलना दुर्लभ है। परन्तु मनुष्य को यह सोचकर निराश होने की आवश्यकता नहीं कि वह अपने धर्म के सत्य को कभी जान नहीं पायेगा, क्योंकि हिंदू धर्म के और सभी महान् धर्मों के मूल सिद्धान्त अपरिवर्तनीय और सहज समझने योग्य हैं।
>
> प्रत्येक हिंदू की भाँति मैं भी ईश्वर और उसके एकत्व में, पुनर्जन्म और मुक्ति में विश्वास करता हूँ...। अपनी पत्नी के प्रति अपनी भावना के समान ही हिंदुत्व के प्रति अपनी भावना का भी मैं वर्णन नहीं कर सकता। मेरे मन को जिस तरह से मेरी पत्नी प्रभावित कर सकती है, उस तरह संसार की अन्य कोई नारी कभी नहीं कर सकती। ऐसा नहीं है कि उसमें कोई दोष नहीं हैं, बल्कि मैं तो यह भी कहूँगा कि मैं उसमें जितने

> दोष देख पाता हूँ उससे भी कहीं अधिक दोष उसमें होंगे। परन्तु उसके प्रति एक अटूट बन्धन का भाव मेरे मन में है। हिंदुत्व के प्रति और हिंदुत्व के बारे में भी ऐसा ही भाव मेरे मन में हैं, उसमें चाहे कितने ही दोष हों और कितनी ही त्रुटियाँ हों। गीता पाठ के या तुलसी रामायण के संगीत जैसा आनन्द मुझे और किसी भी बात में नहीं मिलता। जब-जब मुझे ऐसा लगा कि मैं अपनी अंतिम श्वास ले रहा हूँ, तब गीता ही मेरा आधार थी।
>
> हिंदू धर्म अनन्यमार्गी धर्म नहीं है। इसमें संसार के सभी प्रेरित-पैगम्बरों और सन्त-महात्माओं की पूजा के लिये जगह है। सामान्य अर्थ में यह मिशनरी धर्म नहीं है। बेशक इसने अनेकानेक जनजाति, वंश, कुल अपने में समा लिये हैं, परन्तु यह समाने की प्रकिया क्रमविकास की प्रकिया के अन्तर्गत अनजाने में सम्पन्न हुई। हिंदू धर्म शिक्षा देता है कि प्रत्येक मनुष्य को अपने पथ या अपने धर्मों के अनुसार ईश्वर की आराधना करनी चाहिये, और इसलिये किसी धर्म के साथ उसका कोई विरोध नहीं है।

ईसा मसीह के बारे में गाँधीजी ने लिखा हैः “मुझे दृढ़ विश्वास है कि यदि आज वे इस संसार में लोगों के बीच जी रहे होते, तो उन अनेक लोगों के जीवन को अपने आशीर्वाद से धन्य करते, जिन्होंने शायद उनका नाम भी कभी सुना न हो ...। जैसा कि लिखा ही गया हैः ‘वह प्रत्येक मनुष्य नहीं जो मुझे प्रभु कहता है ... परन्तु वह जो मेरे परमपिता की इच्छा का पालन करता है।’ स्वयं अपने जीवन के दृष्टान्त से ईसा ने मानवजाति को वह उच्च उद्देश्य और एकमात्र लक्ष्य दिखाया है, जिसे प्राप्त करने का हम सब को प्रयास करना चाहिये। मेरा यह विश्वास है कि वे केवल ईसाइयों के नहीं, बल्कि पूरे संसार के, सब देशों के और सब जातियों के हैं।”

वर्धा में हमारे अंतिम दिन की शाम को श्री देसाई द्वारा टाऊन हॉल में आयोजित सभा में मैंने व्याख्यान दिया। योग पर व्याख्यान सुनने के लिये आये लगभग 400 लोगों से हॉल खचाखच भर गया, यहाँ तक कि लोगों को खिड़कियों

में भी बैठना पड़ा। मैं पहले हिंदी में बोला, फिर अंग्रेज़ी में। हम लोग व्याख्यान समाप्त कर आश्रम में लौट आये और अपने कमरों की तरफ जा रहे थे, तो देखा कि गाँधीजी शान्ति में और अपने पत्र-व्यवहार में मग्न बैठे हैं।

सुबह पाँच बजे जब मैं उठा तो अभी रात का अंधेरा छाया हुआ था। ग्रामीण जीवन में धीरे-धीरे जागृति आ रही थी; सबसे पहले आश्रम के प्रवेश द्वार के सामने से एक बैलगाड़ी गयी, फिर एक किसान सिर पर भारी बोझ संभालते हुए गुज़रा। सुबह के नाश्ते के बाद गाँधीजी से विदा लेने और उन्हें प्रणाम करने के लिये हम तीनों उनके पास गये। महात्माजी अपनी प्रातःकालीन प्रार्थना के लिये सुबह 4 वजे ही उठ जाते हैं।

"महात्माजी, अब हम चलते हैं!" मैंने उनके चरणों का स्पर्श किया।

"आपके हाथ में भारत सुरक्षित है।"

वर्धा में वह सुखद समय बिताये बरसों बीत गये हैं। जल, स्थल, आकाश में युद्धरत विश्व में अन्धकार छा गया है। महान् नेताओं में अकेले गाँधीजी ने ही सशस्त्र शक्ति के स्थान पर व्यावहारिक अहिंसा का विकल्प प्रस्तुत किया है। शिकायतों को और अन्यायों को दूर करने के लिये महात्माजी ने अहिंसा के उपायों का अवलम्ब किया है और बार बार उन उपायों ने अपनी प्रभावकारिता सिद्ध की है। गाँधीजी अपने सिद्धान्त को इन शब्दों में प्रकट करते हैं:

> मैंने देखा है कि विध्वंस और विनाश के बीच भी जीवन चलता रहता है। इसलिये विनाश से भी बड़ा कोई नियम अवश्य है। केवल उसी नियम के अंतर्गत किसी सुव्यवस्थित समाज का अस्तित्व संभव हो सकता है और जीवन जीने योग्य बन सकता है।
>
> यदि वही जीवन का नियम है, तो हमें दैनिक जीवन में उसका पालन करना चाहिये। जहाँ भी युद्ध हो, जहाँ भी किसी विरोधी से हमारा सामना हो, हमें प्रेम से ही विजय प्राप्त करनी चाहिये। मैंने देखा है कि प्रेम के अचूक नियम ने मेरे जीवन में ऐसे समाधान दिये हैं, जो विनाश के नियम ने कभी नहीं दिये।
>
> जितने बड़े पैमाने पर इस नियम की कार्यरतता का प्रत्यक्ष उदाहरण देखना संभव हो सकता है, उतने बड़े पैमाने पर हमने

> यह उदाहरण भारत में प्रत्यक्ष देखा है। मैं यह नहीं कह रहा हूँ कि भारत के 36 करोड़ लोगों के मन में अहिंसा ने घर बना लिया है, परन्तु मैं यह दावा अवश्य करता हूँ कि अत्यन्त अल्प समय में यह अन्य किसी भी सिद्धान्त की अपेक्षा कहीं अधिक गहराई तक उतर गयी है।
>
> अहिंसा की मानसिक अवस्था प्राप्त करने के लिये काफ़ी कष्टप्रद साधना की आवश्यकता होती है; उसके लिये सैनिक के जीवन की भाँति कठोर अनुशासनबद्ध जीवन की आवश्यकता होती है। इसकी पूर्णावस्था तभी आती है जब मन, शरीर एवं वाणी में पूर्ण समन्वय स्थापित हो जाए। यदि हम सत्य और अहिंसा के नियम को अपने जीवन का नियम बनाने की ठान लें, तो प्रत्येक समस्या अपना समाधान स्वयं प्रस्तुत कर देगी।

विश्व का राजनैतिक घटनाक्रम इस सत्य की ओर कटु संकेत कर रहा है कि आध्यात्मिक दृष्टि के बिना मनुष्य का विनाश सुनिश्चित है। यदि धर्म ने नहीं, तो विज्ञान ने मानवजाति के मन में असुरक्षा और सब भौतिक पदार्थों की निस्सारता की अस्फुट-सी भावना जगा दी है। अब सचमुच, मनुष्य अपने स्रोत और उद्‌गम, अपने भीतर स्थित परमात्मा के पास न जाएँ, तो और कहाँ जाएँ? इतिहास पर दृष्टि डालें, तो यह कहना पूर्णतः तर्कसंगत होगा कि पाशवी शक्ति के प्रयोग से मनुष्य की समस्याएँ हल नहीं हुई हैं। प्रथम विश्वयुद्ध के भीषण दुष्कर्मों के कर्मफल ने ही द्वितीय विश्वयुद्ध का रूप लिया। वर्तमान रक्तपिपासु दुष्कर्मों के हिमपर्वत को परस्पर बंधुत्व-भाव की उष्णता ही पिघला सकती है, अन्यथा दुष्कर्मों का यह हिमपर्वत तृतीय विश्वयुद्ध को जन्म दे सकता है। बीसवीं सदी की अमंगल त्रयी! विवादों के निबटारे के लिये मनुष्य मानवी विवेक के स्थान पर जंगल न्याय का अवलम्बन करने जायेंगे, तो पृथ्वी पुनः जंगल ही बन जायेगी। जीवन में भाईचारा स्थापित न हो सका, तो भयानक मृत्यु की गोद में भाईचारा होगा। यह ऐसे घृणित परिणाम के लिये नहीं था कि ईश्वर ने मनुष्य को अणुशक्ति का आविष्कार करने दिया था।

युद्ध और अपराध से कभी कोई लाभ नहीं होता। अरबों डॉलर विस्फोटकों का धुआँ बनकर शून्य में मिल गये। इतने पैसे से तो एक नये विश्व का निर्माण हो सकता था—ऐसे विश्व का निर्माण जो रोग-व्यथा से लगभग मुक्त और दारिद्रय से पूर्णतः मुक्त होता। भय, अराजकता, अकाल और महामारी आदि के प्रलयनृत्यों का रंगमंच न रह कर पृथ्वी शान्ति, समृद्धि और वृद्धिगत होते ज्ञान की विस्तीर्ण भूमि बनती।

गाँधीजी की अहिंसा की पुकार मनुष्य की अंतरात्मा को छूती है। राष्ट्रों को अब मृत्यु के साथ नहीं, बल्कि जीवन के साथ; विध्वंस के साथ नहीं, बल्कि निर्माण के साथ; घृणा के साथ नहीं, बल्कि प्रेम के रचनाकारी चमत्कारों के साथ अपना संबंध जोड़ना चाहिये।

महाभारत में कहा गया हैः "चाहे किसी भी प्रकार की हानि क्यों न की गयी हो, मनुष्य को क्षमा कर देना चाहिये। कहा गया है कि मनुष्य की क्षमाशीलता के कारण ही मानवजाति का अस्तित्व निरन्तर बना हुआ है। क्षमा पवित्रता है; क्षमा के कारण ही सृष्टि टिकी हुई है। क्षमा ही शक्तिमानों की शक्ति है; क्षमा ही त्याग है; क्षमा ही मन की शान्ति है। क्षमा और सौम्यता आत्म-संयमी व्यक्तियों के गुण हैं। ये शाश्वत सद्धर्म का प्रतिनिधित्व करते हैं।"

अहिंसा क्षमा और प्रेम का स्वाभाविक परिणाम है। गाँधीजी कहते हैंः "धर्मयुद्ध में प्राणहानि आवश्यक ही हो जाए, तो मनुष्य को ईसा मसीह की तरह स्वयं अपना रक्त बहाने के लिये तैयार होना चाहिये, दूसरों का नहीं। इससे विश्व में रक्तपात तो कम होगा!"

किसी दिन भारतीय सत्याग्रहियों पर महाकाव्य लिखे जायेंगे, जिन्होंने घृणा का प्रेम से, हिंसा का अहिंसा से सामना किया; जिन्होंने शस्त्र उठाने की अपेक्षा निर्दयता से कट जाना बेहतर समझा। कुछ ऐतिहासिक प्रसंगों पर तो परिणाम यह हुआ कि दमनकारी अपनी बंदूकें फेंककर भाग गये, क्योंकि दूसरों के जीवन को अपने जीवन से अधिक मूल्यवान मानने वाले उन मनुष्यों को देखकर उनके मन लज्जा से भर गये, वे अंतर में हिल गये।

गाँधीजी कहते हैंः "रक्तपात के द्वारा अपने देश को स्वतन्त्र कराने का प्रयास करने की अपेक्षा आवश्यक हुआ तो मैं सदियों तक स्वतंत्रता की प्रतीक्षा करूँगा।" बाइबिल चेतावनी देती हैः "जो तलवार हाथ में लेंगे, वे तलवार से ही कटकर मर जायेंगे।" महात्मा गाँधी ने लिखा हैः

> “मैं अपने को राष्ट्रीवादी कहता हूँ, लेकिन मेरा राष्ट्रवाद उतना ही व्यापक है जितना यह विश्व। वह पृथ्वी के सारे राष्ट्रों को अपने घेरे में लेता है। मेरे राष्ट्रवाद में पूरे विश्व का कल्याण समाविष्ट है। मैं नहीं चाहता कि अन्य राष्ट्रों के भस्मावशेषों पर मेरा भारत खड़ा हो। मैं नहीं चाहता कि भारत एक मनुष्य का भी शोषण करे। मैं चाहता हूँ कि भारत शक्तिशाली बने ताकि वह अन्य राष्ट्रों में भी शक्ति का संचार कर सके। आज ऐसा करने वाला एक भी राष्ट्र यूरोप में नहीं है; वे दूसरों को शक्ति नहीं देते।
>
> “अमेरिका के राष्ट्रपति विल्सन ने अपने चौदह सुन्दर सूत्र तो प्रस्तुत कर दिये, पर बाद में कहा: “शान्ति स्थापित करने का हमारा यह प्रयास विफल हो भी जाता है, तो हमारे पास अपने शस्त्र तो हैं ही।” मैं इस स्थिति को उलट देना चाहता हूँ और यह कहना चाहता हूँ: ‘हमारे शस्त्र तो विफल हो ही चुके हैं। अब हमें किसी नये साधन की खोज में रहना चाहिये। हमें प्रेम और ईश्वर की शक्ति को – सत्य को – आज़माना चाहिये।’ जब वह हमारे पास होगी, तब हमें और किसी चीज़ की आवश्यकता ही नहीं पड़ेगी।”

उन हज़ारों सच्चे सत्याग्रहियों (जिन्होंने इस प्रकरण के पूर्वार्ध में उल्लिखित ग्यारह कठोर प्रतिज्ञाओं का व्रत लिया है) को तैयार कर, जो भारतीय जनता को अहिंसा के आध्यात्मिक एवं भौतिक लाभों का बड़े धीरज के साथ परिचय कराने के द्वारा; उन्हें अहिंसा के अस्त्रों–अन्याय के साथ असहयोग, अपमान सहने की तैयारी, कारावास, शस्त्र उठाने की अपेक्षा मृत्यु से सुसज्जित करने के द्वारा; और असंख्य सत्याग्रहियों के वीरोचित हौतात्म्य के असंख्य उदाहरणों से जागतिक सहानुभूति प्राप्त करने के द्वारा गाँधीजी ने वड़े ही नाट्यमय ढंग से अहिंसा के व्यावहारिक स्वरूप तथा विवादों को युद्धों के बिना भी प्रभावी तरीके से हल करने की उसकी क्षमता को चित्रित किया है।

किसी भी अन्य देश के किसी भी नेता ने केवल गोलियों के द्वारा ही जो राजनैतिक रियायतें कभी प्राप्त की होंगी, उनसे कहीं अधिक राजनैतिक रियायतें

गाँधीजी ने अहिंसा के मार्ग द्वारा अब तक प्राप्त भी कर ली हैं। सब प्रकार के अन्यायों एवं बुराइयों के उन्मूलन के लिये अहिंसात्मक उपायों का प्रयोग केवल राजनैतिक अखाड़े में ही किया गया है ऐसी बात नहीं, भारतीय समाज-सुधार के अत्यंत नाजुक और पेचीदे क्षेत्र में भी इसका प्रयोग किया गया है। गाँधीजी और उनके अनुयायियों ने दीर्घकाल से चले आ रहे अनेक हिंदू-मुसलमान विवादों को खत्म कर दिया है। लाखों मुसलमान गाँधीजी को अपना नेता भी मानते हैं। अस्पृश्यों को तो गाँधीजी के रूप में अपना निर्भय और विजयी योद्धा मिल गया है। गाँधीजी ने लिखा थाः "यदि मुझे फिर से जन्म लेना पड़े तो मैं अछूतों के बीच अछूत बन कर ही जन्म लेना चाहूँगा, क्योंकि उसके द्वारा मैं और अधिक प्रभावशाली ढंग से उनकी सेवा कर सकूँगा।"

महात्माजी सचमुच महान् आत्मा ही हैं, पर उन्हें यह उपाधि प्रदान करने का श्रेय भारत की कोटि-कोटि अशिक्षित जनता की सूक्ष्म दृष्टि को जाता है। इस नम्र संत का स्वयं अपने देश में भी आदर होता है। साधारण किसान भी गाँधीजी के उच्च आदर्शों को अपना सका। गाँधीजी पूर्ण अंतःकरण से मानव की अंतर्जात महानता में विश्वास करते हैं। इस मामले में विश्वास को धक्का लगते रहना तो अपरिहार्य है, परन्तु फिर भी वे कभी निराश नहीं हुए। वे लिखते हैं: "सत्याग्रही को कोई बीस बार धोखा दे, तो भी इक्कीसवीं बार वह फिर उस पर विश्वास करने के लिये तैयार रहता है, क्योंकि मानव स्वभाव में निर्विवाद विश्वास ही इस पथ का सार है।"

एक बार किसी टीकाकार ने उनसे कहाः "महात्माजी! आप असाधारण पुरुष हैं। आपको संसार से अपने जैसे आचरण की आशा नहीं करनी चाहिये।"

गाँधीजी ने कहाः "कितना विचित्र है हम लोगों का यह सोचना कि शरीर में तो सुधार किया जा सकता है, पर आत्मा की सुप्त शक्तियों को जगाना असंभव है। यही सिद्ध करने की कोशिश में तो मैं लगा हूँ कि मुझमें ऐसी शक्तियाँ हों भी, तब भी मैं अन्य सब की तरह ही नश्वर हूँ और मुझमें न तो कोई असाधारणता कभी थी और न अभी है। मैं एक साधारण व्यक्ति मात्र हूँ जो अन्य किसी भी मर्त्य मानव की भाँति ही भूल कर सकता है। हाँ, यह मैं अवश्य स्वीकार करूँगा कि अपनी भूल मान लेने की और अपने कदम वापस लेने की विनम्रता मुझमें है। मैं यह भी स्वीकार करता हूँ कि ईश्वर और उसकी महिमा में मेरा अटल विश्वास है तथा सत्य और प्रेम के प्रति मुझमें अदम्य अनुराग है। परन्तु क्या यही सव प्रत्येक मनुष्य में सुप्त अवस्था में नहीं है?" फिर आगे

उन्होंने कहाः "भौतिक जगत् में यदि हम नयी-नयी खोजें और आविष्कार कर सकते हैं, तो क्या आध्यात्मिक क्षेत्र में ही अपना दीवालियापन घोषित करना ज़रूरी है? क्या यह अपरिहार्य है कि मनुष्य पहले पशु ही बने और फिर मनुष्य, वह भी यदि कभी बन सका तो?"

अमेरिकी लोगों को तो गर्व के साथ विलियम पेन के उस अहिंसा-प्रयोग को याद करना चाहिये जो पेनसिल्वेनिया में सत्रहवीं शताब्दी में स्वतंत्र बस्ती बसाने में उन्होंने किया था। वहाँ "न कोई किले थे, न सैनिक थे, न कोई रक्षक थे और न कोई शस्त्रास्त्र थे।" अमेरिका में नये बसने आये लोगों के और रेड इंडियन लोगों के बीच जो बर्बर सीमा-प्रांतीय युद्ध और नृशंस नरसंहार चलते रहते थे, उनमें केवल पेनसिल्वानिया के क्वेकर ही ऐसे लोग थे जिन्हें किसी ने कभी छुआ तक नहीं। "बाकी लोग या तो लड़ाइयों में मार डाले गये या नरसंहारों में; परन्तु ये लोग पूर्णतः सुरक्षित थे। एक भी क्वेकर औरत पर कभी हमला नहीं हुआ, एक भी क्वेकर बच्चे की कभी हत्या नहीं हुई, एक भी क्वेकर आदमी को कभी कोई यातना नहीं दी गयी।" अन्त में जब क्वेकर लोगों को उस राज्य का शासन छोड़ देने पर विवश होना पड़ा, तब युद्ध छिड़ गया और कुछ पेनसिल्वेनिया के लोग मारे गये। परन्तु केवल तीन क्वेकर ही इसमें मरे और ये तीन ऐसे लोग थे जो अपने मार्ग से इतने भटक गये कि अपनी सुरक्षा के लिये शस्त्र रखते थे।"

फ्रैंकलिन डी. रूज़वेल्ट ने कहा थाः "प्रथम महायुद्ध में बल प्रयोग से शान्ति स्थापित नहीं हो सकी। जय-पराजय, दोनों ही समान रूप से नीरस सिद्ध हुए। विश्व को इससे सीख लेनी चाहिये थी।"

लाओत्ज़ू का उपदेश थाः "हिंसा के जितने अधिक हथियार होंगे, उतनी ही अधिक मनुष्य की दुर्दशा होगी। हिंसा की विजय का अंत शोक समारोह के साथ ही होता है।"

गाँधीजी ने घोषणा की हैः "मैं विश्वशान्ति के लिये लड़ रहा हूँ, उससे कम किसी बात पर यह लड़ाई नहीं रुक सकती। यदि भारतीय आंदोलन अहिंसक सत्याग्रह के आधार पर सफल हुआ, तो देशप्रेम को एक नया अर्थ प्राप्त होगा, और यदि छोटे मुँह बड़ी बात कहूँ, तो स्वयं जीवन को ही एक नया अर्थ मिल जायेगा।"

इससे पहले कि पाश्चात्य जगत् गाँधीजी के कार्यक्रम को एक अव्यावहारिक स्वप्नदृष्टा का कार्यकम मानकर उसकी उपेक्षा करे, उसे गैलिली के प्रभु की सत्याग्रह की व्याख्या पर विचार करना चाहियेः

"तुमने सुना है कि यह कहा जाता है कि आँख के वदले आँख और दाँत के बदले दाँत; पर मैं तुमसे कहता हूँ कि तुम दुष्टता का (दुष्टता से) प्रतिकार मत करो, बल्कि कोई तुम्हारे दाहिने गाल पर तमाचा मारे, तो तुम अपना दूसरा गाल भी उसके सामने कर दो।"

विधि-योजना की सूक्ष्म अचूकता के अनुरूप ही गाँधी-युग एक ऐसी शताब्दी में प्रसृत हो चला है, जो दो-दो विश्वयुद्धों से ध्वस्त और बर्बाद हो चुकी है। गाँधीजी के जीवन की प्रस्तर प्राचीर पर दिव्य लिखावट साफ झलक रही है, जो भाइयों के बीच फिर रक्तपात के विरूद्ध चेतावनी दे रही है।

महात्मा गाँधी की हिंदी लिखावट

महात्मा गाँधी योगदा सत्संग ब्रह्मचर्य विद्यालय आये थे। उन्होंने अतिथि-पुस्तिका में उपर्युक्त वाक्य लिखने की कृपा की थी। यहाँ वे कह रहे हैं:

"इस संस्था की मैं सर्व प्रकार से उन्नति चाहता हूँ। इस संस्था का मेरे मन पर अच्छा असर पड़ा है। चरखे की प्रवृत्ति में मैं ज़्यादा ज्ञान और अभ्यास की आशा रखता हूँ।"

(हस्ताक्षर) मोहनदास गाँधी

भा. कृ. 30 (17 सितम्बर, 1925)

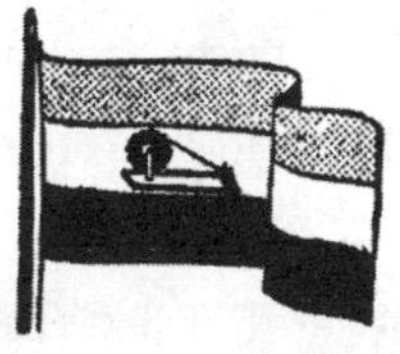

भारत के लिए एक राष्ट्रीय ध्वज 1921 में गाँधीजी द्वारा डिज़ाइन किया गया था। धारियाँ केसरिया, सफ़ेद और हरी हैं; केंद्र में चरखा गहरे नीले रंग का है।

"चरखा ऊर्जा का प्रतीक है," उन्होंने लिखा, "और हमें याद दिलाता है कि भारत के इतिहास में समृद्धि के पिछले युगों के दौरान, हाथ कताई और अन्य घरेलू शिल्प प्रमुख थे।"

प्रकरण—45

बंगाल की आनन्दमयी माँ

"निर्मला देवी के दर्शन किये बिना कृपया भारत से मत जाइये। उनमें अत्यंत तीव्र भक्तिभाव है; सब तरफ वे आनन्दमयी माँ के नाम से विख्यात हैं। मेरी भतीजी अमिया बोस ने आग्रह भरी दृष्टि से मेरी ओर देखते हुए कहा।

मैंने कहाः "अवश्य! उस महिला संत से मिलने के लिये मैं भी उत्सुक हूँ। ईश्वरानुभूति की उनकी उच्च अवस्था के बारे में मैंने पढ़ा है। अनेक वर्ष पूर्व ईस्ट-वेस्ट पत्रिका में उन पर एक छोटा-सा लेख छपा था।"

अमिया ने कहाः "मैं उनसे मिली हूँ। अभी हाल ही में वे मेरे छोटे-से नगर जमशेदपुर पधारी थीं। एक शिष्य के अनुरोध पर आनन्दमयी माँ एक मरणासन्न मनुष्य के घर गयीं। वे उसकी शय्या के पास खड़ी हो गयीं। उनके हाथ ने जैसे ही उसके माथे का स्पर्श किया, उसकी घर्र-घर्र बन्द हो गयी। उसकी बीमारी तत्क्षण गायब हो गयी। वह भी देखकर आनन्दित और विस्मित हो गया कि वह पूर्ण रूप से स्वस्थ हो चुका था।"

कुछ दिन बाद मैंने सुना कि आनन्दमयी माँ कोलकाता के भवानीपुर मोहल्ले में अपने एक शिष्य के घर ठहरी हुई थी। पिताजी के कोलकाता के घर से श्री राइट और मैं अविलम्ब निकल पड़े। जब हमारी फ़ोर्ड भवानीपुर के उस घर के पास पहुँची तो हमें सड़क पर एक अपूर्व दृश्य दिखायी दिया।

आनन्दमयी माँ एक खुली कार में खड़ी थीं और कार के चारों ओर खड़े लगभग एक सौ शिष्यों को आशीर्वाद दे रही थीं। स्पष्ट था कि वे वहाँ से प्रस्थान

कर रही थीं। श्री राइट ने फ़ोर्ड कुछ दूरी पर खड़ी कर दी और मेरे साथ पैदल ही उस शान्त जनसमूह की ओर चल पड़े। उस महिला संत ने हमारी दिशा में दृष्टिपात किया और वे कार से उतर कर चलते हुए हमारी ओर आने लगीं।

"बाबा, आप आ गये!" इन उत्कट शब्दों के साथ ही उन्होंने मेरे गले में अपनी बाँह डालकर सिर मेरे कंधे पर रख दिया। श्री राइट को मैंने कुछ क्षण पहले ही बताया था कि इस संत के साथ मेरी जान-पहचान नहीं थी, अतः इस असाधारण स्वागत का वे भरपूर आनन्द उठा रहे थे। उन सौ शिष्यों के नेत्र भी इस प्रेम दृश्य को कुछ आश्चर्य के साथ निहार रहे थे।

मुझे तुरन्त पता चल गया था कि आनन्दमयी माँ समाधि की एक उच्च अवस्था में थीं। अपने बाह्य नारी रूप का उन्हें कोई भान नहीं रहा था। उन्हें केवल अपने परिवर्तनातीत आत्मस्वरूप का भान था। उस अवस्था में वे ईश्वर के एक अन्य भक्त से आनन्द के साथ मिल रही थीं। मेरा हाथ पकड़कर वे मुझे अपनी कार में ले गयीं।

"आनन्दमयी माँ, मेरे कारण आपकी यात्रा में विलम्ब हो रहा है।"

मैंने कुछ विरोध दर्शाते हुए कहा।

"बाबा! मैं कई युगों बाद इस जन्म में आपसे पहली बार मिल रही हूँ! इतनी जल्दी तो मत जाइये!"

हम कार की पिछली सीट पर बैठे रहे। आनन्दमयी माँ शीघ्र ही निश्चल समाधि में प्रविष्ट हो गईं। उनकी सुन्दर आँखें आकाश की ओर देखते-देखते अर्धोन्मीलित होकर स्थिर हो गयीं और आंतरिक आनन्द राज्य में झाँकने लगीं। शिष्यगण सौम्य स्वर में माँ का नाम-संकीर्तन करने लगे।

भारत में मुझे अनेक ईश्वर-प्राप्त पुरुष मिले थे, परन्तु इतनी उन्नत महिला संत से मेरी पहले कभी मुलाकात नहीं हुई थी। उनका पवित्र मुखमंडल अनिर्वचनीय आनन्द के तेज से दमकता था जिसके कारण उनका नाम आनन्दमयी माँ पड़ गया था। उनके अनावृत्त सिर के लम्बे काले केश दिखायी दे रहे थे। माथे पर आध्यात्मिक नेत्र के प्रतीकस्वरूप रक्तचन्दन का तिलक था। उनका आध्यात्मिक नेत्र तो उनके अन्तर में सदैव खुला ही रहता था। छोटा-सा चेहरा, छोटे-छोटे हाथ, छोटे-छोटे पाँव – उनकी आध्यात्मिक विशालकायता के साथ कितना विरोधाभास!

आनन्दमयी माँ समाधि में ही मग्न रहीं। मैंने पास ही खड़ी उनकी एक शिष्या से कुछ पूछताछ की।

शिष्या ने वताया: "आनन्दमयी माँ भारत में दूर-दूर तक जाती हैं। भारत के अनेक भागों में उनके सैंकड़ों शिष्य हैं। उनके साहसी प्रयत्नों के फलस्वरूप अनेक अच्छे-अच्छे सामाजिक सुधार हुए हैं। स्वयं ब्राह्मण होते हुए भी वे जातिभेद को नहीं मानतीं! उनकी आवश्यकताओं का ध्यान रखने के लिये हममें से कुछ लोग सदैव उनके साथ ही रहते हैं। हमें माताएँ बनकर उनकी देखभाल करनी पड़ती है, उन्हें तो अपने शरीर का भान ही नहीं रहता। उन्हें यदि कोई भोजन न कराये, तो वे भोजन ही नहीं करेंगी, न ही उसके बारे में किसी से कुछ पूछेंगी। उनके सामने भोजन रख भी दिया जाए, तब भी वे उसका स्पर्श तक नहीं करतीं। हम शिष्यगण उन्हें अपने हाथों से खिलाते हैं ताकि वे इस जगत् को छोड़कर चली न जाएँ। प्रायः कई दिनों तक वे समाधि में ही लीन रहती हैं। उस समय उनका श्वास बहुत ही थोड़ा-सा, बिल्कुल नाममात्र के लिये चलता रहता है, पलकें बिल्कुल नहीं झपकतीं। उनके एक प्रमुख शिष्य स्वयं उनके पति भोलानाथजी हैं। अनेक वर्ष पूर्व, विवाह के शीघ्र बाद ही भोलानाथजी ने मौन व्रत धारण कर लिया।"

उस शिष्या ने चौड़े स्कंध, कोमल-से नाक-नक्श और सफेद दाढ़ी वाले एक पुरुष की ओर संकेत किया। वे उस जनसमूह के बीच शिष्योचित भक्तिभाव के साथ हाथ जोड़े शान्त खड़े थे।

अनन्त में डुबकी लगाकर तरोताज़ा हुई आनन्दमयी माँ अब स्थूल जगत् पर अपने मन को केंद्रित कर रही थीं।

"बाबा! आप कहाँ रहते हैं? उनकी आवाज़ स्पष्ट और मधुर थी।

"अभी तो मैं कोलकाता या राँची में रहता हूँ; पर जल्दी ही अमेरिका लौट जाऊँगा।"

"अमेरिका?"

"हाँ। वहाँ के आध्यात्मिक जिज्ञासु एक भारतीय महिला संत का पूरे अंतःकरण के साथ स्वागत करेंगे। आप आना चाहेंगी?"

"बाबा ले जायेंगे तो आऊँगी।"

इस उत्तर से आस-पास खड़े शिष्यों में हलचल मच गयी।

उनमें से एक ने तुरन्त मुझे दृढ़ता के साथ बताया: "हममें से कम से कम बीस या उससे अधिक लोग हमेशा आनन्दमयी माँ के साथ यात्रा करते हैं। हम उनके बिना जी नहीं सकते। जहाँ भी वे जायेंगी, वहाँ हम सभी अवश्य जायेंगें।"

अचानक विशालकाय स्वरूप धारण करने की अव्यावहारिक क्षमता से युक्त जानकर इस योजना को मैंने अनिच्छापूर्वक ही छोड़ दिया।

आख़िर आनन्दमयी माँ से विदा लेते समय मैंने उनसे कहाः

"अच्छा! अपने शिष्यों के साथ कम से कम राँची आइये। स्वयं दिव्य शिशु होने के नाते आपको मेरे विद्यालय के बच्चों से मिलकर आनन्द होगा।"

"जब भी बाबा ले जायेंगे, मैं खुशी से चलूँगी।"

इसके कुछ ही दिन बाद आनन्दमयी माँ के आगमन की खुशी से राँची के विद्यालय में उत्सव का वातावरण छा गया। बच्चे तो उत्सव के किसी भी दिन की ताक में ही रहते थे – कक्षायें नहीं, घंटों तक गीत-संगीत और इन सब के ऊपर भोज!

"आनन्दमयी माँ की जय! आनन्दमयी माँ की जय!" आनन्दमयी माँ जब अपने शिष्यों के साथ विद्यालय के प्रवेश द्वार से अन्दर आयीं तो बीसियों नन्हें मुन्हे बच्चों के कंठ से उत्साह के साथ होती जयजयकार ने उनका स्वागत किया। गेंदे के पुष्पदलों की वृष्टि, करतालों की टन-टन, शंखों की गगनभेदी ध्वनि, मृदंग पर ठेका! आनन्दमयी माँ सदैव की भाँति अपने अंतर में स्वर्ग धारण किये विद्यालय परिसर में मुस्कराते हुए घूम रही थीं।

जब मैं उन्हें अपने साथ मुख्य भवन ले जाने लगा, तो उन्होंने कहाः "यहाँ सब बड़ा सुन्दर है।" बच्चों की-सी मुस्कान के साथ वे मेरे पास बैठ गयीं। किसी को भी वे अपने घनिष्ठ मित्रों से भी अधिक घनिष्ठ प्रतीत होती थीं, तथापि दूरत्व का एक प्रभामण्डल-सा भी उन्हें सदैव घेरे रहता था—सर्वव्यापकता का विरोधाभासी पार्थक्य!

"कृपया अपने जीवन के बारे में मुझे कुछ वताइये।"

"बाबा सब जानते हैं, दोहराने से क्या होगा?" स्पष्ट था कि एक अल्पकालिक जन्म के तथ्यात्मक इतिहास का उनकी दृष्टि में कोई महत्त्व नहीं था।

मैं हँस पड़ा और वही अनुरोध उनसे दुबारा किया।

उन्होंने अनिच्छा प्रदर्शित करने के अंदाज़ में अपने कोमल हाथ फैलाये। "बाबा! बताने लायक तो कुछ अधिक नहीं है। मेरी चेतना इस नश्वर देह के साथ कभी एकरूप नहीं हुई। इस पृथ्वी पर आने से पहले 'मैं वही थी। जब मैं छोटी बच्ची थी, तब भी 'मैं वही थी।' मैं बड़ी होकर नारी बनी, तब भी 'मैं वही थी।' जिस परिवार में मेरा जन्म हुआ था, उन्होंने जब इस देह का विवाह रचाने की तैयारी की, तब भी 'मैं वही थी।' और बाबा! आपके सामने अभी 'मैं वही हूँ'

यहाँ से आगे सदा के लिये मेरी चारों ओर सृष्टि का नृत्य चाहे कितना ही बदलता रहे, 'मैं वही रहूँगी।' ”

आनन्दमयी माँ गहरी ध्यानावस्था में डूब गयीं। उनका शरीर किसी मूर्ति के समान निश्चल हो गया था। वे अपने निरन्तर बुलाते ही रहने वाले राज्य में चली गयी थीं। उनकी काली आँखें निर्जीव और पथरायी-सी लग रही थीं। जब सन्त जन अपनी चेतना को जड़ देह से हटा लेते हैं, तब प्रायः उनके चेहरों पर ऐसे ही भाव होते हैं। इस अवस्था में उनका जड़ शरीर आत्मा विहीन मिट्टी के निर्जीव गोले से अधिक कुछ नहीं होता। हम दोनों घंटा भर तक समाधि अवस्था में ही बैठे रहे। खिलखिलाती छोटी-सी हँसी के साथ वे इस जगत् में लौट आयीं।

मैंने कहा: “आनन्दमयी माँ, मेरे साथ बगीचे में आने की कृपा कीजिये। श्री राइट कुछ फ़ोटो खींचेंगे।”

“अवश्य, बाबा! आपकी इच्छा ही मेरी इच्छा है। “अनेक फ़ोटों के लिये वे प्रस्तुत हुईं और इस सब में सारा समय उनके तेजस्वी नेत्रों में दिव्य आभा बनी रही।

भोज का समय! आनन्दमयी माँ अपने कम्बल के आसन पर बैठ गयीं। उन्हें भोजन कराने के लिये उनकी एक शिष्या उनके पास बैठ गयी। जब शिष्या उनके होठों के पास कौर ले आती, तब वे आज्ञाकारी छोटे-से बच्चे की भाँति उसे निगल लेतीं। यह बात स्पष्ट थी कि उनके लिये सब्जियों में और मीठे पकवानों में कोई अन्तर नहीं था!

जब दिन डूबने लगा तो आनन्दमयी माँ जाने को प्रस्तुत हुईं; गुलाब की पंखुड़ियों की वर्षा उन पर की गयी, बच्चों को आशीर्वाद देते हुए उनके हाथ उठे हुए थे। बच्चों के चेहरे प्रेम और स्नेह से चमक रहे थे, जो आनन्दमयी माँ ने अनायास ही उनके मन में जगा दिया था।

“तू अपने परमेश्वर से अपने पूरे हृदय के साथ, अपनी पूरी आत्मा के साथ, अपने पूरे मन के साथ और अपनी पूरी शक्ति के साथ प्रेम करेगा; यह प्रथम आदेश है,” ईसा मसीह ने कहा था।

प्रत्येक अन्य निकृष्ट आसक्ति को त्यागकर आनन्दमयी माँ अपनी पूर्ण निष्ठा ईश्वर को अर्पण करती हैं। पंडितों की भाँति बाल की खाल निकालने वाले तर्कों के द्वारा नहीं, किन्तु विश्वास के निश्चित न्याय द्वारा इस शिशुवत् पवित्र संत ने

मानव जीवन की एकमेव समस्या – ईश्वर के साथ ऐक्य स्थापित करना – को हल कर लिया है।

अब अनेकों समस्याओं के कुहासे में धुँधली हुई नितान्त सरलता या सादगी को मनुष्य भूल गया है। ईश्वर को अनन्य, एकनिष्ठ प्रेम अर्पण करने से इनकार कर राष्ट्र मानवप्रेम के बाह्य मन्दिरों के प्रति अत्यंत औपचारिक आदर के प्रदर्शन के द्वारा अपनी नास्तिकता पर पर्दा डालने का प्रयास करते हैं। मानवप्रेम के उद्देश्य से किये गये ये लोकोपकारी कार्य इसलिये धार्मिक हैं क्योंकि ये थोड़ी देर के लिये मनुष्य का ध्यान स्वयं अपने पर से अन्यत्र हटा देते हैं; परन्तु ये कार्य उसे जीवन के उस सबसे बड़े कर्तव्य से मुक्त नहीं कर देते, जिसका उल्लेख ईसा मसीह ने "प्रथम आदेश" कह कर किया है। मनुष्य के सबसे बड़े दाता द्वारा मुक्त हस्त से दी गयी हवा में पहला श्वास लेते ही उस दाता से प्रेम करने का मनुष्य का कर्तव्य बन जाता है, और ऐसा कर्तव्य जिसमें स्वयं उसका ही उद्धार होता है।

राँची के विद्यालय को भेंट दे कर जाने के बाद एक अन्य अवसर पर आनन्दमयी माँ से पुनः मेरी मुलाकात हुई। कुछ महीनों बाद एक दिन श्रीरामपुर स्टेशन के प्लेटफ़ार्म पर कुछ भक्तों के साथ वे गाड़ी की प्रतीक्षा कर रही थी।

"बाबा, मैं हिमालय में जा रही हूँ," उन्होंने मुझे बताया। "कुछ दयालु लोगों ने देहरादून में हमारे लिये आश्रम बना दिया है।"

जव वे गाड़ी में सवार हो रही थीं, तब यह देखकर मुझे अचम्भा भी हुआ और कौतुक भी, कि चाहे वे लोगों की भीड़ के बीच में हों, या रेलगाड़ी में, चाहे किसी भोज में बैठी हों, या चुपचाप अकेली बैठी हों, उनकी आँखें कभी भी ईश्वर से विमुख नहीं होती थीं।

अपने अंतर में मुझे अभी भी उनकी आवाज़ सुनायी देती है, जो असीम मधुरता की प्रत्यक्ष प्रतिध्वनि प्रतीत होती है:

"देखो, अभी और सदा सर्वदा सनातन सत्य के साथ एक, 'मैं सदैव वही हूँ।'"

प्रकरण–46

निराहारी योगिनी

"गुरुजी! अभी हम कहाँ जा रहे हैं?" श्री राइट हमारी फ़ोर्ड चला रहे थे; उन्होंने उत्सुकता से चमकती अपनी आँख सड़क से हटाकर एक पल के लिये प्रश्नार्थक दृष्टि से मेरी ओर देखते हुए पूछा। प्रायः प्रतिदिन ही यह होता था कि उस दिन बंगाल के किसी नये हिस्से की खोज करने का अवसर उन्हें मिलेगा, जिसकी उन्हें पहले से जानकारी नहीं होती थी।

मैंने भक्तिभाव के साथ उत्तर दियाः "ईश्वर ने चाहा तो आज हम संसार का आठवां आश्चर्य देखने जा रहे हैं – एक नारी संत, जिसका आहार है केवल हवा!"

"यह तो आश्चर्यों की पुनरावृत्ति है – टेरेसा नॉयमन के बाद।"

परन्तु फिर भी श्री राइट की हँसी में उत्सुकता स्पष्ट झलक रही थी; यहाँ तक कि उन्होंने कार की गति भी बढ़ा दी। उनकी यात्रा-दैनंदिनी के लिये और अधिक असामान्य सामग्री जो मिलने वाली थी! यह कोई सामान्य पर्यटन नहीं है, हं!

राँची विद्यालय को पीछे छोड़कर अभी हम बाहर निकले ही थे। सूर्योदय से पहले ही हम निकल पड़े थे। मेरे और मेरे सचिव के अतिरिक्त मेरे तीन बंगाली मित्र कार में हमारे साथ थे। सुबह की उस अत्यंत आह्लादक प्राकृतिक मदिरा रूपी हवा (वायु) का हम खूब पान कर रहे थे। श्री राइट भोर में ही बाहर निकलने वाले ग्रामीणों और धीरे-धीरे चलने वाली दो पहियों की बैलगाड़ियों के बीच से सावधानीपूर्वक कार चला रहे थे, क्योंकि गाड़ियों में जुते हुए बैल अपने

रास्ते में हस्तक्षेप करने वाले इस भोंपूबाज दखलंदाज़ को रास्ता देने के विचार में नहीं लग रहे थे।

"गुरुजी! इस निराहारी संत के बारे में हम अधिक जानना चाहते हैं।"

मैंने उन्हें बताया: "उनका नाम गिरिबाला है। अनेक वर्षों पूर्व स्थितिलाल नंदी नाम के एक विद्वान सज्जन से मुझे उने बारे में जानकारी मिली थी। स्थिति बाबू प्रायः मेरे भाई विष्णु को पढ़ाने के लिये हमारे गड़पार रोड वाले घर पर आया करते थे।

"स्थिति बाबू ने मुझे बताया था: 'मैं गिरिबाला को अच्छी तरह से जानता हूँ। वे एक विशिष्ट योग-प्रविधि का प्रयोग करती हैं, जिससे वे भोजन बिना रह सकती हैं। जब वे इच्छापुर के पास नवाबगंज में रहती थीं, तब मैं उनका पड़ोसी था। मैंने बहुत ध्यान से उनका निरीक्षण किया, पर कभी ऐसा कोई प्रमाण मुझे नहीं मिल सका कि वे कुछ खाती या पीती हों। आख़िर मेरी उत्सुकता इतनी बढ़ गयी कि मैं वर्द्धमान के महाराजा के पास जा पहुँचा और उनसे इस की जाँच करवाने का अनुरोध किया। कहानी सुनकर विस्मित हुए महाराज ने उन्हें अपने महल में आमंत्रित किया। वे परीक्षा के लिये तैयार हो गयीं और महल के एक छोटे-से तालाबन्द हिस्से में दो महीनों तक रहीं। बाद में फिर से महल में आकर वे बीस दिन तक रहीं, और उसके बाद फिर तीसरी परीक्षा के लिये पन्द्रह दिन तक रहीं। महाराज ने स्वयं मुझे बताया कि इन तीन उग्र परीक्षाओं से उन्हें विवादातीत रूप से विश्वास हो गया है कि गिरिबाला पूर्ण निराहारी अवस्था में रहती हैं।' "

अपनी कहानी समाप्त करते हुए मैंने कहा: "स्थिति बाबू की यह कहानी पचीस वर्षों से अधिक समय से मेरे मन में वैठी हुई है। अमेरिका में रहते हुए कभी-कभी मैं सोचता था कि इस योगिनी से मेरी मुलाकात हो पाने के पहले कहीं काल का प्रवाह उन्हें निगल न ले। अभी तो उनकी उम्र काफ़ी हो गयी होगी। मुझे तो यह भी नहीं पता कि वे जीवित भी हैं या नहीं और यदि हैं, तो कहाँ रहती हैं। किन्तु अब कुछ ही घण्टों में हम लोग पुरुलिया पहुँच जायेंगे। उनके भाई का घर है वहाँ।"

साढ़े दस बजे हम लोग उनके भाई लम्बोदर डे से बातचीत कर रहे थे। वे पुरूलिया में वकील हैं।

"हाँ, मेरी बहन जीवित है। कभी-कभी वह यहाँ मेरे पास भी रहती है, परन्तु अभी वह बिउर में हमारे पारिवारिक घर में रह रही है।" फ़ोर्ड की ओर सशंक

दृष्टि से देखते हुए लम्बोदर बाबू ने कहा: "स्वामीजी! मुझे शक है कि कोई मोटर गाड़ी कभी बिउर जितने दूर अन्दर तक गयी होगी। अच्छा यही होगा कि आप सब बैलगाड़ी के झटकों के लिये तैयार हो जायें।"

एक स्वर में हम सबने "डेट्रायट के भूषण" के प्रति अपनी निष्ठा व्यक्त की।

मैंने वकील साहब को बताया: "यह फ़ोर्ड अमेरिका से आयी है। उसे बंगाल के हृदय का परिचय प्राप्त करने के अवसर से वंचित करना उसके साथ बड़ा अन्याय होगा!"

लम्बोदर बाबू ने हँसते हुए कहा: "तब तो गणेशजी ही आपके मार्ग के सारे विघ्न दूर करें। यदि आप वहाँ तक पहुँच ही गये, तो गिरिबाला आप से मिलकर बेशक बहुत खुश होगी। अभी वह सत्तर वर्ष की होने जा रही है, परन्तु स्वास्थ्य वगैरह सब अच्छा है।"

"मुझे एक बात बताइये, साहब! क्या यह सच है कि वे कभी कुछ नहीं खातीं?" मैं सीधे उनकी आँखों में, मन का भेद प्रकट करने वाली उन खिड़कियों में झाँक रहा था।

"यह सच है।" उनकी दृष्टि अविचलित थी और उसमें सच्चाई स्पष्ट दिखायी दे रही थी। "पचास वर्ष से भी अधिक काल से मैंने उसे भोजन का एक कौर भी खाते कभी नहीं देखा। यदि संसार का अंत अचानक सामने आ जाए, तो भी मुझे उतना आश्चर्य नहीं होगा, जितना अपनी बहन को कुछ खाते देख कर होगा!"

इन दोनों असाधारण घटनाओं की असंभाव्यता पर हम साथ-साथ हँस पड़े।

लम्बोदर बाबू आगे बताते गये: "गिरिबाला ने अपनी योग साधना के लिये कभी निर्जन एकांत की तलाश नहीं की। अपना सारा जीवन उसने परिवार और मित्रों के बीच ही बिताया है। वे सब भी अब उसकी विलक्षण अवस्था के अभ्यस्त हो चुके हैं। उनमें से एक भी ऐसा नहीं होगा जो गिरिबाला यदि कभी अचानक कुछ खाने का निर्णय कर ले, तो स्तम्भित न हो जायेगा! गिरिबाला स्वभावतः ही ज्यादा मेलमिलाप नहीं रखती, जो एक हिंदू विधवा के लिये योग्य भी है, परन्तु पुरुलिया और बिउर के हमारे छोटे-से घेरे में सभी जानते हैं कि वह शब्दशः 'अपवादात्मक' स्त्री है।"

उनके हृदय की सच्चाई शब्दों में व्यक्त हो रही थी। हम लोगों ने हृदय से उनका धन्यवाद किया और बिउर की ओर चल पड़े। हम लोग रास्ते में पूरी-सब्जी

खाने के लिये एक छोटे-से होटल में रुके। वहाँ श्री राइट को सरल हिंदू-पद्धति के अनुसार हाथ से भोजन करते देखने के लिये गाँव के लड़कों की भीड़ जमा हो गयी। बहुत भूख लगी होने के कारण हम सभी ने खूब भरपेट खाया; और यह अच्छा ही हुआ, क्योंकि हमें उस समय तो पता नहीं था, परन्तु वह दिन हमारे लिये कष्टसाध्य सिद्ध होने वाला था।

हमारा रास्ता अब दहकती धूप में तप्त धान खेतों से होते हुए पूर्व की ओर, बंगाल के वर्द्धमान क्षेत्र में वढ़ रहा था। घने वृक्षकुंजों के बीच से जाते रास्ते पर हम आगे बढ़े जा रहे थे। वृक्षों की विशाल छातों के समान शाखाओं के बीच से मैनाओं के और बुलबुलों के गीत झरते हुए आ रहे थे। बीच-बीच में कोई बैलगाड़ी भी रास्ते में मिल जाती; उसकी धुरी और लोहे का पट्टा चढ़े लकड़ी के पहियों की रिनिरिनि-मंजू-मंजू ध्वनि शहरों की डामर की सड़कों पर होने वाली ध्वनियों के एकदम विपरीत और तीव्र लग रही थी।

"डिक, ठहरो!" मेरे इस आकस्मिक चिल्लाने का फ़ोर्ड ने एक झटके के साथ विरोध किया। "फलों से अत्यधिक लदा वह आम का पेड़ चिल्ला-चिल्ला कर हमें बुला रहा है!"

बच्चों की तरह हम पाँचों ज़मीन पर बिखरे पड़े आमों की ओर दौड़ पड़े। उस वृक्ष ने अत्यंत उदारता के साथ अपने पके हुए फल धरती पर गिरा दिये थे।

एक सुप्रसिद्ध अंग्रेज़ी कविता के शब्दों में थोड़ा-सा फेरबदल करके मैंने नया पद बनाकर सुनायाः "कोई एक आम पैदा होता है दृष्टि से ओझल ही पड़ा रहने के लिये, और अपनी मधुरता को पथरीली भूमि में बर्बाद करने के लिये।"

"स्वामीजी, अमेरिका में ऐसा कुछ नहीं है? हँसते हुए मेरे एक बंगाली शिष्य शैलेश मजूमदार ने कहा।

"नहीं," आम और तृप्ति से भर कर मैंने स्वीकार किया। "पश्चिम में मुझे इस फल की कितनी याद आती थी! आम न हो तो हिंदू की स्वर्ग की कल्पना ही पूरी नहीं हो सकती!"

मैंने पत्थर मार कर सबसे ऊँची डाली पर लटकते एक सुन्दर फल को नीचे गिराया।

तीव्र धूप से तपे अमृतोपम फल को चूसते हुए मैंने पूछाः "डिक! सभी कैमरे कार में हैं न?"

"जी, गुरुजी! पीछे सामान में हैं।"

"यदि गिरिबाला सच्ची सन्त सिद्ध हुई, तो मैं पश्चिम में उनके बारे में लिखना चाहता हूँ। ऐसी प्रेरणाप्रद शक्तियों से युक्त हिंदू योगिनी को अनजान रहकर ही जीना मरना नहीं चाहिये—इनमें से अधिकांश आमों की तरह।"

आधा घंटा बीत जाने के बाद भी मैं उस शान्त वन सदृश प्रदेश में ही टहल रहा था।

तब श्री राइट ने कहा: "गुरुजी! हमें सूर्यास्त के पहले गिरिबाला के पास पहुँचना होगा, ताकि फ़ोटो निकालने के लिये पर्याप्त प्रकाश मिले।" फिर हँसते हुए उन्होंने कहा: "पाश्चात्य लोग बड़े संशयी होते हैं। यदि फ़ोटो न हों तो उनसे इस महिला संत में विश्वास करने की आशा नहीं की जा सकती!"

यह सुझबूझ ठीक ही थी। आम के लोभ से मुँह फेरकर मैं कार में जा बैठा।

"तुमने ठीक ही कहा, डिक! मैं पाश्चात्य यथार्थवाद की वेदी पर आम रूपी स्वर्ग की बलि देता हूँ। फ़ोटो तो हमारे पास अवश्य होने चाहिये!"

बैलगाड़ी के पहियों से बने धारापथों की झुर्रियाँ, सख्त हुई मिट्टी के फफोल आदि बुढ़ापे की जर्जरावस्था के दुःखद लक्षणों की बढ़ती संख्या के साथ रास्ता अधिकाधिक कष्टदायी होता जा रहा था। यदा-कदा हम सब लोग कार से उतरकर पीछे से धक्का लगाते थे ताकि श्री राइट कार को किसी प्रकार आगे बढ़ा सकें।

"लम्बोदर बाबू ठीक ही कह रहे थे," शैलेश ने स्वीकारा। "कार हमें नहीं ढो रही है, हम कार को ढो रहे हैं!"

कार में चढ़ते-उतरते जाने के क्रम से उत्पन्न उकताहट बीच-बीच में आते रहने वाले छोटे-छोटे गाँवों के दर्शन मात्र से ही खत्म हो जाती थी। हर गाँव नैसर्गिकता और प्रकृति की सरलता का सुन्दर दृश्य था।

श्री राइट ने अपनी यात्रा-दैनंदिनी में 5 मई 1936 की तारीख में लिखा है: "जंगल की छाया में बसे प्राचीन, प्रदूषण रहित गाँवों के ताड़ वृक्षों की कतारों के बीच से हमारा मार्ग बार-बार मुड़ता, घूमता जा रहा था। बहुत ही मोहक लगती हैं घास की छत और मिट्टी की दीवारों की छोटी-छोटी झोंपड़ियों की ये बस्तियाँ। हर झोंपड़ी के दरवाजे पर भगवान का कोई नाम लिखा हुआ है, आस पास छोटे-छोटे नंगे बच्चे अबोध भोलेपन के साथ खेल रहे हैं जो इस बिना बैलों की विशाल गाड़ी को अपने गाँव में से पागल की भाँति जाती हुई देखकर या तो इसे आँख फाड़-फाड़ कर देखने के लिये खड़े हो जाते हैं, या उत्तेजित होकर इधर-उधर दौड़ने लग जाते हैं। स्त्रियाँ घूँघटों में से ही एक बार झाँक लेती हैं, जब कि पुरुष अपनी उदासीनता

के नीचे कुतूहल को छिपाये रास्ते के किनारे ही सुस्ती में पड़े रहते हैं। एक जगह तो गाँव के सभी लोग मौजमस्ती करते हुए वहाँ के काफ़ी बड़े तालाब में नहा रहे थे (अपनी धोतियाँ पहनकर नहाने के बाद सूखी धोती लपेटकर वे गीली धोती छोड़ देते थे)। औरत पीतल के बड़े-बड़े गागरों में अपने घर पानी ले जाती हैं।

"रास्ता हमें हर्षप्रद टीले-टेकरियों पर से ऊपर-नीचे ले जा रहा था; कार में हम उछलते-लुढ़कते जा रहे थे। कार कभी एकदम नीचे जा कर छोटे-छोटे नदी-नालों में से जाती, तो कभी उनकी सूखी बालू में से फिसलती-खिंचती जाती; एक जगह अपूर्ण पुल के कारण दूर से चक्कर काट कर भी गई, और आख़िर लगभग पाँच बजे हम लोग अपने गन्तव्य स्थल बिउर के पास पहुँच गये। बाँकुरा जिले के भीतरी भाग में बसा, चारों ओर से घने जंगल के बीच में छिपा यह छोटा-सा गाँव बाहर के लोगों के लिये वर्षा के मौसम में दुर्गम बन जाता है। लोगों ने बताया कि तब नदी-नाले प्रचण्ड वेग से बहने लगते हैं और रास्ते साँपों के विष की तरह कीचड़ उगलते हैं।

"बाहर खुले मैदान में स्थापित ग्रामदेवता की पूजा कर घर लौट रहे लोगों के एक झुंड में से किसी को हमारे साथ आकर गिरिबाला का घर दिखाने के लिये जब हमने कहा तो दर्जन भर अधनंगे बच्चे दोनों तरफ से गाड़ी पर चढ़ गये।

"रास्ता खजूरों के झुरमुट में बसे मिट्टी के घरों की ओर जा रहा था, परन्तु वहाँ तक पहुँचने के पहले एक स्थान पर फ़ोर्ड खतरनाक हद तक टेढ़ी हो गयी, फिर आगे जाकर ज़ोर से ऊपर उछल कर नीचे गिरी। वह संकीर्ण रास्ता पेड़ों के और तालाबों के चक्कर लगाता हुआ, टेकरियों के ऊपर से, गड्ढों और बैलगाड़ी के गहरे धारापथों में से जा रहा था। कार पहले एक झाड़ी में अटक गयी, फिर मिट्टी के टीले पर ज़मीन में धँस गयी जहाँ से उसे मिट्टी के ढेले डाल-डाल कर निकाला गया। धीरे-धीरे, सावधानी से हम आगे-आगे बढ़ते ही जा रहे थे कि अचानक सामने ठीक रास्ते पर ही झाड़-झंखाड़ का एक ढेर पड़ा होने से रास्ता ही बंद हो गया था। हमें एक ढलान युक्त विशाल पत्थर से नीचे जाते हुए एक सूखे तालाब में उतरना पड़ा, जिससे बाहर आने के लिये कुछ ज़मीन छीलनी पड़ी और ढेले हटाने पड़े। बार-बार रास्ता ऐसा हो जाता था कि लगता था आगे जाना असंभव है, परन्तु तीर्थयात्रा तो पूरी होनी ही चाहिये! कुछ लड़कों ने अपने फावड़े लाकर रास्ते की सारी बाधाओं को हटा दिया (गणेशजी की कृपा!) और सैकड़ों बच्चे तथा उनके माता-पिता दूर से देखते रहे।

"इसके बाद बैलगाड़ी के अति प्राचीन-से लगने वाले धारापथ से हम धीरे-धीरे आगे सरकने लगे, औरतें अपनी झोंपड़ियों के दरवाज़ों से आँखें फाड़-फाड़ कर देख रही थीं, पुरुष कार के साथ-साथ और पीछे-पीछे चल रहे थे और बच्चे इस शोभायात्रा की भीड़ को बढ़ाते हुए इधर-उधर दौड़ रहे थे। हमारी कार इन रास्तों पर चली आने वाली शायद पहली ही मोटरगाड़ी थी। इस क्षेत्र में 'बैलगाड़ी संघ' ही सर्वशक्तिमान रहा होगा! हमने क्या खलबली मचा दी थी – एक अमेरिकन द्वारा चलायी जा रही फट-फट करती कार में बैठकर यह टोली उनकी प्राचीन ओट एवं पवित्रता पर आक्रमण करते हुए सीधे उनके अंतरंग एकान्त में पहुँच गयी थी!

"एक सँकरी गली के सामने हम रूके तो देखा कि गिरिबाला के पैतृक घर से केवल सौ फीट की दूरी के अंदर हम थे। रास्ते भर इतनी कठिनाइयों से जूझने के बाद और तिसपर यात्रा का अंत इतना बेढब होने के बाद वह घर देखकर हम लक्ष्य पूर्ति के रोमांच से पुलकित हो उठे। हम उस दो मंज़िला ईंट और प्लास्टर के घर की ओर बढ़े। आस-पास की मिट्टी की झोंपड़ियों पर यह घर पूरी तरह से हावी हो रहा था। घर की मरम्मत हो रही थी, क्योंकि उसके चारों ओर बाँस-बल्लियों का ढाँचा बना हुआ था।

"तीव्र उत्कंठा के साथ और भीतर से फूट पड़ते आनन्द को हृदय में ही दबाये हम उस पावन मूर्ति के दरवाज़े के सामने खड़े थे जिसे प्रभु ने अपने 'क्षुधारहित' स्पर्श से धन्य कर दिया था। इस अपूर्व दृश्य को निहारते छोटे-बड़े, नंगे, कपड़े पहने – सभी ग्रामवासी निरन्तर आश्चर्य से मुँह फाड़े हमारे पीछे-पीछे चल रहे थे। औरतें थोड़ी दूर-दूर रह रही थीं परन्तु उनकी जिज्ञासा स्पष्ट दीख रही थी; पुरुष और बच्चे तो सब संकोच छोड़कर सीधे हमारे पीछे ही थे।

"थोड़ी ही देर में एक नाटी सी मूर्ति दृष्टिगोचर हुई – यह थीं गिरिबाला! वे फीके सुनहरे-से रंग की साड़ी में लिपटी हुई थीं। भारतीय प्रथा के अनुसार घूँघट में से झाँकती हुई वे सकुचाती, कुछ झिझकती हुई सामने आयीं। घूँघट की छाया में उनकी आँखें तप्त अंगारों के समान तेजस्वी लग रही थीं। दया एवं आत्मज्ञान उनके चेहरे पर स्पष्ट झलक रहा था, किसी भी ऐहिक आसक्ति का वहाँ लवलेश नहीं था। ऐसे पवित्र चेहरे का दर्शन कर हम मुग्ध हो उठे।

"शालीनता के साथ, विनयपूर्वक वे हमारे पास आयीं और उन्होंने हमें अपने कैमरों से अनेक स्थिर फ़ोटो एवं चलचित्र लेने दिये। आसन में परिवर्तन, और प्रकाश की व्यवस्था आदि फ़ोटोग्राफ़ी की प्रकियाओं के दौरान वे शान्त मन

से, कुछ संकोच के साथ बैठी रहीं। आख़िर हमने भावी पीढ़ियों के लिये, पचास वर्षों से भी अधिक समय तक अन्न-जल के बिना जीवित रहने वाली संसार की एकमात्र नारी के अनेक फ़ोटो निकाल ही लिये। (टेरेसा नॉयमन 1923 से निराहार रह रही हैं) हमारे सम्मुख जब गिरिबाला खड़ी थीं, तो उनके चेहरे पर पूर्ण मातृभाव झलक रहा था। उनका सारा शरीर साड़ी से ढका हुआ था; आँखें नीचे की ओर झुकाये हुए उनका चेहरा, उनके हाथ और उनके छोटे-छोटे पाँवों के अतिरिक्त उनके शरीर का कोई भी हिस्सा दिखायी नहीं देता था। अपूर्व शान्ति से युक्त भोला चेहरा – चौड़ा, बच्चों का सा दिखता मुँह, नारीसुलभ सुडौल नासिका, छोटी तेजस्वी आँखें, शान्त मुस्कान।"

गिरिबाला के बारे में श्री राइट की जो धारणा है, वही मेरी भी है। आध्यात्मिकता भी उनकी चमकदार साड़ी की तरह ही उनसे लिपटी हुई थी। साधु-संन्यासियों को प्रणाम करने की गृहस्थों की प्रथा के अनुसार उन्होंने मुझे प्रणाम किया। उनकी सरल मधुरता और शान्त मुस्कान ने हमारा मधु मिश्रित शब्दों के आडम्बर से कहीं अधिक हार्दिक स्वागत किया। यात्रा की सारी कठिनाइयाँ और थकावट एक पल में हमारे दिमाग से निकल गयी।

गिरिबाला जी बरामदे में पालथी मार कर बैठ गयीं। वार्द्धक्य के चिह्न तो उनके शरीर पर दृष्टिगोचर हो रहे थे, पर उनकी काया क्षीण नहीं थी। उनकी साँवली त्वचा साफ और स्वस्थ थी।

मैंने बंगाली भाषा में बोलना प्रारम्भ किया, "माँ! पच्चीस वर्षों से अधिक समय से मैं इस तीर्थयात्रा के लिये उत्सुक था! मैंने स्थितिलाल नंदी बाबू से आपके पुनीत जीवन के बारे में सुना था।"

उन्होंने सहमतिदर्शक सिर हिलाते हुए कहाः "हाँ, हाँ, नवाबगंज के मेरे पड़ोसी।"

"इस बीच मैं सात समुद्रों के पार चला गया था, परन्तु आपके दर्शन करने का विचार मेरे मन से कभी निकला नहीं। आप यहाँ अज्ञात रह कर जो भव्य लीला कर रही हैं, उस आन्तरिक दिव्य आहार को सदियों से भूल चुके जगत के सामने प्रकट किया जाना चाहिये।"

एक मिनट के लिये उन्होंने आँखें ऊपर उठायीं। शान्त उत्सुकता के साथ वे मुस्करा रही थीं।

"वह सब तो बाबा ही जाने," उन्होंने नम्रता के साथ कहा।

उन्होंने मेरी बात का बुरा नहीं माना, इसी की मुझे खुशी थी, क्योंकि प्रसिद्धि के विचार पर योगियों और योगिनियों की क्या प्रतिक्रिया होगी यह कभी कहा नहीं जा सकता। साधारणतः वे प्रसिद्धि से दूर ही रहते हैं, क्योंकि लोगों से दूर रहकर एकान्त में गहरा आत्मानुसंधान करने की ही उनकी इच्छा होती है। जब जिज्ञासु लोगों की भलाई के लिये उनके जीवन को खुले आम प्रदर्शित करने का समय आता है, तब उन्हें अपने अन्तर में उसका संदेश मिल जाता है।

मैंने कहा: "माँ! मैं अभी जो प्रश्नों का बोझा आपके ऊपर डालने वाला हूँ, उसके लिये मुझे क्षमा कीजिये। जिन प्रश्नों के उत्तर देने में आपको खुशी होगी, केवल उन्हीं प्रश्नों के उत्तर दीजिये। आपके मौन को भी मैं समझ सकता हूँ।"

उन्होंने बड़ी ही विनम्रता और मधुरता के साथ अपने हाथ फैलाते हुए कहा: "जहाँ तक मुझ जैसी अकिंचन स्त्री प्रश्नों के ठीक उत्तर दे सकती है, मुझे सब प्रश्नों के उत्तर देने में खुशी ही होगी।"

"नहीं, नहीं, अकिंचन नहीं! मैंने अपने हृदय की गहराई से इस बात का विरोध किया। आप एक महान आत्मा हैं।"

"मैं तो सबकी विनम्र सेविका हूँ" फिर उन्होंने अत्यन्त मधुरता के साथ कहा: "मुझे खाना बनाने में और लोगों को खिलाने में आनन्द आता है।"

मेरे मन में विचार आया, एक निराहारी संत के लिये यह बड़ा विचित्र शौक है।

"माँ! मुझे अब अपने मुँह से बताइये—क्या आप सचमुच निराहार रहती हैं?"

"हाँ, यह सच है।" कुछ देर के लिये वे चुप हो गयीं। उन्होंने आगे जो बताया, उससे स्पष्ट हो गया कि वे मन में गणित कर रही थीं। "बारह वर्ष चार माह की आयु से लेकर अब मेरी अड़सठ वर्ष की आयु तक – छप्पन वर्ष से अधिक समय से – मैंने कुछ भी खाया या पिया नहीं है।"

"क्या आपको कभी खाने की इच्छा भी नहीं होती?"

"यदि मुझे खाने की इच्छा होती, तो मुझे खाना ही पड़ता।" अत्यंत सरलता से परन्तु उतनी ही शालीनता के साथ उन्होंने उस स्वयं सिद्ध सत्य का उच्चारण किया, जो दिन में तीन बार भोजन की कल्पना के ही चारों ओर घूमते रहने वाले संसार को बहुत अच्छी तरह ज्ञात है!

"परन्तु आप कुछ तो अवश्य खाती होंगी!" मेरे स्वर में किंचित प्रतिवाद का भाव था।

“हाँ, अवश्य!” मेरा आशय तुरन्त उनकी समझ में आ गया और वे मुस्करा पड़ीं।

“हवा और सूर्यप्रकाश की सूक्ष्म शक्तियों से तथा मेरूशीर्ष के माध्यम से आपके शरीर को नवशक्ति प्रदान करने वाले महाप्राण से आपको पोषण मिलता है।”

“बाबा सब जानते हैं।” अपने शान्त, किसी बात पर ज़ोर न देने के ढंग से उन्होंने पुनः स्वीकार किया।

“माँ! अपने आरम्भिक जीवन के बारे में कुछ बताइये। पूरे भारत को, और यहाँ तक कि समुद्रपार रहने वाले हमारे भाई-बहनों को भी उस के बारे में जानने की गहरी इच्छा होगी।”

अब गिरिबाला जी अपने मित-भाषण के स्वभाव को एक ओर हटाकर खुल कर वार्तालाप करने की मनःस्थिति में आ गयीं।

“ठीक है। सुनिये।” उनकी आवाज़ सौम्य परन्तु दृढ़ थी। “मेरा जन्म इसी वन्य क्षेत्र में हुआ था। मेरे बचपन के बारे में बताने लायक कुछ नहीं है, सिवाय इसके कि मुझे सदा ही भयंकर भूख लगी रहती थी और मेरी भूख कभी शान्त नहीं होती थी।

“जब मैं लगभग नौ वर्ष की थी, तब मेरी सगाई हो गयी।

“मेरी माँ प्रायः मुझे चेतावनी दिया करती थीः ‘बेटी! खाने की इच्छा पर नियंत्रण करने का प्रयत्न कर। जब विवाह हो जाने के बाद तुझे अपने पति के घर में अनजान लोगों के बीच रहना पड़ेगा, तब यदि तू खाने में ही सारा समय बिताती रही तो वे लोग क्या सोचेंगे?’

“जिस बात का माँ को डर था वही हुआ। जब मैं नवाबगंज में अपने पति के घर रहने गयी तो मेरी उम्र केवल बारह वर्ष की थी। सतत खाते रहने की मेरी आदत के कारण मेरी सास सुबह से रात तक दिन भर मुझे लज्जित करती थीं। परन्तु उनकी उन फटकारों में वरदान छुपा हुआ था, क्योंकि उनके कारण ही मेरी सुप्त आध्यात्मिक प्रवृत्तियाँ जाग उठीं। एक दिन सुबह सास ने वहुत ही कठोर वचन कह दिये।

“मैंने भी झल्लाकर कहाः ‘मैं शीघ्र ही आपको दिखा दूँगी कि जब तक मैं जीवित रहूँगी, तब तक अन्न का स्पर्श नहीं करूँगी।’

“मेरी सास ने उपहास करते हुए कहाः ‘अच्छा! जब तुम अत्यधिक खाये बिना नहीं रह सकती, तो कुछ भी खाये बिना कैसे रहोगी?’

"इस बात का मेरे पास कोई उत्तर नहीं था। फिर भी एक वज्र संकल्प मेरे मन में घुस गया था। एकान्त स्थान में जाकर मैं उत्कट प्रार्थना करने लगी।

"'प्रभु!' मैं अनवरत प्रार्थना कर रही थी, 'मेरे पास एक ऐसा गुरु भेजिये जो मुझे अन्न के बदले आपके प्रकाश से जीवित रहना सिखा सके।'

"अत्यानन्द के साथ-साथ एक तन्द्रा-सी मुझ पर छा गयी। उस तन्द्रा में मैं नवाबगंज के गंगाघाट की ओर चल पड़ी। रास्ते में मेरे ससुराल के पुरोहित से मेरी मुलाकात हो गयी।

"मैंने उन पर पूर्ण विश्वास रखते हुए उनसे कहा: 'महाराज! कृपा करके मुझे निराहार जीवित रहने का उपाय बताइये।'

"वे मेरी ओर देखते ही रह गये। आख़िर सांत्वनादायक स्वर में उन्होंने कहा: 'बेटी! आज शाम मन्दिर में आ जाओ। मैं तुम्हारे लिये एक विशेष वैदिक अनुष्ठान करूँगा।'

"ऐसे अनिश्चित उत्तर से मेरी तृप्ति नहीं हुई, अतः मैं घाट की ओर चलती ही गयी। प्रातःकालीन सूर्य की किरण पानी को भेद कर अन्दर तक पहुँच रही थीं। मैं गंगास्नान कर शुद्ध हुई, मानो कोई दीक्षा लेने जा रही हो। जैसे ही मैं अपने गीले वस्त्रों में ही गंगा तट से जाने लगी, दिन के उजाले में मेरे गुरुदेव अचानक हवा में से मेरे सामने प्रकट हुए!

"अत्यंत प्रेम और सहानुभूति भरे स्वर में गुरुदेव ने कहा: 'बेटी! मैं ही वह गुरु हूँ जिसे भगवान ने तुम्हारी व्याकुल प्रार्थना की पूर्ति करने के लिये भेजा है। तुम्हारी प्रार्थना के असामान्य स्वरूप का भगवान पर गहरा प्रभाव पड़ा है! आज से तुम सूक्ष्मप्रकाश से ही जीवित रहोगी; तुम्हारे शरीर के अणु-परमाणु ब्रह्माण्ड में व्याप्त अनंत प्रवाह से सीधे नवशक्ति प्राप्त करेंगे।' "

इतना कहकर गिरिबाला जी चुप हो गयीं। मैंने श्री राइट की पेन्सिल और पैड ले ली और इसमें से कुछ बात उनकी समझ में आने के लिये अंग्रेज़ी में अनुवाद कर लिख दी।

गिरिबाला जी ने अपनी कहानी आगे शुरू की। उनकी सौम्य, मृदु आवाज़ कठिनाई से ही सुनने आ रही थी। "घाट निर्जन था, परन्तु फिर भी मेरे गुरुदेव ने हमारे चारों ओर एक संरक्षक प्रकाश का वलय निर्माण कर दिया ताकि नहाने के लिये देर से आने वाले इक्के-दुक्के लोग भी हमारे विधि-संस्कार में बाधा न डाल सकें। फिर उन्होंने मुझे एक ऐसी किया प्रविधि की दीक्षा दी, जो शरीर को मर्त्य

लोगों की स्थूल अन्न पर निर्भरता से मुक्त कर देती है। उस प्रविधि में एक मंत्र है और श्वास का एक ऐसा व्यायाम है जो साधारण मनुष्य के लिये करना कुछ ज़्यादा ही कठिन है। और इसमें न कोई जादू है, न दवाई है; क्रिया के अतिरिक्त कुछ भी नहीं।"

अमेरिकन संवाददाताओं की शैली में, जिन्होंने अनजाने में अपनी कला मुझे सिखा दी थी, मैंने गिरिबाला जी से अनेक विषयों पर प्रश्न किये, जिनके बारे में मुझे लगा कि संसार उन्हें जानने के लिये उत्सुक रहेगा। उन्होंने थोड़ी-थोड़ी करके जो जानकारी मुझे दी, वह इस प्रकार हैः

"मुझे कभी कोई संतान नहीं हुई। अनेक वर्ष पहले मैं विधवा हो गयी। मैं बहुत कम सोती हूँ क्योंकि मेरे लिये सोना और जागना एक समान ही है। रात को मैं ध्यान करती हूँ और दिन में घर के कामकाज करती हूँ। जब ऋतु बदलते हैं, तब मुझे वातावरण में किंचित् फर्क अनुभव होता है। मैं कभी बीमार नहीं पड़ी और न ही मुझे कभी कोई रोग हुआ। जब संयोग से कभी चोट लग जाती है, तब किंचित् दर्द-सा होता है। मेरे शरीर से किसी प्रकार का कोई मल-निस्सारण नहीं होता। मैं अपने हृदय की धड़कन और श्वास को नियंत्रित कर सकती हूँ। अन्तर्दर्शनों में मुझे प्रायः ही अपने गुरु के तथा अन्य महात्माओं के दर्शन होते हैं।"

मैंने पूछाः "माँ! निराहार जीवित रहने की पद्धति आप दूसरों को क्यों नहीं सिखातीं?"

संसार के भूखों मरने वाले करोड़ों लोगों के लिये मेरे मन में जो आशा जागी थी, वह क्षणभर में चूर-चूर हो गयी।

"नहीं।" उन्होंने नकारार्थी सिर हिलाते हुए कहा। "मेरे गुरुदेव ने इस रहस्य को कभी किसी पर प्रकट न करने का सख्त आदेश दे रखा है। वे ईश्वर की सृष्टि-लीला में किसी प्रकार से दखल देना नहीं चाहते। यदि मैं अनेक लोगों को निराहार रहना सिखा दूँ तो किसान लोगों को भी वह अच्छा नहीं लगेगा! रसभरे फल भूमि पर बेकार ही पड़े रहेंगे। ऐसा लगता है कि दुःख, भुखमरी और जरा-व्याधि हमारे ही कर्मों के चाबुक हैं जो हमें अंततः जीवन के सच्चे अर्थ को जानने का प्रयास करने पर विवश करते हैं।"

मैंने धीरे-धीरे कहाः "माँ! अकेले आप को ही निराहार रहने का सामर्थ्य देने का क्या उपयोग?"

"यह सिद्ध करने के लिये कि मनुष्य आत्मा है।" उनका चेहरा ज्ञान के तेज से प्रदीप्त हो उठा। "यह दिखाने के लिये कि दैवी उन्नति द्वारा मनुष्य धीरे-धीरे सनातन तेज से जीवित रह सकता है, कि उसे अन्न की कोई आवश्यकता नहीं रहती।"

संत गिरिबाला जी ध्यान की एक गहरी अवस्था में उतर गयीं। उनकी दृष्टि अन्तर में लग गयी थी; उनकी शान्त आँखों में कोई भाव नहीं रहा।

उन्होंने एक विशिष्ट निःश्वास छोड़ा, जो समाधि की परमानन्दमय श्वासरहित अवस्था में प्रवेश करने से पहले छूटता है। थोड़ी देर के लिये वे आंतरिक आनन्द के उस स्वर्ग में पहुँच गयीं जहाँ कोई प्रश्न नहीं पूछे जाते।

रात का अंधेरा छा गया था। मिट्टी के तेल के एक छोटे-से दीये का प्रकाश वहाँ अंधेरे में चुपचाप बैठे अनेक ग्रामीणों के सिर पर टिमटिमा रहा था। इधर-उधर उड़ते जुगनू और दूर स्थित झोंपड़ियों के तेल के दीये मखमली रात में विचित्र-सी लगने वाली उज्ज्वल आकृतियाँ निर्माण कर रहे थे। विदाई का दुःखदायी समय आ गया था। हमारे सामने कष्टप्रद यात्रा पड़ी हुई थी।

जब गिरिबाला जी ने आँखें खोलीं, तब मैंने उनसे कहाः "गिरिबालाजी, मुझे अपने पास रखने के लिये अपनी कोई निशानी दीजिये – आपकी किसी साड़ी का एकाध टुकड़ा।"

थोड़े ही समय में वे बनारसी सिल्क का एक टुकड़ा ले आयीं और उसे अपने हाथ में रखकर आगे बढ़ाते हुए वे अचानक ज़मीन पर लोट कर मुझे साष्टांग प्रणाम करने लगीं।

भक्ति और आदर से भरकर मैंने कहाः "माँ! मुझे ही अपने पवित्र चरणों का स्पर्श करने दो!"

प्रकरण—47

मैं पश्चिम लौटता हूँ

"मैंने भारत और अमेरिका में योग पर अनेक शिक्षात्मक प्रवचन दिये हैं; परन्तु आज मुझे यह स्वीकार करना ही पड़ेगा कि एक हिंदू होने के नाते आज अंग्रेज़ शिष्यों के लिये यह कक्षा लेते हुए मुझे विशेष खुशी हो रही है।"

लंदन के मेरी कक्षा के सदस्य दिल खोलकर हँसे। कोई राजनीतिक उथल-पुथल कभी हमारी योग शान्ति में विघ्न नहीं बनती थी।

भारत अब एक पुण्यस्मृति मात्र बन कर रह गया था। यह सितम्बर 1936 है। मैं इंग्लैण्ड में सोलह महीने पूर्व दिये गये उस वचन की पूर्ति करने आया हूँ कि लंदन में पुनः व्याख्यान दूँगा। इंग्लैण्ड भी योग के कालजयी संदेश को ग्रहण करने के लिये उत्सुक है। ग्रॉसवेनर हाऊस में मेरे नियत स्थान पर संवाददाताओं तथा न्यूज़ रील बनाने वाले कैमरामैनों की भीड़ लगी रहती थी। ब्रिटिश नेशनल कौंसिल ऑफ़ द वर्ल्ड फ़ेलोशिप ऑफ़ फ़ेथ्स ने 29 सितम्बर को व्हाइटफ़ील्ड कांग्रीगेशनल चर्च में एक सभा का आयोजन किया, जिसमें मैंने "परस्पर बंधुभाव में विश्वास मानव सभ्यता की रक्षा कैसे कर सकता है" (How Faith in Fellowshhip May Save Civilization) इस भारी भरकम विषय पर व्याख्यान दिया। कैक्सटन हॉल में रात आठ बजे होने वाले व्याख्यानों में इतनी भीड़ हो जाती थी कि दो बार हॉल की क्षमता से अधिक हुए लोग विन्डसर हाऊस ऑडिटोरियम में बैठकर साढ़े नौ बजे के दूसरे व्याख्यान की प्रतीक्षा करते रहे। इसके बाद के सप्ताहों में ये कक्षाएँ इतनी

अधिक बड़ी हो गयीं कि श्री राइट को इन्हें दूसरे बड़े हॉल में स्थानान्तरित करने की व्यवस्था करनी पड़ी।

अंग्रेज़ों की दृढ़संकल्पता आध्यात्मिक संबंधों में भी अद्भुत रीति से अभिव्यक्त होती है। लंदन से मेरे प्रस्थान के बाद वहाँ के योगाभ्यासियों ने निष्ठापूर्वक एक सेल्फ-रियलाइज़ेशन फ़ेलोशिप केन्द्र का गठन किया और युद्ध के दारुण वर्षों में भी नियमित रूप से साप्ताहिक ध्यान-सभाओं का आयोजन करते रहे।

इंग्लैण्ड में बिताये हुए वे कई सप्ताह मेरे लिये अविस्मरणीय बन गये हैं। कई दिनों तक लंदन में और फिर लंदन से बाहर सुन्दर ग्रामीण क्षेत्रों में हम दृश्यावलोकन के लिये जाते थे। इंग्लैण्ड के महान् कवियों और उसके इतिहास में वर्णित महान वीरों के जन्मस्थानों एवं समाधियों का दर्शन करने के लिये श्री राइट ने और मैंने अपनी विश्वसनीय फ़ोर्ड का ही सहारा लिया।

हम लोग अक्तूबर के अन्त में साउथैम्पटन से ब्रेमेन नाम के जहाज पर सवार होकर अमेरिका के लिये चल पड़े। न्यू यॉर्क के बन्दरगाह में स्थित भव्य स्टैच्यू ऑफ़ लिबर्टी दृष्टिपथ में आते ही आनन्द के अतिरेक से हमारे कंठ अवरूद्ध हो गये।

प्राचीन भूमियों पर कठिनाइयों से जूझते-जूझते हमारी फ़ोर्ड कुछ ढीली तो पड़ गयी थी, पर अब भी वह समर्थ थी; अब वह पूरे अमेरिका महाद्वीप को पार कर कैलिफ़ोर्निया जाने के लिये चल पड़ी। 1936 का अंत आ गया और यह लो! माऊण्ट वाशिंगटन।

प्रतिवर्ष लॉस एंजेलिस के केन्द्र में क्रिसमस का उत्सव मनाया जाता है, जिसमें 24 दिसम्बर (आध्यात्मिक क्रिसमस) को आठ घंटे का सामूहिक ध्यान होता है और अगले दिन (सामाजिक क्रिसमस) एक भोज होता है। तीन विश्वयात्रियों के लौट आने पर उन का स्वागत करने के लिये दूर-दूर से आये अनेकानेक मित्रों एवं शिष्यों की उपस्थिति से इस वर्ष के उत्सव में उत्साह और भी अधिक बढ़ गया था।

क्रिसमस दिवस के भोज में पंद्रह हज़ार मील दूर से लाये गये कुछ विशेष पदार्थों का भी समावेश थाः कश्मीर के गुच्ची मशरूम, डिब्बाबंद रसगुल्ला और आम का रस, पापड़, आइसक्रीम को सुगन्धित करने के लिये केवड़े के फूल का तेल। शाम को हम सब लोग एक विशाल, जगमगाते क्रिसमस-वृक्ष के चारों ओर एकत्रित हो गये। पास ही अँगीठी में सुगंधी साइप्रस की लकड़ियाँ पट-पट आवाज़ करती हुई जल रही थीं।

उपहारों के आदान-प्रदान का समय आ गया! पृथ्वी के दूर-दूर के कोनों से – फिलिस्तीन, मिस्र, भारत, इंग्लैण्ड, फ्रांस, इटली – से उपहार लाये गये थे। अमेरिका में रहने वाले प्रियजनों के लिये खरीदे गये उपहार किसी चोर उचक्के के हाथ न लग जाये, इसलिये हर देश के जंक्शन पर श्री राइट ने कितनी मेहनत से बार-बार पेटियों की गिनती की थी! फिलिस्तीन के पवित्र जैतून वृक्ष के फलक, बेल्जियम और हॉलैंड की नाज़ुक झालरें एवं कशीदाकारी के काम, ईरानी गलीचे, अत्यंत बारीक बुनावट वाली कश्मीरी शालें, मैसूर के सदा सुगंधित रहने वाले चंदन के ट्रे, मध्य प्रदेश के शिव पत्थर, दीर्घकाल पूर्व लुप्त भारतीय राजवंशों के सिक्के, रत्नखचित फूलदानियाँ और प्यालियाँ, छोटी-छोटी प्रतिकृतियाँ, पर्दे, धूप, अगरबत्ती, इत्र, स्वदेशी कॉटन प्रिंट्स लाख के काम की वस्तुएँ, मैसूर की हस्तिदन्त की कलाकृतियाँ, ईरान की लम्बी नोक वाली जूतियाँ, विचित्र-सी लगने वाली परन्तु काफ़ी मेहनत से चारों ओर नक्काशी का काम कर सुन्दर बनायी हुई प्राचीन पांडुलिपियाँ, मखमली ज़रीदार कपड़े, गाँधी टोपियाँ, मिट्टी के बर्तन, टाईल्स, पीतल की कलाकृतियाँ, ध्यान के आसन – तीन महाद्वीपों से जमा किया गया खज़ाना!

क्रिसमस वृक्ष के नीचे रखी विशाल ढेरी में से अत्यंत आकर्षक ढंग से पैक की हुई एक-एक वस्तु उठाकर मैं वितरित करने लगा।

"सिस्टर ज्ञानमाता!" मधुर मुखारविंद और गहन अनुभूति वाली उस संत प्रकृति की महिला को मैंने एक लम्बा डिब्बा दिया। मेरी अनुपस्थिति में ये ही माऊण्ट वाशिंगटन केन्द्र की प्रभारी थीं। उस डिब्बे में से महीन कागज़ में लिपटी सुनहरी बनारसी साड़ी उन्होंने निकाली।

"धन्यवाद, गुरुदेव! यह मेरी दृष्टि के सामने भारत का शानदार दृश्य उपस्थित कर रही है।"

"श्री डिकिन्सन!" इस दूसरे पैकेट में जो उपहार था, उसे मैंने कोलकाता के एक बाज़ार में खरीदा था। उस समय मेरे मन में विचार आया था: "श्री डिकिन्सन को यह पसन्द आयेगा।" मेरे यह प्रिय शिष्य श्री ई. ई. डिकिन्सन 1925 में माऊण्ट वाशिंगटन केन्द्र की स्थापना से लेकर अब तक प्रत्येक क्रिसमस उत्सव में उपस्थित रहे थे।

इस ग्यारहवें वार्षिक उत्सव में वे उस चौकोनी पैकेट के फीते खोलते मेरे सामने खड़े थे।

"चाँदी का गिलास!" भावावेग को रोकने का प्रयास करते हुए वे पानी पीने के उस लम्बे गिलास को एकटक देख रहे थे। वे कुछ दूरी पर जाकर ऐसे बैठ गये, मानो उन्हें कोई सुध-बुध ही न रही हो। अपनी सांताक्लॉज़ की भूमिका फिर शुरू करने से पहले मैं उनकी ओर स्नेह भरी दृष्टि से देखकर मुस्कराया।

सब उपहारों के दाता उस परमदाता की प्रार्थना के साथ भावपूर्ण उद्गारों की उस शाम का समापन हुआ। उसके बाद कुछ देर तक सब मिलकर क्रिसमस कैरोल्स गाते रहे।

कुछ दिन बाद श्री डिकिन्सन और मैं बातचीत कर रहे थे।

उन्होंने कहाः "गुरुदेव! चाँदी के गिलास के लिये मेरा हार्दिक धन्यवाद कृपया स्वीकार कीजिये। क्रिसमस की उस रात मुझे आपको धन्यवाद देने के लिये शब्द नहीं मिल रहे थे।"

"मैं वह गिलास खास तुम्हारे लिये ही लाया था।"

"तैंतालीस वर्षों से मैं उस चाँदी के गिलास की प्रतीक्षा करता आ रहा हूँ! यह लम्बी कहानी है जो अब तक मैंने अपने हृदय में ही छिपा कर रखी है।" श्री डिकिन्सन ने कुछ संकोच के साथ मेरी ओर देखा।

"इसकी शुरूआत बड़ी नाटकीय थी। मैं पानी में डूब कर मर रहा था। घटना नेब्रास्का राज्य में एक छोटे शहर की है। मेरे बड़े भाई ने एक दिन खेल-खेल में मुझे पंद्रह फुट गहरे तालाब में ढकेल दिया। तब मैं केवल पाँच वर्ष का था। जब मैं दूसरी बार पानी के नीचे डूबने लगा, तभी सारे अंतरिक्ष को प्रकाशमान करता हुआ एक बहुरंगी दीप्तिमान प्रकाश प्रकट हुआ। उस प्रकाश के बीच में एक पुरुष की आकृति थी। उस पुरुष की आँखें अत्यंत शान्त थीं और उसके चेहरे पर अभय दान करने वाली मुस्कान थी। जब तीसरी बार फिर मेरा शरीर पानी के नीचे जाने लगा तो मेरे भाई के एक साथी ने पास में खड़े एक लम्बे, पतले पेड़ को नीचे झुका दिया जिससे मेरी उँगलियाँ उस पेड़ को पकड़ सकीं। तब उन लड़कों ने मुझे किनारे पर खींच लिया और मेरा प्रथमोपचार किया।

"इस घटना के बारह वर्ष बाद, जब मैं सत्रह वर्ष का युवक हो गया था, तब एक दिन अपनी माँ के साथ शिकागो गया। वह 1893 का सितम्बर का महीना था। विख्यात विश्व धर्म संसद का अधिवेशन चल रहा था। माँ और मैं एक मुख्य सड़क पर पैदल जा रहे थे, कि पुनः उसी प्रकार का दीप्तिमान प्रकाश मेरी आँखों के आगे कौंध गया। हम से कुछ ही कदम की दूरी पर वही पुरुष मुझे आराम से

टहलता दिखायी पड़ा, जिसका मुझे वर्षों पहले डूबते समय दर्शन हुआ था। वह पुरुष एक विशाल सभागृह के पास जाकर उसके दरवाज़े में से अन्दर घुस कर अदृश्य हो गया।

"मैं चीख पड़ाः 'माँ! यह वही आदमी था जो मेरे डूबते समय प्रकट हुआ था!'

"माँ और मैं तुरन्त सभागृह में जा पहुँचे। वह पुरुष व्याख्यान मंच पर बैठा हुआ था। थोड़ी देर में हमें पता चल गया कि वह पुरुष भारत के स्वामी विवेकानन्द थे। उन्होंने आत्मा को झंझोड़ देने वाला व्याख्यान दिया। उनका व्याख्यान समाप्त होने के बाद मैं उनसे मिलने आगे गया।

मुझे देखते ही वे इस प्रकार मुस्कराये मानों हम पुराने मित्र हों। मैं इतना छोटा था कि अपनी भावनाओं को व्यक्त करने की अक्ल मुझमें अभी नहीं आयी थी, परन्तु मन ही मन मैं आशा कर रहा था कि वे मेरे गुरु बनेंगे। उन्होंने मेरे मन की बात पढ़ ली।

"'नहीं बेटा! मैं तुम्हारा गुरु नहीं हूँ।' स्वामी विवेकानन्द ने अपनी सुन्दर, भेदक आँखों से मेरी आँखों में देखते हुए कहा। 'तुम्हारे गुरु बाद में आयेंगे। वे तुम्हें चाँदी का एक गिलास देंगे।' थोड़ी देर रूक कर मुस्कराते हुए उन्होंने कहाः 'अभी तुम जितने आशीर्वादों को ग्रहण कर सकते हो, उससे कहीं अधिक आशीर्वाद वे तुम्हारी झोली में डालेंगे।'

"थोड़े ही दिनों में मैं शिकागो से लौट आया और उसके बाद मुझे पुनः कभी महान् विवेकानन्द का दर्शन नहीं हुआ। परन्तु उनके मुख से निकला एक-एक शब्द मेरी अंतर्तम चेतना पर अमिट रूप से अंकित हो गया। वर्षों पर वर्ष बीतते गये; कोई पुरुष नहीं आया। 1925 में एक रात मैंने बहुत गहराई से प्रार्थना की कि भगवान मेरे गुरु को मेरे पास भेज दें। कुछ घंटों बाद कर्णमधुर संगीत से मेरी नींद खुल गयी। बाँसुरियाँ एवं अन्य वाद्य लिये कुछ देवदूत मेरी दृष्टि के सामने प्रकट हुए। कुछ देर तक सारे वातावरण को स्वर्गीय संगीत से भरकर वे धीरे-धीरे अदृश्य हो गये।

"दूसरे ही दिन यहाँ लॉस एंजेलिस में मैं पहली बार आपके एक व्याख्यान में आया और उसी समय मुझे पता चल गया कि मेरी प्रार्थना पूरी कर दी गयी है।

हम दोनों चुपचाप एक दूसरे की ओर देखकर मुस्कराये।

"'ग्यारह वर्षों से मैं आपका क्रिया योग का शिष्य हूँ,' श्री डिकिन्सन ने फिर कहना शुरू किया। कभी-कभी चाँदी के गिलास के बारे में सोचता रहता था। अपने

मन को तो मैंने लगभग विश्वास ही दिला दिया था कि स्वामी विवेकानन्द के शब्द केवल सांकेतिक थे।

"परन्तु क्रिसमस की उस रात जब क्रिसमस-वृक्ष के पास आपने वह डिब्बा मेरे हाथ में दिया, तब जीवन में तीसरी बार वही दीप्तिमान प्रकाश मेरी आँखों के सामने फिर कौंध गया। दूसरे ही क्षण मेरी आँखें अपने गुरु के उस उपहार को देख रही थीं, जिसे स्वामी विवेकानन्द ने तैंतालीस वर्ष पहले देखा था—चाँदी का गिलास!"

प्रकरण—48

एन्सिनीट्स (कैलिफ़ोर्निया) में

"आपके लिये एक आश्चर्य है, गुरुदेव! आप जब अमेरिका से बाहर थे, तब हमने एन्सिनीट्स के इस आश्रम का निर्माण करवा लिया। यह आपके घर लौट आने की खुशी में आपके लिये हमारी ओर से एक भेंट है!" श्री लिन, सिस्टर ज्ञानमाता, दुर्गा माँ और कुछ अन्य भक्त मुझे एक प्रवेश द्वार से अन्दर ले जाकर एक रास्ते से ऊपर ले जा रहे थे, जिसके दोनों ओर छायादार वृक्ष थे।

सामने एक सफेद भवन दिखायी पड़ा। सागर किनारे वह भवन ऐसा लग रहा था मानों नीले समुद्र जल में कोई विशाल सफेद जहाज खड़ा हो। पहले तो मैं अवाक् रह गया, फिर केवल "ओह" और "आह" जैसे उद्‌गार ही मुख से निकलते रहे। अन्ततः आनन्द और कृतज्ञता को व्यक्त करने में शब्दों को असमर्थ पाकर मैं आश्रम का निरीक्षण करने लगा। उसमें असाधारण रूप से बड़े सोलह कमरे थे। प्रत्येक कमरा सुन्दर रीति से सजाया गया था।

छत तक ऊँची बड़ी-बड़ी खिड़कियों से युक्त विशाल मध्यवर्ती हॉल से हरियाली, समुद्र और आकाश का सुन्दर दृश्य दिखता है मानों पन्ना, क्षीरस्फटिक और नीलम का अत्यंत प्रमाणबद्ध प्रयोग कर नितान्त सुन्दर चित्र बनाया गया हो। हॉल में स्थित विशाल अँगीठी के ऊपर ईसा मसीह, बाबाजी, लाहिड़ी महाशय तथा श्रीयुक्तेश्वरजी की तस्वीरें लगी हुई हैं। देखकर मुझे ऐसा लगा मानों वे उस शान्त पाश्चात्य आश्रम पर अपने आशीर्वादों की वर्षा कर रहे हों।

हॉल के सीधे नीचे, खड़े तट में ध्यान के लिये दो गुफाएँ बनायी गयी हैं। इन गुफाओं के सामने केवल अनंत आकाश और अनंत सागर ही है। आश्रम परिसर में सूर्यस्नान के लिये ओट में बने स्थान हैं, शान्त वृक्षकुंज और उन तक जाने वाली पत्थर की पगडंडियाँ हैं, गुलाब के बगीचे हैं, नीलगिरि के वृक्षों का एक कुंज है तथा एक फलोद्यान है।

"ईश्वर करे कि सन्तों की महान् और वीर आत्माएँ यहाँ आएँ और हमारे साथ सदा यहाँ रहकर पृथ्वी के समान सरल और आकाश के समान दूर तक पहुँचने वाले अपने आशीर्वादों से हमें कृतार्थ करें!" (आश्रम के एक दरवाज़े पर मनुष्य के निवास स्थान के लिये "ज़ेन्ड-अवस्ता" में दी गयी यह प्रार्थना लटकायी हुई है)।

कैलिफ़ोर्निया के एन्सिनीट्स गाँव में यह विस्तृत आश्रम श्री जेम्स जेलिन की ओर से सेल्फ़-रियलाइज़ेशन फ़ेलोशिप के लिये देन है। श्री लिन 1932 में क्रियायोग की दीक्षा लेने के बाद से निष्ठावान क्रियायोगी रहे हैं। अंतहीन ज़िम्मेदारियाँ सँभालने वाले अमेरिकन उद्योगपति होते हुए भी (वे विशाल तेल उद्योगों के तथा संसार की सबसे बड़ी अग्निबीमा कंपनी के मालिक हैं) श्री लिन को प्रति दिन लम्बे एवं गहरे क्रिया योग ध्यान के लिये समय मिल जाता है। इस प्रकार का संतुलित जीवन जीते हुए उन्होने समाधि में अविचल शान्ति प्राप्त कर ली है।

मैं जब भारत और यूरोप में था (जून 1935 से अक्तूबर 1936 तक) तब श्री लिन ने कैलिफ़ोर्निया से मेरे साथ पत्र व्यवहार करने वाले लोगों से मिलकर एक प्रेमपूर्ण षड्यंत्र रचा कि एन्सिनीट्स आश्रम के निर्माण की कोई खबर-वार्ता मुझ तक न पहुँच पाये। कितना सुखद आश्चर्य था यह!

पहले कई बार सागर तट पर एक छोटा-सा आश्रम बनाने के लिये जगह की तलाश करते हुए मैंने कैलिफ़ोर्निया का पूरा सागर किनारा छान डाला था। जब भी मुझे कोई योग्य स्थान मिलता तब उसमें कोई न कोई विघ्न आता और मेरी योजना धरी की धरी रह जाती। आज एन्सिनीट्स में कई एकड़ भूमि पर बने इस आश्रम पर दृष्टि फेरते हुए श्रीयुक्तेश्वरजी की बहुत पहले की हुई भविष्यवाणी की पूर्ति मुझे नज़र आ रही थीः "सागर तट पर आश्रम।"

कुछ महीनों बाद, 1937 के ईस्टर के दिन मैंने वहाँ की हरियाली पर "ईस्टर सूर्योदयकालीन ध्यान का आयोजन किया, जो बाद में भी प्रतिवर्ष चलता रहा। कई सौ शिष्य प्राचीन ऋषियों की भांति श्रद्धा और भक्ति के साथ उस दिन नित्य घटित होने वाले चमत्कार को निहार रहे थेः पूर्वाकाश में सूर्य का जागना। पश्चिम

में अपनी गरजती आवाज़ में स्तुति करता प्रशान्त महासागर और उसमें दूर कहीं पर अपना पाल फैलाए चल रही नाव; आकाश में उड़ान भरता एक अकेला समुद्री पक्षी! "ईसा! सचमुच तुम्हारा पुनरुत्थान हो चुका है!" केवल ईस्टर के सूर्य के साथ ही नहीं, बल्कि ब्रह्म की अनंत प्रभात में।

अनेक सुखद महीने बीत गये। एन्सिनीट्स के परिपूर्ण सौन्दर्य के परिवेश में बहुत दिनों से मन में जिसकी योजना बना रहा था वह कार्य, अर्थात् "कॉस्मिक चाट्न्स" की रचना मैंने कर दी। अनेक भारतीय गीतों को अंग्रेज़ी शब्दों और पाश्चात्य संगीत में ढाला। इन में शामिल हैं शंकराचार्य का "चिदानन्द रूपः शिवोऽहं, शिवोऽहं;" संस्कृत "ब्रह्मानंदं परमसुखदं;" टैगोर का "कौन है मेरे मन्दिर में?" इनके अलावा मेरे अपने भी अनेक गीत इसमें हैं, जैसे "मैं तेरा हमेशा," "इन द लैंड बियॉन्ड माइ ड्रीम्म," "मैंने तुझे दी आत्मा की पुकार," "कम, लिसन टू माइ सोल सॉंग," तथा "शान्ति मन्दिर में।"

गीतों के इस पुस्तक की प्रस्तावना में मैंने पूर्वी गीतों पर पाश्चात्यों की प्रतिक्रिया के अपने प्रथम असाधारण अनुभव का वर्णन किया है, जो 18 अप्रैल 1926 को न्यू यॉर्क के कार्नेगी हॉल में एक सार्वजनिक व्याख्यान के अवसर पर घटित हुआ था।

17 अप्रैल को मैंने एक अमेरिकन शिष्य श्री आलविन हनसिकर को बताया थाः "मैं श्रोताओं से एक पुराना हिंदू भजन 'हे हरि सुन्दर' अपने साथ गाने के लिये कहने का विचार कर रहा हूँ।"

श्री हनसिकर ने यह कहते हुए मेरे विचार पर संदेह प्रकट किया था कि पूर्वी गीत आसानी से अमेरिकन लोगों की समझ में नहीं आ सकते।

मैंने कहा थाः "संगीत सर्वजनीन भाषा है। इस उदात्त गीत में निहित आत्मा की ललक को अमेरिकन लोग भी निश्चय ही अनुभव करेंगे।"

दूसरे दिन रात को एक घंटे से भी अधिक समय तक 'हे हरि सुन्दर' के भक्तिपूर्ण स्वर तीन हज़ार कंठों से आते रहे। प्रिय न्यूयॉर्क वासियों, आज तुम उदासीन नहीं रहे! आनन्द के इस सीधे-सादे स्तवन में तुम्हारे मन के पक्षियों ने ऊँची उड़ाने भरी हैं। उस रात प्रेम एवं भक्ति के साथ प्रभु के नाम का कीर्तन करते उस भक्त समुदाय में कई लोगों को दैवी शक्ति से स्वस्थता प्रात हुई।

1941 में मैं सेल्फ़-रियलाइज़ेशन फ़ेलोशिप के बॉस्टन केन्द्र में गया। बॉस्टन केन्द्र के प्रमुख डॉ. एम. डब्लू. लुईस ने एक अत्यंत कलात्मक ढंग से सजाये गये

कक्ष में मेरे ठहरने की व्यवस्था की। उन्होंने मुस्कराते हुए मुझसे कहाः "गुरुदेव! अमेरिका में जब आप शुरू में आये थे तो इसी शहर में केवल एक कमरे में रहते थे जिसमें बाथरूम की भी सुविधा नहीं थी। मैं आपको यह दिखाना चाहता था कि बॉस्टन में पूर्ण सुख-सुविधा संपन्न आरामदायक कक्ष भी उपलब्ध हैं!"

कैलिफ़ोर्निया में कार्यव्यस्तता के बीच सुख में वर्ष पर वर्ष बीतते गये। 1937 में एन्सिनीट्स में एक सेल्फ़-रियलाइज़ेशन फ़ेलोशिप कालोनी की स्थापना की गयी। इस कालोनी में शिष्यों को सेल्फ़-रियलाइज़ेशन फ़ेलोशिप के आदर्शों के अनुसार विविध गतिविधियों द्वारा प्रशिक्षित किया जाता है। यहाँ एन्सिनीट्स और लॉस एंजेलिस के केन्द्रों में रहने वाले लोगों के लिये फल एवं सब्जियाँ उगायी जाती हैं।

"ईश्वर ने एक ही रक्त से मनुष्य की सब जातियाँ पृथ्वी पर रहने के लिये बनायी हैं।" "विश्वबंधुत्व" बहुत व्यापक शब्द हैं, परन्तु मनुष्य को अपने को विश्व नागरिक मानते हुए अपनी सहानुभूतियों को विस्तारित करना ही होगा। सच्चे अर्थ में जिसकी समझ में यह आ गया कि "यह मेरा भारत है, मेरा अमेरिका है, मेरा यूरोप है, मेरा अफ्रीका है" आदि आदि, उसके लिये उपयोगी एवं सुखी जीवन के तरीकों का कभी अभाव नहीं होगा।

श्रीयुक्तेश्वरजी सशरीर भारत की भूमि के अतिरिक्त कहीं नहीं रहे, परन्तु बन्धुभाव के इस सत्य से वे भली भाँति परिचित थेः

"सारा जगत् मेरा देश है।"

परिशिष्ट

मूल संस्करण के प्रकाशन के पाँच साल बाद, 1951 में योगानंद द्वारा लिखित एक योगी की आत्मकथा का अंतिम अध्याय "द इयर्स 1940-51" है।

हम इस अध्याय को प्रस्तुत करते हैं क्योंकि योगानंद ने स्वयं इसे लिखा था, 1952 में उनकी मृत्यु के बाद दूसरों द्वारा शुरू किए गए सभी मरणोपरांत बदलावों को शामिल किया गया था।

हम इसे पुनः उपलब्ध कराने के लिए प्रसन्न हैं, अपनी अंतर्निहित शक्ति के साथ, जैसे योग के महान गुरु ने पहली बार इसे प्रस्तुत किया था।

प्रकरण—49

1940-1951 की अवधि

"ध्यान का महत्त्व अब हमें सचमुच पता चल गया है और यह बात भी हमारी समझ में आ गयी है कि हमारी आंतरिक शान्ति को भंग करने की क्षमता किसी चीज़ में नहीं है। पिछले कुछ सप्ताहों में हमने अपने सामूहिक ध्यान एवं सत्संग सभाओं के दौरान हवाई हमलों की चेतावनियाँ तथा विलम्ब से फटने वाले बमों के धमाके सुने हैं, परन्तु फिर भी हमारे सदस्य एकत्रित होते हैं और इन सभाओं में उन्हें खूब आनन्द आता है।"

लंदन के सेल्फ़-रियलाइज़ेशन फ़ेलोशिप केन्द्र के प्रमुख द्वारा लिखा गया यह वीरता भरा पत्र उन अनेकानेक पत्रों में से एक है, जो द्वितीय विश्वयुद्ध के दौरान अमेरिका के उसमें उतरने से पहले के वर्षों में मुझे युद्ध-जर्जर इंग्लैण्ड और यूरोप से आते रहते थे।

लंदन के 'द विज़डम ऑफ़ द ईस्ट सीरिज़' के प्रख्यात संपादक डॉ. एल. कैनमर-बिंग ने 1942 में मुझे लिखा थाः

> "जब मैंने" ईस्ट-वेस्ट पत्रिका पढ़ी, तब मुझे पता चला कि हम लोग एक दूसरे से कितने दूर प्रतीत होते थे, जैसे दो भिन्न जगतों में निवास कर रहे हों। जिस प्रकार किसी घेरे गये नगर के लिये 'होली ग्रेल' के आशीर्वादों और सुख-सुविधाओं से लदा जहाज बन्दरगाह में प्रवेश कर रहा हो, उसी प्रकार

लॉस एंजेलिस से सौन्दर्य, सामंजस्य, शान्ति एवं स्वस्ति मेरे पास आ पहुँचती हैं।

"अपनी कल्पना में मैं आपका तालवृक्ष-कुंज, एन्सिनीट्स का मन्दिर और उसके सामने फैला हुआ सागर एवं पर्वतीय दृश्य; तथा इस सबसे बढ़कर आध्यात्मिक प्रवृत्ति के नर-नारियों का साहचर्य ऐसे देखता हूँ जैसे मुझे यह सब स्वप्न में दीख रहा हो – एकता के सूत्र में बंधा एक समाज, जो विधेयात्मक कार्य में मग्न है और जो ध्यान-चिंतन द्वारा नवशक्ति प्रात करता है।... पहरे की मीनार पर प्रभात की प्रतीक्षा कर रहे एक साधारण सिपाही द्वारा लिखे गये इस पत्र में सभी सत्संगियों को मेरा प्रणाम।"

कैलिफ़ोर्निया के हॉलीवुड शहर में सेल्फ़-रियलाइज़ेशन फ़ेलोशिप के कार्यकर्ताओं द्वारा एक सर्वधर्ममन्दिर (Church of All Religion) की स्थापना 1942 में की गयी। एक वर्ष बाद कैलिफ़ोर्निया में ही सैन डियेगो में तथा 1947 में फिर से कैलिफ़ोर्निया में ही लॉन्ग बीच में एक-एक मन्दिर की स्थापना की गयी।

1949 में लॉस एंजेलिस के पैसिफ़िक पैलिसेड्स अंचल में जिसे संसार के सब से सुन्दर भूखण्डों में से एक कहा जा सकता है ऐसी फूलों की एक वादी सेल्फ़-रियलाइज़ेशन फ़ेलोशिप को दान में प्राप्त हुई। दस एकड़ की यह स्थली सब ओर से हरी-भरी पहाड़ियों से घिरी हुई है। इसमें एक प्राकृतिक सरोवर बना हुआ है, जो पर्वतों के मुकुट में जड़े हुए नीलम रत्न के समान लगता है। इस सरोवर के कारण ही इस स्थान का नाम "लेक श्राइन" (सरोवर मन्दिर) पड़ा है। इसकी भूमि पर एक ओर खड़े विचित्र-से पवनचक्की भवन में साधना मन्दिर है। इस भवन से नीचे स्थित बाग के पास लगी हुई विशाल पवनचक्की पानी की सावकाश छप-छप का संगीत सुनाती रहती है। चीन से लायी गयी संगमरमर की दो मूर्तियाँ इस स्थान की शोभा बढ़ा रही हैं – एक मूर्ति भगवान बुद्ध की है और दूसरी क्वान यिन (चीन में जगन्माता का रूप) की। एक जलप्रपात के ऊपर ईसामसीह की आदमकद प्रतिमा खड़ी है। रात को जब इस मूर्ति पर रोशनी की जाती है, तो इसका पवित्र चेहरा, लहराते वस्त्र आदि बड़े सुन्दर लगते हैं।

लेक श्राइन में 1950 में महात्मा गाँधी विश्व शान्ति स्मारक की स्थापना की गयी। इस वर्ष अमेरिका में सेल्फ़-रियलाइज़ेशन फ़ेलोशिप की तीसवीं वर्षगाँठ

भी थी। भारत से प्राप्त महात्मा गाँधी की अस्थियों को एक हज़ार वर्ष पुरानी प्रस्तर-मंजूषा में रखकर उस स्मारक में प्रतिष्ठापित किया गया है।

1951 में हॉलीवुड में सेल्फ़-रियलाइज़ेशन फ़ेलोशिप "इण्डिया सेंटर" की स्थापना हुई। इस सेंटर के प्रत्यार्पण उत्सव में कैलिफ़ोर्निया के लेफ़्टिनेंट गवर्नर श्री गुडविन जे नाइट तथा भारत के वाणिज्य दूत श्री एम. आर. आहुजा भी मेरे साथ थे। इस स्थान पर एक इण्डिया हॉल भी है, जिसमें 250 लोगों के बैठने की व्यवस्था है।

एस. आर. एफ. केन्द्रों में नये-नये आने वाले बहुत-से लोग योग की अधिक जानकारी के इच्छुक होते हैं। मुझसे प्रायः ही एक प्रश्न पूछा जाता है: "जैसा कि कुछ संगठनों का दावा है, क्या यह सच है कि योग का अभ्यास छपे हुए साहित्य को पढ़कर नहीं किया जा सकता और इसे गुरु के मार्गदर्शन में ही करना चाहिये?"

इस अणु युग में योगदा सत्संग पाठों जैसी शिक्षा पद्धतियों के द्वारा योग की शिक्षा दी जानी चाहिये, अन्यथा यह मुक्तिप्रदायक विज्ञान पुनः कुछ गिने-चुने लोगों तक ही सीमित रह जायेगा। यदि प्रत्येक शिष्य को ब्रह्मज्ञानी गुरु का सान्निध्य प्राप्त हो सके, तो निश्चय ही यह एक अमूल्य वरदान होगा; परन्तु इस संसार में पाखण्डी ज़्यादा हैं, सन्त कम। तो फिर असंख्य जनसाधारण को घर में बैठे-बैठे सच्चे योगियों द्वारा लिखित योग पाठों द्वारा नहीं, तो और किस तरीके से योग की शिक्षा मिल सकती है?

या फिर इसका एकमात्र विकल्प यही है कि "सामान्य मनुष्य" की उपेक्षा कर उसे योग ज्ञान से वंचित ही रखा जाये। परन्तु इस नये युग के लिये ईश्वर की योजना ऐसी नहीं है। बाबाजी ने सभी सच्चे क्रियायोगियों की लक्ष्यप्राप्ति के पथ पर रक्षा करने का एवं उनका मार्गदर्शन करने का वचन दिया हुआ है। केवल कुछ दर्जन नहीं, बल्कि लाखों क्रियायोगियों की आवश्यकता है शान्ति एवं समृद्धि के उस विश्व को साकार करने की, जो परमपिता के पुत्र पद को पुनः प्रात करने का उचित प्रयास करने वाले लोगों की प्रतीक्षा करता है।

"आध्यात्मिक शहद उत्पन्न करने के लिये मधुमक्खियों के एक छत्ते" के रूप में पश्चिम में सेल्फ़-रियलाइज़ेशन फ़ेलोशिप संगठन की स्थापना करने का दायित्व मुझे श्रीयुक्तेश्वरजी एवं महावतार बाबाजी ने सौंपा था। इस पवित्र दायित्व की पूर्ति कठिनाइयों से मुक्त नहीं थी।

"परमहंसजी! सच-सच बताइये! क्या यह सब सार्थक हुआ?" इन नपे-तुले शब्दों में एक दिन सान डियेगो के एस. आर. एफ़. मन्दिर के कार्यवाहक डॉ. लॉइड केनेल ने मुझसे प्रश्न किया। मेरे ख्याल से उनके पूछने का अर्थ था, "क्या आप अमेरिका में सन्तुष्ट हुए हैं? उन सब झूठे प्रचारों का क्या जो योग के प्रसार को रोकने के लिये उत्सुक कुत्सित लोगों ने किये? उन सव मोहभंगों का क्या, मनस्तापों का क्या, उन केन्द्र प्रमुखों का क्या जो केन्द्रों को नहीं चला सके, उन शिष्यों का क्या जिन्हें सिखाया नहीं जा सका?"

मैंने उत्तर दिया: "धन्य है वह मनुष्य, जिसकी ईश्वर परीक्षा लेता है। मुझ पर यदा-कदा भार डालना तो उसे याद रहा!" तब मेरे मन में उन सब का विचार आया जो निष्ठावान थे, उस प्रेम और भक्ति और समझदारी का विचार आया जिसका प्रकाश अमेरिका के हृदय में व्याप्त है। धीरे-धीरे, शब्दों पर ज़ोर देते हुए मैंने आगे कहा: "परन्तु मेरा उत्तर है, हाँ, हज़ार बार हाँ! मेरा यहाँ रहना सार्थक हुआ है; पूर्व और पश्चिम को एकमात्र स्थायी बंधन में, आध्यात्मिक बंधन में बंधकर एक-दूसरे के करीब आये देखने का मेरा जो स्वप्न था, वह मेरी कल्पना से भी अधिक साकार हुआ है।"

भारत के जिन महान गुरूओं ने पश्चिम में गहरी रूचि दिखायी है, उन्हें आधुनिक परिस्थितियों की भली भांति जानकारी है। वे जानते हैं कि जब तक सभी राष्ट्र पूर्व और पश्चिम के विभिन्न सद्गुणों को आत्मसात् नहीं करते, तब तक विश्व की स्थिति में सुधार नहीं हो सकता। दोनो ही गोलार्धों को एक-दूसरे के सर्वोत्तम गुणों की आवश्यकता है।

अपने विश्व भ्रमण में मुझे बहुत दुःख दिखायी दिया। पूर्व में दुःख मुख्यतः भौतिक स्वरूप का है, तो पश्चिम में मुख्यतः मानसिक और आध्यात्मिक स्वरूप का। सभी राष्ट्र असंतुलित सामाजिक अवस्था के दुःखप्रद परिणाम अनुभव कर रहे हैं। भारत तथा अन्य अनेक पूर्वी देश अमेरिका जैसे पाश्चात्य देशों की भौतिक कार्यक्षमता एवं व्यावहारिकता को सीखकर लाभान्वित हो सकते हैं। दूसरी ओर, पाश्चात्य लोगों को जीवन के आध्यात्मिक आधार को अधिक अच्छी तरह समझना आवश्यक है, और विशेषकर उन वैज्ञानिक प्रविधियों को समझना आवश्यक है, जिन्हें भारत ने प्राचीन काल में ही मनुष्य के ईश्वर से सम्पर्क के लिये विकसित किया था।

सर्वांगपूर्ण सभ्यता का आदर्श केवल कल्पना नहीं है। हज़ारों वर्षों तक भारत आध्यात्मिक ज्ञान एवं भौतिक समृद्धि का देश रहा है। भारत के अत्यंत दीर्घ इतिहास में गत 200 वर्षों की गरीबी तो कर्मों की एक क्षणिक, उड़ती अवस्था मात्र है। सारे संसार में हज़ारों वर्षों तक भारत की सम्पन्नता चर्चा का विषय थी। प्रचुरता, चाहे वह भौतिक हो या आध्यात्मिक, ऋतु के सृष्टि नियम, अर्थात् स्वाभाविक सदाचरण की सहज अभिव्यक्ति है। ईश्वर में या प्राचुर्य-संपन्न प्रकृति माता में कृपणता का वास नहीं है।

हिन्दूशास्त्र बताते हैं कि मनुष्य इस विशिष्ट पृथ्वी की ओर इसीलिये आकृष्ट होता है कि एक के बाद एक जन्म में वह उन अनगिनत तरीकों को अधिकाधिक पूर्णता के साथ सीख सके, जिनके द्वारा आत्मा भौतिक परिस्थितियों में अपने दिव्यत्व को व्यक्त कर सकती है और उन पर अपने प्रभुत्व को प्रकट कर सकती है। पूर्व और पश्चिम अलग-अलग तरीकों से इस महान सत्य को सीख रहे हैं और उन्हें खुशी से अपनी उपलब्धियों का आदान-प्रदान करना चाहिये। इसमें कोई सन्देह ही नहीं कि ईश्वर की पृथ्वीवासी संतान दारिद्रय, रोग और आत्मा के अज्ञान से मुक्त विश्व सभ्यता को स्थापित करने के लिये प्रयत्न करती हैं तो ईश्वर को इससे अत्यंत प्रसन्नता होती है। अपनी आत्मा की शक्ति को भूल जाना (स्वतन्त्र इच्छाशक्ति के दुरुपयोग का परिणाम) ही अन्य सभी दुःखों का मूल कारण है। "समाज" के नाम जो बुराइयाँ मढ़ दी जाती हैं, उनके लिये वस्तुतः प्रत्येक मनुष्य को दोषी पाया जा सकता है।। रामराज्य पहले प्रत्येक हृदय में प्रकट होना चाहिये, तब वह समाज में फैलेगा, क्योंकि आंतरिक सुधार होने पर बाह्य सुधार अपने आप ही होते हैं। जो मनुष्य अपने आपको सुधार लेगा, वह हज़ारों को सुधार देगा।

काल की कसौटी पर खरे उतरे विश्व के सभी धर्मशास्त्रों का सार एक ही है और वे सभी मनुष्य को अधिकाधिक ऊपर उठने की प्रेरणा देते हैं। मेरे जीवन के सबसे सुखद समय में से एक था वह समय जो मैंने सेल्फ़-रियलाइज़ेशन पत्रिका के लिये बाइबिल के न्यूटेस्टामेंट के एक हिस्से पर अपने भाष्य को लिखवाने में बिताया। मैंने ईसा की उत्कट प्रार्थना की कि वे उनके शब्दों का सच्चा अर्थ समझने में मेरी सहायता करें। बड़े खेद का विषय है कि गत बीस शताब्दियों से उनके अधिकांश वचनों को गलत ही समझा गया है।

एक रात जब मैं मौन प्रार्थना में निमग्न था, तब एन्सिनीट्स आश्रम में मेरा वह कमरा अचानक दूधिया नीले प्रकाश से भर गया। ईसा मसीह का तेजस्वी रूप

मेरी दृष्टि के सामने प्रकट हुआ। वे पच्चीस वर्ष के युवक-से लग रहे थे; उनकी दाढ़ी-मूँछें विरल-सी लग रही थीं; बीच से विभक्त किये गये उनके लम्बे काले केशों के चारों ओर झिलमिलाती स्वर्णिम आभा थी।

उनकी आँखें शुरू से अन्त तक निराली ही लग रही थीं; मैं उनमें झाँकता रहा और वे सदा बदलती ही रहीं। उनके भाव में होने वाले प्रत्येक परिवर्तन के साथ ही व्यक्त किये गये ज्ञान को मैं अपने अन्तर में अंतर्ज्ञान से समझ रहा था। उनकी तेजस्वी दृष्टि में मैंने उस शक्ति को अनुभव किया जो अनन्त ब्रह्माण्डों को धारण करती है। एक पवित्र पात्र (Holy Grail) उन के मुख के पास प्रकट हुआ, वहाँ से नीचे आकर मेरे होठों से लगा, फिर ईसा के पास लौट गया। इसके बाद उन्होंने अत्यंत सुन्दर शब्द कहे। इन शब्दों का स्वरूप इतना वैयक्तिक है कि मैं उन्हें अपने हृदय में ही रखता हूँ।

1950 और 1951 में मैंने अपना बहुत-सा समय कैलिफ़ोर्निया में मोहावे रेगिस्तान के पास ही एक शांत स्थान में बिताया। वहाँ मैंने भगवद्गीता का अनुवाद किया और उस पर विस्तृत भाष्य लिखा, जिसमें योग के विभिन्न मार्गों का वर्णन है।

दो बार एक ही योग प्रविधि का विशेष रूप से उल्लेख कर (भगवद्गीता में इसी एकमात्र योग प्रविधि का उल्लेख है और इसी प्रविधि को बाबाजी ने क्रिया योग का सीधा-सरल नाम दिया है) भारत के सबसे श्रेष्ठ शास्त्र ने मनुष्यों को प्रयोग करने के लिये व्यावहारिक शिक्षा भी दी और नैतिक शिक्षा भी। हमारे स्वप्न-जगत के महासागर में श्वास माया का विशिष्ट झंझावात है जो पृथक-पृथक लहरों का – समस्त लोगों और सभी भौतिक वस्तुओं के रूपों का – बोध उत्पन्न करता है। भगवान श्रीकृष्ण जानते थे कि मनुष्य को पृथक अस्तित्व के दुःखदायी स्वप्न से जागृत करने के लिये केवल दार्शनिक और नैतिक ज्ञान पर्यात नहीं है, इसलिये उन्होंने इस पवित्र विज्ञान की ओर संकेत किया जिसके द्वारा मनुष्य अपने शरीर पर पूर्ण अधिकार स्थापित कर इसे जब चाहे अपनी इच्छानुसार विशुद्ध शक्ति में बदल सकता है। आज के अणु युग में आधुनिक वैज्ञानिकों के लिये इस योग-क्रिया के सिद्धान्त को समझना मुश्किल नहीं है। यह सिद्ध किया जा चुका है कि प्रत्येक स्थूल पदार्थ को ऊर्जा में परिवर्तित किया जा सकता है।

हिंदू शास्त्र योग-विज्ञान को इसलिये महत्त्व देते हैं, क्योंकि सर्वसाधारण मनुष्य भी इसे प्रयुक्त कर सकता है। यह सच है कि किसी योग प्रविधि को प्रयुक्त किये

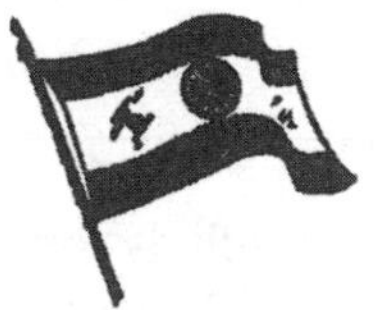

एक नए स्वतंत्र भारत के झंडे (1947) को गहरे केसरिया, सफेद, और गहरे हरे रंग में बांधा गया है। गहरे नीले रंग का "व्हील ऑफ़ द लॉ" (धर्म चक्र) तीसरी शताब्दी ईसा पूर्व में सम्राट अशोक द्वारा निर्मित सारनाथ शिला स्तंभ पर प्रदर्शित होने वाली डिज़ाइन का पुनरुत्पादन है।

पहिये को धार्मिकता के शाश्वत नियम के प्रतीक के रूप में चुना गया था; और संयोग से, दुनिया के सबसे शानदार सम्राट की स्मृति के सम्मान के रूप में। "उनके चालीस साल के शासनकाल का इतिहास में एक कोई समानांतर नहीं है," अंग्रेज़ी इतिहासकार, एच. जी. रॉलीसन लिखते हैं। उनकी तुलना कई बार मार्कस आरेलियस, सेंट पॉल, और कान्स्टेंटाइन से की गई है,... ईसा से 250 साल पहले, अशोक ने एक सफल अभियान के परिणामों पर अपना आतंक और पश्चाताप व्यक्त करने का साहस किया, और सोच विचार कर के युद्ध को नीति के साधन के रूप में त्याग दिया।

अशोक को विरासत में भारत, नेपाल, अफगानिस्तान और बलूचिस्तान पर प्रभुत्व प्राप्त हुआ था। वह पहले अंतर्राष्ट्रीयवादी हुए, उन्होंने बर्मा, सीलोन, मिस्र, सीरिया और मैसेडोनिया को कई उपहार और आशीर्वाद के साथ धार्मिक और सांस्कृतिक मिशन भेजे।

विद्वान पी. मैसन-वेसेल ने ग़ौर किया "अशोक, मौर्य वंश के तीसरे राजा थे, ... इतिहास के महान दार्शनिक-राजाओं में से एक"। "किसी ने भी ऊर्जा और परोपकार, न्याय और दान को इस प्रकार संयोजित नहीं किया है, जैसा कि उन्होंने। वे अपने समय की प्रतिमूर्ति थे, और हमारे सामने वे एक आधुनिक व्यक्तित्व के रूप में आगे आते हैं। एक लंबे शासनकाल के दौरान उन्होंने जो हासिल कर लिया, हमारे लिए वह एक दूरदर्शी की महत्त्वकांक्षा सा लगता है: हर सम्भव भौतिक शक्ति का आनंद लेते हुए, उन्होंने शांति का आयोजन किया। अपने स्वयं के विशाल प्रभुत्व से परे उन्होंने वह महसूस किया जो कि कुछ धर्मों का सपना है – सार्वभौमिक आदेश, मानव जाति को गले लगाने वाला एक आदेश।"

"धर्म (ब्रह्मांडीय कानून) का उद्देश्य सभी प्राणियों की प्रसन्नता है।" अपने शिलालेख और पत्थर के स्तंभों में, जो कि आज तक जीवित है, अशोक प्यार से अपने दूर-दराज़ के अनुयायियों को सलाह देते हैं कि प्रसन्नता; नैतिकता और ईश्वरत्व में निहित है।

आधुनिक भारत, उस समृद्धि और संपन्नता को वापस लाने की आकांक्षा लिए हुए, जो कि एक सहस्राब्दी तक इस भूमि पर बनी रही थी, अशोक की स्मृति में उसे नए ध्वज में श्रद्धांजलि अर्पित करता है, संप्रभु "देवताओं को प्रिय"।

बिना भी यदा-कदा श्वास के रहस्य को सुलझा लिया गया है, जैसा भगवान के प्रति अत्यंत उत्कट भक्ति रखने वाले अहिंदू संतों ने किया। ऐसे ईसाई, मुसलमान तथा अन्य संतों को सचमुच ही सविकल्प समाधि की निश्चल, निःश्वास अवस्था में देखा गया था, जिसके बिना कोई मनुष्य कभी ईश्वरानुभूति के प्रथम चरण में प्रवेश नहीं कर सकता। (तथापि जब कोई सन्त निर्विकल्प या सर्वोच्च समाधि में पहुँच जाता है, तब वह अखण्ड रूप से ईश्वर में प्रतिष्ठित हो जाता है – फिर भले ही वह श्वासहीन अवस्था में रहे या श्वास-प्रश्वास की अवस्था में; निश्चल रहे या सक्रिय)

सत्रहवीं शताब्दी के ईसाई सन्त ब्रदर लारैन्स ने कहा है कि उन्हें ईश्वरानुभूति की प्रथम झाँकी एक वृक्ष के दर्शन से प्राप्त हुई। प्रायः सभी लोगों ने वृक्ष देखा है, परन्तु दुर्दैव! बहुत ही कम लोग उससे वृक्ष के सृष्टा को देख पाये हैं। अधिकांश लोग भक्ति की उन दुर्धर शक्तियों को किसी भी प्रकार नहीं जगा सकते, जो सभी धर्मों में पाये जाने वाले कुछ एकान्ती साधुओं में सहज ही रहती हैं, चाहे वे पूर्व के हों या पश्चिम के। किन्तु इसका मतलब यह नहीं है कि साधारण मनुष्य के लिये ईश-सम्पर्क की कोई संभावना ही नहीं है। अपने आत्मस्वरूप की स्मृति को पुनः जगाने के लिये उसे केवल इतना ही करने की आवश्यकता है कि वह क्रिया योग का अभ्यास करे, यम-नियम का पालन करे और उसमें सच्चे अंतःकरण से यह कहने की क्षमता होः "प्रभु! मैं आपके दर्शन के लिये तड़प रहा हूँ!"

इस प्रकार योग की सर्वजनीनता इसमें है कि भक्ति की उत्कटता की अपेक्षा, जो साधारण मनुष्य की भावनात्मक क्षमता से बाहर है, यह ईश्वर को दैनिक अभ्यास के योग्य वैज्ञानिक प्रणाली के माध्यम से प्राप्त करने का मार्ग है।

भारत के कुछ महान जैन गुरुओं को तीर्थंकर कहा जाता है, क्योंकि वे वह रास्ता दिखाते हैं जिससे होकर हतबल मानवजाति संसार सागर को पार कर जाये। संसार (शब्दशः अर्थः प्रवाह के साथ बहना) मनुष्य को सबसे कम प्रतिरोध का मार्ग अपनाने के लिये प्रेरित करता है। "इसलिये जो भी संसार का मित्र बनेगा, वह ईश्वर का शत्रु है।" ईश्वर का मित्र बनने के लिये मनुष्य को अपने कर्मों की बुराइयों पर विजय पानी होगी क्योंकि ये बुराइयाँ ही उसे माया के मोह जाल में कायरतापूर्ण आत्मसमर्पण कर देने के लिये प्रोत्साहित करती हैं। कर्म के वज्र नियम का ज्ञान सच्चे साधक को उसकी पकड़ से बाहर निकलने का रास्ता खोजने के लिये प्रोत्साहित करता है। माया से अंधे बने मन की इच्छा-वासनाओं के कारण

ही मनुष्य कर्मों का गुलाम बन कर रह जाता है, इसीलिये योगी मनःसंयम अर्थात् चित्तवृत्तिनिरोध पर ध्यान देता है। जब कर्मजनित अज्ञान के विभिन्न पर्दे हट जाते हैं, तब मनुष्य अपने को अपने सच्चे स्वरूप में देखता है।

जीवन और मृत्यु का रहस्य, जिसे सुलझाने के एकमात्र उद्देश्य के लिये मनुष्य पृथ्वी पर आता है, श्वास के साथ घनिष्ठता से जुड़ा हुआ है। श्वासरहितता ही मृत्युरहितता है। इस सत्य को पहचानकर भारत के प्राचीन ऋषियों ने श्वास के इस एक मात्र सूत्र को ही पकड़ लिया और श्वासरहित अवस्था में जाने के एक सुनिश्चित और तर्कसंगत विज्ञान को विकसित कर लिया।

संसार को देने के लिये भारत के पास और कुछ नहीं होता तो क्रियायोग अकेला ही शाही भेंट माना जाने के लिये पर्याप्त होता।

बाइबिल में अनेक परिच्छेद ऐसे हैं जिनसे यह स्पष्ट होता है कि हिब्रू गुरुओं को यह ज्ञान था कि ईश्वर ने श्वास को शरीर और आत्मा के बीच की कड़ी का काम करने के लिये ही बनाया था। उत्पति में कहा गया हैः "प्रभु ईश्वर ने पृथ्वी की मिट्टी से मनुष्य की सृष्टि की और उसकी नासिका में प्राण फूंक दिया और इस तरह मनुष्य जीवन्त प्राणी बन गया।" मानव-देह रासायनिक और धात्विक तत्त्वों से बनी है, जो "पृथ्वी की मिट्टी" में भी पाये जाते हैं। यदि श्वास के माध्यम से आत्मा अज्ञानी मनुष्य के शरीर में प्राणप्रवाह संचारित नहीं करती, तो मानव-देह कोई कार्य नहीं कर पाती, न ही उसमें कोई शक्ति या गति होती। मानव-शरीर में जो पंचप्राण कार्य कर रहे हैं, वे सर्वव्यापी आत्मा के "ओम्" स्पन्दन की अभिव्यक्तियाँ हैं।

आत्मा का जो प्रतिबिम्ब शरीर की कोशिकाओं में जीवन का आभास उत्पन्न कर रहा है, वही देह के प्रति मनुष्य की आसक्ति का एकमात्र कारण है। स्पष्ट है कि केवल मिट्टी के एक गोले को वह इतना महत्त्व कभी नहीं देता। मनुष्य व्यर्थ ही अपने शरीर को ही अपना स्वरूप मानने लगता है, क्योंकि आत्मा के प्राणप्रवाह इतनी तीव्र शक्ति के साथ श्वास के माध्यम से शरीर में प्रवेश करते हैं कि मनुष्य परिणाम को ही कारण समझ लेने की भूल कर बैठता है और शरीर स्वयं प्राणवान है यह मानकर उसी की पूजा करने लगता है। मनुष्य को अपनी चैतन्य अवस्था में शरीर एवं श्वास का भान रहता है। निद्रावस्था में सक्रिय होने वाली अवचेतन अवस्था में शरीर एवं श्वास से उसके मन का सम्बन्ध निद्राकाल के लिये टूट जाता है। अतिचेतन अवस्था में वह इस भ्रम से मुक्त हो जाता है कि

उसका अस्तित्व शरीर और श्वास पर निर्भर है। ईश्वर श्वास के बिना ही रहता है; उसकी प्रतिमूर्ति स्वरूप बनी आत्मा को श्वासरहित अवस्था में ही प्रथम बार अपने स्वरूप का ज्ञान होता है।

जव आत्मा के विकास को गति देने वाले कर्मों के कारण शरीर और आत्मा के बीच की श्वास की कड़ी टूट जाती है, तब अकस्मात् अवस्था-परिवर्तन हो जाता है जिसे मृत्यु कहते हैं; और शरीर-कोशिकाएँ अपनी प्राकृतिक शक्तिहीनता की अवस्था में वापस चली जाती हैं। परन्तु क्रियायोगी की श्वास-कड़ी कर्म संयोग के क्रूर हस्तक्षेप से नहीं, बल्कि वैज्ञानिक ज्ञान द्वारा उसकी इच्छा से टूटती है। प्रत्यक्ष अनुभव द्वारा योगी को पहले से ही अपनी अशरीरी मूल अवस्था का ज्ञान रहता है और उसे मृत्यु के इस कुछ ज़्यादा ही नुकीले संकेत की आवश्यकता नहीं रहती कि मनुष्य के लिये स्थूल शरीर पर भरोसा करना अच्छा नहीं होता।

जन्म पर जन्म प्रत्येक मनुष्य अपने पूर्ण देवत्व की ओर प्रगति (अपनी ही गति से, चाहे वह कितना ही अस्थिर या दिशाहीन क्यों न हो) करता जाता है। प्रगति के इस मार्ग में मृत्यु कोई बाधा नहीं बनती, बल्कि वह तो मनुष्य को अपना मैल धोकर निर्मल बनने के लिये सूक्ष्म जगत् का अधिक अनुकूल वातावरण प्रदान करती है। "अपने मन को अशान्त मत होने दो ... मेरे पिता के घर में अनेक हवेलियाँ हैं। यह तो हो नहीं सकता कि इस विश्व की रचना करने में भगवान ने अपनी सारी प्रतिभा खत्म कर दी और अब परलोक में हमारा कौतूहल जगाने के लिये उसके पास वीणा-झंकार के अलावा कुछ नहीं बचा है।

मृत्यु अस्तित्व को मिटाती नहीं न ही वह जीवन से अंतिम छुटकारा दिलाती है; और न ही वह अमरत्व का द्वार है। भूलोक में आनन्द प्राप्त करने के लिये जो अपनी आत्मा से भागता रहा हो, वह सूक्ष्मजगत के स्वर्गीय सौन्दर्य के बीच आत्मा को कभी प्राप्त नहीं करेगा। वहाँ वह केवल सूक्ष्मतर अनुभूतियों को और सुन्दरता एवं अच्छाई, जो एक ही है, के प्रति अधिक भावुक प्रतिक्रियाओं को जमा करता जाता है। संघर्षरत मनुष्य (मुमुक्ष) को इस स्थूल जगत् के ऐरन पर ही अपने ऊपर घन के प्रहार पर प्रहार कर के द्वारा आध्यात्मिक ऐक्य के स्वर्ण को प्राप्त करना होगा। इस कष्टार्जित स्वर्ण को हाथ में लेकर, जो लालची मृत्यु के लिये एकमात्र स्वीकार्य भेंट है, मनुष्य जन्म-मृत्यु के फेरे से अंतिम मुक्ति पा लेता है।

अनेक वर्षों तक मैंने एन्सिनीट्स तथा लॉस एंजेलिस में पतंजलि के योगसूत्र और हिंदूदर्शन के अन्य गहन ग्रन्थों पर शिक्षावर्ग चलाये।

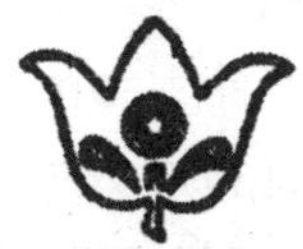

नीरव गर्जन

ना जाने यह नीरव गर्जन आए कहाँ से
जब भौतिकता का क्रंदन झपकी लेता हो?
आनंद के तट पर जब फूटे ॐ मधुर स्वर-
सकल भूमि, आकाश प्रकम्पित हो इस ध्वनि से।
हाड़-मांस और भौतिकता के बंधन टूटें
सीमाएं हो ध्वस्त गगन भी हो तांडवमय
आलोड़ित हो उर, भले आत्मश्लाघायुत साँसें
योगी के जीवन की डोरी काट न पाएं।
अन्धकार में डूबी हो सम्पूर्ण प्रकृति भी,
तारों की भी ज्योति हम तक पहुँच न पाए;
अवचेतन के स्वप्न गहन मन में सोते जब...
तभी ॐ की वीणा के होते गुंजित स्वर;
और कहे क्या कम्पित अविरल स्वर में मधुकर-
सुनो! प्रिय, अब ॐ गीत ये चिन्मय रुचिकर!
कान्हा की बंशी के मृदु स्वर कहते पल-पल
वरुण देवता से मिलने का आया अवसर!
अग्नि देव की वीणा बजती सुन्दर सुखकर
ॐ-ॐ की अलख जगाती टेर मधुर स्वर।
प्राण देव के तानों में जगते ॐ भाव ही प्रियतर
श्वासों में भी यही प्रतिध्वनि उठती गुरुतर!
जीवन तरु की फुनगी तक पहुँचो हे प्रियवर,
सुनो विराट अमर सुर अब सर्वत्र निरंतर!
इस नीरव गर्जन का स्रोत ॐ-ॐ ही,
तमसो मा ज्योतिर्गमय की प्रिय पुकार सी।
ॐ स्रोत है इस जगती के मधुर सुरों का,
सृष्टिशोक से उपजे धवलित अश्रुकणों का।
नभ-वसुंधरा के कण-कण से उठते ये स्वर
ॐ!ॐ! ध्वनि से हैं गुंजित सकल चराचर।

एक दिन एक शिक्षावर्ग में एक विद्यार्थी ने पूछाः "ईश्वर ने आत्मा और शरीर को एक साथ जोड़ा ही क्यों? सृष्टि के इस विकासशील नाटक को शुरू करने में उसका क्या उद्‌देश्य था?" अन्य असंख्य लोगों ने ऐसे प्रश्न उठाये हैं और दार्शनिकों ने उनके उत्तर देने के असफल प्रयत्न किये हैं।

"कुछ रहस्यों को अनन्तकाल में ही खोजने के लिये छोड़ दो," श्रीयुक्तेश्वरजी मुस्कराते हुए कहा करते थे। "मनुष्य की सीमित तर्कशक्ति अजन्मा पूर्णब्रह्म के अकल्पनीय उद्‌देश्यों को कैसे समझ सकती है? गोचर जगत् के कार्य-कारण विधान से बंधी मनुष्य की वुद्धि अनादि, अजन्मा ब्रह्म के रहस्यों के सामने किंकर्तव्यविमूढ़ हो जाती है। परन्तु मनुष्य की बुद्धि सृष्टि के रहस्यों को नहीं भी समझ सकी, तो भी अंत में भक्त की ख़ातिर भगवान स्वयं उसके सामने प्रत्येक रहस्य खोल देंगे।"

जो सचमुच ज्ञान को प्राप्त करने के लिये उत्कंठित हो, वह ईश्वरीय योजना के प्रारम्भिक तथ्यों के ज्ञान को ही अच्छी तरह से आत्मसात् के द्वारा अपनी खोज आरम्भ करने से संतुष्ट होता है, आरम्भ में ही सीधे जीवन के "आइन्स्टाइन सिद्धान्त" के गणितीय ग्राफ़ की माँग नहीं करता।

"किसी भी काल में कभी किसी मनुष्य ने ईश्वर को नहीं देखा है (काल माया का उत्पन्न किया हुआ भ्रम है और इसके अधीन जीने वाला कोई भी मर्त्य मानव कभी अनंत परमतत्त्व को नहीं जान सकता); केवल उससे उत्पन्न हुए पुत्र ने, जो परमपिता के हृदय में वास करता है (प्रतिबिम्बित क्राईस्ट चैतन्य या सृष्टि में व्याप्त कूटस्थ चैतन्य या बाहर की ओर प्रक्षेपित प्रज्ञा जो ओम् स्पन्दन के माध्यम से सकल गोचर जगत का संचालन करती है, वह एकता की विविधता को प्रदर्शित करने के लिये असृष्ट परमब्रह्म की गहराइयों से या हृदय से बाहर निकली है), परमात्मा के अस्तित्व की घोषणा (आकार धारण किया है या उसे प्रकट किया है) की है।"

ईसा मसीह ने इसे स्पष्ट किया हैः "सच है, सच है, मैं तुमसे कह रहा हूँ, पुत्र स्वयं होकर कुछ नहीं कर सकता, केवल पिता को जो करते देखता है, वही वह स्वयं भी करता है; क्योंकि पिता जो कुछ कर सकते हैं, वह सब पुत्र भी कर सकता है।"

गोचर जगत् में व्याप्त परमब्रह्म की त्रिगुणात्मक प्रकृति का हिंदू शास्त्रों ने सृष्टि, स्थिति और लय के प्रतीक ब्रह्मा, विष्णु और शिव के रूप में वर्णन किया है। इन तीनों के त्रिविध कार्य समस्त स्पन्दनात्मक सृष्टि में निरन्तर चलते रहते हैं। पूर्ण ब्रह्म या निर्गुण ब्रह्म मनुष्य की कल्पना शक्ति से परे है, अतः धार्मिक प्रवृत्ति

के हिंदू इस त्रिमूर्ति के पवित्र रूपों में उसकी पूजा करते हैं।

परन्तु सृष्टि में व्याप्त सृष्टि-स्थिति-लय स्वरूप ही ईश्वर का परमोच्च स्वरूप नहीं है, यहाँ तक कि उसका यह सारभूत स्वरूप भी नहीं है (क्योंकि सृष्टि केवल उसकी लीला है, एक खेल है)।

त्रिमूर्ति के सारे रहस्यों को जान लेने के बाद भी ईश्वर के अन्तर्गूढ़ मूल स्वरूप को नहीं जाना जा सकता, क्योंकि नियमाधिष्ठित आण्विक रिसाव में प्रकट होने वाली उस की बाह्य प्रकृति उसे दर्शाये बिना केवल उसे अभिव्यक्त करती है। भगवान का अंतिम स्वरूप केवल तभी पता चलता है जब "पुत्र ऊपर उठ कर पिता के पास पहुँचता है।" मुक्त हुआ मनुष्य स्पन्दनात्मक सृष्टि के पार जाकर निःस्पन्द परमब्रह्म में प्रवेश करता है।

चरम रहस्यों को प्रकट करने का अनुरोध किया जाने पर सभी अवतारों और सद्गुरुओं ने मौन साध लिया। जब पाइलेट ने पूछाः "सत्य क्या है?" तब ईसा ने कोई उत्तर नहीं दिया। पाइलेट जैसे बुद्धिवादियों के आडम्बरपूर्ण प्रश्न कदाचित् ही सच्ची जिज्ञासा-वृत्ति से निकलते हैं।

ऐसे लोग खोखले दम्भ के साथ बोलते हैं और आध्यात्मिक मूल्यों में दृढ़ता के अभाव को ही "उदारमत" का लक्षण मानते हैं।

"इसी उद्देश्य के लिये मेरा जन्म हुआ था और इसी कारण से मैं इस जगत् में आया हूँ कि मैं इस का साक्षी बनूँ। जो कोई सत्य का है, वह मेरी आवाज़ सुनता है।" इन चन्द शब्दों में ईसामसीह ने बहुत कुछ कह दिया है। ईश्वर का पुत्र अपने जीवन को "सत्य का साक्षी" बनाता है। वह सत्य को धारण करता है; यदि वह सत्य की व्याख्या भी करता है, तो यह उसका अतिरिक्त अनुग्रह है।

सत्य कोई सिद्धान्त नहीं है, न ही वह दर्शनशास्त्र का कोई तत्त्वज्ञान है और न ही वह बौद्धिक अंतर्दृष्टि है। वह तो प्रत्यक्ष वास्तविकता के साथ तदनुरूपता है। मनुष्य के लिये आत्मा के रूप में अपने सच्चे स्वरूप का अटल ज्ञान ही सत्य है। अपने जीवन की प्रत्येक कृति और प्रत्येक शब्द से ईसामसीह ने यह सिद्ध कर दिया कि उन्हें अपने अस्तित्व के सत्य का, ईश्वर से अपनी उत्पत्ति का पूर्ण ज्ञान था। सर्वव्यापी क्राईस्ट चैतन्य (कूटस्थ चैतन्य) के साथ पूर्ण एकरूप होने के कारण ही वे दृढ़ विश्वास के साथ कह सकेः "जो कोई सत्य का है, वह मेरी आवाज़ सुनता है।"

भगवान बुद्ध ने भी परम सत्य पर प्रकाश डालना अस्वीकार कर दिया था।

शुष्क भाव के साथ उन्होंने इतना ही कहा कि मनुष्य को जो अत्यल्प समय पृथ्वी पर मिला है, उसे अपने नैतिक स्वरूप की उन्नति करने में लगाने में ही जीवन की सार्थकता है। चीनी संत लाओत्ज़ू ठीक ही कहते थेः "जो जानता है, वह कहता नहीं, जो कहता है, वह जानता नहीं।" ईश्वर का चरम रहस्य तर्क का विषय नहीं है। ईश्वर की गूढ़ लिपि को पढ़ना एक ऐसी कला है जो कोई मनुष्य किसी मनुष्य को नहीं पढ़ा सकता; इस मामले में ईश्वर स्वयं ही एकमात्र गुरु होता है।

"स्थिर हो जाओ और जानो कि मैं ईश्वर हूँ।" भगवान अपनी सर्वव्यापिता को चिल्ला-चिल्लाकर नहीं जताते, उनकी वाणी को अंतः करण की गहन शान्ति में ही सुना जा सकता है। सारी सृष्टि में सृजनात्मक ओम् स्पन्दन के रूप में गूँजने वाला ब्रह्मनाद उसके साथ एकरूप होने वाले भक्त के हृदय में सुस्पष्ट वाणी के रूप में परिणत हो जाता है।

सृष्टि के पीछे ईश्वर का क्या उद्‌देश्य है इसका स्पष्टीकरण मनुष्य की बुद्धि जहाँ तक समझ सकती है, वहाँ तक वेदों में दिया गया है। ऋषियों ने बताया है कि प्रत्येक मनुष्य की सृष्टि ईश्वर ने आत्मा के रूप में की है जो अपने परम स्वरूप में लौट जाने से पहले अनंत परमतत्त्व के किसी विशिष्ट गुण को एकमेवाद्वितीय रूप से अवश्य प्रकट करेगी। इस प्रकार किसी न किसी ईश्वरीय वैशिष्ट्य से युक्त होने से सभी मनुष्य ईश्वर को समान रूप से प्रिय हैं।

राष्ट्रों के अग्रज भारत द्वारा जमा किया गया ज्ञान सारी मानवजाति की विरासत है। सभी सत्यों की भाँति वैदिक सत्य भी ईश्वर की सम्पत्ति है, भारतवर्ष की नहीं। वेदों के दिव्य गंभीर ज्ञान को ग्रहण करने में समर्थ ऋषिगण मानवजाति के ही सदस्य थे, जो समग्र मानवता की सेवा के लिये किसी अन्य लोक में नहीं, बल्कि इसी पृथ्वी पर पैदा हुए थे। सत्य के राज्य में जाति या राष्ट्र का भेद भाव निरर्थक है। वहाँ तो केवल सत्य को ग्रहण करने की आध्यात्मिक योग्यता ही देखी जाती है।

ईश्वर प्रेम है, इसलिये सृष्टि की उसकी योजना प्रेम पर ही आधारित हो सकती है। पांडित्यपूर्ण स्पष्टीकरणों की अपेक्षा क्या यह सीधा-सरल विचार मनुष्य के हृदय को सांत्वना प्रदान नहीं करता? सत्य के मर्म तक पहुँचने वाले प्रत्येक संत ने यही कहा है कि ईश्वर ने सृष्टि की पूरी योजना बनायी है और वह योजना अत्यंत सुन्दर है और आनन्द से भरपूर है।

ईश्वर ने पैगम्बर यशायाह को अपना उद्‌देश्य इन शब्दों में बताया थाः

> उसी प्रकार मेरा शब्द (सृजनकारी ओम्) भी होगा, जो मेरे मुँह से निकलता हैः वह बिना कुछ किये ही मेरे पास वापस नहीं आयेगा, बल्कि वह मेरी इच्छा पूर्ण करेगा और जिस काम के लिये मैंने उसे भेजा है, उसे वह पूरा करेगा। क्योंकि तुम आनन्द के साथ निकलोगे और शान्ति के साथ पहुँचाये जाओगे; तुम्हारे आगे पहाड़ और पहाड़ियाँ आनन्द के मारे खुशी के गीत गायेंगी और मैदान के सब वृक्ष ताल पकड़ कर तालियाँ बजायेंगे। – यशायाह 55:11712 (बाइबिल)

"तुम आनन्द के साथ निकलोगे और शान्ति के साथ पहुँचाये जाओगे।" चारों ओर से दबाव में जी रहे बीसवीं सदी के लोग इस अद्भुत वचन को आशा-आकांक्षा के साथ सुन रहे हैं। ईश्वर का जो भी भक्त अपनी दिव्य विरासत को पुनः प्राप्त करने के लिये पुरुषार्थ करता है, उसके लिये इस वचन में निहित पूर्ण सत्य को अनुभव करना सहज संभव है।

पूर्व और पश्चिम में क्रियायोग का उदात्त कार्य अभी तो केवल शुरू ही हुआ है। ईश्वर करे कि सब लोगों को यह ज्ञात हो जाये कि सारे मानवी दुःखों को मिटा देने के लिये आत्मज्ञान की निश्चित, वैज्ञानिक प्रविधि अस्तित्व में है।

पृथ्वी पर तेजस्वी रत्नों की भाँति चतुर्दिक बिखरे क्रियायोगियों को प्रेम की तरंग भेजते हुए मैं कृतज्ञ भाव से प्रायः सोचता हूँः

"भगवन्! आपने इस संन्यासी को इतना बड़ा परिवार दिया है!"

महात्मा गाँधी की स्मृति में

"वे सच्चे अर्थ में राष्ट्रपिता थे और एक पागल ने उनकी हत्या कर दी। कोटि-कोटि नर-नारी शोक में डूबे हैं क्योंकि दीपक बुझ गया है ... इस देश में जो दीपक जगमगा रहा था, वह कोई साधारण दीपक नहीं था। हज़ार वर्षों तक उस दीपक का प्रकाश इस देश में दिखता रहेगा और सारा संसार उसे देखेगा।" ये शब्द भारत के प्रधानमंत्री जवाहरलाल नेहरू ने 30 जनवरी 1948 को नई दिल्ली में महात्मा गाँधी की हत्या हो जाने के थोड़ी ही देर बाद कहे थे।

पाँच ही महीने पहले भारत ने शान्तिपूर्ण रीति से अपनी स्वतंत्रता प्रात कर ली थी। 78 वर्षीय गाँधीजी का कार्य पूरा हो गया था। उन्हें अपना अन्त निकट होने का आभास हो गया था। उस दुःखद घटना के दिन प्रातः ही उन्होंने अपनी पोती से कहा थाः "आभा, सारे महत्त्वपूर्ण कागज़ों को आज मेरे पास ले आओ। मुझे आज ही उन सब का उतर देना पड़ेगा। कल शायद कभी न आये" अपने लेखों में अनेक स्थानों पर गाँधीजी ने अपनी अंतिम नियति के संकेत दे दिये थे। उपवास से क्षीण हुई काया में तीन गोलियाँ उतार दी गयी थी। धीरे-धीरे भूपि पर ढहते हुए महात्माजी ने हाथ ऊपर की ओर उठाये और अपनी ओर से क्षमा प्रदान कर दी। अपने जीवन के सभी क्षेत्रों में वे भोले कलाकार तो थे ही, मृत्यु के क्षणों में वे महानतम् कलाकार बन गये। उनके निःस्वार्थी जीवन के सारे त्यागों ने ही प्रेम की वह अंतिम अभिव्यक्ति संभव बना दी।

गाँधीजी को अपनी श्रद्धांजलि अर्पण करते हुए अलबर्ट आइन्सटाइन ने लिखाः "आने वाली पीढ़ियाँ शायद ही इस बात पर विश्वास कर पायेंगी कि इनके समान कोई पुरुष कभी इस धरती पर रक्त-मांस के शरीर में चलता था।" रोम में वेटिकन से अपने संदेश में पोप ने कहाः "महात्मा गाँधी की हत्या के कारण यहाँ भारी शोक छा गया है। हम गाँधी को ईसाई मूल्यों का देवदूत मानते हैं।" किसी विशिष्ट सत्कार्य को सम्पन्न करने के लिये इस पृथ्वी पर अवतरित होने वाले सभी महापुरुषों के जीवन के साथ कोई न कोई सांकेतिक अर्थ जुड़ा रहता है। भारतीय एकता की ख़ातिर नाट्यमय रीति से हुई गाँधीजी की मृत्यु ने प्रत्येक महाद्वीप में आपसी फूट और कलहों से विदीर्ण हुए संसार को उनका संदेश और भी अधिक स्पष्ट कर सुनाया है। उन्होंने एक भविष्यवाणी के रूप में वह संदेश दिया हैः

"मनुष्यों के बीच अहिंसा का पदार्पण हो गया है और अब यह यहीं रहेगी। यह विश्वशान्ति की अग्रदूत है।"

जीवन में भी योगी और मृत्यु में भी

श्री श्री परमहंस योगानन्दजी ने लॉस एंजेलिस, कैलिफ़ोर्निया (अमेरिका) में 7 मार्च, 1952 को भारतीय राजदूत श्री बिनय रंजन सेन के सम्मान के निमित्त आयोजित भोज के अवसर पर अपना भाषण समाप्त करने के उपरान्त 'महासमाधि' (एक योगी का शरीर से अभिज्ञ अंतिम प्रस्थान) में प्रवेश किया।

विश्व के महान् गुरु ने योग के मूल्य (ईश्वर-प्राप्ति के लिये वैज्ञानिक प्रविधियों) को जीवन में ही नही अपितु मृत्यु में भी प्रदर्शित किया। उनके देहावसान के कई सप्ताह बाद भी उनका अपरिवर्तित मुख अक्षयता की दिव्य कान्ति से देदीप्यमान था।

फ़ॉरेस्ट लॉन मेमोरियल–पार्क, लॉस एंजेलिस (जहाँ महान् गुरु का पार्थिव शरीर अस्थायी रूप से रखा गया है) के निर्देशक श्री हैरी टी. रोंवे ने सेल्फ़-रियलाइज़ेशन फ़ेलोशिप को एक प्रमाणित पत्र भेजा था, जिसके कुछ अंश निम्नलिखित हैंः

"परमहंस योगानन्दजी के पार्थिव शरीर में किसी भी प्रकार के विकार का लक्षण न दिखायी पड़ना हमारे लिए एक अत्यन्त असाधारण और अपूर्व अनुभव है। ... उनकी मृत्यु के बीस दिन बाद भी उनके शरीर में किसी प्रकार की विक्रिया नहीं दिखायी पड़ी। ... न तो त्वचा के रंग में किसी प्रकार के परिवर्तन के संकेत थे और न शरीर तन्तुओं में शुष्कता ही आयी प्रतीत होती थी। शवागार के वृत्ति-इतिहास से हमें जहाँ तक विदित हँ, पार्थिव शरीर के ऐसे परिपूर्ण संरक्षण की अवस्था अद्वितीय है। ... योगानन्दजी का शव स्वीकार करते समय शवागार के कर्मचारियों को यह आशा थी कि उन्हें शवपेटिका के काँच के आवरण से साधारण वर्धमान शारीरिक क्षय के चिह्न दीख पड़ेंगे। हमारा विस्मय बढ़ता गया, जब निरीक्षण के अन्तर्गत दिन पर दिन बीतते गये, किन्तु उनकी देह

पर परिवर्तन के कोई चिह्न दृष्टिगत नहीं हुए। प्रत्यक्षतः योगानन्दजी की देह निर्विकारता की अद्‌भुत अवस्था में थी। किसी समय उनके शरीर में तनिक भी विक्रियात्मक दुर्गन्ध नहीं आयी।...

"27 मार्च को शवपेटिका पर काँसे के ढक्कन को बन्द करने के पूर्व योगानन्दजी का शारीरिक रूप ठीक वैसा ही था जैसा 7 मार्च को। 27 मार्च को भी उनका शरीर उतना ही ताज़ा और विकाररहित दिखायी पड़ रहा था जितना मृत्यु की रात्रि को। 27 मार्च को ऐसा कोई लक्षण नहीं दिखायी पड़ा, जिससे यह कहा जा सके कि उनके शरीर में किसी भी प्रकार का तनिक भी विकार आया हो। इन कारणों से हम पुनः अभिव्यक्त करते हैं कि परमहंस योगानन्दजी का उदाहरण हमारे अनुभव में अभूतपूर्व है।"

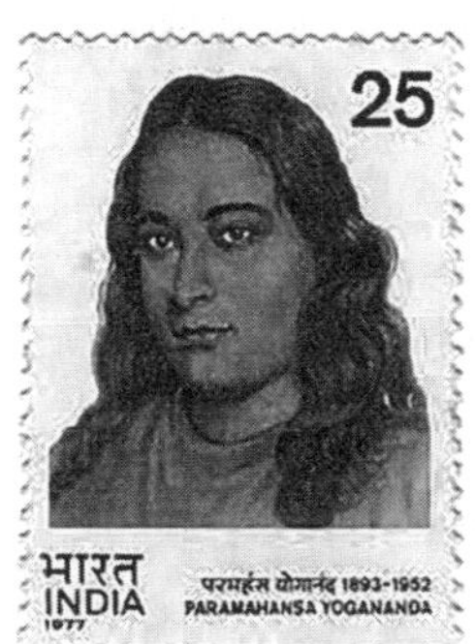

1977 में श्री श्री परमहंस योगानन्द की महासमाधि की पच्चीसवीं वर्षगाँठ पर भारत सरकार ने, उनके सम्मान में यह अभिनन्दनात्मक डाक-टिकट जारी किया। इस डाक-टिकट के साथ, सरकार ने वर्णनात्मक पर्चा प्रकाशित किया, जिसका अंश इस प्रकार है:

> "ईश्वर के लिये प्रेम और मानवता की सेवा का आदर्श परमहंस योगानन्द के जीवन में पूर्ण रूप से व्यक्त हुआ ... यद्यपि उनका अधिकांश जीवन भारत के बाहर व्यतीत हुआ, फिर भी उनका स्थान हमारे महान् संतों में है। उनका कार्य पहले से अधिक बढ़ और चमक रहा है, और ईश्वर की तीर्थयात्रा के पथ पर हर दिशा से लोगों को आकर्षित कर रहा है।"

कभी-कभी मैं ज्योतिषियों से ग्रहदशा के अनुसार अपना सबसे बुरा समय चुनने के लिए कहता और उसी समय मैं जो काम हाथ में लेता उसे पूर्ण कर देता। हाँ, यह सच है कि मेरे प्रसंगों पर सफलता मिलने से पूर्व असाधारण कठिनाइयाँ मेरे सामने आतीं। परन्तु मेरा यह विश्वास सदा ही सत्य सिद्ध हुआः ईश्वरीय संरक्षण में पूर्ण विश्वास और मनुष्य की ईश्वर-प्रदत्त इच्छाशक्ति, ये दोनों ऐसी प्रचण्ड शक्तियाँ हैं कि इन के सामने ग्रह-नक्षत्रों से प्रवाहित होने वाली शक्तियाँ ठहर नहीं सकतीं।

यह बात मेरी समझ में आ गई कि जन्म-वेला के समय ही ग्रहों की स्थिति का अर्थ यह नहीं होता कि मानव अपने अतीत के हाथों की केवल एक कठपुतली है, बल्कि उसका संदेश तो मानव के स्वाभिमान को जगाने के लिए एक शूल है स्वयं अंतरिक्ष हर प्रकार की सीमा से मुक्त होने के लिए मानव के दृढ़ निश्चय को जगाना चाहता है। ईश्वर ने प्रत्येक मनुष्य को आत्मा के रूप में बनाया है, उसे स्वतंत्र व्यक्तित्व दिया है। इसलिए वह विश्व रचना का एक अनिवार्य अंश है, फिर अपनी अल्पकालिक भूमिका में चाहे वह आधार स्तम्भ हो चाहे एक परजीवी। यदि मनुष्य चाहे तो उसकी मुक्ति तत्काल और अंतिम होगी। यह बाह्य विजयों पर नहीं बल्कि आंतरिक विजयों पर निर्भर है।

Illustration: Manoj K. Prasad

Om Books International

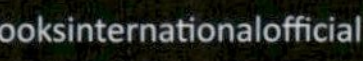

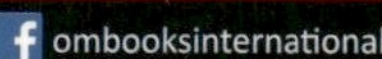

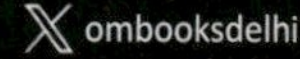